Ellen Siever
Stephen Spainhour
Nathan Patwardhan

PERL
guia completo

Tradução
Eveline Vieira Machado

**EDITORA
CIÊNCIA MODERNA**

Do original
Perl in a Nutshell
©Editora Ciência Moderna Ltda 1999
Authorized translation of the English edition ©1999 O'Reilly and Associates, Inc. This translation is published and sold by permission of O'Reilly and Associates, Inc., the owner of all rights to publish and sell the same.

Todos os direitos para a língua portuguesa reservados pela EDITORA CIÊNCIA MODERNA LTDA.

Nenhuma parte deste livro poderá ser reproduzida, transmitida e gravada, por qualquer meio eletrônico, mecânico, por fotocópia e outros, sem a prévia autorização, por escrito, da Editora.

Editor: Paulo André P. Marques
Produção Editorial: Carlos Augusto L. Almeida
Capa e Layout: Renato Martins
Diagramação: Marcia Lips
Tradução: Eveline Vieira Machado
Revisão: Ana Fanfa
Assistente Editorial: Ana Paula de Azevedo

Várias **Marcas Registradas** aparecem no decorrer deste livro. Mais do que simplesmente listar esses nomes e informar quem possui seus direitos de exploração, ou ainda imprimir os logotipos das mesmas, o editor declara estar utilizando tais nomes apenas para fins editoriais, em benefício exclusivo do dono da Marca Registrada, sem intenção de infringir as regras de sua utilização.

FICHA CATALOGRÁFICA

Siever, Ellen; Spainhour, Stephen; Patwardhan, Nathan
Perl— guia completo
Rio de Janeiro: Editora Ciência Moderna Ltda., 1999.

Linguagem de programação para microcomputadores
I — Título

ISBN: 85-7393-050-0   CDD 001642

Editora Ciência Moderna Ltda.
Rua Alice Figueiredo, 46
CEP: 20950-150, Riachuelo – Rio de Janeiro – Brasil
Tel: (021) 201-6662/201-6492/201-6511/201-6998
Fax: (021) 201-6896/281-5778
E-mail: lcm@novanet.com.br

Sumário

Prefácio .... **XIII**

Parte I: Como começar

Capítulo 1 – Apresentação do Perl **3**
   O Perl é bom para quê? 4
   Desenvolvimento do Perl 5
   Quais plataformas suportam o Perl? 5
   Recursos do Perl 5

Capítulo 2 – Como instalar o Perl **11**
   A arquitetura CPAN 11
   Como a CPAN é organizada? 12
   Como instalar o Perl 13
   Como obter e instalar os módulos 17
   Documentação 29

Parte II: O básico sobre a linguagem

Capítulo 3 – O interpretador Perl **35**
   Processamento de comandos 36
   Opções da linha de comandos 37
   Variáveis-ambientes 42
   O compilador Perl 44
   Processos 47

Capítulo 4 – A linguagem Perl 49
A estrutura do programa 49
Tipos de dados e variáveis 50
Instruções 56
Variáveis especiais 59
Operadores 68
Expressões constantes 75
Sub-rotinas 82
Referências e estruturas de dados complexas 85
Handles de arquivos 87
Formatos 89
Pod 91

Capítulo 5 – Referência para funções 99
As funções Perl por categoria 100
Funções do Perl por ordem alfabética 102

Capítulo 6 – Depuração 161
O depurador Perl 161
Os comandos do depurador 162
Como usar o depurador 172
Como personalizar o depurador 172
O perfilador Perl 173
O programa perlbug 175

Parte III: Módulos

Capítulo 7 – Pacotes, módulos e objetos 179
Espaços do nome e pacotes 180
Módulos 180
O Perl baseado em objetos 182
A sintaxe do objeto 183

Capítulo 8 – Módulos padrões 185
AnyDBM_File 191
attrs 191
AutoLoader 191
AutoSplit 192
autouse 193
B 193
B::Asmdata 193
B::Assembler 193
B::Bblock 194
B::Bytecode 194
B::C 195
B::CC 196

B::Debug	197
B::Deparse	197
B::Disassembler	198
B::Lint	198
B::Showlex	199
B::Stackobj	199
B::Terse	199
B::Xref	200
base	200
Benchmark	201
blib	203
Carp	203
CGI	204
CGI::Apache	204
CGI::Carp	204
CGI::Cookie	205
CGI::Fast	208
CGI::Push	208
CGI::Switch	209
Class::Struct	209
Config	210
constant	211
CPAN	212
CPAN::FirstTime	213
CPAN::Nox	214
Cwd	214
Data::Dumper	214
DB_File	218
Devel::SelfStubber	220
diagnostics	220
DirHandle	221
DynaLoader	222
English	224
Env	225
Errno	226
Exporter	226
ExtUtils::Command	228
ExtUtils::Embed	229
ExtUtils::Install	232
ExtUtils::Installed	233
ExtUtils::Liblist	235
ExtUtils::MakeMaker	236
ExtUtils::Manifest	243
ExtUtils::Miniperl	245
ExtUtils::Mkbootstrap	245
ExtUtils::Mksysmlists	245
ExtUtils::MM_OS2	246
ExtUtils::MM_Unix	247

ExtUtils::MM_VMS	251
ExtUtils::MM_Win32	251
ExtUtils::Packlist	253
ExtUtils::testlib	254
Fatal	255
Fcntl	255
fields	255
File::Basename	256
File::CheckTree	257
File::Compare	257
File::Copy	258
File::DosGlob	259
File::Find	259
File::Path	260
File::Spec	261
File::Spec::Mac	261
File::Spec::OS2	262
File::Spec::Unix	263
File::Spec::VMS	264
File::Spec::Win32	265
File::stat	266
FileCache	267
FileHandle	267
FindBin	269
GDBM_File	270
Getopt::Long	270
Getopt::Std	273
I18N::Collate	274
integer	274
IO	274
IO::File	275
IO::Handle	275
IO::Pipe	278
IO::Seekable	279
IO::Select	280
IO::Socket	282
IPC::Msg	282
IPC::Open2	283
IPC::Open3	284
IPC::Semaphore	284
IPC::SysV	286
less	287
lib	287
locale	287
Math::BigFloat	288
Math::BigInt	290
Math::Complex	291
Math::Trig	292

NDBM_File	293
Net::hostent	293
Net::netent	294
Net::Ping	295
Net::protoent	297
Net::servent	298
O	299
ODBM_File	299
Opcode	299
ops	302
overload	302
Pod::Functions	304
Pod::Html	305
Pod::Text	305
POSIX	305
re	318
Safe	319
SDBM_File	322
Search::Dict	322
SelectSaver	322
SelfLoader	323
Shell	323
sigtrap	323
Socket	325
strict	325
subs	325
Symbol	326
Sys::Hostname	326
Sys::Syslog	327
Term::Cap	328
Term::Complete	329
Term::ReadLine	330
Test	332
Test::Harness	332
Text::Abbrev	332
Text::ParseWords	333
Text::Soundex	334
Text::Tabs	334
Text::Wrap	335
Thread	335
Thread::Queue	337
Thread::Semaphore	338
Thread::Signal	339
Thread::Specific	339
Tie::Array, Tie::StdArray	339
Tie::Handle	342
Tie::Hash, Tie::StdHash	343
Tie::RefHash	344
Tie::Scalar, Tie::StdScalar	345

Tie::SubstrHash 345
Time::gmtime 346
Time::Local 347
Time::localtime 347
Time::tm 348
UNIVERSAL 348
User::grent 349
User::pwent 350
vars 351
vmsish 351

Parte IV: CGI

Capítulo 9 – Visão geral sobre a CGI 355
Uma interação típica da CGI 356
Codificação do URL 359
Informações extras do caminho 360
Variáveis-ambientes da CGI 360

Capítulo 10 – Módulo CGI.pm 363
A geração das marcas HTML 366
Como importar grupos de métodos 367
Como manter o estado 368
Parâmetros nomeados 368
Como usar os recursos JavaScript 369
Depuração 369
Referência do CGI.pm 370

Capítulo 11 – Programação do servidor Web com o mod_perl 391
A construção do mod_perl 391
Como instalar o mod_perl 392
Sub-rotinas do mod_perl 392
Como executar os scripts CGI com o mod_perl 394
As inclusões no lado do servidor com o mod_perl 396
Seções <Perl> 396
Módulos Apache:: 397

Parte V: Bancos de dados

Capítulo 12 – Bancos de dados e Perl 403
Os bancos de dados e os hashes DBM 403
A construção da DBI 405
Métodos DBI 408
Variáveis-ambientes DBI 415

Parte VI: Programação da rede

Capítulo 13 – Soquetes **419**
As funções do soquete predefinidas 420
O módulo IO::Socket 425

Capítulo 14 – Conectividade do e-mail **431**
Módulos Net 432
Módulos Mail 440

Capítulo 15 – Usenet News **467**
O protocolo NNTP 468
Net::NNTP 471
O módulo News::Newsrc 478

Capítulo 16 – FTP **485**
O protocolo FTP 485
Net::FTP 487
A configuração FTP com o Net::Netrc 496

Capítulo 17 – Biblioteca LWP **499**
Visão geral do LWP 500
Os módulos LWP 502
Módulos HTTP 509
O módulo HTML 528
O módulo URI 536

Parte VII: Perl/Tk

Capítulo 18 – Perl/Tk **545**
Dispositivos 546
Gerenciadores de geometria 549
Opções comuns da configuração do dispositivo 554
O dispositivo Button 558
O dispositivo Checkbutton 559
O dispositivo Radiobutton 560
O dispositivo Label 561
O dispositivo Entry 562
O dispositivo Scrollbar 564
O dispositivo Listbox 566
O dispositivo Text 569
O dispositivo Canvas 577
O dispositivo Scale 587
O dispositivo Menubutton 589
O dispositivo Menu 592

O dispositivo Optionmenu 594
O dispositivo Frame 595
O dispositivo Toplevel 595

Parte VIII: Win32

Capítulo 19 – Módulos e extensões Win32 601
Win32::Clipboard 603
Win32::Console 603
Win32::ChangeNotification 612
Win32::Eventlog 614
Win32::File 616
Win32::FileSecurity 617
Win32::Internet 618
Win32::IPC 634
Win32::Mutex 634
Win32::NetAdmin 635
Win32::NetResource 639
Win32::Process 643
Win32::Registry 645
Win32::Semaphore 649
Win32::Service 649
Win32::Shortcut 651
Extensões do Win32 655
Automatização OLE 657

Capítulo 20 – PerlScript 669
PerlScript no lado do cliente 670
PerlScript no lado do servidor 673

Índice 681

Os autores

Ellen Siever é escritora da O'Reilly & Associates, onde também é editora de produção e especialista em ferramentas. Antes de vir para a O'Reilly, foi durante muitos anos programadora na região de Boston. Além de computadores, seus interesses incluem a família, viagens (especialmente se for ao Sudoeste dos EEUU) e fotografia.

Stephen Spainhour é escritor da O'Reilly & Associates. Ele colaborou em diversos títulos da O'Reilly. É um fã ávido do tênis profissional (e um terrível jogador), e quando não está procurando os resultados do tênis na Web ele gosta de cozinhar, de música eletrônica e de assistir muito televisão.

Nathan Patwardhan é consultor da Collective Technologies, onde trabalha com Unix e linguagens de programação como C e Perl. Nathan tem se interessado por Perl há vários anos, concentrando seus mais recentes esforços em Perl para Win32. Nas horas vagas curte Etch-a-Sketch e as sobremesas de Swanson. Você pode ocasionalmente encontrar Nathan em #perl ou #helmet da EFNet, ou verificando em um destes grupos da Usenet: *comp.lang.perl.misc* ou *comp.lang.perl.moderated*.

Prefácio

O Perl é uma linguagem de programação *útil*. Com isto queremos dizer que as pessoas não aprenderão o Perl só porque acham que devem; elas o aprenderão porque desejam fazer algo.

Este livro é para os programadores Perl que desejam fazer coisas. Ele destina-se aos leitores que têm trabalhado superficialmente com o Perl e desejam uma única referência para todas as suas necessidades. Este livro é parte referência, parte guia para o mundo do Perl. Não só falamos sobre a linguagem em si, mas também sobre os módulos do Perl que são mais populares — os módulos para a CGI, a manipulação do banco de dados, a programação da rede, as interfaces gráficas e a integração com Win32.

Como este livro está organizado

Este livro divide-se em oito partes, como a seguir:

Parte I, *Como começar*

O Capítulo 1, *Apresentação do Perl*, orienta-o sobre o Perl e sua comunidade.

O Capítulo 2, *Como instalar o Perl*, apresenta algumas sugestões sobre como instalar o Perl e seus módulos em sua máquina. Este capítulo apresenta o armazenamento CPAN e fala sobre como usar o módulo CPAN para recuperar as últimas versões dos módulos Perl.

O Capítulo 3, *O interpretador Perl*, é sobre como usar o próprio programa *perl*. Ele fala sobre as variáveis-ambientes, as opções da linha de comandos e as diferenças ao executar as versões Unix e Win32 do Perl.

Parte II, O básico sobre a linguagem

O Capítulo 4, *A linguagem Perl*, é um tutorial/referência turbinado para a linguagem Perl. Se você nunca programou antes, então poderá precisar de um tutorial que vá mais devagar. Mas se você tiver alguma experiência com outras linguagens de programação, este capítulo deverá ensiná-lo o suficiente para começar a escrever programas em Perl.

O Capítulo 5, *Referência para funções*, é um capítulo de consulta para cada uma das funções predefinidas do Perl.

O Capítulo 6, *Depuração*, é sobre como usar o depurador Perl para ajudá-lo a localizar erros raros em seus programas.

Parte III, Módulos

O Capítulo 7, *Pacotes, módulos e objetos*, fornece uma apresentação rápida dos pacotes, módulos e programação baseada em objetos do Perl.

O Capítulo 8, *Módulos padrões*, é uma referência para cada módulo incluído na distribuição Perl padrão.

Parte IV, CGI

O Capítulo 9, *Visão geral sobre a CGI*, é uma pequena apresentação dos conceitos da programação CGI.

O Capítulo 10, *Módulo CGI.pm*, fala sobre o módulo CGI.pm muito popular, que é a essência imaginada por muitos programadores CGI.

O Capítulo 11, *Programação do servidor Web com o mod_perl*, é sobre o mod_perl, o módulo Apache que pode ser usado para melhorar significativamente o desempenho da CGI e também permite incorporar o código Perl no próprio servidor Apache.

Parte V, Bancos de dados

O Capítulo 12, *Bancos de dados e Perl*, fornece uma rápida apresentação dos bancos de dados DBM no Perl e fornece uma referência para o DBI, o pacote Database Independence (Independência do Banco de Dados) que fornece uma interface consistente para muitos pacotes diferentes de banco de dados.

Parte VI, Programação da rede

O Capítulo 13, *Soquetes*, explica a programação de soquetes e como usar o módulo IO:Socket.

O Capítulo 14, *Conectividade do e-mail*, fala sobre os módulos Net::SMTP e Net::POP3 para enviar e ler o e-mails, e também sobre os módulos Mail para manipular as mensagens de e-mail.

O Capítulo 15, *Usenet News*, explica o protocolo NNTP, o módulo Net::NNTP para ler e enviar as informações Usenet e o módulo News::Newsrc para gerenciar os arquivos *.newsrc*.

O Capítulo 16, *FTP*, explica o protocolo FTP, o módulo Net::FTP para transferir arquivos através do FTP e o módulo Net::Netrc para gerenciar os arquivos *.netrc*.

O Capítulo 17, *Biblioteca LWP*, fala sobre as partes mais usadas da grande biblioteca LWP de módulos para as transações HTTP.

Parte VII, Perl/Tk

O Capítulo 18, *Perl/Tk*, é uma referência da extensão Tk do Perl, para criar as interfaces gráficas do usuário de dentro de um programa Perl.

Parte VIII, Win32

O Capítulo 19, *Módulos e extensões Win32*, fala sobre os muitos módulos Perl para trabalhar com os sistemas operacionais Win32.

O Capítulo 20, *PerlScript*, é sobre a ferramenta de script ActiveX, que é vagamente baseada no Perl.

Convenções tipográficas

Itálico

é usado para os nomes de arquivo, nomes de programa, URLs, opções da linha de comandos, endereços de e-mail, texto substituível nas linhas de sintaxe e para apresentar novos termos.

`Courier`

é usada para trechos do código, nomes de métodos e funções, texto a ser digitado literalmente, variáveis, constantes, cabeçalhos de correspondência e diretivas da configuração.

`Courier em itálico`

é usada para os itens substituíveis nos exemplos de código.

Como entrar em contato com a O'Reilly

Testamos e verificamos as informações neste livro o mais que pudemos, mas você poderá achar que os recursos mudaram (ou mesmo que cometemos erros!). Informe sobre quaisquer erros encontrados, assim como suas sugestões para futuras edições, escrevendo para:

> O'Reilly & Associates, Inc.
> 101 Morris Street
> Sebastopol, CA 95472
> 1-800-998-9938 (nos Estados Unidos ou Canadá)
> 1-707-829-0515 (internacional/local)
> 1-707-829-0104 (FAX)

Você poderá também enviar mensagens eletronicamente. Para ser colocado na lista de correspondência ou solicitar um catálogo da O'Reilly, envie um e-mail para:

> *info@oreilly.com*

Para fazer perguntas técnicas ou comentários sobre o livro, envie um e-mail para:

> *bookquestions@oreilly.com*

Há um site Web para o livro, onde são listados os erros e qualquer plano para as futuras edições. Você poderá acessar esta página em:

http://www.oreilly.com/catalog/perlnut/

Agradecimentos

Muitos agradecimentos a todos que ajudaram neste livro. Obrigado a Larry Wall, Randal Schwartz, Tom Christiansen e a Sriram Srinivasan por seus excelentes livros sobre Perl. Algum material neste livro é adaptado a partir de seus livros, portanto nós somos muito gratos.

Obrigado também a todos os revisores deste livro, em que se incluem Randal Schwartz, Tom Christiansen, Graham Barr, Clinton Wong e Erik Olson. Sem sua ajuda, este livro não seria tão útil quanto é.

Gostaríamos de agradecer a Linda Mui, nossa editora e a Val Quercia, que nos orientou, por todo o seu auxílio.

Finalmente, como este livro compartilha a imagem de camelo com *Programming Perl*, ocorreu-nos que alguém poderia confundi-lo com um camelo de verdade. Portanto, cortaremos o mal pela raiz: se você insistir em dar a este livro um apelido engraçadinho relacionado a animais, iremos encorajá-lo a chamá-lo de "cabeça de camelo", de "camelo maluco" ou de alguma outra coisa que torne a diferença clara.

Parte I

Como começar

Capítulo 1

Apresentação do Perl

As linguagens de computador diferem não tanto pelo que tornam possível, mas naquilo que tornam fácil. O Perl é designado a tornar fáceis os trabalhos fáceis, sem tornar impossíveis os trabalhos difíceis. O Perl facilita manipular números, texto, arquivos, diretórios, computadores, redes e programas. Também facilita desenvolver, modificar e depurar seus próprios programas de maneira portável, em qualquer sistema operacional moderno.

O Perl é especialmente popular entre os programadores de sistemas e desenvolvedores da Web, mas também atrai um público muito mais amplo. Originalmente designado para o processamento de textos, ele desenvolveu-se em uma linguagem de programação sofisticada com um ambiente de desenvolvimento de software rico e completo com depuradores, perfis, referências cruzadas, compiladores, interpretadores, bibliotecas, editores direcionados para a sintaxe e todo o resto de armadilhas de uma linguagem de programação "real".

Existem muitas razões para o sucesso do Perl. Para os iniciantes, o Perl está disponível gratuitamente e é redistribuível livremente. Mas isso não é o suficiente para explicar o fenômeno Perl, uma vez que muitos outros pacotes freeware falham em prosperar. O Perl não é apenas gratuito, é também divertido. As pessoas sentem que podem ser criativas no Perl, pois têm liberdade de expressão.

O Perl é uma linguagem muito simples e muito rica. É uma linguagem simples no sentido em que os tipos e as estruturas são simples de usar e de compreender, e adotam muitas coisas de outras linguagens com as quais você deve estar familiarizado. Você não terá que saber tudo o que há para saber sobre o Perl antes de poder escrever programas úteis.

Contudo, o Perl é também uma linguagem rica e há muito para aprender sobre ela. Esse é o preço de tornar possíveis coisas difíceis. Embora leve algum tempo para você absorver tudo o que o Perl pode fazer, em algum momento você ficará contente em ter acesso às amplas capacidades do Perl.

O Perl é bom para quê?

O Perl tem a vantagem de ser fácil de aprender se você só quiser escrever scripts simples, assim é atraente para o administrador de sistema sempre impaciente e para o desenvolvedor CGI com prazo de entrega. Porém, quando você ficar mais ambicioso, o Perl o permitirá atuar nessas ambições. O Capítulo 2, *Como instalar o Perl*, falará sobre como obter e instalar o Perl e do Capítulo 3, *O interpretador Perl* até o Capítulo 6, *Depuração*, será falado sobre o básico da linguagem Perl, suas funções e a maneira como usar o depurador Perl.

Contudo, além da própria linguagem Perl, estão os módulos. Você poderá considerar os módulos como acréscimos da linguagem Perl que permitem simplificar as tarefas fornecendo uma API consistente. O próprio Perl é divertido de usar, mas os módulos emprestam ao Perl ainda mais flexibilidade e uma enorme capacidade. E mais, qualquer pessoa poderá escrever e distribuir um módulo Perl. Alguns módulos são considerados como importantes o suficiente ou populares o bastante, para serem distribuídos com o próprio Perl, mas muito poucos são de fato escritos pelos próprios desenvolvedores do Perl básico. O Capítulo 7, *Pacotes, módulos e objetos*, apresentará os módulos Perl e o Capítulo 8, *Módulos padrões*, falará sobre os módulos padrões que são distribuídos com o próprio Perl.

O módulo Perl mais popular é o CGI.pm, que fornece uma interface simples para desenvolver aplicações CGI (interface de gateway comum) no Perl. O próprio Perl é indispensável para muitas tarefas diferentes, seus recursos de manipulação de texto o tornam perfeito para o desenvolvimento CGI na Web. Na verdade, o surgimento do Perl nos últimos anos tem que ser creditado à sua popularidade como uma linguagem CGI. O Capítulo 10, *Módulo CGI.pm* e o Capítulo 11, *Programação do servidor Web com o mod_perl*, falarão sobre como usar o Perl para a CGI, inclusive o *mod_perl*, que mescla o Perl no servidor Web Apache.

A interconectividade do banco de dados é uma das funções mais importantes de qualquer linguagem de programação atual e o Perl não é uma exceção. A DBI é um conjunto de módulos que fornece uma interface independente do banco de dados consistente para o Perl. O Capítulo 12, *Bancos de dados e Perl*, falará sobre a DBI e o DBM (a interface do banco de dados mais primitiva porém mais surpreendentemente eficiente construída diretamente no Perl).

A Internet não começa e pára na CGI. A programação da rede é outra das capacidades do Perl, com uma interface de soquetes completa e diversos módulos para escrever clientes e servidores para todos os tipos de serviços da Internet — não apenas a Web, mas também e-mail, news, FTP, etc. Do Capítulo 13, *Soquetes* até o Capítulo 17, *Biblioteca LWP*, será falado sobre os módulos para desenvolver aplicações Internet totalmente funcionais no Perl.

Os programas Perl são tradicionalmente baseados na linha de comandos, mas a extensão Perl/Tk poderá fornecer programas Perl com interfaces gráficas do usuário para o Unix e o Microsoft Windows. O Capítulo 18, *Perl/Tk*, fornecerá uma referência completa para o Perl/Tk.

Finalmente, embora o Perl seja basicamente desenvolvido para o Unix, versões recentes do Perl para o Windows 95 e o Windows NT estão ganhando popularidade para a CGI e para as tarefas de administração do sistema. O Capítulo 19, *Módulos e extensões Win32*, falará sobre os módulos Win32 para o Perl. Os desenvolvedores da Web nas máquinas Win32 poderão usar uma variação do Perl denominada PerlScript, para a programação do tipo JavaScript na Web. O Capítulo 20, *PerlScript*, fará uma apresentação do PerlScript e resumirá sua sintaxe e funções.

Como você pode ter notado, esta seção com o título "O Perl é bom para quê" tornou-se sorrateiramente uma descrição do conteúdo deste livro. Este livro tem o objetivo de ser uma referência geral para todas as coisas do Perl.

Desenvolvimento do Perl

O software não cresce em árvores. O Perl é gratuito por causa dos esforços fornecidos por várias pessoas generosas que dedicaram grande parte de seu tempo livre ao desenvolvimento, à manutenção e à doutrina do Perl.

O próprio Perl foi criado por Larry Wall, em um esforço de produzir relatórios para um sistema de informações de erros. Larry construiu uma nova linguagem de script para esta finalidade e então lançou-a na Internet, pensando que alguém mais poderia achá-la útil. No espírito do freeware, outras pessoas sugeriram melhorias e ainda maneiras de implementá-las e o Perl transformou-se de uma linguagem de script atraente em uma linguagem de programação completa.

Atualmente, Larry faz pouco desenvolvimento por si só, mas ele é o cabeça de uma equipe de desenvolvimento básico conhecida como Perl Porters. Os Porters determinam quais novos recursos deverão ser adicionados e quais erros desagradáveis deverão ser corrigidos. Para impedi-lo de ser de todo livre, há geralmente uma pessoa que é responsável pela entrega da nova versão do Perl, com diversas "versões de desenvolvimento" no ínterim.

Quais plataformas suportam o Perl?

Embora o Perl tenha sido desenvolvimento no Unix e esteja intimamente ligado à cultura Unix, também tem um forte seguimento nas plataformas Windows e Macintosh. O Perl fornece aos usuários Windows 95, Windows NT, Macintosh e ainda VMS a oportunidade de aproveitar a capacidade de script que os usuários Unix têm.

A maioria das máquinas Unix já terá que ter o Perl instalado, uma vez que é uma das primeiras coisas que um administrador do sistema Unix construirá para uma nova máquina (na verdade ele é distribuído com o sistema operacional em algumas versões do Unix, como o Linux e o FreeBSD). Para o Windows NT, o Windows 95 e o Macintosh existem distribuições binárias do Perl que você poderá carregar gratuitamente. Veja o Capítulo 2 para obter informações sobre como instalar o Perl.

Embora exista alguma história de outras plataformas não sendo tratadas seriamente pela comunidade Perl, o Perl está tornando-se cada vez mais amistoso para as plataformas diferentes do Unix. As versões Win32 do Perl são bem estáveis e assim como o Perl 5.005, são integradas totalmente com o Perl básico. A integração MacPerl é esperada com o Perl 5.006.

Recursos do Perl

Paradoxalmente, a maneira como o Perl mais o ajuda não tem quase relação alguma com o próprio Perl, e toda relação com as pessoas que o usam. Embora as pessoas comecem a usar o Perl porque precisam dele, continuam a usá-lo porque adoram-no.

O resultado é que a comunidade Perl é uma das mais úteis no mundo. Quando os programadores Perl não estão escrevendo seus próprios programas, eles passam seu tempo ajudando aos outros a escreverem os seus. Eles discutem sobre problemas comuns e ajudam a planejar soluções. Eles desenvolvem utilitários e módulos para o Perl e os fornecem ao mundo em geral.

Os newsgroups comp.lang.perl.*

O lugar de encontro central para os apaixonados pelo Perl é o Usenet. Se você não estiver familiarizado com o Usenet, é uma coleção de grupos de interesse especiais (chamados *newsgroups*) na Internet. Para a maioria das pessoas que usa um paginador moderno, o acesso ao Usenet é tão simples quanto selecionar uma opção de menu no paginador. Os programadores Perl deverão considerar aderir aos seguintes newsgroups:

comp.lang.perl.announce

> Um newsgroup moderado com publicações sobre novos utilitários ou produtos relacionados ao Perl.

comp.lang.perl.misc

> O newsgroup geral dedicado às questões da programação Perl não relacionadas à CGI.

comp.lang.perl.moderated

> Um newsgroup moderado com a intenção de ser um fórum para discussões mais controladas e contidas sobre o Perl.

comp.lang.perl.modules

> Um newsgroup dedicado a usar e a desenvolver os módulos Perl.

comp.lang.perl.tk

> Um newsgroup que se concentra no Perl/Tk, a extensão gráfica para o Perl.

comp.infosystems.www.authoring.cgi

> Um newsgroup para as questões CGI em geral, mas em grande parte as relacionadas ao Perl.

Em algum ponto, parece que todo programador Perl adere ao *comp.lang.perl.misc*. Você poderá às vezes abandoná-lo se a discussão ficar detalhada demais, calorosa demais ou estranha demais para seu gosto. Mas provavelmente voltará de tempos em tempos, para fazer uma pergunta ou apenas para verificar o último boato.

Porém, um pequeno conselho: antes de enviar perguntas para *comp.lang.perl.misc* (ou qualquer newsgroup, não importa), você deverá ler o grupo por alguns dias e ler a FAQ (a lista Perguntas Feitas com Freqüência — veja a próxima seção). Os newsgroups *comp.lang.perl.** serão um recurso maravilhoso se você tiver uma pergunta interessante ou incomum, mas ninguém poderá salvá-lo se você perguntar algo que é tratado na FAQ.

A propósito, se você for um emissor de primeira viagem para o *comp.lang.perl.misc*, não deverá ficar surpreso se receber uma mensagem de e-mail listando vários recursos do Perl que não conhece. Isto é feito através de um serviço "faq automático", que percorre todos os envios e envia este e-mail útil para qualquer pessoa que não enviou anteriormente.

Listas de perguntas feitas com freqüência (FAQs)

Uma FAQ é uma lista de Perguntas Feitas com Freqüência (Frequently Asked Questions), com respostas. As FAQs são tradicionalmente associadas a newsgroups Usenet, mas o termo tem sido adotado por sites Web, departamentos de suporte técnico e ainda panfletos de cuidados com a saúde. Em geral, as FAQs são escritas e mantidas voluntariamente por membros dedicados (e generosos) da comunidade. A FAQ *comp.lang.perl.misc* (também conhecida como a FAQ Perl) é mantida por Tom Christiansen e Nathan Torkington.

A FAQ Perl foi criada para minimizar o tráfego no newsgroup *comp.lang.perl.misc*, quando ficou claro que as mesmas perguntas estavam sendo feitas sempre. Contudo, a FAQ supera-se como um ponto de partida geral para aprender qualquer coisa sobre o Perl.

A FAQ é distribuída em vários formatos diferentes, inclusive HTML, PostScript e texto ASCII comum. Você poderá encontrar a FAQ em diversos lugares:

- A principal fonte está localizada em *http://www.perl.com/perl/faq/*
- Na CPAN, você poderá encontrá-la em */CPAN/doc/FAQs/FAQ/*. (Veja Capítulo 2 para obter informações sobre a CPAN.)
- Em uma base semi-regular, a última versão da FAQ é enviada em *comp.lang.perl.misc*.

Além da FAQ *comp.lang.perl.misc*, existem também diversas FAQs adequadas que são relativas ao Perl. São elas:

Perl CGI Programming FAQ
   http://www.perl.com/CPAN-local/doc/FAQs/cgi/perl-cgi-faq.html

Perl/TK FAQ
   http://w4.lns.cornell.edu/~pvhp/ptk/TOC.html

Perl for Win32 FAQ
   http://www.ActiveState.com/support/faqs/win32/

Perl for the Mac FAQ
   http://www.perl.com/CPAN/doc/FAQs/mac/MacPerlFAQ.html

Listas de correspondência

Diversas listas de correspondência concentram-se nos aspectos mais especializados do Perl. Como os newsgroups Usenet, as listas de correspondência são grupos de discussão, mas a discussão ocorre no e-mail. Em geral, as listas de correspondência não são tão convenientes quantos os newsgroups, uma vez que algumas centenas de mensagens de correspondência por dia sobre o Perl poderão se tornar importunas para qualquer um, exceto para os micreiros Perl mais obsessivos. Contudo, como as listas de correspondência tendem a ter distribuições muito menores e mais concentradas, você achará que elas poderão algumas vezes ser mais interessantes e úteis do que os newsgroups.

Existem toneladas de listas de correspondência para os usuários Perl e desenvolvedores afins. Algumas são específicas para um certo módulo ou distribuição, como as listas de correspondência para os usuários do CGI.pm, LWP, DBI ou *mod_perl*. Outras listas de correspondência discutem sobre como usar o Perl em plataformas diferentes do Unix como o Windows, Macintosh ou VMS. Mais listas de correspondência ainda são dedicadas ao desenvolvimento e à defesa do Perl em geral. Para encontrar uma lista de correspondência para seu tópico, pesquise a documentação ou o README de uma distribuição do módulo, pesquise a FAQ Perl ou simplesmente pergunte a alguém.

Muitas destas listas de correspondência também têm uma versão "resumida", que significa que ao invés de receber mensagens de e-mail individuais durante todo o dia, você receberá algumas "partes" das mensagens regularmente. As partes de uma lista de correspondência poderão ser preferíveis ao ataque violento de e-mails a cada minuto o dia inteiro, dependendo do quanto você está envolvido na discussão.

www.perl.com

Existem páginas Web incontáveis dedicadas ao Perl, mas provavelmente o site de entrada mais útil para os recursos do Perl é o *www.perl.com*. Primeiramente mantido por Tom Christiansen, o *www.perl.com* é agora mantido por Tom com ajuda da O'Reilly & Associates (a editora deste livro). A partir do *www.perl.com*, você poderá acessar a documentação do Perl, informações, software, FAQs, artigos e (claro) o próprio Perl.

Perl Institute (www.perl.org)

Embora os URLs sejam parecidos, não confunda *www.perl.com* com o Perl Institute (Instituto Perl), *www.perl.org*. O Perl Institute é uma organização composta por programadores Perl para ajudar a conduzir o desenvolvimento do Perl e a aperfeiçoar sua visibilidade. As quotas da associação variam de $32 para alunos a $4096 para patrocinadores de empresas (sim, todas as taxas da associação são elevadas a $2).

Perl Mongers

Os grupos de usuários do Perl chamam a si mesmos de "Perl Mongers", eles têm surgido nas grandes cidades nos últimos anos. Esses gruposs variam desde pequenos grupos de apaixonados pelo Perl participando de atividades em cafés, até organizações patrocinando oradores convidados. Nova Iorque, Londres, Amsterdã, Boston, Chicago, Filadélfia e Boulder são cidades onde existem atualmente grupos Perl Mongers.

Perl Journal

O *Perl Journal*, publicado por Jon Orwant, é uma publicação trimestral com artigos e informações sobre o Perl. Você poderá encontrar o *Perl Journal* em algumas livrarias técnicas. Você poderá também assinar enviando um e-mail para *subscriptions@tpj.com* ou visitando o *www.tpj.com*.

Conferências Perl

Por anos, a Usenix dedicou várias conferências ao Perl. Contudo, a partir de 1997 a O'Reilly & Associates tem sediado conferências dedicadas totalmente ao Perl. Você poderá aprender mais sobre as conferências Perl em *www.perl.com*.

Livros

Existem muitos livros escritos sobre o Perl. Na verdade, a popularidade atual do Perl é geralmente creditada à publicação original do *Programming Perl*, também conhecida como "The Camel" (O Camelo) (por causa do animal em sua capa)*, de Larry Wall e Randal Schwartz. The Camel também é publicado pela O'Reilly & Associates. The Camel não será o melhor lugar para começar se você estiver aprendendo o Perl a partir do zero, mas será essencial se quiser realmente compreender o Perl e não apenas dedicar-se a ele como um amador.

Outros livros sobre o Perl publicados pela O'Reilly & Associates são *Learning Perl* ("The Llama" ou "A Lhama"), *Advanced Perl Programming*, *Perl Cookbook*, *Managing Regular Expressions*, *Learning Perl on Win32 Systems*, *Learning Perl/Tk*, *Web Client Programming with Perl* e *CGI Programming with Perl*.

Veja *http://www.perl.com/* para obter um armazenamento de revisões dos livros relacionados ao Perl.

---

* A primeira edição do *Programming Perl* também é conhecida como Pink Camel (Camelo Rosa), por causa da cor da lombada do livro. A segunda edição é conhecida como Blue Camel (Camelo Azul) e é escrita por Larry Wall, Tom Christiansen e Randal Schwartz.

Capítulo 2

Como instalar o Perl

As melhores coisas na vida são gratuitas. Assim é o Perl. Embora você possa obter uma distribuição Perl casada no CD-ROM, a maioria das pessoas carrega o Perl a partir de um armazenamento on-line. A CPAN, a Comprehensive Perl Archive Network (Rede de Armazenamento Perl Completa), é o principal ponto de distribuição para todas as coisas do Perl. Se você estiver procurando o próprio Perl, um módulo ou documentação sobre o Perl, a CPAN será o lugar onde procurar, em *http://www.perl/com/CPAN/*. O desenvolvimento e aperfeiçoamento contínuos do Perl são em grande parte um esforço cooperativo e a CPAN é o lugar onde o trabalho de muitos indivíduos se reúne.

A arquitetura CPAN

A CPAN representa os interesses de desenvolvimento de uma seção cruzada da comunidade Perl. Ela contém os utilitários Perl, módulos, documentação e (claro) a própria distribuição Perl. A CPAN foi criada por Jarkko Hietaniemi e Andreas König.

O sistema pessoal da CPAN é o *funet.fi*, mas ela também é espelhada em muitos outros sites em todo o globo. Isto assegura que qualquer pessoa com uma conexão da Internet a qualquer momento poderá ter um acesso confiável ao conteúdo da CPAN. Como a estrutura de todos os sites CPAN é a mesma, um usuário que pesquisa a versão atual do Perl poderá estar certo de que o arquivo *latest.tar.gz* é o mesmo em todo site.

A maneira mais fácil de acessar a CPAN é utilizar o serviço multiplex da CPAN em *www.perl.com*. O multiplexador tenta conectá-lo a uma máquina local e rápida em um grande ponto central da largura de banda. Para usar o multiplexador, vá para *http://perl.com/CPAN/*; o multiplexador irá conduzi-lo rapidamente a um site com base em seu domínio.

Se você preferir, poderá escolher um determinado site CPAN, ao invés de permitir que o multiplexador escolha um. Para tanto, vá para o URL *http://www.perl.com/CPAN* (sem a barra final). Quando você omite a barra final, o multiplexador CPAN apresenta um menu de espelhos CPAN onde você poderá selecionar o desejado. Ele lembrará de sua escolha na próxima vez.

Se você quiser usar o FTP anônimo, as seguintes máquinas deverão ter o código-fonte Perl mais uma cópia da lista de espelhos CPAN:

```
ftp.perl.com
ftp.cs.colorado.edu
ftp.cise.ufl.edu
ftp.funet.fi
ftp.cs.ruu.nl
```

O local do diretório superior do espelho CPAN difere nessas máquinas, portanto assim que você chegar nesse ponto, observe. Geralmente é algo como */pub/perl/CPAN*.

Se você não tiver um confiável acesso da Internet, poderá também obter a CPAN em CD como parte do *Perl Resource Kit* (Kit de Recursos Perl) da O'Reilly. Além da própria CPAN, o CD *Perl Resource Kit* inclui uma ferramenta para uma instalação e atualização simples dos módulos Perl. Veja o *http://perl.oreilly.com/* para obter mais informações.

Como a CPAN é organizada?

Os materiais da CPAN são agrupados em categorias, inclusive os módulos Perl, as distribuições, a documentação, os anúncios, as versões, os scripts e os autores colaboradores. Cada categoria é ligada às categorias afins. Por exemplo, as ligações para um módulo de grafos escrito por um autor aparecerá nas áreas do módulo e do autor.

Como a CPAN fornece as mesmas ofertas no mundo inteiro, a estrutura de diretórios foi padronizada; os arquivos estão localizados no mesmo lugar na hierarquia de diretórios em todos os sites CPAN. Todos os sites CPAN usam *CPAN* como o diretório-raiz, a partir do qual o usuário poderá selecionar um determinado item Perl.

No diretório *CPAN* você terá as seguintes opções:

CPAN.html	CPAN info page; lists what's available in CPAN and describes each of the modules
ENDINGS	Description of the file extensions, such as .tar, .gz and .zip
MIRRORED BY	A list of sites mirroring CPAN
MIRRORING.FROM	A list of sites mirrored by CPAN
README	A brief description of what you'll find on CPAN
README.html	An HTML-formatted version of the README file
RECENT	Recent additions to the CPAN site
RECENT.DAY	Recent additions to the CPAN site (daily)
RECENT.html	An HTML-formatted list of recent additions

RECENT.WEEK	Recent additions to the CPAN site (weekly)
ROADMAP	What you'll find on CPAN and where
ROADMAP.html	An HTML-formatted version of ROADMAP
SITES	An exhaustive list of CPAN sites
SITES.html	An HTML-formatted version of SITES
authors	A list of CPAN authors
clpa	An archive of comp.lang.perl.announce
doc	Various Perl documentation, FAQs, etc.
indices	All that is indexed.
latest.tar.gz	The latest Perl distribution sources
misc	Misc Perl stuff like Larry Wall quotes and gifs
modules	Modules for Perl version 5
other-archives	Other things yet uncategorized
ports	Various Perl ports
scripts	Various scripts appearing in Perl books
src	The Perl sources from various versions

Para obter a distribuição atual do Perl, clique em *latest.tar.gz*. Para as versões para outros sistemas, clique em *ports*. A ligação *modules* será a desejada se você estiver procurando um módulo Perl; a partir dela você poderá obter uma lista completa dos módulos ou poderá acessar os módulos diretamente pelo autor, pela categoria CPAN ou pelo módulo. (A seção "Como obter e instalar os módulos" posteriormente neste capítulo falará sobre como instalar os módulos.) Clique em *doc* para obter a documentação do Perl, as FAQs etc.

Como instalar o Perl

Muito provavelmente seu administrador do sistema será o responsável pela instalação e atualização do Perl. Mas se você for o administrador do sistema ou quiser instalar o Perl em seu próprio sistema, mais cedo ou mais tarde irá instalar uma nova versão do Perl.

> Se você vem executando o Perl e agora irá instalar o Perl 5.005, precisa saber que ele não é um compatível binário com as versões antigas. Isto significa que você terá que reconstruir e reinstalar qualquer extensão carregada dinamicamente construída nas versões anteriores.

As instruções específicas da instalação vêm nos arquivos *README* e *INSTALL* do kit de distribuição Perl. Se você ainda não tiver a distribuição Perl, poderá carregá-la a partir da CPAN — a distribuição Unix mais recente está em *latest.tar.gz*. As informações nesta seção são uma visão geral do processo de instalação. Os detalhes estão no arquivo *INSTALL*, que você deverá ver antes de começar, especialmente se não tiver feito uma instalação antes. Observe que os sistemas operacionais diferentes do Unix poderão ter instruções especiais; se tiverem, siga essas instruções ao invés das existentes nesta seção ou em *INSTALL*. Procure o arquivo denominado *README.xxx*, onde *xxx* é o nome do seu sistema operacional.

Além do próprio Perl, a distribuição padrão inclui um conjunto de módulos básicos que são instalados automaticamente com o Perl. Veja a seção "Como obter e instalar os módulos", posteriormente neste capítulo, para saber como instalar os módulos que não são enviados com o Perl; o Capítulo 8, *Módulos padrões*, descreve os módulos padrões em detalhes.

Como instalar no Unix

Geralmente, você obterá o kit Perl compactado como um arquivo *tar* ou como um conjunto de scripts *shar* (o armazenamento do shell); em qualquer caso, o arquivo estará em um formato compactado. Se você obtiver sua versão do Perl diretamente a partir da CPAN, provavelmente estará no formato "tar-gzip" compactado; o *tar* e o *gzip* são formatos populares de armazenamento de dados Unix. De qualquer maneira, assim que você tiver carregado a distribuição, precisará descompactá-la. O nome de arquivo indicará qual tipo de compressão foi usada. Uma extensão *.Z* indicará que você precisa *descompactar* primeiro o arquivo, ao passo que uma extensão *.gz* indicará que você precisa descompactar o *formato gzip* do arquivo. Então você irá descompactar o arquivo adequadamente, lerá os arquivos *README* e *INSTALL* e executará um script shell grande denominado *Configure*, que tentará descobrir tudo sobre seu sistema e criará o arquivo *Config.pm* para armazenar as informações. Depois disto feito, você fará uma série de "arranjos" para encontrar as dependências do arquivo de cabeçalho, para compilar o Perl (e o *a2p*, que converte os scripts *awk* no Perl), para executar os testes de regressão e para instalar o Perl em seus diretórios do sistema.

Um problema comum é não assegurar que o Perl esteja ligado a todas as bibliotecas necessárias para uma construção correta. E mais, você deverá dizer "yes" quando o *Configure* perguntar se você deseja um carregamento dinâmico, se seu sistema suportá-lo. Do contrário, não será capaz de instalar os módulos que usam o XS, que fornece uma interface entre o Perl e o C.

Se você estiver executando o Linux, algumas distribuições Linux poderão não incluir um MakeMaker completo, que você precisa para instalar os módulos. Para ter segurança, você deverá conferir se tudo está no lugar; uma maneira de fazer isto é verificar o arquivo *Config.pm*. Se o MakeMaker não estiver instalado corretamente, você mesmo poderá precisar construir o Perl.

É possível que você obtenha uma cópia compilada (binária) do Perl, ao invés da fonte. Neste caso, obtenha o *suidperl*, *a2p*, *s2p* e as rotinas da biblioteca Perl. Instale esses arquivos nos diretórios para os quais sua versão foi compilada. Note que as distribuições binárias do Perl tornaram-se disponíveis porque são úteis, não porque você está limitado a obter a fonte e a compilá-la você mesmo. As pessoas que fornecem a distribuição binária deverão oferecer alguma forma de acesso à fonte, pelo menos um ponteiro para onde *obtiveram* a fonte. Para obter mais informações, veja o arquivo *Copying* na distribuição.

Exemplos de Perl

A distribuição da fonte Perl vem com alguns scripts de exemplo no subdiretório *eg/*. Sinta-se à vontade para percorrê-los e usá-los. Porém, eles não são instalados automaticamente, portanto você precisará copiá-los para o devido diretório e possivelmente corrigir a linha #! para apontar para o interpretador correto.

Os arquivos nos subdiretórios *t/* e *lib/*, embora antigos nos lugares, poderão também servir como exemplos.

Correções

Como o Perl está sendo constantemente aperfeiçoado e melhorado, as correções são algumas vezes colocadas à disposição através da CPAN. Provavelmente sua distribuição terá a maioria das correções já aplicadas; execute perl -v para verificar o nível de correção de sua distribuição. As correções são enviadas com instruções completas sobre como aplicá-las usando *patch*, que está disponível a partir do projeto GNU.

Como instalar no Win32

Você precisará obter e instalar uma cópia do próprio Perl, a menos que tenha tido a boa sorte de ter um administrador do sistema que instale o Perl em seu sistema.

Para o Perl 5.004, existem duas distribuições diferentes para os sistemas Win32. A primeira é o Perl for Win32, que foi desenvolvido pela ActiveState Tool Corporation. A segunda é na verdade a distribuição padrão do Perl — o Perl 5.004 adicionou o suporte para os sistemas Win32 à distribuição padrão do Perl. No Perl 5.004, as duas versões são muito compatíveis, com parte do código Perl 5.004 sendo baseada na versão ActiveState. Contudo, existem também algumas diferenças: usar a versão ISAPI do Perl ou o PerlScript com o 5.004 irá requerer a distribuição ActiveState. Por outro lado, as versões Win32 do *mod_perl* ou o Perl/Tk requerem a versão "nativa" (ou padrão) do 5.004.

Com o Perl 5.005, esta situação mudou e as duas versões foram mescladas. Se você considerar a CPAN, verá que lá ainda parecem existir as duas versões, a distribuição ActiveState, agora conhecida como ActivePerl e a distribuição padrão. A diferença é que agora estão baseadas no mesmo código-fonte. Obtenha o ActivePerl caso queira instalar a partir de uma distribuição binária ou obtenha a distribuição padrão para construir o Perl a partir do código-fonte.

ActivePerl

A fonte aceita para a distribuição ActivePerl na época da composição deste livro está em *http://www.activestate.com/*. Incluídos na distribuição estão:

Perl for Win32

    O binário para a distribuição básica do Perl

Perl for ISAPI

    O acréscimo IIS para usar com os servidores Web compatíveis com o ISAPI

PerlScript

    O motor de script ActiveX

Perl Package Manager

    O gerenciador para os módulos e as extensões Perl

O binário ActivePerl vem como um executável com auto-extração que usa o assistente de configuração padrão Win32 installShield para guiá-lo no processo de instalação. Por default, o Perl é instalado no diretório *C:\Perl\versão*, onde *versão* é o número da versão atual (por exemplo 5.005). A menos que você escolha personalizar sua configuração, a instalação default não modificará seu registro, a não ser pelo acréscimo de uma entrada para que você possa desinstalar o Perl. Para obter informações sobre como personalizar sua instalação, veja a FAQ Win32 no site Web ActiveState. A instalação também irá associar a extensão de arquivo *.pl* ao Perl e acrescentará o diretório no qual você instalou o Perl à variável-ambiente PATH.

Distribuição padrão do Perl

A distribuição padrão do Perl está disponível na CPAN, onde você encontrará as distribuições binária e da fonte do Perl 5.004 para o Windows NT e o Windows 95, e a distribuição da fonte para o Perl 5.005. Você poderá obter o binário para o Perl 5.004 como um arquivo *.tar.gz* ou como um arquivo *.zip*. As distribuições da fonte vêm como arquivos *.tar.gz*, que você poderá extrair usando um utilitário que suporte os arquivos *gzip*, os arquivos *tar* e os nomes de arquivo longos. As versões do *gzip* e do *tar* GNU estão disponíveis para várias plataformas Win32 ou você poderá usar um programa de armazenamento *zip* gráfico como o WinZip. Preserve a estrutura de diretórios ao descompactar a distribuição.

Para instalar a partir da fonte, você precisará do compilador Microsoft Visual C++, do compilador Borland C++ ou do Mingw32 com EGCS ou GCC. Precisará também de um utilitário *make*. O Microsoft Visual C++ vem com o *nmake* ou você poderá usar o *dmake*.* Assim que você tiver a distribuição, comece lendo o arquivo *README.win32*. Em seguida, edite o arquivo *Makefile* no subdiretório *win32* da distribuição e assegure que esteja satisfeito com os valores para o drive e o diretório de instalação.

Então para construir, testar e instalar a distribuição, execute os seguintes comandos a partir do subdiretório *win32* da distribuição. Este exemplo supõe que você tem as devidas variáveis-ambientes (LIB, INCLUDE etc.) configuradas para seu compilador e que o *nmake* existe em seu programa make.

```
> make              Constrói todo o Perl
> nmake test        Testa sua distribuição
> nmake install     Instala no diretório de destino, como especificado
                    no Makefile
```

Supondo que tudo está agora construído corretamente, você só precisará adicionar ao seu caminho o subdiretório *bin* do diretório de destino da instalação. Por exemplo, se você instalou a distribuição Perl no *C:\Perl*, desejará adicionar *C:\Perl\bin* ao seu caminho.

Finalmente, reinicie sua máquina para que as alterações do ambiente entrem em vigor e fique pronto para prosseguir.

---

* Veja o arquivo *README.win32* para ter informações sobre como obter o Mingw32 e uma versão *dmake* do Win32.

Se você quiser instalar o binário Perl 5.004, poderá fazer isto a partir da linha de comandos ou do Windows. Para instalar a partir da linha de comandos, use *cd* no nível superior do diretório no qual você descompactou o Perl e digite:

```
% install
```

Em uma janela, clique no ícone *install.bat*. Isso deverá iniciar a instalação, mas se não, irá colocá-lo no shell de comandos no diretório correto. Neste ponto, digite:

```
> perl\bin\perl install.bat
```

Então o script de configuração fará algumas perguntas como onde você deseja instalar o Perl e se quer instalar as versões HTML da documentação. Depois confirmará suas respostas e fará a instalação. Quando estiver pronto, dará algumas informações sobre como definir as variáveis-ambientes e então terminará. Agora, você poderá começar a executar os scripts Perl.

Um aviso: Os usuários do Windows 95 poderão esperar uma funcionalidade bem diferente de sua distribuição Perl em relação aos usuários do Windows NT. Por várias razões, alguns módulos win32 não funcionam no Windows 95. A funcionalidade requerida para implementá-los poderá estar faltando no Windows 95 ou erros no Windows 95 poderão impedi-los de funcionar corretamente.

Como obter e instalar os módulos

Como você verá ao observar as listas de módulos e seus autores na CPAN, muitos usuários têm tornado seus módulos disponíveis gratuitamente. Se você encontrar um problema interessante e estiver pensando em escrever um módulo para resolvê-lo, verifique primeiro o diretório *modules* na CPAN para ver se há um módulo que possa usar. São boas as chances de que já exista um módulo que faz o que você precisa ou talvez um que você possa estender, ao invés de começar do zero*.

Antes de carregar um módulo, você poderá também verificar seu sistema para ver se ele já está instalado. O seguinte comando pesquisará as bibliotecas no array @INC e imprimirá os nomes de todos os módulos encontrados:

```
find `perl -e 'print "@INC"'` -name '*.pm' -print
```

---

* Se você estiver interessado em escrever e contribuir com módulos, existem vários lugares que servem como bons pontos de partida para aprender a fazer isso — veja a página manual *perlmodlib*, o "Perl 5 Module List" (Lista de Módulos Perl 5) e o "Perl Authors Upload Server" (Servidor de Transferência de Autores Perl) (*http://www.perl.com/CPAN/modules/04pause.html*).

Como localizar os módulos

Se na CPAN você começar a partir do diretório *modules*, verá que os módulos são colocados em categorias em três subdiretórios:

```
by-authors    Os módulos segundo o nome CPAN registrado do autor
by-category   Os módulos segundo a questão do assunto (veja abaixo)
by-module     Os módulos segundo o espaço do nome (por exemplo, MIME)
```

Se você conhecer o módulo desejado, poderá ir diretamente para ele clicando na entrada *by-module*. Se você estiver procurando um módulo em uma determinada categoria, poderá encontrá-lo através do subdiretório *by-category*. Se você conhecer o autor, clique em *by-author*. Porém, se você não estiver familiarizado com as categorias e quiser descobrir se existe um módulo que executa uma certa tarefa, poderá querer obter o arquivo *00modlist.long.html*, também no diretório *modules*. Esse arquivo é o "Perl 5 Modules List". Ele contém uma lista de todos os módulos, pela categoria, com uma pequena descrição da finalidade de cada módulo e uma ligação com o diretório CPAN do autor para o carregamento.

Esta é uma lista das categorias; existem atualmente 22 categorias, mais uma para os módulos que não se enquadram em nenhum outro lugar:

```
02_Perl_Core_Modules
03_Development_Support
04_Operating_System_Interfaces
05_Networking_Devices_Inter_Process
06_Data_Type_Utilities
07_Database_Interfaces
08_User_Interfaces
09_Interfaces_to_Other_Languages
10_File_Names_Systems_Locking
11_String_Processing_Language_Text_Process
12_Option_Argument_Parameter_Processing
13_Internationalization_and_Locale
14_Authentication_Security_Encryption
15_World_Wide_Web_HTML_HTTP_CGI
16_Server_and_Daemon_Utilities
17_Archiving_and_Compression
18_Images_Pixmap_Bitmap_Manipulation
19_Mail_and_Usenet_News
20_Control_Flow_Utilities
21_File-Handle_Input_Output
22_Microsoft_Windows_Modules
23_Miscellaneous_Modules
99_Not_In_ModuleList
```

Se você estiver no subdiretório *by-categories* e tiver selecionado uma área a partir da qual gostaria de carregar um módulo, encontrará uma lista dos arquivos no diretório. Os arquivos *tar* têm uma extensão *.tar.gz* e os arquivos README uma extensão *readme*. Você encontrará geralmente um arquivo README em cada módulo; veja-o antes de decidir carregar o arquivo.

Esta é uma listagem de diretórios de exemplo da categoria 15:

```
ANDK
    CGI-Out-96.081401.readme
    CGI-Out-96.081401.tar.gz
    CGI-Response-0.03.readme
    CGI-Response-0.03.tar.gz
    CGI-modules-2.75.readme
    CGI-modules-2.75.tar.gz
    CGI-modules-2.76.readme
    CGI-modules-2.76.tar.gz
    CGI.pm-2.32.readme
    CGI.pm-2.33.readme
    CGI.pm-2.34.readme
    CGI.pm-2.35.readme
    CGI.pm-2.35.tar.gz
    CGI.pm-2.36.readme
    CGI.pm-2.36.tar.gz
    CGI_Imagemap-1.00.readme
    CGI_Imagemap-1.00.tar.gz
    CGI_Lite-1.62.pm.gz
DOUGM
LDS
MGH
MIKEH
MUIR
SHGUN
```

Você notará que diversas versões são algumas vezes listadas — por exemplo, CGI.pm tem as versões 2.35 e 2.36 disponíveis. Geralmente isto é para facilitar a transição para uma nova versão do módulo.

Selecione o arquivo *.readme* do armazenamento mais atual e revise seu conteúdo com cuidado. Os arquivos README geralmente fornecem instruções especiais sobre como construir o módulo; eles avisam sobre outros módulos necessários para o devido funcionamento e se o módulo não pode ser construído sob certas versões do Perl. Se você estiver satisfeito com o que ler, carregue o arquivo.

Instalação do módulo

Se você estiver executando a distribuição padrão do Perl, em um sistema Unix ou Win32 e quiser instalar um módulo, esta seção explicará como fazê-lo. Se estiver executando a versão ActiveState Win32, veja a próxima seção.

Antes de instalar os módulos, você deverá compreender pelo menos um pouco o *make*. O *make* é um comando designado a automatizar as compilações; ele assegura que os programas serão compilados com as opções corretas e ligados à versão atual dos módulos e bibliotecas do programa. Mas não é apenas para os programadores; o *make* é útil para qualquer situação em que existem dependências entre um grupo de arquivos relacionados.

O *make* usa um arquivo conhecido como Makefile, que é um arquivo de texto que descreve as dependências e contém instruções que informam ao *make* o que fazer. Um programador Perl que escreve um módulo criará um arquivo chamado *Makefile.PL* que vem com o módulo quando você o carrega. O *Makefile.PL* é um script Perl que usa outro módulo, o ExtUtils::MakeMaker (normalmente apenas referido como MakeMaker), para gerar um Makefile específico para esse módulo em seu sistema.

Antes de você poder de fato instalar o módulo, precisará decidir sobre onde ele deverá ficar. Os módulos poderão ser instalados globalmente, para todos usarem, ou localmente, para seu próprio uso. A maioria dos administradores do sistema instala o software popular, inclusive os módulos Perl, para que fiquem disponíveis globalmente. Neste caso, os módulos são normalmente instalados em uma parte do diretório *lib* com o resto das bibliotecas Perl.

Se você tiver os privilégios principais ou o acesso de gravação para os locais onde os módulos Perl estão instalados em seu sistema, poderá prosseguir movendo o carregamento do arquivo do módulo para o diretório correto e executar o *gunzip* ou o *tar* para descompactá-lo. Então use o *cd* no diretório do módulo, verifique quaisquer arquivos README ou INSTALL e verifique o arquivo MANIFEST para assegurar que tudo está no lugar. Se tudo estiver bem, você poderá então executar o seguinte para completar a instalação:

    % perl Makefile.PL
    % make
    % make test
    % make install

É possível que você precise personalizar o *Makefile.PL* antes de executá-lo. Se precisar, veja a análise sobre o ExtUtils::MakeMaker no Capítulo 8.

Se você for instalar o módulo localmente (por exemplo, se não tiver permissão para instalar globalmente ou quiser testá-lo localmente antes de instalá-lo para o uso geral), precisará transmitir um argumento PREFIX ao Perl, quando executar o *Makefile.PL* para gerar o Makefile. Esse argumento informará ao MakeMaker para, ao instalar o módulo, usar o diretório depois de PREFIX como o diretório de base.

Por exemplo, para instalar um módulo no diretório */home/mydir/Perl/Modules*, o argumento PREFIX será assim:

    % perl Makefile.PL PREFIX=/home/mydir/Perl/Modules

Então siga as etapas restantes como acima:

```
% make
% make test
% make install
```

O módulo agora está disponível, mas quando você escrever o código Perl para usá-lo, haverá outro detalhe a cuidar. Como o Perl pesquisa os diretórios de todo o sistema como especificado no array @INC especial, ele não encontrará os módulos locais a menos que você o informe sobre onde eles estão. Ao contrário, você verá uma mensagem de erro como a seguinte:

```
Can't locate <ModuleName>.pm in @INC.
BEGIN failed--compilation aborted.
```

Assim, se você instalou o módulo em */home/mydir/Perl/Modules*, precisará informar ao Perl para pesquisar esse local com o comando use lib '*caminho*':

```
#!/usr/local/bin/perl -w
use lib '/home/mydir/Perl/Modules';
use ModuleName;
```

Como instalar os módulos com o Perl do ActiveState

Antes do Perl 5.005, o Perl for Win32 do ActiveState não suportava o uso do MakeMaker. Se você estiver executando o Perl 5.004 (ou anterior), isto irá impedi-lo de instalar alguns módulos. Outros poderão ser instalados manualmente assegurando que todos os arquivos que vêm na distribuição do módulo sejam colocados nas bibliotecas corretas. A documentação que vem com o módulo poderá ajudar a determinar se você poderá instalá-lo e o que precisará fazer.

Com o 5.005, você agora pode usar o MakeMaker para instalar os módulos ou pode usar o Perl Package Manager (Gerenciador de Pacotes Perl) que vem com o ActivePerl.

Como usar o MakeMaker

Para instalar um módulo usando o MakeMaker, siga o procedimento descrito anteriormente para instalá-lo quando estiver executando a distribuição padrão, substituindo o *make* pelo *nmake* ou pelo *dmake* conforme o apropriado.

Como usar o Perl Package Manager

O Perl Package Manager (PPM) fornece uma interface da linha de comandos para obter e instalar os módulos e as extensões Perl. Para executar o PPM, conecte o site (como CPAN ou o CD que vem com o *Perl Resource Kit for Win32* ou Kit de Recursos Perl para Win32) que contém os módulos nos quais você está interessado e digite:

```
perl ppm.pl
```

O prompt PPM aparecerá e você poderá começar a fornecer os comandos PPM. Os comandos disponíveis são:

help *[comando]*
> Imprime a lista de comandos e o que fazem esses comandos, e imprime também a ajuda para um determinado comando.

install *pacotes*
> Instala os pacotes especificados.

quit
> Sai do Perl Package Manager.

remove *pacotes*
> Remove os pacotes especificados do sistema.

search
> Pesquisa as informações sobre os pacotes disponíveis.

set
> Define ou exibe as opções atuais.

verify
> Verifica se sua instalação atual está atualizada.

Como instalar os módulos com o módulo CPAN

Se você estiver apenas obtendo e instalando um ou alguns módulos, não será um grande problema fazê-lo manualmente. Mas se você não quiser fazer tudo isto manualmente ou se estiver mantendo uma instalação inteira do Perl, há um modo muito mais fácil — você poderá usar o módulo CPAN. O módulo CPAN (*CPAN.pm*) poderá ser usado de maneira interativa a partir da linha de comandos para localizar, carregar e instalar os módulos Perl ou para identificar os módulos e os autores. O *CPAN.pm* foi designado a automatizar a instalação dos módulos Perl; ele inclui as capacidades de pesquisa, a capacidade de recuperar os arquivos a partir de um ou mais sites CPAN espelhados e descompactá-los em um diretório dedicado.

Para executar o módulo CPAN de maneira interativa, forneça:

```
% perl -MCPAN -eshell
```

A primeira vez em que você usar o módulo CPAN, ele irá conduzi-lo em uma série de perguntas sobre a configuração e gravará um arquivo chamado *MyConfig.pm* em um subdiretório de seu diretório pessoal com o default de *~/.cpan/CPAN/MyConfig.pm*. Depois disso, sempre que você usar o módulo CPAN para carregar outros módulos, ele usará o diretório *.cpan* como o diretório de construção e de cache geral, gravado como cpan_home no arquivo de configuração. Se o suporte ReadLine estiver disponível (por exemplo, Term::ReadKey e Term:ReadLine estão instalados), você poderá usar o histórico de comandos e o término do comando quando fornecer os comandos.

Quando o módulo for executado e estiver pronto para fornecer os comandos, você verá o prompt:

```
cpan>
```

Então poderá fornecer h para obter uma pequena mensagem de ajuda ou apenas começar a fornecer os comandos. Os comandos são todos os métodos no pacote CPAN::Shell. Para obter os comandos que podem operar nos módulos, nos casados, nos autores ou nas distribuições, o *CPAN.pm* tratará os argumentos que contêm uma barra (/) como distribuições, os argumentos que começam com Bundle:: como casados e tudo mais como módulos ou autores.

A seguir está uma listagem dos módulos CPAN interativos:

?

?
Exibe uma pequena mensagem de ajuda. Igual ao comando h.

!

! *código_do_perl*
Executa o eval em um comando Perl.

a

a [*lista_de_autores*]
Pesquisa os autores CPAN. Os argumentos poderão ser strings que coincidem exatamente ou expressões constantes, que têm que estar entre barras e ser coincidentes sem levar em conta as letras maiúsculas e minúsculas. Sem argumentos, retornará uma lista de todos os autores, pelo ID (Identificação) da CPAN. Com argumentos, retornará uma lista de autores caso haja mais de um que coincida com o critério ou retornará informações extras se um único autor for retornado. Os argumentos de string ou de expressões constantes poderão ser combinados no mesmo comando.

```
cpan> a /^nv/ LWALL
Author              NVPAT (Nathan V. Patwardhan)
Author              LWALL (Larray Wall. Author of Perl. Busyman.)

cpan> a / ^nv/
Author id = NVPAT
     EMAIL      nvp@ora.com
     FULLNAME   Nathan V. Patwardhan
```

autobundle

autobundle [*lista_de_casados*]

Escreve um arquivo casado contendo uma lista de todos os módulos que estão disponíveis a partir da CPAN ou atualmente instalados no @INC. O arquivo é escrito no subdiretório *Bundle* de cpan_home com um nome que contém a data atual e um contador; por exemplo, *Snapshot_1998_04_27_00.pm*. Então para instalar as versões mais recentes de todos os módulos em seu sistema, você poderá usar esse arquivo como a entrada para o comando install:

    perl -MCPAN -e 'install Bundle::Snapshot_1998_04_27_00'

b

b [*lista_de_casados*]

Pesquisa os casados da CPAN. Os argumentos são os mesmos do comando a, exceto que especificam os casados. Com um único argumento, ele exibirá detalhes sobre o casado; com diversos argumentos, exibirá uma lista.

clean

clean [*lista_de_arg*]

Faz um *make clean* no diretório do arquivo de distribuição. A *lista_de_arg* poderá incluir um ou mais módulos, casados, distribuições ou um dos valores "r" ou "u" para reinstalar ou cancelar a instalação.

d

d [*lista_de_distrib*]

Exibe informações sobre as distribuições dos módulos para a(s) distribuição(ões) especificada(s) na *lista_de_distrib*. Os argumentos são os mesmos do comando a. Exibe os detalhes para um único argumento ou uma lista se a saída consistir em diversas distribuições.

force

force *método* [*lista_de_arg*]

Obtém como um primeiro argumento o método a chamar, que poderá ser um make, test ou install e executará o comando a partir do zero para cada argumento na *lista_de_arg*. Os argumentos poderão ser módulos ou distribuições.

h

h
Exibe uma pequena mensagem de ajuda. Igual a ?.

i

i [*lista_de_arg*]
Exibe informações sobre os argumentos especificados na *lista_de_arg*, que poderão ser quaisquer autores, módulos, casados ou distribuições. Os argumentos e a saída são os mesmos para a.

install

install [*lista_de_arg*]
Instala os argumentos especificados na *lista_de_arg*, que poderão ser módulos ou distribuições. Implica em test. Para uma distribuição, o install será executado incondicionalmente. Para um módulo, o *CPAN.pm* irá verificar para saber se o módulo é atual e se for, imprimirá uma mensagem e não fará a instalação. Do contrário, encontrará e processará a distribuição que contém o módulo.

look

look *arg*
Tem um argumento, que é um módulo ou distribuição, obtém e descompacta o arquivo de distribuição caso seja necessário, altera o devido diretório e abre um processo do subshell nesse diretório.

m

m [*lista_de_arg*]
Exibe informações sobre os módulos. Os argumentos são os mesmos para o comando a.
Exibe os detalhes de um único módulo ou uma lista se houver mais de um na saída.

make

make [*lista_de_arg*]
Executa incondicionalmente um *make* em cada argumento na *lista_de_arg*, que poderá ser um módulo ou uma distribuição. Para um módulo, o *CPAN.pm* encontrará e processará a distribuição que contém o módulo.

o

> o *tipo* [*opção*] [*valor*]
> Define e consulta as opções. Tem os seguintes argumentos:
>
> *tipo*
>> O tipo das opções a definir ou consultar. Os possíveis valores são:
>>
>> debug
>>> As opções de depuração. Imprime as opções do módulo CPAN para depurar o pacote.
>>
>> conf
>>> As opções da configuração. Lista ou define os valores para as variáveis de configuração do módulo CPAN mantidas no hash %CPAN::Config. Estas são as variáveis de configuração do %CPAN::Config.

Variável	Conteúdo
build_cache	O tamanho do cache dos diretórios para construir módulos.
build_dir	O diretório acessível localmente para construir módulos.
index_expire	O número de dias antes de buscar de novo os arquivos do índice.
cpan_home	O diretório local reservado para este pacote.
gzip	O local do programa externo *gzip*.
inactivity_timeout	Interrompe um *Makefile.PL* interativo depois de inactivity_timeout segundos de inatividade (definida para 0 para nunca interromper).
inhibit_startup_message	Se true, não imprimirá uma mensagem de inicialização.
keep_source	Se definida, manterá a fonte no diretório local.
keep_source_where	Onde manter a fonte.
make	O local do programa *make* externo.
make_arg	Os argumentos para sempre transmitir a *make*.
make_install_arg	Igual a make_arg para o *make install*.
makepl_arg	Os argumentos para sempre transmitir ao *perl Makefile.PL*.

	pager	O local do programa *more* externo (ou outro paginador).
	tar	O local do programa *tar* externo.
	unzip	O local do programa *unzip* externo.
	urllist	A referência do array para os sites CPAN próximos (ou os locais equivalentes como o CD-ROM).

opção

    A opção ou opções da configuração do módulo CPAN; usada com conf. Pode ser uma ou mais opções escalar ou de lista da tabela acima.

valor

    O valor a ser definido para uma opção da configuração.

    As possibilidades para o conf são:

    o conf *opção_escalar*

        Imprime o valor atual da opção escalar.

    o conf *opção_escalar valor*

        Define a opção escalar para o *valor*.

    o conf *opção_da_lista*

        Imprime o valor atual da opção da lista no formato MakeMaker.

    o conf *opção_da_lista* [shift|pop]

        Desloca ou move o array na variável *opção_da_lista*.

    o conf *opção_da_lista* [unshift|push|splice] *lista*

        Funciona como as funções Perl correspondentes para modificar o array na *opção_da_lista* baseada na *lista*.

---

q

    q

    Sai da sub-rotina do shell do módulo CPAN.

---

r

    r

    Recomendações para a reinstalação. Sem argumento, lista todas as distribuições que estão esatualizadas. Com um argumento, informa se esse módulo ou distribuição está desatualizada.

readme

readme *lista_de_arg*

Localiza e exibe o arquivo README para os módulos ou distribuições na *lista_de_arg*.

recompile

recompile

Execute o ciclo *make/test/install* completo em todos os módulos carregáveis dinamicamente instalados com force. Útil para completar uma instalação da rede nos sistemas depois da primeira instalação, onde o módulo CPAN declararia do contrário os módulos já atualizados.

reload

reload *arg*

Recarrega os arquivos de índice ou aplica novamente o eval no próprio *CPAN.pm*. O *arg* poderá ser:

cpan
    Aplica novamente o eval no *CPAN.pm*.

index
    Recarrega o índice dos arquivos.

test

test

Executa o comando *make test*.

u

u

Lista todas as distribuições desinstaladas.

Documentação

A documentação do Perl é escrita em uma linguagem conhecida como *pod* (plain old documentation ou documentação antiga comum). A pod é um conjunto de marcas simples que podem ser processadas para produzir a documentação no estilo das páginas manuais do Unix. Existem também vários programas utilitários disponíveis que processam o texto pod e geram a saída em diferentes formatos. As marcas pod podem ser misturadas com os comandos Perl ou podem ser gravadas em um arquivo separado, que geralmente tem uma extensão *.pod*. As marcas pod e os programas utilitários incluídos na distribuição Perl serão descritos no Capítulo 4, *A linguagem Perl*

Como instalar a documentação

No Unix, o procedimento padrão da instalação Perl gera páginas manuais para a documentação Perl a partir de seu formato Perl, embora seu administrador do sistema possa também escolher instalar a documentação como arquivos HTML. Você poderá também usar este procedimento para gerar páginas manuais para os módulos CPAN quando instalá-los. Você poderá precisar modificar sua variável-ambiente CPAN para incluir o caminho para as páginas manuais Perl, mas então deverá ser capaz de ler a documentação com o comando *man*. Além disso, o Perl vem com seu próprio comando, *perldoc*, que formata a documentação pod e exibe-a. O *perldoc* é particularmente útil para ler a documentação do módulo, que poderá não estar instalada como páginas manuais; você poderá também usá-lo para ler a documentação Perl básica.

A versão Win32 do ActiveState vem com a documentação no formato HTML; você poderá encontrá-la no subdiretório */docs* da distribuição. A documentação específica para o Perl for Win32 do ActiveState está instalada no subdiretório */docs/Perl-Win32*.

A versão Win32 nativa instala o comando *perldoc* para formatar e ler a documentação Perl; ela também fornece uma opção durante a instalação da documentação para ser formatada e gravada como arquivos HTML.

As páginas manuais do Perl

O Perl vem com muita documentação on-line. Para facilitar, as páginas manuais foram divididas em seções separadas para que você não tenha que percorrer centenas de páginas de texto para encontrar o que está procurando. Você poderá lê-las com o comando *man* ou com o *perldoc*. Execute man perl ou perldoc perl para ler a página de nível superior. Essa página por sua vez irá direcioná-lo para mais páginas específicas. Ou se você souber qual página deseja, poderá ir diretamente para ela usando:

    % man perlvar

ou:

    % perldoc perlvar

A seguinte tabela lista as seções em uma ordem lógica para ler através delas:

Seção	Descrição
perl	Uma visão geral (o nível superior).
perldelta	As alterações desde a versão anterior.
perlfaq	As perguntas feitas com freqüência.
perltoc	O sumário da documentação Perl.
perldata	As estruturas dos dados.
perlsyn	A sintaxe.
perlop	Os operadores e a precedência.
perlre	As expressões constantes.
perlrun	A execução e as opções.
perlfunc	As funções predefinidas.
perlvar	As variáveis predefinidas.
perlsub	As sub-rotinas.
perlmod	Como os módulos funcionam.
perlmodlib	Como escrever e usar os módulos.
perlmodinstall	Como instalar os módulos a partir da CPAN.
perlform	Os formatos.
perllocale	O suporte local.
perlref	As referências.
perldsc	A apresentação das estruturas de dados.
perllol	As estruturas de dados: as listas das listas.
perltoot	O tutorial OO.
perlobj	Os objetos.
perltie	Os objetos ocultos nas variáveis simples.
perlbot	Os truques OO e os exemplos.
perlipc	A comunicação entre os processos.
perldebug	A depuração.
perldiag	As mensagens de diagnóstico.
perlsec	A segurança.
perltrap	As armadilhas para o descuidado.
perlport	O guia da portabilidade.
perlstyle	O guia do estilo.
perlpod	A documentação antiga comum.

perlbook	As informações do livro.
perlembed	A incorporação do Perl em sua aplicação C ou C++.
perlapio	A interface de abstração E/S interna.
perlxs	A interface de programação da aplicação XS.
perlxstut	O tutorial XS.
perlguts	As funções internas para aqueles que fazem extensões.
perlcall	As convenções de chamadas do C.
perlhist	Os registros do histórico.

Parte II

O básico sobre a linguagem

Capítulo 3

O interpretador Perl

O executável *perl*, normalmente instalado no */usr/bin* ou */usr/local/bin* em sua máquina, também é chamado de *interpretador perl*. Todo programa Perl, para ser executado, tem que ser transmitido através do interpretador Perl. A primeira linha em muitos programas Perl é algo como:

```
#!/usr/bin/perl
```

Para os sistemas Unix, esta linha #! (cerquilha e exclamação) informa ao shell para procurar o programa */usr/bin/perl* e transmitir o resto do arquivo a esse programa para sua execução. Algumas vezes você verá diferentes nomes de caminho para o executável Perl, como */usr/local/bin/perl*. Você poderá ver *perl5* ao invés de *perl* nos sites que ainda dependem das versões mais antigas do Perl. Poderá também ver as opções da linha de comandos anexadas ao final, como o famoso argumento -*w*, que produz mensagens de aviso. Mas quase todos os programas Perl no Unix começam com alguma variação desta linha.

Se você vir um misterioso erro "Command not found" (Comando não encontrado) em um programa Perl, geralmente será porque o caminho para o executável Perl está errado. Quando você carrega os programas Perl da Internet, copia-os de uma máquina para outra ou copia-os de um livro (como este!), a primeira coisa que deverá fazer é assegurar que a linha #! aponta para o local do interpretador Perl em seu sistema.

Então o que o interpretador Perl faz? Ele compila o programa internamente em uma árvore de análise e então executa-o imediatamente. O Perl é comumente conhecido como uma linguagem interpretada, mas isto não é rigorosamente verdadeiro. Como o interpretador converte de fato o programa em um código de bytes antes de executá-lo, é algumas vezes chamado de *interpretador/compilador* ou qualquer outra coisa*. Embora a forma compilada não seja armazenada como um arquivo, a versão 5.005 do Perl inclui uma versão que funciona de um compilador Perl independente.

O que toda esta confusão significa para você? Quando você escrever um programa Perl, poderá fornecer-lhe uma linha #! correta no início do script, torná-lo executável com chmod +x e executá-lo. Para 95% dos programadores Perl neste mundo, isso é tudo com o que você deverá se preocupar.

Processamento de comandos

Além de especificar uma linha #!, você poderá também especificar um pequeno script diretamente na linha de comandos. Estas são algumas das possíveis maneiras de executar o Perl:

- Envie o comando *perl*, escrevendo seu script linha por linha através dos argumentos - *e* na linha de comandos:

    ```
    perl -e 'print "Hello, world\n"'      #Unix
    perl -e "print \"Hello, world\n\""    #Win32
    ```

- Envie o comando *perl*, transmitindo ao Perl o nome de seu script como o primeiro parâmetro (depois de qualquer argumento):

    ```
    perl testpgm
    ```

- Nos sistemas Unix que suportam a notação #!, especifique o comando Perl na linha #!, torne seu script executável e chame-o a partir do shell (como descrito acima).

- Transmita seu script ao Perl através da entrada padrão. Por exemplo, no Unix:

    ```
    echo "print 'Hello, world'" | perl -
    ```

    ou (pelo menos ignoreeof está definido):

    ```
    % perl
    print "Hello, world\n";
    ^D
    ```

- Nos sistemas Win32, você poderá associar uma extensão (por exemplo, *.plx*) a um tipo de arquivo e clicar duas vezes no ícone de um script Perl com esse tipo de arquivo. Se você estiver usando a versão ActiveState do Win32 Perl, o script de instalação normalmente solicitará que você crie a associação.

---

* Então você chamará algo de "script" Perl ou de "programa" Perl? Geralmente a palavra "programa" é usada para descrever algo que precisa ser compilado no assembler ou no código de bytes antes da execução, como na linguagem C, e a palavra "script" é usada para descrever algo que é executado através de um interpretador, como no shell Bourne. Para o Perl, você poderá usar qualquer frase e não se preocupar em ofender alguém.

- Nos sistemas Win32, se você clicar duas vezes no ícone para o executável Perl, irá para uma janela do prompt de comandos, com um cursor piscando. Você poderá fornecer seus comandos Perl, indicando o final de sua entrada com CTRL-Z e o Perl compilará e executará seu script.

O Perl analisará o arquivo de entrada a partir do início, a menos que você tenha especificado o argumento -x (veja a seção "Opções da linha de comandos" a seguir). Se houver uma linha #!, ela será sempre examinada para obter os argumentos quando a linha estiver sendo analisada. Assim, os argumentos irão se comportar de maneira consistente independentemente de como o Perl foi chamado.

Depois de localizar seu script, o Perl compilará todo o script em uma forma interna. Se houver qualquer erro de compilação, a execução do script não será tentada. Se o script estiver correto sintaticamente, será executado. Se o script ultrapassar o final sem atingir um operador exit ou die, um exit(0) implícito será fornecido para indicar o término bem-sucedido.

Opções da linha de comandos

O Perl espera que quaisquer opções da linha de comandos, também conhecidas como *argumentos* ou *marcas*, venham primeiro na linha de comandos. O próximo item geralmente é o nome do script, seguido de qualquer argumento adicional (em geral os nomes de arquivo) a ser transmitido ao script. Alguns desses adicionais poderão ser argumentos, mas se forem, terão que ser processados pelo script, uma vez que o Perl desiste de analisar os argumentos assim que vê um item diferente do argumento ou o argumento -- especial que termina o processamento do argumento.

Um argumento com um caractere sem argumentos poderá ser combinado (ou casado) com o argumento após ele, se houver. Por exemplo:

    #!/usr/bin/perl -spi.bak

é igual a:

    #!/usr/bin/perl -s -p -i.bak

O Perl reconhecerá os argumentos listados na Tabela 3-1.

Tabela 3-1: Os argumentos do Perl

Argumento	Função
--	Termina o processamento do argumento, mesmo que o próximo argumento comece um menos. Não tem outro efeito.
-0[*núm_octal*]	Especifica o separador de registros ($/) como um número octal. Se o *núm_octal* não existir, o caractere nulo será o separador. Outros argumentos poderão preceder ou seguir o número octal.

continua...

Tabela 3-1: Os argumentos do Perl (continuação)

Argumento	Função
-a	Ativa o modo de autodivisão quando usado com -n ou -p. Um slipt implícito do array @F será inserido como o primeiro comando dentro do loop while implícito produzido por -n ou -p. O delimitador default do campo é o espaço em branco; um delimitador do campo diferente poderá ser especificado usando -F.
-c	Faz com que o Perl verifique a sintaxe do script e então saia sem executá-la. Mais ou menos equivalente a ter o exit(0) como a primeira instrução em seu programa.
-d	Executa o script no depurador Perl. Veja Capítulo 6, *Depuração*.
-d:foo	Executa o script sob o controle de um módulo de depuração ou de rastreamento instalado na biblioteca Perl como Devel::*foo*. Por exemplo, -d:DProf executará o script usando o perfilador Devel::DProf. Veja também a seção sobre o DProf no Capítulo 6.
-Dnúmero -Dlist	Define as marcas da depuração. (Isto funcionará apenas se a depuração foi compilada na versão do Perl que você está executando.) Você poderá especificar um número que seja a soma dos bits desejados ou uma lista de letras. Para observar como o Perl executa seu script, por exemplo, use -D14 ou Dslt. Outro valor útil é -D1024(-Dx), que lista sua árvore de sintaxe compilada. O valor numérico das marcas está disponível internamente como a variável especial $^D. Estes são os valores atribuídos de bits:

Bit	Letra	Significado
1	p	Utilização de fichas e análise
2	s	Instantâneos da pilha
4	l	Processamento da pilha de etiquetas
8	t	Execução do rastreamento
16	o	Pesquisa do método de objetos
32	c	Conversões de string/numéricas
64	P	Comando do processador de impressão para -P
128	m	Alocação de memória
256	f	Processamento do formato
512	r	Processamento de expressões constantes
1.024	x	Armazenamento da árvore de sintaxe
2.048	u	Verificações de danos
4.096	L	Falhas de memória (não mais suportado)
8.192	H	Armazenamento de hash — apodera-se de *valores*
16.384	X	Alocação de armazenamento temporário
32.768	D	Limpeza

-e linha_de_comando	Pode ser usado para fornecer uma ou mais linhas de script. Se -e for usado, o Perl não irá procurar o nome de um script na lista de argumentos. Diversos comandos -e poderão ser fornecidos para construir um script com várias linhas. (Use pontos-e-vírgulas onde usaria em um programa normal.)
-Fpadrão	Especifica o padrão a dividir caso -a também entre em vigor. O padrão poderá vir entre //, "" ou ''; do contrário será colocado entre aspas simples.
-h	Imprime um resumo das opções da linha de comandos do Perl.
-i [extensão]	Especifica que os arquivos processados pela construção <> serão editados no lugar. O Perl fará isto renomeando o arquivo de entrada, abrindo o arquivo de saída pelo nome original e selecionando esse arquivo de saída como o default para as instruções print. A extensão, se fornecida, será adicionada ao nome do antigo arquivo para fazer uma cópia de backup. Se nenhuma extensão for fornecida, nenhum backup será feito.
-Idiretório	Os diretórios especificados por -I são anexados a @INC, que carrega o caminho de pesquisa para os módulos. Se -P também for especificado para chamar o pré-processador C, -I informará ao pré-processador onde pesquisar os arquivos incluídos. Por default, ele pesquisará /usr/include e /usr/lib/perl.
-l[núm_octal]	Permite o processamento automático do final da linha. Este argumento tem dois efeitos: primeiro, quando é usado com -n ou -p, faz com que o terminador da linha use o chomp automaticamente e segundo, define $\ para o valor do núm_octal, de maneira que qualquer instrução de impressão tenha um terminador de linha do valor do núm_octal ASCII adicionado de volta. Se o núm_octal for omitido, $\ será definido para o valor atual de $/, que geralmente é uma nova linha. Portanto, para cortar as linhas em 80 colunas, faça isto: `perl -lpe 'substr($_, 80) = ""'`
-m[-]module -M[-]module -M[-]'module ...' -[mM][-] module arg[,arg]... -mmodule	Executa o use module antes de executar seu script

continua...

Tabela 3-1: Os argumentos do Perl (continuação)

Argumento	Função
-Mmodule	Executa o use *module* antes de executar seu script. O comando é formado pela interpolação, portanto você poderá usar aspas para adicionar um código extra após o nome do módulo, por exemplo, *M'module qw(foo bar)'*. Se o primeiro caractere depois de *-M* ou de *-m* for um menos (-), então use será substituído por no. Você também poderá dizer *-m module=foo,bar* ou *-Mmodule = foo,bar* como um atalho para *-M'module qw(foo bar)'*. Isto evitará a necessidade de usar aspas ao importar símbolos. O código real gerado por *-Mmodule =foo,bar* é: `use module split(/,/, q{foo.bar})` A forma = remove a distinção entre *-m* e *-M*.

-n	Faz com que o Perl adote o seguinte loop em seu script, fazendo com que execute repetidamente os argumentos dos nomes de arquivo:
	`LINE: while (<>) {`
	`    ... # your script goes here (seu script entra aqui)`
	
	Por default, as linhas não são impressas. Veja *-p* para ter três linhas impressas. Os blocos BEGIN e END poderão ser usados para capturar o controle antes ou depois do loop implícito.

-p	Faz com que o Perl adote o seguinte loop em seu script, fazendo com que execute repetidamente os argumentos dos nomes de arquivo:
	`LINE: while (<>) {`
	`    ... # your script goes here } continue {`
	`    print; }`
	
	As linhas são impressas automaticamente. Para omitir a impressão, use o argumento *-n*. Se ambos forem especificados, o argumento *-p* irá anular o *-n*. Os blocos BEGIN e END poderão ser usados para capturar o controle antes ou depois do loop implícito.

-P	Faz com que seu script seja executado através do pré-processador C antes da compilação feita pelo Perl. (Uma vez que os comentários e as diretivas *cpp* começam com o caractere #, você deverá evitar iniciar os comentários com qualquer palavra reconhecida pelo pré-processador C como if, else ou define.)

-s	Permite alguma análise rudimentar dos argumentos na linha de comandos depois do nome do script mas antes de qualquer argumento do nome de arquivo ou do terminador do argumento - -. Qualquer argumento encontrado lá será removido do @ARGV e uma variável com o mesmo nome do argumento será definida no script Perl. Nenhum argumento casado será permitido, uma vez que os argumentos com diversos caracteres são permitidos.
-S	Faz com que o Perl use a variável-ambiente PATH para pesquisar o script (a menos que o nome do script comece com uma barra). Geralmente isto é usado para emular a inicialização #! nas máquinas que não suportam o #!.
-T	Faz com que as verificações "de danos" sejam ativadas. Geralmente, estas verificações são feitas apenas ao executar o setuid ou o setgid. Será uma boa idéia ativá-las explicitamente para os programas executados em nome de outro usuário, como os programas CGI.
-u	Faz que com o Perl use o dump de memória depois de compilar seu script. Você poderá então obter esse dump de memória e transformá-lo em um arquivo executável usando o programa *undump* (não fornecido). Isto irá agilizar a inicialização com a desvantagem da perda do espaço em disco (que você poderá minimizar cortando o executável). Se você quiser executar uma parte de seu script antes do dump, use o operador dump do Perl. Nota: a disponibilidade do *undump* é específica da plataforma; poderá não estar disponível para uma versão específica do Perl.
-U	Permite ao Perl fazer operações sem segurança. Atualmente, as únicas operações "sem segurança" são o desligamento dos diretórios quando executados como superusuário e a execução dos programas setuid com as verificações de danos fatais transformadas em avisos.
-v	Imprime a versão e o nível de correção de seu executável Perl.
-V	Imprime um resumo dos valores da configuração Perl maiores e o valor atual do @INC.
-V:nome	Imprime o valor da variável de configuração denominada no STDOUT.

continua...

Tabela 3-1: Os argumentos do Perl (continuação)

Argumento	Função
-w	Imprime avisos sobre os identificadores que são mencionados apenas uma vez e as variáveis escalares que são usadas antes de serem definidas. Também avisa sobre as sub-rotinas redefinidas e as referências para os handles de arquivo não-definidos ou para os abertos como de leitura apenas, que você está tentando escrever. Irão avisá-lo se você usar algo diferente de um número como se fosse um, se você usar um array como se fosse um escalar, se suas sub-rotinas fizerem recursões em mais de 100 níveis de profundidade etc.
-x[diretório]	Informa ao Perl para extrair um script que está incorporado em uma mensagem, procurando a primeira linha que começa com #! e contém a string "perl". Qualquer argumento significativo nessa linha depois da palavra "perl" será aplicado. Se um nome de diretório for especificado, o Perl mudará para esse diretório antes de executar o script. O script terá que ser terminado com _ _END _ _ ou _ _DATA_ _ se houver um texto posterior a ser ignorado. (Se desejado, o script poderá processar qualquer ou todo texto posterior através do handle de arquivos DATA .)

Variáveis-ambientes

As variáveis-ambientes são usadas para definir as preferências do usuário. Os módulos Perl individuais ou os programas são sempre livres para definir suas próprias variáveis-ambientes e existe também um conjunto de variáveis-ambientes especiais que são usadas no ambiente CGI (veja Capítulo 9, *Visão geral sobre a CGI*).

O Perl usa as seguintes variáveis-ambientes:

HOME

　Usada se chdir não tiver argumentos.

LOGDIR

　Usada se chdir não tiver argumentos e HOME não estiver definida.

PATH

　Usada na execução de subprocessos e na localização do script se -S for usado.

PATHEXT

　Nos sistemas Win32, se você quiser evitar digitar a extensão sempre que executar um script Perl, poderá definir a variável-ambiente PATHEXT para que inclua os scripts Perl. Por exemplo:

```
> set PATHEXT=%PATHEXT%;.PLX
```

Esta definição permitirá que você digite:

> myscript

sem incluir a extensão de arquivo. Cuidado ao definir a PATHEXT de maneira permanente; ela também inclui tipos de arquivo executáveis como .com, .exe, .bate .cmd. Se você perder sem querer essas extensões, terá dificuldades de chamar as aplicações e os arquivos de script.

PERL5LIB

Uma lista de diretórios separada por vírgulas, nos quais são procurados os arquivos da biblioteca Perl antes de pesquisar a biblioteca padrão e o diretório atual. Se a PERL5LIB não estiver definida, a PERLIB será usada. Ao executar as verificações de danos, nenhuma variável será usada. O script deverá informar:

use lib "/my/directory";

PERL5OPT

As opções da linha de comandos (argumentos). Os argumentos nesta variável são obtidos como se estivessem em cada linha de comandos do Perl. Apenas os argumentos -[DIMUdmw] são permitidos. Ao executar as verificações de danos, esta variável será ignorada.

PERLLIB

Uma lista de diretórios separada por vírgulas para procurar os arquivos da biblioteca Perl antes de pesquisar a biblioteca padrão e o diretório atual. Se a PERL5LIB estiver definida, a PERLLIB não será usada.

PERL5DB

O comando usado para carregar o código do depurador. O default é:

BEGIN { require 'perl5db.pl' }

PERL5SHELL

Nos sistemas Win32, poderá ser definida para um shell alternativo para o Perl usar internamente para executar os comandos "de crase" ou a função system.

PERL_DEBUG_MSTATS

Importante apenas se seu executável Perl foi construído com o –DDEBUGGING_ MSTATS. Se definida, fará com que as estatísticas da memória sejam colocadas no dump após a execução. Se definida para um inteiro maior que um, também fará com que as estatísticas da memória sejam colocadas no dump após a compilação.

PERL_DESTRUCT_LEVEL
　　Importante apenas se seu executável Perl foi construído com o –DEBUGGING. Controla o comportamento da destruição global dos objetos e de outras referências.

O Perl também tem variáveis-ambientes que controlam como o Perl lida com os dados específicos para determinadas linguagens naturais. Veja a página manual *perllocale*.

O compilador Perl

Um compilador de código nativo do Perl agora faz parte (a partir do Perl 5.005) da distribuição padrão do Perl. O compilador permite distribuir programas Perl na forma binária, o que permite a inclusão fácil dos programas baseados no Perl sem ter que depender da máquina de origem, tendo a versão correta do Perl e dos módulos corretos instalados. Depois da compilação inicial, executar um programa compilado deverá ser mais rápido no sentido de que não tem que ser recompilado sempre que é executado. Porém, você não deverá esperar que o próprio código compilado seja executado mais rapidamente do que a fonte Perl original ou que o executável seja menor — na verdade, o arquivo executável provavelmente será bem maior.

Esta versão inicial do compilador ainda é considerada como a versão beta. Ela é distribuída como um módulo de extensão, B, que vem com os seguintes back-ends:

Bytecode
　　Converte um script em um código de bytes Perl independente da plataforma.

C　Converte um script Perl no código C.

CC Converte um script Perl no código C otimizado.

Deparse
　　Gera de novo o código-fonte Perl a partir de um programa compilado.

Lint
　　Estende a opção *-w* do Perl. Nomeado segundo o verificador de programas Lint do Unix.

Showlex
　　Mostra as variáveis lexicais usadas em funções ou arquivos.

Xref
　　Cria uma listagem com referências cruzadas para um programa.

Uma vez que você tenha gerado o código C com o back-end C ou CC, executará o programa *cc_harness* para compilá-lo em um executável. Existe também um interpretador *byteperl* que permite executar o código gerado com o back-end Bytecode.

Este é um exemplo que tem um programa "Hello world" simples e usa o back-end CC para gerar o código C:

```
% perl -MO=CC, -ohi.c hi.pl
hi.pl syntax OK
% perl cc_harness -O2 -ohi.c
gcc -B/usr/ccs/bin/ -D_REENTRANT -DDEBUGGING -I/usr/local/include
-I/usr/local/lib/perl5/sun4-solaris-thread/5.00466/CORE -O2 -ohi hi.c
-L/usr/local/lib /usr/local/lib/perl5/sun4-solaris-thread/5.00466/
CORE/libperl.a
-lsocket -lnsl -lgdbm -ldl -lm -lposix4 -lpthread -lc -lcrypt
% hi
Hi there, world!
```

O compilador também vem com um front-end, *perlcc*. Você poderá usá-lo para compilar o código em um executável independente ou para compilar um módulo (um arquivo *.pm*) em um objeto compartilhado (um arquivo *.so*) que poderá ser incluído em um programa Perl através de *use*. Por exemplo:

```
%perlcc a.p       # compiles into the executable 'a' (compila no
                    executável 'a')
% perlcc A.pm     # compiles into A.so (compila no A.so)
```

As seguintes opções poderão ser usadas com o *perlcc*:

-*argv argumentos*
    Usada com -*run* ou -*e*. Transmite a string *argumentos* para o executável como @ARGV.

-*C nome_do_código_c*
    Fornece o nome *nome_do_código_c* ao código C gerado que será compilado. Válido apenas se você estiver compilando um arquivo na linha de comandos.

-*e linha_perl_a_executar*
    Funciona como o *perl* -*e* para compilar um código "com uma linha". O default é compilar e executar o código. Com -*o*, gravará o executável resultante.

-*gen*
    Cria o código C intermediário mas não compila os resultados; faz um -*sav* implícito.

-*I incluir_diretórios*
    Adiciona os diretórios dentro de *incluir_diretórios* ao comando de compilação.

-*L diretórios_da_biblioteca*
    Adiciona os diretórios nos *diretórios_da_biblioteca* ao comando de compilação.

-log nome_do_registro
    Abre um arquivo de registro (para anexar) para gravar o texto a partir de um comando de compilação.

-mod
    Informa ao *perlcc* para compilar os arquivos dados na linha de comandos como módulos. Geralmente usado com os arquivos do módulo que não terminam com *.pm*.

-o nome_do_executável
    Fornece o nome *nome_do_executável* ao executável que será compilado. Válido apenas se compilar um arquivo na linha de comandos.

-prog
    Informa ao *perlcc* para compilar os arquivos dados na linha de comandos como programas. Geralmente usado com os arquivos de programa que não terminam com a extensão *.p*, *.pl* ou *.bat*.

-regex renomear_express_const
    Fornece a regra *renomear_express_const* para criar nomes de arquivo executáveis, onde *renomear_express_const* é uma expressão constante do Perl.

-run
    Executa imediatamente o código Perl gerado. Note que o resto de @ARGV é interpretado como argumentos para o programa que está sendo compilado.

-sav
    Informa ao Perl para gravar o código C intermediário.

-verbose nível_da_explicação
    Compila de modo explicativo, definindo o *nível_da_explicação* para controlar o grau da explicação. O *nível_da_explicação* poderá ser dado como a soma de bits ou uma lista de letras. Os valores são:

Bit	Letra	Ação
1	g	Os erros da geração do código para STDERR.
2	a	Os erros de compilação para STDERR.
4	t	O texto descritivo para STDERR.
8	f	Os erros da geração do código para o arquivo. Requer a *-log*.
16	c	Os erros de compilação para o arquivo. Requer a *-log*.
32	d	O texto descritivo para o arquivo. Requer a *-log*.

    Com a opção *-log*, o nível default é 63; do contrário, o nível default será 7.

Existem duas variáveis-ambientes que você poderá definir para o *perlcc*: PERL_SCRIPT_EXT e PERL_MODULE_EXT. Elas poderão ser usadas para modificar as extensões defaults que o *perlcc* reconhece para os programas e os módulos. As variáveis têm expressões constantes Perl separadas por vírgulas.

Os módulos que compõem o compilador serão descritos no Capítulo 8, *Módulos padrões*. Veja também a documentação que vem com o compilador, que inclui informações mais completas sobre como instalá-lo e usá-lo.

Processos

O Perl 5.005 também inclui a primeira versão de uma capacidade nativa com diversos processos, que é distribuída com o Perl como um conjunto de módulos. Como esta é uma versão inicial, os módulos dos processos são considerados como o software beta e não são compilados automaticamente com o Perl. Portanto, a decisão de usar o recurso dos processos terá que ser tomada durante a instalação, para que possa ser incluído na construção do Perl. Ou você poderá querer construir uma versão separada do Perl para a finalidade de teste.

O Capítulo 8 descreverá os módulos Thread (Processo) individuais. Para obter informações sobre o que são os processos e como você poderá usá-los, veja o artigo "Threads" na publicação Summer 1998 do *The Perl Journal*. Existe também uma explicação dos processos no livro *Programming with Perl Modules* do Perl Resource Kit da O'Reilly, Win32 Edition.

Capítulo 4

A linguagem Perl

Este capítulo é um guia rápido e impiedoso da linguagem Perl. Se você estiver tentando aprender o Perl a partir do zero e preferir receber ensinamentos ao invés de ter as informações jogadas sobre você, então poderá ser melhor optar pelo *Learning Perl* de Randal Schwartz e de Tom Christiansen ou o *Learning Perl on Win32 Systems* de Randal Schwartz, Erik Olson e Tom Christiansen. Porém, se já conhece algumas outras linguagens de programação e quiser apenas tomar conhecimento das particularidades do Perl, então este capítulo é para você. Sente-se firme e perdoe-nos por estarmos sendo concisos: temos muito caminho a percorrer.

Se você desejar uma análise mais completa da linguagem Perl e suas idiossincrasias (e queremos dizer *completa*), veja o *Programming Perl* de Larry Wall, Tom Christiansen e Randal Schwartz.

A estrutura do programa

O Perl é uma linguagem particularmente generosa na medida em que o layout do programa prossegue. Não existem regras sobre o recuo, novas linhas etc. A maioria das linhas termina com pontos-e-vírgulas, mas nem tudo é assim. Grande parte da estrutura do programa não tem que ser declarada, exceto por algumas coisas. Estas são as partes essenciais:

Espaço em branco

O espaço em branco é requerido apenas entre os itens que do contrário seriam confundidos como um único termo. Todos os tipos de espaço em branco — espaços, tabulações, novas linhas etc. — são equivalentes neste contexto. Um comentário conta como um espaço em branco. Diferentes tipos de espaço em branco são distinguíveis nas strings com aspas, formatos e certas formas de aspas baseadas em linhas. Por exemplo, em uma string com aspas, uma nova linha, um espaço e uma tabulação são interpretados como caracteres únicos.

Pontos-e-vírgulas

Toda instrução simples tem que terminar com um ponto-e-vírgula. As instruções compostas contêm blocos de outras instruções delimitados por chaves e não requerem pontos-e-vírgulas de término após a chave final. Uma instrução simples final em um bloco também não requer um ponto-e-vírgula.

Declarações

Apenas as sub-rotinas e os formatos de relatório precisam ser declarados explicitamente. Todos os outros objetos criados pelo usuário serão criados automaticamente com um valor nulo ou 0, a menos que sejam definidos por alguma operação explícita como a atribuição. O argumento da linha de comandos -w irá avisá-lo sobre como usar os valores indefinidos.

Você mesmo poderá declarar suas variáveis incluindo o pragma use strict em seus programas (veja o Capítulo 8, *Módulos padrões*, para obter mais informações sobre os pragmas e o strict em particular). Será um erro não declarar explicitamente suas variáveis.

Comentários e documentação

Os comentários em um programa são indicados por uma cerquilha (#). Tudo após a cerquilha até o final da linha é interpretado como um comentário.

As linhas que começam com = são interpretadas como o início de uma seção de documentação incorporada (pod) e todas as linhas subseqüentes até o próximo =cut serão ignoradas pelo compilador. Veja a seção "Pod" neste capítulo para obter mais informações sobre o formato pod.

Tipos de dados e variáveis

O Perl tem três tipos de dados básicos: *escalares*, *arrays* e *hashes*.

Os escalares são basicamente variáveis simples. São precedidos por um cifrão ($). Um escalar é um número, uma string ou uma referência. (Uma referência é um escalar que aponta para outra parte dos dados. As referências serão analisadas posteriormente neste capítulo.) Se você fornecer uma string onde um número é esperado ou vice-versa, o Perl converterá automaticamente o operando usando regras bem claras.

Os arrays são listas ordenadas de escalares que você acessará com um subscript numérico (os subscripts começam em 0). Eles são precedidos por um sinal @.

Os hashes são conjuntos desordenados de pares chave/valor que você acessará usando as chaves como subscripts. São precedidos por um sinal de porcentagem (%).

Números

O Perl armazena internamente os números como inteiros sinalizados ou valores de ponto flutuante com dupla precisão. As literais numéricas são especificadas em qualquer um dos seguintes formatos de ponto flutuante ou inteiros:

```
12345              # integer (inteiro)
-54321             # negative integer (inteiro negativo)
12345.67           # floating point (ponto flutuante)
6.02E23            # scientific notation (notação científica)
0xffff             # hexadecimal
0377               # octal
4_294_967_296      # underline for legibility (sublinhado para
                     legibilidade)
```

Como o Perl usa a vírgula como um separador de lista, você não poderá usar uma vírgula para melhorar a legibilidade de um número grande. Para melhorar a legibilidade, o Perl permite que você use um caractere de sublinhado. O sublinhado funciona apenas nos números literais especificados em seu programa, não nas strings que funcionam como números ou nos dados lidos a partir de qualquer outro lugar. Do mesmo modo, o 0x anterior para o hexadecimal ou o 0 para o octal funcionarão apenas para as literais. A conversão automática de uma string em um número não reconhece esses prefixos — você terá que fazer uma conversão explícita.

Interpolação de strings

As strings são seqüências de caracteres. As literais de string são geralmente delimitadas por aspas simples (') ou duplas ("). As literais de string com aspas duplas estão sujeitas à barra invertida e à interpolação de variáveis e as strings com aspas simples não (exceto \' e \\, usados para colocar as aspas simples e as barras invertidas nas strings com aspas simples). Você poderá incorporar novas linhas diretamente em suas strings.

A Tabela 4-1 lista todos os caracteres de barra invertida ou de escape que podem ser usados nas strings com aspas duplas.

Tabela 4-1: As representações de string com aspas duplas

Código	Significado
\n	Nova linha
\r	Retorno automático
\t	Tabulação horizontal
\f	Avanço de formulário
\b	Tecla de retrocesso
\a	Alerta (campainha)

continua...

Tabela 4-1: As representações de string com aspas duplas (continuação)

Código	Significado
\e	Caractere ESC
\033	ESC no octal
\x7f	DEL no hexadecimal
\cC	CTRL-C
\\	Barra invertida
\"	Aspa dupla
\u	Faz com que o próximo caractere fique com letra maiúscula
\l	Faz com que o próximo caractere fique com letra minúscula
\U	Faz com que todos os caracteres seguintes fiquem com letra maiúscula
\L	Faz com que todos os caracteres seguintes fiquem com letra minúscula
\Q	Coloca barra invertida em todos os caracteres seguintes que não são alfanuméricos
\E	Termina \U, \L ou \Q

A Tabela 4-2 lista os esquemas de aspas alternativos que poderão ser usados no Perl. Eles são úteis para diminuir o número de vírgulas e aspas que você poderá ter que digitar e também permitem não se preocupar com os caracteres de escape, como as barras invertidas quando existem muitas instâncias em seus dados. As formas genéricas permitem usar qualquer caractere não alfanumérico sem espaço em branco como delimitadores no lugar da barra (/). Se os delimitadores forem aspas simples, nenhuma interpolação de variáveis será feita no padrão. Os parênteses, os colchetes, as chaves e os sinais de maior que, menor que poderão ser usados como delimitadores sem seus pares de abertura e fechamento padrões.

Tabela 4-2: A sintaxe das aspas no Perl

Usual	Genérico	Significado	Interpolação
''	q//	Literal	Nenhuma
""	qq//	Literal	Barra invertida e variável
``	qx//	Comando	Barra invertida e variável
	qw//	Lista de palavras	Nenhuma
	qr//	Padrão	Barra invertida e variável
//	m//	Coincidência padrão	Barra invertida e variável
	s///	Substituição	Barra invertida e variável
tr///	y///	Conversão	Barra invertida apenas

Listas

Uma lista é um grupo ordenado de valores escalares. Uma lista de literais poderá ser composta como uma lista de valores separada por vírgulas entre parêntesis, por exemplo:

```
(1,2,3)                      # array of three values 1, 2, and 3
                             (array de três valores 1, 2 e 3)
("one", "two", "three")      # array of three values "one", "two", and "three"
                             (array de três valores "um", "dois" e "três")
```

A forma genérica da criação da linha usa o operador de aspas qw// para conter uma lista de valores separados por um espaço em branco:

```
qw/snap crackle pop/
```

Variáveis

Uma variável sempre começa com o caractere que identifica seu tipo: $, @ ou %. A maioria dos nomes da variável criados poderá começar com uma letra ou sublinhado, seguido por qualquer combinação de letras, dígitos ou sublinhados com até 255 caracteres de comprimento. As letras maiúsculas e minúsculas são distintas. Os nomes das variáveis que começam com um dígito poderão apenas conter dígitos e os nomes da variável que começam com um caractere diferente de um alfanumérico ou sublinhado poderão conter apenas esse caractere. As últimas formas são geralmente as variáveis predefinidas no Perl, portanto será melhor nomear suas variáveis começando com uma letra ou sublinhado.

As variáveis têm o valor undef antes de serem atribuídas pela primeira vez ou quando tornam-se "vazias". Para as variáveis escalares, o undef quando usado como um número, será analisado como zero e será analisado como uma string vazia com comprimento zero ("") quando usado como uma string.

A atribuição de variáveis simples usa o operador de atribuição (=) com os devidos dados. Por exemplo:

```
$age = 26;                   # assigns 26 to $age (atribui 26 a $age)
@date = (8, 24, 70);         # assigns the three-element list to @date
                             (atribui a lista com três elementos a @date)
%fruit = ('apples', 3, 'oranges', 6);
# assigns the list elements to %fruit in key/value pairs
(atribui os elementos da lista a %fruit nos partes chave/valor)
```

As variáveis escalares são sempre nomeadas com um $ inicial, mesmo ao se referir a um valor escalar que faz parte de um array ou hash.

Todo tipo de variável tem seu próprio espaço do nome. Você poderá, sem medo de conflitos, usar o mesmo nome para uma variável escalar, um array ou um hash (quanto a isso, um handle de arquivos, um nome da sub-rotina ou uma etiqueta). Isto significa que $foo e @foo são duas variáveis diferentes. Também significa que $foo[1] é um elemento de @foo, não uma parte de $foo.

Arrays

Um array é uma variável que armazena uma lista ordenada de valores escalares. Os arrays são precedidos por um sinal @.

```
@numbers = (1,2,3);      # Set the array @numbers to (1,2,3)
                         (Define o array @numbers para (1,2,3))
```

Para se referir a um elemento de um array, use o cifrão ($) com o nome da variável (um escalar), seguido do índice do elemento entre colchetes (o *operador de subscript*). Os elementos do array são numerados começando em 0. Os índices negativos contam de traz para frente a partir do último elemento na lista (por exemplo, -1 refere-se ao último elemento na lista). Por exemplo, nesta lista:

```
@date = (8, 24, 70);
$date[2] é o valor do terceiro elemento, 70.
```

Hashes

Um hash é um conjunto de pares chave/valor. Os hashes são precedidos por um sinal de porcentagem (%). Para se referir a um elemento de um hash, você usará o nome da variável do hash seguido da "chave" associada ao valor entre chaves. Por exemplo, o hash:

```
%fruit = ('apples', 3, 'oranges', 6);
```

Tem dois valores (nos pares chave/valor). Se você quiser obter o valor associado à chave apples, usará $fruit{'apples'}.

Geralmente ficará mais legível usar o operador => ao definir os pares chave/valor. O operador => é parecido com uma vírgula, porém é mais distintivo visualmente e também se refere a qualquer identificador simples à sua esquerda:

```
%fruit = (
  apples => 3,
  oranges => 6
);
```

Contextos escalar e de lista

Toda operação que você chama em um script Perl é avaliada em um determinado contexto e como essa operação se comporta poderá depender de em qual contexto está sendo chamada. Existem dois contextos maiores: *escalar* e *de lista*. Todos os operadores sabem em qual contexto estão e alguns retornam listas nos contextos que desejam uma lista e escalares nos contextos que desejam um escalar. Por exemplo, a função localtime retornará uma lista com nove elementos no contexto da lista:

```
($sec,$min,$hour,$mday,$mon,$year,$wday,$yday,$isdst)=localtime();
```

Mas em um contexto escalar, a localtime retornará o número de segundos desde 1°. de janeiro de 1970:

```
$now = localtime ( );
```

As instruções que parecem confusas serão fáceis de avaliar identificando o devido contexto. Por exemplo, atribuir o que é comumente uma literal da lista a uma variável escalar:

```
$a = (2, 4, 6, 8);
```

fornecerá a $a o valor 8. O contexto fará com que o lado certo seja avaliado como um escalar e a ação do operador de vírgula na expressão (no contexto escalar) retornará o valor mais à direita.

Outro tipo de instrução que pode ser confusa é a avaliação de um array ou da variável hash como um escalar, por exemplo:

```
$b = @c;
```

Quando uma variável do array é avaliada como escalar, o número de elementos no array é retornado. Este tipo de avaliação será útil para encontrar o número de elementos em um array. A forma $#*array* especial de um valor do array retornará o índice do último membro da lista (um menos o número de elementos).

Se necessário, você poderá aplicar um contexto escalar no meio de uma lista usando a função scalar.

Declarações e escopo

No Perl, apenas as sub-rotinas e os formatos requerem uma declaração explícita. As variáveis (e as construções semelhantes) serão criadas automaticamente quando forem atribuídas pela primeira vez.

A declaração das variáveis entram em cena quando você precisa limitar o escopo do uso de uma variável. Você poderá fazer isto de duas maneiras:

- O *escopo dinâmico* cria objetos temporários em um escopo. As construções com escopo dinâmico são visíveis globalmente, mas apenas entram em vigor em seus escopos definidos. O escopo dinâmico aplica-se às variáveis declaradas com local.

- O *escopo lexical* cria construções privadas que são visíveis apenas em seus escopos. A forma vista com mais freqüência de declaração com escopo lexical é a declaração das variáveis my.

Portanto, você poderá dizer que uma variável local tem um *escopo dinâmico*, ao passo que a variável my tem um *escopo lexical*. As variáveis de escopo dinâmico são visíveis para as funções chamadas de dentro do bloco no qual são declaradas. As variáveis de escopo lexical, por outro lado, são totalmente ocultas do mundo externo, inclusive qualquer sub-rotina chamada, a menos que sejam declaradas no mesmo escopo.

Veja a seção "Sub-rotinas" posteriormente neste capítulo para obter uma melhor análise.

Instruções

Uma instrução simples é uma expressão avaliada para obter seus efeitos colaterais. Toda instrução simples terá que terminar com um ponto-e-vírgula, a menos que seja a instrução final em um bloco.

Uma seqüência de instruções que define um escopo é chamada de *bloco*. Geralmente, um bloco é delimitado por chaves { }. As instruções compostas são construídas fora das expressões e dos blocos. Uma expressão condicional é avaliada para determinar se um bloco de instruções será executado. As instruções compostas são definidas em termos de blocos, não instruções, o que significa que as chaves são exigidas.

Qualquer bloco poderá receber uma etiqueta. As *etiquetas* são identificadores que seguem as regras de nomenclatura das variáveis (por exemplo, começam com uma letra ou sublinhado e podem conter alfanuméricos ou sublinhados). São colocadas logo antes do bloco e seguidas por dois pontos, como a SOMELABEL aqui:

```
SOMELABEL: {
...instruções...
}
```

Por convenção, as etiquetas ficam todas com letras maiúsculas, para não entrarem em conflito com as palavras reservadas. As etiquetas são usadas com os comandos de controle de loop: next, last e redo para alterarem o fluxo de execução em seus programas.

Condicionais e loops

As instruções if e unless executarão blocos de código dependendo de uma condição ser satisfeita. Estas instruções têm as seguintes formas:

```
if (expressão {bloco} else {bloco}


unless (expressão) {bloco} else {bloco}


if (expressão1) {bloco}
elsif (expressão2) {bloco}
...
elsif (última_expressão) {bloco}
else {bloco}
```

Loops while

A instrução while executará repetidamente um bloco contanto que sua expressão condicional seja verdadeira. Por exemplo:

```
while (<INFILE>) {
   print OUTFILE, "$_\n";
}
```

Este loop lerá cada linha do arquivo aberto com o handle de arquivo INFILE e irá imprimi-las no handle de arquivo OUTFILE. O loop terminará quando encontrar um fim do arquivo.

Se a palavra while for substituída pela palavra until, o sentido do teste será invertido. Contudo, a condicional ainda será testada antes da primeira execução repetitiva.

A instrução while tem no final, um bloco extra opcional chamado de bloco continue. Este bloco é executado antes de cada execução repetitiva sucessiva do loop, mesmo que o bloco while principal tenha saído anteriormente através do comando de controle do loop next. Porém, o bloco continue não será executado se o bloco principal saiu através de uma instrução last. O bloco continue será sempre executado antes da condicional ser avaliada novamente.

Loops for

O loop for tem três expressões separadas por pontos-e-vírgulas entre parêntesis. Essas três expressões funcionam respectivamente como as expressões de inicialização, condição e reinicialização do loop. O loop for poderá ser definido em termos do loop while correspondente:

```
for ($i = 1; $i < 10; $i++) {
   . . .
}
```

é igual a:

```
$i = 1;
while ($i < 10) {
   . . .
}
continue {
   $i++;
}
```

Loops foreach

O loop foreach é executado repetidamente em um valor da lista e define a variável de controle (*var*) para ser cada elemento da lista de cada vez:

```
foreach var (lista) {
   . . .
}
```

Como a instrução while, a instrução foreach poderá também ter um bloco continue.

Modificadores

Qualquer instrução simples poderá ser seguida por um único modificador que fornecerá à instrução um mecanismo condicional ou de loop. Esta sintaxe fornecerá um método mais simples e geralmente mais elegante do que usar as instruções compostas correspondentes. Estes modificadores são:

instrução if EXPR;
instrução unless EXPR;
instrução while EXPR;
instrução until EXPR;

Por exemplo:

```
$i = $num if ($num < 50) ; # $i will be less than 50 ($i será menor que 50)
$j = $cnt unless ($cnt < 100); # $j will equal 100 or greater
                                 ($j será igual a 100 ou maior)
$lines++ while <FILE>;
print "$_\n" until /The end/;
```

A condicional será avaliada primeiro com os modificadores while e until exceto quando aplicada a uma instrução do { }, neste caso o bloco será executado apenas uma vez antes da condicional ser avaliada. Por exemplo:

```
do {
   $line = <STDIN>;
   . . .
} until $line eq ".\n";
```

Para obter mais informações sobre o do, veja o Capítulo 5, *Referência para funções*.

Controle de loops

Você poderá colocar uma etiqueta em um loop para fornecer-lhe um nome. A etiqueta do loop irá identificá-lo para os comandos de controle do loop: next, last e redo.

```
LINE: while (<SCRIPT>) {
    print;
    next LINE if /^#/;      # discard comments (descarta os comentários)
    {
```

A sintaxe para os comandos de controle do loop é:
```
last etiqueta
next etiqueta
redo etiqueta
```

Se a etiqueta for omitida, o comando de controle do loop irá referir-se ao loop mais interno.

O comando last é como a instrução break no C (como é usada nos loops); ela sai imediatamente do loop em questão. O bloco continue, se houver um, não será executado.

O comando next é como a instrução continue no C; ele pula o resto da repetição atual e inicia a próxima execução repetitiva do loop. Se houver um bloco continue no loop, ele será sempre executado logo antes da condição ser avaliada novamente.

O comando redo reinicia o bloco do loop sem avaliar a condicional novamente. O bloco continue, se houver um, não será executado.

goto

O Perl suporta um comando goto. Estas são as três formas: goto *etiqueta*, goto *expr* e goto &*nome*.

A forma goto *etiqueta* encontra a instrução identificada com a *etiqueta* e prossegue com a execução neste ponto. Não poderá ser usada com qualquer construção que requeira a inicialização como uma sub-rotina ou um loop foreach.

A forma goto *expr* espera que a expressão retorne um nome da etiqueta.

A forma goto &*nome* substitui uma chamada para a sub-rotina em execução atualmente pela sub-rotina nomeada.

Variáveis especiais

Algumas variáveis têm um significado predefinido e especial no Perl. São as variáveis que usam caracteres de pontuação após o indicador usual da variável ($, @ ou %), como $_. Os nomes explícitos e mostrados de forma longa são os equivalentes das variáveis quando você usa o módulo inglês incluindo "use English;" no início de seu programa.

Variáveis especiais e globais

A variável especial mais usada é a $_, que contém a entrada default e a string de pesquisa de padrões. Por exemplo, nas seguintes linhas:
```
foreach ('hickory', 'dickory', 'doc') {
     print;
}
```

Na primeira vez em que o loop for executado, "hickory" será impresso. Na segunda vez, "dickory" será impresso e na terceira, "doc" será impresso. É por isso que em cada execução repetida do loop, a string atual é colocada em $_ e usada por default por print. Estes são os lugares onde o Perl adotará $_ mesmo que você não tenha especificado:

- Várias funções unárias, inclusive funções como ord e int, assim como todos os testes do arquivo (-f, -d) exceto -t, que tem como default STDIN.
- Várias funções de listagem, como print e unlink.
- As operações de coincidência de padrões m//, s/// e tr/// quando usadas sem um operador =~.
- A variável de iteração default em um loop foreach se nenhuma outra variável for fornecida.
- A variável de iteração implícita nas funções grep e map.
- O lugar default para colocar um registro de entrada quando o resultado da operação de entrada de linhas for testado por si mesmo como o único critério de um teste while (por exemplo, <*handle_do_arquivo*>). Note que fora de um teste while, isto não acontecerá.

A seguir é mostrada uma listagem completa das variáveis globais especiais:

$_
$ARG
> A entrada default e o espaço de pesquisa de padrões.

$.
$INPUT_LINE_NUMBER
$NR
> O número da linha da entrada atual do último handle de arquivos que foi lido. Um fechamento explícito no handle de arquivos redefinirá o número da linha.

$/
$INPUT_RECORD_SEPARATOR
$RS
> O separador dos registros de entrada; a nova linha por default. Se definido para a string nula, tratará as linhas em branco como delimitadores.

`$,`
`$OUTPUT_FIELD_SEPARATOR`
`$OFS`
   O separador dos campos de saída para o operador print.

`$\`
`$OUTPUT_RECORD_SEPARATOR`
`$ORS`
   O separador dos registros de saída para o operador print.

`$"`
`$LIST_SEPARATOR`
   Como "$", exceto que se aplica aos valores da lista interpolados em uma string com aspas duplas (ou semelhante à string interpretada). O default é um espaço.

`$;`
`$SUBSCRIPT_SEPARATOR`
`$SUBSEP`
   O separador de subscripts para a emulação do array com diversas dimensões. O default é "\034".

`$^L`
`$FORMAT_FORMFEED`
   O que um formato produz para executar um avanço de formulário. O default é "\f".

`$:`
`$FORMAT_LINE_BREAK_CHARACTERS`
   O conjunto atual de caracteres após o qual um array de string pode ser dividido para preencher os campos de continuação (começando com ^) em um formato. O default é "\n-".

`$^A`
`$ACCUMULATOR`
   O valor atual do acumulador write para as linhas format.

`$#`
`$OFMT`
   Contém o formato de saída para os números impressos (reprovado).

$?

$CHILD_ERROR

O status retornado pelo último fechamento do canal, pelo comando de crase (") ou pelo operador system.

$!

$OS_ERROR

$ERRNO

Se usada em um contexto numérico, produzirá o valor atual da variável errno, identificando o último erro de chamada do sistema. Se usada em um contexto de string, produzirá a string de erros do sistema correspondente.

$@

$EVAL_ERROR

A mensagem de erro da sintaxe do Perl a partir do último comando eval.

$$

$PROCESS_ID

$PID

O pid do processo Perl que executa este script.

$<

$REAL_USER_ID

$UID

O ID do usuário real (uid) deste processo.

$>

$EFFECTIVE_USER_ID

$EUID

O uid efetivo deste processo.

$(

$REAL_GROUP_ID

$GID

O ID do grupo real (gid) deste processo.

`$)`
`$EFFECTIVE_GROUP_ID`
`$EGID`
>   O gid efetivo deste processo.

`$0`
`$PROGRAM_NAME`
>   Contém o nome do arquivo que contém o script Perl que está sendo executado.

`$[`
>   O índice do primeiro elemento em um array e do primeiro caractere em uma substring. O default é 0.

`$]`
`$PERL_VERSION`
>   Retorna a versão mais o nível de correção dividido por 1000.

`$^D`
`$DEBUGGING`
>   O valor atual das marcas de depuração.

`$^E`
`$EXTENDED_OS_ERROR`
>   A mensagem de erro estendida em algumas plataformas.

`$^F`
`$SYSTEM_FD_MAX`
>   O descritor máximo de arquivos do sistema, geralmente 2.

`$^H`
>   Contém sugestões sobre o compilador interno ativadas por certos módulos pragmáticos.

`$^I`
`$INPLACE_EDIT`
>   O valor atual da extensão da edição no lugar. Use undef para desativar a edição no lugar.

`$^M`
>   O conteúdo de $^M poderá ser usado como um pool de memória de emergência no caso do Perl usar dies com um erro de falta de memória. O uso da $^M requer uma compilação especial do Perl. Veja o documento INSTALL para obter mais informações.

$^O
$OSNAME
   Contém o nome do sistema operacional para o qual o binário Perl atual foi compilado.

$^P
$PERLDB
   A marca interna que o depurador limpa para que não depure a si mesmo.

$^T
$BASETIME
   O tempo no qual o script começou a execução, em segundos desde a época.

$^W
$WARNING
   O valor atual do argumento de aviso, true ou false.

$^X
$EXECUTABLE_NAME
   O nome como o próprio binário Perl foi executado.

$ARGV
   Contém o nome do arquivo atual ao ler a partir de <ARGV>.

Arrays e hashes globais e especiais

@ARGV
   O array que contém os argumentos da linha de comandos pretendidos para o script.

@INC
   O array que contém a lista de lugares para procurar os scripts Perl a serem avaliados pelas construções do, require ou use.

@F
   O array no qual as linhas de entrada são divididas quando um argumento da linha de comandos -a é fornecido.

%INC
   O hash que contém as entradas para o nome de arquivo de cada arquivo que foi incluído através de do ou require.

%ENV
    O hash que contém seu ambiente atual.

%SIG
    O hash usado para definir as sub-rotinas de sinais para vários sinais.

Handles de arquivos especiais e globais

ARGV
    O handle de arquivos especial que executa repetidamente os nomes de arquivo da linha de comandos em @ARGV. Geralmente escrito como o handle de arquivo nulo em <>.

STDERR
    O handle de arquivos especial para o erro padrão em qualquer pacote.

STDIN
    O handle de arquivos especial para a entrada padrão em qualquer pacote.

STDOUT
    O handle de arquivos especial para a saída padrão em qualquer pacote.

DATA
    O handle de arquivos especial que se refere a qualquer coisa após a ficha _ _END_ _ no arquivo que contém o script. Ou o handle de arquivos especial para qualquer coisa após a ficha _ _DATA_ _ em um arquivo requerido, contanto que você esteja lendo os dados no mesmo pacote no qual a ficha _ _DATA_ _ foi encontrada.

_ (sublinhado)
    O handle de arquivos especial usado para armazenar em cache as informações do último stat, lstat ou operador de teste de arquivos.

Constantes especiais e globais

_ _END_ _
    Indica o término lógico de seu programa. Qualquer texto depois será ignorado, mas poderá ser lido através do handle de arquivos DATA.

_ _FILE_ _
    Representa o nome de arquivo no ponto onde é usado. Não interpolada nas strings.

__LINE__

Representa o número da linha atual. Não interpolada nas strings.

__PACKAGE__

Durante a compilação, representa o nome do pacote atual ou do indefinido se não houver nenhum pacote atual. Não interpolada nas strings.

Variáveis especiais de expressões constantes

Para obter mais informações sobre as expressões constantes, veja a seção "Expressões constantes" posteriormente neste capítulo.

$dígito

Contém o texto coincidido pelo conjunto correspondente de parênteses no último padrão coincidido. Por exemplo, $1 coincide com qualquer coisa contida no primeiro conjunto de parênteses na expressão constante anterior.

$&
$MATCH

A string coincidida pela última coincidência de padrões bem-sucedida.

$`
$PREMATCH

A string que precede qualquer coisa que foi coincidida pela última coincidência de padrões bem-sucedida.

$'
$POSTMATCH

A string após qualquer coisa que foi coincidida pela última coincidência de padrões bem-sucedida.

$+
$LAST_PAREN_MATCH

O último colchete coincidido pelo último padrão da pesquisa. Será útil se você não souber qual conjunto de padrões alternativos foi coincidido. Por exemplo:

/Version: (.*) |Revision: (.*)/ && ($rev = $+);

Variáveis especiais do handle de arquivo

A maioria destas variáveis aplica-se apenas ao usar formatos. Veja a seção "Formatos" mais tarde neste capítulo.

$|

$OUTPUT_AUTOFLUSH

    Se definida para diferente de zero, aplicará um fflush(3) depois de cada write ou print no canal de saída selecionado atualmente.

$%

$FORMAT_PAGE_NUMBER

    O número da página atual do canal de saída selecionado atualmente.

$=

$FORMAT_LINES_PER_PAGE

    O comprimento da página atual (linhas imprimíveis) do canal de saída selecionado atualmente. O default é 60.

$-

$FORMAT_LINES_LEFT

    O número de linhas deixadas na página do canal de saída selecionado atualmente.

$~

$FORMAT_NAME

    O nome do formato do relatório atual para o canal de saída selecionado atualmente. O default é o nome do handle de arquivo.

$^

$FORMAT_TOP_NAME

    O nome do formato do início da página atual para o canal de saída selecionado atualmente. O default é o nome do handle de arquivo com _TOP anexado.

Operadores

A Tabela 4-3 lista todos os operadores Perl desde a prioridade mais alta até a mais baixa e indica sua associação.

Tabela 4-3: *A associação Perl e os operadores, listados pela prioridade*

Associação	Operadores
Esquerda	Termos e operadores da lista (à esquerda)
Esquerda	-> (chamada de métodos, sem referência)
Sem associação	++ — (aumento automático, diminuição automática)
Direita	** (exponenciação)
Direita	! ~ \ e unário + e - (not lógico, bit-not, referência, unário mais, unário menos)
Esquerda	=~ !~ (coincide, não coincide)
Esquerda	* / % x (multiplica, divide, módulo, réplica de strings)
Esquerda	+ - . (adição, subtração, concatenação de strings)
Esquerda	<< >> (deslocamento de bits à esquerda, deslocamento de bits à direita)
Sem associação	Operadores unários nomeados e operadores de teste de arquivos
Sem associação	< > <= >= lt gt le ge (menor que, maior que, menor ou igual a, maior ou igual a e seus equivalentes de string)
Sem associação	== != <=> eq ne cmp (igual a, diferente de, comparação sinalizada e seus equivalentes de string)
Esquerda	& (bit-and)
Esquerda	I ^ (bit-or, bit-xor)
Esquerda	&& (AND lógico)
Esquerda	I I (OR lógico)
Sem associação	.. ... (faixa)
Direita	?: (condicional ternária)
Direita	= += -= *= etc. (operadores de atribuição)
Esquerda	, => (vírgula, vírgula com seta)
Sem associação	Operadores da lista (à direita)
Direita	not (not lógico)
Esquerda	and (and lógico)
Esquerda	or xor (or, xor lógicos)

Você poderá tornar suas expressões claras usando parêntesis para agrupar qualquer parte de uma expressão. Qualquer coisa entre parêntesis será avaliada como uma única unidade em uma expressão maior.

Com muito poucas exceções, os operadores Perl atuarão apenas nos valores escalares, não nos valores da lista.

Os termos que têm uma prioridade mais alta no Perl incluem as variáveis, os operadores de aspas ou como as aspas, qualquer expressão entre parêntesis e qualquer função cujos argumentos estão entre parêntesis.

Um operador da lista é uma função que pode ter uma lista de valores como seu argumento. Os operadores da lista possuem uma prioridade mais alta ao considerar o que existe à sua esquerda. Eles têm uma prioridade consideralvemente mais baixa ao observar seu lado direito, que é o resultado esperado.

Também analisadas em termos de alta prioridade estão as construções do{ } e eval{ }, assim como as chamadas de sub-rotinas e métodos, o array anônimo, os compositores de hash ([ ] e { }) e o compositor de sub-rotinas anônimas sub{ }.

Um operador unário é uma função que tem como seu argumento um único valor escalar. Os operadores unários têm uma prioriedade mais baixa do que os operadores da lista porque apenas esperam e têm um valor.

O operador de seta

O operador de seta é um operador sem referência. Ele poderá ser usado para as referências para arrays, hashes, referências de código ou para chamar métodos em objetos. Veja a análise das referências no Capítulo 7, *Pacotes, módulos e objetos*.

Operadores unários

O unário ! executa uma negação lógica, ou seja, "not". O operador not é uma versão de prioridade mais baixa do !.

O unário - executará uma negação aritmética se o operando for numérico. Se o operando for um identificador, então será retornada uma string, que consiste em um sinal de menos, concatenada ao identificador. Do contrário, se a string começar com um mais ou menos, uma string começando com o sinal oposto será retornada.

O unário ~ executa uma negação de bitwise, isto é, o complemento de uma. Por exemplo, em uma máquina com 32 bits, ~0xFF será 0xFFFFFF00. Se o argumento para ~ for uma string ao invés de um número, uma string de comprimeiro idêntico será retornada, mas com todos os bits da string complementados.

O unário + não tem efeito semântico qualquer, mesmo nas strings. É útil sintaticamente para separar um nome da função de uma expressão entre parêntesis, que do contrário seria interpretada como a lista completa dos argumentos da função.

O unário \ cria uma referência para qualquer coisa após ele (veja "Referências e estruturas de dados complexas" posteriormente neste capítulo). Não confunda este comportamento com o comportamento da barra invertida em uma string. O operador \ também poderá ser usado em um valor da lista com parêntesis em um contexto de lista, neste caso retornará referências para cada elemento da lista.

Operadores aritméticos

O binário ** é o operador de exponenciação. Note que ele vincula ainda mais do que o unário menos, portanto -2**4 será -(2**4), não (-2)**4. Observe também que ** tem uma associação à direita, portanto:

    $e = 2 ** 3 ** 4;

será avaliada como 2 elevado à 81ª. potência, não como 8 à 4ª. pontência.

Os operadores * (multiplicação) e / (divisão) funcionam exatamente como você poderia esperar, multiplicando ou dividindo seus dois operandos. A divisão será feita no modo de ponto flutuante, a menos que o modo inteiro esteja ativado (através de use integer).

O operador % (módulo) converte seus operandos em inteiros antes de encontrar o resto de acordo com a divisão do inteiro. Para a mesma operação no modo de ponto flutuante, você poderá preferir usar a função fmod( ) a partir do módulo POSIX (veja Capítulo 8).

Operadores de comparação

Operadores relacionais

O Perl tem duas classes de operadores relacionais. Uma classe opera nos valores numéricos e a outra nos valores da string. As comparações de string são baseadas na seqüência de intercalação ASCII. Os operadores relacionais não têm associação, portanto $a < $b < $c será um erro de sintaxe.

Numérico	String	Significado
>	gt	Maior que
>=	ge	Maior ou igual a
<	lt	Menor que
<=	le	Menor ou igual a

Operadores de igualdade

Os operadores de igual e diferente retornarão 1 para true e "" para false (como fazem os operadores relacionais). Os operadores <=> e *cmp* retornarão -1 se o operando à esquerda for menor que o operando à direita, 0 se forem iguais e +1 se o operando à esquerda for maior que o à direita.

Numérico	String	Significado
==	eq	Igual a
!=	ne	Diferente de
<=>	cmp	Comparação, com o resultado sinalizado

Aumento e diminuição automáticos

Se colocados antes de uma variável, os operadores ++ e -- aumentarão ou diminuirão a variável antes de retornar o valor e se colocados depois, aumentarão ou diminuirão a variável depois de retornar o valor.

Operadores de atribuição

O Perl reconhece os seguintes operadores para atribuir um valor a uma variável:

```
=    **=    +=    *=    &=    <<=    &&=
     -=    /=    |=    >>=    ||=
     .=    %=    ^=
     x=
```

Cada operador requer uma variável no lado esquerdo e alguma expressão no lado direito. Para o operador de atribuição simples, =, o valor da expressão é armazenado na variável designada. Para os outros operadores, o Perl avaliará a expressão:

    $var OP= $value

como se fosse escrito:

    $var = $var OP $value

exceto que $var será avaliado apenas uma vez. Por exemplo:

    $a += 2; # same as $a = $a + 2

Operadores de coincidência de padrões

O binário =~ vincula uma expressão escalar a uma coincidência de padrões, a uma substituição ou a uma conversão. Por default estas operações pesquisam ou modificam a string $_.

O binário !~ é como o =~ exceto que o valor retornado é negado no sentido lógico. As seguintes expressões são funcionalmente equivalentes:

    $string !~ /padrão/
    not $string =~ /padrão/

Veja a seção "Expressões constantes" mais tarde neste capítulo.

Operadores de teste de arquivos

Um operador de teste de arquivo é um operador unário que testa um nome de arquivo ou um handle de arquivos.

Capítulo 4 – A linguagem Perl

Operador	Significado
-r	O arquivo é legível pelo uid/gid efetivo.
-w	O arquivo pode ser escrito pelo uid/gid efetivo.
-x	O arquivo é executável pelo uid/gid efetivo.
-o	O arquivo é possuído pelo uid efetivo.
-R	O arquivo é legível pelo uid/gid real.
-W	O arquivo pode ser escrito pelo uid/gid real.
-X	O arquivo é executável pelo uid/gid real.
-O	O arquivo é possuído pelo uid real.
-e	O arquivo existe.
-z	O arquivo tem um tamanho zero.
-s	O arquivo não tem um tamanho zero (retorna o tamanho).
-f	O arquivo é um arquivo comum.
-d	O arquivo é um diretório.
-l	O arquivo é uma ligação simbólica.
-p	O arquivo é um canal nomeado (FIFO).
-S	O arquivo é um soquete.
-b	O arquivo é um arquivo especial de bloco.
-c	O arquivo é um arquivo especial de caracteres.
-t	O handle de arquivo é aberto para um tty.
-u	O arquivo tem um conjunto de bits setuid.
-g	O arquivo tem um conjunto de bits setgid.
-k	O arquivo tem um conjunto de bits sticky.
-T	O arquivo é um arquivo de texto.
-B	O arquivo é um arquivo binário (oposto de -T).
-M	A idade do arquivo (na inicialização) em dias desde a modificação.
-A	A idade do arquivo (na inicialização) em dias desde o último acesso.
-C	A idade do arquivo (na inicialização) em dias desde a alteração do i-nó.

Operadores lógicos

O Perl fornece os operadores && (AND lógico) e || (OR lógico). Eles são avaliados da esquerda para a direita testando a veracidade da instrução.

Exemplo	Nome	Resultado
$a && $b	And	$a se $a for false, $b do contrário
$a || $b	Or	$a se $a for true, $b do contrário

Por exemplo, uma expressão que aparece com freqüência nos programs Perl é:

    open(FILE, "somefile") || die "Cannot open somefile: $!\n";

Neste caso, o Perl irá avaliar primeiro a função open. Se o valor for true (porque somefile foi aberto com sucesso), a execução da função die será desnecessária e pulada.

O Perl também fornece os operadores and e or de prioridade mais baixa que são mais legíveis.

Operadores de bitwise

O Perl tem os operadores de bitwise AND, OR e XOR (OR exclusivo): &, | e ^. Esses operadores trabalham nos valores numéricos diferentemente do modo como fazem nas strings. Se qualquer um dos operandos for um número, então ambos os operandos serão convertidos em inteiros e a operação de bitwise será executada entre os dois inteiros. Se ambos os operandos forem strings, eles farão operações de bitwise entre os bits correspondentes a partir das duas strings.

Operadores diversos

Operador da faixa

O operador da faixa .. é na verdade dois operadores diferentes dependendo do contexto. Em um contexto de lista, ele retornará uma lista de valores contando (em um) do valor da esquerda para o valor da direita.

Em um contexto escalar, .. retornará um valor booleano. Será false contanto que seu operando à esquerda seja false. Uma vez que o operando à esquerda seja true, o operador da faixa permanecerá true até que o operando à direita seja true, depois do qual o operador da faixa irá tornar-se false novamente. O operando à direita não será avaliado enquanto o operador estiver no estado de falso e o operando à esquerda não será avaliado enquanto o operador estiver no estado verdadeiro.

A versão alternativa deste operador, ..., não testa o operando à direita imediatamente quando o operador torna-se true; ele aguarda até a próxima avaliação.

Operador condicional

O ternário ?: é o operador condicional. Ele funciona como uma instrução if-then-else, mas pode ser incorporado com segurança em outras operações e funções.

    expr_teste ? se_expr_verdad : se_expr_falsa

Se a *expr_teste* for verdadeira, apenas a *se_expr_verdad* será avaliada. Do contrário, apenas a *se_expr_falsa* será avaliada. De qualquer modo, a valor da expressão avaliada irá tornar-se o valor da expressão inteira.

Operador de vírgula

Em um contexto de lista "," é o separador de argumentos da lista, ele insere seus dois argumentos na lista. No contexto escalar, "," avalia seu argumento à esquerda, descarta esse valor, então avalia seu argumento à direita e retorna esse valor.

O operador => é na maioria das vezes apenas um sinônimo do operador de vírgula. É útil para documentar os argumentos que vêm em pares. Ele também faz com que qualquer identificador à sua esquerda seja interpretado como uma string.

Operador de string

O operador de concatenação "." é usado para adicionar as strings:

    print 'abc' . 'def';   # print abcdef (imprime abcdef)
    print $a . $b;   # concatenates the string values of $a and $b
                              (concatena os valores de string de $a e $b)

O binário x é o operador de repetição de string. No contexto escalar, ele retorna uma string concatenada que consiste no operando à esquerda repetido no número de vezes especificado pelo operando à direita.

    print '-' x 80;   # prints row of dashes
                                           (imprime uma linha de travessões)
    print "\t" x ($tab/8), ' ' x ($tab%8); # tabs over (tabula além do
                                           limite)

No contexto de lista, se o operando à esquerda for uma lista entre parêntesis, o x funcionará como uma duplicador da lista ao invés de um duplicador de strings. Isto será útil para inicializar todos os elementos de um array com comprimento indeterminado com o mesmo valor:

    @ones = (1) x 80;   # a list of 80 1s (uma lista de 80 1s)
    @ones = (5) x @ones;   # set all elements to 5 (define todos os ele-
                              mentos para 5)

Expressões constantes

As expressões constantes são usadas de várias maneiras no Perl. Elas são usadas em condicionais para determinar se uma string coincide com um determinado padrão. Também são usadas para encontrar padrões nas strings e substituir a coincidência por alguma outra coisa.

O operador de coincidência padrão comum é assim /*padrão*/. Ele coincide a variável $_ por default. Se o padrão for encontrado na string, o operador retornará true ("l"); se não houver uma coincidência, um valor false ("") será retornado.

O operador de substituição é assim s/*padrão*/*substituição*/. Este operador pesquisa $_ por default. Se encontrar o *padrão* especificado, será substituído pela string em *substituição*. Se o *padrão* não for coincidido, nada acontecerá.

Você poderá especificar uma variável diferente de $_ com o operador de vínculo =~ (ou o operador de vínculo !~ negado, que retornará true se o padrão não for coincidido). Por exemplo:

```
$text =~ /sampo/;
```

Operadores de coincidência de padrões

A seguinte lista define os operadores de coincidência de padrões. Alguns operadores têm esquemas de "aspas" alternativos e um conjunto de modificadores que poderão ser colocados diretamente depois dos operadores afetarem a operação de coincidência de alguma maneira.

```
m/padrão/gimosx
```

Pesquisa uma string para obter uma coincidência de padrões. Os modificadores são:

Modificador	Significado
g	Coincide globalmente, ou seja, encontra todas as ocorrências.
i	Faz uma coincidência de padrões sem levar em conta as letras maiúsculas e minúsculas.
m	Trata a string como diversas linhas.
o	Compila o padrão apenas uma vez.
s	Trata a string como uma única linha.
x	Usa expressões constantes estendidas.

Se / for o delimitador, então o m inicial será opcional. Com o m, você poderá usar qualquer par de caracteres não alfanuméricos e sem espaço em branco como delimitadores.

```
?padrão?
```

Este operador é como a pesquisa m/*padrão*/, exceto que coincide apenas uma vez.

```
qr/padrão/imosx
```

Cria uma expressão constante compilada previamente a partir do *padrão*, que poderá ser transmitida nas variáveis e interpolada em outras expressões constantes. Os modificadores são os mesmos para m// acima.

s/padrão/substituição/egimosx

Pesquisa uma string para obter o *padrão* e substitui qualquer coincidência pelo texto da *substituição*. Retorna o número de substituições feitas, que poderá ser mais de uma com o modificador /g. Do contrário, retornará false (0). Se nenhuma string for especificada através do operador =~ ou !~, a variável $_ será pesquisada e modificada. Os modificadores são:

Modificador	Significado
e	Avalia o lado direito como uma expressão.
g	Substitui globalmente, ou seja, todas as ocorrências.
i	Faz uma coincidência de padrões sem levar em conta as letras maiúsculas e minúsculas.
m	Trata a string como diversas linhas.
o	Compila o padrão apenas uma vez.
s	Trata a string como uma única linha.
x	Usa expressões constantes estendidas.

Qualquer delimitador não alfanumérico e sem espaço em branco poderá substituir as barras. Se as aspas simples forem usadas, nenhuma interpretação será feita na string de substituição (porém, o modificador /e anulará isto).

tr/padrão1/padrão2/cds
y/padrão1/padrão2/cds

Este operador percorrerá a string, caractere por caractere, e substituirá todas as ocorrências dos caracteres encontradas no *padrão1* pelo caractere correspondente no *padrão2*. Retornará o número de caracteres substituídos ou apagados. Se nenhuma string for especificada através do operador =~ ou !~, a string $_ será convertida. Os modificadores são:

Modificador	Significado
c	Complementa o *padrão1*.
d	Apaga os caracteres encontrados porém, não substituídos.
s	Suprime os caracteres substituídos duplicados.

Sintaxe das expressões constantes

O tipo mais simples de expressão constante é uma string literal. Os padrões mais complicados envolvem o uso de *metacaracteres* para descrever todas as opções diferentes e variações que você deseja construir em um padrão. Os metacaracteres não coincidem com os mesmos, mas descrevem algo mais. Os metacaracteres são:

Metacaractere	Significado
\	Aplica o escape no(s) caractere(s) imediatamente após ele.
.	Coincide com qualquer caractere simples exceto com uma nova linha (a menos que /s seja usado).
^	Coincide no início da string (ou linha, se /m for usado).
$	Coincide no final da string (ou linha, se /m for usado).
*	Coincide com o elemento anterior 0 ou mais vezes.
+	Coincide com o elemento anterior 1 ou mais vezes.
?	Coincide com o elemento anterior 0 ou 1 vez.
{...}	Especifica uma faixa de ocorrências para o elemento anterior a ele.
[...]	Coincide com qualquer uma classe de caracteres contidos entre colchetes.
(...)	Agrupa as expressões constantes.
|	Coincide com a expressão anterior ou posterior.

O "." (um ponto) é um curinga. Quando usado em uma expressão constante, pode coincidir com qualquer caractere simples. A exceção é o caractere de nova linha (\n), exceto quando você usa o modificador /s no operador de coincidência de padrões. Este modificador trata a string a ser coincidida como uma única string "longa" com novas linhas incorporadas.

Os metacaracteres ^ e $ são usados como âncoras em uma expressão constante. O ^ coincide com o início de uma linha. Este caractere deverá aparecer apenas no início de uma expressão para coincidir com o início da linha. A exceção é quando o modificador /m (diversas linhas) é usado, neste caso irá coincidir com o início da string e depois de toda nova linha (exceto a última, se houver uma). Do contrário, ^ irá coincidir consigo mesmo, não terá o escape aplicado, em qualquer lugar em um padrão, exceto se for o primeiro caractere em uma classe de caractere entre colchetes, neste caso negará a classe.

Do mesmo modo, $ irá coincidir com o final de uma linha (logo antes de um caractere de nova linha) apenas se estiver no final de um padrão, a menos que /m seja usado, neste caso irá coincidir logo antes com toda nova linha e com o final de uma string. Você precisará aplicar o escape em $ para coincidir com um cifrão literal em todos os casos, pois se o $ não estiver no final de um padrão (ou colocado logo antes de um) ou]), o Perl tentará fazer a interpretação da variável. O mesmo ocorrerá para o sinal @, que o Perl interpretará como o início de uma variável de array a menos que tenha barras invertidas.

Os metacaracteres *, + e ? são chamados de *quantificadores*. Eles especificam o número de vezes para coincidir algo. Eles agem no elemento imediatamente anterior a eles, que poderá ser um caractere simples (inclusive o .), uma expressão agrupada entre parêntesis ou uma classe de caracteres. A construção {...} é um modificador generalizado. Você poderá colocar dois números separados por uma vírgula nas chaves para especificar os números mínimo e máximo com o qual o elemento anterior poderá coincidir.

Os parêntesis são usados para agrupar caracteres ou expressões. Eles também têm o efeito colateral de lembrar com o que coincidiram para que você possa lembrar e reutilizar os padrões com um grupo especial de variáveis.

O | é um operador de alternação nas expressões constantes. Ele coincide com o que existe em seu lado esquerdo ou direito. Não afeta apenas os caracteres simples. Por exemplo:

    /you|me|him|her/

irá procurar qualquer uma das quatro palavras. Você deverá usar parêntesis para fornecer limites para a alternação:

    /And(y|rew)/

Isto coincidirá com "Andy' ou "Andrew".

Seqüências com escape

A seguinte tabela lista as representações de caracteres com barras invertidas que você poderá usar nas expressões constantes:

Código	Coincide com
\a	Alarme (sinal sonoro)
\n	Nova linha
\r	Retorno automático
\t	Tabulação
\f	Avanço de formulário
\e	Escape
\007	Qualquer valor ASCII octal
\x7f	Qualquer valor ASCII hexadecimal
\cx	Controle-x

Classes de caracteres

A construção [...] é usada para listar um conjunto de caracteres (uma *classe de caracteres*) dos quais *um* coincidirá. Os colchetes são geralmente usados quando as letras maiúsculas são incertas em uma coincidência:

    /[tT]here/

Um travessão [-] poderá ser usado para indicar uma faixa de caracteres em uma classe de caracteres:

    /[a-zA-Z]/;   # match any single letter (coincide com qualquer
                         letra simples)
    /[0-9]/;   # match any single digit (coincide com qualquer
    dígito simples)

Para colocar um travessão literal na lista você terá que usar uma barra invertida antes dele (\-).

Colocando um ^ como o primeiro elemento nos colchetes, você criará uma classe de caracteres negada, ou seja, irá coincidir com qualquer caractere não existente na lista. Por exemplo:

/[^A-Z]/;   matches any character other than an uppercase letter
            (coincide com qualquer caractere diferente de uma letra
            maiúscula)

Algumas classes de caracteres comuns têm suas próprias seqüências de escape predefinidas para sua conveniência de programação:

Código	Coincide com
\d	Um dígito, como [0-9]
\D	Algo diferente de um dígito, como [^0-9]
\w	Um caractere de texto (alfanumérico), como [a-zA-Z_0-9]
\W	Algo diferente de um caractere de texto, como [^a-zA-Z_0-9]
\s	Um caractere de espaço em branco, como [\t\n\r\f]
\S	Algo diferente de um caractere de espaço em branco [^ \t\n\r\f]

Esses elementos coincidirão com qualquer elemento simples em (ou não) sua classe. Um \w coincidirá apenas com um caractere de uma palavra. Usando um modificador, você poderá coincidir com uma palavra inteira, por exemplo, com \w+. As classes abreviadas também poderão ser usadas entre colchetes como elementos de outras classes de caracteres.

Âncoras

As âncoras não coincidem com nenhum caractere; elas coincidem com os lugares em uma string. As duas âncoras mais comuns são ^ e $, que coincidem com o início e o final de uma linha, respectivamente. Esta tabela lista os padrões de âncora usados para coincidir com certos limites nas expressões constantes:

Assertiva	Significado
^	Coincide com o início da string (ou linha, se /m for usado)
$	Coincide com o final da string (ou linha, se /m for usado)
\b	Coincide com o limite da palavra (entre \w e \W)
\B	Coincide exceto com o limite da palavra
\A	Coincide com o início da string
\Z	Coincide com o final da string ou antes de uma nova linha
\z	Coincide apenas com o final da string
\G	Coincide com o local anterior onde m//g foi suspenso

As assertivas $ e \Z poderão coincidir não apenas com o final da string, mas também com um caractere anterior a isso, caso o último caractere da string seja uma nova linha.

Quantificadores

Os quantificadores são usados para especificiar quantas instâncias do elemento anterior poderão coincidir. Por exemplo, você poderá dizer "coincidir com qualquer número de a, inclusive nenhum" (a*) ou coincidir entre cinco e dez instâncias da palavra "owie" ((owie){5,10}).

Os quantificadores, por natureza, são ambiciosos. Isto é, o modo como o "motor" de expressões constantes do Perl funciona é que irá procurar pela maior coincidência possível (o mais à direita) a menos que você informe o contrário. Digamos que você esteja pesquisando uma string que informa:

    a whatever foo, b whatever foo

e queira encontrar a e foo com algo entre eles. Você poderá usar:

    /a.*foo/

Um . seguido de um * irá procurar qualquer caractere, qualquer número de vezes, até que foo seja encontrado. Mas como o Perl irá procurar o mais à direita possível para encontrar foo, a primeira instância de foo será obtida pela expressão .* ambiciosa.

Portanto todos os quantificadores têm uma notação que permite uma coincidência mínima, para que não sejam ambiciosos. Esta notação usa um ponto de interrogação imediatamente depois do quantificador, para fazer com que o Perl procure a coincidência disponível mais inicialmente (mais à esquerda). A seguinte tabela lista os quantificadores das expressões constantes e suas formas ambiciosas:

Máximo	Mínimo	Faixa permitida
{n,m}	{n,m}?	Deve ocorrer pelo menos n vezes mas não mais que m vezes
{n,}	{n,}?	Deve ocorrer pelo meno n vezes
{n}	{n}?	Deve coincidir exatamente n vezes
*	*?	0 ou mais vezes (o mesmo que {0,})
+	+?	1 ou mais vezes (o mesmo que {1,})
?	??	0 ou 1 vez (o mesmo que {0,1}

Variáveis de coincidência de padrões

Os parêntesis não servem apenas para agrupar elementos em uma expressão constante, também lembram os padrões coincidentes. Toda coincidência de um elemento com parêntesis é gravada em uma variável especial de apenas leitura indicada por um número. Você poderá lembrar e reutilizar uma coincidência usando essas variáveis.

Em um padrão, cada elemento com parêntesis gravará sua coincidência em uma variável numerada, em ordem começando em 1. Você poderá lembrar estas coincidências na expressão usando \1, \2 etc.

Fora do padrão de coincidência, as variáveis coincididas são lembradas com o cifrão usual, ou seja, $1, $2 etc. A notação do cifrão deverá ser usada na expressão de substituição de uma substituição e em qualquer outro lugar que você possa querer usá-las em seu programa. Por exemplo, para implementar "i antes de e, exceto depois de c":

```
s/([^c])ei/$lie/g;
```

As variáveis com referência anterior são:

$+   Retorna a última coincidência de padrões com parêntesis
$&   Retorna toda a string concidida
$`   Retorna tudo antes da string coincidida
$'   Retorna tudo depois da string coincidida

Fazer uma referência anterior com estas variáveis irá reduzir muito a velocidade de seu programa para todas as expressões constantes.

Expressões constantes estendidas

O Perl define uma sintaxe estendida para as expressões constantes. A sintaxe é um par de parêntesis com um ponto de interrogação como a primeira coisa dentro deles. O caractere depois do ponto de interrogação fornecerá a função da extensão. As extensões são:

(?#texto)
    Um comentário. O texto é ignorado.

(?:. . .)
    Isto agrupa coisas como "(. . .)" mas não faz referências anteriores.

(?=. . .)
    Uma assertiva de exame posterior positiva com largura zero. Por exemplo, / \w+(?=\t)/ irá coincidir com uma palavra seguida de uma tabulação, sem incluir a tabulação em $&.

(?!. . .)
    Uma assertiva de exame posterior negativa com largura zero. Por exemplo, /foo(?!bar)/ irá coincidir com qualquer ocorrência de "foo" que não seja seguida por "bar".

(?<=. . .)
    Uma assertiva de exame anterior positiva com largura zero. Por exemplo, /(?<=bad)boy/ irá coincidir com a palavra boy após bad, sem incluir bad em $&. Isto funcionará apenas para o exame anterior com largura fixa.

(?<!=. . .)
    Uma assertiva de exame anterior negativa com largura zero. Por exemplo, /(?<!=bad)boy/ irá coincidir com qualquer ocorrência de "boy" que não venha após "bad". Isto funcionará apenas para o exame anterior com largura fixa.

(?>...)
:   Coincide com a substring que o padrão independente iria coincidir se ancorado na posição dada.

(?(condição)padrão sim|padrão não)
(?(condição)padrão sim)
:   Coincide com o padrão determinado por uma condição. A *condição* deverá ser um inteiro, que será "true" se o par de parênteses correspondente ao inteiro tiver uma assertiva com comprimento zero coincidida, de exame posterior, de exame anterior ou de análise. O *padrão não* será usado para coincidir caso a condição não tenha sido pretendida, mas também é opcional.

(?imsx-imsx)
:   Um ou mais modificadores de coincidência de padrões incorporados. Os modificadores serão desativados se vierem após um travessão (-). Os modificadores são definidos como a seguir:

Modificador	Significado
i	Faz a coincidência de padrões sem levar em conta letras maiúsculas e minúsculas
m	Trata a string como diversas linhas
s	Trata a string como uma linha
x	Usa expressões constantes estendidas

Sub-rotinas

As sub-rotinas são declaradas usando uma destas formas:
```
sub nome {bloco}
sub nome (proto) {bloco}
```

Os protótipos permitem colocar restrições nos argumentos que você fornece às suas sub-rotinas.

Você poderá também criar sub-rotinas anônimas durante a execução, que estarão disponíveis para o uso através de uma referência:
```
$subref = sub {bloco};
```

Como chamar as sub-rotinas

O sinal & é o identificador usado para chamar as sub-rotinas. Na maioria das vezes, porém, as sub-rotinas poderão ser usadas em uma expressão como as funções predefinidas. Para chamar as sub-rotinas diretamente:

```
nome(args);      # & is optional with parentheses (& é opcional com
                   parêntesis)
nome args;       # Parens optional if predeclared/imported
                 (Parentesis opcionais se declarados previamente/
                 importados)
&nome;           # Passes current @_ to subroutine
                 (Transmite @_ atual à sub-rotina)
```

Para chamar as sub-rotinas indiretamente (pelo nome ou pela referência):

```
&$subref(args);  # & is not optional on indirect call
                 (& não é opcional na chamada indireta)
&$subref;        # Passes current @_ to subroutine
                 (Transmite @_ atual à sub-rotina)
```

Como transmitir argumentos

Todos os argumentos para uma sub-rotina são transmitidos como uma única lista simples de escalares e retornam valores que são retornados da mesma maneira. Quaisquer arrays ou hashes transmitidos nessas listas terão seus valores interpolados na lista simples.

Quaisquer argumentos transmitidos a uma sub-rotina aparecerão como o array @_.

Você poderá usar a instrução return explícita para retornar um valor e sair da sub-rotina em qualquer ponto.

Como transmitir referências

Se você quiser transmitir mais de um array ou hash para dentro ou fora de uma função e quiser que eles mantenham sua integridade, então desejará transmitir referências como argumentos. A maneira mais simples de fazer isto é obter suas variáveis denominadas e colocar uma barra invertida na frente deles na lista de argumentos:

```
@returnlist = ref_conversion(\@temps1, \@temps2, \@temps3);
```

Isto enviará referências para os três arrays para a sub-rotina (e evitará a etapa de criar suas próprias referências nomeadas para enviar para a função). As referências para os arrays serão transmitidas para a sub-rotina como o array @_ com três membros. A sub-rotina terá que cancelar a referência dos argumentos para que os valores dos dados possam ser usados.

Retornar referências é uma simples questão de retornar os escalares que são referências. Assim você poderá retornar hashes e arrays distintos.

Variáveis privadas e locais

Qualquer variável usada na função que não seja declarada como privada será uma variável global. Nas sub-rotinas, geralmente você desejará usar as variáveis que não serão usadas em nenhum outro lugar em seu programa e não irá querer que ocupem memória quando a sub-rotina não estiver sendo executada. Você poderá também não querer alterar as variáveis nas sub-rotinas que possam ter o mesmo nome das variáveis globais.

A função my declara as variáveis que têm um *escopo lexical* na sub-rotina. As variáveis com escopo lexical são as variáveis privadas que existem apenas no bloco ou na sub-rotina na qual são declaradas. Fora de seu escopo, serão invisíveis e não poderão ser alteradas de modo algum.

Para colocar no escopo diversas variáveis de uma só vez, use uma lista entre parêntesis. Você poderá também atribuir uma variável em uma instrução my:

```
my @list = (44, 55, 66);
my $cd = "orb";
```

As variáveis dinâmicas são visíveis para as outras sub-rotinas chamadas de dentro de seu escopo. As variáveis dinâmicas são definidas com local e não são variáveis privadas, mas são globais com valores temporários. Quando uma sub-rotina é executada, o valor global é ocultado e o valor local é usado. Uma vez que o escopo é deixado, o valor global original é usado. Na maioria das vezes você desejará usar my para localizar os parâmetros em uma sub-rotina.

Protótipos

Os protótipos permitem designar suas sub-rotinas para ter argumentos com restrições em vários parâmetros e tipos de dados. Para declarar uma função com protótipos, use os símbolos do protótipo na linha da declaração, como:

```
sub addem ($$) {
}
```

Neste caso, a função espera dois argumentos escalares. A seguinte tabela fornece vários símbolos do protótipo:

Símbolo	Significado
$	Escalar
@	Lista
%	Hash
&	Sub-rotina anônima
*	Tipo global

Uma barra invertida colocada antes de um destes símbolos fará com que o argumento seja do tipo exato de variável. Por exemplo, uma função que requer uma variável de hash seria declarada assim:

```
sub hashfunc (\%);
```

Os símbolos @ e % sem barra invertida funcionarão exatamente de modo igual e eliminarão todos os argumentos restantes, aplicando o contexto da lista. Um $ igual aplicará o contexto escalar em um argumento, portanto obter uma variável de array ou de hash para esse parâmetro provavelmente produziria resultados indesejados.

Um ponto-e-vírgula irá separar os argumentos obrigatórios dos argumentos opcionais. Por exemplo:

```
sub newsplit (\@$;$);
```

requer dois argumentos: uma variável de array e um escalar. O terceiro escalar é opcional. Colocar um ponto-e-vírgula antes de @ e % não será necessário uma vez que as listas podem ser nulas.

Um símbolo do protótipo do tipo global (*) sempre transformará seu argumento em uma referência para uma entrada da tabela de símbolos. É mais usado para os handles de arquivo.

Referências e estruturas de dados complexas

Uma referência Perl é um tipo de dados fundamental que "aponta" para outra parte de dados ou código. Uma referência conhece a localização das informações e qual tipo de dados é armazenado lá.

Uma referência é um escalar e pode ser usada em qualquer lugar onde um escalar pode ser usado. Qualquer elemento do array ou valor de hash contém uma referência (uma chave de hash não poderá conter uma referência) e é assim que as estruturas de dados aninhados são construídas no Perl. Você poderá construir listas contendo referências para outras listas, que poderão conter referências para hashes etc.

Como criar referências

Você poderá criar uma referência para uma variável existente ou sub-rotina colocando-lhe uma barra invertida como um prefixo:

```
$a = "fondue";
@alist = ("pitt", "hanks", "cage", "cruise");
%song = ("mother" => "crying", "brother" => "dying");
sub freaky_friday { s/mother/daughter/ }
# Create references (Cria referências)
$ra = \$a;
```

```
$ralist = \@alist;
$rsong = \%song;
$rsub = \&freaky_friday; # '&' required for subroutine names
                           ('&' requerido para os nomes da sub-rotina)
```

As referências para as constantes escalares são criadas de modo semelhante:

```
$pi = \3.14159;
$myname = \"Charlie";
```

Note que todas as referências têm um $ como prefixo, mesmo que se refiram a um array ou hash. Todas as referências são escalares, assim você poderá copiar uma referência para outro escalar ou mesmo uma referência para outra referência:

```
$aref = \@names;
$bref = $aref; # both refer to @names (ambos referem-se a @names)
$cref = \$aref; # $cref is a reference to $aref ($cref é uma referência
                                                          para $aref)
```

Como os arrays e os hashes são coleções de escalares, você poderá criar referências para elementos individuais colocando barras invertidas como prefixo em seus nomes:

```
$star = \$alist[2];        # refers to third element of @alist
                           (refere-se ao terceiro elemento de @alist)
$action = \$song{mother};  # refers to the 'mother' value of %song
                           (refere-se ao valor 'pai' de %song)
```

Como se referir a dados anônimos

Também é possível ter referências para os dados literais não armazenados em uma variável. Estes dados são chamados de *anônimos* porque não estão vinculados a nenhuma variável nomeada.

Para criar uma referência para uma constante escalar, simplesmente coloque uma barra invertida na string literal ou no número.

Para criar uma referência para um array anônimo, coloque a lista de valores entre colchetes:

```
$shortbread = [ "flour", "butter", "eggs", "sugar" ];
```

Isto criará uma referência para um array, mas o array estará disponível apenas através da referência $shortbread.

Uma referência para um hash anônimo usa colchetes na lista de elementos:

```
$cast = { host     => "Space Ghost",
          musician => "Zorak",
          director => "Moltar" };
```

Como cancelar a referência

Cancelar a referência retornará o valor para o qual uma referência aponta. O método geral para o cancelamento da referência usa a parte do nome comum de uma variável substituída pela variável de referência. Se $r for uma referência, então $$r, @$r ou %$r irá recuperar o valor que está sendo referido, dependendo de $r estar apontando para um escalar, array ou hash. Uma referência poderá ser usada em todos os lugares onde um tipo de dados comum pode ser usado.

Quando uma referência é avaliada sem querer como um escalar comum, ela retorna uma string que indica para qual tipo de dados aponta e o endereço da memória dos dados.

Se você apenas quiser saber qual tipo de dados está sendo referido, use ref, que retornará uma das seguintes strings caso seu argumento seja uma referência. Do contrário, retornará false:

SCALAR
ARRAY
HASH
CODE
GLOB
REF

Como cancelar a referência com seta

As referências para os arrays, hashes e sub-rotinas poderão ter a referência cancelada usando o operador ->. Este operador cancelará a referência da expressão à sua esquerda, que terá que analisar um array ou hash e acessar o elemento representado pela expressão com subscript à sua direita. Por exemplo, estas três instruções são equivalentes:

```
$$arrayref[0] = "man";
${$arrayref}[0] = "man";
$arrayref->[0] = "man";
```

A primeira instrução cancela a referência de $arrayref primeiro e então encontra o primeiro elemento desse array. A segunda usa chaves para elucidar seu procedimento. A terceira instrução usa a notação com seta para fazer o mesmo.

A notação do cancelamento da referência com seta poderá ser usada apenas para acessar um único valor escalar. Você não poderá usar os operadores com seta nas expressões que retornam partes, arrays inteiros ou hashes.

Handles de arquivos

Um handle de arquivo é o nome para uma conexão de E/S entre seu processo Perl e o sistema operacional. Os nomes do handle de arquivo são como os nomes da etiqueta, mas usam seu próprio nome do espaço. Como os nomes da etiqueta, a convenção é usar todas as letras maiúsculas para os nomes do handle de arquivos.

Capítulo 4 – A linguagem Perl

Todo programa Perl tem três handles de arquivo que são abertos automaticamente: STDIN, STDOUT e STDERR. Por default, as funções print e write gravam no STDOUT. Os handles de arquivo adicionais são criados usando a função open:

```
open (DATA, "numbers.txt");
```

DATA é o novo handle de arquivos que é anexado ao arquivo externo, que agora está aberto para a leitura. Você poderá abrir os handles de arquivo para a leitura, gravação e anexação em arquivos externos e dispositivos. Para abrir um arquivo para a gravação, coloque à esquerda do nome de arquivo um sinal de maior que:

```
open(OUT, ">outfile");
```

Para abrir um arquivo para a anexação, coloque à esquerda do nome de arquivo dois sinais de maior que:

```
open(LOGFILE, ">>error_log");
```

A função open retornará true se o arquivo for aberto com sucesso e false se falhar ao abrir. A abertura de um arquivo poderá falhar por muitas razões: um arquivo não existe, é protegido contra gravação ou você não tem permissão para obter um arquivo ou diretório. Contudo, um handle de arquivos que não foi aberto com sucesso poderá ainda ser lido (fornecendo um EOF imediado) ou gravado, sem efeitos notáveis.

Você deverá sempre verificar o resultado de open imediatamente e informar um erro se a operação não for bem-sucedida. A função warn poderá informar um erro para o erro padrão se algo der errado e die poderá terminar seu programa e informá-lo sobre o que deu errado. Por exemplo:

```
open(LOGFILE, "/usr/httpd/error_log")
   || warn "Could not open /usr/httpd/error_log.\n";
open(DATA, ">/tmp/data") || die "Could not create /tmp/data\n.";
```

Com o arquivo aberto, você poderá acessar os dados usando o operador losango, <handle_de_arquivos>. Este é o operador de entrada de linhas. Quando usado em um handle de arquivos em um contexto escalar, retornará uma lista a partir de um handle de arquivos como uma string. Sempre que for chamado retornará a próxima linha do handle de arquivos, até atingir o final do arquivo. O operador controlará em qual linha ele está no arquivo, a menos que o handle do arquivos seja fechado e reaberto, redefinindo o operador para o início do arquivo.

Por exemplo, para imprimir qualquer linha que contém a palavra "secret.html" do handle de arquivos LOGFILE:

```
while (<LOGFILE>) {
   print "$_\n" if /secret\.html/;
}
```

Em um contexto da lista, o operador de entrada de linhas retornará uma lista na qual cada linha é um elemento. O operador <> vazio lerá a partir do handle de arquivos ARGV, que lerá o array de nomes de arquivo a partir da linha de comandos Perl. Se @ARGV estiver vazio, o operador irá recorrer à entrada padrão.

Várias funções enviam a saída para um handle de arquivos. O handle de arquivos já terá que estar aberto para a gravação, claro. No exemplo anterior, print gravou no handle de arquivos STDOUT, onde gravaria mesmo que não tivesse sido especificado. Sem um handle de arquivos, print terá como default o handle de arquivos de saída selecionado atualmente, que será STDOUT até que você abra e selecione outro em seu programa. Veja a função select (a versão do handle de arquivos) para obter mais informações.

Se seu programa envolver mais de alguns handles de arquivo abertos, você deverá estar seguro e especificar os handles de arquivo para todos as suas funções de E/S:

```
print LOGFILE "====== Generated report $date ===="
```

Para fechar um handle de arquivos, use a função close. Os handles de arquivo também são fechados quando o programa sai.

Formatos

Os formatos são um mecanismo para gerar relatórios formatados para produzir dados. Os formatos são definidos com a palavra-chave format. A forma geral é assim:

```
format nome =
...gabarito linhas...
...argumento linha...
```

A maioria de seus nomes do formato será igual aos nomes do handle de arquivos para os quais são usados. O formato default para um handle de arquivos é um com o mesmo nome.

A definição do formato é como uma definição da sub-rotina. Não contém um código executado imediatamente e pode portanto ser colocado em qualquer lugar no arquivo com o resto do programa; eles são colocados comumente próximos ao final do arquivo com as definições da sub-rotina. Para produzir um formato, use a função write no lugar de print.

As linhas do gabarito contêm um texto literal e recipientes de campos. Os recipientes de campos contêm símbolos que descrevem o tamanho e o posicionamento da área na linha onde os dados são produzidos. Uma linha de argumento vem imediatamente após uma linha do gabarito que contém os campos a serem substituídos pelos dados. A linha de argumento é uma lista de variáveis (ou expressões), separadas por vírgulas, que preenche os campos na linha anterior na ordem em que estão listados.

Este é um exemplo de linha do gabarito com dois recipientes de campos e a linha de argumento que vem após:

```
Hello, my name is @<<<<<<<<<< and I'm @<< years old.
$name, $age
```

Os recipientes de campos são @<<<<<<<<<< e @<<, que especificam os campos de texto justificados à esquerda com 11 e 3 caracteres, respectivamente.

A maioria dos recipientes de campo começa com @. Os caracteres após o @ indicam o tipo de campo, ao passo que o número de caracteres (inclusive @) indica a largura do campo. Os caracteres do recipiente de campo a seguir determinam a posição dos campos de texto:

<<<< (sinal maior que, menor que, à esquerda)

Um campo justificado à esquerda; se o valor for menor que a largura do campo, será preenchido à direita com espaços.

>>>> (sinal maior que, menor que, à direita)

Um campo justificado à direita; se o valor for pequeno demais, será preenchido à esquerda com espaços.

| | | | (barras verticais)

Um campo centralizado; se o valor for pequeno demais, será preenchido em ambos os lados com espaços, o suficiente em cada lado para tornar o valor mais centralizado no campo.

Outro tipo de recipiente de campos é um *campo numérico com precisão fixa*. Este campo também começa com @ e é seguido de uma ou mais cerquilhas (###) com um ponto opcional (indicando um ponto decimal). Por exemplo:

```
format MONEY =
Assets: @#####.## Liabilities: @#####.## Net: @#####.##
$assets, $liabilities, $assets-$liabilities
```

O recipiente de campo com diversas linhas permite incluir um valor que poderá ter muitas linhas de informações. Este recipiente é indicado por @* em uma linha sozinha. A próxima linha definirá o valor que será substituído no campo, que neste caso poderá ser uma expressão que resulta em um valor que contém muitas linhas novas.

Outro tipo de recipiente de campos é um *campo preenchido*. Este recipiente permite criar um parágrafo preenchido, dividindo o texto em linhas com tamanho conveniente nos limites das palavras, quebrando as linhas quando necessário. Um campo preenchido é indicado substituindo o marcador @ em um recipiente de campo de texto por um circunflexo (^<<<, por exemplo). O valor correspondente de um campo preenchido (na linha seguinte do formato) terá que ser uma variável escalar contendo texto ao invés de uma expressão que retorna um valor escalar. Quando o Perl estiver preenchendo o campo preenchido, obterá o valor da variável e removerá quantas palavras forem necessárias para caber no campo. As chamadas subseqüentes para a variável em um campo preenchido continuarã onde a última foi suspensa.

Se o conteúdo da variável for esgotado antes do número de campos, você simplesmente terminará com linhas em branco. Você poderá omitir as linhas em branco colocando um til (~) na linha. Qualquer linha que contiver um til não será produzida se a linha tiver um vazio impresso (por exemplo, o espaço em branco). O próprio til sempre será impresso como um vazio e poderá ser colocado em qualquer lugar onde um espaço poderia ter sido colocado na linha.

Se o texto na variável for maior do que puder ser preenchido nos campos, a saída continuará apenas até os campos acabarem. O atalho para fazer com que a string seja impressa até seu término é usar dois tis consecutivos (~~) em uma linha. Isto fará com que a linha seja repetida automaticamente até que o resultado seja uma linha completamente em branco (o que será omitido).

Os valores defaults para os parâmetros do formato relacionam-se ao formato do handle de arquivos selecionado atualmente. O handle de arquivos selecionado atualmente começa como STDOUT, o que facilita imprimir coisas na saída padrão. Contudo, você poderá alterar o handle de arquivos selecionado atualmente com a função select, que tem um único handle de arquivos (ou uma variável escalar contendo o nome de um handle de arquivos) como um argumento. Uma vez que o handle de arquivos selecionado atualmente seja alterado, afetará todas as futuras operações que dependerem do handle de arquivos selecionado atualmente.

Pod

O pod é um formatador de texto simples surpreendentemente capaz, que usa marcas para informar ao tradutor como formatar o texto. As marcas servem a diversas finalidades:
- Informam ao formatador como fazer o layout do texto na página.
- Fornecem a fonte e informações com referência cruzada.
- Começam e param a análise do código.

O último item é o indicativo de um dos recursos mais úteis do pod — que pode ser misturado com o código Perl. Embora possa ser difícil voltar e escrever a documentação para seu código depois do fato, com o Perl você poderá simplesmente misturar a documentação com o código e fazê-lo de uma só vez. Também permite que você use o mesmo texto como a documentação do código e a documentação do usuário se desejar.

Um tradutor pod lê um arquivo parágrafo por parágrafo, ignorando o texto que não é pod e convertendo-o no devido formato. Os parágrafos são separados uns dos outros por linhas em branco (não apenas por uma nova linha). Os vários tradutores reconhecem três tipos de parágrafos:

Comando

    Os comandos começam com =, seguidos imediatamente por seu identificador:

```
=cut
```

    Eles também podem ser seguidos pelo texto:

```
=head2 Cabeçalho do segundo nível
```

    Uma linha em branco sinaliza o final do comando.

Texto

    Um parágrafo que consiste em um bloco de texto, geralmente preenchido e possivelmente justificado, dependendo do tradutor. Por exemplo, um comando como =head2 provavelmente será seguido por um parágrafo de texto:

```
=head2 Pod
```

```
Pod is a simple, but surprisingly capable, text formatter that uses
tags to tell a translator how to format the text.
```

Explicativo

Um parágrafo que será reproduzido como está, sem preenchimento ou justificação. Para criar um parágrafo de explicação, recue cada linha do texto com pelo menos um espaço.

```
Don't fill this paragraph. It's supposed
to look exactly like this on the page.
There are blanks at the beginning of each line.
```

Marcas do parágrafo

As seguintes marcas do parágrafo são reconhecidas como comandos pod válidos:

=back

=back

Move a margem à esquerda de volta para onde estava antes do último =over. Termina o bloco =over/=back mais interno do texto recuado. Se houver diversos níveis de recuo, um =back será necessário para cada nível.

=begin

=begin *formato*

Inicia um bloco de texto que será transmitido diretamente a um determinado formatador ao invés de ser tratado como pod. Por exemplo:

```
=begin html
```

Um bloco =begin/=end é como =for exceto que não se aplica necessariamente a um único parágrafo.

=cut

=cut

Indica o final do texto pod. Informa ao compilador que não há mais nenhum pod (no momento) e que deve iniciar novamente a compilação.

=end

=end

Termina um bloco =begin. Informa ao tradutor para tratar o que segue como pod novamente.

=for

=for *formato*

Indica uma alteração do formato, para o próximo parágrafo apenas.

=head1

=head1 *texto*

O *texto* após a marca é formatado como um cabeçalho de nível superior. Geralmente com letras maiúsculas.

=head2

=head2 *texto*

O *texto* após a marca é formatado como um cabeçalho de segundo nível.

=item

=item *texto*

Inicia uma lista. As listas devem sempre estar dentro de um bloco over/back. Muitos tradutores usam o valor do *texto* no primeiro =item para determinar o tipo de lista.

```
=item *
```

Uma lista com marcadores. Um asterisco (*) é geralmente usado para o marcador, mas poderá ser substituído por qualquer outro caractere simples. Seguido de uma linha em branco e então pelo texto do item com marcador:

```
=item *

This is the text of the bullet.
```

```
=item.n
```

Uma lista numerada. Substitua *n* por 1 no primeiro, por 2 no segundo etc — o pod não gera os números automaticamente.

```
=item texto
```

Uma lista de definição. Formata o *texto* como o termo e o parágrafo seguinte como o corpo do item da lista. Por exemplo:

```
=item <HTML>

Indicates the beginning of an HTML file
```

A aparência exata da saída dependerá do tradutor usado, mas ficará muito parecido com isto:

```
<HTML>
        Indicates the beginning of an HTML file
```

=over

=over n

Especifica o início de uma lista, onde *n* indica a profundidade do recuo. Por exemplo, =over 4 irá recuar quatro espaços. Outro =over antes de um =back criará listas aninhadas. A marca =over deverá ser seguida de pelo menos um =item.

=pod

=pod

Indica o início do texto pod. Um tradutor começa a prestar atenção quando vê a marca e o compilador ignora tudo de lá até o próximo =cut.

Seqüências interiores

Além das marcas do parágrafo, o pod tem um conjunto de marcas que se aplicam no texto, em um parágrafo ou em um comando. Estas seqüências interiores são:

Seqüência	Função
B<*texto*>	Deixa o texto em negrito, geralmente para os argumentos e os programas
C<*código*>	O código literal
E<*escape*>	O caractere nomeado:
E<gt>	Literal >
E<lt>	Literal <
E<*html*>	Uma entidade HTML não numérica
E<*n*>	O número *n* de caracteres, geralmente um caractere ASCII
F<*arquivo*>	O nome do arquivo
I<*texto*>	O *texto* em itálico, geralmente para a ênfase ou variáveis
L<*nome*>	A ligação (referência cruzada) com o *nome*:
L<*nome*>	Página manual
L<*nome/recuo*>	Item em uma página manual
L<*nome/"sec"*>	Seção em outra página manual
L<*"sec"*>	Seção nesta página manual; as aspas são opcionais
L</*"sec"*>	Igual a L<*"sec"*>

S<*texto*>	O *texto* não tem espaços em branco
X<*índice*>	A entrada do índice
Z<>	O caractere com largura zero

Utilitários Pod

Como mencionado anteriormente, vários programas utilitários foram escritos para converter os arquivos de pod em uma variedade de formatos de saída. Alguns utilitários são descritos aqui, particularmente aqueles que fazem parte da distribuição Perl. Outros programas estão disponíveis na CPAN.

perldoc

perldoc *[opções] nome_do_doc*

Formata e exibe a documentação pod do Perl. Extrai a documentação do formato pod e exibe-a. Para obter todas as opções exceto *-f*, o *nome_do_doc* será o nome da página manual, módulo ou programa contendo o pod a ser exibido. Para *-f*, é o nome de uma função Perl predefinida a ser exibida.

Opções

-*f* *função*
　　Formata e exibe a documentação para a função Perl especificada.

-*b*　Exibe uma mensagem de ajuda.

-*l*　Exibe o caminho completo para o módulo.

-*m*　Exibe o módulo inteiro, o código e o texto pod, sem formatar o pod.

-*t*　Exibe usando o formatador de texto ao invés do nroff. Mais rápido, porém a saída é menos elegante.

-*u*　Sem formatação. Localiza e exibe o documento sem formatá-lo.

-*v*　Explicação. Descreve a pesquisa do arquivo, mostrando os diretórios pesquisados e onde o arquivo foi encontrado.

O *perldoc* aplica os argumentos encontrados na variável-ambiente PERLDOC antes dos argumentos da linha de comandos. Ele pesquisa os diretórios especificados pelo PERL5LIB, PERLLIB (se PERL5LIB não estiver definido) e as variáveis-ambientes PATH.

pod2fm

pod2fm *[opções] arquivo*

Converte o pod no formato FrameMaker.

Opções

-book [nome_do_livro]
Se definida, cria o arquivo de livro FrameMaker. Se não especificada, o *nome_do_livro* terá como default perl; a extensão do nome de arquivo será *.book* em qualquer caso.

-[no]doc
Se é para converter um arquivo de saída *.doc* com o formato MIF no formato FrameMaker binário. O default é *-doc*.

-format tipo
Qual formato copiar do documento do gabarito especificado com a opção *-template*. O tipo poderá ser uma lista separada por vírgulas e *-format* poderá também ser especificado mais de uma vez. Os tipos legais são:

Tipo	Descrição
all	Todos os tipos (o default)
Character	Os formatos do caractere
Paragraph	Os formatos do parágrafo
Page	Os layouts da página-mestre
Reference	Os layouts da página de referência
Table	Os formatos da tabela
Variables	As definições da variável
Math	As definições matemáticas
Cross	As definições com referência cruzada
Color	As definições da cor
Conditional	As definições do texto condicionais
Break	Preserva as quebras da página; controla como os outros tipos são usados
Other	Preserva outras alterações do formato; controla como os outros tipos são usados.

-[no]index
Se é para gerar um índice. Tem como default *-noindex*.

-[no]lock
Se é para bloquear o arquivo como de apenas leitura para que você possa usar o recurso do marcador de hipertexto. Tem como default *-nolock*.

-[no]mmlonly
Se é para parar a execução depois de gerar a versão MML do arquivo. Tem como default *-nommlonly*.

-[no]open
Se é para tentar abrir o livro depois de criá-lo; requer a opção *-book*.

-template documento
    Especifica um documento do gabarito para *pod2fm* copiar um formato para usar na formatação da saída. O *documento* é o caminho para o documento do gabarito.

-[no]toc
    Se é para gerar um sumário. Tem como default *-notoc*.

pod2html

pod2html *[opções] arquivo_de_entrada*

Converte os arquivos do pod no formato HTML. Faz parte do módulo padrão Pod::Html; veja o Capítulo 8 para obter as opções, que são transmitidas ao Pod::Html como argumentos.

pod2latex

pod2latex *arquivo_de_entrada*

Converte os arquivos do pod no formato LaTeX. Grava a saída em um arquivo com a extensão *.tex*.

pod2man

pod2man *[opções] arquivo_de_entrada*

Converte as diretivas pod no arquivo *arquivo_de_entrada* no formato da página manual Unix. Converte o texto marcado com o pod na fonte nroff que poderá ser exibida pelo comando *man* ou troff para a composição.

Opções

- -center=string
    Define o cabeçalho centralizado para *string*. Terá como default a "User Contributed Perl Documentation" (Documentação Perl Contribuída do Usuário), a menos que a marca *- -official* esteja definida, neste caso terá como default o "Perl Programmers Reference Guide" (Guia de Referência dos Programadores Perl).

- -date=string
    Define a string do rodapé à esquerda para *date*.

- -fixed=fonte
    Especifica a fonte com largura fixa para usar para os exemplos do código.

- -lax
    Se definida, irá ignorar as seções que faltam.

- -official
    Se definida, usará o cabeçalho default como mostrado para *- -center* acima.

- -release=rel
    Define o rodapé centralizado. Tem como default a versão atual do Perl.

--section=ext_man
: Define a seção da página manual para a macro .TH do nroff. Terá como default 3 (funções) se o nome de arquivo terminar em *.pm*, do contrário 1 (os comandos do usuário).

pod2text

pod2text < *entrada*

Converte o pod no texto e exibe-o. Um componente do módulo Pod::Text.

Opções

--*help*
: Exibe informações de ajuda.

--*htmlroot=nome*
: Defina o URL de base dos arquivos HTML para o *nome*.

--*index*
: Gera um índice no início do arquivo HTML (default).

--*infile=nome*
: Converte o *nome* do arquivo pod. O default é obter a entrada a partir de STDIN.

--*libpods=nome:....:nome*
: Lista os nomes da página (por exemplo, "perlfunc") que contém o =items vinculável.

--*outfile=nome*
: Cria o *nome* do arquivo HTML. O default é enviar a saída para STDOUT.

--*podroot=nome*
: Usa o *nome* como o diretório de base para encontrar os pods da biblioteca.

--*podpath=nome:....:nome*
: A lista dos subdiretórios *podroot* com os arquivos pod cujas formas convertidas da HTML podem ser ligadas nas referências cruzadas.

--*netscape*
: Usa as diretivas HTML do Netscape quando aplicáveis.

--*noindex*
: Não gera um índice no início do arquivo HTML.

--*nonetscape*
: Não usa as diretivas HTML do Netscape (default).

--*nonrecurse*
: Não faz uma recursão nos subdiretórios especificados em *podpath*.

--*recurse*
: Faz uma recursão nos subdiretórios especificados em *podpath* (default).

--*title=título*
: Especifica o título para o arquivo HTML resultante.

--*verbose*
: Exibe as mensagens do andamento.

Capítulo 5

Referência para funções

Este capítulo fornece uma breve descrição das funções predefinidas do Perl. Cada descrição mostra a sintaxe da função, com os tipos e a ordem de seus argumentos.

Os argumentos requeridos são mostrados em itálicos, separados por vírgulas. Se um argumento tiver que ser um tipo específico de variável, o identificador dessa variável será usado (por exemplo, um sinal de porcentagem para um hash, %*hash*). Os argumentos opcionais são colocados entre colchetes. Não use colchetes em suas chamadas das funções a menos que realmente queira usar uma referência para um hash anônimo.

Existem maneiras diferentes de usar uma função predefinida. Para os iniciantes, qualquer argumento que requeira um valor escalar poderá ser composto por qualquer expressão que retorne um. Por exemplo, você poderá obter a raiz quadrada do primeiro valor em um array:

    $root = $sqrt (shift @numbers);

O shift removerá o primeiro elemento de @numbers e irá retorná-lo para ser usado por sqrt.

Muitas funções têm uma lista de escalares para os argumentos. Qualquer variável do array ou outra expressão que retorne uma lista poderá ser usada para todos ou parte dos argumentos. Por exemplo:

    chmod (split /,/ <FILELIST>); # an expression returns a list
                                   (uma expressão retorna uma lista)
    chmod 0755, @executables;   # array used for part of arguments
                                   (o array usado para parte dos argumentos)

Na primeira linha, a expressão split lerá uma string a partir de um handle de arquivo e irá dividi-la em uma lista. A lista fornecerá os devidos argumentos para chmod. A segunda linha usará um array que contém uma lista dos nomes de arquivo para chmod atuar neles.

Os parêntesis não são requeridos em torno dos argumentos de uma função. Porém, sem eles, as funções serão exibidas como operadores em uma expressão (o mesmo ocorrerá com as subrotinas declaradas previamente). Se você usar uma função em uma expressão complexa, poderá querer usar parêntesis para uma melhor clareza. Veja o Capítulo 4, *A linguagem Perl*, para obter mais detalhes sobre a prioridade nas expressões Perl.

As funções Perl por categoria

Estas são as funções do Perl e as palavras-chaves semelhantes às funções, organizadas por categoria. Observe que algumas funções aparecem em mais de um cabeçalho:

Manipulação escalar

    chomp, chop, chr, crypt, hex, index, lc, lcfirst, length, oct, ord,
    pack q//, qq//, reverse, rindex, sprintf, substr, tr///, uc, ucfirst,
    y///

Expressões constantes e coincidência de padrões

    m//, pos, qr//, quotemeta, s///, split, study

Funções numéricas

    abs, atan2, cos, exp, hex, int, log, oct, rand, sin, sqrt, srand

Processamento de arrays

    pop, push, shift, splice, unshift

Processamento de listas

    grep, join, map, qw//, reverse, sort, unpack

Processamento de hashes

    delete, each, exists, keys, values

Entrada e saída

    binmode, close, closedir, dbmclose, dbmopen, die, eof, fileno, flock,
    format, getc, print, printf, read, readdir, rewinddir, seek, seekdir,
    select, syscall, sysread, sysseek, syswrite, tell, telldir, truncate,
    warn, write

Dados com comprimento fixo e registros

    pack, read, syscall, sysread, syswrite, unpack, vec

Handles de arquivo, arquivos e diretórios

    chdir, chmod, chown, chroot, fcntl, glob, ioctl, link, lstat, mkdir,
    open, opendir, readlink, rename, rmdir, stat, symlink, sysopen, umask,
    unlink, utime

Fluxo de controle do programa
    caller, continue, die, do, dump, eval, exit, goto, last, next, redo, return, sub, wantarray

Escopo
    caller, import, local, my, package, use

Diversos
    defined, dump, eval, formline, local, my, prototype, reset, scalar, undef, wantarray

Processos e grupos de processos
    alarm, exec, fork, getpgrp, getppid, getpriority, kill, pipe, qx//, setpgrp, setpriority, sleep, system, times, wait, waitpid

Módulos da biblioteca
    do, import, no, package, require, use

Classes e objetos
    bless, dbmclose, dbmopen, package, ref, tie, tied, untie, use

Acesso ao soquete de baixo nível
    accept, bind, connect, getpeername, getsockname, getsockopt, listen, recv, send, setsockopt, shutdown, socket, socketpair

Comunicação entre processos do System V
    msgctl, msgget, msgrcv, msgsnd, semctl, semget, semop, shmctl, shmget, shmread, shmwrite

Buscar usuário e informações sobre o grupo
    endgrent, endhostent, endnetent, endpwent, getgrent, getgrgid, getgrnam, getlogin, getpwent, getpwnam, getpwuid, setgrent, setpwent

Buscar informações sobre a rede
    endprotoent, endservent, gethostbyaddr, gethostbyname, gethostent, getnetbyaddr, getnetbyname, getnetent, getprotobyname, getprotobynumber, getprotoent, getservbyname, getservbyport, getservent, sethostent, setnetent, setprotoent, setservent.

Hora
    gmtime, localtime, time, times

Funções do Perl por ordem alfabética

abs
abs *valor*
Retorna o valor absoluto de seu argumento (ou $_ se omitido)

accept
accept *novo_soquete, soquete_genérico*
Prepara um processo do servidor para aceitar as conexões de soquete dos clientes. A execução é suspensa até que uma conexão seja feita, neste momento o handle de arquivo *novo_soquete* é aberto e anexado à conexão feita recentemente. A função retornará o endereço conectado se a chamada tiver sucesso, do contrário, retornará false (e colocará o código do erro em $!). O *soquete_genérico* terá que ser um handle de arquivo já aberto através da função socket e vinculado a um dos endereços de rede do servidor.

alarm
alarm *n*
Envia um sinal SIGALARM ao programa Perl de execução depois de *n* segundos. Em alguns sistemas mais antigos, os alarmes ocorrem "no segundo", portanto por exemplo, um alarm 1 poderá ocorrer em qualquer lugar entre 0 e 1 segundo a partir de agora, dependendo de quando no segundo atual ele está. Um alarm 2 poderá ocorrer em qualquer lugar de 1 a 2 segundos a partir de agora. E assim por diante.

Cada chamada irá desativar o temporizador anterior e um argumento 0 poderá ser fornecido para cancelar o temporizador anterior sem iniciar um novo. O valor de retorno será o número de segundos que permanecem no temporizador anterior.

atan2
atan2 *y, x*
Retorna o arcotangente de *y/x* na faixa de -p a p. Uma maneira rápida de obter um valor aproximado de p é dizer:

```
$pi = atan2(1,1) * 4;
```

Para a operação da tangente, você poderá usar a função POSIX::tan( ) ou usar a relação familiar:

```
sub tan { sin($_[0]) / cos($_[0]) }
```

bind

bind *soquete, endereço*

Anexa um endereço a um soquete já aberto especificado pelo handle de arquivo *soquete*. A função retornará true se for bem-sucedida e false do contrário (e colocará o código do erro em $!). O *endereço* deverá ser um endereço compactado do devido tipo do soquete.

binmode

binmode *handle_de_arquivo*

Define o arquivo a ser tratado no modo binário nos sistemas operacionais que distinguem os arquivos binários e de texto. Deverá ser chamado depois de open mas antes de que qualquer E/S seja feita no handle de arquivo. A única maneira de redefinir o modo binário em um handle de arquivo é reabrir o arquivo.

A função binmode não tem efeito no Unix, Plan9 ou outros sistemas que usam um único caractere \n (nova linha) como um delimitador de linha. Nos sistemas como Win32 ou MS-DOS, a binmode é necessária para impedir a conversão dos caracteres delimitadores de linha em e a partir de \n.

bless

bless *$ref,* [*nome_da_classe*]

Pesquisa o item apontado pela referência *ref* e informa-lhe que ele é agora um objeto no pacote *nome_da_classe* ou o pacote atual se nenhum *nome_da_classe* for especificado. Retorna a referência por conveniência, uma vez que bless é geralmente a última coisa em uma função do construtor. (Use sempre a versão com dois argumentos se o construtor que aplica a bless puder ser herdado por uma classe derivada. Em tais casos, a classe que você deseja aplicar a bless em seu objeto normalmente será encontrada como o primeiro argumento para o construtor em questão.)

caller

caller [*n*]

Retorna informações sobre a pilha de chamadas da sub-rotina atual. Sem um argumento, retornará o nome do pacote em um contexto escalar e em um contexto de lista, retornará o nome do pacote, o nome de arquivo e o número da linha a partir da qual a sub-rotina atualmente em execução foi chamada:

```
($package, $filename, $line) = caller;
```

Com um argumento avaliará *n* como o número de quadros da pilha a retornar antes do atual. Também irá fornecer algumas informações extras que o depurador usa para imprimir um rastreamento da pilha:

```
$i = 0;

while (($pack, $file, $line, $subname, $hasargs,

        $wantarray, $evaltext, $is_require) = caller($i++)) {

    . . .

}
```

E mais, quando chamada de dentro do pacote DB, a caller retornará informações mais detalhadas: ela definirá a variável da lista @DB::args para ser o argumento transmitido no quadro da pilha dado.

chdir

chdir *nome_do_dir*

Altera o diretório de trabalho para o *nome_do_dir*. Se o *nome_do_dir* for omitido, irá alterar o diretório pessoal. A função retornará 1 no caso de sucesso e do contrário 0 (e colocará o código do erro em $!).

chmod

chmod *modo, lista_de_arq*

Altera as permissões de uma lista de arquivos. O primeiro argumento terá que estar no modo de permissões dado em sua representação de números octais. A função retornará o número de arquivos alterados com sucesso. Por exemplo:

```
$cnt = chmod 0755, 'file1', 'file2';
```

definirá $cnt para 0, 1 ou 2 dependendo de quantos arquivos mudaram (no sentido de que a operação foi bem-sucedida, não no sentido dos bits estarem diferentes posteriormente).

chomp

chomp *$var*

chomp *@list*

Remove qualquer caractere de término da linha de uma string em $*var* ou cada string em @*list*, que corresponde ao valor atual de $/ (não apenas qualquer caractere final, como chop faz). A chomp retorna o número de caractere apagados. Se $/ estiver vazio (no modo de parágrafo), a chomp removerá todas as novas linhas da string selecionada (ou strings, se a chomp for aplicada em uma *lista*). Se nenhum argumento for dado, a função aplicará a chomp na variável $_.

chop

chop $var

chop @list

Remove o último caractere de uma string contida na variável $var (ou as strings em cada elemento de uma @ list) e retorna o caractere cortado. O operador chop é usado basicamente para remover a nova linha do final de um registro de entrada, mas é mais eficiente que s/\n$//. Se nenhum argumento for fornecido, a função cortará a variável $_.

chown

chown uid, gid, arquivos

Altera o proprietário e o grupo de uma lista de arquivos. Os dois primeiros argumentos têm que ser o uid e o gid numéricos, nessa ordem. A função retornará o número de arquivos alterados com sucesso.

Na maioria dos sistemas, você não terá permissão para alterar a propriedade do arquivo a menos que seja o superusuário, embora deva ser capaz de alterar o grupo para qualquer um de seus grupos secundários. Nos sistemas desprotegidos, estas restrições poderão ser suavizadas, mas esta não é uma suposição portável.

chr

chr número

Retorna o caractere representado pelo número no conjunto de caracteres. Por exemplo, chr(65) é o "A" no ASCII.

chroot

chroot nome_do_dir

Altera o diretório-raiz do processo atual para o nome_do_dir—o ponto inicial para os nomes do caminho que começam com "/". Este diretório é herdado nas chamadas exec e por todos os subprocessos. Não há uma maneira de desfazer uma chroot. Apenas o superusuário poderá usar essa função.

close

close handle_de_arquivo

Fecha o arquivo, o soquete ou o canal associado ao determinado handle de arquivo. Você não terá que fechar o handle_de_arquivo se for aplicar imediatamente outra open nele, uma vez que a próxima open irá fechá-lo para você. Contudo, uma close explícita em um arquivo de entrada redefinirá o contador de linhas ($.), ao passo que uma close implícita feita pela open não. Fechar um canal irá aguardar que o processo em execução nele seja completado e impedirá que o script saia antes da canalização ser finalizada. Fechar um canal explicitamente também colocará o valor de status do comando em execução nele em $?.

O *handle_de_arquivo* poderá ser uma expressão cujo valor fornece um nome do handle de arquivo real. Poderá também ser uma referência para um objeto do handle de arquivo retornado por alguns pacotes de E/S baseado em objetos.

closedir

closedir *handle_de_dir*

Fecha um diretório associado a um determinado handle de diretório aberto por opendir.

connect

connect *soquete, endereço*

Inicia uma conexão com outro processo que está aguardando em uma accept no handle de arquivo *soquete*. A função retornará true para o sucesso, do contrário retornará false (e colocará o código do erro em $!). O *endereço* é um endereço da rede compactado do devido tipo do *soquete*.

Para desconectar um soquete, use close ou shutdown.

cos

cos *núm*

Retorna o cosseno do *número* (expressado em radianos). Para obter a operação de coseno inversa, você poderá usar a função POSIX::acos( ) ou esta relação:

```
sub acos { atan2( sqrt(1 - $_[0] * $_[0]), $_[0] ) }
```

crypt

crypt *string, salt*

É usada pela função passwd nos sistemas Unix para produzir uma string com 13 caracteres exclusiva (armazenada no arquivo de senha do sistema) a partir dos 8 primeiros caracteres da *string* dada e do *sal* com 2 caracteres. A função Perl opera da mesma maneira e retorna uma string com 13 caracteres com os 2 primeiros caracteres sendo o *sal*. A crypt usa uma versão modificada do Data Encryption Standard (Padrão de Criptografia de Dados), que produz uma criptografia única; a string resultante não poderá ser decodificada para determinar a string original. A crypt poderá ser usada para verificar se uma senha é correta comparando a string da função com a string encontrada em */etc/passwd* (se você tiver permissão para fazer isto):

```
if (crypt ($guess, $pass) eq $pass) {
    # guess is correct (advinha se está correto)
}
```

A variável $pass é a string da senha do arquivo de senhas. A crypt usará meramente os dois primeiros caracteres dessa string para o argumento *sal*.

dbmclose

dbmclose %hash

Interrompe a vinculação entre um arquivo DBM e um hash.

Esta função é de fato apenas uma chamada para untie com os devidos argumentos, mas é fornecida para a compatibilidade com as antigas versões do Perl.

dbmopen

dbmopen %hash, nome_bd, modo

Vincula um arquivo DBM (*nome_bd*) a um hash (%*hash*). O *nome_bd* é o nome do banco de dados sem a extensão *.dir* ou *.pag*. Se o banco de dados não existir e um *modo* válido for especificado, o banco de dados será criado com as permissões especificadas pelo *modo* (como modificado pela umask). Para impedir a criação do banco de dados se ele não existir, você poderá especificar um *modo* undef e a função retornará um valor false se não puder encontrar um banco de dados existente. Se seu sistema suportar apenas as funções DBM mais antigas, você poderá ter apenas um dbmopen em seu programa.

Os valores atribuídos ao hash anterior ao dbmopen não são acessíveis. Se você não tiver o acesso de gravação para o arquivo DBM, poderá apenas ler as variáveis de hash, não defini-las.

Esta função é na verdade apenas uma chamada para tie com os devidos argumentos, mas é fornecida para a compatibilidade com as antigas versões do Perl.

defined

defined *expr*

Retorna um valor booleano informando se o valor escalar resultante da *expr* tem um valor real ou não. Se nenhum argumento for dado, a defined irá verificar o $_.

Um escalar que não contém uma string válida, numérica ou valor de referência é conhecido como o valor indefinido ou undef para abreviar. Muitas operações retornam o valor indefinido sob condições excepcionais, como o fim do arquivo, uma variável não inicializada, um erro do sistema etc. Esta função permitirá que você diferencie uma string nula indefinida de uma string nula definida quando estiver usando operadores que podem retornar uma string nula real.

Você poderá usar a defined para ver se uma sub-rotina existe, isto é, se a definição da sub-rotina foi analisada com sucesso. Porém, usar a defined em um array ou hash não será uma garantia de produção de resultados claros e deverá ser evitado.

delete

delete *$hash{chave}*
delete *@hash{@chaves}*

Apaga a *chave* ou *chaves* especificada(s) e os valores associados do *hash* especificado. (Não apaga um arquivo. Veja a unlink para isso.) Apagar de $ENV{ } modificará o ambiente.

Apagar de um hash vinculado a um arquivo DBM (que pode ser gravado) apagará a entrada do arquivo DBM.

Para os hashes normais, a função delete retornará o valor (não a chave) que foi apagada, mas este comportamento não irá assegurar hashes ligados, como os vinculados aos arquivos DBM. Para testar se um elemento do hash foi apagado, use exists.

die

die *mensagem*

Imprime a *mensagem* na saída de erro padrão e sai do programa Perl com um status de saída diferente de zero. A *mensagem* poderá ser um valor da lista, como os argumentos para print, a partir dos quais os elementos são concatenados em uma única string da saída. Se a *mensagem* não terminar com uma nova linha (\n), o nome de arquivo do script atual, o número da linha e o número da linha de entrada (se houver) serão anexados à mensagem com uma nova linha. Sem argumentos, a função produzirá a string Died como seu default.

A die sai dos programas com o valor atual da variável $!, que contém o texto que descreve o valor do erro do sistema operacional mais recente. Este valor poderá ser usado na *mensagem* para descrever qual pode ter sido o problema.

A die comporta-se de maneira diferente dentro de uma instrução eval. Ela coloca a mensagem de erro na variável $@ e aborta a eval, o que retornará um valor indefinido. Este uso da die poderá gerar exceções durante a execução que poderão ser obtidas em um nível mais alto do programa.

do

do *{bloco}*

Executa a seqüência de comandos no *bloco* e retorna o valor da última expressão avaliada. Quando modificada por um modificador de loop, o Perl executará o *bloco* apenas uma vez antes de testar a condição do loop. (Em outras instruções, os modificadores de loop testam a condicional primeiro.)

dump

dump *etiqueta*

Durante a execução do programa, provoca um dump de memória imediato após o código anterior a ele já ter sido executado. Basicamente, isto ocorre para que você possa usar o programa undump para transformar seu dump de memória em um binário executável, depois de ter inicializado todas as suas variáveis no início do programa. A dump prepara o binário recuperado, quando executado, para começar executando uma goto *etiqueta* (com todas as restrições que a goto tem). Considere a operação como uma goto com um dump de memória intermediário e um retorno. Se a *etiqueta* for omitida, a função irá preparar o programa para reiniciar a partir do início. Observe que qualquer arquivo aberto no momento do dump não será mais aberto quando o programa for retornado. Veja também o argumento da linha de comandos *-u*.

O programa undump não está disponível em todos os sistemas e pode não ser compatível com versões específicas do Perl.

each

each %hash

Retorna uma lista com dois elementos que consiste na chave e no valor para o próximo elemento de um hash. Com chamadas sucessivas para each, você poderá executar repetidamente todo o hash. As entradas serão retornadas em uma ordem indeterminada. Quando o hash for lido totalmente, uma lista nula será retornada. Depois disso, a próxima chamada para each iniciará uma nova repetição. O executor repetitivo poderá ser redefinido lendo todos os elementos a partir do hash ou chamando a função keys no contexto escalar. Você não terá que adicionar elementos ao hash durante a execução repetitiva nele, embora tenha permissão de usar a delete. Em um contexto escalar, a each retornará apenas a chave.

Existe um único executor repetitivo para cada hash, compartilhado pelas chamadas das funções each, keys e values no programa. Isto significa que depois de uma chamada de keys ou values, a próxima each começará novamente a partir do início.

endgrent

endgrent

Fecha o arquivo de grupos (geralmente */etc/group* nos sistemas Unix) se aberto. Não implementada nos sistemas Win32.

endhostent

endhostent

Fecha o arquivo de hosts (geralmente */etc/hosts* nos sistemas Unix) se aberto. Não implementada nos sistemas Win32.

endnetent

endnetent

Fecha o arquivo de redes (geralmente */etc/networks* nos sistemas Unix) se aberto. Não implementada nos sistemas Win32.

endprotoent

endprotoent

Fecha o arquivo de protótipos (geralmente /etc/prototypes nos sistemas Unix) se aberto. Não implementada nos sistemas Win32.

endpwent

endpwent

Fecha o arquivo de senhas (geralmente /etc/password nos sistemas Unix) se aberto. Não implementada nos sistemas Win32.

endservent

endservent

Fecha o arquivo de serviços (geralmente /etc/services nos sistemas Unix) se aberto. Não implementada nos sistemas Win32.

eof

eof *handle_de_arquivo*

eof( )

Retorna true se a próxima leitura no *handle de arquivos* retornar o fim do arquivo ou se o *handle_de_arquivo* não estiver aberto. O *handle_de_arquivo* poderá ser uma expressão cujo valor fornece o nome do handle de arquivo real. Uma eof sem um argumento retornará o status do fim do arquivo para o último arquivo lido. Os parênteses vazios ( ) poderão ser usados na conexão com os arquivos combinados listados na linha de comandos. Ou seja, dentro de um loop while (<>), eof( ) irá detectar o fim de apenas o último de um grupo de arquivos. Use eof(ARGV) ou eof (sem parênteses) para testar *cada* arquivo em um loop while(<>). Por exemplo, o seguinte código irá inserir travessões logo antes da última linha do *último* arquivo:

```
while (<>) {
    if (eof( )) {
        print *-* x 30, "\n";
    }
    print;
}
```

eval

eval *string*

eval *{bloco}*

Avalia a expressão ou código em seu argumento durante a execução como um programa Perl separado no contexto de um script maior. Qualquer configuração da variável permanecerá posteriormente, como qualquer sub-rotina ou definições do formato. O código da eval é tratado como um bloco, portanto qualquer variável com escopo local declarada na eval permanecerá apenas até a eval ser terminada. (Veja também local e my). O valor retornado a partir de uma eval é o valor da última expressão avaliada. Como as sub-rotinas, você poderá usar a função return para retornar um valor e sair da eval.

Com eval *string*, o conteúdo da *string* será compilado e executado durante a execução. Por exemplo:

```
$a = 3, $b = 4;
$c = '$a * $b';
print (eval "$c");    # prints 12 (imprime 12)
```

A forma da string da eval é útil para executar as strings produzidas durante a execução a partir de fontes padrões ou de outras fontes de entrada dinâmica. Se a string produzir um erro, a partir da sintaxe ou durante a execução, a eval sairá com o valor indefinido e colocará o erro em $@. Se a *string* for omitida, o operador será avaliado como $_.

A forma do bloco da eval é usada nos programas Perl para lidar com os erros da execução (exceções). O código no *bloco* será compilado apenas uma vez durante a compilação do programa principal. Se houver um erro de sintaxe no bloco, ele produzirá um erro durante a compilação. Se o código no *bloco* produzir um erro durante a execução (ou se uma instrução die for encontrada), a eval sairá e o erro será colocado em $@. Por exemplo, o seguinte código poderá ser usado para interceptar um erro de divisão por zero durante a execução:

```
eval {
    $a = 10; $b =0;
    $c = $a / $b;        # causes runtime error (causa um erro
                         durante a execução)
                         # trapped by eval (interceptado pela eval)
};
print $@;                # Prints "Illegal division by 0 at try.pl line 3"
                         (Imprime "Divisão ilegal por 0 na linha
                         3 try.pl")
```

Como com qualquer código em um bloco, um ponto-e-vírgula final não é requerido.

exec

exec *comando*

Termina o script Perl em execução atualmente e executa o programa denominado no *comando*. O programa Perl não prosseguirá depois da exec a menos que ela não possa ser executada e produza um erro. Diferente da system, o *comando* executado não é bifurcado em um processo-filho. Uma exec substitui completamente o script em seu processo atual.

O *comando* poderá ser um escalar que contém uma string com o nome do programa a executar e qualquer argumento. Esta string será verificada para obter os metacaracteres do shell e se houver algum, transmitirá a string para /bin/sh/ -c para a análise. Do contrário, a string será lida como um comando do programa, evitando qualquer processamento do shell. A primeira palavra da string será usada como o nome do programa, com qualquer palavra restante usada como argumentos.

O *comando* poderá também ser um valor da lista onde o primeiro elemento é analisado como o nome do programa e os restantes como os argumentos. Por exemplo:

    exec 'echo', 'Your arguments are: ', @ARGV;

A função exec não é implementada para o Perl nas plataformas Win32.

exists

exists $*hash*{$*chave*}

Retorna true se a chave do hash especificada existir, mesmo que o valor correspondente seja indefinido.

exit

exit *status*

Sai do processo Perl atual imediatamente com esse valor dado pelo *status*. Poderá ser todo o script Perl que você está executando ou apenas um processo-filho criado por fork. Este é um fragmento que permite a um usuário sair do programa digitando x ou X:

    $ans = <STDIN>;
    exit 0 if $ans =~ /^[Xx]/;

Se o *status* for omitido, a função sairá com 0. Você não deverá usar exit para abortar uma sub-rotina se houver alguma chance de que alguém possa querer interceptar qualquer erro ocorrido. Use die, que poderá ser interceptada por uma eval.

exp

exp *núm*

Retorna *e* à potência do *núm*. Se o *núm* for omitido, fornece exp($_). Para fazer uma exponenciação geral, use o operador **.

fcntl

fcntl *handle_de_arquivo, função, arg*

Chama o controle de arquivo *função* (com o *arg* específico da função) para usar no arquivo ou dispositivo aberto com o *handle_de_arquivo*. A fcntl chamará a função fcntl do Unix (não disponível nas plataformas Win32). Se a função não estiver implementada, o programa sairá com um erro fatal. A fcntl definirá os descritores de arquivo para um handle de arquivo. Este comando predefinido será útil quando você usar o módulo Fcntl na distribuição padrão:

```
use Fcntl;
```

Este módulo importará as definições corretas da *função*. Veja a descrição do módulo Fcntl no Capítulo 8, *Módulos padrões*.

O valor de retorno da fcntl (e da ioctl) é o seguinte:

A chamada do sistema retorna	O Perl retorna
-1	Valor indefinido
0	String "0 but true" (0 mas verdadeiro)
Qualquer outra coisa	Esse número

Assim o Perl retornará true ao ser bem-sucedido e false se falhar, mas você poderá ainda determinar facilmente o valor real retornado pelo sistema operacional.

fileno

fileno *handle_de_arquivo*

Retorna o descritor de arquivos para um handle de arquivo. (Um descritor de arquivos é um pequeno inteiro, diferente do handle de arquivo, que é um símbolo.) Retornará undef se o handle não estiver aberto. Será útil para construir mapas de bits para select e para transmitir certas chamadas do sistema indefinidas se syscall estiver implementada. Também será útil para verificar duas vezes se a função open forneceu o descritor de arquivos desejado.

flock

flock *handle_de_arquivo, operação*

Estabelece ou remove um bloqueio em um arquivo aberto com o *handle_de_arquivo*. Esta função chama uma das funções flock, lockf do Unix ou as capacidades de bloqueio da fcntl, seja o que for que seu sistema suporte. Se nenhuma dessas funções existir em seu sistema, a flock produzirá um erro fatal.

A *operação* é o tipo da função de bloqueio a executar. O número por cada nome da operação é o argumento que a flock do Perl tem por default. Você poderá também usar os nomes da operação se importá-los explicitamente a partir do módulo Fcntl com use Fcntl ':flock'.

LOCK_SH (1)
Estabelece um bloqueio compartilhado no arquivo (bloqueio de leitura).

LOCK_EX (2)
Estabelece um bloqueio exclusivo no arquivo (bloqueio de gravação).

LOCK_UN (8)
Remove um bloqueio do arquivo.

LOCK_NB (4)
Impede a flock de bloquear ao tentar estabelecer um bloqueio com LOCK_SH ou LOCK_EX e a instrui para retornar imediatamente. O LOCK_NB terá que ter o *or*aplicado com outra operação como uma expressão para o argumento da operação, por exemplo (LOCK_EX I LOCK_NB).

fork

fork

Gera um processo-filho que executa o código imediatamente após a chamada da fork até que o processo seja terminado (geralmente com uma exit). O processo-filho é executado paralelamente ao processo-pai e compartilha todas as variáveis e handles de arquivo abertos do pai. A função retornará o pid do filho para o processo-pai e 0 para o processo-filho no caso de sucesso. Se falhar, retornará o valor indefinido para o processo-pai e nenhum processo-filho será criado. Se você usar a fork em seus processos-filhos, terá que atender com a wait seus zumbis quando morrerem. Veja a função wait para obter mais informações. É improvável que a função fork seja implementada em qualquer sistema operacional que não se pareça com o Unix, a menos que implique na compatibilidade com o POSIX.

formline

formline *imagem, variáveis*

É a função interna usada pelos formatos, embora você possa também chamá-la. Ela formata uma lista de valores (*variáveis*) de acordo com o conteúdo da *imagem*, colocando a saída no acumulador de saídas do formato, $^A. Quando uma write é terminada, o conteúdo de um $^A é gravado em algum handle de arquivo, mas você mesmo poderá também ler o $^A e definir $^A para "". Observe que um formato geralmente aplica uma formline por linha do formulário, mas a própria função formline não se importa com quantas novas linhas são incorporadas na *imagem*. Isto significa que as fichas ~ e ~~ tratarão toda a *imagem* como uma única linha. Assim, você poderá precisar usar diversas formlines para implementar um único formato de registro, como o compilador de formatos.

Tenha cuidado se você colocar aspas duplas na imagem, uma vez que um caractere @ poderá ser obtido para indicar o início de um nome do array. A formline sempre retornará true. Veja "Formatos" no Capítulo 4 para obter mais informações.

getc

getc *handle_de_arquivo*

Retorna o próximo byte a partir do arquivo de entrada anexado ao *handle_de_arquivo*. No fim do arquivo, retornará uma string nula. Se o *handle_de_arquivo* for omitido, a função lerá a partir de STDIN. Este operador é muito lento, mas às vezes é útil para a entrada de caracteres simples a partir do teclado.

getgrent

getgrent

Retorna a próxima entrada do arquivo de grupos do sistema (geralmente /etc/group nos sistemas Unix) que começa a partir do início. Retornará null quando o EOF for atingido. O valor de retorno da getgrent no contexto da lista é:

($name, $passwd, $gid, $members)

onde $members contém uma lista dos nomes de conexão dos membros do grupo separada por espaços. No contexto escalar, a getgrent retornará apenas o nome do grupo.

getgrgid

getgrgid *gid*

Recupera uma entrada do arquivo de grupos (/etc/group) pelo número *gid* do grupo. O valor de retorno no contexto da lista é:

($name, $passwd, $gid, $members)

onde $members contém uma lista dos nomes de conexão dos membros do grupo separada por espaços. Se você quiser fazer isto repetidamente, considere armazenar em cache os dados em um hash usando a getgrent. No contexto escalar, a getgrgid retornará apenas o nome do grupo.

getgrnam

getgrnam *nome*

Recupera uma entrada do arquivo de grupos pelo nome do grupo *nome*. O valor de retorne no contexto da lista é:

($name, $passwd, $gid, $members)

onde $members contém uma lista dos nomes de conexão dos membros do grupo separada por espaços. No contexto escalar, a getgrnam retornará apenas o ID numérico do grupo.

gethostbyaddr

gethostbyaddr *endereço,* [*tipo_de_ender*]

Recupera o nome do host (e os endereços alternativos) de um *endereço* da rede compactado e binário (o *tipo_de_ender* indica o tipo de endereço dado. Como a gethostbyaddr é usada quase unicamente para os endereços IP da Internet, o *tipo_de_ender* não será necessário.) O valor de retorno no contexto da lista é:

    ($name, $aliases, $addrtype, $length, @addrs)

onde @addrs é uma lista de endereços binários compactados. No domínio da Internet, cada endereço tem quatro bytes de comprimento e pode ser descompactado informando algo como:

    ($a, $b, $c, $d) = unpack('C4', $addrs[0]);

No contexto escalar, a gethostbyaddr retornará apenas o nome do host.

gethostbyname

gethostbyname *nome*

Recupera o endereço (e outros nomes) de um nome do host da rede. O valor de retorno no contexto da lista é:

    ($name, $aliases, $addrtype, $length, @addrs)

onde @addrs é uma lista de endereços brutos. No contexto escalar, a gethostbyname retornará apenas o endereço do host.

gethostent

gethostent

Recupera a próxima entrada a partir do arquivo de hosts da rede de seu sistema (geralmente */etc/hosts* no Unix). O valor de retorno da gethostent é:

    ($name, $aliases, $addrtype, $length, @addrs)

onde @addrs é uma lista de endereços brutos. Os scripts que usam essa função não deverão ser considerados portáveis.

getlogin

getlogin

Retorna a conexão atual do */etc/utmp* (nos sistemas Unix apenas), se houver. Se for nula, usará a getpwuid. Por exemplo:

    $login = getlogin || getpwuid($<) || "Intruder!!";

getnetbyaddr

getnetbyaddr *endereço*, [*tipo_de_ender*]

Recupera o nome da rede ou nomes do *endereço* da rede dado. (O *tipo_de_ender* indica o tipo do endereço. Geralmente esta função é usada para os endereços IP, onde o tipo não é necessário.) O valor de retorno no contexto da lista é:

($name, $aliases, $addrtype, $net)

No contexto escalar, a getnetbyaddr retornará apenas o nome da rede.

getnetbyname

getnetbyname *nome*

Recupera o endereço da rede de um *nome* da rede. O valor de retorno no contexto da lista é:

($name, $aliases, $addrtype, $net)

No contexto escalar, a getnetbyname retornará apenas o endereço da rede.

getnetent

getnetent

Recupera a próxima linha a partir do arquivo */etc/networks* ou equivalente do sistema. O valor de retorno no contexto da lista é:

($name, $aliases, $addrtype, $net)

No contexto escalar, a getnetent retornará apenas o nome da rede.

getpeername

getpeername *soquete*

Retorna o endereço do soquete compactado da outra extremidade da conexão do *soquete*. Por exemplo:

```
use Socket;
$hersockaddr = getpeername SOCK;
($port, $heraddr) = unpack_sockaddr_in($hersockaddr);
$herhostname = gethostbyaddr($heraddr, AF_INET);
$herstraddr = inet_ntoa($heraddr);
```

getpgrp

getpgrp *pid*

Retorna o grupo de processos atual para o ID do processo especificado (*pid*). Use um *pid* 0 para o processo atual. Chamar getpgrp produzirá um erro fatal se usada em uma máquina que não implementa a chamada do sistema getpgrp. Se o *pid* for omitido, a função retornará o grupo de processos do processo atual (o mesmo que usar um *pid* 0). Nos sistemas que implementam este operador com a chamada do sistema getpgrp(2) do POSIX, o *pid* terá que ser omitido ou se fornecido, terá que ser 0.

getppid

getppid

Retorna o ID do processo do processo-pai. No sistema Unix típico, se o ID de seu processo-pai mudar para 1, seu processo-filho foi encerrado e você foi adotado pelo programa *init*.

getpriority

getpriority *tipo, id*

Retorna a prioridade atual para um processo, um grupo de processos ou um usuário. O *tipo* indica qual destes três tipos de processos retornar. (Os identificadores do tipo são específicos do sistema. Consulte a página manual da getpriority.) O *id* fornecerá o ID específico do tipo de processo correspondente em *tipo*: um ID do processo, um ID do grupo de processos ou um ID do usuário. O valor 0 em *quem* fornecerá a prioridade para o processo atual, o grupo de processos ou o usuário.

A prioridade será um valor inteiro. Os valores mais baixos indicam uma prioridade mais alta (valores negativos poderão ser retornados em alguns sistemas). Chamar a getpriority produzirá um erro fatal se usada em uma máquina que não implementa a chamada do sistema getpriority.

getprotobyname

getprotobyname *nome*

Converte um nome do protocolo em seu número correspondente. O valor de retorno no contexto da lista é:
    ($name, $aliases, $protocol_number)

No contexto escalar, a getprotobyname retornará apenas o número do protocolo.

getprotobynumber

getprotobynumber *número*

Converte um número do protocolo em seu nome correspondente. O valor de retorno no contexto da lista é:

($name, $aliases, $protocol_number)

No contexto escalar, a getprotobyname retornará apenas o nome do protocolo.

getprotoent

getprotoent

Recupera a próxima linha do arquivo */etc/protocols* (em alguns sistemas Unix). Retornará null no final do arquivo. O valor de retorno da getprotoent é:

($name, $aliases, $protocol_number)

No contexto escalar, a getprotoent retornará apenas o nome do protocolo.

getpwent

getpwent

Recupera a próxima linha do arquivo */etc/passwd* (ou seu equivalente que vem de um servidor em algum lugar). Retornará null no final do arquivo. O valor de retorno no contexto da lista é:

($name, $passwd, $uid, $gid, $quota, $comment, $gcos, $dir, $shell)

Algumas máquinas poderão usar os campos de cotas e comentários para outras finalidades, mas os campos restantes sempre serão os mesmos. Para configurar um hash para transmitir os nomes de conexão para os uids, faça isto:

```
while (($name, $passwd, $uid) = getpwent) {
      $uid{$name} = $uid;
}
```

No contexto escalar, a getpwent retornará o nome do usuário.

getpwnam

getpwnam *nome*

Recupera a entrada do arquivo *passwd* de um usuário, o *nome*. O valor de retorno no contexto da lista é:

($name, $passwd, $uid, $gid, $quota, $comment, $gcos, $dir, $shell)

Se você quiser fazer isto repetidamente, considere armazenar em cache os dados em um hash usando a getpwent.

No contexto escalar, a getpwnam retornará apenas o ID numérico do usuário.

getpwuid

getpwuid *uid*

Recupera a entrada do arquivo *passwd* com o ID do usuário *uid*. O valor de retorno no contexto da lista é:

($name, $passwd, $uid, $gid, $quota, $comment, $gcos, $dir, $shell)

Se você quiser fazer isto repetidamente, considere mover os dados para um hash usando a getpwent.

No contexto escalar, a getpwuid retornará o nome do usuário.

getservbyname

getservbyname *nome, proto*

Converte um nome do serviço (versão) em seu número correspondente da versão. O *proto* é um nome do protocolo como "tcp". O valor de retorno no contexto da lista é:

($name, $aliases, $port_number, $protocol_name)

No contexto escalar, a getservbyname retornará apenas o número da versão do serviço.

getservbyport

getservbyport *versão, proto*

Converte um número do serviço (versão) em seus nomes correspondentes. O *proto* é um nome do protocolo como "tcp". O valor de retorno no contexto da lista é:

($name, $aliases, $port_number, $protocol_name)

No contexto escalar, a getservbyport retornará apenas o nome da versão do serviço.

getservent

getservent

Recupera a próxima listagem do arquivo */etc/services* ou seu equivalente. Retornará null no final do arquivo. O valor de retorno no contexto da lista é:

($name, $aliases, $port_number, $protocol_name)

No contexto escalar, a getservent retornará apenas o nome da versão do serviço.

getsockname

getsockname *soquete*

Retorna o endereço do soquete compactado desta extremidade da conexão do *soquete*.

getsockopt

getsockopt *soquete, nível, nome_opç*

Retorna o valor da opção do soquete *nome_opç* ou o valor indefinido se houver um erro. O *nível* identifica o nível do protocolo usado pelo *soquete*. As opções variam para os protocolos diferentes. Veja também setsockopt.

glob

glob *expr*

Executa a expansão do nome de arquivo (englobando) na *expr*, retornando o próximo nome sucessivo em cada chamada. Se a *expr* for omitida, $_ terá a glob aplicada. Esta é a função interna que implementa o operador <*>, exceto que poderá ser mais fácil digitar desta maneira.

A função glob não está relacionada à noção do Perl dos tipos globais, a não ser que usam um * para representar os diversos itens.

gmtime

gmtime *expr*

Converte uma string de hora como retornada pela função time em uma lista com nove elementos com a hora correta segundo a hora de Greenwich (como GMT, UTC etc.). Geralmente usada como a seguir:

($sec, $min, $hour, $mday, $mon, $year, $wday, $yday, $isdst) =

    gmtime(time);

Todos os elementos da lista são numéricos e vêm diretamente de uma linguagem C struct tm. Em particular isto significa que $mon tem a faixa 0..11, $wday tem a faixa 0..6 e year teve 1.900 subtraído. (Você poderá lembrar quais são baseados em 0 porque são aqueles que você sempre está usando como subscripts nos arrays baseados em 0 que contêm os nomes do mês e do dia) Se a *expr* for omitida, ela aplicará gmtime(time). Por exemplo, para imprimir o mês atual em Londres:

$london_month = (qw(Jan Feb Mar Apr May Jun

    Jul Aug Sep Oct Nov Dec))[(gmtime)[4]];

O módulo da biblioteca Perl Time::Local contém uma sub-rotina, timegm( ), que poderá converter na direção oposta.

No contexto escalar, gmtime retornará uma string do tipo ctime(3) com base no valor da hora GMT.

goto

goto *etiqueta*

goto *&nome*

Localiza a instrução identificada com a *etiqueta* (ou uma expressão que é avaliada para uma etiqueta) e retorna a execução nesse ponto. Não poderá ser usada com qualquer construção que requer a inicialização, como uma sub-rotina ou um loop foreach. Não poderá também ser usada com uma construção otimizada. Poderá ser usada em quase qualquer outro lugar no escopo dinâmico, inclusive fora das sub-rotinas, mas para essa finalidade geralmente será melhor usar alguma outra construção como last ou die.

Goto *&nome* substituirá a sub-rotina atualmente em execução pela sub-rotina denominada. Isto será usado pelas sub-rotinas AUTOLOAD que desejam carregar outra sub-rotina e então pretendem que esta sub-rotina, e não a original, seja chamada em primeiro lugar (exceto que qualquer modificação em @_ na sub-rotina original será propagada na sub-rotina de substituição). Depois de goto, nem mesmo a caller será capaz de informar que a rotina original foi chamada primeiro.

grep

grep *expr, lista*

grep *{bloco} lista*

Avalia a *expr* ou o *bloco* em um contexto booleano para obter cada elemento na *lista*, definindo temporariamente $_ para cada elemento de cada vez. No contexto da lista, retornará uma lista desses elementos para os quais a expressão é true. Mais usada como a *grep* Unix onde a *expr* é um padrão de pesquisa e os elementos da lista que coincidem são retornados. No contexto escalar, a grep retornará o número de vezes em que a expressão foi true.

Por exemplo, supondo que @all_lines contém linhas de código, este exemplo eliminará as linhas de comentário:

    @code_lines = grep !/^#/, @all_lines;

hex

hex *núm_hex*

Converte uma string *núm_hex* hexadecimal em seu valor decimal equivalente. Se o *núm_hex* for omitido, ela interpretará $_. O seguinte código definirá $number para 4.294.906.560:

    $number = hex("ffff12c0");

Para fazer a função inversa, use:

    sprintf "%lx", $number;   # (That's a letter 'l', not a one.)
                               (É uma letra 'l', não o número um.)

index

index *string, substr,* [*início*]

Retorna a posição da primeira ocorrência da *substr* na *string*. O *início*, se especificado, especificará a posição para começar a pesquisar a string. As posições são números inteiros baseados em 0. Se a substring não for encontrada, a função index retornará -1.

int

int *núm*

Retorna a parte inteira do *núm*. Se o *núm* for omitido, a função usará $_.

ioctl

ioctl *handle_de_arquivo, função, arg*

Chama a chamada do sistema ioctl Unix para executar a *função* (com o *arg* específico da função) no arquivo ou dispositivo aberto com o *handle_de_arquivo*. Veja a fcntl para obter uma descrição dos valores de retorno.

join

join *caract, lista*

Reúne as strings separadas da *lista* em uma única string com os campos separados pelo valor *caract* e retorna a string. Por exemplo:

```
$_ = join ':', $login,$passwd,$uid,$gid,$gcos,$home,$shell;
```

Para fazer o oposto, veja a split. Para reunir coisas em campos com posição fixa, veja a pack.

keys

keys *%hash*

Retorna uma lista que consiste em todas as chaves do hash nomeado. As chaves são retornadas em uma ordem aparentemente aleatória, mas é a mesma ordem que a função values ou each produz (supondo que o hash não foi modificado entre as chamadas).

No contexto escalar, a keys retornará o número de elementos do hash (e redefinirá a iteração each).

A função keys poderá ser usada como um valor-l para aumentar o número de armazenamentos de hash alocados para o hash:

```
keys %hash = 200;
```

kill

kill *sig, processos*

Envia um sinal, *sig*, a uma lista de *processos*. Você poderá usar um nome do sinal entre aspas (sem um SIG na frente). Esta função retornará o número de processos sinalizados com sucesso. Se o sinal for negativo, a função encerrará grupos de processos ao invés dos processos.

last

last *etiqueta*

Sai imediatamente do loop identificado pela *etiqueta*. Se a *etiqueta* for omitida, o comando irá referir-se ao loop mais interno.

lc

lc *string*

Retorna uma versão da *string* com letras minúsculas (ou $_ se omitida). Esta é a função interna que implementa o escape \L nas strings com aspas duplas.

lcfirst

lcfirst *string*

Retorna uma versão da *string* (ou $_ se omitida) com o primeiro caractere com letra minúscula. Esta é a função interna que implementa o escape \l nas strings com aspas duplas.

length

length *val*

Retorna o comprimento em bytes do valor escalar *val*. Se o *val* for omitido, a função retornará o comprimento $_.

Não tente usar length para encontrar o tamanho de um array ou hash. Use scalar @*array* para obter o tamanho de um array e scalar keys %*hash* para obter o tamanho de um hash.

link

link *antigo_arquivo, novo_arquivo*

Cria uma ligação permanente Unix a partir de um novo nome de arquivo, *novo_arquivo*, com um arquivo existente, *antigo_arquivo*, no mesmo sistema de arquivos. A função retornará 1 para o sucesso, do contrário retornará 0. (e colocará o código do erro em $!). É improvável que esta função seja implementada nos sistemas diferentes do Unix. Veja também symlink.

listen

listen *soquete, tamanho_da_fila*

Informa ao sistema operacional que você está pronto para aceitar as conexões no *soquete* e define o número de conexões que aguardam para o *tamanho_da_fila*. Se a fila estiver cheia, os clientes que tentam conectar o soquete terão a conexão recusada.

local

local *vars*

Declara uma ou mais variáveis globais *vars* para que tenham valores temporários no bloco mais interno, na sub-rotina, na eval ou no arquivo. O novo valor será undef inicialmente para os escalares e ( ) para os arrays e hashes. Se mais de uma variável for listada, a lista terá que ser colocada entre parênteses, pois o operador vincula mais intimamente do que uma vírgula. Todas as variáveis listadas terão que ser valores-l legais, ou seja, algo que você possa atribuir. Este operador funcionará gravando os valores atuais dessas variáveis em uma pilha oculta e restaurando-os no bloco existente, sub-rotina, eval ou arquivo.

As sub-rotinas chamadas no escopo de uma variável local verão o valor interno localizado da variável. O termo técnico deste processo é "escopo dinâmico". Use my para as variáveis privadas verdadeiras.

localtime

localtime *val*

Converte o valor retornado pela time em uma lista com nove elementos com a hora corrigida para o fuso horário local. Geralmente é usada como a seguir:

```
($sec,$min,$hour,$mday,$mon,$year,$wday,$yday,$isdst) =
    localtime(time);
```

Todos os elementos da lista são numéricos. O elemento $mon (mês) tem a faixa 0..11 e $wday (dia da semana) tem a faixa 0..6. O year teve 1.900 subtraído. (Você poderá lembrar quais estão baseados em 0 porque são aqueles que você sempre está usando como subscripts nos arrays baseados em 0 que contêm os nomes do mês e do dia.) Se o *val* for omitido, ela usará localtime(time). Por exemplo, para obter o nome do dia atual da semana:

```
$thisday = (Sun,Mon,Tue,Wed,Thu,Fri,Sat)[(localtime)[6]];
```

O módulo da biblioteca Perl Time::Local contém uma sub-rotina, timelocal( ), que pode converter na direção oposta.

No contexto escalar, localtime retornará uma string do tipo ctime(3) no valor da hora local.

log

log *núm*

Retorna o logaritmo (base *e*) do *núm*. Se o *núm* for omitido, a função usará $_.

lstat

lstat *arquivo*

Como stat, retorna informações sobre o *arquivo*, a não ser que o *arquivo* seja uma ligação simbólica, lstat retornará informações sobre a ligação; a stat retornará informações sobre o arquivo apontado pela ligação. (Se as ligações simbólicas não forem implementadas em seu sistema, uma stat normal será feita.)

map

map *{bloco} lista*

map *expr, lista*

Avalia o *bloco* ou a *expr* para obter cada elemento da *lista* (definindo localmente $_ para cada elemento) e retorna o valor da lista composto pelos resultados de cada um como a avaliação. Ela avaliará o *bloco* ou a *expr* em um contexto da lista, de maneira que cada elemento da *lista* possa produzir zero, um ou mais elementos no valor retornado. São todos colocados em uma lista. Por exemplo:

```
@words = map { split ' ' } @lines;
```

dividirá uma lista de linhas em uma lista de palavras. Geralmente há um mapeamento de um para um entre os valores de entrada e os valores de saída:

```
@chars = map chr, @nums;
```

Esta instrução converterá uma lista de números nos caracteres correspondentes.

mkdir

mkdir *nome_do_arquivo, modo*

Cria o diretório especificado pelo *nome_do_arquivo*, com as permissões especificadas pelo *modo* numérico (como modificado pela umask atual). Se for bem-sucedida, retornará 1; do contrário, retornará 0 e definirá $! (a partir do valor de errno).

msgctl

msgctl *id, cmd, arg*

Chama a chamada do sistema msgctl, que é usada para executar diferentes operações de controle nas filas de mensagem IPC. Veja a documentação da msgctl em seu sistema para obter detalhes. Se *cmd* for &IPC_STAT, então o *arg* terá que ser uma variável que manterá a estrutura msqid_ds retornada. Os valores de retorno funcionam como os da fnctl: o valor indefinido para o erro, "0 but true" (0 mas verdadeiro) para zero ou o valor de retorno real. No caso do erro, ela colocará o código do erro em $!. Antes de chamar, você deverá informar:

    require "ipc.ph";

    require "msg.ph";

Esta função está disponível apenas nas máquinas que suportam a IPC do System V.

msgget

msgget *chave, marcas*

Chama a chamada do sistema msgget IPC do System V. Veja a documentação da msgget em seu sistema para obter detalhes. A função retornará o ID da fila de mensagem ou o valor indefinido se houver um erro. No caso de erro, colocará o código do erro em $!. Antes de chamar, você deverá informar:

    require "ipc.ph";

    require "msg.ph";

Esta função estará disponível apenas nas máquinas que suportam a IPC do System V.

msgrcv

msgrcv *id, var, tamanho, tipo, marcas*

Chama a chamada do sistema msgrcv IPC do System V para receber uma mensagem do *id* da fila de mensagens na variável *var* com um tamanho máximo da mensagem definido em *tamanho*. Quando uma mensagem for recebida, o tipo da mensagem será a primeira coisa em *var* e o comprimento máximo da *var* será o *tamanho* mais o tamanho do tipo da mensagem. A função retornará true se tiver sucesso ou false se houver um erro. No caso de erro, colocará o código do erro em $!. Antes de chamar, você deverá informar:

    require "ipc.ph";

    require "msg.ph";

Esta função estará disponível apenas nas máquinas que suportam a IPC do System V.

msgsnd

msgsnd *id, msg, marcas*

Chama a chamada do sistema msgsnd IPC do System V para enviar a mensagem *msg* para o *id* da fila de mensagens. A *msg* terá que começar com o tipo de mensagem com inteiro longo. Você poderá criar uma mensagem como esta:

    $msg = pack "L a*", $type, $text_of_message;

A função retornará true se tiver sucesso ou false se houver um erro. No caso de erro, colocará o código do erro em $!. Antes de chamar, você deverá informar:
```
require "ipc.ph";
require "msg.ph";
```
Esta função estará disponível apenas nas máquinas que suportam a IPC do System V.

my

my *vars*

Declara uma ou mais variáveis privadas para existirem somente no bloco mais interno, sub-rotina, eval ou arquivo. O novo valor é undef inicialmente para os escalares e ( ) para os arrays e os hashes. Se mais de uma variável for listada, a lista terá que ser colocada entre parêntesis, pois o operador vincula mais intimamente do que uma vírgula. Apenas os escalares simples ou os arrays e hashes completos poderão ser declarados assim. O nome da variável não poderá ser qualificado pelo pacote, pois as variáveis do pacote são todas globais e as variáveis privadas não são relacionadas a nenhum pacote.

Diferente de local, este operador não tem relação alguma com as variáveis globais, a não ser ocultar qualquer outra variável com o mesmo nome da exibição neste escopo. (Porém, uma variável global poderá sempre ser acessada através de sua forma qualificada pelo pacote ou de uma referência simbólica.) Uma variável privada não ficará visível até a instrução *após* sua declaração. As sub-rotinas chamadas de dentro do escopo de tal variável privada não poderão ver a variável privada a menos que a sub-rotina seja também declarada textualmente no escopo da variável.

next

next *etiqueta*

Pula imediatamente para a próxima execução repetitiva do loop identificado pela *etiqueta* ou o loop mais interno, se não houver argumentos. Se houver um bloco continue, ele será executado logo depois de next, antes do loop ser novamente repetido.

no

no *Módulo lista*

"Desfaz" de fato a função use. Usada para desativar os pragmas (as diretivas do compilador) para as seções de seu programa. Por exemplo:
```
no strict 'refs'
```
permitirá referências temporárias no final do escopo do bloco, se:
```
use strict 'refs'
```
foi chamada previamente.

oct

oct *string_o*

Interpreta a *string_o* como uma string octal e retorna o valor decimal equivalente. (Se a *string_o* começar com 0x, será interpretada como uma string hexadecimal.) O seguinte lidará com o decimal, octal e hexadecimal na notação padrão:

    $val = oct $val if $val =~ /^0/;

Se a *string_o* for omitida, a função interpretará $_. Para executar a função inversa nos números octais, use:

    $oct_string = sprintf "%lo", $number;

open

open *handle_de_arquivo, nome_do_arquivo*

Abre o arquivo dado pelo *nome_do_arquivo* e associa-o ao *handle_de_arquivo*. Se o *handle_de_arquivo* for omitido, a variável escalar com o mesmo nome do *handle_de_arquivo* terá que conter o nome do arquivo. (E você terá que ter cuidado ao usar "or die" depois da instrução ao invés de "| | die", pois a prioridade de | | é mais alta do que os operadores da lista como open.)

Se o *nome_do_arquivo* for precedido por < ou nada, o arquivo será aberto para a entrada (leitura apenas). Se o *nome_do_arquivo* for precedido por >, o arquivo será aberto para a saída. Se o arquivo não existir, será criado; se existir, será sobregravado pela saída usando >. Anteceder o nome do arquivo com >> abrirá um arquivo de saída para a anexação. Para o acesso de leitura e gravação, use a + antes de < ou >.

Um handle de arquivo poderá também ser anexado a um processo usando um comando canalizado. Se o nome do arquivo começar com |, será interpretado como um comando para o qual a saída será canalizada. Se o nome do arquivo terminar com |, será interpretado como um comando que canaliza a entrada para você. Você poderá não ter um comando open que canaliza para dentro e para fora.

Qualquer comando de canal que contém os metacaracteres do shell será transmitido ao shell para a execução; do contrário, será executado diretamente pelo Perl. O nome de arquivo "-" refere-se a STDIN e ">-" refere-se a STDOUT. A open retornará algo diferente de zero no caso de sucesso, um valor indefinido do contrário. Se a open envolveu um canal, o valor de retorno será o ID do processo do subprocesso.

opendir

opendir *handle_de_dir, diretório*

Abre um *diretório* para o processamento por readdir, telldir, seekdir, rewinddir e closedir. A função retornará true se tiver sucesso. Os handles de diretório têm seu próprio espaço do nome separado dos handles de arquivo.

ord

ord *expr*

Retorna o valor ASCII numérico do primeiro caractere da *expr*. Se a *expr* for omitida, usará $_. O valor de retorno será sempre sem sinal. Se você quiser um valor sinalizado, use unpack('c', *expr*). Se você quiser todos os caracteres da string convertidos em uma lista de números, use unpack('C*', *expr*).

pack

pack *gabarito, lista*

Obtém uma lista de valores e compacta-la em uma estrutura binária, retornando a string que contém a estrutura. O *gabarito* é uma seqüência de caracteres que fornece a ordem e o tipo dos valores, como a seguir:

Caractere	Significado
a	Uma string ASCII, será preenchida com nulos
A	Uma string ASCII, será preenchida com espaços
b	Uma string de bits, na ordem de baixo para alto (como vec( ))
B	Uma string de bits, na ordem de alto para baixo
c	Um valor do caractere sinalizado
C	Um valor do caractere não sinalizado
d	Um flutuante com dupla precisão no formato nativo
f	Um flutuante com precisão simples no formato nativo
h	Uma string hexadecimal, com 4 bits baixos primeiro
H	Uma string hexadecimal, com 4 bits altos primeiro
i	Um valor inteiro sinalizado
I	Um valor inteiro não sinalizado
l	Um valor longo sinalizado
L	Um valor longo não sinalizado
n	Um curto na ordem da "rede" (de término grande)
N	Um longo na ordem da "rede" (de término grande)
p	Um ponteiro para uma string
P	Um ponteiro para uma estrutura (string com comprimento fixo)
s	Um valor curto sinalizado
S	Um valor curto não sinalizado
v	Um curto na ordem "VAX" (de término pequeno)
V	Um longo na ordem "VAX" (de término pequeno)
u	Uma string não codificada

w	Um inteiro BER compactado
x	Um byte nulo
X	Faz backup em um byte
@	Preenchimento nulo para a posição absoluta

Cada caractere poderá ser seguido opcionalmente por um número que fornece uma contagem de repetições. Juntos, o caractere e a contagem de repetições construirão um especificador do campo. Os especificadores do campo poderão ser separados pelo espaço em branco, que será ignorado. Com todos os tipos, exceto a e A, a função pack obterá esses muitos itens da *lista*. Informar * para a contagem de repetições significa usar quantos itens forem deixados. Os tipos a e A obtêm apenas um valor, mas compacta-o como uma string com o comprimento da *contagem*, preenchendo com nulos ou espaços conforme a necessidade. (Ao descompactar, o A eliminará os espaços posteriores e os nulos, mas o tipo a não.) Os números reais (flutuantes e duplos) estão no formato da máquina nativa apenas; devido à multiplicidade dos formatos flutuantes e à inexistência de uma representação da rede padrão, nenhum recurso para a troca foi criado.

O mesmo gabarito geralmente poderá também ser usado na função unpack. Se você quiser reunir os campos de comprimento variável com um delimitador, use a função join.

package

package *espaço_do_nome*

Declara que o resto do bloco mais interno, sub-rotina, eval ou arquivo pertence ao *espaço_do_nome* indicado. (O escopo de uma declaração package é igual ao escopo de uma declaração local ou my.) Todas as referências subseqüentes para os identificadores globais não qualificados serão resolvidas pesquisando-as na tabela de símbolos do pacote declarado. Uma declaração package afetará apenas as variáveis globais — inclusive aquelas nas quais você usou a local — nas não as variáveis lexicais criadas com my.

Geralmente você colocaria uma declaração package como a primeira coisa em um arquivo que será incluído pelo operador require ou use, mas você poderá colocar uma em qualquer lugar onde uma instrução seria legal. Ao definir uma classe ou um arquivo de módulo, é comum nomear o pacote com o mesmo nome do arquivo, para evitar confusão. (Também é comum nomear tais pacotes começando com uma letra maiúscula, pois os módulos com letras minúsculas são, por convenção, interpretados como pragmas.)

pipe

pipe *handle_de_leitura, handle_de_gravação*

Abre um par de canais conectados. Esta chamada é quase sempre usada logo antes de uma fork, depois da qual o leitor do canal deverá fechar o *handle_de_gravação* e o gravador deverá fechar o *handle_de_leitura*. (Do contrário, o canal não indicará o EOF para o leitor quando o gravador fechá-lo.) Note que se você tiver configurado um loop de processos canalizados, um impasse poderá ocorrer a menos que você tenha muito cuidado. E mais, observe que os canais do Perl usam o buffer de E/S padrão, portanto você poderá precisar definir $! em seu *handle_de_gravação* para o fluxo depois de cada comando de saída, dependendo da aplicação — veja o *handle_de_arquivo* select.

pop

pop @*array*

Trata um array como uma pilha, movendo e retornando o último valor do array, encurtando o array em um elemento. Se o *array* for omitido, a função aplicará a pop em @ARGV (no programa principal) ou em @_ (nas sub-rotinas).

Se não houver elementos no array, a pop retornará um valor indefinido. Veja também push e shift. Se você quiser mover mais de um elemento, use a splice.

pos

pos $*escalar*

Retorna o local no *escalar* onde a último pesquisa m//g no *escalar* foi suspensa. Retornará o deslocamento do caractere *após* o último coincidido. Este é o deslocamento onde a próxima pesquisa m//g nessa string começará. Lembre-se que o deslocamento do início da string é 0. Por exemplo:

```
$grafitto = "fee fie foe foo";
while ($grafitto =~ m/e/g) {
    print pos $grafitto, "\n";
}
```

imprimirá 2, 3, 7 e 11, os deslocamentos de cada um dos caracteres após um "e". A função pos poderá ser atribuída a um valor para informar o próximo m//g onde começar.

print

print [*handle_de_arquivo*] *lista*

Imprime uma string ou uma lista de strings separada por vírgulas no *handle_de_arquivo* especificado. Se nenhum handle_de_arquivo for dado, a função imprimirá no handle_de_arquivo aberto atualmente (inicialmente STDOUT). A função retornará 1 no caso de sucesso, 0 do contrário. O *handle_de_arquivo* poderá ser um nome da variável escalar (sem subscript), neste caso a variável conterá o nome do handle de arquivo real, ou uma referência para um objeto do handle de arquivo a partir de um dos pacotes do handle de arquivo baseado em objetos. O *handle_de_arquivo* poderá também ser um bloco que retorna um dos dois tipos de valor:

```
print { $OK ? "STDOUT" : "STDERR" } "stuff\n";
print { $iohandle[$i] } "stuff\n";
```

Se a *lista* também for omitida, $_ será impresso. Note que como print tem uma lista, qualquer coisa na *lista* será avaliada no contexto da lista.

printf

printf [*handle_de_arquivo*] *formato, lista*

Imprime uma string formatada dos elementos na *lista* no *handle_de_arquivo* ou se omitida, o handle de arquivo de saída selecionado atualmente. Isto é parecido com as funções printf e fprintf da biblioteca C, exceto que o especificador da largura do campo * não é suportado. A função é exatamente equivalente a:

```
print handle_de_arquivo sprintf(formato, lista);
```

printf e sprintf usam a mesma sintaxe de formato, mas a sprintf retorna apenas uma string; ela não imprime em um handle de arquivo. A string *formato* contém texto com os especificadores do campo incorporados nos quais os elementos da *lista* são substituídos em ordem, um por campo. Os especificadores do campo seguem a forma:

```
%m.nx
```

Um sinal de porcentagem inicia cada campo e *x* é o tipo do campo. O *m* opcional fornece a largura mínima do campo para os devidos tipos do campo (o *m* negativo justifica à esquerda). O *.n* fornece a precisão de um tipo de campo específico, como o número de dígitos depois de um ponto decimal para os números com ponto flutuante, o comprimento máximo para uma string e o comprimento mínimo para um inteiro.

Os especificadores do campo (*x*) poderão ser os seguintes:

Código	Significado
%	Sinal de porcentagem
c	Caractere
d	Inteiro decimal
e	Número com ponto flutuante com formato exponencial
E	Número com ponto flutuante com formato exponencial e a letra E maiúscula
f	Número com ponto flutuante com formato com ponto fixo
g	Número com ponto flutuante, na notação exponencial ou decimal fixa
G	Como g com a letra E maiúscula (se aplicável)
ld	Inteiro longo decimal
lo	Inteiro octal longo
lu	Inteiro decimal não sinalizado longo
lx	Inteiro hexadecimal longo
o	Inteiro octal

continua...

Código	Significado
s	String
u	Inteiro decimal não sinalizado
x	Inteiro hexadecimal
X	Inteiro hexadecimal com letras maiúsculas
p	O endereço do valor Perl em hexadecimal
n	O valor especial que armazena o número de caracteres produzido até então na próxima variável na lista de parâmetros

prototype

prototype *função*

Retorna o protótipo de uma função como uma string ou undef se a função não tiver um protótipo. A *função* é o nome da função ou uma referência para ela.

push

push *@array, lista*

Coloca os elementos da *lista* no final do *array*. O comprimento do *array* aumentará segundo o comprimento da *lista*. A função retornará este novo comprimento. Veja também pop e unshift.

q/*string*/

q/*string*/

qq/*string*/

qx/*string*/

qw/*strings*/

As formas generalizadas de aspas. q// é equivalente a usar aspas simples (literal, nenhuma interpolação de variáveis). qq// é equivalente às aspas duplas (literal, interpoladas). qx// é equivalente a usar crases para os comandos (interpolados). E qw// equivale a dividir uma string com aspas simples no espaço em branco.

quotemeta

quotemeta *expr*

Retorna o valor da *expr* (ou $_ if não especificada) com todos os caracteres não alfanuméricos com barras invertidas. Esta é a função interna que implementa o escape \Q nos contextos de interpolação (inclusive as strings com aspas duplas, as crases e os padrões).

rand

rand *núm*

Retorna um número fracional aleatório entre 0 e o valor do *núm* (o *núm* deverá ser positivo). Se o *núm* for omitido, a função retornará um valor entre 0 e 1 (inclusive 0, mas exclusive 1). Veja também srand.

Para obter um valor integral, combine isto com int, como em:

```
$roll = int(rand 6) + 1;     # $roll is now an integer between 1 e 6
                             ($roll é agora um inteiro entre 1 e 6)
```

read

read *handle_de_arquivo*, $*var*, *comprimento*, [*deslocamento*]

Tenta ler os bytes de *comprimento* dos dados na variável *var* a partir do *handle_de_arquivo* especificado. A função retornará o número de bytes lidos realmente ou 0 no fim do arquivo. Ela retornará um valor indefinido no caso de erro. A *var* aumentará ou diminuirá com o comprimento lido. O *deslocamento*, se especificado, informará onde na variável começar a colocar os bytes, para que você possa aplicar uma read no meio de uma string.

Para copiar os dados do handle de arquivos FROM para o handle de arquivos TO, poderá informar:

```
while (read FROM, $buf, 16384) {
      print TO $buf;
}
```

Observe que o oposto de read é simplesmente print, que já conhece o comprimento da string que você deseja gravar e pode gravar uma string com qualquer comprimento.

A função read do Perl é de fato implementada em termos da função fread da E/S padrão, portanto a chamada do sistema read poderá ler mais do que os bytes de *comprimento* para preencher o buffer de entrada e fread poderá aplicar mais do que uma read no sistema para preencher o buffer. Para ter maior controle, especifique a chamada do sistema real usando sysread.

readdir

readdir *handle_do_dir*

Lê as entradas do diretório a partir de um handle do diretório aberto pela opendir. No contexto escalar, esta função retornará a próxima entrada do diretório, se houver uma; do contrário, retornará um valor indefinido. No contexto da lista, retornará todo o resto das entradas no diretório, o que será naturalmente uma lista nula se não houver nenhuma.

readline

readline *handle_de_arquivo*

Lê uma linha ou linhas do *handle_de_arquivo* especificado. (Um tipo global de nome do handle de arquivo deverá ser fornecido.) Retornará uma linha por chamada em um contexto escalar. Retornará uma lista de todas as linhas até o fim do arquivo no contexto da lista.

readlink

readlink *nome*

Retorna o nome de um arquivo apontado pela ligação simbólica *nome*. O *nome* deverá avaliar um nome de arquivo, o último componente do qual é uma ligação simbólica. Se não for uma ligação simbólica, se as ligações simbólicas não forem implementadas ou se algum erro do sistema ocorrer, um valor indefinido será retornado e você deverá verificar o código do erro em $!. Se o *nome* for omitido, a função usará $_.

readpipe

readpipe *cmd*

Executa *cmd* como um comando do sistema e retorna a saída padrão do comando obtida. Em um contexto escalar, a saída é retornada como uma string simples possivelmente com diversas linhas. No contexto da lista, uma lista das linhas produzidas será retornada.

recv

recv *soquete*, $*var*, *comprimento*, *marcas*

Recebe uma mensagem em um soquete. Tenta receber os bytes de *comprimento* dos dados na variável *var* a partir do handle de arquivo *soquete* especificado. A função retornará o endereço do emissor ou um valor indefinido se houver um erro. A *var* aumentará ou diminuirá segundo o comprimento atualmente lido. A função tem as mesmas marcas da chamada do sistema recv(2).

redo

redo [*etiqueta*]

Reinicia um bloco de loop identificado pela *etiqueta* sem avaliar de novo a condicional. O bloco continue, se houver, não será executado. Se a *etiqueta* for omitida, o comando irá referir-se ao loop mais interno.

ref

ref *$var*

Retorna uma string indicando o tipo do objeto referido se a *var* for uma referência; retornará uma string nula do contrário. Os tipos predefinidos incluem:

```
REF
SCALAR
ARRAY
HASH
CODE
GLOB
```

Se o objeto referido tiver sido aceito em um pacote, esse nome do pacote será retornado. Você poderá considerar ref como um operador "tipo de".

rename

rename *antigo_nome, novo_nome*

Altera o nome de um arquivo do *antigo_nome* no *novo_nome*. Retornará 1 para o sucesso, 0 do contrário (e colocará o código do erro em $!). Não funcionará nos limites do sistema de arquivos. Se já houver um arquivo denominado com o *novo_nome*, ele será destruído.

require

require *nome_do_arquivo*

require *núm*

require *pacote*

Declara uma dependência de algum tipo dependendo de seu argumento. (Se um argumento não for fornecido, $_ será usado.)

Se o argumento for uma string *nome_do_arquivo*, esta função incluirá e executará o código Perl encontrado no arquivo separado com esse nome. É semelhante a executar uma eval no conteúdo do arquivo, exceto pelo fato de que a require verifica para saber se o arquivo da biblioteca já não foi incluído. A função também sabe como pesquisar o caminho de inclusão armazenado no array @INC.

Se o argumento da require for um número *núm*, o número da versão do binário Perl em execução atualmente (como conhecido por $]) será comparado com o *núm* e se for menor, a execução será abortada imediatamente. Assim, um script que requer a versão 5.003 do Perl poderá ter como sua primeira linha:

```
require 5.003;
```

e as versões anteriores do Perl serão abortadas.

Se o argumento da require for um nome do pacote, ela adotará um sufixo *.pm* automático, facilitando carregar os módulos padrões. É como a use, exceto que ocorre durante a execução, não na compilação e a rotina import não é chamada.

reset

reset *expr*

Usada no início de um loop ou em um bloco continue no final de um loop, para limpar as variáveis globais ou redefinir as pesquisas?? para que funcionem novamente. A *expr* é uma lista de caracteres simples (os hífens são permitidos para as faixas). Todas as variáveis escalares, arrays e hashes que começam com uma dessas letras serão redefinidos para seu estado antigo. Se a *expr* for omitida, as pesquisas de um padrão (?*PADRÃO?*) serão redefinidas para coincidirem novamente. A função redefinirá as variáveis ou pesquisará o pacote atual apenas. Sempre retornará 1.

As variáveis lexicais (criadas por my) não serão afetadas. O uso da reset é vagamente reprovado.

return

return *expr*

Retorna a partir de uma sub-rotina (ou eval) com o valor da *expr*. (Na ausência de uma return explícita, o valor da última expressão avaliada será retornado.) O uso da return fora de uma sub-rotina ou eval resultará em um erro fatal.

A expressão fornecida será avaliada no contexto da chamada da sub-rotina. Isto é, se a sub-rotina foi chamada em um contexto escalar, a *expr* será também avaliada no contexto escalar. Se a sub-rotina foi chamada em um contexto da lista, então a *expr* será avaliada no contexto da lista e poderá retornar um valor da lista. Um retorno sem argumentos retornará o valor indefinido no contexto escalar e uma lista nula no contexto da lista. O contexto da chamada da sub-rotina poderá ser determinado de dentro da sub-rotina usando a função wantarray (nomeada de maneira errada).

reverse

reverse *lista*

Retorna um valor da lista consistindo nos elementos da *lista* na ordem oposta. Isto é bem eficiente porque apenas troca os ponteiros. No contexto escalar, a função concatena todos os elementos da *lista* e retorna o inverso disso, caractere por caractere.

rewinddir

rewinddir *handle_do_dir*

Define a posição atual para o início do diretório da rotina readdir no *handle_do_dir*. A função poderá não estar disponível em todas as máquinas que suportam a readdir.

rindex

rindex *str*, *substr*, [*posição*]

Funciona como a index exceto que retorna a posição da última ocorrência da *substr* na *str* (uma index invertida). A função retornará -1 se não encontrada. A *posição*, se especificada, é a posição mais à direita que pode ser retornada — o mais distante na string que a função puder pesquisar.

rmdir

rmdir *nome*

Apaga o diretório especificado pelo *nome* se estiver vazio. Se tiver sucesso, retornará 1; do contrário retornará 0 e colocará o código do erro em $!. Se o *nome* for omitido, a função usará $_.

scalar

scalar *expr*

Faz com que uma expressão *expr* seja avaliada no contexto escalar.

seek

seek *handle_de_arquivo*, *deslocamento*, *de onde*

Posiciona o ponteiro do arquivo para o *handle_de_arquivo*, como a chamada fseek(3) da E/S padrão. A primeira posição em um arquivo está no deslocamento 0, não no deslocamento 1 e os deslocamentos se referem às posições dos bytes, não aos números da linha. A função retornará 1 no caso de sucesso, 0 do contrário. Para sua conveniência, a função poderá calcular os deslocamentos a partir de várias posições do arquivo. O valor *de onde* especifica qual das três posições do arquivo seu *deslocamento* é relativo: 0, o início do arquivo; 1, a posição atual no arquivo; ou 2, o final do arquivo. O *deslocamento* poderá ser negativo para um *de onde* 1 ou 2.

seekdir

seekdir *handle_do_dir*, *pos*

Define a posição atual para a rotina readdir no *handle_do_dir*. A *pos* terá que ser um valor retornado por telldir. Esta função tem os mesmos avisos sobre uma possível compressão do diretório como na rotina da biblioteca do sistema correspondente.

select

select *handle_de_arquivo*

Retorna o handle de arquivo de saída selecionado atualmente e se o *handle_de_arquivo* for fornecido, definirá isso como o handle de arquivo default atual para a saída. Tem dois efeitos: primeiro, uma write ou print sem um argumento do handle de arquivo terá como default este *handle_de_arquivo*. Segundo, as variáveis especiais relacionadas à saída irão referir-se a este handle de arquivo de saída.

select

select *rbits*, *wbits*, *ebits*, *intervalo*

O operador select com quatro argumentos não tem relação alguma com o operador select descrito anteriormente. Este operador é para descobrir qual (se houver) descritor de arquivos está pronto para a entrada ou a saída, ou para informar sobre uma condição excepcional. Chamará a chamada do sistema select(2) com as máscaras de bits especificadas, que você poderá construir usando a fileno e a vec, assim:

```
$rbits = $wbits = $ebits = "";
vec($rbits, fileno(STDIN), 1) = 1;
vec($wbits, fileno(STDOUT), 1) = 1;
$ein = $rin | $win;
```

A chamada select será bloqueada até que um ou mais descritores de arquivos esteja pronto para ler, gravar ou informar sobre uma condição de erro. O *intervalo* é dado em segundos e informa a select quanto tempo aguardar.

semctl

semctl *id*, *núm_sem*, *cmd*, *arg*

Chama a chamada do sistema IPC semctl(2) do System V. Se *cmd* for &IPC_STAT ou &GETALL, então o *arg* terá que ser uma variável que manterá a estrutura semid_ds retornada ou o array de valores de semáforo. A função retornará como a ioctl: um valor indefinido para o erro, 0 but true para zero ou o valor de retorno real. No caso de erro, colocará o código do erro em $!. Antes de chamar, você deverá informar:

```
require "ipc.ph";
require "sem.ph";
```

Esta função estará disponível apenas nas máquinas que suportam a IPC do System V.

semget

semget *chave, n_sems, tamanho, marcas*

Chama a chamada do sistema IPC semget(2) do System V. A função retornará o ID do semáforo ou um valor indefinido se houver um erro. Em caso de erro, colocará o código do erro em $!. Antes de chamar, você deverá informar:

```
require "ipc.ph";
require "sem.ph";
```

Esta função estará disponível apenas nas máquinas que suportam a IPC do System V.

semop

semop *chave, string_op*

Chama a chamada do sistema IPC semop(2) do System V para executar as operações de semáforo como sinalizar e aguardar. A *string_op* terá que ser um array compactado das estruturas semop. Você poderá criar cada estrutura semop informando pack("s*", $semnum, $semop, $semflag). O número das operações de semáforo é indicado pelo comprimento da *string_op*. A função retornará true se tiver sucesso ou false se houver um erro. No caso de erro, colocará o código do erro em $!. Antes de chamar, você deverá informar:

```
require "ipc.ph";
require "sem.ph";
```

Esta função estará disponível apenas nas máquinas que suportam a IPC do System V.

send

send *soquete, msg, marcas, [dest]*

Envia uma mensagem *msg* em um soquete. Tem as mesmas marcas da chamada do sistema com nome igual — veja send(2). Nos soquetes desconectados, você terá que especificar um destino *dest* para enviar, neste caso send funcionará como a sendto(2). A função retornará o número de bytes enviados ou um valor indefinido se houver um erro. No caso de erro, colocará o código do erro em $!.

(Alguns sistemas diferentes do Unix tratam indevidamente os soquetes como objetos diferentes dos descritores de arquivos comuns, com o resultado de você ter sempre que usar send e recv nos soquetes ao invés dos operadores de E/S padrões.)

sethostent

sethostent *manter_aberto*

Abre o arquivo de hosts (geralmente /etc/hosts nos sistemas Unix) e redefine a seleção "atual" para o início do arquivo. A opção *manter_aberto*, se diferente de zero, manterá o arquivo aberto nas chamadas para outras funções. Não implementada nos sistemas Win32.

setgrent

setgrent

Abre o arquivo de grupos (geralmente */etc/group* nos sistemas Unix) e redefine o início do arquivo como o ponto de partida para qualquer função de leitura e/ou gravação no arquivo (com as devidas permissões). Esta função irá redefinir a função getgrent de volta para recuperar as entradas do grupo a partir do início do arquivo de grupos. Não implementada nos sistemas Win32.

setnetent

setnetent *manter_aberto*

Abre o arquivo de redes (geralmente */etc/group*) e redefine a seleção "atual" para o início do arquivo. A opção *manter_aberto*, se diferente de zero, manterá o arquivo aberto nas chamadas para outras funções. Não implementada nos sistemas Win32.

setpgrp

setpgrp *pid, grp_p*

Define o grupo de processos atual *grp_p* para o *pid* especificado (use um *pid* 0 para o processo atual). Chamar a setpgrp produzirá um erro fatal se usada em uma máquina que não implementa a setpgrp(2). Alguns sistemas irão ignorar os argumentos fornecidos e sempre farão a setpgrp(0, $$). Felizmente, esses são os argumentos que você geralmente fornecerá. (Para ter uma melhor portabilidade, use a função setpgid( ) no módulo POSIX ou se você realmente estiver apenas tentando aplicar um daemon em seu script, considere também a função POSIX::setsid( ).)

setpriority

setpriority *qual, quem, prioridade*

Define a *prioridade* atual para um processo, um grupo de processos ou um usuário. A opção *qual* terá que indicar um destes tipos: PRIO_PROCESS, PRIO_PGRP ou PRIO_USER. Portanto, a opção *quem* identificará o processo específico, o grupo de processos ou o usuário com seu ID. A *prioridade* é um número inteiro que será adicionado ou subtraído da prioridade atual; quanto mais baixo for o número, mais alta será a prioridade. A interpretação de uma certa prioridade poderá variar entre os sistemas operacionais. Veja a setpriority em seu sistema. Chamar a setpriority produzirá um erro fatal se usada em uma máquina que não implementa a setpriority.

setprotoent

setprotoent *manter_aberto*

Abre o arquivo de protótipos (geralmente */etc/prototypes*) e redefine a seleção "atual" para o início do arquivo. A opção *manter_aberto*, se diferente de zero, manterá o arquivo aberto nas chamadas para outras funções. Não implementada nos sistemas Win32.

setpwent

setpwent

Abre o arquivo de senhas (geralmente */etc/passwd*) e redefine o início do arquivo como o ponto de partida para qualquer função de leitura e/ou gravação no arquivo (com as devidas permissões). Esta função redefinirá a função getpwent de volta para recuperar as entradas do grupo a partir do início do arquivo de grupos. Não implementada nos sistemas Win32.

setservent

setservent *manter_aberto*

Abre o arquivo de serviços (geralmente */etc/services*) e redefine a seleção "atual" para o início do arquivo. A opção *manter_aberto*, se diferente de zero, manterá o arquivo aberto nas chamadas para outras funções. Não implementada nos sistemas Win32.

setsockopt

setsockopt *soquete, nível, nome_opç, val_opç*

Define a opção do soquete solicitada (*nome_opç*) para o valor *val_opç*. A função retornará indefinida se houver um erro. O *valor_opç* poderá ser especificado como undef se você não quiser transmitir um argumento. O *nível* especificará o tipo de protocolo usado no soquete.

shift

shift *@array*

Remove o primeiro valor *@array* e retorna-o, encurtando o array em 1 e movendo tudo para baixo. Se não houver elementos no array, a função retornará um valor indefinido. Se *@array* for omitido, a função deslocará @ARGV (no programa principal) ou @_ (nas sub-rotinas). Veja também unshift, push, pop e splice. As funções shift e unshift fazem a mesma coisa na extremidade esquerda de um array que as pop e push fazem na extremidade direita.

shmctl

shmctl *id, cmd, arg*

Chama a chamada do sistema IPC do System V, shmctl(2), para executar operações nos segmentos da memória compartilhada. Se *cmd* for &IPC_STAT, então o *arg* terá que ser uma variável que manterá a estrutura shmid_ds retornada. A função retornará como a ioctl: um valor indefinido para o erro, "0 but true" para zero ou o valor de retorno real. No caso de erro, colocará o código do erro em $!. Antes de chamar, você deverá informar:

```
require "ipc.ph";
require "shm.ph";
```

Esta função estará disponível apenas nas máquinas que suportam a IPC do System V.

shmget

shmget *chave, tamanho, marcas*

Chama a chamada do sistema IPC do System V, shmget(2). A função retornará o ID do segmento de memória compartilhada ou um valor indefinido se houver um erro. No caso de erro, colocará o código do erro em $!. Antes de chamar, você deverá informar:

```
require "ipc.ph";
require "shm.ph";
```

Esta função estará disponível apenas nas máquinas que suportam a IPC do System V.

shmread

shmread *id, var, pos, tamanho*

Lê a partir do *id* do segmento da memória compartilhada começando na posição *pos* para o tamanho *tamanho* (anexando-o, copiando e destacando-se dele). A *var* terá que ser uma variável que manterá os dados lidos. A função retornará true se tiver sucesso ou false se houver um erro. No caso de erro, colocará o código do erro em $!. Esta função estará disponível apenas nas máquinas que suportam a IPC do System V.

shmwrite

shmwrite *id, string, pos, tamanho*

Grava no ID do segmento da memória compartilhada começando na posição *pos* para o tamanho *tamanho* (anexando-o, copiando e destacando-se dele). Se a *string* for longa demais, apenas os bytes do *tamanho* serão usados; se a *string* for curta demais, nulos serão gravados para preencher os bytes do *tamanho*. A função retornará true se tiver sucesso ou false se houver um erro. No caso de erro, colocará o código do erro em $!. Esta função estará disponível apenas nas máquinas que suportam a IPC do System V.

shutdown

shutdown *soquete, como*

Finaliza uma conexão de soquete da maneira indicada por *como*. Se *como* for 0, mais recebimentos serão recusados. Se *como* for 1, mais envios serão recusados. Se *como* for 2, tudo será recusado.

(Esta função não finalizará seu sistema; você terá que executar um programa externo para fazer isso. Veja system.)

sin

sin *núm*

Retorna o seno do *núm* (expressado em radianos). Se o *núm* for omitido, retornará o seno de $_.

sleep

sleep *n*

Faz com que o script fique inativo por *n* segundos ou para sempre se nenhum argumento for fornecido. Poderá também ser interrompido enviando ao processo um SIGALRM. A função retornará o número de segundos realmente inativos. Em alguns sistemas, a função ficará inativa até no "instante do segundo" portanto, por exemplo, um sleep 1 poderá deixar inativo em qualquer ponto de 0 a 1 segundo, dependendo de quando no segundo atual você começou a inatividade.

socket

socket *soquete, domínio, tipo, protocolo*

Abre um soquete do tipo especificado e anexa-o ao handle de arquivo *soquete*. O *domínio*, o *tipo* e o *protocolo* são especificados como para socket(2). Antes de usar esta função, seu programa deverá conter a linha:

```
use Socket;
```

Esta definição fornecerá as devidas constantes. A função retornará true se tiver sucesso.

socketpair

socketpair *soquete1, soquete2, domínio, tipo, prtcl*

Cria um par sem nome de soquetes no *domínio* especificado e do *tipo* especificado. O *domínio*, o *tipo* e o *protocolo* são especificados como para socketpair(2). Se a socketpair não estiver implementada, chamar esta função produzirá um erro fatal. A função retornará true se tiver sucesso.

continua...

Esta função geralmente é usada logo antes de uma fork. Um dos processos resultantes deverá fechar o *soquete1* e o outro deverá fechar o *soquete2*. Você poderá usar estes soquetes de maneira bidirecional, diferente dos handles de arquivo criados pela função pipe.

sort

sort [*código*] *lista*

Classifica uma *lista* e retorna o valor da lista classificada. Por default (sem um argumento *código*), classifica na ordem de comparação da string padrão (a classificação dos valores indefinidos antes das strings nulas definidas, que classificará antes de tudo). O *código*, se fornecido, poderá ser o nome de uma sub-rotina ou um bloco do código (sub-rotina anônima) que define seu próprio mecanismo de comparação para classificar os elementos da *lista*. A rotina terá que retornar à função sort um inteiro menor que, igual ou maior que 0, dependendo de como os elementos da lista serão ordenados. (Os operadores <=> e cmp úteis poderão ser usados para executar estas comparações numéricas e de string de três maneiras.)

O código de chamada normal para as sub-rotinas será evitado, com os seguintes efeitos: a sub-rotina não poderá ser uma sub-rotina de recursão e os dois elementos a serem comparados serão transmitidos na sub-rotina como $a e $b, não através de @_. As variáveis $a e $b serão transmitidas pela referência, portanto não as modifique na sub-rotina.

Não declare $a e $b como variáveis lexicais (com my). Elas são globais do pacote (embora estejam isentas das restrições usuários nas globais quando você está usando use strict). Você precisará assegurar que sua rotina sort estará no mesmo pacote ou então, terá que qualificar $a e $b com o nome do pacote de quem chama.

Nas versões anteriores à 5.005, a sort do Perl é implementada em termos da função qsort(3) do C. Algumas versões qsort(3) usarão o dump de memória se sua sub-rotina de classificação fornecer uma ordem inconsistente de valores. Porém, depois da 5.005, isto não ocorre mais.

splice

splice @*array*, *pos*, [*n*], [*lista*]

Remove *n* elementos de @*array* começando na posição *pos*, substituindo-os pelos elementos da *lista*, se fornecidos. A função retornará os elementos removidos do array. O array aumentará e diminuirá conforme a necessidade. Se *n* for omitido, a função removerá tudo da *pos* em diante.

split

split /*padrão*/, *string*, [*limite*]

Percorre uma *string* para obter os delimitadores que coincidem com o *padrão* e divide a string em uma lista de substrings, retornando o valor da lista resultante no contexto da lista ou a contagem de substrings no contexto escalar. Os delimitadores são determinados pela coincidência de padrões repetidos, usando a expressão constante fornecida no *padrão*, para que os delimitadores possam ter qualquer tamanho e não precisem ser a mesma string em cada coincidência. Se o *padrão* não coincidir, a split retornará a string original como uma substring simples. Se coincidir uma vez, você obterá duas substrings etc.

Se o *limite* for especificado e não for negativo, a função será dividida em não mais do que esses muitos campos. Se o *limite* for negativo, será tratado como se um *limite* arbitrariamente grande tivesse sido especificado. Se o *limite* for omitido, os campos nulos posteriores serão cortados do resultado (o que os prováveis usuários da pop fariam bem em lembrar). Se a *string* for omitida, a função dividirá a string $_. Se o *padrão* também for omitido, a função será dividida no espaço em branco, / \s+/, depois de pular qualquer espaço em branco anterior.

Se o *padrão* contiver parêntesis, então a substring coincidida por cada par de parêntesis será incluída na lista resultante, entremeada com os campos que são comumente retornados. Eis um caso simples:

    split /([-,])/, "1-10,20";

que produz o valor da lista:

    (1, '-', 10, ',', 20)

sprintf

sprintf *formato, lista*

Retorna uma string formatada pelas convenções printf. A string *formato* contém o texto com os especificadores do campo incorporados pelos quais os elementos da *lista* são substituídos, um por campo. Os especificadores do campo têm mais ou menos esta forma:

    %m.nx

onde *m* e *n* são tamanhos opcionais cuja interpretação depende do tipo do campo e *x* é um dos seguintes:

Código	Significado
%	Sinal de porcentagem
c	Caractere
d	Inteiro decimal
e	Número com ponto flutuante com formato exponencial
E	Número com ponto flutuante com formato exponencial e a letra E maiúscula
f	Número com ponto flutuante com formato com ponto fixo
g	Número com ponto flutuante, na notação exponencial ou decimal fixa
G	Como g com a letra E maiúscula (se aplicável)
ld	Inteiro longo decimal

continua...

Código	Significado
lo	Inteiro octal longo
lu	Inteiro decimal não sinalizado longo
lx	Inteiro hexadecimal longo
o	Inteiro octal
s	String
u	Inteiro decimal não sinalizado
x	Inteiro hexadecimal
X	Inteiro hexadecimal com letras maiúsculas
p	O endereço do valor Perl em hexadecimal
n	O valor especial que armazena o número de caracteres produzido até então na próxima variável na lista de parâmetros

m é geralmente o comprimento mínimo do campo (negativo para justificado à esquerda) e *n* é a precisão para os formatos exponenciais e o comprimento máximo para outros formatos. O preenchimento geralmente é feito com espaços para as strings e zeros para os números. O caractere * como um especificador do comprimento não é suportado.

sqrt

sqrt *núm*

Retorna a raiz quadrada do *núm* ou $_ se omitida. Para as outras raízes como as raízes cúbicas, você poderá usar o operador ** para elevar algo à potência fracional.

srand

srand *expr*

Define a semente do número aleatório para o operador rand para que a rand possa produzir uma seqüência diferente sempre que você executar seu programa. Se a *expr* for omitida, uma semente default será usada que é uma mistura de valores dependentes do sistema difíceis de prever. Se você chamar a rand e não tiver chamado a srand ainda, a rand chamará a srand com a semente default.

stat

stat *arquivo*

Retorna uma lista com 13 elementos fornecendo as estatísticas para um *arquivo*, indicado por um handle de arquivos ou por uma expressão que fornece seu nome. Geralmente é usada assim:

```
($dev,$ino,$mode,$nlink,$uid,$gid,$rdev,$size,
 $atime,$mtime,$ctime,$blksize,$blocks)
     = stat $filename;
```

Nem todos os campos são suportados em todos os tipos de sistema de arquivos. Estes são os significados dos campos:

Campo	Significado
dev	O número do dispositivo do sistema de arquivos
ino	O número i-nó
mode	O modo do arquivo (tipo e permissões)
nlink	O número de ligações (permanentes) para o arquivo
uid	O ID numérico do usuário do proprietário do arquivo
gid	O ID numérico do grupo do proprietário do arquivo
rdev	O identificador do dispositivo (arquivos especiais apenas)
size	O tamanho total do arquivo, em bytes
atime	A hora do último acesso desde a época
mtime	A hora da última modificação desde a época
ctime	A hora da alteração do i-nó (não a hora da criação!) desde a época
blksize	O tamanho do bloco preferido para a E/S do sistema de arquivos
blocks	O número real de blocos alocados

As $dev e $ino obtidas juntas, identificam com exclusividade um arquivo. As $blksize e $blocks serão provavelmente definidas apenas nos sistemas de arquivos derivados do BSD. O campo $blocks (se definido) é informado em blocos de 512 bytes. Note que $blocks*512 poderá diferir muito de $size para os arquivos que contêm blocos não alocados ou "buracos" que são contados em $blocks.

Se a stat for transmitida como o handle de arquivos especial que consiste em um sublinhado, nenhuma stat real será feita, mas o conteúdo atual da estrutura stat desde a última stat ou o teste do arquivo baseado na stat (os operadores -x) será retornado.

study

study *escalar*

Esta função leva um tempo extra para estudar o *escalar* ($_ se não especificado) antes de fazer muitas coincidências de padrões na string antes de ser modificada em seguida. Você poderá ter apenas uma study active de cada vez — se você estudar um escalar diferente, o primeiro terá seu estudo "cancelado".

sub

sub *nome* [*proto*] {*bloco*}
sub [*proto*] *nome*

Declara e define uma sub-rotina. O *nome* é o nome dado à sub-rotina; *bloco* é o código a ser executado quando a sub-rotina é chamada. Sem o *bloco*, esta instrução irá declarar apenas uma sub-rotina, o que terá que ser definido em algum ponto posterior em seu programa. O *proto* é uma seqüência de símbolos que coloca restrições nos argumentos que a sub-rotina receberá. Veja "Sub-rotinas" no Capítulo 4.

substr

substr *string*, *pos* [*n*, *substituição*]

Extrai e retorna uma substring com *n* caracteres de comprimento, começando na posição do caractere *pos*, a partir de uma certa *string*. Se a *pos* for negativa, a substring começará isso longe do final da string. Se *n* for omitido, tudo no final da string será retornado. Se *n* for negativo, o comprimento será calculado para retirar esses muitos caracteres do final da string.

Você poderá usar a substr( ) como um valor-l — substituindo a substring delimitada por uma nova string — se a *string* for fornecida como um valor-l. Você poderá também especificar uma string de *substituição* no quarto parâmetro para substituir a substring. A substring extraída original ainda será retornada.

symlink

symlink *antigo_arquivo*, *novo_arquivo*

Cria um novo nome de arquivo ligado simbolicamente ao antigo nome de arquivo. A função retornará 1 se tiver sucesso, 0 do contrário. Nos sistemas que não suportam as ligações simbólicas, produzirá um erro fatal durante a execução. Tenha cuidado se você fornecer uma ligação simbólica relativa, uma vez que será interpretada com relação ao local da própria ligação simbólica, não em relação do diretório de trabalho atual. Veja também link e readlink.

syscall

syscall *lista*

Chama a chamada do sistema especificada como o primeiro elemento da lista, transmitindo os elementos restantes como argumentos para a chamada do sistema. A função produzirá um erro fatal se a syscall(2) não estiver implementada. Os argumentos serão interpretados como a seguir: se um certo argumento for numérico, o argumento será transmitido como um inteiro C. Se não, um ponteiro para o valor da string será transmitido.

sysopen

sysopen *handle_de_arquivo, nome_do_arquivo, modo* [*perms*]

Abre o arquivo dado pelo *nome_do_arquivo* e associa-o ao *handle_de_arquivo*. Esta função chamará a open(2) com os parâmetros *nome_do_arquivo, modo* e *perms*.

Os possíveis valores e os bits da marca do parâmetro *modo* dependem do sistema; eles estão disponíveis através do módulo da biblioteca Fcntl. Porém, por razões históricas, alguns valores são universais: zero significa de leitura apenas, um significa de gravação apenas e dois significa leitura/gravação.

Se o arquivo denominado pelo *nome_do_arquivo* não existir e a sysopen criá-lo (geralmente porque o *modo* inclui a marca O_CREAT), então o valor das *perms* especificará as permissões do arquivo recém-criado. Se as *perms* forem omitidas, o valor default será 0666, o que permite ler e gravar. Este default é razoável: veja umask.

O módulo *handle_de_arquivo* fornece uma abordagem mais baseada em objetos à sysopen. Veja também open.

sysread

sysread *handle_de_arquivo, escalar, comprimento* [*deslocamento*]

Lê os bytes de *comprimento* dos dados na variável *escalar* a partir do *handle_de_arquivo* especificado. A função retornará o número de bytes lidos ou 0 no EOF. Retornará um valor indefinido no caso de erro. O *escalar* aumentará ou diminuirá com o comprimento lido. O *deslocamento*, se especificado, informará onde na string começar a colocar os bytes, para que você possa ler o meio de uma string que está sendo usada como um buffer. Você deverá estar preparado para lidar com os problemas (como as chamadas interrompidas do sistema) que a E/S padrão normalmente lida para você.

sysseek

sysseek *handle_de_arquivo, deslocamento, de onde*

Uma variante da seek( ) que define e obtém a posição de leitura/gravação do sistema do arquivo usando a chamada do sistema lseek(2). É a única maneira confiável de buscar antes de uma sysread( ) ou syswrite( ). Retornará a nova posição ou undef no caso de falha. Os argumentos são os mesmos para a seek.

system

system *lista*

Executa qualquer programa no sistema. Faz exatamente a mesma coisa que a exec *lista* exceto que aplica uma fork primeiro e então depois a exec, e aguarda que a exec seja

continua...

aplicada no programa para completar. Ou seja, executa o programa para você e retorna quando termina, diferente da exec, que nunca retorna (se tiver sucesso). Observe que o processamento dos argumentos varia dependendo do número de argumentos, como descrito para a exec. O valor de retorno é o status de saída do programa como retornado pela chamada wait(2). Para obter o valor de saída real, divida por 256. (Os oito bits mais baixos serão definidos se o processo for encerrado a partir de um sinal.) Veja exec.

syswrite

syswrite *handle_de_arquivo, escalar, comprimento,* [*deslocamento*]

Grava os bytes de *comprimento* dos dados da variável *escalar* no *handle_de_arquivo* especificado. A função retornará o número de bytes gravados ou um valor indefinido no caso de erro. Você deverá estar preparado para lidar com os problemas que a E/S padrão normalmente lida para você, como as gravações parciais. O *deslocamento*, se especificado, informará a partir de onde na string começar a gravar, no caso de você estar usando a string como um buffer, por exemplo, ou precisar recuperar-se de uma gravação parcial.

Não misture as chamadas para print (ou write) e syswrite no mesmo handle de arquivo a menos que realmente saiba o que está fazendo.

tell

tell *handle_de_arquivo*

Retorna a posição do arquivo atual (em bytes, baseado em 0) para o *handle_de_arquivo*. Este valor geralmente será fornecido para a função seek em algum momento no futuro para obter a posição correta. Se o *handle_de_arquivo* for omitido, a função retornará a posição da última leitura do arquivo. As posições do arquivo são apenas significativas nos arquivos comuns. Os dispositivos, canais e soquetes não têm nenhuma posição de arquivo.

telldir

telldir *handle_de_dir*

Retorna a posição atual das rotinas readdir em um handle de diretório (*handle_de_dir*). Este valor poderá ser fornecido à seekdir para acessar um certo local em um diretório. A função tem os mesmos avisos sobre uma possível compressão do diretório como a rotina da biblioteca do sistema correspondente. Esta função poderá não ser implementada em todo lugar que a readdir é. Mesmo que seja, nenhum cálculo poderá ser feito com o valor de retorno. É apenas um valor obscuro, significativo apenas para a seekdir.

tie

tie *variável, nome_da_classe, lista*

Vincula uma *variável* a uma classe do pacote, o *nome_da_classe*, que fornecerá a implementação para a variável. Qualquer argumento adicional (*lista*) será transmitido ao "novo" método da classe (ou seja, TIESCALAR, TIEARRAY ou TIEHASH). Geralmente esses são os argumentos que poderiam ser transmitidos à função dbm_open(3) do C, mas depende do pacote. O objeto retornado pelo "novo" método também será retornando pela função tie, que poderá ser útil se você quiser acessar outros métodos no *nome_da_classe*. (O objeto poderá também ser acessado através da função tied.)

Uma classe que implementa um hash deverá fornecer os seguintes métodos:

```
TIEHASH $class, LISTA
DESTROY $self
FETCH $self, $key
STORE $self, $key, $value
DELETE $self, $key
EXISTS $self, $key
FIRSTKEY $self
NEXTKEY $self, $lastkey
```

Uma classe que implementa um array comum deverá fornecer os seguintes métodos:

```
TIEARRAY $classname, LISTA
DESTROY $self
FETCH $self, $subscript
STORE $self, $subscript, $value
```

Uma classe que implementa um escalar deverá fornecer os seguintes métodos:

```
TIESCALAR $classname, LISTA
DESTROY $self
FETCH $self,
STORE $self, $value
```

Diferente da dbmopen, a função tie não aplica a use ou a require em um módulo para você; você mesmo precisará fazer isso explicitamente.

tied

tied *variável*

Retorna uma referência para a *variável* subjacente do objeto (o mesmo valor que foi retornado originalmente pela chamada tie que vinculou a variável a um pacote). Retornará

continua...

um valor indefinido se a *variável* não estiver ligada a um pacote. Portanto, por exemplo, você poderá usar:

```
ref tied %hash
```

para descobrir a qual pacote seu hash está atualmente ligado.

time

time

Retorna o número de segundos não pulados desde 1º. de janeiro de 1970, UTC. O valor retornado é adequado para fornecer para a gmtime e a localtime, e para fazer uma comparação com as horas modificação do arquivo e de acesso retornadas pela stat, e para fornecer à utime.

times

times

Retorna uma lista com quatro elementos que fornece ao usuário e à CPU do sistema as horas, em segundos (possivelmente fracionais), para este processo e para o filho deste processo:

```
($user, $system, $cuser, $csystem) = times;
```

Por exemplo, para calcular a velocidade da execução de uma seção do código Perl:

```
$start = (times)[0];
...
send = (times)[0];
printf "that took %.2f CPU seconds\n", $end = $start;
```

truncate

truncate *arquivo, comprimento*

Corta um *arquivo* (dado como um handle de arquivo ou pelo nome) com o comprimento especificado. A função produzirá um erro fatal se a truncate(2) ou um equivalente não estiver implementado em seu sistema.

uc

uc *string*

Retorna uma versão com letras maiúsculas da *string* (ou $_ se a *string* for omitida). Esta é a função interna que implementa o escape \U nas strings com aspas duplas. As definições da setlocale(3) do POSIX são correspondentes.

ucfirst

ucfirst *string*

Retorna uma versão da *string* (ou $_ se a *string* for omitida) com o primeiro caractere com letra maiúscula. Esta é a função interna que implementa o escape \u nas strings com aspas duplas. As definições da setlocale(3) do POSIX são correspondentes.

umask

umask *expr*

Define a umask do processo para a *expr* e retorna a antiga. (A umask informa ao Unix quais bits de permissão desativar ao criar um arquivo.) Se a *expr* for omitida, a função retornará meramente a umask atual. Por exemplo, para assegurar que os "outros" bits serão ativados e que os bits do "usuário" serão desativados, experimente algo como:

```
umask((umask() & 077) | 7);
```

undef

undef *expr*

Cancela a definição do valor da *expr*, que terá que ser um valor-l. Use apenas em um valor escalar, em um array, em um hash inteiro ou em um nome da sub-rotina (utilizando o prefixo &). Qualquer armazenamento associado ao objeto será recuperado para a reutilização (embora não retornado para o sistema, para a maioria das versões do Unix). A função undef provavelmente não fará o que você espera na maioria das variáveis especiais. A função sempre retornará um valor indefinido. É útil porque você poderá omitir a *expr*, neste caso nada ficará indefinido, mas ainda terá um valor indefinido que poderá, por exemplo, retornar a partir de uma sub-rotina para indicar um erro.

Você poderá usar a undef como um recipiente no lado esquerdo de uma atribuição da lista, neste caso o valor correspondente do lado direito será simplesmente descartado. Com exceção disso, você não poderá usar a undef como um valor-l.

unlink

unlink *lista*

Apaga uma *lista* de arquivos. (No Unix, removerá uma ligação com um arquivo, mas o arquivo ainda poderá existir se outra ligação referir-se a ele.) Se a *lista* for omitida, cancelará a ligação do arquivo dada em $_. A função retornará o número de arquivos apagados com sucesso. Observe que a unlink não apagará os diretórios a menos que você seja o superusuário e a marca -*U* seja fornecida ao Perl. Mesmo que essas condições sejam satisfeitas, saiba que cancelar a ligação de um diretório poderá causar sérios danos em seu sistema de arquivos. Use a rmdir em seu lugar.

unpack

unpack *gabarito, string*

Tem uma string (*string*) que representa uma estrutura de dados e expande-a em um valor da lista, retornando o valor da lista. (A unpack faz o inverso da pack.) Em um contexto escalar, poderá ser usada para descompactar um único valor. O *gabarito* tem praticamente o mesmo formato da função pack; ele especifica a ordem e o tipo dos valores a serem descompactados. (Veja a pack para obter uma descrição mais detalhada sobre o *gabarito*.)

unshift

unshift *@array, lista*

Anexa os elementos da *lista* na frente do array e retorna o novo número de elementos no array.

untie

untie *variável*

Interrompe o vínculo entre a variável e um pacote. Veja a tie.

use

use *Módulo lista*

use *versão*

use *Módulo versão lista*

Se o primeiro argumento for um número, será tratado como um número da versão. Se a versão do Perl for menor que a *versão*, uma mensagem de erro será impressa e o Perl sairá. Isto fornecerá uma maneira de verificar a versão do Perl durante a compilação, ao invés de aguardar a hora da execução.

Se a *versão* aparecer entre o *Módulo* e a *lista*, então a use chamará o método version na classe *Módulo* com a *versão* como um argumento.

Do contrário, a use importará alguma semântica para o pacote atual a partir do *Módulo* nomeado, geralmente criando um álias para uma certa sub-rotina ou nomes da variável em seu pacote. É exatamente equivalente ao seguinte:

```
BEGIN { require Módulo; import Módulo lista; }
```

A BEGIN faz com que a require e a import ocorram durante a compilação. A require assegura que o módulo seja carregado na memória se ainda não tiver sido. A import não é uma função predefinida, é apenas uma chamada de método estática comum no pacote nomeado pelo *Módulo* para informar ao módulo para importar a lista de recursos de volta para o pacote atual. O módulo poderá implementar seu método de entrada como desejar, entretanto a maioria dos módulos apenas escolhe derivar seu método de importação através da herança da classe Exporter que é definida no módulo Exporter.

Se você não quiser seu espaço do nome alterado, forneça explicitamente uma lista vazia:

use Módulo ( );

Isso é exatamente equivalente ao seguinte:

BEGIN { require Módulo; }

Como isto é uma interface muito aberta, os pragmas (as diretivas do compilador) serão também implementados assim. Veja o Capítulo 8 para obter descrições dos pragmas implementados atualmente. Estes pseudomódulos geralmente importam a semântica para o escopo do bloco atual, diferente dos módulos comuns, que importam símbolos para o pacote atual. (Os últimos são úteis através do fim do arquivo.)

Existe uma declaração correspondente, no, que "cancela a importação" de qualquer significado originalmente importado pela use, mas tornou-se menos importante:

no integer;

no strict 'refs';

utime

utime *hora_a, hora_m, arquivos*

Altera a hora do acesso (*hora_a*) e a hora da modificação (*hora_m*) em cada arquivo em uma lista de *arquivos*. Os dois primeiros elementos têm que ser o acesso *numérico* e as horas da modificação, nessa ordem. A função retornará o número de arquivos alterados com sucesso. A hora de alteração no i-nó de cada arquivo é definida para a hora atual. Este é um exemplo de um comando utime:

#!/usr/bin/perl

$now = time;

utime $now, $now, @ARGV;

Para ler as horas dos arquivos existentes, use a stat.

values

values *%hash*

Retorna uma lista que consiste em todos os valores do hash nomeado. Os valores são retornados em uma ordem aparentemente aleatória, mas é a mesma ordem que a função keys ou each produziria no mesmo hash. Para classificar o hash por seus valores, veja o exemplo em keys. Note que usar a função values em um hash que está vinculado a um arquivo DBM muito grande produzirá uma lista muito grande, fazendo com que você tenha um processo muito grande e deixando-o em um vínculo. Você poderá preferir usar a função each, que irá executar repetidamente as entradas do hash uma por uma sem as ler em uma única lista.

vec

vec *string, deslocamento, bits*

Trata uma *string* como um vetor de inteiros sem sinal e retorna o valor do elemento especificado pelo *deslocamento* e pelos *bits*. A função poderá também ser atribuída, o que fará com que o elemento seja modificado. A finalidade da função é fornecer um armazenamento muito compacto dos inteiros pequenos. Os inteiros poderão ser muito pequenos; os vetores poderão manter números que são menores que um bit, resultando em uma string de bits.

O *deslocamento* especifica quantos elementos pular para localizar o desejado. A opção *bits* é o número de bits por elemento no vetor, portanto cada elemento poderá conter um inteiro sem sinal na faixa 0..(2**bits)-1. Os *bits* têm que ser 1, 2, 4, 8, 16 ou 32. O máximo de elementos possíveis é compactado em cada byte e a ordem é tal que vec($vectorstring,0,1) certamente entrará no bit mais baixo do primeiro bytes da string. Para descobrir a posição do byte na qual um elemento será colocado, você terá que multiplicar o *deslocamento* pelo número de elementos por byte. Quando a opção *bits* for 1, existirão 8 elementos por byte. Quando a opção *bits* for 2, haverá quatro elementos por byte. Quando for 4, haverá dois elementos (chamados de nibble ou 4 bits) por byte. E assim por diante.

Independente de seu sistema ser de término grande ou pequeno, a vec($foo, 0, 8) sempre irá referir-se ao primeiro byte da string $foo. Veja a select para obter exemplos de mapas de bits gerados com a vec.

Os vetores criados com a vec poderão também ser manipulados com os operadores lógicos |, &, ^ e ~, que irão supor que uma operação de vetor de bits é desejada quando os operandos forem strings. Um vetor de bits (*bits* == *1*) poderá ser convertido em ou a partir de uma string de números 1 e 0 fornecendo um gabarito b* à unpack ou à pack. Do mesmo modo, um vetor de nibbles (*bits* == *4*) poderá ser convertido em um gabarito h*.

wait

wait

Aguarda que um processo-filho termine e retorne o pid do processo encerrado ou -1 se não houver processos-filhos. O status será retornado em $?. Se você obtiver processos-filhos zumbis, deverá estar chamando esta função ou a waitpid. Uma estratégia comum para evitar tais zumbis é:

    $SIG{CHLD} = sub { wait };

Se você esperava um filho e não o encontrou, provavelmente tinha uma chamada para a system, um fechamento em um canal ou crases entre a fork e a wait. Estas construções também fazem uma wait(2) e podem ter obtido seu processo-filho. Use a waitpid para evitar este problema.

waitpid

waitpid *pid*, *marcas*

Aguarda que um determinado *pid* do processo-filho termine e retorna o pid quando o processo é encerrado, -1 se não houver processos-filhos ou se as *marcas* especificarem nenhum bloqueio e o processo ainda não estiver encerrado. O status do processo encerrado será retornado em $?. Para obter valores válidos da marca informe isto:

```
use POSIX "sys_wait_h";
```

Nos sistemas que não implementam nem a chamada do sistema waitpid(2) nem a wait4(2), as *marcas* poderão ser especificadas apenas como 0. Em outras palavras, você poderá aguardar um *pid* específico, mas não poderá fazê-lo em um modo sem bloqueio.

wantarray

wantarray

Retorna true se o contexto da sub-rotina em execução atualmente estiver pesquisando um valor da lista. A função retornará false se o contexto estiver procurando um escalar. Poderá também retornar undef se o valor de retorno de uma sub-rotina não for usado.

warn

warn *msg*

Produz uma mensagem em STDERR como a die, mas não tenta sair ou enviar uma exceção. Por exemplo:

```
warn "Debug enabled" if $debug;
```

Se a mensagem fornecida for nula, a mensagem "Something's wrong" (Algo está errado) será usada. Como em die, uma mensagem não terminando com uma nova linha terá as informações sobre o arquivo e o número da linha anexadas automaticamente. O operador warn não está relacionado ao argumento -w.

write

write *handle_de_arquivo*

Grava um registro formatado (possivelmente com diversas linhas) no *handle_de_arquivo* especificado, usando o formato associado a esse handle; veja "Formatos" no Capítulo 4. Por default, o formato para um handle de arquivo é um que tem o mesmo nome do handle de arquivo.

Se o *handle_de_arquivo* não for especificado, a saída irá para o handle de arquivo de saída default atual, que começa como STDOUT mas poderá ser alterado pelo operador select. Se o *handle_de_arquivo* for uma expressão, então a expressão será avaliada para determinar o *handle_de_arquivo* real durante a execução.

Observe que a write *não* é o oposto da read. Use a print para obter uma saída de string simples. Se você quiser evitar a E/S padrão, veja a syswrite.

Capítulo 6

Depuração

Naturalmente, todos escrevem um código perfeito na primeira vez, mas nessas raras ocasiões quando algo dá errado e você tem problemas com seu script Perl, existem várias coisas que você poderá tentar:

- Execute o script com o argumento -w, que imprime avisos sobre possíveis problemas em seu código.
- Use o depurador Perl.
- Use outro depurador ou um perfilador como o módulo Devel::DProf.

O foco maior deste capítulo é o depurador Perl, que fornece um ambiente Perl interativo. O capítulo também descreve o uso do módulo DProf e o programa *dprofpp* que vem com ele; juntos eles poderão fornecer um perfil de seu script Perl. Se você já usou algum depurador e compreende conceitos como os pontos de interrupção e os rastreamentos anteriores, não terá problemas em aprender a usar o depurador Perl. Mesmo que não tenha usado outro depurador, as descrições dos comandos e alguma experimentação deverão fazer com que você prossiga.

O depurador Perl

Para executar seu script no depurador-fonte do Perl, chame o Perl com o argumento *-d*:

```
perl -d myprogram
```

Isto funcionará como um ambiente Perl interativo, solicitando os comandos do depurador que permitem examinar o código-fonte, definir os pontos de interrupção, obter os rastreamentos anteriores da pilha, alterar os valores das variáveis etc. Se seu programa obtiver quaisquer argumentos, você terá que incluí-los no comando:

```
perl -d myprogram myinput
```

No Perl, o depurador não é um programa separado como no ambiente compilado típico. Ao contrário, a marca -*d* informa ao compilador para inserir as informações da fonte nas árvores de análise que serão fornecidas ao interpretador. Isso significa que seu código terá primeiro que ser compilado corretamente para que o depurador trabalhe nele — o depurador não será executado até que você tenha corrigido todos os erros do compilador.

Depois de seu código ter sido compilado e o depurador ter iniciado, o programa irá parar imediatamente antes da primeira instrução executável da execução (mas veja a seção "Como usar o depurador" abaixo relativa às instruções da compilação) e aguardará que você forneça um comando do depurador. Toda vez que o depurador parar e mostrar uma linha do código, sempre exibirá a linha que irá executar, ao invés daquela que acabou de executar.

Qualquer comando não reconhecido pelo depurador será executado diretamente como o código Perl no pacote atual. Para ser reconhecido pelo depurador, o comando terá que começar no início da linha, do contrário ele irá supor que é para o Perl.

Os comandos do depurador

O depurador compreende os seguintes comandos:

---

a

a *[linha] comando*

Define uma ação a ser feita antes da *linha* ser executada. As seguintes etapas são executadas:

- Verifica um ponto de interrupção nesta linha.
- Imprime a linha se necessário.
- Executa qualquer ação associada à linha.
- Pergunta ao usuário se está em um ponto de interrupção ou no modo de uma etapa.
- Avalia a linha.

Por exemplo, o seguinte irá imprimir o valor $foo (e "DB FOUND") sempre que a linha 53 for transmitida:

```
a 53 print "DB FOUND $foo\n"
```

A

A

Apaga todas as ações instaladas.

b

b *[linha][condição]*
Define um ponto de interrupção na *linha*, que terá que iniciar uma instrução executável. Se a *linha* for omitida, definirá um ponto de interrupção na lista que será executada. A *condição*, se fornecida, será avaliada sempre que a instrução for atingida e um ponto de interrupção será obtido se a *condição* for true:

    b 237 $x > 30
    b 33 /pattern/i

---

b

b *subnome [condição]*
Define um ponto de interrupção (possivelmente condicional) na primeira linha da sub-rotina nomeada.

---

b

b load *nome_do_arquivo*
Define um ponto de interrupção ao aplicar a require no arquivo fornecido.

---

b

b postpone *subnome [condição]*
Define um ponto de interrupção (possivelmente condicional) na primeira linha da sub-rotina *subnome* depois de ter sido compilada.

---

b

b compile *subnome*
Pára depois da sub-rotina ter sido compilada.

---

c

c *[linha \ sub]*
Prossegue, inserindo opcionalmente um ponto de interrupção apenas uma vez na linha ou sub-rotina especificada.

d

d *[linha]*
Apaga o ponto de interrupção na *linha* especificada. Se a *linha* for omitida, apagará o ponto de interrupção na linha que será executada.

D

D
Apaga todos os pontos de interrupção instalados.

f

f *nome_do_arquivo*
Troca para exibir um arquivo diferente.

h

h *[comando]*
Imprime uma mensagem de ajuda, listando os comandos disponíveis do depurador.

Se você fornecer outro comando do depurador como um argumento ao comando h, imprimirá a descrição apenas para esse comando. O comando h produzirá uma listagem de ajuda mais compacta designada a caber em uma tela.

H

H */-número/*
Exibe os últimos comandos do *número*. Se o *número* for omitido, listará todos os comandos anteriores. Apenas os comandos com mais de um caractere serão listados.

l

l *[espec_linha]*
Se a *espec_linha* for omitida, listará as próximas linhas. Do contrário listará as linhas especificadas pela *espec_linha*, que poderá ser uma das seguintes:

linha
   Lista a *linha* com uma linha.

min+aument
   Lista as linhas *aument+1* que começam em *min*.

min-máx
Lista as linhas de *min* até *máx*.

subnome
Lista as primeiras linhas da sub-rotina *subnome*.

Veja também os comandos w e -.

L

L
Lista todos os pontos de interrupção e ações para o arquivo atual.

---

m

m *expr*
Aplica a eval na expressão no contexto do array e imprime os métodos que podem ser chamados no primeiro elemento do resultado.

---

m

m *classe*
Imprime os métodos que podem ser chamados através da classe dada.

---

n

n
Próximo. Transmite as chamadas da sub-rotina e executa a próxima instrução neste nível.

O

O *[opç[=val]] [opç"val"][opç?]*
Define ou consulta os valores da opção. Se omitido, o *val* terá como default 1. A *opç?* exibirá o valor da opção *opç*. A *opç* poderá ser abreviada para uma string exclusiva mais curta e diversas opções poderão ser especificadas. As possíveis opções são:

`AutoTrace`
   Afeta a impressão das mensagens em todo possível ponto de interrupção.

`frame`
   Permite a impressão das mensagens na entrada e na saída das sub-rotinas.

`inhibit_exit`
: Permite sair do final do script.

`maxTraceLen`
: Fornece o comprimento máximo de avaliações/argumentos listados no rastreamento da pilha.

`ornaments`
: Afeta a aparência da linha de comandos na tela.

`pager`
: Especifica o programa a usar para a saída dos comandos canalizados pelo paginador (os que começam com um caractere |). O valor default é $ENV{PAGER}.

`PrintRet`
: Permite imprimir o valor de retorno depois do comando r.

`recallCommand, ShellBang`
: Especifica os caracteres usados para lembrar os comandos anteriores ou gerar um shell. Por default, são definidos para !.

As seguintes opções afetam o que acontece com os comandos V, X e x.

`arrayDepth, hashDepth`
: Imprime apenas a profundidade *n* ("" para todos).

`compactDump, veryCompact`
: Altera o estilo do array e os dumps (armazenamentos) do hash.

`DumpDBFiles`
: Armazena os arrays que mantêm os arquivos depurados.

`DumpPackages`
: Armazena as tabelas de símbolos dos pacotes.

`globPrint`
: Especifica se é para imprimir o conteúdo das globais.

`quote, HighBit, undefPrint`
: Altera o estilo do dump de string.

`signalLevel, warnLevel, dieLevel`
: Especifica o nível da explicação.

`tkRunning`
: Executa o Tk enquanto solicita (com ReadLine).

Durante a inicialização, as opções do depurador são inicializadas a partir de $ENV{PERLDB_OPTS}. Você poderá definir as opções extras da inicialização TTY, noTTY, ReadLine e NonStop lá. Para obter mais informações veja a seção "Como personalizar o depurador", posteriormente neste capítulo.

p

p *expr*

Igual a print DB::OUT *expr* no pacote atual. Em particular, não armazena em dump as estruturas de dados aninhados e os objetos, diferente do comando x. O handle DB::OUT será aberto para /dev/tty (ou talvez uma janela do editor) não importando para onde a saída padrão possa ter sido redirecionada.

q

q *ou* **^D**

Sai do depurador.

r

r

Retorna a partir da sub-rotina atual.

R

R

Reinicia o depurador. O máximo possível de seu histórico será mantido nas sessões, mas algumas definições internas e opções da linha de comandos poderão ser perdidas.

s

s *[expr]*

As etapas simples. É executado até atingir o início de outra instrução, originando nas chamadas da sub-rotina. Se uma expressão fornecida incluir uma chamada da função, a função também terá uma etapa simples.

S

S[[!]*padrão]*

Lista os nomes da sub-rotina que coincidem (ou se ! for especificado, não coincidem) com o *padrão*. Se o *padrão* for omitido, listará todas as sub-rotinas.

t

t

Alterna para o modo de rastreamento.

t

t *expr*
Rastreia através da execução da *expr*.

T

T
Produz um rastreamento anterior da pilha. Por exemplo:
```
DB<2> T
$ = main::infested called from file 'Ambulation.pm' line 10
@ = Ambulation::legs(1, 2, 3, 4) called from file 'camel_flea' line 7
$ = main::pests('bactrian', 4) called from file 'camel_flea' line 4
```
O caractere à esquerda ($ ou @) informa se a função foi chamada em um contexto escalar ou de lista. O exemplo mostra três linhas porque quando o rastreamento anterior da pilha foi executado tinha três funções de profundidade.

v

v
Mostra as versões dos módulos carregados.

V

V *[pacote [vars]]*
Exibe todas as variáveis (ou algumas) no pacote *pacote* usando uma impressora de dados (que exibe as chaves e seus valores para os hashes, torna os caracteres de controle imprimíveis, imprime estruturas de dados aninhados de uma maneira legível etc.). O *pacote* tem como default o pacote main. Forneça os identificadores sem um especificador do tipo como $ ou @, assim:
```
V DB filename line
```
No lugar de um nome da variável, você poderá usar ~*padrão* ou !*padrão* para imprimir as variáveis existentes cujos nomes coincidem ou não com a expressão constante especificada.

w

w *[linha]*
Lista uma janela com algumas linhas em torno da *linha* dada ou listará a linha atual se a *linha* for omitida.

x

x *expr*
Aplica a eval na expressão em um contexto da lista e armazena em dump o resultado de uma maneira bem impressa. Diferente do comando print acima, imprime as estruturas de dados aninhados de maneira recursiva.

X

X *[vars]*
Igual a V *pacote_atual [vars]*.

<CR>

<CR>
Repete o último comando n ou s.

-

-
Lista algumas linhas anteriores.

.

.
Retorna o ponteiro do depurador para a linha executada por último e imprime-o.

/padrão/

/padrão/
Pesquisa para frente o *padrão*; a / final é opcional.

?padrão?

?padrão?
Pesquisa para trás o *padrão*; a ? final é opcional.

<

< *[comando]*

Define um comando Perl para ser executado antes de todo prompt do depurador. Um *comando* com diversas linhas poderá ser fornecido colocando uma barra invertida nas novas linhas. Sem nenhum *comando*, a lista de ações será redefinida.

<<

<< *[comando]*

Adiciona a lista de comandos Perl para ser executada antes de cada prompt do depurador.

>

> *[comando]*

Define um comando Perl para ser executado depois do prompt quando você tiver acabado de fornecer um comando para voltar a executar o script. Um *comando* com diversas linhas poderá ser fornecido colocando uma barra invertida nas novas linhas.

>>

>> *[comando]*

Adiciona a lista de comandos Perl para ser executada depois de cada prompt do depurador.

{

{ *[linha_de_comandos]*

Define um comando do depurador para ser executado antes de cada prompt.

{{

{{ *[linha_de_comandos]*

Adiciona a lista de comandos do depurador para ser executada antes de cada prompt.

!

! *[número]*

Executa novamente um comando anterior (tem como default o último comando executado).

!

! -número
Executa novamente o *número* em relação ao último comando.

!

! padrão
Executa novamente o último comando que começou com o *padrão*. Veja O recallCommand.

!!

!! cmd
Executa o *cmd* em um subprocesso (que lê a partir do DB::IN e grava no DB::OUT). Veja O shellBang.

I

I cmd_bd
Executa o comando do depurador especificado, canalizando DB::OUT para $ENV{PAGER}.

I I

I I cmd_bd
Igual a I *cmd_bd*, mas o DB::OUT tem a select aplicada temporariamente também. Geralmente usado com os comandos que do contrário produziriam uma saída longa, como:
    | V main

=

= [álias valor]
Define um álias do comando. Se o *álias* e o *valor* forem omitidos, listará todos os álias atuais.

comando

comando
Executa o *comando* como uma instrução Perl. Um ponto-e-vírgula não será necessário no final.

Como usar o depurador

Se você tiver quaisquer instruções executáveis na compilação (o código em um bloco BEGIN ou uma instrução use), elas não serão paradas pelo depurador, embora as funções require sejam.

O prompt do depurador é algo assim:

```
DB<8>
```

ou mesmo:

```
DB<<17>>
```

onde o número entre os sinais de maior que menor que é o número do comando. Um mecanismos de histórico como o *csh* permitirá acessar os comandos anteriores pelo número. Por exemplo, !17 repetirá o número do comando 17. O número nos sinais de maior que menor que indica a profundidade do depurador. Você obterá mais de um conjunto de sinais, por exemplo, se já estiver em um ponto de interrupção e então imprimir o resultado de uma chamada da função que em si mesma tem também um ponto de interrupção.

Se você quiser fornecer um comando com diversas linhas, como a definição de uma sub-rotina com diversas instruções, poderá usar uma barra invertida para aplicar o escape na nova linha que normalmente terminaria o comando do depurador:

```
DB<1> sub foo { \
cont: print "fooline\n"; \
cont: }

DB<2> foo
fooline
```

Você poderá manter um controle limitado no depurador Perl de dentro de seu script Perl. Você poderá fazer isto, por exemplo, para definir um ponto de interrupção automático em uma certa sub-rotina sempre que um determinado programa for executado no depurador. Definir $DB::single para 1 fará com que a execução pare na próxima instrução, como se você tivesse usado o comando s do depurador. Definir $DB::single para 2 será equivalente a digitar o comando n e a variável $DB::trace poderá ser definida para 1 para simular o comando t.

Uma vez que você esteja no depurador, poderá terminar a sessão fornecendo q ou CTRL-D no prompt. Poderá também reiniciar o depurador com R.

Como personalizar o depurador

Você poderá fazer alguma personalização configurando um arquivo *.perldb* com o código da inicialização. Quando iniciar, o depurador lerá e processará esse arquivo. Por exemplo, você poderá configurar álias como estes:

```
$DB::alias{'len'} = 's/^len(.*)/p length($1)/';
$DB::alias{'stop'} = 's/^stop (at|in)/b/';
```

```
$DB::alias{ 'ps' } = 's/^ps\b/p scalar /';
$DB::alias{ 'quit' } = 's/^quit\b.*/exit/';
```

Você poderá também usar esse arquivo para definir as opções e uma sub-rotina, &afterinit, para ser executada depois do depurador ser inicializado.

Depois que o arquivo de configuração tiver sido processado, o depurador consultará a variável-ambiente PERLDB_OPTS e analisará seu conteúdo como os argumentos para o comando do depurador 0 opt=val.

Embora qualquer opção possa ser definida na PERLDB_OPTS, as seguintes opções poderão *apenas* ser especificadas na inicialização. Se você quiser defini-las em seu arquivo de configuração, chame &parse_options("opt=val").

TTY   A TTY para usar para depurar a E/S.

noTTY

Se definida, irá para o modo NonStop (Sem Interrupção). Em uma interrupção, se a TTY não estiver definida, usará o valor noTTY ou */tmp/perldbtty$$* para localizar a TTY usando Term::Rendezvous. A variante atual é ter o nome da TTY neste arquivo.

ReadLine

Se false, uma ReadLine fictícia será usada para que você possa depurar as aplicações ReadLine.

NonStop

Se true, nenhuma interação será executada até uma interrupção.

LineInfo

O arquivo ou canal no qual imprimir as informações sobre o número da linha. Se for um canal, então uma mensagem curta do tipo *emacs* será usada.

Por exemplo, se você criar o seguinte arquivo *.perldb*:

```
&parse_options("NonStop=1 LineInfo=db.out");
sub afterinit { $trace = 1; }
```

seu script será executado sem a intervenção humana, colocando as informações sobre o rastreamento no arquivo *db.out*.

O perfilador Perl

Você poderá fornecer um depurador alternativo para o Perl executar, chamando seu script com o argumento *-d:module*. Um dos depuradores alternativos mais populares para o Perl é o DProf, o perfilador do Perl. Na época da composição deste livro, o DProf não era incluído na distribuição padrão do Perl, mas espera-se que seja incluído logo.

Neste meio-tempo, você poderá obter o módulo Devel::DProf na CPAN. Uma vez que o tenha devidamente instalado em seu sistema, poderá usá-lo para perfilar o programa Perl no *testpgm* digitando:

```
perl -d:DProf testpgm
```

Quando seu script for executado, o DProf reunirá informações sobre o perfil. Quando o script terminar, o perfilador armazenará as informações reunidas em um arquivo, chamado *tmon.out*. Uma ferramenta como a *dprofpp*, que é fornecida com o pacote Devel::DProf, poderá ser executada para interpretar o perfil. Se você executar a *dprofpp* no arquivo *tmon.out* criado pelo DProf no exemplo acima, verá algo como o seguinte:

```
% dprofpp tmon.out
Total Elapsed Time =     0.15 Seconds
    User+System Time =   0.1 Seconds
Exclusive Times
%Time    Seconds    #Calls    sec/call    Name
 30.0    0.030      1         0.0300      Text::Wrap::CODE(0x175f08)
 20.0    0.020      1         0.0200      main::CODE(0xc7880)
 20.0    0.020      1         0.0200      main::CODE(0xfe480)
 10.0    0.010      1         0.0100      Text::Wrap::CODE(0x17151c)
 10.0    0.010      10        0.0010      Text::Tabs::expand
  0.00   0.000      1         0.0000      lib::CODE(0xfe5b8)
  0.00   0.000      3         0.0000      Exporter::export
  0.00   0.000      1         0.0000      Config::FETCH
  0.00   0.000      1         0.0000      lib::import
  0.00   0.000      1         0.0000      Text::Wrap::CODE(0x171438)
  0.00   0.000      3         0.0000      vars::import
  0.00   0.000      3         0.0000      Exporter::import
  0.00   0.000      2         0.0000      strict::import
  0.00   0.000      1         0.0000      Text::Wrap::CODE(0x171684)
  0.00   0.000      1         0.0000      lib::CODE(0xfe4d4)
```

A saída mostra as quinze sub-rotinas que usam mais tempo — você poderá então concentrar seus esforços nessas sub-rotinas onde o ajuste do código terá o maior efeito. Esta saída é um exemplo de execução do comando *dprofpp* com a opção default definida. Estas são as opções que estão disponíveis:

-*a*   Classifica a saída na ordem alfabética pelo nome da sub-rotina.

-*E*   Default. Exibe todas as horas da sub-rotina menos as horas das sub-rotinas filhas.

-*F*   Aplicará a geração de timbres da hora de saída falsos se a *dprofpp* informar que o perfil está cortado. Útil apenas se a *dprofpp* determinar que o perfil está cortado devido à falta dos timbres da hora de saída.

-*I*   Exibe todas as horas da sub-rotina inclusive as horas das sub-rotinas filhas.

-*l*   Classifica pelo número de chamadas para as sub-rotinas.

-*O cnt*
      Mostra apenas as sub-rotinas *cnt*. O default é quinze.

-p script
: Perfila o script dado e então interpreta os dados de seu perfil, combinando as duas etapas comuns em uma.

-Q : Usada com -p, perfila o script e então sai sem interpretar os dados.
-q : Não exibe os cabeçalhos da coluna.
-r : Exibe as horas reais decorridas.
-s : Exibe apenas as horas do sistema.
-T : Exibe as chamadas da sub-rotina, mas não suas estatísticas.
-t : Exibe a árvore de chamadas da sub-rotina, mas não suas estatísticas. Uma sub-rotina chamada diversas vezes é mostrada apenas uma vez, com um contador de repetições.
-U : Exibe a saída não classificada.
-u : Exibe apenas as horas do usuário.
-V : Imprime o número da versão da *dprofpp*.
-v : Classifica pela média do tempo gasto nas sub-rotinas durante cada chamada.
-z : Default. Classifica pela quantidade de hora usada pelo usuário e sistema, de maneira que as primeiras linhas deverão mostrar quais sub-rotinas estão usando mais tempo.

O programa perlbug

Como você desenvolve e depura seu próprio código, é possível que encontre um erro no próprio Perl — se encontrar, a melhor maneira de informá-lo é com o programa *perlbug*. O *perlbug* é um programa Perl designado a automatizar o processo de relatório de erros na distribuição padrão do Perl e nos módulos padrões. Ele funciona de maneira interativa, solicitando a você as informações necessárias e gerando uma mensagem de e-mail endereçada para *perlbug@perl.com*. (Se o erro encontrado estiver em uma das versões não padrões do Perl, veja a documentação para essa versão para descobrir como reportar os erros.) Ao executar o *perlbug*, ele solicitará que você inclua todas as informações importantes, facilitando para os desenvolvedores do Perl reproduzir e encontrar o erro. Se você sugerir uma correção para resolver o problema, inclua isso também.

Não use o *perlbug* como um modo de obter ajuda para depurar seu código (para isso veja a lista de newsgroups e outros recursos no Capítulo 1, *Apresentação do Perl*), mas se você acredita ter encontrado um erro no próprio Perl, o *perlbug* será a maneira de informá-lo.

Para executar o *perlbug*, simplesmente forneça o comando com qualquer opção que queira incluir. Por exemplo:

```
% perlbug -t
```

As possíveis opções são:

-a *endereço*
: O endereço e-mail para enviar o relatório. O default é *perlbug@perl.com*.

-b corpo
    O corpo do relatório. Se não incluído na linha de comandos ou em um arquivo, você terá a oportunidade de editá-lo.

-C   Não envia uma cópia para seu administrador Perl.

-c endereço
    O endereço e-mail para onde a cópia deverá ser enviada. O default é seu administrador Perl.

-d   O modo dos dados. (O default se você redirecionar ou canalizar a entrada.) Imprime seus dados de configuração, sem enviar nada. Use com *-v* para obter dados mais completos.

-e editor
    O editor a usar. O default é seu editor default ou o *vi*.

-f arquivo
    O arquivo que contém o corpo preparado do relatório.

-h   Imprime a mensagem de ajuda.

-ok
    Informa a construção bem-sucedida neste sistema para os portadores do Perl. Aplica *-S* e *-C*; aplica e fornece os valores para *-s* e *-b*. Use com *-v* para obter dados mais completos. Apenas informará se este sistema tiver menos de 60 dias de idade.

-okay
    Como *–ok*, mas informará nos sistemas com mais de 60 dias.

-r endereço
    Retorna o endereço. Se não especificado na linha de comandos, o *perlbug* irá solicitá-lo.

-S   Envia sem pedir confirmação.

-s assunto
    O assunto a incluir. Se não especificado na linha de comandos, o *perlbug* irá solicitá-lo.

-t   O modo de teste. O endereço de destino tem como default *perlbug-test @perl.com*.

-v   Explicação. Inclui os dados de configuração da explicação no relatório.

Parte III

Módulos

Capítulo 7

Pacotes, módulos e objetos

Com os anos, o Perl evoluiu de uma ferramenta de script utilitário para uma linguagem de programação baseada em objetos sofisticada. Muitas pessoas continuam a usar o Perl apenas para os scripts simples e ele continuará a facilitar as tarefas simples. Porém, o Perl poderá também tornar possíveis as tarefas difíceis, escrevendo o código reutilizável e usando técnicas de programação baseada em objetos.

Este capítulo explicará o que são os módulos Perl e como usá-los em seus programas. Os módulos são escritos para executar tarefas que não são implementadas pelas funções predefinidas do Perl ou que poderão ser feitas de uma maneira melhor. Dizemos que os módulos são "reutilizáveis" porque qualquer pessoa que precisa executar a mesma tarefa poderá usar esse módulo ao invés de escrever o código a partir do zero. Quando você escrever cada vez mais o código Perl, sem dúvida alguma usará muitos dos módulos que outros programadores Perl forneceram. Você poderá também escrever módulos e torná-los disponíveis para os outros usarem.

O resto deste livro descreverá uma parte importante da funcionalidade que está presente nos módulos Perl disponíveis publicamente. Você achará que vários módulos *padrões* ou *básicos* são distribuídos com o Perl; muitos desses módulos serão analisados no Capítulo 8, *Módulos padrões*. Muitos outros módulos estão disponíveis na CPAN e de fato qualquer tarefa que você gostaria de realizar no Perl estará implementada em um módulo encontrado lá. Para os módulos não casados, você precisará instalar o módulo em seu sistema e então integrá-lo em seu programa com a função use.

A função use é geralmente a chave para trabalhar com os módulos. Por exemplo, para trazer a funcionalidade do módulo CGI popular para seu programa, você precisará instalar o módulo CGI.pm (.pm significa o módulo Perl) e colocar esta linha próximo ao início de seu programa:

    use CGI;

Agora seu programa poderá usar muitas funções e variáveis tornadas disponíveis pelo módulo CGI.

Os pacotes (a partir dos quais os módulos são construídos) são também o mecanismo pelo qual os recursos baseados em objetos do Perl são implementados. Mas a programação baseada em objetos não é para todos e não há nada nos pacotes que faça com que o programador trabalhe com o paradigma baseado em objetos.

Espaços do nome e pacotes

Um espaço do nome faz o que diz: *armazena* os nomes (ou identificadores), inclusive os nomes das variáveis, sub-rotinas, handles de arquivo e formatos. Cada espaço do nome tem sua própria *tabela de símbolos*, que é basicamente um hash com uma chave para cada identificador.

O espaço do nome default para os programas é main, mas você poderá definir outros espaços do nome e variáveis e usá-los em seu programa. As variáveis em espaços do nome diferentes poderão ainda ter o mesmo nome, mas serão completamente diferentes uma das outras.

No Perl, um espaço do nome é mantido em um *pacote*. Por convenção, os nomes do pacote começam com uma letra maiúscula e você deverá seguir essa convenção ao criar seus próprios pacotes.

Cada pacote começa com uma declaração package. A chamada package tem um argumento, o nome do pacote. No escopo de uma declaração do pacote, todos os identificadores comuns serão criados nesse pacote (exceto as variáveis my).

De dentro de um pacote, você poderá referir-se às variáveis de outro pacote "qualificando-as" com o nome do pacote. Para tanto, coloque o nome do pacote seguido de dois pontos (::) antes do nome do identificador, ou seja, $Package::varname.

Se o nome do pacote for nulo, o pacote main será adotado. Por exemplo, $var e $::var são iguais a $main::var.

Os pacotes poderão ser aninhados dentro de outros pacotes. Contudo, o nome do pacote terá ainda que ser totalmente qualificado. Por exemplo, se o pacote Province for declarado dentro do pacote Nation, uma variável no pacote Province será chamada como $Nation::Province::var. Você não poderá usar um nome do pacote "relativo" como $Province::var no pacote Nation para a mesma coisa.

O espaço do nome main default contém todos os outros pacotes.

Módulos

Um *módulo* é um pacote definido em um arquivo cujo nome é igual ao pacote. O Perl localiza os módulos pesquisando o array @INC, que contém uma lista de diretórios da biblioteca. O uso do @INC do Perl é mais ou menos comparável ao uso do shell Unix da variável-ambiente PATH para localizar os programas executáveis. O @INC é definido quando o Perl é construído e poderá ser complementado com a opção da linha de comandos -/ para o Perl ou com use lib em um programa.

Quando você se referir a *ModuleName* em seu programa, o Perl pesquisará os diretórios listados no @INC para obter o arquivo do módulo *ModuleName.pm* e usará o primeiro encontrado. Quando você se referir a um módulo incorporado em outro pacote, como ParentPackage::ModuleName, o Perl irá procurar um subdiretório *ParentPackage/* no caminho @INC e um arquivo *ModuleName.pm* nesse subdiretório.

Toda instalação do Perl inclui um diretório *lib* central. O nome do caminho real deste diretório irá variar de sistema para sistema, mas é geralmente */usr/lib/perl* ou */usr/local/lib/perl*. Observando o diretório *lib* central de sua distribuição Perl, você verá algo como:

```
% ls -aF /usr/local/lib/perl
./                   I18N/            bigfloat.pl      less.pm
../                  IO/              bigint.pl        lib.pm
AnyDBM_File.pm       IPC/             bigrat.pl        locale.pm
AutoLoader.pm        Math/            blib.pm          look.pl
AutoSplit.pm         Net/             cacheout.pl      man/
Benchmark.pm         Pod/             chat2.pl         newgetopt.pl
Bundle/              Search/          complete.pl      open2.pl
CGI/                 SelectSaver.pm   constant.pm      open3.pl
CGI.pm               SelfLoader.pm    ctime.pl         perl5db.pl
CPAN/                Shell.pm         diagnostics.pm   pod/
CPAN.pm              Symbol.pm        dotsh.pl         pwd.pl
Carp.pm              Sys/             dumpvar.pl
shellwords.pl
    ...
```

Quando você solicitar o módulo AnyDBM_File, ele usará *AnyDBM_File.pm*. Quando você solicitar o módulo Math::Complex, irá procurar *Math/Complex.pm*.

Um módulo poderá ser incluído em seu programa com use ou require. Tanto use como require lerão um arquivo de módulo para usar com seu programa.

```
require Module;
```

ou:

```
use Module;
```

A chamada use poderá também ter uma lista de entidades que nomeiam strings que você desejará importar do módulo. A lista terá apenas que incluir as entidades que não são exportadas automaticamente pelo módulo. Você não terá que fornecer essa lista se o módulo exportar automaticamente todas as entidades necessárias.

```
Use Module qw(const1 const2 funç1 funç2 funç3);
```

A diferença entre use e require é que a use entra no módulo durante a compilação. Isto significa que as funções como *funç1* ou *funç2* poderão ser usadas como os operadores da lista declarados previamente no arquivo. A chamada require não carrega necessariamente o módulo durante a compilação, portanto você terá que qualificar explicitamente suas rotinas com o nome do pacote.

O Perl baseado em objetos

No mundo do Perl, os módulos e a programação baseada em objetos são geralmente mencionados ao mesmo tempo. Mas só porque o programador escreveu um pacote e uma sub-rotina não significa que o código é objetivado.

Um módulo que descreve uma classe tem que conter uma sub-rotina especial para criar um objeto. (Cada objeto criado é uma *instância* de uma classe.) Esta sub-rotina é chamada de *construtor*. (Geralmente o construtor é nomeado como new, mas Create também é usado nas classes Win32.) O construtor criará um novo objeto e retornará uma referência para ele. Essa referência é uma variável escalar comum, exceto que se refere a algum objeto subjacente que sabe a qual classe pertence. Em seus programas, você usará a referência para manipular o objeto.

Os *métodos* são sub-rotinas que esperam uma referência do objeto como um primeiro argumento, como:

```
sub in_class {
  my $class = shift;      # object reference (referência do objeto)
  my ($this, $that) = @_; # params (parâmetros)
}
```

Os métodos poderão ser chamados assim:

```
PackageName->constructor (args)->method_name(args);
```

ou:

```
$object = PackageName->constructor(args);
$object->method_name(args);
```

Os objetos têm um conjunto específico de métodos disponíveis em sua classe, mas eles também herdam os métodos de sua classe-mãe, se houver uma.

Os objetos são destruídos quando a última referência para eles termina. Você poderá controlar esta captura antes do objeto ser destruído com o método DESTROY. O método DESTROY deverá ser definido em algum lugar na classe. Você não chamará o DESTROY explicitamente; ele será chamando no momento oportuno. As referências de objeto contidas no objeto atual serão liberadas quando o objeto atual for liberado. Na maioria das vezes, você não precisará destruir explicitamente um objeto, mas haverá ocasiões em que deverá, quando por exemplo tiver terminado com um objeto de soquete.

A sintaxe do objeto

O Perl usa duas formas de sintaxe para chamar os métodos nos objetos. Para os dois tipos de sintaxe, a referência do objeto ou o nome da classe será fornecido como o primeiro argumento. Um método que tem um nome da classe é chamado de *método da classe* e um que tem uma referência do objeto é chamado de *método da instância*.

Os métodos da classe fornece a funcionalidade para toda a classe, não apenas para um único objeto que pertence à classe. Os métodos da classe esperam um nome da classe como seu primeiro argumento. Seguindo esta explicação, um construtor é um exemplo de método da classe:

```
sub new {
    my $self = { };
    bless $self;
    return $self;
}
```

Por outro lado, um método da instância espera uma referência do objeto como seu primeiro argumento. Um método da instância deslocará o primeiro argumento e usará esse argumento como uma referência:

```
sub instance_method {
    my $self = shift;
    my($one, $two, $three) = @_;
    # do stuff (faz coisas)
}
```

Este é um exemplo de construtor que cria um novo objeto e retorna uma referência:

```
$tri = new Triangle::Right (side1 => 3, side2 => 4);
```

Este exemplo cria um novo objeto triângulo retângulo e refere-se a ele com $tri. Os parâmetros são dados como uma lista do tipo hash. Isto é comum para os construtores, pois definem os parâmetros iniciais para um objeto que é provavelmente apenas um hash. Agora que você tem um objeto, poderemos chamar algum método nele. Suponha que Triangle::Right defina um método, hypot, que retorna o comprimento da hipotenusa de um certo objeto triângulo retângulo. Ele seria usado assim:

```
$h = hypot $tri;
print "The hypotenuse is: $h.\n";
```

Neste exemplo em particular, não há argumentos adicionais para o método hypot, mas poderia haver.

Com a notação de seta (->), o lado esquerdo da seta terá que ser uma referência do objeto ou um nome da classe, ao passo que o lado direito da seta terá que ser um método definido para esse objeto. Qualquer argumento terá que seguir o método entre parêntesis. Por exemplo:

```
$obj->method(args)
CLASS->method(args)
```

Você terá que usar os parêntesis porque esta forma não poderá ser usada como um operador da lista, embora o primeiro tipo de sintaxe do método possa.

Os exemplos dados acima ficariam assim usando a sintaxe de seta:
```
$tri = Triangle::Right->new(side1 => 3, side2 => 4);
$h = $tri->hypot();
print "The hypotenuse is: $h.\n";
```

A sintaxe de seta fornece uma relação visual útil entre o objeto e seu método, mas ambas as formas de sintaxe fazem a mesma coisa. A prioridade para a sintaxe de seta é da esquerda para a direita, exatamente a mesma do operador de cancelamento da referência. Isto permitirá encadear os objetos e métodos se você quiser simplificar as coisas. Você terá somente que assegurar que terá um objeto à esquerda da seta e um método à direita:
```
%sides = (side1 => 3, side2 => 4);
$h = Triangle::Right->new(%sides)->hypot();
print "The hypotenuse is: $h.\n";
```

Neste exemplo, você nunca atribuirá um nome da variável ao objeto triângulo retângulo; a referência será transmitida diretamente ao método hypot.

Capítulo 8

Módulos padrões

Falamos sobre o ponto em que o Perl aproveita as contribuições do usuário. Na verdade, muitos módulos contribuídos são geralmente tão úteis que agora são distribuídos com o próprio Perl. Este capítulo descreverá esses "módulos padrões" — se você estiver executando o Perl 5.005, todos esses módulos já estarão disponíveis. Se estiver executando uma versão anterior do Perl e achar que um módulo desejado não existe em seu sistema ou se simplesmente não encontra o que precisa entre os módulos neste capítulo, verifique a CPAN para obter um que faça o que você deseja.

Embora este capítulo fale basicamente sobre os módulos Perl padrões chamados durante a execução a partir de seu programa, também trata dos módulos "pragmáticos" que afetam a fase da compilação. (Um pragma é uma diretiva do compilador que fornece sugestões ao compilador.) Por convenção, os nomes dos módulos pragmáticos têm letras minúsculas, ao passo que os outros módulos começam com uma letra maiúscula e têm os dois tipos misturados.

Os módulos específicos do Win32 não estão incluídos neste capítulo, mas serão descritos no Capítulo 19, *Módulos e extensões Win32*.

A seguinte tabela fornecerá uma visão rápida dos módulos padrões e o que fazem:

Módulo	Função
AnyDBM_File	Fornece a estrutura para diversos DBMs
attrs	Define ou obtém os atributos de uma sub-rotina
AutoLoader	Carrega as funções apenas ao solicitar
AutoSplit	Divide um módulo para o carregamento automático

autouse	Adia o carregamento dos módulos até que uma função seja usada
B	O compilador Perl e as ferramentas
base	Estabelece uma relação IS-A com a classe de base durante a compilação
Benchmark	Verifica e compara as horas de execução do código
blib	Usa a versão não instalada do MakeMaker de um pacote
Carp	Gera mensagens de erro
CGI	A classe Common Gateway Interface (Interface Comum do Gateway) simples
CGI::Apache	Configura o ambiente para usar a CGI com a API Perl-Apache
CGI::Carp	As rotinas CGI para gravar no registro de erros HTTPD (ou outro)
CGI::Cookie	A interface CGI para os atrativos Netscape (HTTP/1.1)
CGI::Fast	A interface CGI para a FastCGI
CGI::Push	A interface para as operações de anexação do servidor
CGI::Switch	Experimenta diversos construtores e retorna o primeiro objeto CGI disponível
Class::Struct	Declara os tipos de dados de estruturas como classes Perl
Config	Acessa as informações da configuração Perl
constant	O pragma Perl para declarar as constantes
CPAN	Consulta, carrega e constrói os módulos Perl a partir dos sites Perl
CPAN::FirstTime	O utilitário para a inicialização do arquivo CPAN::Config
CPAN::Nox	Integra o *CPAN.pm* se usar qualquer módulo XS
Cwd	Obtém o nome do caminho do diretório de trabalho atual
Data::Dumper	Retorna as estruturas de dados do Perl como strings
DB_File	Acessa o Berkeley DB
Devel::SelfStubber	Gera stubs (rotinas sem código executável) para um módulo de autocarregamento
diagnostics	Aplica diagnósticos de aviso explicativos
DirHandle	Fornece métodos de objeto para os handles de diretório
DynaLoader	O carregamento automático e dinâmico dos módulos Perl
English	Usa nomes em inglês ou *awk* para as variáveis de pontuação
Env	Importa variáveis-ambientes
Errno	As constantes errno do sistema do arquivo de inclusão *errno.h*
Exporter	O método de importação default para os módulos

Módulo	Descrição
ExtUtils::Command	Os utilitários para substituir os comandos Unix comuns
ExtUtils::Embed	Os utilitários para incorporar o Perl nas aplicações C/C++
ExtUtils::Install	Instala os arquivos daqui lá
ExtUtils::Installed	O gerenciamento do inventário dos módulos instalados
ExtUtils::Liblist	Determina as bibliotecas a usar e como usá-las
ExtUtils::MakeMaker	Cria um Makefile para uma extensão Perl
ExtUtils::Manifest	Os utilitários para gravar e verificar um arquivo MANIFEST
ExtUtils::Miniperl	Escreve o código C para o *perlmain.c*
ExtUtils::Mkbootstrap	Cria um arquivo de bootstrap (teste e carregamento) para ser usado pelo DynaLoader
ExtUtils::Mksymlists	Grava os arquivos de opção do linker para a extensão dinâmica
ExtUtils::MM_OS2	Os métodos para anular o comportamento do Unix no ExtUtils::MakeMaker
ExtUtils::MM_Unix	Os métodos usados pelo ExtUtils::MakeMaker
ExtUtils::MM_VMS	Os métodos para anular o comportamento do Unix no ExtUtils::MakeMaker
ExtUtils::MM_Win32	Os métodos para anular o comportamento do Unix no ExtUtils::MakeMaker
ExtUtils::Packlist	Gerencia os arquivos *.packlist*
ExtUtils::testlib	Adiciona os diretórios *blib/** ao @INC
Fatal	Substitui as funções pelos equivalentes que têm sucesso ou são encerrados
Fcntl	Carrega as definições *C fnctl.h*
fields	O pragma Perl para fornecer os campos da classe verificados durante a compilação
File::Basename	Analisa as especificações do arquivo
File::CheckTree	Executa muitos testes em uma coleção de arquivos
File::Compare	Compara os arquivos ou os handles de arquivo
File::Copy	Copia os arquivos ou os handles de arquivo
File::DosGlob	As globais do tipo DOS com aperfeiçoamentos
File::Find	Percorre uma árvore de arquivos
File::Path	Cria ou remove uma série de diretórios
File::Spec	Executa de maneira portável operações nos nomes de arquivo
File::stat	A interface pelo nome para as funções stat predefinidas do Perl
FileCache	Mantém mais arquivos abertos do que o sistema permite
FileHandle	Fornece os métodos de objeto para os handles de arquivo
FindBin	Localiza o diretório do script Perl original

GDBM_File	O acesso ligado à biblioteca GDBM
Getopt::Long	O processamento estendido das opções da linha de comandos
Getopt::Std	Processa as opções com um caractere com o cluster de opção
I18N::Collate	Compara os dados escalares com 8 bits de acordo com o local atual
integer	Faz a aritmética no inteiro ao invés de um duplo
IO	Carrega os vários módulos de ES
IO::File	Fornece os métodos de objeto para os handles de arquivo
IO::Handle	Fornece os métodos de objeto para os handles de E/S
IO::Pipe	Fornece os métodos de objeto para os canais
IO::Seekable	Fornece métodos baseados na busca para os objetos de E/S
IO::Select	A interface baseada em objetos para a chamada do sistema de seleção
IO::Socket	A interface de objetos para as comunicações de soquete
IPC::Msg	A classe do objeto Msg IPC do System V
IPC::Open2	Abre um processo para leitura e gravação
IPC::Open3	Abre um processo para leitura, gravação e tratamento de erros
IPC::Semaphore	A classe do objeto Semaphore IPC do System V
IPC::SysV	As constantes IPC do System V
less	O pragma Perl para solicitar a menor parte de algo a partir do compilador
lib	Manipula o @INC durante a compilação
locale	O pragma Perl para usar e evitar os locais do POSIX para as operações predefinidas
Math::BigFloat	O pacote matemático com ponto flutuante com comprimento arbitrário
Math::BigInt	O pacote matemático com inteiros com comprimento arbitrário
Math::Complex	Os pacotes com números complexos
Math::Trig	As funções de trigonometria
NDBM_File	O acesso ligado aos arquivos NDBM
Net::hostent	A interface pelo nome para as funções gethost* predefinidas do Perl
Net::netent	A interface pelo nome para as funções getnet* predefinidas do Perl
Net::Ping	Verifica se um host está on-line
Net::protoent	A interface pelo nome para as funções getproto* predefinidas do Perl

Net::servent	A interface pelo nome para as funções getserv* predefinidas do Perl
ODBM_File	O acesso ligado aos arquivos ODBM
Opcode	Desativa os códigos de operação denominados ao compilar o código Perl
ops	Restringe as operações sem segurança ao compilar
overload	Sobrecarrega as operações matemáticas do Perl
Pod::Functions	Usado ao converter do pod para a HTML
Pod::Html	O módulo para converter os arquivos pod na HTML
Pod::Text	Converte os dados pod no texto ASCII formatado
POSIX	A interface Perl para IEEE Std 1003.1
re	O pragma Perl para alterar o comportamento das expressões constantes
Safe	Cria espaços do nome seguros para avaliar o código Perl
SDBM_File	O acesso ligado aos arquivos SDBM
Search::Dict	Pesquisa a chave no arquivo de dicionário
SelectSaver	Grava e restaura o handle de arquivo selecionado
SelfLoader	Carrega as funções apenas ao solicitar
Shell	Executa os comandos do shell de maneira transparente no Perl
sigtrap	Permite o rastreamento anterior da pilha nos sinais inesperados
Socket	Carrega as definições *socket.h* do C e os manipuladores de estrutura
strict	Restringe as construções sem segurança
subs	Declara previamente os nomes da sub-rotina
Symbol	Gera globais anônimas; qualifica os nomes da variável
Sys::Hostname	Experimenta toda maneira concebível de obter o nome do host
Sys::Syslog	A interface do Perl para as chamadas syslog(3) do Unix
Term::Cap	A interface das capacidades do terminal
Term::Complete	O módulo de término da palavra
Term::ReadLine	A interface para vários pacotes ReadLine
Test	A estrutura para escrever os scripts de teste
Test::Harness	Executa os scripts de teste Perl padrões com estatísticas
Text::Abbrev	Cria uma tabela de abreviações a partir de uma lista
Text::ParseWords	Analisa o texto em uma lista de fichas
Text::Soundex	O algoritmo soundex descrito por Knuth
Text::Tabs	Expande e cancela a expansão das tabulações

Text::Wrap	Divide o texto automaticamente em um parágrafo
Thread	O suporte para diversos processos
Thread::Queue	As filas com processos seguros
Thread::Semaphore	Os semáforos com processos seguros
Thread::Signal	Inicia um processo que executa as sub-rotinas de sinais de maneira confiável
Thread::Specific	As chaves específicas do processo
Tie::Array	As definições das classes de base para os arrays ligados
Tie::Handle	As definições das classes de base para os handles ligados
Tie::Hash, Tie::StdHash	As definições das classes de base para os hashes ligados
Tie::RefHash	Usa referências como as chaves do hash
Tie::Scalar, Tie::StdScalar	As definições das classes de base para os escalares ligados
Tie::SubstrHash	O hash com o tamanho da tabela fixo e com o comprimento da chave fixo
Time::gmtime	A interface pelo nome para a função gmtime predefinida do Perl
Time::Local	Calcula a hora do local e a hora GMT
Time::localtime	A interface pelo nome para a função localtime predefinida do Perl
Time::tm	O objeto interno usado pelo Time::gmtime e pelo Time::localtime
UNIVERSAL	A classe de base para todas as classes (referências aceitas)
User::grent	A interface pelo nome para as funções getgr* predefinidas do Perl
User::pwent	A interface pelo nome para as funções getpw* predefinidas do Perl
vars	Declara previamente os nomes das variáveis globais
vmsish	Permite os recursos da linguagem específicos do VMS

No resto deste capítulo, os módulos serão organizados em ordem alfabética para facilitar a referência. Para obter mais detalhes sobre um módulo, use o comando *perldoc* para ler a página manual para esse módulo (veja o Capítulo 4, *A linguagem Perl*, para obter informações sobre o *perldoc*).

AnyDBM_File

Fornece uma interface DBM (Database Manager ou Gerenciador do Banco de Dados) simples sem levar em consideração a implementação DBM usada. O módulo herda de vários pacotes DBM; por default, ele herdará do NDBM_File. Se não encontrar o NDBM_File, a ordem de pesquisa default será: DB_File, GDBM_File, SDBM_File (que vem com o Perl) e finalmente ODBM_File. Você poderá anular essa ordem default redefinindo @ISA:

    @AnyDBM_File::ISA = qw(DB_File GDBM_File NDBM_File);

Porém, uma use explícita terá prioridade sobre a ordem @ISA.

A função dbmopen do Perl apenas chama a tie para vincular um hash ao AnyDBM_File. O efeito será vincular o hash a uma das classes DBM específicas das quais o AnyDBM_File herda.

attrs

Define ou obtém os atributos das sub-rotinas. Os atributos são definidos para uma sub-rotina durante a compilação; portanto, definir um atributo inválido resultará em um erro de compilação. Durante a execução, quando você chamar o attrs::get em uma referência da sub-rotina ou nome, ele retornará a lista de atributos definidos. Note que o attrs::get não é exportado. Por exemplo:

    sub test {
    use attrs qw(locked method);
    . . .
    }
    @a = attrs::get(\&foo);

Os atributos válidos são:

locked

    Significativo apenas quando a sub-rotina ou o método for chamado por diversos processos. Quando definido em uma sub-rotina que também tem um atributo do método definido, chamar essa sub-rotina implicitamente bloqueará seu primeiro argumento antes da execução. Em uma sub-rotinas sem métodos, um bloqueio será obtido na própria sub-rotina antes da execução. As semânticas do bloqueio são idênticas a uma obtida explicitamente com o operador lock imediatamente depois de fornecer a sub-rotina.

method

    A sub-rotina que chama é um método.

AutoLoader

Atrasa o carregamento das funções até que sejam usadas. Cada função é colocada em um arquivo que tem o mesmo nome da função, com uma extensão .al. Os arquivos são armazenados em um subdiretório do diretório *auto/* que é nomeado segundo o pacote. Por exemplo, a função GoodStuff::whatever será carregada a partir do arquivo *auto/GoodStuff/whatever.al*. Deverá sempre ter a use aplicada não a require.

Um módulo que usa o AutoLoader terá o marcador especial __END__ antes das declarações da sub-rotina a ser carregada automaticamente. Qualquer código antes deste marcador será carregado e compilado quando o módulo for usado, mas no marcador, o Perl irá parar de analisar o arquivo.

Posteriormente, durante a execução, quando uma sub-rotina que ainda não está na memória for chamada, a função AUTOLOAD tentará encontrá-la em um diretório relativo ao local do arquivo de módulo. Por exemplo, se *POSIX.pm* estiver no diretório */usr/local/lib/perl5*, então o AutoLoader irá procurar as sub-rotinas POSIX no */usr/local/lib/perl5/auto/POSIX/*.al*.

AutoSplit

Divide um programa ou módulo em arquivos que o AutoLoader pode lidar. Poderá ser chamado de um programa ou da linha de comandos:

```
# from a program (de um programa)
use AutoSplit;
autosplit_modules(@ARGV)


# from the command line (da linha de comandos)
perl -MAutoSplit -e 'autosplit(FILE, DIR, KEEP, CHECK, MODTIME)' ...


# another interface (outra interface)
perl -MAutoSplit -e 'autosplit_lib_modules(@ARGV)' ...
```

O AutoSplit é usado pelo MakeMaker assim como pelas bibliotecas Perl padrões. Ele opera em um arquivo, dividindo as sub-rotinas que vêm depois do marcador __END__ e armazenando-as como descrito acima para o AutoLoader, criando qualquer diretório necessário no percurso. O AutoSplit tem duas funções:

autosplit

autosplit (*arquivo, dir, manter, verificar, hora_mod*)

Divide o módulo em arquivos. A cada arquivo é dado o nome da sub-rotina que ele contém, com *.al* anexado. A autosplit também cria o arquivo *autosplit.ix*, que serve como uma declaração futura de todas as rotinas do pacote e como um timbre de hora, mostrando quando a hierarquia foi atualizada por último. Tem os seguintes argumentos:

arquivo   O nome de arquivo do programa ou módulo a ser dividido.

dir
   O nome da hierarquia de diretórios na qual armazenar os arquivos divididos.

manter
   Se false, os arquivos *.al* preexistentes no diretório *auto* que não fazem mais parte do módulo serão apagados.

verificar
    Se true, verificará para assegurar que o módulo a ser dividido inclui uma instrução use AutoLoader. Se a instrução estiver faltando, a autosplit não processará o módulo.

hora_mod
    Se true, apenas dividirá o módulo se for mais recente do que o *autosplit.ix*.

autosplit_lib_modules

autosplit_lib_modules (@*ARGV*)

Obtém uma lista de módulos que deverão estar em um subdiretório *lib* do diretório atual, irá processá-los como descrito acima para a autosplit e armazenará o arquivo resultante no diretório *lib/auto*. Usada ao construir o Perl.

autouse

O pragma para adiar o carregamento de um módulo da hora da compilação para a hora da execução. O módulo não será carregado até que uma de suas sub-rotinas seja usada; as sub-rotinas terão que ser exportadas pelo módulo.

```
use autouse módulo => qw(sub1 [sub2 . . .])
```

Use com cuidado, uma vez que os problemas que poderão ser encontrados durante a compilação não aparecerão até que seu programa já esteja sendo executado.

B

O compilador Perl. Para usar o compilador, você não precisará usar este módulo. Veja o módulo O, que é o front-end do usuário para o compilador; também veja a seção do compilador no Capítulo 3, *O interpretador Perl*. O módulo B fornece as classes para implementar os back-ends para o compilador. Se você pretende escrever um novo back-end, leia a página manual do B para obter detalhes sobre o módulo.

B::Asmdata

Contém os dados gerados automaticamente sobre as opções do Perl; usado para gerar o código de bytes. Qualquer alteração feita neste arquivo será perdida.

B::Assembler

Monta o código de bytes do Perl.

B::Bblock

Percorre os blocos básicos de um programa. Chamado como:

```
perl -MO=Bblock[, opções] nome_do_arquivo
```

B::Bytecode

O back-end do código de bytes para o compilador Perl. Obtém o código-fonte do Perl e gera o código de bytes independente da plataforma que poderá ser executado com o executável *byteperl* ou poderá ser carregado através da função byteload_fh no módulo B. Compilar com o back-end Bytecode não aumentará a velocidade da execução de seu programa, mas poderá melhorar o tempo de inicialização. Chame como:

```
perl -MO=Bytecode[, opções] programa
```

onde *programa* é o nome do script Perl a compilar. Qualquer argumento sem opções será tratado como os nomes dos objetos a serem gravados; o programa principal será adotado se não houver nenhum argumento extra. As opções possíveis são:

- - Provoca o fim das opções.

-*Dops*

As opções da depuração, que poderão ser concatenadas ou especificadas separadamente. As possíveis opções são:

    a   Informa ao assembler do código de bytes para incluir sua fonte em sua saída como os comentários do código de bytes.

    b   Imprime as informações da depuração sobre o andamento do compilador de bytes.

    C   Imprime cada CV a partir da percorrida final da árvore de símbolos.

    o   Imprime cada OP quando processado.

-*fop*

Faz com que as otimizações individuais sejam ativadas ou desativadas. Anteceder uma otimização com no- desativará essa opção (por exemplo, no-compress-nullops). Os possíveis valores da *op* são:

```
bypass-nullops
```

Se op->op_next já apontar para NULLOP, substituirá o campo op_next pelo primeiro não NULLOP no caminho de execução.

```
compress-nullops
```

Preenche apenas os campos de opções necessários que foram otimizados pelo compilador interno do Perl

```
omit-sequence-numbers
```

Omite o código para preencher o campo op_seq para todas as opções que são usadas apenas pelo compilador interno do Perl.

```
strip-syntax-tree
```

Omite o código para preencher os ponteiros internos da árvore de sintaxe. O uso desta opção interrompe qualquer instrução goto *etiqueta* e impede uma posterior compilação ou desmontagem do programa resultante.

-m
    Compila como um módulo ao invés de um programa independente.

-o nome_do_arquivo
    Envia a saída para o *nome_do_arquivo* ao invés de STDOUT.

-O[n]
    Define o nível da otimização para *n*, onde *n* é um inteiro. O *n* tem como default 1. -01 definirá -fcompress-nullops -fomit-sequence-numbers, e -06 adicionará -fstrip-syntax-tree.

-S
    Produz a fonte do assembler do código de bytes ao invés de montá-la no código de bytes.

B::C

O back-end C para o compilador Perl. Gera o código-fonte C a partir da fonte do Perl; o código gerado corresponde às estruturas internas do Perl para executar o programa. Compilar com o back-end C não agilizará a execução de seu programa, mas poderá melhorar o tempo de inicialização. Chame assim:

```
perl -MO=C[,opções] programa
```

onde *programa* é o nome do script Perl a compilar. Qualquer argumento diferente de uma opção será tratado como os nomes dos objetos a serem gravados; o programa principal será adotado se não houver nenhum argumento extra. As opções possíveis são:

    - -Aplica o fim das opções.

-Dops
    As opções da depuração, que poderão ser concatenadas ou especificadas separadamente. As possíveis opções são:

    A   Imprime as informações AV na gravação.

    c   Imprime COPs quando são processados, inclusive o número do arquivo e da linha.

    C   Imprime as informações CV na gravação.

    M   Imprime as informações MAGIC na gravação.

    o   Imprime cada OP quando processado.

-fopt
    Faz com que as otimizações individuais sejam ativadas ou desativadas. Os possíveis valores da *op* são:

    cog   Copia ao crescer. Os PVs são declarados e inicializados estaticamente.

    no-cog
        Nenhuma cópia ao crescer.

-o nome_do_arquivo
> Envia a saída para o *nome_do_arquivo* ao invés de STDOUT.

-O[n]
> Define o nível da otimização, onde *n* é um inteiro. O *n* tem como default 1. Atualmente, os valores 1 e superiores definem o valor cog.

-uNome_pacote
> Faz com que as sub-rotinas aparentemente não usadas a partir do pacote *Nome_pacote* sejam compiladas, permitindo que os programas usem eval "foo( )" mesmo que a sub-rotina foo não seja vista como usada durante a compilação. Você poderá especificar diversas opções -u.

-v Compila de maneira explicativa.

B::CC

O back-end CC para o compilador Perl. Gera o código-fonte C otimizado que corresponde ao fluxo de seu programa. A versão inicial incluída no Perl 5.005 inclui algumas otimizações, mas isto mudará. Os programas compilados com este back-end poderão ser inicializados e executados um pouco mais rapidamente. Chame assim:

```
perl -MO=C[,opções] programa
```

onde *programa* é o nome do script Perl a compilar. Qualquer argumento diferente da opção será tratado como os nomes dos objetos a serem gravados; o programa principal será adotado se não houver nenhum argumento extra. As possíveis opções são:

- -Aplica o fim das opções.

-Dops
> As opções da depuração, que poderão ser concatenadas ou especificadas separadamente. As possíveis opções são:

l	Produz o nome do arquivo e o número da linha de cada linha original do código Perl quando processado.
O	Produz cada OP quando compilado.
p	Produz o conteúdo do preenchimento de sombra dos lexicais quando carregado para cada sub ou para o programa principal.
q	Produzirá o nome de cada função PP falsa na fila que estiver para ser processada.
r	Grava a saída da depuração no STDERR ao invés dos comentários na saída C.
s	Produz o conteúdo da pilha de sombra em cada OP.
t	Produz as informações de sincronização das etapas da compilação.

-fopt
    Faz com que as otimizações individuais sejam ativadas ou desativadas. Os possíveis valores da *op* são:
    `freetmps-each-bblock`
        Executa o FREETMPS no final de cada bloco ao invés do final de cada instrução. Os valores freetmps-each-loop e freemtps-each-bblock excluem-se.
    `freetmps-each-loop`
        Executa o FREETMPS no final de cada loop ao invés do final de cada instrução. Os valores freetmps-each-loop e freetmps-each-bblock excluem-se.
    `omit-taint`
        Não gera o código para lidar com o mecanismo de danos do Perl.

-mNome_módulo
    Gera a fonte para um módulo XSUB ao invés de um executável.

-onome_do_arquivo
    Envia a saída para o *nome_do_arquivo* ao invés de STDOUT.

-O[n]
    Define o nível da otimização, onde *n* é um inteiro. O *n* tem como default 1. Atualmente, -01 define -ffreetmps-each-bblock e -02 define -ffreetmps-each-loop.

-uNome_pacote
    Aplica as sub-rotinas aparentemente não usadas a partir do pacote. O *Nome_pacote* será compilado, permitindo que os programas usem eval "foo( )" mesmo que a sub-rotina foo não seja vista como usada na compilação. Você poderá especificar diversas opções *-u*.

-v Compila de maneira explicativa.

B::Debug

Percorre a árvore de sintaxe do Perl imprimindo as informações da depuração sobre as opções. Chame como:

    `perl -MO=Debug[,exec] nome_do_arquivo`

Se exec for especificado, percorrerá na ordem da execução ao invés da ordem da sintaxe.

B::Deparse

O back-end do compilador Perl que gera o código-fonte do Perl a partir da estrutura de um programa compilada e interna. A saída não será exatamente igual à do programa original, mas parecida. Chame como:

    `perl -MO=Deparse[, opções] programa`

O *programa* é o nome do programa a ter cancelada a análise. As opções são separadas por vírgula e seguem as convenções das opções do back-end normais. As opções possíveis são:

    -l Adiciona as declarações #line à saída com base nos locais da linha e do arquivo do código original.

-p
    Imprime parênteses em todo lugar que forem legais, não apenas onde são requeridos. Útil para ver como o Perl está analisando suas expressões.

-sletras
    Fornece opções de estilo para a saída. Nesta versão inicial, a única opção de estilo fornecida é C, que "aninha" os blocos else, elsif e continue para que, por exemplo, você obtenha:

        } else {

    ao invés de:

        }
          else {

    O default é não aninhar.

-uPacote
    Cancela a análise das sub-rotinas no pacote *Pacote* assim como o programa principal, as sub-rotinas chamadas pelo programa principal, e as sub-rotinas no programa principal. Diversos argumentos *-u* poderão ser fornecidos, separados por vírgulas.

B::Disassembler

Desmonta o código de bytes do Perl.

B::Lint

Fornece a verificação do programa para os programas Perl, equivalente a executar o Perl com a opção *-w*. Nomeado segundo o programa *lint* do Unix para verificar os programas C. É chamado assim:

    `perl -MO=Lint[, opções] programa`

O *programa* é o nome do programa Perl a ser verificado. As opções são separadas por vírgulas e seguem as convenções normais das opções do back-end. A maioria das opções tem opções de verificação do *lint*, onde cada opção é uma palavra que especifica uma verificação do *lint*. Anexar uma opção com no- irá desativá-la. As opções especificadas posteriormente anularão as opções anteriores. Há também uma opção de não verificação do lint, *-u*. Esta é a lista das opções disponíveis:

    all Ativa todos os avisos.

    context
        Avisa sempre que um array é usado em um contexto escalar implícito.

    cifrão-sublinhado
        Avisa sempre que $_ é usado explicitamente em qualquer lugar ou sempre que é usado como o argumento implícito de uma instrução print.

    implicit-read
        Avisa sempre que uma operação lê implicitamente uma variável especial do Perl.

implicit-write
    Avisa sempre que uma operação grava implicitamente uma variável especial do Perl.
none
    Desativa todos os avisos.
private-names
    Avisa sempre que qualquer variável, sub-rotina ou nome do método existe em um pacote não atual, mas começa com um sublinhado (_); não avisa sobre um sublinhado como um nome com um caractere, por exemplo, $_.
regexp-variables
    Avisa sempre que uma das variáveis da expressão constantes $', $& ou $` é usada.
-u Pacote
    Normalmente verifica apenas o código do programa principal e todas as sub-rotinas definidas no pacote main; *-u* permitirá que você especifique outros pacotes a serem verificados.
undefined-subs
    Avisa sempre que uma sub-rotina indefinida é chamada.

B::Showlex

Mostra as variáveis lexicais usadas nas funções ou arquivos. Chamado como:

```
perl -MO=Showlex[, sub] nome_do_arquivo
```

Se *sub* for fornecido e for o nome de uma sub-rotina no arquivo *nome_do_arquivo*, o B::Showlex imprimirá as variáveis lexicais usadas nessa sub-rotina. Do contrário, imprimirá os léxicos do escopo do arquivo no *nome_do_arquivo*.

B::Stackobj

Serve como um módulo de auxílio para o back-end CC.

B::Terse

Percorre a árvore de sintaxe do Perl, imprimindo informações sucintas sobre as opções. Chamado como:

```
perl -MO=Terse[,exec] nome_do_arquivo
```

Se exec for especificado, percorrerá a árvore na ordem de execução ao invés da ordem de sintaxe.

B::Xref

O back-end do compilador Perl que gera uma listagem de variáveis, sub-rotinas e formatos com referência cruzada em um programa Perl. Os resultados são agrupados pelo arquivo, então sub-rotina, depois pacote, então os objetos no pacote com os números da linha. Os números da linha serão fornecidos como uma lista separada por vírgulas. Um número da linha poderá ser antecedido por uma das seguintes letras do código:

Código	Significado
%	A chamada da sub-rotina ou do método
f	A definição do formato
i	A introdução, por exemplo, um léxico definido com my
s	A definição da sub-rotina

Chame o B::Xref assim:
```
perl -MO=Xref[, opções] programa
```
O *programa* é o programa Perl cuja referência cruzada você deseja. As opções são separadas por vírgulas e seguem as convenções normais das opções do back-end. As possíveis opções são:

- *-D* Especifica as opções internas do depurador. Mais útil se especificada com a opção *-r*. As opções da depuração são:

    O Imprime cada operador quando está sendo processado, na ordem de execução do programa.

    t Imprime o objeto no início da pilha quando está sendo rastreado.

- *-onome_do_arquivo*

    Envia a saída para o *nome_do_arquivo* ao invés de STDOUT.

- *-r* Produz uma saída bruta na forma legível pela máquina para cada definição ou uso de uma variável, sub-rotina ou formato.

base

Fornece um atalho para configurar o @ISA. Você poderá informar:
```
use base qw(A B);
```
ao invés de:
```
BEGIN{
   require Foo;
   require Bar;
   push @ISA, qw(Foo Bar);
}
```

Benchmark

Fornece rotinas para sincronizar a execução de seu código e formatar os resultados. Herda apenas da classe Exporter. Suas funções são:

new

new Benchmark

Retorna a hora atual. Obtendo a hora atual antes e depois de executar o código, você poderá calcular o tempo que o código levou para ser executado.

clearallcache

clearallcache

Limpa todo o cache. Exportada ao solicitar.

clearcache

clearcache (*contagem*)

Limpa a hora em cache para a *contagem* em torno do loop nulo. Exportada ao solicitar.

debug

Benchmark->debug(*marca*)

Ativa ou desativa a depuração definindo a marca $Benchmark::Debug.

disablecache

disablecache

Desativa o uso do cache. Exportada ao solicitar.

enablecache

enablecache

Prossegue com o cache. Exportada ao solicitar.

timediff

timediff(*t1*, *t2*)

Calcula a diferença entre duas horas e retorna a diferença como um objeto Benchmark adequado para transmitir para a timestr. Sempre exportada.

timeit

timeit (*contagem, código*)

Executa o *código* e informa o tempo gasto. Sempre exportada. Tem os seguintes argumentos:

contagem
> O número de vezes para executar o loop

código
> O código a executar, especificado como uma referência do código ou uma string.

timestr

timestr (*dif_hora, estilo[, formato]]*)

Converte as horas em string imprimíveis. Sempre exportada. Tem os seguintes argumentos:

dif_hora
> O objeto que contém as horas a serem formatadas.

estilo
> O formato da saída. Os possíveis valores do estilo são:
>
> all
>> Mostra todas as seguintes horas: relógio de parede, usuário, sistema, hora do usuário de crianças e a hora do sistema de crianças.
>
> auto
>> Como all, exceto que se as horas de crianças forem zero, agirá como noc.
>
> noc   Mostra tudo exceto as duas horas de crianças.
>
> nop   Mostra apenas o relógio de parede e as duas horas de crianças.

formato
> Indica o especificador de formatos do tipo printf(3) (sem % à esquerda) para usar para imprimir as horas. O default é "5.2f".

timethese

timethese (*contagem, \%ref_hash_código[, estilo]*)

Marca a hora de cada uma das várias partes do código e informa os resultados separadamente. Sempre exportada. Tem os seguintes argumentos:

contagem
> O número de vezes para executar o loop.

\%ref_hash_código
> A referência para um hash onde as chaves são os nomes e os valores são strings ou referências do código; cada par chave/valor especifica uma parte do código a executar.

estilo
> Determina o formato da saída. Veja timestr para obter os possíveis valores do *estilo*.

timethis

timethis (*contagem, código[, título[, estilo]]*)

Executa uma parte do código várias vezes. Sempre exportada. Tem os seguintes argumentos:

contagem
    O número de vezes para executar o loop.

código
    O código a executar, especificado como uma referência do código ou uma string.

título
    O título do resultado; o default é "timethis COUNT".

estilo
    Determina o formato da saída. Veja timestr para obter os possíveis valores do *estilo*.

blib

O pragma para testar os programas em um pacote antes do pacote ser instalado. Dado um caminho do diretório, o blib começará nesse diretório pesquisando uma estrutura de diretórios blib; se não encontrar um lá, voltará cinco níveis. Se nenhum caminho for especificado, começará pesquisando no diretório atual.

O blib deverá ser usado a partir da linha de comandos:

```
perl -Mblib script [args...]
perl -Mblib=dir script [args...]
```

Porém, você poderá também chamá-lo de um programa Perl:

```
use blib;
use blib 'dir';
```

Carp

Fornece rotinas para gerar mensagens de erro. Suas sub-rotinas geralmente informam erros da perspectiva do programa que chama. Suas funções são:

carp

carp *msg*

    Avisa sobre um erro; informa o erro como tendo ocorrido na rotina de chamada, não na rotina que contém o carp.

```
Use Carp;

carp "texto da mensagem de erro";
```

cluck

cluck *msg*

Avisa sobre os erros e imprime um rastreamento anterior da pilha; informa o erro como tendo ocorrido na rotina de chamada. Não exportada por default.

```
use Carp qw(cluck);

cluck "texto da mensagem de erro";
```

confess

confess *msg*

Encerra e imprime um rastreamento anterior da pilha. Informa o erro como tendo ocorrido no ponto onde a confess foi chamada.

croak

croak *msg*

Encerra, informando o erro como tendo ocorrido na rotina de chamada.

CGI

A biblioteca CGI (Common Gateway Interface) permite a criação e o processamento da forma Web baseada em objetos. O módulo CGI.pm contém a maioria da funcionalidade para a programação CGI. Quatro subclasses fornecem interfaces para vários ambientes do servidor e recursos extras. Elas são descritas abaixo. Para obter informações completas sobre como a CGI funciona e uma descrição do CGI.pm veja o Capítulo 9, *Visão geral sobre a CGI* e o Capítulo 10, *Módulo CGI.pm*.

CGI::Apache

Configura o ambiente para usar o CGI.pm com a API Perl-Apache. O construtor new para essa classe cria um objeto da classe Apache::CGI que se comunica com a API.

CGI::Carp

Cria rotinas CGI do tipo Carp para gravar mensagens de erro no HTTPD ou em outro registro de erros. Exporta funções para warn, die, carp, confess e croak. As funções gravam mensagens de erro com timbre de hora em seu registro do servidor ou outra saída que você tenha especificado. Veja a seção sobre o módulo Carp para obter detalhes sobre as funções Carp.

Duas outras funções são fornecidas por esse módulo. Nenhuma é exportada automaticamente, portanto você terá que importá-las explicitamente em use:

```
use CGI::Carp qw(carpout fatalsToBrowser);
```

carpout

carpout *h_a

Envia mensagens de erro para o handle de arquivo *h_a*. Você deverá fornecer uma referência para o handle de arquivo *glob*, embora possa também simplesmente usar o nome do handle de arquivo para essa função.

fatalsToBrowser

fatalsToBrowser

Quando esta rotina é importada através de use, os erros fatais, como os produzidos por die e confess, enviam mensagens de erro para o paginador assim como para o registro de erros. Uma resposta HTTP simples será criada com a mensagem de erro, seguida de uma solicitação para enviar a correspondência para o administrador web.

CGI::Cookie

Fornece uma interface para os atrativos Netscape (HTTP/1.1) que poderão ser usados em conjunto com o CGI.pm ou de maneira independente. Para usar o CGI::Cookie, você criará um novo objeto atrativo com o construtor new. Então poderá enviar o atrativo para o paginador de uma das seguintes maneiras:

- A partir de um script CGI, crie um campo Set-Cookie (Definir Atrativo) no cabeçalho HTTP para cada atrativo que deseja enviar ($c é o objeto atrativo).

    ```
    print "Set-Cookie: $c0";
    ```

- Com o CGI.pm (veja Capítulo 10), use o método header com um argumento -cookie:

    ```
    print header(-cookie=>$c);
    ```

- Usando o *mod_perl* (veja Capítulo 11, *Programação do servidor Web com o mod_perl*), use o método header_out do objeto de solicitação:

    ```
    $r->header_out('Set-Cookie',$c);
    ```

Os seguintes métodos são fornecidos para o CGI::Cookie:

new

$c = new CGI::Cookie(*atribs*)

O construtor. Cria um novo atrativo. Os atributos são:

-domain = *nome_domínio*

Opcional, aponta para o nome do domínio ou o nome do host completamente qualificado para o qual o atrativo será retornado. Se faltar, o paginador retornará o atrativo apenas para o servidor que o definiu.

-expires = *data*

A data de término opcional, em qualquer formato de data reconhecido pelo CGI.pm. Se faltar, o atrativo terminará no final da sessão desse paginador.

-name = *nome*

Requerido. O valor escalar com o nome do atrativo.

-path = *caminho*

Opcional, aponta para um URL parcial no servidor atual; os atrativos serão retornados para qualquer URL que começar com esse caminho. O default é /.

-secure = *booleano*

Opcional. Se true, o paginador retornará apenas o atrativo se um protocolo criptografado estiver em uso.

-value = *valor*

Requerido. O valor do atrativo; poderá ser um escalar, uma referência do array ou uma referência do hash.

as_string

$c->as_string

Transforma a representação interna do atrativo no texto compatível com RFC. Chamado internamente sobrecarregando o operador "" ou poderá ser chamado diretamente.

domain

$c->domain(*val*)

Obtém ou define o domínio do atrativo. Sem parâmetros, obterá o valor atual; do contrário, definirá um novo valor.

expires

$c->expires(*val*)

Obtém ou define a data de término do atrativo. Sem parâmetros, obterá a data de término atual; do contrário definirá um novo valor.

fetch

%cookies = **fetch CGI::Cookie**

Retorna um hash que contém os atrativos retornados pelo paginador, onde as chaves são os nomes do atrativo e os valores são seus valores. Em um contexto escalar, fetch retornará uma referência do hash.

name

$c->**name**(*val*)

Obtém ou define o nome do atrativo. Sem parâmetros, retornará o nome atual; do contrário definirá um novo valor.

parse

%cookies = **parse CGI::Cookie**(*atrativos_armazenados*)

Recupera os atrativos armazenados em uma forma externa.

path

$c->**path**(*val*)

Obtém ou define o caminho do atrativo. Sem parâmetros, retornará o caminho atual; do contrário definirá um novo valor.

raw_fetch

%cookies = **raw_fetch CGI::Cookie**

Como fetch, mas aplica o escape nos caracteres reservados; útil para recuperar os atrativos definidos por um servidor externo.

value

$c->**value**(*val*)

Obtém ou define o valor do atrativo. Sem parâmetros, retornará o valor atual; do contrário definirá um novo valor. No contexto do array, retornará o valor atual como um array. No contexto escalar, retornará o primeiro valor de um atrativo com diversos valores.

CGI::Fast

A interface CGI para o FastCGI. O FastCGI é um tipo de gateway para os servidores Web que melhora o desempenho carregando scripts como processos com execução permanente. O CGI::Fast fornece um construtor new para criar um objeto CGI que é executado neste ambiente. O FastCGI requer um servidor e uma versão do Perl que tenham o FastCGI ativado. Veja *www.fastcgi.com* para obter mais informações.

CGI::Push

Fornece uma interface para fazer com que o servidor execute operações de anexação, permitindo que você escreva novamente páginas cujo conteúdo altera-se com regularidade. Uma operação de anexação do servidor envia automaticamente atualizações para uma página em um paginador capaz de fazer anexações. O CGI::Push exportará a função do_push para implementar os novos desenhos da página. Este método poderá ser usado em um objeto CGI::Push ou sozinho:

```
$q = new CGI::Push;
$q->do_push(-next_page => \&sub);
# or (ou)
do_push (-next_page => \&sub);
```

A função do_push requer um argumento: uma referência para uma sub-rotina que desenhará a próxima página. Você poderá especificar opcionalmente uma sub-rotina que desenha a última página e o intervalo entre as atualizações da página. Os parâmetros adicionais para a do_push são os que poderão ser usados com um objeto CGI::headers.

do_push

do_push (*parâms*)

Implementa uma operação de anexação do servidor, que atualiza uma página em intervalos específicos. Os parâmetros são:

-delay => *n*

 Especifica o número de segundos, *n*, a aguardar antes da próxima chamada para a sub-rotina de desenho de páginas.

-last_page => \&*última_sub*

 Executa a sub-rotina *última_sub* para desenhar a atualização da última página de uma operação de anexação do servidor. A rotina -last_page será chamada quando a rotina -next_page retornar false. Uma referência para uma sub-rotina global deverá ser fornecida para esse parâmetro, mas o nome da sub-rotina também será aceitável.

-next_page => \&*sub*

 sub é o nome da sub-rotina responsável por redesenhar a página e contar o número de execuções repetitivas (se você quiser uma atualização repetida). A rotina do_push terminará quando *sub* retornar false (ou quando a sub-rotina last_page for chamada).

Uma referência para uma sub-rotina global deverá ser fornecida para esse parâmetro, mas o nome da sub-rotina também será aceitável.

-type = *string*
Especifica o tipo de conteúdo dos dados anexados. O valor default é text/html.

CGI::Switch

Fornece um método new que tenta chamar new em cada uma das classes Apache::CGI, CGI::XA e CGI, retornando o primeiro objeto CGI obtido com sucesso.

Class::Struct

Primeiramente chamado de Class::Template, exporta uma única função, struct. A struct tem uma lista de nomes e tipos de elemento, opcionalmente um nome da classe e cria uma classe Perl que implementa uma estrutura de dados do tipo struct. Também cria um método do construtor, new, para criar objetos da classe (portanto uma classe criada assim não terá que definir por si mesma um método new).

Cada elemento nos dados da estrutura terá um método de acesso, que será usado para atribuir o elemento e buscar seu valor. O acesso default poderá ser anulado declarando um sub com o mesmo nome do pacote. O tipo de cada elemento poderá ser escalar, array, hash ou classe.

struct

struct(*lista_de_parâms*)

Cria uma classe, com os métodos do objeto para cada elemento da classe. A lista de parâmetros *lista_de_parâms* poderá ter uma das três formas:

```
struct ( CLASS_NAME => [ ELEMENT_LIST ] );   # object is array-based
                                             (o objeto é baseado no array)
struct ( CLASS_NAME => { ELEMENT_LIST } );   # object is hash-based
                                             (o objeto é baseado no hash)
struct ( ELEMENT_LIST );   # class name is current package name
                           (o nome da classe é o nome atual do pacote)
                           # and object is array-based
                           (e o objeto é baseado no array)
```

As listas de elementos baseados no array são mais rápidas e menores, mas a lista baseada nos hashes é mais flexível. A classe criada poderá ser uma subclasse da classe UNIVERSAL, mas não de nenhuma outra classe.

Lista de elementos

Os itens na ELEMENT_LIST têm a forma:

```
NAME => TYPE, ...
```

onde cada par NAME => TYPE declara um elemento de struct. Cada nome do elemento é definido como um método de acesso, a menos que um método seja definido explicitamente com esse nome. (Nesse caso, um aviso será enviado se a marca -w estiver definida.)

Os tipos de elemento e os métodos de acesso

Existem quatro possíveis tipos de elemento, cada um representado por uma string. Cada string poderá começar com um asterisco (*), indicando que uma referência para o elemento será retornada. O tipo de um elemento determina o método de acesso fornecido. A seguinte lista mostra os tipos de elemento, as strings que os representam e o acesso:

*array (@ ou *@)*

> O elemento é um array, inicializado para ( ). Sem argumentos, o acesso retornará uma referência para todo o array do elemento.
>
> Com um ou dois argumentos, o primeiro argumento será um índice especificando um elemento do array; o segundo argumento, se existir, será o valor a ser atribuído a esse elemento do array.

*classe (*Class_Name ou *Class_Name)

> O valor do elemento terá que ser uma referência aceita para a classe nomeada ou para uma de suas subclasses. O elemento será inicializado com o resultado de chamar o construtor new da classe nomeada.
>
> O argumento do acesso, se houver, será o valor a ser atribuído ao elemento. O acesso aplicará a croak se não for uma referência adequada do objeto.

*hash (% ou *%)*

> O elemento é um hash, inicializado para ( ). Sem argumentos, o acesso retornará uma referência para todo o hash do elemento.
>
> Com um ou dois argumentos, o primeiro argumento será uma chave especificando um elemento do hash; o segundo elemento, se houver, será o valor a ser atribuído a esse elemento do hash.

*escalar ($ ou *$)*

> O elemento é um escalar, inicializado para undef. O argumento do acesso, se houver, será atribuído ao elemento.

Config

Usado para as informações sobre a configuração do acesso. Quando o Perl é construído, o script Configure obtém e grava essas informações em um hash, %Config, no próprio *Config.pm*. O Config irá verificar para assegurar que está sendo executado com a mesma versão do Perl que criou o hash.

O índice no hash será o nome da variável do shell. O %Config sempre é exportado; as três funções a seguir serão exportadas ao solicitar:

config_sh
config_sh
Retorna todas as informações sobre a configuração do Perl.
```
use Config(qw(config_sh));
print config_sh( );
```
retornará:
```
archlibexp='sun4-solaris'
cc='cc'
ccflags='-I/usr/local/include/sfio -I/usr/local/include'
```

config_vars
config_vars (*nomes*)
Retorna os pares nome/valor para as variáveis de configuração solicitadas. Imprime os resultados em STDOUT.
```
use Config(qw(config_vars));
print config_vars(qw(osname ccflags));
```
retornará:
```
osname=>'solaris'
ccflags='-I/usr/local/include/sfio -I/usr/local/include'
```

myconfig
myconfig
Retorna um resumo dos valores maiores da configuração do Perl.

constant

Um pragma Perl que declara as constantes da compilação com um dado valor escalar ou da lista. Por default, o valor é avaliado no contexto da lista, mas você poderá anular o default especificando scalar.
```
Use constant NOME1 => valor1;
use constant NOME2 => scalar valor2;
```

CPAN

Permite que você acesse a CPAN; pesquisa um módulo, um casado, um autor ou distribuição; carrega um módulo ou distribuição; instala-o e aplica-lhe o make. O módulo CPAN poderá ser usado de maneira interativa a partir da linha de comandos ou de maneira pragmática:

```
perl -MCPAN -eshell;      # run from the command line
```

                              (executar a partir da linha de comandos)

Ou:

```
use CPAN;
my $obj = CPAN::Shell->install('ExtUtils::MakeMaker');
```

Esta seção descreve o uso do módulo CPAN a partir de um programa. Veja o Capítulo 2, *Como instalar o Perl*, para obter informações sobre como usá-lo de maneira interativa e para obter detalhes sobre os comandos disponíveis. Esses comandos, disponíveis de modo interativo a partir do shell, são os métodos da classe CPAN::Shell. A partir de um programa, eles estão disponíveis como métodos (por exemplo CPAN::Shell->install(...)) e como funções no pacote de chamada (por exemplo, install(...)).

Cada um dos comandos que produz listagens de módulos (r, autobundle e u) retornará uma lista de IDs de todos os módulos na lista. Os IDs de todos os objetos disponíveis em um programa são strings que podem ser expandidas para os objetos reais correspondentes com o método CPAN::Shell->expand("Module", @things). expand retornará uma lista de objetos CPAN::Module de acordo com os argumentos @things. No contexto escalar, retornará apenas o primeiro elemento da lista.

Gerenciadores de sessão e de cache

O módulo CPAN contém um gerenciador de sessão, que controla os objetos que foram obtidos, construídos e instalados na sessão atual. Nenhum status é mantido entre as sessões.

Há também um gerenciador de cache, que controla o espaço em disco usado e apaga o espaço extra. O gerenciador de cache controla o diretório de construção, $CPAN::Config->{build_dir} e usa um mecanismo FIFO simples para apagar os diretórios abaixo de build_dir quando ficam maiores que $CPAN::Config->{build_cache}.

Os arquivos de distribuição originais são mantidos no diretório $CPAN::Config->{keep_source_where}. Este diretório não é tratado pelo gerenciador de cache mas terá que ser controlado pelo usuário. Se o mesmo diretório for usado para build_dir e keep_source_where, suas fontes serão apagadas com o mesmo mecanismo FIFO.

Casados

O módulo CPAN reconhece um casado como um módulo Perl no espaço do nome Bundle:: que não define nenhuma função ou método e geralmente contém apenas a documentação pod. Ele começa como um módulo Perl com uma declaração do pacote e uma variável $VERSION.

Depois disso, a seção pod irá se parecer com qualquer outro pod com a diferença de que contém uma seção especial que começa com:

    =head1 CONTENTS

Essa seção consiste em linhas como esta:

    Nome_Módulo [String_Versão] [-texto opcional]

onde o *Nome_Módulo* é o nome de um módulo (por exemplo, Term::ReadLine), não o nome de um arquivo de distribuição, a versão e o texto são opcionais. Se houver texto, ele terá um - à esquerda. A distribuição de um casado deverá seguir a mesma convenção das outras distribuições.

Os casados são tratados especialmente no pacote CPAN. Quando você informa à CPAN para instalar um casado, ela instala todos os módulos na seção CONTENTS do pod. Você poderá instalar seus próprios casados localmente colocando um arquivo casado de acordo em algum lugar em seu caminho @INC. O comando autobundle disponível na interface do shell fará isso para você incluindo todos os módulos instalados atualmente em um arquivo casado instantâneo (veja Capítulo 2).

Configuração

Quando o módulo CPAN é instalado, um arquivo de configuração do site é criado como *CPAN/Config.pm*. Os valores defaults definidos lá poderão ser anulados localmente no arquivo *CPAN/MyConfig.pm*. Você poderá armazenar esse arquivo em *$HOME/.cpan/CPAN/MyConfig.pm*, pois *$HOME/.cpan* será adicionado ao caminho de pesquisa do módulo CPAN antes das instruções use ou require. O Capítulo 2 lista as chaves definidas na referência do hash $CPAN::Config, como defini-las e consultá-las.

Suporte do CD-ROM

O parâmetro *urllist* na tabela de configuração contém uma lista de URLs a serem usados para o carregamento. Se a lista contiver qualquer URL do *arquivo*, a CPAN irá procurar primeiro os arquivos (exceto os arquivos de índice). Portanto se você estiver usando um CD-ROM que contém o conteúdo CPAN, inclua-o como um URL do *arquivo* no final do *urllist* uma vez que provavelmente estará desatualizado. Você poderá fazer isto com:

    o conf urllist push file://localhost/CDROM/CPAN

CPAN::FirstTime

O módulo CPAN::FirstTime tem uma função, init, que é uma rotina de inicialização chamada automaticamente na primeira vez em que um usuário usa o módulo CPAN. Ele faz ao usuário uma série de perguntas e grava as respostas em um arquivo CPAN::Config.

CPAN::Nox

Um componente do *CPAN.pm* que impede o uso de qualquer extensão compilada enquanto está sendo executado. Execute-o no modo interativo se você tiver atualizado do Perl e agora suas extensões não estiverem funcionando:

```
perl -MCPAN::Nox -eshell;
```

Cwd

O módulo Cwd fornece três funções que obtêm o nome do caminho do diretório de trabalho atual. Usar estas funções ao invés do comando *pwd* tornará seu código mais portável, pois nem todos os sistemas têm o *pwd*.

cwd

cwd

Obtém o diretório de trabalho atual. Esta é a maneira mais segura de obtê-lo.

getcwd

getcwd

Faz a mesma coisa que o cwd implementando de novo as funções da biblioteca C getcwd(3) ou getwd(3) no Perl.

fastcwd

fastcwd

Uma maneira mais rápida de obter o diretório, mas um pouco mais perigosa por causa do modo que funciona internamente.

Data::Dumper

Converte as estruturas de dados Perl em strings que podem ser impressas ou usadas com a eval para reconstruir as estruturas originais. Tem uma lista de escalares ou variáveis de referência e escreve seu conteúdo na sintaxe do Perl. Várias interfaces para o Data::Dumper são fornecidas:

- Interface procedural simples
    ```
    print Dumper($foo, $bar);
    ```
- Uso estendido com nomes:
    ```
    print Data::Dumper->Dump([$foo, $bar], [qw(foo *ary)]);
    ```

- Interface baseada em objetos:

```
$d = Data::Dumper->new([$foo, $bar], [qw(foo &ary)]);
...
print $d->Dump;
```

Por default, as referências são identificadas como $VARn$, onde *n* é um sufixo numérico. As referências para as subestruturas em $VARn$ são identificadas usando a notação de seta. Na forma de uso estendido, as referências poderão receber nomes especificados pelo usuário. Veja a página manual do Data::Dumper para obter exemplos de uso do módulo.

Diversas variáveis de configuração poderão ser usadas para controlar a saída gerada usando a interface procedural. Essas variáveis controlam o estado default do objeto criado pelo novo método. Cada variável tem um método correspondente que poderá ser usado mais tarde para consultar ou modificar o objeto. Na seguinte lista, cada variável é seguida do método correspondente:

```
$Data::Dumper::Bless
$obj->Bless([novo_val])
```
    Poderá ser definida para uma string que especifica uma alternativa para o operador predefinido bless usado para criar objetos. Uma função com o nome especificado deverá exibir e aceitar os mesmos argumentos do predefinido. O default é bless.

```
$Data::Dumper::Deepcopy
$obj->Deepcopy([novo_val])
```
    Se definida para um valor booleano, permitirá cópias profundas das estruturas; então a referência cruzada será feita quando for absolutamente essencial. O default é 0.

```
$Data::Dumper::Indent
$obj->Indent([novo_val])
```
    Controla o estilo de recuo para a saída. Poderá ser definida para:

    0   Nenhuma nova linha, recuo ou espaço entre os itens da lista

    1   Novas linhas, mas cada nível na estrutura é recuado em uma quantidade fixa

    2   Default. Leva em conta o comprimento das chaves do hash para que os valores do hash fiquem alinhados

    3   Como 2, mas também anota os elementos do array com seu índice, com cada anotação em sua própria linha

```
$Data::Dumper::Freezer
$obj->Freezer([novo_val])
```
    Se definido para um nome do método, o Data::Dumper chamará esse método através do objeto antes de tentar transformá-lo em uma string. Defina para uma string vazia para desativar. O default é uma string vazia.

$Data::Dumper::Pad
$obj->Pad([novo_val])
   Especifica a string que será prefixada a cada linha da saída. O default é uma string vazia.

$Data::Dumper::Purity
$obj->Purity([novo_valor])
   Controla o grau no qual a eval poderá recriar as estruturas originais da referência. Definir o valor para 1 produzirá instruções extras do Perl para recriar corretamente referências aninhadas. O default é 0.

$Data::Dumper::Quotekeys
$obj->Quotekeys([novo_val])
   Se definida para um valor booleano, controlará se as chaves do hash terão aspas. Se false, evitará as aspas nas chaves do hash que se parecerão com uma string simples. O default é 1, que sempre coloca aspas nas chaves do hash.

$Data::Dumper::Terse
$obj->Terse([novo_val])
   Quando definida, o Data::Dumper produzirá valores simples sem uma auto-referência como átomos ou termos ao invés de instruções. Os nomes $VAR*n* são evitados ao máximo possível. Tal saída não poderá ser analisada pela eval.

$Data::Dumper::Toaster
$obj->Toaster([novo_val])
   Se definida para um nome do método, o Data::Dumper enviará uma chamada do método para qualquer objeto que será armazenado usando a sintaxe bless(data, class)->method(). Defina para uma string vazia para desativar. O default é uma string vazia.

$Data::Dumper::Useqq
$obj->Useqq([novo_val])
   Quando definida, permite o uso de aspas duplas para representar os valores da string. Além disso, \n, \t e \r serão usados para representar o espaço em branco sem espaço; os caracteres "sem segurança" terão uma barra invertida e os caracteres não imprimíveis serão produzidos como inteiros octais com aspas. O default é 0. Atualmente, o método Dumpxs não aceita esta marca.

$Data::Dumper::Varnam
$obj->Varname([novo_val])
   Especifica o prefixo a usar para terminar os nomes da variável na saída. O default é VAR.

Os seguintes métodos e função são fornecidos.

---

new

$obj = **Data::Dumper->new***(ref_array[, ref_array])*
O construtor. Cria um novo objeto Data::Dumper. O primeiro argumento é um array anônimo de valores a serem armazenados. O segundo argumento opcional é um array anônimo de nomes para os valores. Os nomes não precisam de um $ à esquerda e têm que ser

compostos por caracteres alfanuméricos. Você poderá iniciar um nome com * para especificar o tipo sem referência que será armazenado ao invés da própria referência para as referências do array e do hash.

Dump

$obj->Dump
Data::Dumper->Dump*(ref_array[, ref_array])*

Retorna uma forma de valores em string armazenados no objeto, com sua ordem preservada, sujeita às opções da configuração. No contexto do array, retornará uma lista de strings correspondentes aos valores fornecidos.

Dumper

Dumper (*lista*)

A função que retorna a forma em string dos valores na lista, sujeita às opções da configuração. Os valores são denominados $VAR*n* na saída. Retornará uma lista de strings no contexto do array.

DumperX

DumperX (*lista*)

Idêntico a Dumper, exceto que chama a implementação xsub. Apenas disponível se a extensão xsub para Data::Dumper estiver instalada.

Dumpxs

$obj->Dumpxs
Data::Dumper->Dumpxs*(ref_array[, ref_array])*

Idêntico a Dump, mas é escrito no C e portanto é muito mais rápido. Disponível apenas se a extensão xsub para Data::Dumper estiver instalada.

Reset

$obj->Reset

Limpa a tabela interna das referências "vistas", retornando o próprio objeto.

Seen

*&obj->***Seen***([ref_hash])*

Consulta ou adiciona à tabela interna de referências que foi encontrada. As referências não são armazenadas, mas seus nomes são inseridos quando encontrados subseqüentemente. Sem argumentos, retornará a lista "vista" dos pares name => value, no contexto do array. Do contrário, retornará o próprio objeto.

Values

*$obj->***Values***([ref_array])*

Consulta ou substitui o array interno dos valores a serem armazenados. Sem argumentos, retornará os nomes. Do contrário, retornará o próprio objeto.

DB_File

Liga um hash Perl a um dos tipos do banco de dados Berkeley DB e permite usar as funções fornecidas na API do DB:

```
[$X =] tie %hash, "DB_File", $filename [, $flags, $mode, $DB_HASH];
[$X =] tie %hash, "DB_File", $filename , $flags, $mode, $DB_BTREE;
[$X =] tie @array, "DB_File", $filename , $flags, $mode, $DB_RECNO;
```

Os tipos são:

$DB_HASH
  Armazena os pares chave/dados nos arquivos de dados; equivalente a outros pacotes de hash como DBM, NDBM, ODBM, GDBM e SDBM.

$DB_BTREE
  Armazena os pares chave/dados em uma árvore binária.

$DB_RECNO
  Usa um número do registro (linha) para acessar os arquivos de texto comum com comprimento fixo e com comprimento variável através da mesma interface do par chave/valor como em $DB_HASH e $DB_BTREE.

Depois de ter ligado com tie um hash a um banco de dados:

```
$db = tie %hash, "DB_File", "filename";
```

você poderá acessar as funções da API do Berkeley DB:

```
$db->put($key, $value, R_NOOVERWRITE);     # invoke the DB "put"
                                                       function
```
                  (chame a função "put" do DB)

Todas as funções definidas na página manual *dbopen(3)* estão disponíveis, exceto close e a própria dbopen. As constantes definidas na página manual *dbopen* também estão disponíveis. Estas são as funções disponíveis (os comentários mostram apenas as diferenças da função C equivalente).

del

*$X->***del***(chave[, marcas])*

Remove os pares chave/valor do banco de dados. As *marcas* são opcionais.

fd

*$X->***fd**

Retorna um descritor de arquivos que representa o banco de dados subjacente. Nenhuma diferença da função C equivalente.

get

*$X->***get***(chave, valor[, marcas])*

Recupera os dados do banco de dados através da chave. As *marcas* são opcionais. O valor associado à *chave* será retornado no *valor*.

put

*$X->***put***(chave, valor[, marcas])*

Armazena um par chave/valor no banco de dados. As *marcas* são opcionais. Se R_IAFTER ou R_IBEFORE estiver definido, então a *chave* será definida para o número do registro do par chave/valor inserido.

seq

*$X->***seq***(chave, valor[, marcas])*

Retorna o próximo par chave/valor seqüencial a partir do banco de dados. As *marcas* são opcionais. Tanto a *chave* como o *valor* são definidos.

sync

*$X->***sync***([marcas])*

Sincroniza o banco de dados enviando qualquer dado armazenado em cache para o disco. As *marcas* são opcionais.

Devel::SelfStubber

Gera stubs (rotinas sem código executável) em um módulo que usa o SelfLoader, imprimindo os stubs necessários ou gerando todo o módulo com os stubs inseridos no local correto antes da ficha __DATA__. O default é imprimir apenas os stubs.

stub

stub *(módulo[, dir])*

Gera os stubs. Tem os seguintes argumentos:

módulo
    O nome do módulo, na forma Devel::SelfStubber (sem *.pm* no final).

dir O diretório da biblioteca que contém o módulo; tem como default o diretório atual.

Para imprimir apenas os stubs:

```
use Devel::SelfStubber;
Devel::SelfStubber->stub(módulo, dir);
```

Para gerar todo o módulo, com os stubs inseridos corretamente, defina a variável $Devel::SelfStubber::JUST_STUBS para 0:

```
use Devel::SelfStubber;
$Devel::SelfStubber::JUST_STUBS = 0;
Devel::SelfStubber->stub(módulo, dir);
```

diagnostics

Fornece diagnósticos mais descritivos do que os gerados pelo compilador e interpretador Perl. Usa as mensagens de erro mais longas e explicativas encontradas na página manual do *perldiag*. Poderá ser usado como um pragma ou um programa independente, *splain*. Quando usado como um pragma, o diagnóstico afetará a fase da compilação de seu programa assim como a fase da execução. Como um módulo independente, é usado para processar posteriormente os processos depois da execução ter sido terminada.

O programa *splain* liga-se a um *diagnostics.pm* para agir na saída de erro padrão de um programa Perl. A saída do programa poderá ser enviada para um arquivo, que será então usada como a entrada para o *splain* ou poderá ser canalizada diretamente para o *splain*. A saída do *splain* será direcionada para STDOUT.

Opções

-*p*   Define a variável $diagnostics::PRETTY para true.

-*v*   Imprime a apresentação da página manual do *perldiag*, então qualquer mensagem de diagnóstico.

Como um pragma:

    use diagnostics [-verbose]

permite o uso de diagnostics em seu programa (e ativa a marca -w do Perl). A compilação estará então sujeita a diagnósticos aperfeiçoados, que serão enviados para STDERR. Defina a variável diagnostics::PRETTY em um bloco BEGIN para fornecer seqüências de escape mais bonitas para os paginadores, assim sua saída ficará melhor. A opção -verbose imprimirá a apresentação da página manual do *perldiag*, então qualquer mensagem de diagnóstico. As funções são:

    enable
        Ativa os diagnósticos durante a execução.

    disable
        Desativa os diagnósticos durante a execução.

DirHandle

Fornece métodos para acessar as funções de diretório do Perl, evitando a poluição do espaço do nome. Cria uma global anônima para manter um handle de diretório e fecha esse handle automaticamente quando a última referência sai do escopo. Os métodos fornecidos são:

new

    $dh = **new DirHandle** *[nome_dir]*

        O construtor. Cria um novo handle de diretório. O nome do diretório opcional, *nome_dir*, tem como default o diretório atual.

close

    $dh->**close( )**

        Fecha um handle de diretório; equivalente à função closedir.

open

    $dh->**open***(nome_dir)*

        Abre o diretório *nome_dir*, equivalente à função opendir.

read

$dh->**read( )**

Lê as entradas do diretório. Equivalente à função readdir. No contexto escalar, lê a próxima entrada do diretório; no contexto da lista, lê todas as entradas.

rewind

$dh->**rewind( )**

Define a posição atual para o início do diretório; equivalente à função rewinddir.

DynaLoader

A interface Perl padrão para o mecanismo de ligação dinâmica disponível em muitas plataformas.

Como usar o DynaLoader

Use o DynaLoader assim:

```
package Módulo;
require DynaLoader;
@ISA = qw(. . . DynaLoader . . .);

bootstrap Módulo;
```

O método bootstrap chamará diretamente a rotina de bootstrap de seu módulo se o módulo estiver ligado estaticamente no Perl. Do contrário, o módulo herdará o método bootstrap do DynaLoader, que carrega seu módulo e chama seu método bootstrap.

Como estender para as novas arquiteturas

Se você quiser estender o DynaLoader para uma nova arquitetura, precisará conhecer sua interface interna. As variáveis usadas são:

$dl_debug

Permite as mensagens de depuração internas no lado Perl do DynaLoader; por default, será configurada para $ENV{'PERL_DL_DEBUG'}se estiver definida.

Uma variável de depuração semelhante será adicionada ao código C (veja *dlutils.c*) e permitida se o Perl foi construído com a marca -*DDEBUGGING* ou poderá ser definida através da variável-ambiente PERL_DL_DEBUG. Defina para 1 para obter informações mínimas ou algo mais alto para ter mais detalhes.

@dl_library_path
: A lista default dos diretórios para pesquisar as bibliotecas; inicializada para manter a lista de diretórios em $Config{'libpth'}. Deverá também ser inicializada com outros diretórios que possam ser determinados a partir do ambiente durante a execução.

@dl_resolve_using
: A lista de bibliotecas adicionais ou outros objetos compartilhados para analisar os símbolos indefinidos. Requerida apenas nas plataformas sem o tratamento automático das bibliotecas dependentes.

@dl_require_symbols
: A lista de um ou mais nomes do símbolo no arquivo da biblioteca/objeto a ser carregado dinamicamente. Requerida apenas em algumas plataformas.

Das seguintes sub-rotinas, bootstrap e dl_findfile são padrões em todas as plataformas e definidas no *DynaLoader.pm*. As outras são definidas no arquivo *.xs* que fornece a implementação para a plataforma.

bootstrap

bootstrap *(nome_módulo)*

O ponto de entrada normal para o carregamento dinâmico e automático no Perl.

dl_error

dl_error

Obtém o texto da mensagem de erro a partir da última função DynaLoader que falhou:

```
$message = dl_error( );
```

dl_expandspec

dl_expandespec *(espec)*

Usada para os sistemas que requerem o tratamento especial do nome de arquivo para lidar com os nomes simbólicos para os arquivos. *espec* especifica os nomes de arquivo que precisam do tratamento especial.

dl_findfile

dl_findfile *(nomes)*

Determina os caminhos completos para um ou mais arquivos carregáveis, dados seus nomes genéricos e opcionalmente um ou mais diretórios. Por default pesquisa os diretórios em @dl_library_path e retorna uma lista vazia se nenhum arquivo for encontrado.

dl_find_symbol

dl_find_symbol *(ref_biblio, símbolo)*

Pesquisa a *ref_biblio* para obter o endereço do símbolo *símbolo*. Retornará o endereço ou undef se não encontrado.

dl_install_xsub

dl_install_xsub *(nome_perl, ref_simb[, nome_do_arquivo])*

Cria uma nova sub-rotina externa do Perl. Tem os seguintes argumentos:

nome_perl
    O nome a nova sub-rotina.

ref_simb
    O ponteiro para a função que implementa a rotina.

nome_do_arquivo
    O arquivo-fonte para a função. Se não definido, o DynaLoader será usado.

dl_load_file

dl_load_file *(nome_do_arquivo)*

Carrega dinamicamente o *nome_do_arquivo*, que terá que ser o caminho para um objeto compartilhado ou biblioteca; retornará undef no caso de erro.

dl_undef_symbols

dl_undef_symbols

Retorna a lista de nomes do símbolo que permanecerão indefinidos depois de dl_load_file ou ( ) se os nomes forem desconhecidos.

English

Fornece álias para as variáveis especiais predefinidas do Perl. Tudo mais sobre as variáveis e seu uso permanecerá igual. Contudo saiba que usar o módulo English reduzirá significativamente a velocidade de um programa para as expressões constantes.

Algumas variáveis do Perl coincidem com algumas variáveis predefinidas do *awk*. Para esses casos, você encontrará dois nomes em inglês: uma versão curta (que é o nome *awk*) e uma versão mais longa. Por exemplo, você poderá usar $ERRNO (o nome *awk*) ou $OS_ERROR para se referir à variável $! do Perl.

Esta é a lista das variáveis s suas alternativas English:

Perl	English	Perl	English
@_	@ARG	$?	$CHILD_ERROR
$_	$ARG	$!	OS_ERROR
$%	$MATCH	$!	$ERRNO
$`	$PREMATCH	$@	$EVAL_ERROR
$'	$POSTMATCH	$$	$PROCESS_ID
$+	$LAST_PAREN_MATCH	$$	$PID
$.	$INPUT_LINE_NUMBER	$<	$REAL_USER_ID
$.	$NR	$<	$UID
$/	$INPUT_RECORD_SEPARATOR	$>	$EFFECTIVE_USER_ID
$/	$RS	$>	$EUID
$|	$OUTPUT_AUTOFLUSH	$(	$REAL_GROUP_ID
$,	$OUTPUT_FIELD_SEPARATOR	$(	$GID
$,	$OFS	$)	$EFFECTIVE_GROUP_ID
$\	$OUTPUT_RECOD_SEPARATOR	$)	$EGID
$\	$ORS	$0	$PROGRAM_NAME
$"	$LIST_SEPARATOR	$]	$PERL_VERSION
$;	$SUBSCRIPT_SEPARATOR	$^A	$ACCUMULATOR
$;	$SUBSEP	$^D	$DEBUGGING
$%	$FORMAT_PAGE_NUMBER	$^F	$SYSTEM_FD_MAX
$=	$FORMAT_LINES_PER_PAGE	$^I	$INPLACE_EDIT
$-	$FORMAT_LINES_LEFT	$^P	$PERLDB
$~	$FORMAT_NAME	$^T	$BASETIME
.$^	$FORMAT_TOP_NAME	$^W	$WARNING
$:	$FORMAT_LINE_BREAK_CHARACTERS	$^X	$EXECUTABLE_NAME
$^L	$FORMAT_LINEFEED	$^O	$OSNAME

Env

Permite que seu programa trate as variáveis-ambientes como variáveis simples ao invés de ter que acessá-las a partir do pseudo-hash %ENV onde são mantidas.

```
use Env;
```

```
use Env qw(var1 var2 ...);
```

Internamente, o Env usa uma função import que liga adequadamente as variáveis-ambientes nomeadas às variáveis Perl globais com os mesmos nomes. Por default, ela liga todas as variáveis produzidas por keys %ENV. Um ambiente "adequado" tem um nome que começa com um caractere alfabético e contém apenas caracteres alfanuméricos ou sublinhados.

Quando use Env for chamado com argumentos, os argumentos serão interpretados como uma lista de variáveis-ambientes para tie, mas as variáveis não terão que existir ainda. Depois de uma variável ter sido ligada, você poderá usá-la como uma variável normal acessando ou alterando seu valor.

Você desligará uma variável definindo seu valor para undef.

Errno

Fornece as constantes errno do sistema a partir do arquivo de inclusão *errno.h*. Define e exporta condicionalmente todas as constantes de erro definidas no *errno.h*. Existe uma marca de exportação, :POSIX que exporta todos os números de erro definidos pelo POSIX.

O arquivo *Errno.pm* será gerado automaticamente e não deverá ser atualizado. Qualquer alteração feita no arquivo será perdida.

Exporter

Implementa um método de importação default para outros módulos para herdar se não quiserem definir um próprio. Se você estiver escrevendo um módulo, poderá fazer o seguinte:

```
package Módulo;
use Exporter ( );
@ISA = qw(Exporter);

@EXPORT = qw(...);
@EXPORT_OK = qw(...);
%EXPORT_TAGS = (tag => [...]);
```

onde @EXPORT é uma lista de símbolos para exportar por default, @EXPORT_OK é uma lista de símbolos para exportar ao solicitar e %EXPORT_TAGS é um hash que define os nomes para os conjuntos de símbolos. Os nomes em %EXPORT_TAGS terão também que aparecer em @EXPORT ou em @EXPORT_OK.

Então os programas Perl que desejam usar seu módulo informarão apenas:

```
use Módulo;              # Import default symbols
                         (Importar símbolos defaults)
use Módulo qw(...);      # Import listed symbols
                         (Importar símbolos listados)
use Módulo ( );          # Do not import any symbols
                         (Não importar nenhum símbolo)
```

O Exporter poderá lidar com listas de importação especializadas. Uma lista de importação é a lista de argumentos transmitida ao método import. Se a primeira entrada começar com !, :, ou /, a lista será tratada como uma série de especificações que adicionam ou apagam da lista. Um ! à esquerda significa apagar, ao invés de adicionar.

Símbolo	Significado
[!]nome	Este nome apenas
[!]:DEFAULT	Todos os nomes em @EXPORT
[!]:marca	Todos os nomes na lista anônima $EXPORT_TAGS{marca}
[!]/padrão/	Todos os nomes em @EXPORT ou em @EXPORT_OK que coincidem com o padrão

Os métodos Exporter são:

export_to_level

pacote->**export_to_level**(*n*, *o_que_exportar*)
Usado quando você não pode usar o método de importação do Exporter diretamente. Tem os seguintes argumentos:

n
    Um inteiro que especifica a distância até a pilha de chamada para exportar seus símbolos.

o_que_exportar
    Um array de símbolos para exportar, geralmente @_.

import

import
O método de importação default.

require_version

nome_módulo->**require_version**(*valor*)
Valida a versão do módulo *nome_módulo*, verificando se é pelo menos o *valor*.

export_fail

nome_módulo->**export_fail**(*símbolos_falhados*)
Retorna uma lista dos símbolos que não puderam ser importados. O método default fornecido pelo Exporter retornará a lista inalterada.

export_tags

export_tags(*lista_marcas*)
Adiciona conjuntos marcados de símbolos a @EXPORT.

export_ok_tags

export_ok_tags(*lista_marcas*)
Adiciona conjuntos marcados de símbolos a @EXPORT_OK.

ExtUtils::Command

Fornecido com a versão padrão do Win32 para substituir os comandos Unix comuns nos MakeFiles. Inclui sub-rotinas para os seguintes comandos:

cat

cat *arquivo ...[>destino]*
Concatena todos os arquivos especificados no arquivo de *destino* ou STDOUT.

chmod

chmod *modo arquivos...*
Define as permissões do tipo Unix em todos os arquivos especificados, onde *modo* fornecerá as permissões a definir.

cp

cp *origem... destino*
Copia um único arquivo-fonte *origem* para o *destino*. Diversos arquivos-fontes poderão ser especificados se o *destino* for um diretório existente.

eqtime

eqtime *origem destino*
Define a "hora modificada" do *destino* para a hora da *origem*.

mkpath

mkpath *diretório...*
Cria o *diretório*, inclusive qualquer diretório-pai.

mv

mv *origem... destino*
Move o arquivo-fonte *origem* para o *destino*. Diversos arquivos-fontes serão permitidos se o *destino* for um diretório existente.

rm_f

rm_f *arquivos . . . .*
Remove os *arquivos*, mesmo que sejam de apenas leitura.

rm_rf

rm_rf *diretórios . . .*
Remove os *diretórios* de maneira recursiva, mesmo que seja de apenas leitura.

test_f

test_f *arquivo*
Testa a existência do *arquivo*.

touch

touch *arquivo...*
Assegura que o *arquivo* existe e define o timbre de hora atual.

ExtUtils::Embed

Geralmente chamado a partir do Makefile que constrói sua aplicação para fornecer as funções da inicialização para incorporar o código Perl nas aplicações C ou C++. Por exemplo:

```
perl -MExtUtils::Embed -e xsinit
perl -MExtUtils::Embed -e ldopts
```

Usa as informações da configuração mantidas no *Config.pm* (veja o módulo Config acima). Exporta as seguintes funções:

ccdlflags
ccdlflags
Imprime $Config{ccdlflags}.

ccflags
ccflags
Imprime $Config{ccflags}.

ccopts
ccopts
Combina a perl_inc, a ccflags e a ccdlflags.

ldopts
ldopts
Produz argumentos para ligar a biblioteca Perl e as extensões à sua aplicação. Quando chamada como:

```
perl -MExtUtils::Embed -e ldopts - -
```

as seguintes opções são reconhecidas:

-std

    Produz argumentos para ligar a biblioteca Perl e qualquer extensão ligada ao Perl atual.

-I <caminho1:caminho2>

    Pesquisa o caminho para os armazenamentos *ModuleName.a*. O default é @INC.

- -<lista de args do linker>

    Os argumentos adicionais do linker a serem considerados.

Qualquer argumento adicional encontrado antes da ficha - - será obtido como os nomes dos módulos para gerar o código.

Poderá também ser chamada com parâmetros:

```
'ldopts($std,[@modules],[@link_args],$path)'
```

Quando chamada assim, retornará a string ao invés de imprimi-la no STDOUT. Os parâmetros opcionais são:

$std

    Booleano, equivalente à opção *-std*.

[@módulos]
    A referência do array, equivalente a adicionar os nomes do módulo antes da ficha - -.

@[args_link]
    A referência do array, equivalente a adicionar os argumentos do linker depois da ficha - -.

$caminho
    Equivalente à opção -*I*.

perl_inc

perl_inc

Para incluir os arquivos de cabeçalho do Perl. Por exemplo, se você informar:

```
perl -MExtUtils::Embed -eperl_inc
```

o módulo imprimirá o seguinte:

```
-I$Config{archlibexp}/CORE
```

xsinit

xsinit

Gera o código C/C++ para a função do inicializador XS. Quando chamada como:

```
perl -MExtUtils::Embed -e xsinit - -
```

as seguintes opções são reconhecidas:

-o [nome_do_arquivo]
    Imprime o nome do arquivo especificado. Tem como default *perlxsi.c*. Se o *nome_do_arquivo* for STDOUT, imprimirá na saída padrão.

-std
    Escreve o código para as extensões que estão ligadas ao Perl atual.

    Qualquer argumento adicional é esperado como sendo os nomes dos módulos para gerar o código.

    Poderá também ser chamada com parâmetros:

```
'xsinit($filename,$std,[@modules])'
```

Quando chamada assim, os seguintes parâmetros opcionais são aceitos:

$nome_do_arquivo
    Equivalente à opção -*o*.

$std
    Booleano, equivalente à opção -*std*.

[@módulos]
    Uma referência do array, equivalente a adicionar os nomes do módulo depois da ficha - -.

xsi_header
xsi-header
Retorna uma string que define a mesma macro EXTERN_C do *perlmain.c*; também aplica o #include no *perl.n* e no *EXTERN.h*.

xsi_protos
xsi_protos *(módulos)*
Retorna a string dos protótipos *boot_$Nome_Módulo* para cada módulo em *módulos*.

xsi_body
xsi_body *(módulos)*
Retorna a string de chamadas para newXS que une a função de bootstrap do módulo a *boot_$Nome_Módulo* para cada módulo em *módulo*.

ExtUtils::Install
Usado pelo MakeMaker para lidar com a instalação e desinstalação dos módulos dependentes da plataformas, não é para fornecer ferramentas gerais. Exporta as seguintes funções:

install
install(*ref_hash, explicação, nãonãonão*)
Instala os arquivos. Tem os seguintes argumentos:

\ref_hash

A referência para um hash, onde cada chave é um diretório a copiar a partir de e o valor é o diretório para copiar para. Toda a árvore abaixo do diretório "a partir de" é copiada, com os timbres da hora e as permissões preservados.

O hash tem duas chaves adicionais: read e write. Depois de copiar tudo, o install gravará a lista de arquivos de destino no arquivo nomeado por $hashref->{write}. Se houver outro arquivo nomeado por $hashref->{read}, seu conteúdo será mesclado no arquivo gravado.

explicação

O argumento da explicação.

nãonãonão

O argumento para não fazer mesmo isto.

install_default

install_default *([ext_compl])*

Chama o install com os mesmos argumentos dos defaults do MakeMaker. Tem zero ou um argumento. Sem argumentos, tratará $ARGV[0] como o argumento. Se existir, o argumento conterá o valor da chave FULLEXT do MakeMaker.

pm_to_blib

pm_to_blib *(\ref_hash[, dir])*

Obtém uma referência do hash como o primeiro argumento e copia todas as chaves do hash para os valores correspondentes. Os nomes de arquivo com a extensão *.pm* serão divididos automaticamente. O segundo argumento opcional será o diretório com divisão automática.

uninstall

uninstall *(arquivo_lista_pacote, explicação, nãonãonão)*

Cancela a instalação dos arquivos. Tem os seguintes argumentos:

arquivo_lista_pacote
    O nome do arquivo que contém os nomes de arquivo a serem desligados.

explicação
    O argumento da explicação.

nãonãonão
    O argumento para não fazer mesmo isto agora.

ExtUtils::Installed

Fornece o gerenciamento do inventário para os módulos instalados, com base no conteúdo dos arquivos *.packlist* que são criados durante a instalação. Também permite classificar os arquivos instalados e extrair as informações sobre o diretório a partir dos arquivos *.packlist*.

new

$inst = **ExtUtils::Installed->new( )**

Pesquisa todas os *.packlists* instalados no sistema e armazena seu conteúdo. Não tem parâmetros, usa o ExtUtils::Packlist para ler os arquivos *.packlist*.

directories

*$inst->***directories***(módulo[, string[, dir[, ...]]])*

Retorna a lista de diretórios. Retorna apenas os diretórios que contêm arquivos a partir do módulo especificado. Os parâmetros são:

módulo
    Requerido. O nome de um módulo; retorna uma lista de todos os diretórios no pacote.

string
    Opcional. Os possíveis valores são prog, man ou all para retornar os diretórios do programa, os diretórios manuais ou todos os diretórios, respectivamente.

dir Opcional. Um ou mais diretórios. Se especificado, apenas os diretórios sob os diretórios especificados serão retornados.

directory_tree

*$inst->***directory_tree***(módulo[, string[, dir[, ...]]])*

Como directories, mas inclui todos os diretórios intermediários.

files

*$inst->***files***(módulo[, string[, dir[, ...]]])*

Retorna a lista dos nomes de arquivo. Os parâmetros são:

módulo
    Requerido. O nome de um módulo; retorna uma lista de todos os nomes de arquivo no pacote. Para obter uma lista dos arquivos básicos, use o nome do módulo especial Perl.

string
    Opcional. Os possíveis valores são prog, man ou all para retornar os arquivos de programa, os arquivos manuais ou todos os arquivos, respectivamente.

dir Opcional. Um ou mais diretórios. Se especificado, apenas os nomes de arquivo sob os diretórios especificados serão retornados.

modules

*$inst->***modules***( )*

Retorna a lista de nomes de todos os módulos instalados. Chama o "básico" do Perl através do nome especial Perl.

packlist

*$inst->***packlist***(módulo)*
Retorna o objeto ExtUtils::Packlist para o módulo especificado.

validate

*$inst->***validate***(módulo[, arg])*
Obtém o nome de um módulo como um parâmetro requerido e valida de maneira que de fato existam todos os arquivos listados em packlist para o módulo. Retornará uma lista de qualquer arquivo que esteja faltando. Com um segundo argumento opcional que é avaliado como true, removerá os arquivos que faltam do *.packlist*.

version

*$inst->***version***(módulo)*
Retorna o número da versão do módulo especificado.

ExtUtils::Liblist

Usado para construir um Makefile para um módulo Perl. Obtém uma lista de bibliotecas e retorna as linhas adequadas da plataforma que poderão ser incluídas no Makefile.

    require ExtUtils::Liblist;
    ExtUtils::Liblist::ext($biblios_potenciais[, $explicação]);

A lista de entrada *$biblios_potenciais* tem a forma *-lbiblio1 -lbiblio2 -lbiblio3*. Os caminhos adicionais da biblioteca poderão ser incluídos na forma *-L/outro/caminho*, que afetará as pesquisas de todas as bibliotecas subseqüentes. Se a *$explicação* booleana for especificada, as mensagens de saída explicativas serão fornecidas. Retorna uma lista de quatro valores escalares:

EXTRALIBS
   A lista das bibliotecas que precisam ser ligadas com *ld* ao ligar um binário Perl que inclui uma extensão estática.

LDLOADLIBS
   A lista de bibliotecas estáticas ou dinâmicas que podem ou têm que ser ligadas ao criar uma biblioteca compartilhada usando *ld*.

LD_RUN_PATH
   Uma lista de diretórios separada por dois pontos em LDLOADLIBS.

BSLOADLIBS
   A lista de bibliotecas que são necessárias mas podem ser ligadas dinamicamente ao DynaLoader durante a execução.

A versão Win32 (na distribuição Perl padrão) tem várias diferenças da versão OS/2 do Unix:
- *-I* e *-L* não são requeridos nas especificações da biblioteca e do caminho.
- As entradas têm que ser bibliotecas, não arquivos de objetos comuns.
- Se $biblios_potenciais estiver vazia, o valor de retorno também estará vazio.
- As bibliotecas especificadas poderão incluir as bibliotecas estáticas e de importação.
- LDLOADLIBS e EXTRALIBS são sempre idênticos; BSLOADLIBS e LD_RUN_PATH são sempre vazios.

ExtUtils::MakeMaker

Grava um Makefile para usar durante a instalação do módulo. Fornece uma função, WriteMakefile, que cria um objeto cujos atributos são definidos a partir de várias fontes e que grava de fato o Makefile. Veja o Capítulo 2 para obter informações sobre o uso do Makefile e do MakeMaker durante a instalação do módulo. Esta seção explica os detalhes da criação do Makefile com o MakeMaker. Ela supõe uma compreensão do *make* e dos Makefiles.

Se você for um programador Perl que escreve um módulo, deverá executar o *h2xs* para gerar o gabarito para seu módulo. Entre outras coisas, o *h2xs* cria um arquivo chamado *Makefile.PL* e é o *Makefile.PL* que executa o MakeMaker. Por outro lado, se você estiver instalando um módulo, poderá geralmente apenas executar o *Makefile.PL* que veio com o módulo, talvez adicionando um argumento PREFIX se estiver instalando o módulo localmente (veja o Capítulo 2). Em qualquer caso, você não deverá precisar executar o ExtUtils::MakeMaker diretamente a menos que tenha exigências especiais.

Uma chamada típica para o MakeMaker poderá ser parecida com este exemplo da distribuição CGI:

```
use ExtUtils::MakeMaker;
WriteMakefile(
        NAME => "CGI",
        DISTNAME => "CGI-modules",
        VERSION => "2.76",
        linkext => { LINKTYPE => '' },
        dist => (COMPRESS=>'gzip -9f', SUFFIX => 'gz'),
);
```

Os atributos do MakeMaker poderão ser transmitidos a WriteMakefile, como no exemplo, ou poderão ser transmitidos como os pares *nome=valor* na linha de comandos:

```
perl Makefile.PL PREFIX=/home/mydir/Perl/Modules
```

Para ver o que o MakeMaker está fazendo, você poderá informar:

```
perl Makefile.PL verbose
```

Os seguintes atributos poderão ser especificados:

C   A referência para o array de nomes de arquivo *.c. Inicializado a partir de uma varredura do diretório e parte dos valores do hash de atributos XS. Não usado atualmente pelo MakeMaker mas poderá ser útil nos *Makefile.PLs*.

CCFLAGS

A string a ser incluída na linha de comandos de chamada do compilador entre os argumentos INC e OPTIMIZE.

CONFIG

Uma referência do array que contém uma lista de atributos para obter a partir de %Config. Os seguintes valores são sempre adicionados ao CONFIG:

```
ar              cc              ccdlflags       ccdlflags
dlext           dlsrc           ld              lddlflags
ldflags         libc            lib_ext         obj_ext
ranlib          sitelibexp      sitearchexp     so
```

CONFIGURE

Uma referência para uma sub-rotina que deverá retornar uma referência do hash. O hash poderá conter mais atributos que precisarão ser determinados por algum método de avaliação.

DEFINE

Um atributo que contém definições adicionais.

DIR

Uma referência para o array de subdiretórios que contém os arquivos *Makefile.PL*.

DISTNAME

Seu nome para distribuir o pacote (pelo arquivo *tar*). Tem como default NAME, abaixo.

DL_FUNCS

Uma referência para um hash de nomes de símbolos para as rotinas que ficarão disponíveis como símbolos universais. Cada par chave/valor consiste no nome do pacote e em um array de nomes da rotina nesse pacote. Usado apenas no AIX (listas de exportação) e no VMS (opções do linker) atualmente. Tem como default "$PKG" => ["boot_$PKG"].

DL_VARS

O array de nomes de símbolo para as variáveis que ficarão disponíveis como símbolos universais. Atualmente usado apenas no AIX (listas de exportação) e no VMS (opções do linker). Tem como default [ ].

EXCLUDE_EXT

O array de nomes do módulo para excluir ao fazer uma construção estática. Ignorado se INCLUDE_EXT estiver presente.

EXE_FILES

A referência para o array de arquivos executáveis a ser copiado para o diretório INST_SCRIPT. *make realclean* irá apagá-los de lá.

NO_VC

Se definido, o Makefile não verificará a versão atual do MakeMaker em relação à versão na qual o Makefile foi construído. Deverá ser usado de maneira interativa, não gravado em seu arquivo *Makefile.PL*.

FIRST_MAKEFILE

O nome do Makefile a ser produzido. Tem como default o conteúdo do MAKEFILE, mas poderá ser anulado.

FULLPERL

O binário Perl que poderá executar este módulo.

H

A referência para o array de nomes de arquivo *h*. Semelhante ao atributo C.

IMPORTS

Usado apenas no OS/2.

INC

Os diretórios que contêm os arquivos de inclusão, na forma *-I*. Por exemplo:

```
INC => "-I/usr/5include -I/path/to/inc"
```

INCLUDE_EXT

O array de nomes do módulo a ser incluído ao fazer uma construção estática. Se presente, apenas esses módulos mencionados explicitamente serão usados para a construção (ao invés de todas as extensões instaladas). Não será necessário mencionar o DynaLoader ou o módulo atual ao preencher o INCLUDE_EXT — são sempre incluídos.

INSTALLARCHLIB

Usado pelo *make install*, que copiará os arquivos do INST_ARCHLIB para este diretório se INSTALLDIRS estiver definido para *perl*.

INSTALLBIN

O diretório no qual instalar os arquivos binários.

INSTALLDIRS

Determina qual dos dois conjuntos de diretórios de instalação escolher. Existem dois valores possíveis:

perl
    Usa os diretórios INSTALLPRIVLIB e INSTALLARCHLIB.

site
    O default. Usa os diretórios INSTALLSITELIB e INSTALLSITEARCH.

INSTALLMAN1DIR

O diretório onde as páginas manuais dos comandos são colocadas durante o *make install*. O default é $Config{installmanldir}.

INSTALLMAN3DIR

O diretório onde as páginas manuais dos comandos são colocadas durante o *make install*. O default é $Config{installman3dir}.

INSTALLPRIVLIB

Usado pelo *make install*, que copiará os arquivos do INST_LIB para este diretório se INSTALLDIRS estiver definido para perl.

INSTALLSCRIPT

Usado pelo *make install*, que copiará os arquivos do INST_SCRIPT para este diretório.

INSTALLSITELIB

Usado pelo *make install*, que copiará os arquivos do INST_LIB para este diretório se INSTALLDIRS estiver definido para site (o default).

INSTALLSITEARCH

Usado pelo *make install*, que copiará os arquivos do INST_ARCHLIB para este diretório se INSTALLDIRS estiver definido para site (o default).

INST_ARCHLIB

Igual ao INST_LIB para os arquivos dependentes da arquitetura.

INST_BIN

O diretório onde os arquivos binários reais são colocados durante o *make*, para uma cópia posterior para o INSTALLBIN durante o *make install*.

INST_EXE

Desaprovado. O antigo nome para INST_SCRIPT, que você deverá usar.

INST_LIB

O diretório para manter os arquivos da biblioteca para este módulo enquanto está sendo construído.

INST_MAN1DIR

O diretório para manter as páginas manuais dos comandos durante do *make*.

INST_MAN3DIR

O diretório para manter as páginas manuais das bibliotecas durante do *make*.

INST_SCRIPT

O diretório onde os arquivos executáveis deverão ser instalados durante o *make*. O default é *./blib/bin*, para ter um local provisório durante o teste. O *make install* copiará os arquivos em INST_SCRIPT para INSTALLSCRIPT.

LDFROM

Usado pelo comando *ld* para especificar os arquivos para ligar/carregar a partir de. O default é $(OBJECT).

LIBPERL_A

O nome de arquivo da biblioteca Perl que será usada com este módulo. O default é *libperl.a*.

LIB   Poderá ser definido apenas quando o *Makefile.PL* estiver sendo executado; INSTALLPRIVLIB e INSTALLSITELIB são definidos para o valor LIB.

LIBS

O array anônimo das especificações alternativas da biblioteca a ser pesquisado (em ordem) até que pelo menos uma biblioteca seja encontrada. Note que qualquer elemento do array contém um conjunto completo de argumentos para o comando *ld*.

LINKTYPE

Deverá ser usado apenas para aplicar a ligação estática (veja linkext abaixo). Os possíveis valores são static ou dynamic. O default será dynamic a menos que used1=undef esteja no *config.sh*.

MAKEAPERL

Booleano. Informa ao MakeMaker para incluir regras para criar um binário Perl. Normalmente lidado automaticamente pelo MakeMaker e não necessitado pelo o usuário.

MAKEFILE

O nome do Makefile a ser produzido.

MAN1PODS

A referência para um hash dos arquivos que contém o pod a ser convertido nas páginas manuais e instalado quando solicitado durante a configuração. O default é todos os arquivos EXE_FILES que incluem as diretivas pod.

MAN3PODS

A referência para um hash dos arquivos *.pm* ou *.pod* a ser convertido nas páginas manuais e instalado quando solicitado durante a configuração. O default é todos os arquivos *.pod* e quaisquer arquivos *.pm* que incluem as diretivas pod.

MAP_TARGET

O nome para o novo binário Perl se um for produzido. O default é perl.

MYEXTLIB

O nome da biblioteca que o módulo constrói e se liga.

NAME

O nome do módulo Perl para este módulo (por exemplo, DBD::Oracle). O default é o nome do diretório mas deverá ser definido explicitamente no *Makefile.PL*.

NEEDS_LINKING

Booleano. Poderá ser definido para agilizar o processamento do MakeMaker um pouco mais, mas não necessário uma vez que o MakeMaker descobrirá se a ligação é necessária.

NOECHO

Controla o recurso de eco (@) do *make*. O default é @. Definindo-o para uma string vazia, você poderá gerar um Makefile que repete todos os comandos. Usado principalmente ao depurar o próprio MakeMaker.

NORECURS

Booleano. Se definido, impedirá a descendência nos subdiretórios.

OBJECT

A lista de arquivos de objetos. O default é $(BASEEXT)$(OBJ_EXT); poderá ser definido para uma string longa que contém todos os arquivos de objetos.

OPTIMIZE
Se definido para -g, ativará a depuração. O default é -0. Transmitido ao subdiretório *makes*.

PERL
O binário Perl para as tarefas que podem ser feitas pelo miniperl.

PERLMAINCC
A chamada para o programa que pode compilar o *perlmain.c*. O default é $(CC).

PERL_LIB
O diretório que contém a biblioteca Perl a usar.

PERL_ARCHLIB
Igual ao PERL_LIB para os arquivos dependentes da arquitetura.

PERL_SRC
O diretório que contém o código-fonte Perl. Evite usar esse atributo, uma vez que poderá ser indefinido.

PL_FILES
Uma referência para o hash de arquivos a ser processado como os programas Perl. Por default, o MakeMaker transformará qualquer arquivo *.PL encontrado (exceto o *Makefile.PL*) em uma chave e o nome de base do arquivo no valor. Espera-se que os arquivos *.PL produzam a saída nos próprios arquivos de destino.

PM
A referência para o hash dos arquivos *.pm* e *.pl* a serem instalados.

PMLIBDIRS
A referência para o array de subdiretórios que contém os arquivos da biblioteca. O default é ['lib', $(BASEEXT)]. Os diretórios são percorridos e qualquer arquivo contido será instalado no local correspondente na biblioteca. Um método libscan poderá ser usado para alterar o comportamento. Definir PM no *Makefile.PL* anulará o PMLIBDIRS.

PREFIX
Poderá ser usado para definir os três atributos INSTALL* de uma só vez para que tenham PREFIX como um nó comum do diretório.

PREREQ_PM
A referência para um hash de módulos que precisa estar disponível para executar este módulo (por exemplo, Fcntl para SDBM_File). O nome de cada módulo requerido é a chave e a versão desejada é o valor. Se a versão requerida for 0, o MakeMaker verificará apenas para saber se qualquer versão está instalada.

SKIP
A referência para um array que especifica as seções do Makefile que não deverão ser gravadas. Não use o atributo SKIP para uma agilização insignificante, o que poderá danificar gravemente o Makefile resultante.

TYPEMAPS

A referência para o array de nomes de arquivo do mapa de tipos. Use quando os mapas de tipos estiverem em um diretório diferente do atual ou quando não forem um mapa de tipos nomeado. O último mapa de tipos na lista terá prioridade, mas um mapa de tipos no diretório atual tem uma prioridade mais alta mesmo que não esteja listado no TYPEMAPS. O mapa de tipos default do sistema tem a prioridade mais baixa.

VERSION

O número de sua versão para o pacote. O default é 0.1.

VERSION_FROM

Nomeia um arquivo para o MakeMaker analisar para encontrar o número da versão do pacote, portanto você não precisará especificar VERSION. O arquivo terá que conter uma única linha para calcular o número da versão. A primeira linha no arquivo que contém a expressão constante:

/([\$*])(([\w\:\']*)\bVERSION)\b.*\=/

será avaliada com a eval e o resultado será atribuído a VERSION.

XS

A referência para um hash de arquivos .xs. O MakeMaker tem como default isto. P o r exemplo:

{ 'name_of_file.xs' => 'name_of_file.c' }

Os arquivos .c são apagados automaticamente por um *make clean*.

XSOPT

A string de opções para transmitir ao *xsubpp*, que poderá incluir -C++ ou -extern, mas nenhum mapa de tipos, que ficará em TYPEMAPS.

XSPROTOARG

Poderá ser definido para uma string vazia, que é idêntica a -prototypes ou a -noprototypes. O default é a string vazia.

XS_VERSION

O número de sua versão para o arquivo .xs do pacote. O default é o valor de VERSION.

Os seguintes atributos com letras minúsculas poderão ser usados para transmitir parâmetros aos métodos que implementam a parte correspondente do Makefile:

clean

Os arquivos extras para clean.

depend

As dependências extras.

dist

As opções da distribuição.

dynamic_lib

As opções para o suporte da biblioteca dinâmica.

installpm

As opções da instalação relacionadas a AutoSplit. Desaprovado a partir do MakeMaker 5.23. Veja a entrada *pm_to_blib* do ExtUtils::Install.

linkext

O estilo da ligação.

macro

As macros extras a definir.

realclean

Os arquivos extras para *make realclean*.

tool_autosplit

Os atributos para o método tool_autosplit.

Se especificar os atributos não for suficiente para conseguir o que você deseja, poderá definir suas próprias sub-rotinas no *Makefile.PL* que retorna o texto a ser gravado no Makefile. Você poderá também anular as sub-rotinas do MakeMaker (descritas na seção sobre o ExtUtils::MM_Unix) desta maneira.

ExtUtils::Manifest

Fornece os utilitários para manter e usar um arquivo MANIFEST. O arquivo MANIFEST é basicamente uma lista compacta, incluída com um módulo, para que o usuário que instala o módulo possa assegurar que todos os arquivos estão de fato presentes. O arquivo criado pelo ExtUtils::Manifest é uma lista de nomes de arquivo, um por linha, com um comentário especial em cada linha.

O ExtUtils::Manifest usa opcionalmente um arquivo chamado MANIFEST.SKIP, que contém as expressões constantes que especificam os arquivos que não serão incluídos no MANIFEST. O Manifest também define duas variáveis globais que são usadas por várias funções.

`$ExtUtils::Manifest::MANIFEST`

O nome do arquivo MANIFEST. Alterar o valor resultará em arquivos MANIFEST e MANIFEST.SKIP diferentes. O default é MANIFEST.

`$ExtUtils::Manifest::Quiet`

Se true, as funções funcionarão silenciosamente. O default é 0.

Fornece seis funções, que são exportáveis ao solicitar.

filecheck

filecheck

Localiza os arquivos abaixo do diretório atual que não são mencionados no arquivo MANIFEST. Consulta o MANIFEST.SKIP para obter os arquivos que não deverão ser incluídos.

fullcheck

fullcheck

Faz o manicheck e o filecheck.

manicheck

manicheck

Verifica se todos os arquivos no arquivo MANIFEST do diretório atual realmente existem.

manicopy

manicopy (*leitura, destino, como*)

Copia os arquivos para um diretório de destino. Tem os seguintes argumentos:

leitura
> O hash cujas chaves são os nomes dos arquivos a serem copiados, geralmente retornados por maniread.

destino
> O diretório de destino para o qual os arquivos serão copiados.

como
> Poderá ser usado para especificar um método diferente de "cópia". Os valores são:
>
> cp   Copia os arquivos.
>
> ln   Cria ligações permanentes.
>
> best   Liga os arquivos, mas copia qualquer ligação simbólica para criar uma árvore sem ligações simbólicas. (O default.)

mkmanifest

mkmanifest

Grava os nomes de todos os arquivos em e abaixo do diretório atual, grava no arquivo no diretório atual que está nomeado na variável $ExtUtils::Manifest::MANIFEST. Pula os arquivos no MANIFEST.SKIP.

manifind

manifind

Retorna uma referência do hash cujas chaves são os arquivos encontrados abaixo do diretório atual. Os valores são strings nulas, representando os comentários MANIFEST que não existem lá.

maniread

maniread *([arquivo])*

Lê o arquivo MANIFEST especificado no *$arquivo* (o default é MANIFEST). Retorna uma referência do hash cujas chaves são os nomes de arquivo e cujos valores são os comentários. Descarta as linhas em branco e as linhas que começam com #.

skipcheck

skipcheck

Lista os arquivos que foram pulados porque foram encontrados no MANIFEST.SKIP.

ExtUtils::Miniperl

Gera um arquivo *perlmain.c*, que contém o código de bootstrap para tornar disponíveis os módulos associados às bibliotecas de dentro do Perl. O próprio ExtUtils::Miniperl será gerado automaticamente a partir de um script chamado *mininod.PL* quando o Perl for construído; geralmente, é usado de dentro de um Makefile gerado pelo ExtUtils::MakeMaker ao invés de ser chamado diretamente. O módulo exporta uma sub-rotina.

writemain

writemain *(dirs)*

Obtém uma lista de argumentos de diretórios que contém as bibliotecas de armazenamento necessárias para os módulos Perl e grava o arquivo a ser compilado como *perlmain.c* em STDOUT.

ExtUtils::Mkbootstrap

Geralmente chamado a partir de um *Makefile* do módulo. Grava um arquivo **.bs* que é necessário para algumas arquiteturas fazerem o carregamento dinâmico.

```
use ExtUtils::Mkbootstrap;
mkbootstrap( );
```

ExtUtils::Mksysmlists

Produz os arquivos de opção usados pelos linkers de alguns sistemas operacionais durante a criação das bibliotecas compartilhadas para as extensões dinâmicas. Normalmente chamado a partir de um *Makefile* quando um módulo é construído; exporta uma função.

Mksymlists

Mksymlists *(lista_var)*

Cria o arquivo de opções do linker. O argumento *lista_var* é uma lista de pares chave/valor; por exemplo:

```
use ExtUtils::Mksymlists;
Mksymlists({NAME       => $name,
            DL_VARS    => [$var1, $var2, $var3],
            DL_FUNCS   => [$pkg1 => [$func1, $func2],
                           $pkg2 => [$func3]});
```

As chaves válidas são:

DLBASE

O nome pelo qual o linker conhece o módulo. Se não especificada, será derivada do atributo NAME. Atualmente usada apenas pelo OS/2.

DL_FUNCS

Idêntica ao atributo DL_FUNCS do MakeMaker e geralmente obtida dele. Seu valor é uma referência para um hash, onde cada chave é um nome do pacote e cada valor é uma referência para um array de nomes da função a serem exportados pelo módulo.

DL_VARS

Idêntica ao atributo DL_VARS do MakeMaker e geralmente obtida dele. Seu valor é uma referência para um array de nomes da variável a serem exportados pela extensão.

FILE

O nome do arquivo de opções do linker (menos a extensão específica do OS) se você não quiser usar o valor default (a última palavra do atributo NAME).

FUNCLIST

Uma maneira alternativa de especificar os nomes da função a serem exportados do módulo. Seu valor é uma referência para um array de nomes da função a serem exportados, que são transmitidos inalterados para o arquivo de opções do linker.

NAME

O nome do módulo para o qual o arquivo de opções do linker será produzido. Deverá sempre ser especificado.

ExtUtils::MM_OS2

Fornece métodos para usar com o MakeMaker para os sistemas OS/2. Usado internamente pelo MakeMaker se necessário. Veja ExtUtils::MM_Unix para obter a documentação dos métodos fornecidos lá. Anula a implementação dos métodos, não a interface.

ExtUtils::MM_Unix

Fornece métodos para o MakeMaker para lidar com as questões da portabilidade. Você nunca precisará aplicar a require nesse módulo, mas poderá querer se estiver trabalhando no aperfeiçoamento da portabilidade do MakeMaker.

Fornece métodos para os sistemas Unix e diferentes do Unix; nos sistemas diferentes do Unix, eles poderão ser anulados pelos métodos definidos nos outros módulos MM_*. Os métodos são listados aqui:

catdir

catdir *lista*

Concatena uma lista de nomes do diretório para formar um caminho completo terminando com um diretório. No Unix, reúne os nomes com /.

catfile

catfile *lista*

Concatena um ou mais nomes do diretório e um nome de arquivo para formar um caminho completo terminando com um nome de arquivo. No Unix, reúne os nomes com /.

dir_target

dir_target *array*

Obtém um array de nomes do diretório requeridos e retorna uma entrada *Makefile* para criar um arquivo *.exists* nos diretórios. Não retornará nada se a entrada já tiver sido processada.

file_name_is_absolute

file_name_is_absolute *nome_do_arquivo*

Obtém um caminho como argumento e retornará true se for um caminho absoluto.

find_perl

find_perl *versão, \nomes, \dirs, rastreamento*

Pesquisa um executável Perl. Tem os seguintes argumentos:

versão

O executável terá que ser pelo menos da versão fornecida pela *versão*.

\nomes

A referência do array. O nome do executável terá que ser uma entrada no array.

\dirs
>A referência do array. O executável terá que estar em um diretório que é uma das entradas no array.

rastreamento
>Se o *rastreamento* for true, imprimirá informações sobre a depuração.

guess_name

guess_name
Adivinha o nome do pacote baseado no nome do diretório de trabalho. Chamado apenas se o atributo NAME estiver faltando.

has_link_code

has_link_code
Retornará true se houver C, XS, MYEXTLIB ou objetos semelhantes nesse objeto que precisam de um compilador. Não descende em subrotinas.

libscan

libscan *nome_do_arquivo*
Usa init_dirscan para encontrar um arquivo; retornará false se o arquivo não tiver que ser incluído na biblioteca. Usado basicamente para impedir que os diretórios de controle da revisão sejam instalados.

lsdir

lsdir *dir, expr_const*
Retorna todas as entradas no diretório especificado que coincidem com a expressão constante. Tem os seguintes argumentos:

dir
>O nome do diretório.

expr_const
>A expressão constante para coincidir com as entradas.

maybe_command_in_dirs

maybe_command_in_dirs
Para um futuro uso.

maybe_command

maybe_command *nome_do_arquivo*
Retornará true se o *nome_do_arquivo* provavelmente for um comando.

needs_linking

needs_linking
Retornará true se o módulo precisar de uma ligação. Pesquisa os subdiretórios.

nicetext

nicetext *destino*
A versão MM_Unix retornará o argumento sem processamento.

path

path
Retorna a variável-ambiente PATH como um array.

perl_script

perl_script *nome_do_arquivo*
Retornará true se o *nome_do_arquivo* provavelmente for um script Perl. Com MM_Unix, será true para qualquer arquivo legível comum.

prefixify

prefixify *nome_atrib, antigo_prefixo, novo_prefixo*
Processa um atributo do caminho em $self->{ *nome_atrib* }. Pesquisará o atributo em %Config se não tiver um valor. Tem os seguinte argumentos:

nome_atrib
    O nome do atributo a ser processado.

antigo_prefixo
    O prefixo a ser substituído.

novo_prefixo
    O novo prefixo, substituído no lugar.

replace_manpage_separator

replace_manpage_separator *nome_do_arquivo*
Obtém o nome do arquivo de um pacote e substitui o delimitador de subdiretório (/ no Unix) por ::. Retornará o nome alterado.

Métodos para produzir o Makefile

O ExtUtils::MM_Unix tem alguns métodos que são chamados em seqüência para produzir um Makefile. A lista de métodos é especificada no array @ExtUtils::MakeMaker::MM_Sections, um método por seção. As rotinas são chamadas da mesma maneira e portanto são apenas listadas aqui. Cada método retornará a string a ser colocada em sua seção do *Makefile*.

Os métodos são chamados na ordem em que estão listados na tabela a seguir, lendo para baixo as colunas:

post_initialize	top_targets	realclean
const_config	linkext	dist_basics
constants	dlsyms	dist_core
const_loadfiles	dynamic	dist_dir
const_cccmd	dynamic_bs	dist_test
tool_autosplit	dynamic_lib	dist_ci
tool_xsubpp	static	install
tools_other	static_lib	force
dist	installpm	perldepend
macro	installpm_x	makefile
depend	manifypods	staticmake
post_constants	processPL	test
pasthru	installbin	test_via_harness
c_o	subdirs	test_via_script
xs_c	subdir_x	postamble
xs_o	clean	

Finalmente, existem dois métodos especiais: post_initialize e postamble. Cada um retorna uma string vazia por default e podem ser definidos no *Makefile.PL* para inserir um texto personalizado próximo ao início ou final do *Makefile*.

ExtUtils::MM_VMS

Fornece métodos para usar com o MakeMaker para os sistemas VMS. Usado internamente pelo MakeMaker se necessário. Veja ExtUtils::MM_Unix para obter a documentação dos métodos fornecidos lá. Anula a implementação dos métodos, não a interface.

ExtUtils::MM_Win32

Fornece métodos para usar com o MakeMaker para os sistemas Win32. Usado internamente pelo MakeMaker na distribuição padrão do Win32 Perl, se necessário. Veja ExtUtils::MM_Unix para obter uma documentação dos métodos fornecidos lá. Anula a implementação desses métodos, não a interface.

catfile

catfile

Concatena um ou mais nomes de diretório e um nome de arquivo para formar um caminho completo, terminado com um nome de arquivo.

constants

constants

Inicializa as constantes, .SUFFIXES e .PHONY.

static_lib

static_lib

Define como produzir os arquivos *.a (ou equivalentes).

dynamic_bs

dynamic_bs

Define os destinos para os arquivos de bootstrap.

dynamic_lib

dynamic_lib

Define como produzir os arquivos *.so (ou equivalentes).

canonpath
canonpath
Executa uma limpeza lógica de um caminho.

perl_script
perl_script *nome_do_arquivo*
Obtém um argumento, um nome do arquivo e retornará o nome do arquivo se o argumento provavelmente for um script Perl.

pm_to_blib
pm_to_blib
Define um destino que copia todos os arquivos no hash PM para seu destino e divide-os automaticamente. Veja o ExtUtils::Install.

test_via_harness
test_via_harness
O método de auxílio para escrever os destinos de teste.

tool_autosplit
tool_autosplit
Usa as aspas do tipo Win32 na linha de comandos.

tools_other
tools_other
O Win32 anula. Define SHELL, LD, TOUCH, CP, MV, RM_F, RM_RF, CHMOD e UMASK_NULL no Makefile. Também define os programas Perl MKPATH, WARN_IF_OLD_PACKLIST, MOD_INSTALL, DOC_INSTALL e UNINSTALL.

xs_o
xs_o
Define as regras de sufixo para ir do XS para os arquivos de objeto diretamente.

top_targets
top_targets
Define os destinos all, subdirs, config e O_FILES.

manifypods
manifypods
Não desejamos o processo da página manual.

dist_ci
dist_ci
Altera as aspas da linha de comandos. (Igual à versão MM_Unix.)

dist_core
dist_core
Altera as aspas da linha de comandos (Igual à versão MM_Unix.)

pasthru
pasthru
Define a string que é transmitida para as chamadas *make* recursivas nos subdiretórios.

ExtUtils::Packlist

Gerencia os arquivos *.packlist*. Suporta um formato *.packlist* estendido. O formato original é uma lista de nomes do caminho absoluto, um nome do caminho por linha. No formato estendido, cada linha poderá também conter uma lista de atributos como os pares chave/valor, que são usados pelo script *installperl*. Por exemplo:

```
/usr/local/bin/perl from=/usr/local/pbeta/bin/perl15.005 type=link
/usr/local/bin/perl5.005 type=file
/usr/local/lib/perl5/5.005/AnyDBM_File.pm type=file
```

Veja também ExtUtils::Installed

new

$pl = ExtUtils::Packlist->new([arquivo_pl])

O construtor. Obtém o nome de um *.packlist* como o parâmetro opcional e retorna uma referência para um hash que tem uma entrada para cada linha no *.packlist* do tipo antigo. Para os arquivos no formato estendido, o valor para cada chave é um hash que contém os pares chave/valor na linha associada à essa chave.

packlist_file

$pl->packlist_file( )

Retorna o nome do arquivo *.packlist* associado.

read

$pl->read([arquivo_pl])

Lê o *.packlist* especificado pelo parâmetro *arquivo_pl* se fornecido; do contrário lê o arquivo associado a $pl. Chamará Carp::croak se o arquivo não existir.

validate

$pl->validate([arg])

Verifica se cada arquivo no *.packlist* existe. Um argumento opcional poderá ser especificado; se o argumento estiver presente e for avaliado como true, os arquivos que faltam serão removidos do hash interno. Retornará uma lista dos arquivos que faltam ou uma lista vazia se os arquivos existirem.

write

$pl->write([arquivo_pl])

Grava em um *.packlist*. Opcionalmente obtém o nome do *.packlist* a ser gravado; do contrário sobregravará o *.packlist* associado a $pl. Se o valor associado a uma chave do hash for um escalar, a entrada gravada no *.packlist* será um simples nome de arquivo. Se o valor for um hash, a entrada gravada será o nome do arquivo seguido dos pares chave/valor a partir do hash.

ExtUtils::testlib

Usado para testar um módulo depois de ter sido construído e antes de ser instalado, quando você não deseja (ou não pode) executar o *make test*. Adicionar:

```
use ExtUtils::testlib;
```

ao seu programa de teste fará com que os diretórios intermediários usados pelo *make* sejam adicionados ao @INC, permitindo que você execute o teste.

Fatal

Fornece uma maneira de substituir as funções que retornam false no caso de falha por equivalentes que se encerram, portanto você poderá usar as funções sem ter que testar explicitamente os valores de retorno. O Fatal informa os erros através de die; você poderá interceptá-los com $SIG{_ _DIE_ _} se quiser executar alguma ação antes do programa sair. Você poderá usar o Fatal para as funções definidas pelo usuário ou para os operadores básicos do Perl, exceto exec e system.

import

import Fatal *função*

Integra uma *função* em uma função equivalente que aplicará a die no caso de falha.

Fcntl

Uma conversão do programa *fcntl.h* do C que usa o *h2xs* (que constrói uma extensão Perl a partir de um arquivo de cabeçalho C) e o compilador C para converter os símbolos #define e torná-los disponíveis como funções. Exporta as seguintes rotinas por default; cada rotina retornará o valor do #define que é igual ao nome da rotina:

FD_CLOEXEC	F_DUPFD	F_GETFD	F_GETFL	F_GETLK
F_RDLCK	F_SETFD	F_SETFL	F_SETLK	F_SETLKW
F_UNLCK	F_WRLCK	O_APPEND	O_CREAT	O_EXCL
O_NDELAY	O_NOCTTY	O_NONBLOCK	O_RDONLY	O_RDWR
O_TRUNC	O_WRONLY			

fields

O pragma que fornece a capacidade de definir os campos da classe durante a compilação, atualizando o hash %FIELDS no pacote que chama. O hash %FIELDS é configurado durante a compilação também; use o pragma base para copiar os campos das classes de base e então fields para adicionar novos campos. Permite que você tenha objetos com campos nomeados que são tão compactos e rápidos quanto os arrays para acessar. Para obter mais detalhes, veja a página manual *fields* e a seção do pseudo-hash da página manual *perlref*.

File::Basename

Analisa o caminho de um arquivo, retornando suas três partes componentes: o caminho para o arquivo, o nome de base do arquivo e a extensão do arquivo. Por exemplo, para:

    /usr/local/lib/perl5/SelectSaver.pm

o caminho será *usr/local/lib/perl5*, o nome de base será *SelectSaver* e a extensão será *.pm*. O File::Basename exporta as seguintes funções:

basename

basename *(nome_completo[, lista_sufix])*

Retorna o primeiro elemento da lista que seria produzido se você chamasse fileparse com os mesmos argumentos. Fornece a compatibilidade com o comando *basename* do Unix. Tem os seguintes argumentos:

nome_completo
    A especificação do arquivo de entrada.

lista_sufix
    A lista opcional contendo os padrões a serem coincididos com o final do *nome_completo* para encontrar o sufixo.

dirname

dirname *(nome_completo)*

Retorna a parte de diretório da especificação do arquivo de entrada. O *nome_completo* é a especificação do arquivo de entrada.

fileparse

fileparse *(nome_completo[, lista_sufix])*

Divide uma especificação do arquivo em três partes, retornando-as na ordem: nome do arquivo, caminho, sufixo.

    ($name, $path, $suffix) = fileparse($fullname, @suffixlist)

Os argumentos são iguais para basename.

fileparse_set_fstype

fileparse_set_fstype *(string-os)*

Chamada antes das outras rotinas para selecionar a devida sintaxe da especificação do arquivo para seu sistema operacional, para ser usada nas futuras chamadas do File::Basename. Os valores válidos atualmente para $string-os (o sistema operacional) são VMS, MSWIN32, MSDOS, AmigaOS, os2, RISCOS e MacOS. Usa a sintaxe Unix por default.

File::CheckTree

Executa os testes do arquivo em um conjunto de arquivos. Exporta uma função, validate, que tem uma única string com diversas linhas como entrada. Cada linha da string contém um nome de arquivo mais um teste para executar no arquivo. O teste poderá ser seguido de | | die para torná-lo um erro fatal se falhar. O default é | | warn. Colocar ! à esquerda do teste inverterá o sentido do teste. Você poderá agrupar os testes (por exemplo -rwx); apenas o primeiro teste do grupo que falhou produzirá um aviso. Por exemplo:

```
use File::CheckTree;
$warning += validate( q{
    /vmunix        -e | | die
    /bin           cd
        csh        ! -ug
        sh         -ex
    /usr           -d | | warn "What happened to $file?\n"
});
```

Os testes disponíveis incluem todos os operadores padrões de teste de arquivo do Perl, exceto *-t*, *-M*, *-A* e *-C*. A não ser que se encerre, validade retornará o número de avisos enviados.

File::Compare

Compara o conteúdo de duas fontes, cada uma poderá ser um arquivo ou um handle de arquivo. Retornará 0 se as fontes forem iguais, 1 se forem diferentes e -1 no caso de erro. O File::Compare fornece duas funções:

---

compare

    compare *(arquivo1, arquivo2[, tamanho_buffer])*

        Compara o *arquivo1* com o *arquivo2*. Exportada por default. Se presente, o *tamanho_buffer* especificará o tamanho do buffer a usar para a comparação.

---

cmp

    cmp *(arquivo1, arquivo2[, tamanho_buffer])*

        cmp é um sinônimo de compare. Exportada ao solicitar.

File::Copy

Copia ou move os arquivos ou handle de arquivos de um local para outro. Retornará 1 no caso de sucesso, 0 ao falhar ou definirá $! ao errar.

copy

copy *(origem, dest[, tamanho_buffer])*

Copia a *origem* para o *dest*. Tem os seguintes argumentos:

origem

A string de origem. A referência FileHandle ou a global FileHandle. Se a *origem* for um handle de arquivo, será lida a partir de; se for um nome de arquivo, o handle de arquivo será aberto para a leitura.

dest

A string de destino. A referência do FileHandle ou a global FileHandle. O *dest* será criado se necessário e gravado.

tamanho_buffer

Especifica o tamanho do buffer a ser usado para copiar. Opcional.

cp

cp *(origem, dest[, tamanho_buffer])*

Como copy, mas exportada apenas ao solicitar.

```
use File::Copy "cp"
```

move

move *(origem, dest)*

Move a *origem* para o *dest*. Se o destino existir e for um diretório, e a origem não for um diretório, então o arquivo-fonte será renomeado no diretório especificado pelo *dest*.

Os valores de retorno são iguais aos de copy.

mv

mv *(origem, dest)*

Como move, mas exportada apenas ao solicitar.

```
use File::Copy "mv"
```

File::DosGlob

Fornece um englobamento do tipo DOS aperfeiçoado e portável para a distribuição padrão do Perl. O DosGlob permite usar curingas nos caminhos do diretório, não leva em conta as letras maiúsculas e minúsculas e aceita barras invertidas e barras comuns (embora você possa ter que dobrar as barras invertidas). Poderá ser executado de três maneiras:

- A partir de um script Perl:

  ```
  require 5.004
  use File::DosGlob 'glob';


  @perlfiles = glob "..\pe?l/*.p?";
  print <..\pe?l/*.p?>;
  ```

- Com o comando *perl*, na linha de comandos:

  ```
  # from the command line (overrides only in main::)
  (a partir da linha de comandos (anula apenas no main::)
  % perl -MFile::DosGlob=glob -e "print <../pe*/*p?>"
  ```

- Com o programa *perlglob.bat* na linha de comandos do DOS:

  ```
  % perlglob ../pe*/*p?
  ```

Quando chamado como um programa a partir da linha de comandos, o File::DosGlob imprimirá nomes de comando separados por nulos em STDOUT.

File::Find

Procura os arquivos que coincidem com uma determinada expressão. Exporta duas funções:

find

find *(\&desejada, dir1[, dir2. . .])*

Funciona como o comando *find* do Unix; percorre os diretórios especificados, procurando os arquivos que coincidem com as expressões ou ações especificadas em uma sub-rotina chamada wanted, que você terá que definir. Por exemplo, para imprimir os nomes de todos os arquivos executáveis, você poderá definir wanted assim:

```
sub wanted {
    print "$File::Find::name\n" if -x;
}
```

Fornece as seguintes variáveis:

`$File::Find::dir`

O nome do diretório atual ($_ tem o nome de arquivo atual nesse diretório).

$File::Find::name

Contém "$File::Find::dir/$_". Você terá aplicado o *chdir* no $File::Find::dir quando find for chamado.

$File::Find::prune

Se true, find não descenderá em nenhum diretório.

$File::Find::dont_use_nlink

Defina esta variável se você estiver usando o Andrew File System (AFS ou Sistema de Arquivos Andrew).

finddepth

finddepth *(\&desejada, dir1[, dir2...])*

Como find, mas faz primeiro uma pesquisa profunda.

A distribuição Perl padrão vem com um script Perl, *find2perl*, que obtém um comando *find* do Unix e transforma-o em uma sub-rotina wanted.

File::Path

Cria e apaga diversos diretórios com as permissões especificadas. Exporta dois métodos:

mkpath

mkpath *(caminho, bool, perm)*

Cria um caminho do diretório e retorna uma lista de todos os diretórios criados. Tem os seguintes argumentos:

caminho

O nome do caminho ou referência para uma lista de caminhos a criar.

bool

Booleano. Se true, mkpath imprimirá o nome de cada diretório quando for criado. O default é false.

perm

O modo numérico indicando as permissões a usar quando criar os diretórios. O default é 0777.

rmtree

rmtree *(raiz, impr, pular)*

Apaga as subárvores da estrutura de diretórios, retornando o número de arquivos apagados com sucesso. As ligações simbólicas são tratadas como arquivos comuns. Tem os seguintes argumentos:

raiz
    A raiz da subárvore para apagar ou referir-se a uma lista de raízes. As raízes, todos os arquivos e diretórios abaixo de cada raiz serão apagados.

impr
    Booleano. Se true, rmtree imprimirá uma mensagem para cada arquivo, dizendo o nome do arquivo e se está usando rmdir ou unlink para removê-lo (ou se está pulando o arquivo). O default é false.

pular
    Booleano. Se true, rmtree pulará qualquer arquivo para o qual você não tem o acesso de eliminação (no VMS) ou o acesso de gravação (em outros sistemas operacionais). O default é false.

File::Spec

Executa operações comuns nas especificações do arquivo de uma maneira portável. Para tanto, carrega automaticamente o devido módulo específico do sistema operacional, que é File::Spec::Mac, File::Spec::OS2, File::Spec::Unix, File::Spec::VMS ou File::Spec::Win32. A referência completa das funções disponíveis é dada no File::Spec::Unix; as funções são herdadas por outros módulos e anuladas quando necessário. As sub-rotinas deverão ser chamadas como métodos da classe, ao invés de diretamente.

File::Spec::Mac

O File::Spec para o MacOS.

canonpath
File::Spec->canonpath
Nada a fazer; retorna o que é dado.

catdir
File::Spec->catdir*(dir[, dir...])*
Concatena dois ou mais nomes de diretório para formar um caminho completo. Termina com um nome de diretório e anexará : à direita se não houver um. Você poderá obter um caminho relativo iniciando o primeiro argumento com : ou colocando "" como o primeiro argumento.

catfile

File::Spec->catfile(*dir[,dir...], arquivo*)
Concatena um ou mais nomes de diretório e um nome de arquivo para formar um caminho completo que termina com um nome de arquivo. Usa catdir.

curdir

File::Spec->curdir
Retorna a string que representa o diretório atual.

file_name_is_absolute

File::Spec->file_name_is_absolute(*caminho*)
Tem um caminho como argumento e retornará true se for um caminho absoluto.

path

File::Spec->path
Retorna uma lista nula para as aplicações MacPerl ou $ENV{Commands}, devidamente dividido, para a ferramenta MacPerl no MPW.

rootdir

File::Spec->rootdir
Retorna a string que representa o diretório-raiz. No MacPerl, retornará o nome do volume de inicialização.

updir

File::Spec->updir
Retorna a string que representa o diretório-pai.

File::Spec::OS2

O File::Spec para o OS/2. Anula a implementação dos métodos File::Spec::Unix, mas não a interface.

File::Spec::Unix

O File::Spec para o Unix. Fornece métodos para o File::Spec usar na manipulação das especificações do arquivo.

canonpath
File::Spec->canonpath
Faz uma limpeza lógica do caminho.

catdir
File::Spec->catdir*(dir[, dir...])*
Concatena dois ou mais nomes de diretório para formar um caminho completo. Termina com um nome de diretório.

catfile
File::Spec->catfile*(dir[, dir...], arquivo)*
Concatena um ou mais nomes de diretório e um nome de arquivo para formar um caminho completo que termina com um nome de arquivo.

curdir
File::Spec->curdir
Retorna ., representando o diretório atual.

file_name_is_absolute
File::Spec->file_name_is_absolute*(caminho)*
Tem um caminho como argumento e retornará true se for um caminho absoluto.

join
File::Spec->join*(dir[,dir...], arquivo)*
Igual a catfile.

no_upwards

File::Spec->no_upwards(arquivos)

Corta os nomes dos arquivos que se referem a um diretório-pai a partir de uma lista de nomes de arquivo. Não corta as ligações simbólicas.

path

File::Spec->path

Retorna a variável-ambiente PATH como um array.

rootdir

File::Spec->rootdir

Retorna /, representando o diretório-raiz.

updir

File::Spec->updir

Retorna .., representando o diretório-pai.

File::Spec::VMS

O File::Spec para o VMS. Anula a implementação dos métodos File::Spec::Unix, mas não a interface.

catdir

File::Spec->catdir(espec_dir)

Concatena uma lista de diretórios e retorna o resultado como uma especificação do diretório com a sintaxe VMS.

catfile

File::Spec->catfile(espec_arquivo)

Concatena uma lista de especificações de arquivo e retorna o resultado como um caminho.

curdir
File::Spec->curdir
Retorna a string que representa o diretório atual.

file_name_is_absolute
File::Spec->file_name_is_absolute(*caminho*)
Tem um caminho como argumento e retornará true se for um caminho absoluto. Verifica a especificação do diretório VMS assim como os separadores Unix.

path
File::Spec->path
Converte o nome lógico DCL$PATH como uma lista de pesquisa.

rootdir
File::Spec->rootdir
Retorna a string que representa o diretório-raiz.

updir
File::Spec->updir
Retorna a string que representa o diretório-pai.

File::Spec::Win32

O File::Spec para o Win32. Anula a implementação dos métodos File::Spec::Unix, mas não a interface.

canonpath
File::Spec->canonpath
Executa uma limpeza lógica de um caminho, não verifica fisicamente o sistema de arquivos.

catfile

File::Spec->catfile(*dir[, dir...], arquivo*)

Concatena um ou mais nomes do diretório e um nome de arquivo para formar um caminho completo que termina com um nome de arquivo.

File::stat

Fornece as mesmas informações de status do arquivo das funções stat e lstat do Perl. Exporta duas funções que retornam os objetos File::stat. Os objetos têm métodos que retornam os campos equivalentes a partir da chamada *stat(2)* do Unix.

Campo	Significado
dev	O número de dispositivo do sistema de arquivos
ino	O número i-nó
mode	O modo do arquivo
nlink	O número de ligações com o arquivo
uid	O ID do usuário numérico do proprietário
gid	O ID do grupo numérico do proprietário
rdev	O identificador do dispositivo
size	O tamanho do arquivo, em bytes
atime	A hora do último acesso
mtime	A hora da última modificação
ctime	A hora da alteração do i-nó
blksize	O tamanho do bloco preferido para a E/S do sistema de arquivos
blocks	O número de blocos alocados

Você poderá acessar os campos de status com os métodos ou importando os campos para seu espaço do nome com a marca de importação :FIELDS e então acessando-os prefixando st_ ao nome do campo (por exemplo, $st_mode). Estes são exemplos de como fazer das duas maneiras:

```
use File::stat;

$stats = stat($file);
print $stats->uid;
print $st_uid;
```

stat

stat *(arquivo)*

Retorna as informações de status para o arquivo ou handle de arquivo apontado pelo *arquivo*. Se o *arquivo* for uma ligação simbólica, retornará as informações para o arquivo para o qual a ligação aponta.

lstat

lstat *(arquivo)*

Retorna as mesmas informações de stat, mas se o *arquivo* for uma ligação simbólica, retornará as informações de status para a ligação.

FileCache

Fecha e reabre os arquivos quando necessário para que você possa sempre gravar em um arquivo mesmo que já tenha o número máximo de arquivos abertos. Exporta uma função:

cacheout

cacheout *(caminho)*

Assegura que o arquivo no *caminho* será criado e ficará acessível através do handle de arquivo também nomeado como o *caminho*. Você não precisará chamar cacheout entre os acessos sucessivos para o mesmo arquivo.

FileHandle

Fornece os métodos do objeto para trabalhar com os handles de arquivo. Fornece os seguintes métodos:

new

$fh= **new FileHandle** *[nome_do_arquivo[, modo]]*

O construtor. Cria um handle de arquivo, que é uma referência para um símbolo recém-criado. Os parâmetros opcionais, *nome_do_arquivo* e *modo*, serão transmitidos a open. O objeto FileHandle será retornado se a abertura for bem-sucedida, do contrário será destruído.

new_from_fd

$fh = new_from_fd *Handle_de_Arquivo d_a, modo*

O construtor. Cria um handle de arquivo, mas obtém o descritor de arquivos, *d_a*, ao invés do *nome_do_arquivo* como um parâmetro, juntamente com o *modo*; os parâmetros são requeridos.

fdopen

$fh->fdopen *nome_d_a [modo_abert]*

Como open, exceto que seu primeiro parâmetro não é um nome de arquivo, mas o nome de um handle de arquivo, um objeto FileHandle ou um número do descritor de arquivos.

getpos

*$pos = $fh->***getpos**

Se as funções fgetpos(3) e fsetpos(3) do C estiverem disponíveis, o getpos retornará a posição atual, *$pos*, do FileHandle.

open

$fh->open *nome_do_arquivo [modo_abert]*

Obtém o *nome_do_arquivo*, opcionalmente o modo de abertura e abre um arquivo. Se o modo estiver presente, poderá estar na forma Perl (por exemplo >, +<) ou na forma POSIX (por exemplo, w, r+).

setpos

*$fh->***setpos** *pos*

Usa o valor (*pos*) retornado pelo getpos para restaurar uma posição anterior do FileHandle.

setvbuf

*$fh->***setvbuf**(*parâms*)

Tem os mesmos parâmetros da função setvbuf(3) do C e usa a função C para definir a estratégia do buffer para o FileHandle.

Os seguintes métodos FileHandle adicionais agem como front-ends para as funções Perl predefinidas correspondentes (veja o livro *Programming Perl* da O'Reilly ou a página manual *perlfunc* para obter mais detalhes):

```
clearerr   getc
close      gets
eof        seek
fileno     tell
```

O próximo grupo de métodos FileHandle corresponde às variáveis especiais do Perl (veja o *Programming Perl* ou a página manual *perlvar*):

```
autoflush                      format_page_number
format_formfeed                format_top_name
format_line_break_characters   input_line_number
format_lines_left              input_record_separator
format_lines_per_page          output_field_separator
format_name                    output_record_separator
```

Finalmente, os seguintes métodos são úteis:

$fh->print
 Veja a função print predefinida do Perl.

$fh->printf
 Veja a função printf predefinida do Perl.

$fh->getline
 Funciona como a construção <FILEHANDLE> do Perl, exceto que poderá ser chamada com segurança em um contexto do array (mas ainda retorna apenas uma linha).

$fh->getlines
 Funciona como a construção <FILEHANDLE> do Perl quando chamada em um contexto do array para ler todas as linhas restantes em um arquivo.

FindBin

Localiza o caminho completo para o diretório *bin* de um script, deixando que você use caminhos relativos para esse diretório sem precisar saber o local real:

```
use FindBin;
use lib "$FindBin::Bin/../lib";
```
ou:
```
use FindBin qw($Bin);
use lib "$Bin/../lib";
```

O FindBin exporta as seguintes variáveis:

$Bin

O caminho para o diretório *bin* a partir do qual o script foi chamado.

$Script

O nome de base do script a partir do qual o Perl foi chamado.

$RealBin

O $Bin com todas as ligações resolvidas.

$RealScript

O $Script com todas as ligações resolvidas.

Se você chamar o Perl com a opção *-e* ou ler o script Perl a partir de STDIN, então o FindBin definirá $Bin e $RealBin para o diretório atual.

GDBM_File

Permite que os programas Perl utilizem os recursos fornecidos pela biblioteca gdbm GNU. A maioria das funções *libgdbm.a* está disponível como métodos da interface GDBM_File. Veja a página manual *dgbm(3)* e a descrição do DB_File neste capítulo. A seguir é mostrado um exemplo de uso do GDBM_File:

```
use GDBM_File;


tie %hash, "GDBM_File", $filename, &GDBM_WRCREAT, 0644);
# read/writes of %hash are now read/writes of $filename
```
(leituras/gravações do %hash são agora leituras/gravações do $filename)
```
untie %hash;
```

Getopt::Long

Permite que seu programa aceite as opções da linha de comandos com nomes longos, apresentadas por - -. As opções padrões com um caractere também são aceitas. As opções que começam com - - poderão ter um argumento anexado, seguindo um espaço ou um sinal de igual (=).

- -foo=bar

- -foo bar

Fornece duas funções: GetOptions e config.

GetOptions

$result = **GetOptions***(descrições da opção)*

Usa as descrições das *descrições da opção* para recuperar e processar as opções da linha de comandos com as quais seu programa Perl foi chamado. Essas opções são obtidas a partir de @ARGV. Depois da GetOptions ter processado as opções, o @ARGV conterá apenas os arquivos da linha de comandos que não eram opções. Retornará 0 se erros forem detectados. Cada descrição da opção consiste em dois elementos:

Especificador da opção

    Define o nome da opção e opcionalmente um valor como um especificador de argumentos.

Ligação da opção

    Uma referência para uma variável que será definida quando a opção estiver presente.

A GetOptions poderá também ter como primeiro argumento uma referência para um hash que descreve a ligação para as opções. A ligação especificada na lista de argumentos terá prioridade sobre a especificada no hash. Assim os seguintes são equivalentes:

    `%optctl = (size => \$offset);`

    `&GetOptions(\%optctl, "size=i");`

e:

    `&GetOptions("size=i" => \$offset);`

Especificadores da opção

    Cada especificador da opção consiste em um nome da opção e possivelmente um especificador do argumento. O nome poderá ser um nome ou uma lista de nomes separados por |; o primeiro nome na lista é o nome verdadeiro da opção e os outros são tratados como álias. Os nomes da opção poderão ser chamados com a abreviação exclusiva mais curta.

Os valores para os especificadores do argumento são:

`<none>`

    A opção não tem argumentos. A variável da opção é definida para 1.

`!`

    A opção não tem um argumento e poderá ser negada, ou seja, prefixada com "no".

`=s`

    A opção tem um argumento obrigatório que é uma string a ser atribuída à variável da opção. Mesmo que o argumento comece com - ou --, será atribuído à variável da opção ao invés de tratado como outra opção.

`:s`

    A opção tem um argumento de string opcional. Se a opção for chamada sem argumentos, uma string vazia ("") será atribuída à variável da opção. Se o argumento começar com - ou --, será tratado como outra opção ao invés de atribuído à variável da opção.

`=i`

    A opção tem um argumento inteiro obrigatório, que poderá começar com - para indicar um valor negativo.

`:i`

    A opção tem um argumento inteiro opcional que poderá começar com - para indicar um valor negativo. Sem argumentos, o valor 0 será atribuído à variável da opção.

=f

A opção tem um argumento de ponto flutuante obrigatório que poderá começar com - para indicar um valor negativo.

:f

A opção tem um argumento de ponto flutuante opcional que poderá começar com - para indicar um valor negativo. Sem argumentos, o valor 0 será atribuído à variável da opção.

O hífen (-) em si é considerado uma opção cujo nome é a string vazia. Um hífen duplo (- -) em si termina o processamento da opção. Qualquer opção depois do hífen duplo permanecerá em @ARGV quando a GetOptions retornar. Se um especificador do argumento terminar com @ (por exemplo, =s@), então a opção será tratada como um array.

O especificador da opção especial <> poderá ser usado para designar uma sub-rotina para lidar com os argumentos diferentes da opção. Para esse especificador ser usado, a variável $Getopt::Long::order terá que ter o valor da variável predefinida e exportada, $PERMUTE. Veja a descrição da Getopt::Long::config abaixo.

Especificação de ligação

O especificador de ligação poderá ser uma referência para um:

Escalar

O novo valor é armazenado na variável referida. Se a opção ocorrer mais de uma vez, o valor anterior será sobregravado.

Array

O novo valor será anexado (colocado) no array referido.

Sub-rotina

A sub-rotina referida será chamada com dois argumentos: o nome da opção, que é sempre o nome verdadeiro, e o valor da opção.

Se nenhuma ligação for especificada explicitamente, mas uma referência do hash for transmitida, a GetOptions colocará o valor no hash. Para as opções do array, será gerada uma referência para um array anônimo.

Se nenhuma ligação for especificada explicitamente e nenhuma referência do hash for transmitida, a GetOptions colocará o valor em uma variável global depois da opção, prefixada com opt_. Os caracteres que não fazem parte da sintaxe da variável serão convertidos em sublinhados. Por exemplo, —fpp-struct-return definirá a variável $opt_fpp_struct_return.

config

Getopt::Long::config*(lista_opções)*

Defina as variáveis na *lista_opções* para alterar o comportamento default da GetOptions. As seguintes opções estão disponíveis:

$Getopt::Long::autoabbrev

Se true, os nomes da opção poderão ser chamados com abreviações exclusivas. O default será 1 (true) a menos que a variável-ambiente POSIXLY_CORRECT tenha sido definida.

$Getopt::Long::getopt_compat

Se true, as opções poderão começar com "+". O default será 1 a menos que a variável-ambiente POSIXLY_CORRECT tenha sido definida.

$Getopt::Long::order

O valor indica se as opções e as não opções poderão ser misturadas na linha de comandos.

$PERMUTE

As não opções poderão ser misturadas com as opções. O default se a POSIXLY_CORRECT não estiver definida.

$REQUIRE_ORDER

A mistura não é permitida. O default se a POSIXLY_CORRECT estiver definida.

$Getopt::Long::ignorecase

Se true, irá ignorar as letras maiúsculas e minúsculas ao coincidir as opções. O default é 1.

$Getopt::Long::VERSION

O número da versão dessa implementação Getopt::Long no formato *maior.menor*.

$Getopt::Long::error

A marca de erro interno. Poderá ser aumentada a partir de uma rotina de callback (chamada de retorno) para fazer com que a análise das opções falhe.

$Getopt::Long::debug

Se true, permitirá a depuração da saída. O default é 0 (false).

Getopt::Std

Processa as opções da linha de comandos com um caractere com o cluster de opções. Exporta duas funções, que analisarão o @ARGV, extrairão as informações sobre as opções e retornarão essas informações para seu programa em um conjunto de variáveis. O processamento do @ARGV irá parar quando um argumento sem um - à esquerda for encontrado, caso esse argumento não esteja associado a uma opção anterior. Do contrário, o @ARGV será processado no final e será deixado vazio.

getopt

getopt *('argumentos'[, \%ops])*

Os *argumentos* são uma string de opções da linha de comandos com argumentos. Para cada opção, a getopt definirá $opt_*x* (onde *x* é o argumento) para o valor fornecido como um argumento. Se \%*ops* for especificado, será uma referência para um hash no qual a getopt definirá a chave para o nome do argumento e o valor para o argumento (e as variáveis $opt_ não serão definidas).

getopts

getopts *('argumentos'[, \%ops])*

Como getopt, exceto que todas as opções válidas são incluídas nos *argumentos* e as opções que têm um argumento são seguidas por dois pontos (:), por exemplo:

```
getopt('oDI')    # -o, -D & -I take arguments; there may be other options
                 (-o, -D e -I têm argumentos; pode haver outras opções)
getopts('o:DI') # -o, -D and -I are the only valid options; only -o
                 # takes an argument.
                 (-o, -D e -I são as únicas opções válidas, apenas -o
                 tem um argumento.)
```

\%ops significa o mesmo em getopt.

I18N::Collate

O uso do I18N::Collate é agora reprovado, embora ainda seja fornecido para a compatibilidade com programas mais antigos. Não o utilize nos novos programas, pois sua funcionalidade foi integrada no Perl básico no Perl 5.004. Veja o pragma locale.

integer

O pragma que informa ao compilador para usar as operações de inteiros daqui até o final do bloco de fechamento. Melhora o tempo de processamento nos sistemas sem o suporte de hardware do ponto flutuante.

```
use integer;

$x = 10/3;    # $x is now 3, not 3.33333333333333333
              ($x é agora 3, não 3.33333333333333333)
```

Use a diretiva no integer para desativar o integer dentro de um bloco interno.

IO

Carrega todos os seguintes módulos de E/S com uma única instrução use: IO:Handle, IO::Seekable, IO::File, IO::Pipe e IO::Socket.

IO::File

Herda do IO::Handle e do IO::Seekable, estendendo-os com os métodos específicos para os handles de arquivo. Fornece três métodos:

new

$fh = **new** ([*parâms*])

O construtor. Cria um objeto IO::File, transmitindo qualquer parâmetro para o método open. Se a abertura falhar, o objeto será destruído. Do contrário, será retornado para quem fez a chamada.

new_tmpfile

$fh = **new_tmpfile**

O construtor. Cria um objeto IO::File aberto para a leitura/gravação em um arquivo temporário recém-criado. Se o sistema permitir, o arquivo temporário será anônimo; se o arquivo temporário não puder ser criado ou aberto, o objeto será destruído. Do contrário, será retornado para quem fez a chamada.

open

$fh->**open**(*nome_do_arquivo*[, *modo*[, *perms*]])

Abre o handle de arquivo recém-criado. Aceita um, dois ou três parâmetros. Com um parâmetro, agirá como um front-end para a função open predefinida do Perl. Com dois parâmetros, o primeiro parâmetro será um nome de arquivo e o segundo, o modo de abertura, opcionalmente seguido de um terceiro parâmetro, o valor da permissão do arquivo.

IO::Handle

A classe de base para todas as outras classes de handle da E/S. Seu principal objetivo é que as outras classes de E/S herdem dela; os programas não deverão criar os objetos IO::Handle diretamente. Forneça os seguintes métodos:

new

new

O construtor. Cria um novo objeto IO::Handle.

new_from_fd

new_from_fd *(d_a, modo)*

O construtor. Como new, cria um objeto IO::Handle. Requer dois parâmetros, que serão transmitidos para o método fdopen; se o fdopen falhar, o objeto será destruído. Do contrário, será retornado para quem fez a chamada.

clearerr

$fh->**clearerr**

Limpa o indicador de erro do handle dado.

error

$fh->**error**

Retornará um valor true se o handle dado tiver qualquer erro desde que foi aberto ou desde a última chamada para clearerr.

fdopen

$fh->**fdopen** *(d_a, modo)*

Como um open comum exceto que o primeiro parâmetro é um nome do handle de arquivo, um objeto IO::Handle ou um número do descritor de arquivo.

flush

$fh->**flush**

Envia o buffer do handle dado.

getline

$fh->**getline**

Funciona como o <*$fh*>, descrito na seção "I/O Operators" (Operadores de E/S) na página manual *perlop*, porém é mais legível e pode ser chamado com segurança em um contexto do array, enquanto ainda retorna uma linha.

getlines

$fh->**getlines**

Funciona como o <*$fh*> quando chamado em um contexto do array para ler todas as linhas restantes em um arquivo, porém é mais legível. Aplicará a croak se chamado em um contexto escalar.

opened

$fh->opened

Retornará true se o objeto for atualmente um descritor de arquivo válido.

ungetc

$fh->ungetc (ord)

Coloca um caractere com o valor ordinal *ord* de volta no fluxo de entrada do handle dado.

untaint

$fh->untaint

O método especial para trabalhar nos scripts -*T* e setuid/gid. Marca o objeto como uma limpeza de danos e como tal, os dados lidos dele também serão considerados como uma limpeza de danos.

write

$fh->write (buf, compr[, deslocamento])

Como a write encontrada no C; ou seja, o oposto de read. O componente para a função write do Perl é format_write.

O IO::Handle também fornece os seguintes métodos, que não são descritos em detalhes aqui porque são simplesmente front-ends para as funções predefinidas correspondentes. Veja o Capítulo 5, *Referência para funções*, para obter mais informações.

Método	Descrição
close	Fecha o arquivo ou canal
eof	Retorna 1 se a próxima leitura retornar o fim do arquivo
fileno	Retorna o descritor de arquivos para um handle de arquivo
getc	Retorna o próximo caractere do arquivo de entrada
print	Imprime uma string ou lista de strings separada por vírgulas
printf	Imprime uma string formatada
read	Lê os dados de um handle de arquivo
stat	Retorna um array de informações de status de um arquivo
sysread	Lê os dados de um handle de arquivo com a chamada do sistema read(2)
syswrite	Grava os dados em um handle de arquivo com a chamada do sistema write(2)
truncate	Corta um arquivo com um comprimento especificado.

Finalmente, os seguintes métodos agem nas variáveis equivalentes do Perl. Veja o Capítulo 4 para obter mais informações.

Método	Descrição
autoflush	Se diferente de zero, aplicará um fluxo agora e depois de cada gravação ou impressão (default 0)
format_page_number	O número da página atual
format_lines_per_page	O comprimento da página atual (default 60)
format_lines_left	O número de linhas deixadas na página
format_name	O nome do formato do relatório atual
format_top_name	O nome do formato do início da página atual
format_line_break_characters	O conjunto atual de caracteres de quebra de linha para um formato
format_formfeed	O caractere de avanço de formulário usado pelos formatos (default \f)
format_write	O componente para a função write
input_record_separator	O separador do registro de entrada (default nova linha)
input_line_number	O número da linha de entrada atual para o último handle de arquivo acessado
output_field_separator	O separador do campo de saída para a impressão
output_record_separator	O separador do registro de saída para a impressão

IO::Pipe

Fornece uma interface para criar canais entre os processos.

---

new

$pipe = **new IO::Pipe**([*h_a_leitura, h_a_gravação*])

O construtor. Cria um objeto IO::Pipe, que é uma referência para um símbolo recém-criado. Os dois argumentos opcionais deverão ser objetos aceitos no IO::Handle ou uma de suas subclasses. Esses objetos são usados para a chamada do sistema para pipe. Sem argumentos, o método handles será chamado no novo objeto IO::Pipe.

---

reader

$pipe->**reader**([*args*])

O objeto é novamente aceito em uma subclasse do IO::Handle e torna-se um handle na leitura do fim do canal. Se houver quaisquer *args*, então fork será chamada e os argumentos serão transmitidos para exec.

writer

$pipe->**writer**([*args*])

O objeto é novamente aceito em uma subclasse do IO::Handle e torna-se um handle na gravação do fim do canal. Se houver quaisquer *args*, então fork será chamada e os argumentos serão transmitidos para exec.

handles

$pipe->**handles**( )

Chamado durante a construção feita pelo IO::Pipe::new no objeto IO::Pipe recém-criado. Retornará um array de dois objetos aceitos no IO::Pipe::End ou uma subclasse.

IO::Seekable

Pretendido para ser herdado por outros objetos baseados no IO::Handle para fornecer métodos que permitem buscar os descritores de arquivo. Não tem nenhum construtor.

```
use IO::Seekable;
package IO::XXX;
@ISA = qw(IO::Seekable);
```

Fornece dois métodos:

seek

$fh->**seek**(*deslocamento, de onde*)

O front-end para a função seek predefinida correspondente, que define a posição do handle de arquivo no arquivo. Tem os seguintes argumentos:

deslocamento
    O deslocamento onde você deseja definir a posição.

de onde
    A posição no arquivo a qual o deslocamento é relativo. Os possíveis valores são: 0 para o início do arquivo, 1 para a posição atual ou 2 para o final do arquivo. Poderá também ser expressado como as seguintes constantes, que são exportadas:

    SEEK_SET
        O início do arquivo.

    SEEK_CUR
        A posição atual.

    SEEK_END
        O fim do arquivo.

tell

$fh->tell( )

O front-end para a função tell predefinida correspondente, que retorna a posição do arquivo atual em bytes (começando em 0).

IO::Select

Implementa uma abordagem baseada em objetos para a chamada da função select do sistema. Permite ao usuário ver quais handles de E/S estão prontos para a leitura, gravação ou têm uma condição de erro pendente.

new

$s = IO::Select->new([handles])

O construtor. Cria um novo objeto e inicializa-o opcionalmente com um conjunto de handles.

add

$s->add(handles)

Adiciona a lista de handles ao objeto IO::Select, a ser retornada quando um evento ocorre. O IO::Select mantém a lista de handles em um cache, que é indexado pelo número de arquivo do handle. Cada handle poderá ser um objeto IO::Handle, um inteiro ou uma referência para um array, onde o primeiro elemento é um objeto IO::Handle ou um inteiro.

bits

$s->bits( )

Retorna a string de bits adequada para usar como o argumento para a chamada select básica.

can_read

$s->can_read([intervalo])

Retorna o array de handles que estão prontos para a leitura. O *intervalo* é a quantidade máxima de tempo a aguardar antes de retornar uma lista vazia. Se o *intervalo* não for dado e qualquer handle for registrado, então a chamada será bloqueada.

can_write
$s->**can_write**([intervalo])
Igual a can_read, mas verifica os handles que podem ser gravados.

count
$s->**count**( )
Retorna o número de handles que o objeto verifica quando um dos métodos can_ é chamado ou o objeto é transmitido ao método estático select.

exists
$s->**exists**(handle)
Retornará o handle se existir, do contrário retornará undef.

handles
$s->**handles**
Retorna um array de todos os handles registrados.

has_error
$s->**has_error**([intervalo])
Igual a can_read, mas verifica os handles que têm uma condição de erro.

remove
$s->**remove**(handles)
Remove todos os handles dados a partir do objeto, localizando-os pelo número do arquivo.

select
$s->**select**(leitura, gravação, erro[, intervalo])
O método estático; chame-o com o nome do pacote como new. As opções read, write e error serão undef ou os objetos IO::Select. O argumento opcional *intervalo* tem o mesmo efeito da chamada select básica.

Retorna um array de três elementos, cada um com uma referência para um array ou um array vazio no caso de erro. Os arrays mantêm os handles que estão prontos para a leitura, prontos para a gravação e têm condições de erro, respectivamente.

IO::Socket

Fornece uma interface de objeto para criar e usar os soquetes. É construído na interface IO::Handle e herda todos os métodos definidos por IO::Handle.

O IO::Socket define os métodos para apenas as operações que são comuns a todos os tipos de soquete. O IO::Socket exporta todas as funções (e constantes) definidas por Socket. Veja o Capítulo 13, *Soquetes*, para obter informações detalhadas.

IPC::Msg

A classe do objeto Msg IPC do System V. Usa as constantes definidas no IPC::SysV.

new

$msg = **new IPC::Msg**(*chave*, *marcas*)

Cria uma nova fila de mensagens associada à *chave* e usa as *marcas* para definir as permissões. Criará a nova fila de mensagens se o seguinte for verdadeiro:
- A *chave* é igual a IPC_PRIVATE.
- A *chave* já não tem uma fila de mensagens associada e FLAGS & IPC_CREAT é true.

id

$msg->**id**

Retorna o identificador do sistema para a fila de mensagens.

rcv

$msg->**rcv**(*buf*, *compr*[, *tipo*[, *marcas*]])

Lê uma mensagem a partir da fila, retornando o tipo da mensagem.

remove

$msg->**remove**

Remove e destrói a fila de mensagens.

set

$msg->**set**(*estát*)

$msg->**set**(*nome*=>*valor*[, *nome*=>*valor*...])

Aceita um objeto estático como retornado pelo método stat ou uma lista de pares nome/valor e define os seguintes valores da estrutura estática associada à fila de mensagens:

```
uid
gid
mode (the permission bits)
qbytes
```

snd

$msg->snd(*tipo*, *msg*[, *marcas*])
Coloca uma mensagem do tipo *tipo* na fila com os dados de *msg*. Veja a função msgsnd.

stat

$ds = *$msg*->**stat**
Retorna um objeto do tipo IPC::Msg::stat (que é uma subclasse do Class::Struct) que fornece os seguintes campos:

```
Uid       gid       cuid      cgid
mode      qnum      qbytes    lspid
lrpid     stime     rtime     ctime
```

Veja a função stat e sua documentação do sistema para obter mais informações.

IPC::Open2

Abre um processo-filho que permite uma comunicação de duas maneiras entre seu programa e o filho. Retorna o ID de processo do processo-filho ou exporta um erro fatal no caso de falha. Exporta uma função:

open2

open2 (*leit, *grav, *cmd_com_args*)
Bifurca um processo-filho para executar o comando especificado. Tem os seguintes argumentos:

*leit
> Representa um handle de arquivo de leitura que seu programa poderá usar para ler a partir da saída padrão do comando *$cmd*. Poderá ser um objeto FileHandle ou uma referência para um tipo global.

*grav
> Representa um handle de arquivo de gravação que seu programa poderá usar para gravar na entrada padrão do comando *$cmd*. Poderá ser um objeto FileHandle ou uma referência para um tipo global.

cmd_com_args
    O comando a ser executado pelo processo-filho e seus argumentos. Poderá ser especificado de duas maneiras:
```
$cmd_with_args
$cmd, "arg1", "arg2", ...
```

IPC::Open3

O IPC::Open3 funciona como o IPC::Open2.
```
use IPC::Open3;


$pid = open3($wtr, $rdr, $err, $cmd_with_args);
$pid = open3($wtr, $rdr, $err, $cmd, "arg1", arg2", ...);
```
As seguintes diferenças aplicam-se:
- Os dois primeiros argumentos ($wtr e $rdr) são transmitidos na ordem oposta.
- Um terceiro handle de arquivo poderá ser transmitido, para o erro padrão. Se esse argumento for dado como "", então STDERR e STDOUT para $cmd estarão no mesmo handle de arquivo.
- Se $wtr começar com <, então o < à esquerda será cortado do nome e o restante será adotado como sendo um handle de arquivo comum para um arquivo de abertura ao invés de uma referência para um tipo global. open3 abrirá este arquivo com STDIN para $cmd e irá fechá-lo no pai. Do mesmo modo, se $rdr ou $err começarem com >, então $cmd irá direcionar STDOUT ou STDERR diretamente para esse arquivo ao invés do pai.

IPC::Semaphore

A classe do objeto Semaphore IPC do System V. Usa as constantes definidas no IPC::SysV.

new

    $sem = **new IPC::Semaphore**(*chave, nsems, marcas*)
    Cria um novo conjunto de semáforos associado à *chave* e contendo semáforos *nsems*. Usa *marcas* para definir as permissões. Criará um novo conjunto se o seguinte for verdadeiro:
- A *chave* é igual a IPC_PRIVATE
- A chave já não tem um identificador de semáforo associado e FLAGS & IPC_CREAT é true.

getall
*$sem->***getall**
Retorna os valores do conjunto de semáforos como um array.

getncnt
*$sem->***getncnt** (*sem*)
Retorna o número de processos que aguardam que o semáforo *sem* se torne maior que seu valor atual.

getpid
*$sem->***getpid**(*sem*)
Retorna o ID do processo do último processo que operou no semáforo *sem*.

getval
$sem->getval(*sem*)
Retorna o valor atual do semáforo *sem*.

getzcnt
*$sem->***getzcnt**(*sem*)
Retorna o número de processos que aguardam que o semáforo *sem* se torne zero.

id
*$sem->***id**
Retorna o identificador do sistema para o conjunto de semáforos.

op
*$sem->***op**(*lista_op*)
Transmite uma lista de operações para a função semop. A *lista_op* é a lista de operações, que consiste em uma concatenação de listas menores. Cada uma das listas menores tem três valores: o número do semáforo, a operação e uma marca. Veja a função semop no Capítulo 5 para obter mais informações.

remove

*$sem->***remove**

Remove e destrói o conjunto de semáforos.

set

*$sem->***set**(*estát*)

*$sem->***set**(*nome=>valor*[, *nome=>valor*...])

Aceita um objeto estático como retornado pelo método stat ou uma lista de pares nome/valor e define os seguintes valores da estrutura estática associada ao conjunto de semáforos:
```
uid
gid
mode (the permission bits)
```

setall

*$sem->***setall**(*valores*)

Define os valores de todos os semáforos no conjunto daqueles dados pela lista *valores*. O número dos valores na lista terá que coincidir com o número de semáforos no conjunto.

setval

*$sem->***setval**(*n, valor*)

Define o valor *n* no conjunto de semáforos para *valor*.

stat

*$ds = $sem->***stat**

Retorna um objeto do tipo IPC::Semaphore::stat (que é uma subclasse do Class::Struct) que fornece os seguintes campos:
```
uid gid   cuid cgid
mode ctime otime nsems
```

IPC::SysV

Define e exporta condicionalmente todas as constantes definidas em seus arquivos de inclusão do sistema que são necessários para as chamadas IPC do System V.

ftok

ftok (*caminho*, *id*)

Retorna uma chave com base no *caminho* e no *id* para ser usada por msgget, semget e shmget.

less

O pragma, atualmente não implementado, que poderá algum dia ser uma diretiva do compilador para fazer algumas trocas, como:

```
use less 'memory';
```

lib

Permite adicionar diretórios extras ao caminho de pesquisa default do Perl durante a compilação. Os diretórios são adicionados na frente do caminho de pesquisa.

```
use lib lista;
```

adicionará os diretórios especificados na *lista* ao @INC.

Para cada diretório $dir na *lista*, o lib procurará um subdiretório específico da arquitetura que tenha um subdiretório *auto* sob ele — ou seja, procurará o *$dir/$archname/auto*. Se ele encontrar esse diretório, então *$dir/$archname* também será acrescentado na frente do @INC, antecedendo *$dir*.

Normalmente, você deverá apenas *adicionar* diretórios ao @INC. Contudo, poderá também apagar os diretórios. A instrução:

```
no lib lista
```

apagará a primeira instância de cada diretório nomeado de @INC. Para apagar todas as instâncias de todos os nomes especificados de @INC, especifique :ALL como o primeiro parâmetro da *lista*.

Como no acréscimo de diretórios, lib irá verificar um diretório chamado *$dir/$archname/auto* e apagará o diretório *$dir/$archname* de @INC. Você poderá restaurar @INC para ter seu valor original com:

```
@INC = @lib::ORIG_INC;
```

locale

O pragma que informa ao compilador para desativar (ou ativar) o uso das locais POSIX para as operações predefinidas (LC_CTYPE para as expressões constantes e LC_COLLATE para a comparação de strings). Cada no locale ou use locale afetará as instruções no final do bloco de fechamento.

Math::BigFloat

Fornece os métodos que permitem o uso de números com ponto flutuante com comprimento arbitrário. O seguinte aplica-se a todos os métodos, exceto quando informado:
- O objeto $f permanece inalterado.
- Todos os métodos exceto fcmp retornarão uma string de números (*nstr*) com a forma /[+-]\d+E[+-]\d+/, com o espaço em branco incorporado ignorado.
- Um valor de retorno NaN indica que um parâmetro de entrada era "Not a Number" (Não é um Número) ou que uma operação ilegal foi tentada.
- Um valor de escala default semelhante é calculado para as raízes quadradas.

new

$f = **Math::BigFloat->new**(*string*)

Cria um novo objeto, $f.

fabs

$f->**fabs**( )

Retorna o valor absoluto de $f.

fadd

$f->**fadd**(*nstr*)

Retorna a soma de *nstr* e $f.

fcmp

$f->**fcmp**(*nstr*)

Compara $f com *nstr*. Retornará -1, 0 ou 1 dependendo de $f ser menor, igual ou maior que *nstr* ou undef se *nstr* não for um número.

fdiv

$f->**fdiv**(*nstr*[,*n*])

Retornará $f dividido por *nstr* em *n* lugares. Se a *escala* (o número de dígitos) não for especificada, a divisão será calculada com o número de dígitos dados por:
```
max($div_scale, length(dividend)+length(divisor))
```

ffround

*$f->***ffround**(*n*)

Retorna *$f* arredondado no lugar *n*.

fmul

*$f->***fmul**(*nstr*)

Retorna *$f* multiplicado por *nstr*.

fneg

*$f->***fneg**( )

Retorna o negativo de *$f*.

fnorm

*$f->***fnorm**( )

Retorna a normalização de *$f*.

fround

*$f->***fround**(*n*)

Retorna o valor de *$f* arredondado em *n* dígitos.

fsqrt

*$f->***fsqrt**([*n*])

Retorna a raiz quadrada de *$f* em *n* lugares.

fsub

*$f->***fsub**(*nstr*)

Retorna *$f* menos *nstr*.

Math::BigInt

Permite o uso de inteiros com comprimento arbitrário, onde o seguinte aplica-se a todos os métodos, exceto quando mencionado:

- O objeto $i permanece inalterado.
- As grandes strings inteiras (ints_g) têm a forma /^\s*[+-]?[\d\s]+$/.
- Todos os métodos exceto bcmp retornam uma grande string inteira ou strings.
- O espaço em branco incorporado é ignorado.
- Os valores de saída estão sempre na forma aceita: /^[+-]\d+$/.
- O valor de retorno NaN resulta quando um argumento de entrada não é um número ou quando uma divisão por zero é tentada.

new

$i = **Math::BigInt->new**(*string*)

Cria um novo objeto, $i.

babs

$i->**babs**

Retorna um valor absoluto $i.

badd

$i->**badd**(*int_g*)

Retorna a soma do *int_g* e $i.

bcmp

$i->**bcmp**(*int_g*)

Compara $i com *int_g*. O método bcmp retornará -1, 0 ou 1 dependendo de $f ser menor, igual ou maior que a string de número dada como um argumento. Se a string de número for indefinida ou nula, undef será retornado.

bdiv

$i->**bdiv**(*int_g*)

Retorna $i dividido pelo *int_g*. No contexto da lista, retorna um array com dois elementos contendo o coeficiente da divisão e o resto; no contexto escalar, retornará apenas o coeficiente.

bgcd

$i->**bgcd**(*int_g*)
Retorna o divisor comum maior de *$i* e *int_g*.

bmod

$i->**bmod**(*int_g*)
Retorna o módulo *int_g* de *$i*.

bmul

$i->**bmul**(*int_g*)
Retorna *$i* multiplicado pelo *int_g*.

bneg

$i->**bneg**
Retorna o negativo de *$i*.

bnorm

$i->**bnorm**
Retorna a normalização de *$i*.

bsub

$i->**bsub**(*int_g*)
Retorna *$i* menos o *int_g*.

Math::Complex

Fornece suporte para os números complexos, inclusive um conjunto completo de funções matemáticas; permite a criação e a manipulação de números complexos. Os números são sobrecarregados e outras operações são fornecidas para trabalharem com os números complexos. Veja a documentação do módulo para obter uma lista completa e também para ver uma análise dos números complexos. Os seguintes métodos são fornecidos:

emake

$z = Math::Complex->emake(*args*)

cplxe $z = cplxe (*args*)

Cria um número complexo usando a forma polar.

display_format

display_format ([*formato*])

Quando chamado como um método, define o formato de exibição do objeto atual. Se o *formato* não for especificado, retornará a definição atual. As possíveis definições são:

c Formato cartesiano

p Formato polar

Quando chamado como uma função, anula o formato de exibição default, que é o cartesiano.

make

$z = Math::Complex->make(*args*)

cplx $z = cplx(*args*)

Cria um número complexo usando a forma cartesiana.

Math::Trig

Define muitas funções trigonométricas não definidas pelo Perl básico, mais a constante pi e algumas funções adicionais para converter os ângulos. Por exemplo:

```
use Math::Trig;


$x = tan(0,9);
$haplfpi = pi/2;
```

As seguintes funções são definidas. Uma barra (/) entre duas funções significa que os valores são álias:

acsc/acosec, asec, acot/acotan

　　As co-funções do arco do seno, coseno e tangente

acsch/acosech, asech, acoth/acotanh

　　As co-funções do arco do seno, coseno e tangente hiperbólicos

asin, acos, atan

　　As funções do arco (inversas) do seno, coseno e tangente

```
asinh, acosh, atanh
```
    As funções do arco do seno, coseno e tangente hiperbólicos
```
atan2(y, x)
```
    O valor principal de uma tangente de x/y
```
csc/cosec, sec, cot/cotan
```
    As co-funções do seno, coseno e tangente
```
csch/cosech, sech, coth/cotanh'
```
    As co-funções do seno, coseno e tangente hiperbólicos
```
deg2rad
```
    Graus em radianos
```
deg2grad
```
    Graus em g-radianos
```
grad2deg
```
    G-radianos em graus
```
grad2rad
```
    G-radianos em radianos
```
pi
```
    A constante trigonométrica pi
```
rad2deg
```
    Radianos em graus
```
rad2grad
```
    Radianos em g-radianos
```
sinh, cosh, tanh
```
    O seno, coseno e tangente hiperbólicos
```
tan
```
    Tangente

NDBM_File

Fornece programas Perl com o acesso ligado aos arquivos do banco de dados NDBM. Veja a função tie predefinida do Perl e o módulo DB_File.

Net::hostent

Anula as funções gethostbyname e gethostbyaddr básicas com as versões baseadas em objetos que retornam os objetos Net::hostent. Os objetos têm métodos que retornam os campos com o mesmo nome da estrutura *hostent* no *netdb.h*.

Campo	Descrição
addr	O endereço do host, para a compatibilidade
addr_list	A lista de endereços retornada a partir do servidor do nome
addrtype	O tipo de endereço do host
aliases	A lista de álias
length	O comprimento do endereço
name	O nome do host

Você poderá acessar os campos da estrutura com os métodos ou importando os campos para seu espaço do nome com a marca de importação :FIELDS e então, acessá-los prefixando h_ ao nome do campo:

```
$host_obj->name( )
$h_name
```

O Net::hostent exporta o seguinte:

gethost

gethost (*host*)

O front-end para gethostbyaddr e gethostbyname. Se o *host* for numérico, chamará gethostbyaddr, do contrário chamará gethostbyname.

gethostbyaddr

gethostbyaddr (*endereç, tipo_endereç*)

Retorna informações sobre o host com o endereço *endereç* do tipo *tipo_endereç*.

gethostbyname

gethostbyname (*nome_host*)

Retorna informações sobre o host com o nome *nome_host*.

Net::netent

Retorna informações para uma rede. Anula as funções getnetbyname e getnetbyaddr básicas com as versões baseadas em objetos que retornam os objetos Net::netent. Os objetos têm métodos que retornam campos com o mesmo nome a partir da estrutura *netent* no *netdb.h*:

Campo	Descrição
addrtype	Tipo de endereço da rede
aliases	Array de álias
name	Nome da rede
net	Número da rede

Você poderá acessar os campos da estrutura, com os métodos ou importando os campos para seu espaço do nome com a marca de importação :FIELDS e então acessando-o prefixando n_ ao nome do campo:

```
$net_obj->name( )
$n_name
```

O Net::netent exporta o seguinte:

getnet
getnet (*rede*)

O front-end para getnetbyaddr e getnetbyname. Se a *rede* for numérica, chamará getnetbyaddr, do contrário chamará getnetbyname.

getnetbyaddr
getnetbyaddr (*endereç, tipo_endereç*)

Retorna informações sobre a rede com o endereço *endereç* do tipo *tipo_endereç*.

getnetbyname
getnetbyname (*nome_rede*)

Retorna informações sobre a rede com o nome *nome_rede*.

Net::Ping

Fornece métodos para criar objetos de envio e testar a legibilidade dos hosts remotos na rede. Depois do objeto ter sido criado, um número variável de hosts poderá ser enviado diversas vezes antes de fechar a conexão. Os métodos são:

new

$p = Net::Ping->new([*proto*[, *intervalo_def*[, *bytes*]]])

Cria um novo objeto de envio. Todos os argumentos são opcionais. Tem os seguintes argumentos:

proto

O protocolo a usar quando fizer um *envio*. O default é udp. Os possíveis protocolos são:

`icmp`

Envia uma mensagem icmp echo ao host remoto. Se a mensagem repetida for recebida de volta corretamente a partir do host remoto, esse host será considerado como atingível. Requer que o programa seja executado como o principal ou o setuid para o principal.

`tcp`

Tenta estabelecer uma conexão com a porta *echo* do host remoto. Se tiver sucesso, o host remoto será considerado como atingível. Nenhum dado é repetido de fato. Nenhum privilégio especial é requerido, mas o suporte (overhead) é mais alto do que para os outros.

`udp`

Envia um pacote udp para a porta *echo* do host remoto. Se o pacote repetido for recebido de volta a partir do host remoto e contiver os mesmos dados enviados, o host remoto será considerado como atingível. Não requer privilégios especiais.

intervalo_def

O intervalo default em segundos a ser usado se o intervalo não for transmitido ao método ping. Terá que ser maior que zero; o default é de 5 segundos.

bytes

O número de bytes incluídos no pacote de envio enviado para o host remoto. Ignorado se o protocolo for tcp. O default será 1 se o protocolo for udp, do contrário 0. É também o mínimo de bytes; o máximo é 1024.

close

$p->close( )

Fecha a conexão da rede para esse objeto de envio. A conexão poderá ser também fechada por undef $p e será fechada automaticamente se o objeto de envio sair do escopo.

ping

$p->ping(*host*[, *intervalo*])

Envia para o host remoto e aguarda uma resposta. Tem os seguintes argumentos:

host

Especificado como o nome do host ou o número IP do host remoto.

intervalo
> Opcional, terá que ser maior que 0 segundo se especificado. O default é qualquer coisa especificada quando o objeto de envio foi criado.

Se o *host* não puder ser encontrado ou houver um problema com o número IP, retornará undef. Do contrário, retornará 1 se o host for atingível e 0 se não.

pingecho

pingecho (*host*[, *intervalo*])

Fornece a compatibilidade com a versão anterior do Net::Ping. Usa o protocolo tcp, com valores de retorno e parâmetros iguais aos descritos para ping.

Net::protoent

Retorna informações sobre um protocolo da Internet. Anula as funções getprotoent, getprotobyname e getprotobynumber básicas com as versões baseadas em objetos que retornam os objetos Net::protoent. As funções têm um segundo argumento default tcp. Os objetos têm métodos que retornam os campos com o mesmo nome a partir da estrutura *protoent* no *netdb.h*:

Campo	Descrição
aliases	Lista de álias
name	Nome do host
proto	Protocolo

Você poderá acessar os campos da estrutura com os métodos ou importando os campos para seu espaço do nome com a marca de importação :FIELDS e então acessando-os prefixando p_ ao nome do campo:

```
$proto_obj->name( )
$p_name
```

getproto

getproto (*protocolo*)

O front-end para getprotobynumber e getprotobyname. Se o *protocolo* for numérico, chamará getprotobynumber, do contrário chamará getprotobyname.

getprotoent

getprotoent (*protocolo*)

O front-end para getprotobynumber e getprotobyname. Se o *protocolo* for numérico, chamará getprotobynumber, do contrário chamará getprotobyname.

getprotobyname

getprotobyname (*endereç, tipo_endereç*)

Retorna informações sobre o host com o endereço *endereç* do tipo *tipo_endereç*.

getprotobynumber

getprotobynumber (*nome_host*)

Retorna informações sobre o host com o nome *nome_host*.

Net::servent

Retorna informações sobre um serviço da Internet. Anula as funções getservent, getservbyname e getservbyport básicas, substituindo-as pelas versões que retornam os objetos Net::servent. As funções têm um segundo argumento default tcp. Os objetos têm métodos que retornam os campos com o mesmo nome a partir da estrutura *servent* no *netdb.h*:

Campo	Descrição
aliases	Lista de álias
name	Nome do serviço
port	Porta
proto	Protocolo a usar

Você poderá acessar os campos da estrutura com os métodos ou importando os campos para seu espaço do nome com a marca de importação :FIELDS e então acessando-os prefixando s_ ao nome do campo:

```
$serv_obj->name( )
$s_name
```

getserv
getserv(*serviço*)
O front-end para getservbyport e getservbyname. Se o *serviço* for numérico, chamará getservbyport, do contrário chamará getservbyname.

getservbyname
getservbyname(*nome*)
Retorna informações para o serviço da Internet com o nome do protocolo *nome*.

getservbyport
getservbyport(*porta*)
Retorna informações para o serviço da Internet com o número da porta *porta*.

getservent
getservent
Retorna as entradas do banco de dados dos serviços da Internet.

O
A interface genérica para os back-ends do compilador Perl. Veja também o módulo B.
```
perl -MO=back-end[, opções] script_perl
```

ODBM_File
Fornece aos programas Perl o acesso ligado aos arquivos do banco de dados ODBM. Veja a função tie predefinida do Perl e o módulo DB_File.

Opcode
Permite definir uma *máscara do operador* para que qualquer código contendo um código_op (opcode) mascarado não seja compilado ou executado quando o Perl compilar em seguida qualquer código. Em geral não é usado diretamente; para obter exemplos do uso do Opcode, veja o pragma ops e o módulo Safe.

Os códigos_op válidos são listados no array op_name no arquivo *opcode.h*. Muitas funções Opcode e métodos têm listas de operadores, que são compostos por elementos. Cada elemento poderá ser um:

nome (nome_op) ou nome negado
    O nome do operador, geralmente em letras minúsculas. Prefixar o nome com um ponto de exclamação (!) irá removê-lo do conjunto acumulado de operações.

conjunto (conjunto_op)
    O conjunto de operadores. A string binária que mantém um conjunto de zero ou mais operadores.

nome da marca (marca_op) ou marca negada
    O nome da marca do operador; refere-se aos grupos (ou conjuntos) de operadores. Começa com dois pontos (:). É negado prefixando um ponto de exclamação (!). Várias *marcas_op* são predefinidas, inclusive o seguinte. Veja a página manual do módulo Opcode para obter os códigos_op incluídos em cada marca.

:base_core	:base_io	:base_loop
:base_math	:base_mem	:base_orig
:browse	:dangerous	:default
:filesys_open	:filesys_read	:filesys_write
:others	:ownprocess	:still_to_be_decided
:subprocess	:sys_db	

Funções

Todas as seguintes funções poderão ser exportadas:

---

define_optag

define_optag (*marca_op, conjunto_op*)
    Defina a *marca_op* como um nome simbólico para o conjunto *conjunto_op*.

---

empty_opset

empty_opset
    Retorna um conjunto de operadores vazio.

---

full_opset

full_opset
    Retorna um conjunto de operadores que inclui todos os operadores.

invert_opset

invert_opset (*conjunto_op*)
Retorna um conjunto de operadores que é o inverso do *conjunto_op*.

opcodes

opcodes
No contexto escalar, retorna o número de códigos do operador nessa versão do Perl.

opdesc

opdesc (*op*, ...)
Obtém a lista de nomes do operador e retorna as descrições da lista correspondentes.

opdump

opdump ([*padrão*])
Grava uma lista de nomes do operador com duas colunas e descrições no STDOUT. Se o *padrão* for especificado, apenas as linhas que coincidirem (sem considerar as letras maiúsculas e minúsculas) com o padrão serão produzidas.

opmask

opmask
Retorna um conjunto de operadores correspondente à máscara do operador atual.

opmask_add

opmask_add (*conjunto_op*)
Adiciona o *conjunto_op* à mascara do operador atual.

opset

opset (*op*, ...)
Retorna um conjunto de operadores que contém os operadores listados.

opset_to_hex

opset_to_hex (*conjunto_op*)

Retorna a representação de string do *conjunto_op*.

opset_to_ops

opset_to_ops (*conjunto_op*)

Retorna a lista de nomes do operador correspondente aos operadores no conjunto *conjunto_op*.

verify_opset

verify_opset (*conjunto_op*[, ...])

Retornará true se o *conjunto_op* parecer ser um conjunto de operadores válido ou retornará false. Aplicará a croak ao invés de retornar false se o segundo parâmetro opcional for true.

ops

O pragma que desativa os códigos do operador desprotegidos durante a compilação. Poderá também ser usado para especificar os códigos do operador a serem desativados. Geralmente usado com a opção *-M* na linha de comandos:

```
perl -Mops=:default ...      # only allow reasonably safe operations
                             (permite apenas operações razoavelmente seguras)
perl -M-ops=system ...       # disable system opcode
                             (desativa o código de operadores do sistema)
```

Veja o módulo Opcode para obter mais informações.

overload

Permite que você substitua as operações Perl padrões pelos métodos da classe ou por suas próprias sub-rotinas. Por exemplo o código:

```
package Number;
use overload
    "+" => \&add,
    "*=" => "muas";
```

declara a função add para o acréscimo e o método muas na classe Number (ou uma de suas classes de base) para a forma de atribuição *= da multiplicação.

Os argumentos para use overload são os pares chave/valor, onde a chave é a operação a ser sobrecarregada e o valor é a função ou método que será substituído. Os valores legais são os valores permitidos dentro de uma chamada &{ . . . }, portanto o nome de uma sub-rotina, uma referência da sub-rotina ou uma sub-rotina anônima serão legais. As chaves legais (as operações que podem ser sobrecarregadas) são:

Tipo	Operações
Aritmética	+ - * / % ** << >> x . += -= *= /= %= **= <<= >>= x= .=
Comparação	< <= > >= = = != <=> lt le gt ge eq ne cmp
Bit e unário	% ^ | neg ! ~
Aumento, diminuição	++ - -
Transcendental	atan2 cos sin exp abs log sqrt
Booleano, string, conversão numérica	bool "" 0+
Especial	nomethod fallback =

As funções especificadas com a diretiva use overload são geralmente chamadas com três argumentos. Se a operação correspondente for binária, então os dois primeiros argumentos serão os dois argumentos da operação. Porém, o primeiro argumento deverá sempre ser um objeto no pacote, portanto em alguns casos, a ordem dos argumentos será trocada antes do método ser chamado. O terceiro argumento fornecerá as informações sobre a ordem e poderá ter estes valores:

false(0) (falso(0))
    A ordem dos argumentos está como na operação atual.

true(1) (verdadeiro(1))
    Os argumentos são invertidos.

undefined (indefinido)
    A operação atual é uma variante de atribuição, mas a função normal é chamada em seu lugar.

As operações unárias são consideradas operações binárias com o segundo argumento indefinido.

A chave nomethod especial deverá ser seguida por uma referência para uma função de quatro parâmetros e chamada quando o mecanismo de sobrecarga não puder encontrar um método para alguma operação. Os três primeiros argumentos serão os argumentos para o método correspondente se for encontrado; o quarto argumento será o símbolo correspondente ao método que falta. Se vários métodos forem experimentados, o último será usado.

Por exemplo, 1-$a poderá ser equivalente a:
```
&nomethodMethod($a, 1, 1, "-")
```
se o par "nomethod"=> "nomethodMethod" for especificado na diretiva use overload.

A chave fallback especial controla o que fazer se um método para uma determinada operação não for encontrado. Existem três possíveis casos, dependendo do valor associado à chave fallback:

undefined
> Tenta usar um método substituto. Se falhar, tentará chamar o método especificado por nomethod; se também falhar, uma exceção será gerada.

true
> O mesmo que indefinido, mas nenhuma exceção será gerada. Ao contrário, o Perl voltará internamente para a operação não sobrecarregada.

defined, but false (Definido, mas falso)
> Tenta chamar o método especificado para nomethod; se falhar, uma exceção será gerada.

O módulo de sobrecarga fornece as seguintes funções públicas:

StrVal
overload::StrVal(*arg*)
Fornecerá o valor *arg* da string se a sobrecarga de string não existir.

Overloaded
overload::Overloaded(*arg*)
Retornará true se o *arg* estiver sujeito à sobrecarga de algumas operações.

Method
overload::Method(*obj, op*)
Retorna um valor indefinido ou uma referência para o método que implementa o *op*.

Pod::Functions

Usado internamente pelo Pod::Html para converter do pod para a HTML.

Pod::Html

Converte os arquivos do pod no formato HTML. Em geral não é usado diretamente, mas através do script *pod2html* (veja Capítulo 4), que está incluído na distribuição padrão.

Pod::Text

Converte os arquivos do formato pod no texto ASCII formatado. Em geral não é usado diretamente, mas através do script *pod2text* (veja Capítulo 4). O Termcap é opcionalmente suportado para o negrito e o sublinhado e poderá ser ativado com:

```
$Pod::Text::termcap=1
```

Do contrário, os backspaces (espaços de retorno) serão usados para simular o texto em negrito ou sublinhado. Exporta uma função:

pod2text
    pod2text *(nome_do_arquivo[, handle_de_arquivo])*
    Converte do pod no formato do texto. Tem os seguintes argumentos:
    nome_do_arquivo
        O arquivo para converter ou <&STDIN para ler a partir de STDIN.
    handle_de_arquivo
        Opcional. A global do handle de arquivo para a qual a saída deverá ser enviada (*STDOUT para gravar em STDOUT).

POSIX

Fornece acesso para os identificadores, funções, classes e constantes do POXIS 1003.1 padrão. Poderá ser usado para importar um ou diversos símbolos:

```
use POXIX;              # import all symbols (importa todos os símbolos)
use POXIX qw(setsid);   # import one symbol (importa um símbolo)
use POSIX qw(:errno_h :fcntl_h);  # import sets of symbols
                                  (importa conjuntos de símbolos)
```

As funções listadas como específicas do C não são implementadas:

_exit	Idêntica à função _exit(2) do C
abort	Idêntica à função abort(3) do C
abs	Idêntica à função abs do Perl
access	Determina a acessibilidade de um arquivo; retornará undef no caso de falha
acos	Idêntica à função acos(3) do C

Capítulo 8 – Módulos padrões

alarm	Idêntica à função alarm do Perl
asctime	Idêntica à função asctime(3) do C
asin	Idêntica à função asin(3) do C
assert	Semelhante à macro assert(3) do C
atan	Idêntica à função atan(3) do C
atan2	Idêntica à função atan2 do Perl
atexit	Específica do C; use END { }
atof	Específica do C
atoi	Específica do C
atol	Específica do C
bsearch	Não fornecida
calloc	Específica do C
ceil	Idêntica à função ceil(3) do C
chdir	Idêntica à função chdir do Perl
chmod	Idêntica à função chmod do Perl
chown	Idêntica à função chown do Perl
clearerr	Usa o método FileHandle::clearerr
clock	Idêntica à função clock(3) do C
close	Fecha um arquivo; retornará undef no caso de falha
closedir	Idêntica à função closedir do Perl
cos	Idêntica à função cos do Perl
cosh	Idêntica à função cosh(3) do Perl
creat	Cria um novo arquivo
ctermid	Gera o nome do caminho para o terminal de controle
ctime	Idêntica à função ctime(3) do C
cuserid	Obtém o nome de conexão do usuário
difftime	Idêntica à função difftime(3) do C
div	Específica do C
dup	Semelhante à função dup(2) do C; retornará undef no caso de falha
dup2	Semelhante à função dup2(2) do C; retornará undef no caso de falha
errno	Retorna o valor errno
execl	Específica do C; use a exec do Perl
execle	Específica do C; use a exec do Perl
execlp	Específica do C; use a exec do Perl
execv	Específica do C; use a exec do Perl
execve	Específica do C; use a exec do Perl
execvp	Específica do C; use a exec do Perl
exit	Idêntica à função exit do Perl

exp	Idêntica à função exp do Perl
fabs	Idêntica à função abs do Perl
fclose	Usa o método FileHandle::close
fcntl	Idêntica à função fcntl do Perl
fdopen	Usa o método FileHandle::new_from_fd
feof	Usa o método FileHandle::eof
ferror	Usa o método FileHandle::error
fflush	Usa o método FileHandle::flush
fgetc	Usa o método FileHandle::getc
fgetpos	Usa o método FileHandle::getpos
fgets	Usa o método FileHandle::gets
fileno	Usa o método FileHandle::fileno
floor	Idêntica à função floor(3) do C
fmod	Idêntica à função fmod(3) do C
fopen	Usa o método FileHandle::open
fork	Idêntica à função fork do Perl
fpathconf	Retorna o valor de um limite configurável em um arquivo ou diretório, ou undef no caso de falha.
fprintf	Específica do C; use a função printf do Perl
fputc	Específica do C; use a função print do Perl
fputs	Específica do C; use a função print do Perl
fread	Específica do C; use a função read do Perl
free	Específica do C
freopen	Específica do C; use a função open do Perl
frexp	Retorna a mantissa e o exponente de um número com ponto flutuante
fscanf	Específica do C; use <> e expressões constantes
fseek	Usa o método FileHandle::seek
fsetpos	Usa o método FileHandle::setpos
fstat	Obtém o status do arquivo
ftell	Usa o método FileHandle::tell
fwrite	Específica do C; use a função print do Perl
getc	Idêntica à função etc do Perl
getchar	Retorna um caractere de STDIN
getcwd	Retorna o nome do diretório de trabalho atual
getegid	Retorna o ID do grupo efetivo (*gid*)
getenv	Retorna o valor da variável-ambiente especificada
geteuid	Retorna o ID do usuário efetivo (*uid*)
getgid	Retorna o ID do grupo real do usuário (*gid*)

getgrgid	Idêntica à função getgrgid do Perl
getgrnam	Idêntica à função getgrnam do Perl
getgroups	Retorna os ids dos grupos complementares do usuário
getlogin	Idêntica à função getlogin do Perl
getpgrp	Idêntica à função getpgrp do Perl
getpid	Retorna o ID do processo (*pid*)
getppid	Idêntica à função getppid do Perl
getpwnam	Idêntica à função getpwnam do Perl
getpwuid	Idêntica à função getpwuid do Perl
gets	Retorna uma linha de STDIN
getuid	Retorna o ID do usuário (*uid*)
gmtime	Idêntica à função gmtime do Perl
isalnum	Idêntica à função do C, mas pode aplicar um caractere ou uma string inteira
isalpha	Idêntica à função do C, mas pode aplicar um caractere ou uma string inteira
isatty	Retorna um booleano indicando se o handle de arquivo especificado está conectado a um TTY
iscntrl	Idêntica à função do C, mas pode aplicar um caractere ou uma string inteira
isdigit	Idêntica à função do C, mas pode aplicar um caractere ou uma string inteira
isgraph	Idêntica à função do C, mas pode aplicar um caractere ou uma string inteira
islower	Idêntica à função do C, mas pode aplicar um caractere ou uma string inteira
isprint	Idêntica à função do C, mas pode aplicar um caractere ou uma string inteira
ispunct	Idêntica à função do C, mas pode aplicar um caractere ou uma string inteira
isspace	Idêntica à função do C, mas pode aplicar um caractere ou uma string inteira
isupper	Idêntica à função do C, mas pode aplicar um caractere ou uma string inteira
isxdigit	Idêntica à função do C, mas pode aplicar um caractere ou uma string inteira
kill	Idêntica à função kill do Perl
labs	Específica do C; use a função abs do Perl
ldexp	Idêntica à função ldexp(3) do C
ldiv	Específica do C; use o operador de divisão (/) e a função int do Perl
link	Idêntica à função link do Perl
localeconv	Obtém informações sobre a formatação numérica. Retorna uma referência para um hash que contém os valores atuais da formatação local.
localtime	Idêntica à função localtime do Perl
log	Idêntica à função log do Perl
log10	Idêntica à função log10(3) do C
longjmp	Específica do C; use a função die do Perl
lseek	Move o ponteiro do arquivo de leitura/gravação; retornará undef no caso de falha
malloc	Específica do C

mblen	Idêntica à função mblen(3) do C
mbstowcs	Idêntica à função mbstowcs(3) do C
mbtowc	Idêntica à função mbtowc(3) do C
memchr	Específica do C; use a index do Perl
memcmp	Específica do C; use eq
memcpy	Específica do C; use =
memmove	Específica do C; use =
memset	Específica do C; use x
mkdir	Idêntica à função mkdir do Perl
mkfifo	Semelhante à função mkfifo(2) do C; retornará undef no caso de falha
mktime	Converte as informações da data/hora em uma hora do calendário; retornará undef no caso de falha
modf	Retorna as partes integral e fracional de um número com ponto flutuante
nice	Semelhante à função nice(3) do C; retornará undef no caso de falha
offsetof	Específica do C
open	Abre um arquivo para leitura ou gravação; retornará undef no caso de falha
opendir	Abre um diretório para leitura; retornará undef no caso de falha
pathconf	Recupera o valor de um limite configurável em um arquivo ou diretório; retornará undef no caso de falha
pause	Semelhante à função pause(3) do C; retornará undef no caso de falha
perror	Idêntica à função perror(3) do C
pipe	Cria um canal entre os processos
pow	Calcula $x elevado à potência $exponent
printf	Imprime argumentos especificados em STDOUT
putc	Específica do C; use a função print do Perl
putchar	Específica do C; use a função print do Perl
puts	Específica do C; use a função print do Perl
qsort	Específica do C; use a função sort do Perl
raise	Envia o sinal especificado ao processo atual
rand	Não portável, use a função rand do Perl
read	Lê a partir de um arquivo; retornará undef no caso de falha
readdir	Idêntica à função readdir do Perl
realloc	Específica do C
remove	Idêntica à função unlink do Perl
rename	Idêntica à função rename do Perl
rewind	Busca o início do arquivo
rewinddir	Idêntica à função rewinddir do Perl
rmdir	Idêntica à função rmdir do Perl

scanf	Específica do C; use <> e expressões constantes
setgid	Define o id do grupo real para esse processo
setjmp	Específica do C; use eval { }
setlocale	Modifica e consulta o local do programa
setpgid	Semelhante à função setpgid(2) do C; retornará undef no caso de falha
setsid	Idêntica à função setsid(8) do C
setuid	Define o ID do usuário real para esse processo
sigaction	O gerenciamento detalhado do sinal; retornará undef no caso de falha
siglongjmp	Específica do C; use a função die do Perl
sigpending	Examina os sinais pendentes e bloqueados e retornará undef no caso de falha
sigprocmask	Altera e/ou examina a máscara do sinal desse processo; retornará undef no caso de falha
sigsetjmp	Específica do C; use eval { }
sigsuspend	Instala a máscara do sinal e suspende o processo até que o sinal chegue; retornará undef no caso de falha
sin	Idêntica à função sin do Perl
sinh	Idêntica à função sinh(3) do C
sleep	Idêntica à função sleep do Perl
sprintf	Idêntica à função sprintf do Perl
sqrt	Idêntica à função sqrt do Perl
srand	Idêntica à função srand do Perl
sscanf	Específica do C; use expressões constantes
stat	Idêntica à função stat do Perl
strcat	Específica do C; use .=
strchr	Específica do C; use index
strcmp	Específica do C; use eq
strcoll	Idêntica à função strcoll(3) do C
strcpy	Específica do C; use =
strcspn	Específica do C; use expressões constantes
strerror	Retorna uma string de erro para o errno especificado
strftime	Converte a data e a hora na string e retorna a string
strlen	Específica do C; use length
strncat	Específica do C; use .= e/ou substr
strncmp	Específica do C; use eq e/ou substr
strncpy	Específica do C; use = e/ou substr
stroul	Específica do C
strpbrk	Específica do C
strrchr	Específica do C; use rindex e/ou substr

strspn	Específica do C
strstr	Idêntica à função index do Perl
strtod	Específica do C
strtok	Específica do C
strtol	Específica do C
stroul	Específica do C
strxfrm	Transformação da string; retorna a string transformada
sysconf	Recupera os valores das variáveis configuráveis pelo sistema; retornará undef no caso de falha
system	Idêntica à função system do Perl
tan	Idêntica à função tan(3) do C
tanh	Idêntica à função tanh(3) do C
tcdrain	Semelhante à função tcdrain(3) do C; retornará undef no caso de falha
tcflow	Semelhante à função tcflow(3) do C; retornará undef no caso de falha
tcflush	Semelhante à função tcflush(3) do C; retornará undef no caso de falha
tcgetpgrp	Idêntica à função tcgetpgrp(3) do C
tcsendbreak	Semelhante à função tcsendbreak(3) do C; retornará undef no caso de falha
tcsetpgrp	Semelhante à função tcsetpgrp(3) do C; retornará undef no caso de falha
time	Idêntica à função time do Perl
times	Retorna, nas marcações do clock, o tempo real decorrido desde algum ponto no passado, as horas do usuário e do sistema para esse processo e as horas do usuário e do sistema para os processos-filhos
tmpfile	Usa o método FileHandle::new_tmpfile
tmpnam	Retorna um nome para um arquivo temporário
tolower	Idêntica à função lc do Perl
toupper	Idêntica à função uc do Perl
ttyname	Idêntica à função ttyname(3) do C
tzname	Recupera as informações de conversão da hora a partir da variável tzname
tzset	Idêntica à função tzset(3) do C
umask	Idêntica à função umask do Perl
uname	Obtém o nome do sistema operacional atual
ungetc	Usa o método FileHandle::ungetc
unlink	Idêntica à função unlink do Perl
utime	Idêntica à função utime do Perl
vfprintf	Específica do C
vprintf	Específica do C
vsprintf	Específica do C
wait	Idêntica à função wait do Perl

waitpid	Aguarda que o processo-filho mude o estado; idêntica à função waitpid do Perl
wcstombs	Idêntica à função wcstombs(3) do C
wctomb	Idêntica à função wctomb(3) do C
write	Grava no arquivo; retornará undef no caso de falha

As seções a seguir mostram as classes que são definidas e seus métodos:

POSIX::SigAction

new

$sigaction = **POSIX::SigAction->new**(*sub_sinal*, *conj_sinais*, *marcas*)
O construtor. Cria um novo objeto POSIX::SigAction. Tem os seguintes argumentos:

sub_sinal
    O nome totalmente qualificado de uma sub-rotina de tratamento de sinais.

conj_sinais
    Um objeto POSIX::SigSet.

marcas
    O sa_flags.

POSIX::SigSet

new

$sigset = **POSIX::SigSet->new**[(*args*)]
O construtor. Cria um novo objeto SigSet. Os argumentos opcionais são usados para inicializar o conjunto.

addset

$sigset->**addset**(*sig*)
Adiciona o sinal *sig* ao objeto SigSet; retornará undef no caso de falha.

delset

$sigset->**delset**(*sig*)
Remove o sinal *sig* do objeto SigSet; retornará undef no caso de falha.

emptyset

$sigset->**emptyset( )**

Inicializa o objeto SigSet para esvaziar; retornará undef no caso de falha.

fillset

$sigset->**fillset( )**

Inicializa o objeto SigSet para incluir todos os sinais; retornará undef no caso de falha.

ismember

$sigset->**ismember**(*sig*)

Testa o objeto SigSet para um sinal *sig* específico.

POSIX::Termios

new

$termios = **POSIX::Termios->new**

O construtor. Cria um novo objeto Termios.

getattr

$termios->**getattr**([*d_a*])

Obtém os atributos de controle do terminal para um certo *d_a* (o default é 0 para STDIN); retornará undef no caso de falha.

getcc

$c_cc[ind] = *$termios*->**getcc**(*ind*)

Recupera o valor do campo c_cc de um objeto Termios. Obterá o índice *ind* desde que @*c_cc* seja um array.

getcflag

$c_cflag = *$termios*->**getcflag**

Recupera o campo *c_cflag* de um objeto Termios.

getiflag
$c_iflag = *$termios*->**getiflag**
Recupera o campo *c_iflag* de um objeto Termios.

getispeed
$ispeed = *$termios*->**getispeed**
Recupera a taxa de transmissão de entrada.

getlflag
$c_lflag = *$termios*->**getlflag**
Recupera o campo *c_lflag* de um objeto Termios.

getoflag
$c_oflag = *$termios*->**getoflag**
Recupera o campo *c_oflag* de um objeto Termios.

getospeed
$ospeed = *$termios*->**getospeed**
Recupera a taxa de transmissão de saída.

setattr
$termios->**setattr**(*d_a, opção*)
Define os atributos de controle do terminal de um certo *d_a*; retornará undef no caso de falha.. A *opção* informa quando definir os atributos e é TCSADRAIN, TCSAFLUSH ou TCSANOW.

setcc
$termios->**setcc**(*índ, valor*)
Define o *valor* no campo *c_cc*, indexado pelo *índ* de um objeto Termios.

setcflag

$termios->**setcflag**(*marca*)
Define a *marca* no campo *c_cflag* de um objeto Termios.

setiflag

$termios->**setiflag**(*marca*)
Define a *marca* no campo *c_iflag* de um objeto Termios.

setispeed

$termios->**setispeed**(*valor*)
Define a taxa de transmissão de entrada para o *valor*; retornará undef no caso de falha.

setlflag

$termios->**setlflag**(*marca*)
Define a *marca* no campo *c_lflag* de um objeto Termios.

setoflag

$termios->**setoflag**(*marca*)
Define a *marca* no campo *c_oflag* de um objeto Termios.

setospeed

$termios->**setospeed**(*valor*)
Defina a taxa de transmissão de saída para o *valor*. Retornará undef no caso de falha.

Constantes

As seguintes constantes estão associadas à classe Termios:

Valores da taxa de transmissão

| B0 | B75 | B134 | B200 | B600 | B1800 | B4800 | B19200 |
| B50 | B110 | B150 | B300 | B1200 | B2400 | B9600 | B38400 |

Valores do índice c_cc

VEOF	VERASE	VKILL	VSUSP	VSTOP	VTIME
VEOL	VINTR	VQUIT	VSTART	VMIN	NCCS

Valores do campo c_cflag

CLOCAL	CSIZE	CS6	CS8	HUPCL	PARODD
CREAD	CS5	CS7	CSTOPS	PARENB	

Valores do campo c_iflag

BRKINT	IGNBRK	IGNPAR	INPCK	IXOFF	PARMRK
ICRNL	IGNCR	INLCR	ISTRIP		IXON

Valores do campo c_lflag

ECHO	ECHONL	ISIG
ECHOE	ICANON	NOFLSH
ECHOK	IEXTEN	TOSTOP

Valores do campo c_oflag

OPOST

Valores da interface do terminal

TCSADRAIN	TCIOFLUSH	TCIFLUSH
TCSANOW	TCOFLUSH	TCSAFLUSH
TCOON	TCION	TCIOFF

A seguir estão as outras constantes definidas no módulo POSIX:

Constantes do nome do caminho

_PC_CHOWN_RESTRICTED	_PC_LINK_MAX	_PC_MAX_CANON
_PC_MAX_INPUT	_PC_NAME_MAX	_PC_NO_TRUNC
_PC_PATH_MAX	_PC_PIPE_BUF	_PC_VDISABLE

Constantes POSIX

_POSIX_ARG_MAX	_POSIX_CHILD_MAX	_POSIX_CHOWN_RESTRICTED
_POSIX_JOB_CONTROL	_POSIX_LINK_MAX	_POSIX_MAX_CANON
_POSIX_MAX_INPUT	_POSIX_NAME_MAX	_POSIX_NGROUPS_MAX
_POSIX_NO_TRUNC	_POSIX_OPEN_MAX	_POSIX_PATH_MAX
_POSIX_PIPE_BUF	_POSIX_SAVED_IDS	_POSIX_SSIZE_MAX
_POSIX_STREAM_MAX	_POSIX_TZNAME_MAX	_POSIX_VDISABLE
_POSIX_VERSION		

Configuração do sistema

_SC_ARG_MAX	_SC_CHILD_MAX	_SC_CLK_TCK	_SC_JOB_CONTROL
_SC_NGROUPS_MAX	_SC_OPEN_MAX	_SC_SAVED_IDS	_SC_STREAM_MAX
_SC_TZNAME_MAX	_SC_VERSION		

Constantes de erro

E2BIG	EACCES	EAGAIN	EBADF	EBUSY	ECHILD	EDEADLK
EDOM	EEXIST	EFAUL	EFBIG	EINTR	EINVAL	
EIO	EISDIR	EMFILE	EMLINK	ENAMETOOLONG		ENFILE
ENODE	ENOENT	ENOEXEC	ENOLCK	ENOMEM	ENOSPC	
ENOSYS	ENOTDIR	ENOTEMPTY	ENOTTY	ENXIO	EPERM	
EPIPE	ERANGE	EROFS	ESPIPE	ESRCH	EXDEV	

Constantes de controle de arquivo

FD_CLOEXEC	F_DUPFD	F_GETFD	F_GETFL	F_GETLK	F_OK
F_RDLCK	F_SETFD	F_SETFL	F_SETLK	F_SETLKW	F_UNLCK
F_WRLCK	O_ACCMODE	O_APPEND	O_CREAT	O_EXCL	O_NOCTTY
O_NONBLOCK	O_RDONLY	O_RDWR	O_TRUNC	O_WRONLY	

Constantes de ponto flutuante

DBL_DIG	DBL_EPSILON	DBL_MANT_DIG	DBL_MAX
DBL_MAX_10_EXP	DBL_MAX_EXP	DBL_MIN	DBL_MIN_10_EXP
DBL_MIN_EXP	FLT_DIG	FLT_EPSILON	FLT_MANT_DIG
FLT_MAX	FLT_MAX_10_EXP	FLT_MAX_EXP	FLT_MIN
FLT_MIN_10_EXP	FLT_MIN_EXP	FLT_RADIX	FLT_ROUNDS
LDBL_DIG	LDBL_EPSILON	LDBL_MANT_DIG	LDBL_MAX
LDBL_MAX_10_EXP	LDBL_MAX_EXP	LDBL_MIN	LDBL_MIN_10_EXP
LDBL_MIN_EXP			

Constantes de limite

ARG_MAX	CHAR_BIT	CHAR_MAX	CHAR_MIN	CHILD_MAX
INT_MAX	INT_MIN	LINK_MAX	LONG_MAX	LONG_MIN
MAX_CANON	MAX_INPUT	MB_LEN_MAX	NAME_MAX	NGROUPS_MAX
OPEN_MAX	PATH_MAX	PIPE_BUF	SCHAR_MAX	SCHAR_MIN
SHRT_MAX	SHRT_MIN	SSIZE_MAX	STREAM_MAX	TZNAME_MAX
UCHAR_MAX	UINT_MAX	ULONG_MAX	USHRT_MAX	

Constantes locais

LC_ALL	LC_COLLATE	LC_CTYPE	LC_MONETARY	LC_NUMERIC	LC_TIME

Constantes matemáticas
    HUGE_VAL

Constantes de sinais

SA_NOCLDSTOP	SIGABRT	SIGALRM	SIGCHLD	SIGCONT	SIGFPE
STGHUP	SIGILL	SIGINT	SIGKILL	SIGPIPE	SIGQUIT
SIGSEGV	SIGSTOP	SIGTERM	SIGTSTP	SIGTTIN	SIGTTOU
SIGUSR1	SIGUSR2	SIG_BLOCK	SIG_DFL	SIG_ERR	SIG_IGN
SIG_SETMASK	SIG_UNBLOCK				

Constantes estáticas

S_IRGRP	S_IROTH	S_IRUSR	S_IRWXG	S_IRWXO	S_IRWXU	S_ISGID
S_ISUID	S_IWGRP	S_IWOTH	S_IWUSR	S_IXGRP	S_IXOTH	S_IXUSR

Macros estáticas

    S_ISBLK   S_ISCHR   S_ISDIR   S_ISFIFO   S_ISREG

Constantes da biblioteca padrão

    EXIT_FAILURE   EXIT_SUCCESS   MB_CUR_MAX RAND_MAX

Constantes da e/s padrão

    BUFSIZ EOF FILENAME_MAX L_ctermid L_cuserid L_tmpname TMP_MAX

Constantes da hora

    CLK_TCK   CLOCKS_PER_SEC

Constantes com um padrão

R_OK	SEEK_CUR	SEEK_END	SEEK_SET	STDIN_FILENO
STDOUT_FILENO	STRERR_FILENO	W_OK	X_OK	

Constantes de espera
    WNOHANG   WUNTRACED

Macros de espera
    WIFEXITED WEXITSTATUS WIFSIGNALED WTERMSIG WIFSTOPPED WSTOPSIG

re

O pragma que permite alterar o comportamento das expressões constantes. Permite as seguintes alterações:

use re 'debug'

> Faz com que o Perl produza mensagens de depuração ao compilar e durante a execução ao usar as expressões constantes. Veja a página manual *re* e a seção sobre "Debugging regular expressions" (Como depurar expressões constantes) na página manual *perldebug* para obter detalhes.

```
use re 'eval'
```
    Permite que uma expressão constante contenha uma assertiva de comprimento zero (?{...}) mesmo que a expressão constante contenha a interpolação de variáveis, que normalmente não é permitido por razões de segurança. O pragma será ignorado se a expressão constantes vier de dados danificados.

```
use re 'taint'
```
    Quando uma string danificada é o destino de uma expressão constante, faz com que as memórias (ou os valores retornados pelo operador m// no contexto da lista) da expressão constante sejam danificadas.

Safe

Cria compartimentos para avaliar o código Perl não confiável. Cada compartimento tem uma máscara do operador associada para excluir determinados operadores Perl do compartimento. Veja o módulo Opcode para obter mais informações sobre os operadores e as máscaras do operador. A máscara default é aplicada durante a compilação para impedir todas as operações que dão acesso ao sistema. O Safe fornece os seguintes métodos:

---

new

    $cpt = **new Safe** [(*espaço_nome*, *máscara*)]

    O construtor. Cria um novo compartimento. Tem os seguintes argumentos:

    espaço_nome

        Opcional. O espaço do nome principal para usar para o compartimento. O default é "Safe::Root0", que aumenta automaticamente para cada novo compartimento.

    máscara

        Opcional. A máscara do operador a usar; o default é um conjunto restritivo.

---

mask

    $cpt->**mask** ([*máscara*])

    Definirá a máscara do operador para o compartimento se a *máscara* for especificada, do contrário obterá a máscara atual.

---

rdo

    $cpt->**rdo**(*nome_do_arquivo*)

    Avalia o conteúdo do *nome_do_arquivo* dentro do compartimento.

reval

*$cpt->***reval** (*string*)

Avalia a *string* como o código Perl dentro do compartimento.

root

*$cpt->***root** ([*espaço_nome*])

Se o *espaço_nome* for especificado, definirá o espaço do nome principal para o compartimento, do contrário obterá o espaço do nome atual.

share

*$cpt->***share** (*nome_var*[, ...])

Compartilha a(s) variável(eis) na lista de argumentos com o compartimento.

trap

*$cpt->***trap** (*op*[, ...])

Para cada operador especificado na lista de argumentos, define o bit correspondente na máscara do operador do compartimento.

untrap

*$cpt->***untrap** (*op*[, ...])

Para cada operador especificado na lista de argumentos, redefine o bit correspondente na máscara do operador do compartimento.

varglob

*$cpt->***varglob** (*nome_var*)

Retorna uma global para a entrada *nome_var* da tabela de símbolos no pacote do compartimento.

As seguintes sub-rotinas estão disponíveis para a exportação pelo Safe. Os nomes do operador poderão ser encontrados no array op_name no arquivo *opcode.h* na distribuição Perl.

emptymask

emptymask

Retorna uma máscara com todos os operadores desmascarados.

fullmask

fullmask

Retorna uma máscara com todos os operadores mascarados.

mask_to_ops

mask_to_ops (*máscara*)

Obtém uma máscara do operador *máscara* e retorna uma lista dos nomes dos operadores mascarados na *máscara*.

MAXO

MAXO

Retorna o número de operadores em uma máscara (e portanto seu comprimento).

opcode

opcode (*op*[, ...])

Obtém uma lista de nomes do operador e retorna a lista correspondente de códigos do operador.

op_mask

op_mask

Retorna a máscara do operador em vigor quando a chamada para a sub-rotina foi compilada.

opname

opname (*op*[, ...])

Obtém uma lista de códigos do operador e retorna a lista correspondente de nomes do operador.

ops_to_mask

ops_to_mask (*op*[, ...])

Obtém uma lista de nomes do operador e retorna uma máscara do operador com esses operadores mascarados.

SDBM_File

Fornece programas Perl com o acesso ligado aos arquivos do banco de dados SDBM. Veja a função tie predefinida do Perl e o módulo DB_File.

Search::Dict

Pesquisa uma chave em um arquivo de texto ordenado e define a posição do arquivo. Exporta uma função:

look

look **h_a, chave, dicion, pasta*

Executa uma pesquisa da string e define a posição no handle de arquivo *h_a* para a primeira linha com uma chave igual ou maior que a *chave*. Retorna a nova posição do arquivo ou -1 no caso de erro. Tem os seguintes argumentos:

h_a   O handle de arquivo do arquivo de dicionário.

chave   A chave a pesquisar.

dicion

    Se true, pesquisará na ordem do dicionário, considerando apenas os caracteres de palavras e o espaço em branco.

pasta

    Se true, irá ignorar as letras maiúsculas e minúsculas.

SelectSaver

Fornece uma maneira de gravar e armazenar os handles de arquivo para que você possa usar temporariamente um handle de arquivo diferente.

new

$saver = new SelectSaver[(h_a)]

O construtor. Cria um novo objeto SelectSaver, $saver, que grava o handle de arquivo atual. O parâmetro opcional h_a é o handle de arquivo que irá substituir temporariamente o handle de arquivo atual. Se o h_a estiver presente, o handle de arquivo atual será gravado no $saver e o novo irá tornar-se o handle de arquivo atual. Sem parâmetros, o handle de arquivo atual será gravado no objeto $saver e também permanecerá como o atual.

Você poderá usar o handle de arquivo recém-selecionado no bloco atual. Quando você sair do bloco, o handle de arquivo anterior será novamente o atual e o objeto SelectSaver no qual estava armazenado será destruído.

SelfLoader

Usado quando você deseja incluir funções em seu programa, mas quer carregá-las apenas se for necessário. As funções a serem autocarregadas são colocadas depois da linha:

  _ _DATA_ _

em seu programa. Quando o código for compilado, a compilação irá parar na ficha _ _DATA_ _. O SelfLoader exportará a sub-rotina AUTOLOAD para o pacote; essa sub-rotina carregará as sub-rotinas depois de _ _DATA_ _ quando tiverem a require aplicada.

Shell

Permite que você chame os utilitários do shell Unix como se fossem sub-rotinas do Perl. Os argumentos serão transmitidos aos utilitários como strings:

```
    use Shell qw(date cp ps);   # list shell commands you want to use
                                (lista os comandos do shell que você
                                 deseja usar)
    $date = date( );     # put the output of the date(1) command into $date
                                (coloca a saída do comando date(1) em $date)
    cp("-p" "/etc/passwd", "/tmp/passwd");      #copy password file to a tmp file
                                (copia o arquivo de senha para um arquivo tmp)
    print ps("-ww");     # print the results of a "ps -ww" command
                                (imprime os resultados de um comando "ps -ww")
```

sigtrap

O pragma para permitir o tratamento simples dos sinais. Fornece duas sub-rotinas de sinais que poderão ser instaladas ou você poderá instalar sua própria sub-rotina; também fornece opções para especificar quais sinais interceptar. Ignora as solicitações para interceptar os sinais não usados na arquitetura de seu sistema.

```
use sigtrap;                    # initialize default signal handlers
                                (inicializa as sub-rotinas dos sinais defaults)
use sigtrap qw(die normal-signals);
use sigtrap 'handler' => \&handlername, 'normal-signals';
use sigtrap qw(handler handlername normal-signals
               stack-trace error-signals);
```

Opções da sub-rotina de sinais

Usada para especificar qual sub-rotina será instalada e usada para os sinais instalados depois da sub-rotina.

`die` Instala a sub-rotina que aplica a die com uma mensagem indicando que o sinal foi interceptado.

`handler` *nome_sub-rotina*

Instala sua sub-rotina *nome_sub-rotina*.

`stack-trace`

A sub-rotina de sinais default. Produz o rastreamento da pilha no STDERR e tenta armazenar no dump de memória.

Opções da lista de sinais

Você poderá especificar sua própria lista de opções:

```
use sigtrap qw(BUS SEGV PIPE ABRT);
```

ou usar uma das seguintes listas de opções predefinidas:

`error-signals`

Os sinais que indicam um problema grave: ABRT, BUS, EMT, FPE, ILL, QUIT, SEGV, SYS e TRAP.

`normal-signals`

Os sinais que provavelmente um programa encontrará: HUP, INT, PIPE e TERM.

`old-interface-signals`

O default. Os sinais interceptados por default nas antigas versões do sigtrap: ABRT, BUS, EMT, FPE, ILL, PIPE, QUIT, SEGV, SYS, TERM e TRAP.

Outras opções

`any` Instala as sub-rotinas apenas para os sinais listados subseqüentemente que já não foram cuidados.

número

Requer que a versão do sigtrap que está sendo usado tenha que ser pelo menos o *número*.

signal
> Instala uma sub-rotina para qualquer argumento que se pareça com um nome do sinal.

untrapped
> Instala as sub-rotinas apenas para os sinais listados subseqüentemente já não interceptados ou ignorados.

Socket

A conversão do arquivo *socket.h* do C que usa *h2xs* e seu compilador C. Veja o Capítulo 13 para obter detalhes.

strict

O pragma para fazer uma verificação rigorosa de erros no bloco atual. Poderá ser desativado prefixando com no:

```
use strict 'vars';
no strict 'vars';
```

Fornece três tipos de restrição:

`strict 'refs'`
> Irá gerar um erro de execução se você usar qualquer referência simbólica.

`strict 'subs'`
> Irá gerar um erro de compilação se você usar um identificador de palavras simples que não é uma sub-rotina declarada previamente.

`strict 'vars'`
> Irá gerar um erro de compilação se você acessar uma variável que não foi declarada através de my, não estiver qualificada totalmente ou não foi importada.

A use strict por si só (sem nenhuma lista de importação) é a mais restritiva, fazendo com que todas as possíveis restrições sejam impostas.

subs

O pragma que declara previamente as sub-rotinas cujos nomes são dados em uma lista:

```
use subs qw(sub[, ... ]);
sub $arg[, ... ];
```

Permite que você use as sub-rotinas sem parêntesis mesmo antes de serem definidas e permite que você anule as funções predefinidas.

Symbol

Fornece funções para criar globais anônimas e qualificar os nomes das variáveis. Exporta o seguinte:

gensym

gensym

Cria uma global anônima e retorna para ela uma referência que poderá ser usada como um handle de arquivo ou um handle de diretório.

ungensym

ungensym

Para a compatibilidade apenas; não faz nada.

qualify

qualify *(nome_símb[, pacote])*

Transforma os nomes dos símbolos não qualificados em nomes das variáveis qualificados (por exemplo, transforma myvar em MyPackage::myvar).

qualify_to_ref

qualify_to_ref *(nome_símb[, pacote])*

Como qualify, mas retorna uma referência global que poderá ser usada mesmo que use strict 'refs' esteja em vigor.

Sys::Hostname

Fornece uma função, hostname, que tenta obter o nome do host do sistema fazendo verificações apropriadas no sistema operacional. Remove os nulos, retornos e novas linhas do resultado, que então armazena em cache. Aplicará a croak no caso de falha.

```
use Sys::Hostname;
$host = hostname( );
```

Sys::Syslog

Comunica-se com o programa syslog(3) do Unix. Requer o arquivo *syslog.ph*, que terá que ser criado com *h2ph* por seu administrador do sistema. Fornece as quatro funções a seguir:

closelog
closelog
Fecha o arquivo de conexão.

openlog
openlog *ident*, *op_conexão*, *recurso*
Abra o arquivo de conexão. Tem os seguintes argumentos:

ident
: Prefixado em toda mensagem.

op_conexão
: As opções da conexão, contendo um ou mais:

    `cons`
    : Escreverá as mensagens no console do sistema se não puderem ser enviadas para *syslogd*.

    `ndelay`
    : Abre a conexão imediatamente.

    `nowait`
    : Não aguarda os processos-filhos antes das mensagens de conexão para o console.

    `pid`
    : O id do processo de conexão.

recurso
: Especifica a parte do sistema que está fazendo a entrada de conexão.

setlogmask
setlogmask *prioridade_máscara*
Define a máscara de conexão para a *prioridade_máscara* e retorna a antiga máscara.

syslog
syslog *prioridade*, *máscara*, *formato*, *args*
Se a *prioridade* e a *máscara* permitirem, registrará a mensagem formada como se fosse por sprintf (*formato*, *args*), além de %m ser substituído pela mensagem de erro atual a partir de $!.

Term::Cap

Fornece as funções de baixo nível para extrair e usar as capacidades de um banco de dados de capacidade do terminal (termcap). Para obter informações gerais sobre o uso deste banco de dados, veja a página manual *termcap(5)*. Fornece as seguintes funções:

Tgetent

$terminal = **Tgetent Term::Cap** *{TERM => tipo_term,* **OSPEED** *=> vel_saída }*

Age como o construtor para Term::Cap. Extrai a entrada termcap para o tipo do terminal *tipo_term* e retorna uma referência para um objeto do terminal. A própria entrada termcap é $terminal->{TERMCAP}. Chamará Carp::croak no caso de falha. Tem os seguintes argumentos:

TERM => *tipo_term*

    O tipo do terminal. Terá como default o valor da variável-ambiente TERM se o *tipo_term* for false ou indefinido.

OSPEED => *vel_saída*

    A taxa de transferência de saída do terminal, especificada como uma velocidade POSIX termios/SYSV termio ou uma velocidade do antigo BSD. Você poderá usar o módulo POSIX para obter a velocidade de saída do seu terminal (em *vel_saída* aqui).

Tgoto

$terminal->**Tgoto**('cm', *col, linha*[, *h_a*])

Produz a string de controle para mover o cursor em relação à tela. Não armazena em cache as strings de saída, mas faz a expansão % quando necessária na string de controle. Tem os seguintes argumentos:

'cm'

    O primeiro argumento requerido ("movimento do cursor")

col, linha

    A coluna e a linha para mover o cursor.

h_a

    O handle de arquivo para receber a string de controle.

Tpad

$terminal->**Tpad**(*string, contagem, h_a*)

Especifica o preenchimento requerido para criar a espera necessária pelo terminal. Tem os seguintes argumentos:

string

    A string com a qual preencher.

contagem
    O número de caracteres de preenchimento.

h_a
    O handle de arquivo a preencher.

Tputs

*$terminal->***Tputs**(*'cap', contagem*[, *h_a*])
Produz a string de controle para as capacidades diferentes do movimento do cursor. Não faz a expansão %, mas armazenará em cache as strings de saída se $count = 1. Tem os seguintes argumentos:

cap
    A capacidade de produzir a string de controle.

contagem
    Deverá ser 1 a menos que o preenchimento seja requerido (veja Tpad); se for maior que 1, especificará a quantidade de preenchimento.

h_a
    O handle de arquivo para receber a string de controle.

Trequire

*$terminal->***Trequire**(*caps*)
Verifica para saber se as capacidades nomeadas, *caps*, estão definidas na entrada termcap do terminal. Por exemplo:

```
$terminal->Trequire(qw/ce ku kd/);
```

Qualquer capacidade indefinida será listada e Carp::croak será chamado.

Term::Complete

Fornece o término das palavras na lista de palavras em um array especificado. Exporta uma função:

Complete

Complete (*'string_prompt', array*)
Envia a string para o handle de arquivo selecionado atualmente, lê a resposta do usuário e retorna-a. Tem os seguintes argumentos:

string_prompt
    O prompt para a entrada do usuário.

array
    O array de palavras com o qual a entrada do usuário será coincidida.

Se qualquer um dos caracteres seguintes for incluído na resposta do usuário para a *string_prompt*, será tratado como um caractere especial:

TAB
    Faz o término da palavra, coincidindo o que o usuário digitou até então com a lista de strings na *lista_término*. Em uma coincidência única, produzirá o resto da string coincidida e aguardará que o usuário pressione a tecla de retorno. Do contrário, deixará a entrada parcial inalterada e enviará um aviso sonoro.

CTRL-D
    mprime todos os possíveis términos da entrada parcial do usuário ou toda a lista de término se a string de entrada parcial for nula, irá enviar de novo a string de prompt e a entrada parcial. Redefina definindo a variável $Term::Complete::complete.

CTRL-U
    Apaga qualquer entrada parcial. Redefina definindo a variável $Term::Complete::kill.

DEL, BS
    Apaga e usa a tecla de retrocesso nos caracteres; ambos apagam um caractere da string de entrada parcial. Redefina definindo as variáveis $Term::Complete::erase1 e $Term::Complete::erase2.

Term::ReadLine

O front-end para outros pacotes ReadLine. Comunica-se atualmente com o Term-ReadLine, que está disponível na CPAN. Define as variáveis $IN e $OUT, que retornam os handles de arquivo para a entrada e a saída, respectivamente ou undef se a entrada e saída Readline não puderem ser usadas para o Perl. Fornece os seguintes métodos:

new

$term = new Term::ReadLine *'nome'*

O construtor. Retorna o handle das chamadas subseqüentes para os métodos ReadLine. O argumento *nome* é o nome da aplicação. Opcionalmente poderá ser seguido por dois argumentos que são as globais que especificam os handles de arquivo de entrada e de saída.

addhistory

$term->**addhistory**(*linha*)

Adiciona a *linha* ao histórico de entradas.

Features

$term->**Features**

Retorna uma referência para um hash cujas chaves são os recursos presentes na implementação atual e cujos valores são os atribuídos a cada recurso. Vários recursos opcionais são usados na interface mínima: *nome_ap* deverá estar presente se o primeiro argumento para new for reconhecido e *linha_mín* deverá estar presente se o método MinLine não for fictício. O *auto-histórico* deverá estar presente se as linhas forem colocadas no histórico automaticamente (talvez sujeitas a *MinLine*) e *adic_histórico* se o método addhistory não for fictício.

findConsole

$term->**findConsole**

Retorna o array de duas strings que contém os nomes mais adequados para os arquivos de entrada e de saída, usando as convenções "<$in" e ">$out".

MinLine

$term->**MinLine**([*tamanho*])

Com o argumento *tamanho*, serve como uma recomendação sobre o tamanho mínimo da linha a ser adicionada ao histórico. Sem um argumento, não irá adicionar nada ao histórico. Retornará o antigo valor.

ReadLine

$term->**ReadLine**

Retorna o pacote real que executa os comandos. Alguns possíveis valores são Term::ReadLine::Gnu, Term::ReadLine::Perl ou Term::ReadLine::Stub.

readline

$term->**readline**(*prompt*)

Solicita a linha de entrada e obtém o resultado. Remove a nova linha posterior e retorna undef no fim do arquivo.

Test

Fornece uma estrutura para escrever os scripts de teste para que você não precise saber a determinada saída que o Test::Harness espera ver. Útil se você estiver escrevendo módulos e testes para esses módulos. Fornece os seguintes tipos de teste:

Normal
>Os testes que são esperados que tenham sucesso.

Skip
>Os testes que precisam de um recurso específico da plataforma. Eles funcionam como os testes normais exceto que o primeiro argumento deverá ser avaliado como true se o recurso requerido *não* estiver presente.

Todo
>Os testes que são designados a manter uma lista de tarefas executáveis; os testes não são esperados como sendo bem-sucedidos.

O teste também fornece um gancho *onfail* que poderá inicializar diagnósticos adicionais para as falhas no final da execução do teste. Para usar o *onfail*, transmita-o a uma referência de array das referências do hash onde cada hash contém pelo menos estes campos: pacote, repetição e resultado, assim como qualquer valor esperado ou string de diagnóstico.

Veja a página manual *Test* para obter detalhes e exemplos.

Test::Harness

Usado pelo MakeMaker; executa os scripts de teste do Perl e imprime algumas estatísticas. Você poderá usar o módulo Test para escrever os scripts de teste sem saber a saída exata que o Test::Harness espera. Exporta uma função:

---

runtests

>**runtests** (*testes*)
>Executa todos os scripts de teste nomeados em *testes* e verifica a saída padrão para obter as strings ok*n* esperadas. Imprime as estatísticas do desempenho depois de todos os testes terem sido executados.

Text::Abbrev

Dada uma lista de strings, fornece um hash de abreviações não ambíguas. Exporta uma função:

abbrev

abbrev (\%ref_hash, lista)

Obtém cada string na *lista* e constrói o hash referido por \%ref_hash. Cada chave é um corte não ambíguo de uma das strings e o valor é a string completa (onde não ambíguo significa que existe apenas uma possível expansão que coincide com uma das strings na lista).

Por exemplo, se a *lista* contiver "file" e "find", então os pares chave/valor criados incluem:

```
fil  => file
file => file
fin  => find
find => find
```

Tanto "f" como "fi" são ambíguos, uma vez que começam com palavras e portanto não aparecem como chaves.

Text::ParseWords

Analisa as linhas do texto e retorna um array de palavras. Fornece três funções:

quotewords

quotewords (*delim, manter, linhas*)

Aceita o delimitador e a lista de linhas e divide as linhas nas ocorrências do delimitador em uma lista de palavras. Exportada por default. Tem os seguintes argumentos:

delim
    O delimitador, que poderá ser uma expressão constante. As ocorrências dentro de aspas são ignoradas.

manter
    Booleano. Se false, as aspas e as barras invertidas simples serão removidas da lista de palavras retornada e uma barra invertida dupla será retornada como uma barra invertida simples. Se true, as aspas e as barras invertidas serão mantidas.

linhas
    A lista de linhas a ser analisada.

old_shellwords

old_shellwords (*linhas*)

Divide um array de linhas em palavras. Exportada ao solicitar. Igual ao programa anterior do Perl 5 *shellwords.pl*.

shellwords

shellwords (*linhas*)

Funciona como o old_shellwords, mas não terá como default usar $_ se não houver nenhum argumento. Exportada por default.

Text::Soundex

Implementa o algoritmo soundex, que aplica o hash em uma palavra (em particular, um sobrenome) de uma forma compactada que aproxima o som da palavra quando falada por um falante inglês.

```
use Text::Soundex;
```

```
    $code = soundex $string; # get soundex code for a string
                    (obtém o código soundex de uma string)
    @codes = soundex @list;  # get list of codes for list of strings
                    (obtém a lista de códigos para a lista de strings)
```

Retornará o valor da variável $soundex_nocode se não houver nenhuma representação do código soundex para uma string. A $soundex_nocode é inicialmente definida para undef, mas poderá ser redefinida para outro valor, por exemplo:

```
    $soundex_nocode = 'Z000';
```

Text::Tabs

Fornece sub-rotinas que expandem a tabulação em espaços e compacta ("cancela" a expansão) os espaços em tabulações. A aparência do texto é inalterada. Define a variável tabstop, que define o número de espaços equivalentes a uma tabulação. O default é 8. Exporta as seguintes funções:

expand

expand (*texto*)

Dado um array de strings (*texto*) contendo tabulações, substituirá cada caractere de tabulação pelo número de espaços equivalente.

unexpand

unexpand (*texto*)

Dado um array de strings (*texto*), que pode ou não conter tabulações, substituirá cada espaço $tabstop consecutivo por um caractere de tabulação.

Text::Wrap

Integra o texto em um parágrafo. Define a variável $columns, que especifica o comprimento da linha de saída. O default é 76. Exportado ao solicitar. Fornece as seguintes funções:

wrap

wrap (*str_inic, outra_str, texto*)

Divide as linhas do array *texto* no limite da palavra mais próximo ao tamanho de uma linha. Prefixa a *str_inic* à primeira linha de saída e a *outra_str* às linhas subseqüentes, para o recuo. Exportada por default.

Thread

Fornece o suporte de diversos processos do Perl. Distribuído como um recurso beta com o Perl 5.005 e é executado apenas nas versões do Perl que foram construídas com o suporte do processo. Tem as seguintes funções e métodos:

new

$t = **new Thread** \&*sub*[, *parâms*]

O construtor. Inicia um novo processo na sub-rotina referida, \&*sub*, retornando um objeto do processo que representa o novo processo. A lista de parâmetros opcionais é transmitida para a sub-rotina. A execução continuará no novo processo e no código.

async

$t = **async** {*bloco*};

Cria um novo processo para executar o bloco que o segue. O bloco é tratado como uma sub-rotina anônima (e portanto tem um ponto-e-vírgula depois do colchete de fechamento). Retorna um objeto do processo. O async não é exportado por default, portanto você poderá especificar use Thread qw(async); ou qualificar totalmente o nome (Thread::async).

cond_broadcast

cond_broadcast *var*

Como cond_wait, mas desbloqueia todos os processos bloqueados em um cond_wait na variável bloqueada, não apenas um processo.

cond_signal

cond_signal *var*

Obtém a variável bloqueada *var* e desbloqueia um processo que está aguardando com cond_wait nessa variável. Se diversos processos estiverem muito bloqueados, o que será desbloqueado não poderá ser determinado.

cond_wait

cond_wait *var*

Obtém a variável *var* bloqueada, desbloqueia-a e bloqueia até que outro processo aplique um cond_signal ou cond_broadcast nessa variável. A variável será novamente bloqueada depois de cond_wait ter sido satisfeito. Se diversos processos estiverem aguardando com cond_wait, todos exceto um serão bloqueados novamente aguardando para readquirir o bloqueio.

eval

eval {*$t*->join}

Integra uma eval em uma join. Aguarda que um processo saia e transmite qualquer valor de retorno a partir do processo, colocando os erros em $@.

join

$t->**join**

Aguarda que um processo saia e quando sair, retorna qualquer valor da saída a partir do processo. Bloqueia até que o processo tenha terminado, a menos que o processo já tenha terminado.

lock

lock *var*

lock *sub*

Bloqueia uma variável ou sub-rotina. Um bloqueio em uma variável é mantido até que o bloqueio saia do escopo. Se a variável já estiver bloqueada por outro processo, a chamada lock será bloqueada até que a variável esteja disponível. Você poderá bloquear de maneira recursiva a variável, que ficará bloqueada até que o bloqueio mais externo saia do escopo.

Observe que os bloqueios nas variáveis afetam apenas outras chamadas lock; eles não impedem o acesso normal a uma variável. E mais, bloquear um objeto container (por exemplo, um array) não bloqueará cada elemento do container.

Bloquear uma sub-rotina irá bloquear qualquer chamada para ela até que o bloqueio saia do escopo; nenhum outro processo poderá acessar a sub-rotina enquanto o bloqueio estiver em vigor.

list

Thread->list

Retorna a lista de objetos do processo para todos os processos em execução e terminados, mas não com join aplicada.

self

Thread->self

Retorna um objeto que representa o processo que fez a chamada.

tid

$id = $t->tid

Retorna um objeto que representa o *tid* (id do processo) de um processo. O ID é simplesmente um inteiro que é aumentado cada vez que um novo processo é criado, começando em zero para o processo principal de um programa.

Thread::Queue

Fornece uma fila segura de processos. Qualquer número de processos poderá adicionar elementos ao final da fila ou remover elementos do início.

new

$q = new Thread::Queue

Cria uma nova fila vazia. Retorna um objeto representando a fila.

dequeue

$q->dequeue

Remove e retorna um escalar a partir do início da fila. Se a fila estiver vazia, o dequeue bloqueará o processo até que outro processo coloque com o enqueue um escalar na fila.

dequeue_nb

$q->dequeue_nb

Como dequeue, mas retornará undef se a fila estiver vazia, ao invés de bloquear.

enqueue

$q->enqueue *lista*

Adiciona a lista de escalares, *lista*, ao final da fila.

pending

$q->pending

Retorna o número de itens que permanecem na fila.

Thread::Semaphore

Fornece um mecanismo para regular o acesso para os recursos. Os semáforos são mais gerais do que os bloqueios porque não estão ligados a um determinado escalar. Eles poderão ter valores diferentes de zero ou um e poderão ser aumentados ou diminuídos por algum número especificado.

new

$sem = new Thread::Semaphore([*val*])

O construtor. Cria um novo objeto de semáforo, com uma contagem inicial e opcional do *val* ou 1 se o *val* não for especificado.

down

down *[número]*

Diminui a contagem do semáforo pelo número especificado, que tem como default 1. Se a contagem resultante for negativa, bloqueará até que a contagem do semáforo tenha sido aumentada para ser igual ou maior que a quantidade que você deseja diminui-lo.

up

up *[número]*

Aumenta a contagem do semáforo pelo número especificado, que tem como default 1. Se um processo for bloqueado aguardando diminuir a contagem e o aumento aumentar a contagem o suficiente, o processo bloqueado será desbloqueado.

Thread::Signal

Inicia um processo especial da sub-rotina de sinais para executar com segurança as sub-rotinas de sinais. Todos os sinais são transmitidos para esse processo, que executará as sub-rotinas $SIG{*sinal*} associadas para eles.

```
use Thread::Signal;
```

```
$SIG{HUP} = sub-rotina;
```

Thread::Specific

Fornece as chaves específicas do processo.

key-create

$k = **key_create Thread::Specific**

O construtor. Cria um objeto da chave Thread::Specific.

Tie::Array, Tie::StdArray

Fornece métodos para as classes de ligação de arrays. Veja a página manual *perltie* para obter as funções necessárias para ligar um array a um pacote. O pacote Tie::Array básico fornece os métodos de stub DELETE e EXTEND e implementa PUSH, POP, SHIFT, UNSHIFT, SPLICE e CLEAR em termos dos FETCH, STORE, FETCHSIZE e STORESIZE básicos.

O Tie::StdArray herda do Tie::Array e fornece os métodos necessários para os arrays ligados que são implementados como referências aceitas para um array Perl "interno". Ele faz com que os arrays ligados se comportem como arrays padrões, permitindo uma sobrecarga seletiva dos métodos.

Veja a página manual *perltie* para obter informações mais detalhadas e exemplos. Para escrever seus próprios arrays ligados, use os seguintes métodos requeridos:

TIEARRAY

TIEARRAY *nome_classe, lista*

O construtor. Este método é chamado pelo comando tie@*array*, *nome_classe*. Associa uma instância do array a uma classe especificada. A *lista* representa os argumentos adicionais necessários para completar a associação. Deverá retornar um objeto de uma classe que fornece os métodos restantes.

CLEAR

CLEAR *este*

Limpa todos os valores do array ligado associado ao objeto *este*.

DESTROY

DESTROY *este*

O destruidor normal de objetos.

EXTEND

EXTEND *este, contagem*

Não precisa fazer nada. Fornece informações de que o array provavelmente crescerá para ter a *contagem* das entradas.

FETCH

FETCH *este, índice*

Recupera o item dos dados no *índice* para o array ligado associado ao objeto *este*.

FETCHSIZE

FETCHSIZE *este*

Retorna o número de itens no array ligado associado ao objeto *este*.

POP

POP *este*

Remove o último elemento do array e retorna-o.

PUSH

PUSH *este, lista*
Anexa os elementos da *lista* ao array.

SHIFT

SHIFT *este*
Remove e retorna o primeiro elemento do array, deslocando para baixo os elementos restantes.

SPLICE

SPLICE *este, deslocamento, comprimento, lista*
Executa o equivalente a uma *união* no array. Retorna uma lista de elementos originais com o *comprimento* no deslocamento especificado. Os argumentos são:
deslocamento
  Opcional. Tem como default zero; se for negativo, contará a partir do final do array.
comprimento
  Opcional. Tem como default o resto do array.
lista
  Poderá ser vazia.

STORE

STORE *este, índice, valor*
Armazena o valor de um item de dados no *índice* para o array ligado associado ao objeto *este*. Se o array resultante for maior que o mapeamento da classe para o array, undef deverá ser retornado para as novas posições.

STORESIZE

STORESIZE *este, contagem*
Define o número total de itens no array ligado associado ao objeto *este* para a *contagem*. Se isso tornar o array maior do que o mapeamento da classe para o array, então undef deverá ser retornado para as novas posições. Se tornar o array menor do que o mapeamento, então as entradas além da *contagem* deverão ser apagadas.

UNSHIFT

> **UNSHIFT** *este, lista*
>
> Insere os elementos da *lista* no início do array, movendo os elementos existentes para cima para criar espaço.

Tie::Handle

Fornece métodos básicos para as classes de ligação de handles. O Tie::Handle fornece um método new como um backup para o caso de uma classe não ter o método TIEHANDLE. Veja a página manual *perltie* para obter informações mais detalhadas e exemplos. Para escrever suas próprias classes de handles ligadas, use os seguintes métodos:

TIEHANDLE

> **TIEHANDLE** *nome_classe, lista*
>
> O construtor. Este método é chamado pelo comando tie *glob*, *nome_classe*. Associa uma nova instância global à classe *nome_classe*. A *lista* representa qualquer argumento extra necessário para completar a associação.

DESTROY

> **DESTROY** *este*
>
> Libera o armazenamento associado ao handle ligado *este*. Permite que a classe execute alguma ação quando uma instância é destruída. Raramente necessário.

GETC

> **GETC** *este*
>
> Obtém um caractere a partir do handle ligado *este*.

PRINT

> **PRINT** *este, lista*
>
> Imprime os valores na *lista*.

PRINTF

> **PRINTF** *este, formato, lista*
>
> Imprime os valores na *lista* usando o *formato*.

READ

READ *este, escalar, comprimento, deslocamento*

Lê os bytes do *comprimento* a partir do *escalar* começando no *deslocamento*.

READLINE

READLINE *este*

Lê uma linha de *este*.

WRITE

WRITE *este, escalar, comprimento, deslocamento*

Grava os bytes de *comprimento* dos dados a partir do *escalar* começando no *deslocamento*.

Tie::Hash, Tie::StdHash

Fornece os métodos para as classes de ligação do hash. O Tie::Hash fornece um método new, assim como os métodos TIEHASH, EXISTS e CLEAR. O pacote Tie::StdHash herda do Tie::Hash e faz com que os hashes ligados se comportem como os hashes padrões, permitindo uma sobrecarga seletiva dos métodos. Fornece a maioria dos métodos requeridos para os hashes. O método new é fornecido como backup para o caso de uma classe não ter o método TIEHASH.

Para escrever seus próprios hashes ligados, os métodos listados aqui serão necessários. Veja a página manual *perltie* para obter informações mais detalhadas e exemplos.

TIEHASH

TIEHASH *Nome_Classe, lista*

O construtor. Associa uma nova instância do hash à classe *Nome_Classe*. A *lista* é uma lista de argumentos extras necessários para completar a associação.

```
tie %hash, Nome_Classe, lista
```

CLEAR

CLEAR *este*

Limpa todos os valores do hash ligado *este*.

DELETE
DELETE *este*, *chave*
Apaga a *chave* do hash ligado *este*.

EXISTS
EXISTS *este*, *chave*
Verifica se a *chave* existe para o hash ligado *this*.

FETCH
FETCH *este*, *chave*
Recupera o valor associado à *chave* para o hash ligado *este*.

FIRSTKEY
FIRSTKEY *este*
Retorna o par chave/valor para a primeira chave no hash ligado *este*.

NEXTKEY
NEXTKEY *este*, *última_chave*
Retorna o próximo par chave/valor depois da *última_chave* para o hash ligado *este*.

STORE
STORE *este*, *chave*, *valor*
Armazena o *valor* no hash ligado *este* com a chave *chave*.

Tie::RefHash

Fornece a capacidade de usar referências como as chaves do hash depois de você ter ligado uma variável do hash ao módulo:

```
use Tie::RefHash;
tie variável_hash, 'Tie::RefHash', lista;

untie variável_hash;
```

Usa a interface TIEHASH e fornece os mesmos métodos.

Tie::Scalar, Tie::StdScalar

Fornece alguns métodos básicos para as classes de ligação de escalares. O pacote Tie::Scalar básico fornece um método new, assim como os métodos TIESCALAR, FETCH e STORE. O pacote Tie::StdScalar herda do Tie::Scalar e faz com que os escalares ligados a ele se comportem como os escalares predefinidos, permitindo uma sobrecarga seletiva dos métodos. O método new é fornecido como backup para o caso de uma classe não ter o método TIESCALAR.

Para escrever seus próprios hashes ligados, os métodos listados serão requeridos. Veja a página manual *perltie* para obter informações mais detalhadas e exemplos.

TIESCALAR
TIESCALAR *Nome_Classe, lista*

O construtor. Associa a nova instância do escalar à classe *Nome_Classe*. A *lista* representa qualquer argumento adicional necessário para completar a associação.

```
tie $scalar, Nome_Classe, lista
```

DESTROY
DESTROY *este*

Libera o armazenamento associado ao escalar ligado referido por *este*. Permite que uma classe execute ações específicas quando uma instância é destruída. Raramente necessário.

FETCH
FETCH *este*

Recupera o valor do escalar ligado referido por *este*.

STORE
STORE *este, valor*

Armazena o *valor* no escalar ligado referido por *este*.

Tie::SubstrHash

Fornece uma interface como a tabela de hashes para um array com tamanho fixo que tem os tamanhos da chave e do registro constantes.

```
require Tie::SubstrHash;
tie%myhash, "Tie::SubstrHash", compr_chave, compr_valor, tam_tabela;
```
Para ligar um novo hash a esse pacote, especifique o seguinte:

compr_chave
> O comprimento de cada chave.

compr_valor
> O comprimento de cada valor.

tam_tabela
> O tamanho da tabela dada como o número de pares chave/valor.

Uma tentativa de armazenar um par chave/valor, onde a chave ou o valor tem o comprimento errado ou onde a tabela resultante é maior do que o *tam_tabela*, resultará em um erro fatal.

Time::gmtime

Substitui a função gmtime básica do Perl por uma versão que retorna os objetos Time::tm. Exporta duas funções:

gmtime

$gm = **gmtime( )**

Anula a função gmtime básica. O objeto Time::tm retornado tem métodos com nomes iguais aos campos da estrutura retornados. Ou seja, para retornar o campo mon, use o método mon:

```
use Time::gmtime;
$gm = gmtime( );
print $gm->mon;
```

Os nomes do campo (e portanto os nomes do método) são iguais aos nomes dos campos na estrutura *tm* no arquivo *time.h* do C: sec, min, hour, mday, mon, year, wday, yday e isdst.

Você poderá acessar os campos com os métodos ou importando os campos para seu espaço do nome com a marca de importação :FIELDS e prefixando tm_ ao nome do método (por exemplo, $tm_mon).

gmctime

$gmc = **gmctime( )**

Anula a função gmtime básica no contexto escalar; retornará uma string com a data e a hora:

```
use Time::gmtime;
$gmc = gmctime( );
print $gmc;
```

Então a saída do comando print será assim:
Thu Apr 9 18:15:06 1998

Time::Local

Fornece as rotinas que obtêm a hora e retornam o número de segundos decorridos entre 1º. de janeiro de 1970 e a hora especificada. Os argumentos são definidos como os argumentos correspondentes retornados pelas funções gmtime e localtime do Perl e os resultados concordarão com os resultados dessas funções. Exporta duas funções; ambas retornarão -1 se o limite do inteiro for atingido. Na maioria das máquinas, aplica-se às datas depois de 1º. de janeiro de 2.038.

timegm

$time = **timegm**(seg, min, horas, dia_m, mês, ano)
Converte a partir da hora de Greenwich.

timelocal

$time = **timelocal**(seg, min, horas, dia_m, mês, ano)
Converte a partir da hora local.

Time::localtime

Substitui a função localtime básica do Perl por uma versão que retorna os objetos Time::tm. Exporta duas funções.

localtime

$lt = **localtime( )**

Anula a função localtime básica. O objeto Time::tm retornado tem métodos com nomes iguais aos campos da estrutura retornados. Ou seja, para retornar o campo mon, use o método mon:

```
use Time::localtime;
$lt = localtime( );
print $lt->mon;
```

Os nomes do campo (e portanto os nomes do método) são iguais aos nomes do campo na estrutura *tm* no arquivo *time.h* do C: sec, min, hour, mday, mon, year, wday, yday e isdst. Você poderá acessar os campos com os métodos ou importando os campos para seu espaço do nome com a marca de importação :FIELDS e prefixando tm_ ao nome do método (por exemplo, $tm_mon).

ctime

$ct =ctime( )

Anula a função localtime básica no contexto escalar; retornará uma string com a data e a hora:

```
use Time::gmtime;
$ct = ctime ( );
print $ct
```

Então a saída do comando print será assim:

```
Thu Apr 9 16:50:10 1998
```

Time::tm

Usado internamente por Time::localtime e Time::gmtime. Não o use diretamente. Cria um objeto de estrutura Time::tm endereçável.

UNIVERSAL

A classe de base; todas as referências aceitas originam-se dela:

```
$sub = $obj->can('print');
$yes = UNIVERSAL::isa($ref, "HASH");
```

Fornece os seguintes métodos:

can

$sub = $obj->can(método)

Verifica se o objeto $obj tem um método método. Se tiver, retornará uma referência para a sub-rotina, do contrário retornará undef. Poderá ser chamado como uma chamada de método estática ou de objeto, ou como uma sub-rotina:

```
$ref = UNIVERSAL::can(val, método)
```

Retornará uma referência para a sub-rotina se o val for uma referência aceita com um método método e undef se o val não for aceito ou não tiver um método.

isa

$io = $fd->isa(tipo)

Retornará true se a referência for aceita no pacote *tipo* ou herdará desse pacote. Poderá ser chamado como uma chamada de método estática ou de objeto, ou como uma sub-rotina:

    UNIVERSAL::isa(val, tipo)

Retornará true se o primeiro argumento for uma referência e se um dos seguintes for true:
- O *val* é uma referência aceita e é aceita no pacote *tipo* ou origina-se do pacote *tipo*.
- O *val* é uma referência para um *tipo* de variável Perl (por exemplo, 'HASH')

VERSION

VERSION([requer])

Retorna o valor da variável $VERSION no pacote no qual o objeto é aceito. Com o *requer* especificado, a VERSION será encerrada se a versão do pacote não for igual ou for maior que a versão especificada em *requer*. Poderá ser chamada como uma chamada de método estática ou de objeto.

User::grent

Anula as funções getgrent, getgruid e getgrnam básicas com as versões que retornam os objetos User::grent. O objeto retornado tem métodos com nomes iguais aos campos da estrutura retornados. Isto é, para retornar o campo *name*, use o método name:

```
use User::grent;
$gr = getgrgid(0) or die "No group zero";
if ( $gr->name eq 'wheel' && @{$gr->members} > 1) {
print "gid zero name wheel, with other members";
}
```

Os nomes do campo (e portanto os nomes do método) são iguais aos nomes dos campos na estrutura *group* do arquivo *grp.h* do C: *name*, *passwd*, *gid* e *members* (não *mem*). Os três primeiros retornam escalares, o último uma referência do array. Você poderá acessar os campos com os métodos ou importando os campos para seu espaço do nome com a marca de importação :FIELDS e prefixando gr_ ao nome do método (por exemplo, gr_name).

Exporta quatro funções:

getgr
>$gr->**getgr**(*arg*)
> O front-end que envia um *arg* numérico para getgrid e os outros *arg*s para getgrname.

getgrent
> $gr = **getgrent**( )
> As chamadas sucessivas para que getgrent retorne objetos representando as entradas sucessivas do arquivo de grupos.

getgrgid
> $gr = **getgrgid**(*gid*)
> Acessa o arquivo de grupos pelo id do grupo *id*.

getgrnam
> $gr = **getgrnam**(*nome_g*)
> Acessa o arquivo de grupos pelo nome do grupo *nome_g*.

User::pwent

Anula as funções getpwent, getpwuid e getpwnam básicas com as versões que retornam os objetos User::pwent. O objeto retornado tem métodos com nomes iguais aos campos da estrutura retornados. Ou seja, para retornar o campo *name*, use o método name:

```
use User::pwent;
$pw = getpwnam('daemon') or die "No daemon user";
if ( $pw->uid = = 1 && $pw->dir =~ m#^ /(bin|tmp)?$# ) {
    print "gid 1 on root dir";
}
```

Os nomes do campo (e portanto os nomes do método) são iguais aos nomes dos campos na estrutura *passwd* do arquivo *pwd.h* do C: *name, passwd, uid, gid, quota, comment, gecos, dir e shell*. Você poderá acessar os campos com os métodos ou importando os campos para seu espaço do nome com a marca de importação :FIELDS e prefixando pw_ ao nome do método (por exemplo, pw_name).

Exporta quatro funções:

getpw
*$pw->***getpw**(*arg*)
O front-end que envia um *arg* numérico para getpwuid e os outros *args* para getpwnam.

getpwent
*$pw->***getpwent( )**
As chamadas sucessivas para getpwent retornam objetos que representam as entradas sucessivas da tabela de senhas.

getpwnam
*$pw->***getpwnam**(*nome*)
Acessa a tabela de senhas através do *nome* do usuário.

getpwuid
*$pw->***getpwuid**(*uid*)
Acessa a tabela de senhas através do número id, *uid*, do usuário.

vars

O pragma que, dada uma lista de nomes da variável, declara previamente todas as variáveis na lista, assegurando que estejam disponíveis para as rotinas cujo carregamento é atrasado (por exemplo, as rotinas que são carregadas pelo AutoLoader ou SelfLoader). Isto permitirá que você use as variáveis em use strict. O pragma vars também desativa os avisos sobre os erros tipográficos.

```
use vars qw($var1 @var2 %var3);
```

vmsish

O pragma que suporta atualmente os três recursos da linguagem específicos do VMS:
status
    Faz com que $? e system retornem os valores de status VMS ao invés de emularem o POSIX.
exit
    Faz com que exit tenha um valor de status VMS ao invés de supor que exit 1 é um erro.
time
    Cria todas as horas relativas ao fuso horário local.

Parte IV

CGI

Capítulo 9

Visão geral sobre a CGI

O Perl é a linguagem mais usada para a programação CGI na World Wide Web. A Common Gateway Interface (CGI ou Interface Comum do Gateway) é uma ferramenta essencial para criar e gerenciar os amplos sites Web. Com a CGI, você poderá escrever scripts que criam aplicações interativas para os usuários.

A CGI permite que o servidor Web comunique-se com outros programas que estão sendo executados na mesma máquina. Por exemplo, com a CGI, o servidor Web poderá chamar um programa externo, enquanto transmite dados específicos do usuário para o programa (como a partir de qual host o usuário está conectando ou a entrada que o usuário forneceu através de um formulário HTML). Então o programa processará esses dados e o servidor transmitirá de volta a resposta do programa para o paginador Web.

Ao invés de limitar a Web aos documentos escritos previamente, a CGI permite que as páginas Web sejam criadas de maneira independente, baseadas na entrada dos usuários. Você poderá usar os scripts CGI para criar uma grande faixa de aplicações, desde exames até ferramentas de pesquisa, desde os gateways de serviço da Internet até testes e jogos. Você poderá aumentar o número de usuários com acesso a um documento ou permitir que eles assinem um livro de convidados eletrônico. Você poderá fornecer aos usuários todos os tipos de informações, reunir seus comentários e responder-lhes.

Para os programadores Perl, existem duas abordagens que você poderá adotar para a CGI. São elas:
- Os programas que lidam com a interação da CGI diretamente, sem o uso de um módulo como o CGI.pm. Embora geralmente desaprovada pelos programadores Perl porque é mais provável a introdução de erros, evitar os módulos terá a vantagem de evitar o processo do CGI.pm para as tarefas rápidas e gerais. Este capítulo explicará os conceitos da CGI necessários se você pretender escrever programas CGI a partir do zero.
- O CGI.pm é um módulo Perl designado a facilitar a programação CGI. Para os programas CGI não comuns, especialmente os que precisam manter o estado em diversas transações, o CGI.pm é indispensável e está incluído na distribuição padrão do Perl 5.004. Porém, ao invés de analisá-lo como no Capítulo 8, *Módulos padrões*, com o resto das bibliotecas padrões, sua complexidade e importância o tornam um candidato para ter seu próprio capítulo, o Capítulo 10, *Módulo CGI.pm*.

O sucesso do desempenho para os programas da CGI é que o interpretador Perl precisa ser inicializado a cada vez e sempre que um script CGI é chamado. Para melhorar o desempenho nos sistemas Apache, o módulo Apache *mod_perl* incorpora o interpretador Perl diretamente no servidor evitando o processo da inicialização. O Capítulo 11, *Programação do servidor Web com o mod_perl*, falará sobre como instalar e usar o *mod_perl*.

Uma interação típica da CGI

Para ter um exemplo de uma aplicação CGI, suponha que você crie um livro de convidados para seu site Web. A página do livro de convidados pedirá que os usuários subscrevam seu primeiro e último nomes usando um formulário de preenchimento composto por dois campos de entrada de texto. A Figura 9-1 mostra o formulário que você poderá ver em sua janela do paginador.

Figura 9-1: *O formulário HTML*

A HTML que produz esse formulário poderá ser assim:

```
<HTML><HEAD><TITLE>Guestbook</TITLE></HEAD>
<BODY>
<H1>Fill in my guestbook!</H1>
<FORM METHOD="GET" ACTION="/cgi/guestbook.pl">
<PRE>
First Name:    <INPUT TYPE="TEXT" NAME="firstname">
Last Name:     <INPUT TYPE="TEXT" NAME="lastname">

<INPUT TYPE="SUBMIT">    <INPUT TYPE="RESET">
</FORM>
```

O formulário é escrito usando marcas especiais do "formulário", como a seguir:

- A marca <form> define o método usado para o formulário (GET ou POST) e a ação a ser executada quando o formulário for submetido, ou seja, o URL do programa CGI para o qual transmitir os parâmetros.
- A marca <input> poderá ser usada de muitas maneiras diferentes. Em suas primeiras duas chamadas, cria um campo de entrada de texto e define o nome variável para associar ao conteúdo do campo quando o formulário for submetido. Ao primeiro campo é dado o nome da variável firstname e ao segundo campo o nome lastname.
- Em suas duas últimas chamadas, a marca <input> cria um botão "submit" (submeter) e um botão "reset" (redefinir).
- A marca </form> indica o final do formulário.

Quando o usuário pressionar o botão "submit", os dados fornecidos nos campos de texto <input> serão transmitidos para o programa CGI especificado pelo atributo action da marca <form> (neste caso, o programa /cgi-bin/guestbook.pl).

Como transferir os dados do formulário

Os parâmetros para um programa CGI são transferidos no URL ou no texto do corpo da solicitação. O método usado para transmitir os parâmetros é determinado pelo atributo method para a marca <form>. O método GET diz para transferir os dados no próprio URL; por exemplo, no método GET, o paginador poderá iniciar a transação HTTP como a seguir:

```
GET /cgi-bin/guestbook.pl?firstname=Joe&lastname=Schmoe HTTP/1.0
```

O método POST diz para usar a parte do corpo da solicitação HTTP para transmitir os parâmetros. A mesma transação com o método POST leria o seguinte:

```
POST /cgi-bin/guestbook.pl HTTP/1.0

...[Mais cabeçalhos aqui]

firstname=Joe&lastname=Schmoe
```

Em ambos os exemplos, você deverá reconhecer os nomes das variáveis firstname e lastname que foram definidos no formulário HTML, junto com os valores fornecidos pelo usuário. Um símbolo & é usado para separar os pares variável=valor.

Agora o servidor transmitirá os pares variável=valor para o programa CGI. Ele fará isto através das variáveis-ambientes do Unix ou na entrada padrão (STDIN). Se o programa CGI for chamado com o método GET, então será esperado que os parâmetros sejam incorporados no URL da solicitação e o servidor irá transferi-los para o programa atribuindo-lhes à variável-ambiente QUERY_STRING. O programa CGI poderá então recuperar os parâmetros da QUERY_STRING quando ler qualquer variável-ambiente (por exemplo, a partir do hash %ENV no Perl). Se o programa CGI for chamado com o método POST, será esperado que os parâmetros sejam incorporados no corpo da solicitação e o servidor transmita o texto do corpo para o programa como uma entrada padrão (STDIN).

Outras variáveis-ambientes definidas pelo servidor para a CGI armazenam informações como o formato e o comprimento da entrada, o host remoto, o usuário e várias informações sobre o cliente. Também armazenam o nome do servidor, o protocolo de comunicação e o nome do software executado no servidor. (Posteriormente neste capítulo forneceremos uma lista das variáveis-ambientes da CGI mais comuns.)

O programa CGI precisa recuperar as informações como apropriado e então processá-las. O céu é o limite para o que o programa CGI realmente faz com as informações recuperadas. Ele pode retornar um anagrama do nome do usuário, informar quantas vezes seu nome usa a letra "t" ou pode simplesmente compilar o nome em uma lista que o programador envia regularmente aos telenegociantes. Apenas o programador saberá com certeza.

Como criar documentos virtuais

Independentemente do que o programa CGI faz com sua entrada, ele é responsável por dar ao paginador algo para exibir quando termina. Ele terá que criar um novo documento para ser oferecido ao paginador ou apontar para um documento existente. No Unix, os programas enviam sua saída para a saída padrão (STDOUT) como um fluxo de dados que consiste em duas partes. A primeira parte é um cabeçalho HTTP completo ou parcial que (no mínimo) descreve o formato dos dados retornados (por exemplo, HTML, texto ASCII, GIF etc.). Uma linha em branco significa o final da seção do cabeçalho. A segunda parte é o corpo da saída, que contém os dados de acordo com o tipo de formato refletido no cabeçalho. Por exemplo:

```
Content-type: text/html

<HTML>
<HEAD><TITLE>=Thanks!</TITLE></HEAD>
<BODY><H1>Thanks for signing my guest book!<H1>
...
</BODY></HTML>
```

Neste caso, a única linha do cabeçalho gerada é Content-type, que fornece o formato médio da saída como HTML (text/html). Essa linha é essencial para cada programa CGI, uma vez que informa ao paginador qual tipo de formato esperar. A linha em branco separa o cabeçalho do texto do corpo (que, neste caso, está no formato HTML como avisado).

O servidor transfere os resultados do programa CGI de volta para o paginador. O texto do corpo não será modificado ou interpretado pelo servidor de maneira alguma, mas o servidor geralmente fornecerá cabeçalhos originais com informações como a data, o nome e a versão do servidor etc.

Os programas CGI podem também fornecer um cabeçalho HTTP completo próprio, neste caso o servidor não adicionará nenhum cabeçalho extra, mas irá transferir uma resposta explicativa como retornada pelo programa CGI. O servidor precisará estar configurado para permitir esse comportamento; veja a documentação do seu servidor sobre os scripts NPH (no-parsed headers ou cabeçalhos não analisados) para obter mais informações.

Esta é a saída de exemplo de um programa que gera um documento virtual HTML, com um cabeçalho HTTP completo.

```
HTTP/1.0 200 OK
Date: Thursday, 28-June-96 11:12:21 GMT
Server: NCSA/1.4.2
Content-type: text/html
Content-length: 2041

<HTML>
<HEAD><TITLE>Thanks!</TITLE></HEAD>
<BODY>
<H1>Thanks for signing my guestbook!</H1>
...
</BODY>
</HTML>
```

O cabeçalho contém o protocolo de comunicação, a data e a hora da resposta e o nome e versão do servidor. (200 OK é o código de status gerado pelo protocolo HTTP para comunicar o status de uma solicitação, neste caso bem-sucedida). O mais importante, o cabeçalho também contém o tipo de conteúdo e o número de caracteres (equivalentes ao número de bytes) dos dados envolvidos.

O resultado é que depois dos usuários clicarem o botão "submit", eles verão a mensagem contida na seção HTML da resposta agradecendo-os por assinarem o livro de convidados.

Codificação do URL

Antes que os dados fornecidos em um formulário possam ser enviados para um programa CGI, o nome do elemento de cada formulário (especificado pelo atributo name) será igualado ao valor fornecido pelo usuário para criar um par chave/valor. Por exemplo, se o usuário forneceu "30" quando foi solicitada a idade, o par chave/valor seria "age=30". Nos dados transferidos, os pares chave/valor são separados pelo caractere &.

Como no método GET as informações do formulário são enviadas como parte do URL, essas informações não poderão incluir nenhum espaço ou outros caracteres especiais que não sejam permitidos nos URLs e também não poderão incluir os caracteres que têm outros significados nos URLs, como barras (/). Portanto, o paginador Web executará alguma codificação especial nas informações fornecidas pelo usuário.

A codificação envolve substituir os espaços e outros caracteres especiais nas strings de consulta por seus equivalentes hexadecimais. (Assim, a codificação URL também é algumas vezes chamada de *codificação hexadecimal*.) Suponha que um usuário preencha e submeta um formulário que contenha seu nascimento na sintaxe mm/dd/aa (por exemplo, 11/05/73). As barras no nascimento estão entre os caracteres especiais que não podem aparecer na solicitação do usuário para o programa CGI. Assim, quando o paginador enviar a solicitação, codificará os dados. A seguinte solicitação de exemplo mostra a codificação resultante:

```
POST /cgi-bin/birthday.pl HTTP/1.0
Content-length: 21

birthday=11%2F05%73
```

A seqüência %2F é na verdade o equivalente hexadecimal da barra.

Os scripts CGI terão que fornecer alguma maneira de "decodificar" os dados do formulário que o cliente codificou. A melhor maneira de fazer isto é usar o CGI.pm (tratado no Capítulo 10) e deixar que alguém mais faça o trabalho para você.

Informações extras do caminho

Além de transmitir strings de consulta, você poderá transmitir dados extras, conhecidos como *informações extras do caminho*, como parte do URL. O servidor irá determinar onde o nome do programa CGI termina; qualquer coisa depois será julgada "extra" e armazenada na variável-ambiente PATH_INFO. A seguinte linha chama um script com informações extras do caminho:

```
http://some.machine/cgi-bin/display.pl/cgi/cgi_doc.txt
```

Neste exemplo, usamos um script com um sufixo *.pl* para deixar claro onde o caminho do programa CGI termina e as informações extras do caminho começam. Tudo depois de *display.pl* será o caminho extra e colocado na variável-ambiente PATH_INFO. A variável PATH_TRANSLATED também está definida, mapeando a PATH_INFO para o diretório DOCUMENT_ROOT (por exemplo, */usr/local/etc/httpd/public/cgi/cgi_doc.txt*).

Variáveis-ambientes da CGI

A maioria das informações necessárias pelos programas CGI torna-se disponível através das variáveis-ambientes Unix. Os programas poderão acessar essas informações como acessariam qualquer variável-ambiente (através do hash %ENV no Perl). A tabela abaixo lista as variáveis-ambientes comumente disponíveis através da CGI. Porém, uma vez que os servidores às vezes variam os nomes das variáveis-ambientes atribuídos, verifique a documentação do seu próprio servidor para obter mais informações.

Variável-ambiente	Conteúdo retornado
AUTH_TYPE	O método de autenticação usado para validar um usuário. Veja REMOTE_IDENT e REMOTE_USER.
CONTENT_LENGTH	O comprimento dos dados de consulta (em bytes ou o número de caracteres) transmitidos para o programa CGI através da entrada padrão.
CONTENT_TYPE	O tipo de meio dos dados de consulta, como text/html.
DOCUMENT_ROOT	O diretório a partir do qual os documentos Web são atendidos.
GATEWAY_INTERFACE	A revisão da Common Gateway Interface que o servidor usa.
HTTP_ACCEPT	Uma lista dos tipos de meio que o cliente pode aceitar.
HTTP_COOKIE	Uma lista de atrativos definidos para esse URL.
HTTP_FROM	O endereço e-mail do usuário que faz a consulta (muitos paginadores não suportam essa variável).
HTTP_REFERER	O URL do documento que o cliente lê antes de acessar o programa CGI.
HTTP_USER_AGENT	O paginador que o cliente está usando para enviar a solicitação.
PATH_INFO	As informações extras do caminho transmitidas para um programa CGI.
PATH_TRANSLATED	A versão convertida do caminho dado pela variável PATH_INFO.
QUERY_STRING	As informações da consulta transmitidas para o programa. São anexadas ao URL depois de um ponto de interrogação (?).
REMOTE_ADDR	O endereço IP remoto a partir do qual o usuário está fazendo a solicitação.
REMOTE_HOST	O nome do host remoto a partir do qual o usuário está fazendo a solicitação.
REMOTE_IDENT	O usuário que faz a solicitação.
REMOTE_USER	O nome autenticado do usuário que faz a consulta.
REQUEST_METHOD	O método com o qual a solicitação de informações foi enviada (por exemplo, GET, POST, HEAD).
SCRIPT_NAME	O caminho virtual (por exemplo /cgi-bin/program.pl) do script que está sendo executado.
SERVER_NAME	O nome do host do servidor ou o endereço IP.
SERVER_PORT	O número da porta do host na qual o servidor está sendo executado.
SERVER_PROTOCOL	O nome e o número da revisão do protocolo do servidor.
SERVER_SOFTWARE	O nome e a versão do software do servidor que está respondendo a solicitação do cliente.

Este é um script CGI simples do Perl que usa as variáveis-ambientes para exibir várias informações sobre o servidor:

```perl
#!/usr/local/bin/perl

print << EOF
Content-type: text/html

<HTML>
<HEAD><TITLE>About this Server</TITLE></HEAD>
<BODY><H1>About this Server</H1>
<HR><PRE>
Server Name:         $ENV{'SERVER_NAME'}<BR>
Running on Port:     $ENV{'SERVER_PORT'}<BR>
Server Software:     $ENV{'SERVER_SOFTWARE'}<BR>
Server Protocol:     $ENV{'SERVER_PROTOCOL'}<BR>
CGI Revision:        $ENV{'GATEWAY_INTERFACE'}<BR>
<HR></PRE>
</BODY></HTML>
```

O programa anterior produzirá cinco ambientes como um documento HTML. No Perl, você poderá acessar as variáveis-ambientes com o hash %ENV. Esta é uma saída típica do programa:

```
<HTML>
<HEAD><TITLE>About this Server</TITLE></HEAD>
<BODY><H1>About this Server</H1>
<HR><PRE>
Server Name:         www.whatever.com
Running on Port:     80
Server Software:     NCSA/1.4.2
Server Protocol:     HTTP/1.0
CGI Revision:        CGI/1.1
<HR></PRE>
</BODY></HTML>
```

Capítulo 10

Módulo CGI.pm

O CGI.pm é um módulo Perl para criar e analisar os formulários CGI. É distribuído com o Perl básico a partir do Perl 5.004, mas você poderá também recuperar o CGI.pm a partir da CPAN e poderá obter a versão mais recente em *ftp://ftp-genome.wi.mit.edu/pub/software/WWW/*.

A CGI é um módulo baseado em objetos. Não deixe que a natureza baseada em objetos assuste-o; o CGI.pm é muito fácil de usar, como mostrado por sua popularidade esmagadora entre todos os níveis de programadores Perl. Para lhe dar uma idéia de como é fácil de usar o CGI.pm, vejamos uma situação em que um usuário preenche e submete um formulário contendo sua data de nascimento. Sem o CGI.pm, o script teria que converter a entrada codificada do URL manualmente (provavelmente usando uma série de expressões constantes) e atribui-la a uma variável. Por exemplo, você poderá tentar algo como:

```perl
#!/usr/bin/perl
# cgi script without CGI.pm (script cgi sem CGI.pm)

$size_of_form_info = $ENV{'CONTENT_LENGHT'};
read ($STDIN, $form_info, $size_of_form_info);

# Split up each pair of key=value pairs (Dividir cada par de pares chave=valor)
foreach $pair (split (/&/, $form_info)) {
    # For each pair, split into $key and $value variables
```

```
            (Para cada par, dividir nas variáveis $key e $value)
            ($key, $value) = split (/=/, $pair);

            # Get rid of the pesky %xx encodings
            (Livre-se das codificações %xx desagradáveis)
            $key =~ s/%([\dA-Fa-f][\dA-Fa-f])/pack ("C", hex ($1))/eg;
            $value =~ s/%([\da-Fa-f][\dA-Fa-f])/pack ("C", hex ($1))/eg;

            # Use $key as index for $parameters hash, $value as value
            (Use $key como o índice para o hash $parameters, $value como o valor)
            $parameters{$key} = $value;
    }

    # Print out the obligatory content-type line
    (Imprima a linha do tipo de conteúdo obrigatória)
    print "Content-type: text/plain\n\n";

    # Tell the user what they said (Informe ao usuário o que disseram)
    print "Your birthday is on " . $parameters{birthday} . ".\n";
```

Independentemente deste código de fato funcionar, você terá que admitir que é feio. Como o CGI.pm, o script poderia ser escrito assim:

```
#!/usr/bin/perl -w
# cgi script with CGI.pm

use CGI;

$query = CGI::new( );
$bday = $query->param("birthday");
print $query->header( );
print $query->p("Your birthday is $bday.");
```

Mesmo para esse pequeno programa, você pode ver que o CGI.pm pode amenizar muitas dores de cabeça associadas à programação CGI.

Como em qualquer módulo Perl, a primeira coisa que você fará é chamar o módulo com use. Então chamará o construtor (new( )), criando um novo objeto CGI denominado $query. Em seguida, obterá o valor do parâmetro birthday a partir do programa CGI usando o método param. Observe que o CGI.pm faz todo o trabalho de determinar se o programa CGI está sendo chamado pelos métodos GET ou POST e também faz toda a decodificação URL para você. Para gerar a saída, use o método header para retornar o cabeçalho do tipo de conteúdo e o método p para gerar uma marca do marcador de parágrafo <P>.

Contudo, isto é apenas a ponta do iceberg no que diz respeito ao que o CGI.pm pode fazer por você. Existem três categorias básicas de métodos CGI.pm: o tratamento da CGI, a criação de formulários e a recuperação das variáveis-ambientes. (Uma quarta categoria é criar as marcas HTML, mas não falaremos sobre elas em detalhes.) A Tabela 10-1 lista a maioria desses métodos. Eles serão também tratados com detalhes mais tarde neste capítulo.

Tabela 10-1: Os métodos do CGI.pm

Tratamento da CGI

keywords	Obtém as palavras-chaves a partir de uma pesquisa <ISINDEX>.
param	Obtém (ou define) o valor dos parâmetros.
append	Anexa a um parâmetro.
import_names	Importa as variáveis para um espaço do nome.
delete	Apaga um parâmetro.
delete_all	Apaga todos os parâmetros.
save	Grava todos os parâmetros em um arquivo.
self_url	Cria um URL com auto-referência.
url	Obtém o URL do script atual sem as informações de consulta.
header	Cria o cabeçalho do HTTP.
redirect	Cria o cabeçalho de redireção.
cookie	Obtém (ou define) um atrativo.
nph	Declara isto para ser um script NPH.
dump	Imprime todos os pares nome/valor.

Geração do formulário

start_html	Gera uma marca <HTML>.
end_html	Gera uma marca </HTML>.
autoEscape	Define se é para usar o escape automático.
isindex	Gera uma marca <ISINDEX>.
startform	Gera uma marca <FORM>.
start_multipart_form	Gera uma marca <FORM> para a codificação multipart/form-data.
textfield	Gera uma marca <INPUT TYPE=TEXT>.
textarea	Gera uma marca <TEXTAREA>.
password_field	Gera uma marca <INPUT TYPE=PASSWORD>.
filefield	Gera uma marca <INPUT TYPE=FILE>.
popup-menu	Gera um menu instantâneo através das marcas <SELECT SIZE=1> e <OPTION>.

Tabela 10-1: Os métodos do CGI.pm (continuação)

Tratamento da CGI

scrolling_list	Gera uma lista de paginação através das marcas <SELECT> e <OPTION>.
checkbox_group	Gera um grupo de quadros de seleção através de diversas marcas <INPUT TYPE=CHECKBOX>.
checkbox	Gera um único quadro de seleção através de uma marca <INPUT TYPE=CHECKBOX>.
radio_group	Gera um grupo de botões de rádio através das marcas <INPUT TYPE=RADIO>.
submit	Gera uma marca <SUBMIT>.
reset	Gera uma marca <RESET>.
defaults	Gera uma marca <DEFAULTS>.
hidden	Gera uma marca <INPUT TYPE=HIDDEN>.
image-button	Gera um botão de imagem clicável através de uma marca <SELECT>.
button	Gera um botão JavaScript.

Variáveis-ambientes de tratamento

accept	Obtém os tipos de acesso a partir do cabeçalho ACCEPT.
user_agent	Obtém o valor do cabeçalho USER_AGENT.
path_info	Obtém o valor do cabeçalho EXTRA_PATH_INFO.
path_translated	Obtém o valor do cabeçalho PATH_TRANSLATED.
remote-host	Obtém o valor do cabeçalho REMOTE_HOST.
raw_cookie	Obtém o valor do cabeçalho HTTP_COOKIE.
script_name	Obtém o valor do cabeçalho SCRIPT_NAME.
referer	Obtém o valor do cabeçalho REFERER.
auth_type	Obtém o valor do cabeçalho AUTH_TYPE.
remote_user	Obtém o valor do cabeçalho REMOTE_USER.
user_name	Obtém o nome do usuário (não através dos cabeçalhos).
request_method	Obtém o valor do cabeçalho REQUEST_METHOD.

Cada um desses métodos será tratado posteriormente neste capítulo, em ordem alfabética.

A geração das marcas HTML

Além dos métodos de geração de formulários, o CGI.pm também inclui um grupo de métodos para criar as marcas HTML. Os nomes dos métodos das marcas HTML geralmente seguem o nome da marca HTML (por exemplo, p para <P>) e têm parâmetros nomeados que são adotados como sendo atributos válidos para a marca (por exemplo, img(src=>'camel.gif') irá tornar-se <IMG SRC="camel.gif">). Não listamos todas as marcas neste livro, veja a página manual do CGI.pm para obter mais informações ou o livro *Official Guide to Programming with CGI.pm* de Lincoln Stein (John Wiley & Sons, 1998).

Como importar grupos de métodos

A sintaxe para chamar os métodos CGI poderá ser difícil. Porém, você poderá importar métodos individuais e então chamar os métodos sem chamadas explícitas dos objetos. O exemplo da "data de nascimento" mostrado anteriormente poderia ser escrito ainda mais simplesmente como a seguir:

```
#!/usr/bin/perl


use CGI param,header,p;


$bday = param("birthday");

print header( );

print p("Your birthday is $bday.");
```

Importando os métodos param, header e p para seu espaço do nome, você não teria mais que usar o construtor new (uma vez que ele será chamado automaticamente agora) e não precisará especificar um objeto CGI com toda chamada do método.

O CGI.pm também permite importar grupos de métodos, que poderá tornar seus programas muito mais simples e elegantes. Por exemplo, para importar todos os métodos de criação de formulário e todos os métodos de tratamento da CGI:

```
use CGI qw/:form :cgi/;
```

Os grupos de métodos suportados pelo CGI.pm são:

:cgi
  Todos os métodos de tratamento da CGI.

:cgi-lib
  Todos os métodos fornecidos para a compatibilidade com a *cgi-lib*.

:form
  Todos os métodos de geração de formulários.

:html
  Todos os métodos HTML.

:html2
  Todos os métodos HTML 2.0.

:html3
  Todos os métodos HTML 3.0.

:netscape
> Todos os métodos que geram as extensões Netscape.

:ssl
> Todos os métodos SSL.

:standard
> Todos os métodos CGI e de geração de formulário HTML 2.0.

:all
> Todos os métodos disponíveis

Você poderá também definir novos métodos para a geração da marca HTML simplesmente listando-os na linha de importação e então deixando que o CGI.pm faça algumas adivinhações educadas. Por exemplo:

```
use CGI shortcuts,smell;
```

```
print smell {type=>'garlic',
    intensity=>'strong'}, "Scratch here!";
```

Isto fará com que a seguinte marca seja gerada:

```
<SMELL TYPE= "garlic" INTENSITY="strong">Scratch here!</SMELL>
```

Como manter o estado

Uma das primeiras complicações para qualquer script CGI incomum é como "manter o estado". Como o HTTP é um protocolo sem estado, não há nenhum mecanismo predefinido para controlar as solicitações a partir da extremidade do servidor. Uma transação CGI envolve diversos formulários, portanto, precisa encontrar uma maneira de lembrar as informações fornecidas nos formulários anteriores. Uma maneira de lidar com esta questão é usar os *atrativos*, que permitem ao programa CGI gravar informações na extremidade do paginador; mas nem todos os paginadores suportam os atrativos e alguns usuários sentem-se desconfortáveis com a violação de privacidade percebida associada aos atrativos.

O CGI.pm simplifica manter o estado sem os atrativos. Quando um script CGI.pm é chamado diversas vezes, aos campos de entrada são dados valores defaults a partir da chamada anterior.

Parâmetros nomeados

Para a maioria dos métodos CGI.pm, há dois estilos de sintaxe. No estilo "padrão", a posição dos parâmetros determina como eles serão interpretados; por exemplo, o parâmetro 1 é o nome que o script deverá atribuir, o parâmetro 2 o valor inicial etc. Por exemplo:

```
print $query=textfield('username', 'anonymous');
```

No estilo "parâmetros nomeados", os parâmetros poderão ser atribuídos como um hash e a ordem não importará. Por exemplo:

```
print $query->textfield(-name=> 'nome',
            -default=>'valor');
```

Se você quiser usar os parâmetros nomeados, apenas chame o método use_named_parameters no início do script.

Qual estilo de sintaxe você deverá usar? Depende do quanto preguiçoso você é e de quanto controle precisa. Geralmente, a sintaxe "padrão" é mais rápida de digitar. Porém, é também mais difícil de ler e existem muitos recursos que simplesmente não estão disponíveis usando-a (como o suporte JavaScript). Em geral, recomendamos usar a sintaxe "parâmetros nomeados" para tudo exceto os scripts mais comuns.

Como usar os recursos JavaScript

O CGI.pm suporta o script JavaScript permitindo que você incorpore um script JavaScript no formulário HTML com as marcas <SCRIPT> e então chamando o script com o parâmetro -script para o método start_html. Assim você poderá chamar as funções JavaScript como for apropriado para os elementos do formulário.

Depuração

Uma complicação ao escrever os scripts CGI é que ao depurar o script, você tem que lutar com o ambiente do servidor Web. O CGI.pm fornece suporte para depurar o script na linha de comandos.

Se você executar o script na linha de comandos sem argumentos, será colocado no modo "off-line", no qual os pares nome-valor poderão ser fornecidos um por um. Quando você pressionar CTRL-D, o script será executado. Por exemplo:

```
% birthday
(offline mode; enter name=value pairs on standard input)
birthday=6/4/65
^D
Content-type: text/html

<P>Your birthday is 6/4/65.</P>
```

Você poderá também fornecer os parâmetros nome/valor diretamente na linha de comandos. Por exemplo:

```
% test birthday=6/4/65
Content-type: text/html

<P>Your birthday is 6/4/65.</P>
```

Diversos valores poderão ser separados por espaços (como os argumentos separados na linha de comandos) ou por símbolos & (como na sintaxe codificada do URL). Na verdade, você poderá usar a sintaxe codificada do URL na linha de comandos. Isto facilitará fornecer a entrada CGI bruta para o script para testar as finalidades. Apenas lembre-se de proteger o símbolo & do shell:

```
% test 'birthday=6%2f4%2f65&name=Fred%20Flinstone'
Content-type: text/html

<P>Fred Flinstone, your birthday is 6/4/65.</P>
```

Referência do CGI.pm

Os seguintes métodos são suportados pelo CGI.pm:

accept

$query->**accept**(['*tipo_conteúdo*'])

Retorna uma lista de tipos de meio que o paginador aceita.

tipo_conteúdo
> Se especificado, retornará a preferência do paginador para o tipo de conteúdo especificado, entre 0.0 e 1.0.

append

$query->**append(-name=>**'*nome*',**-values=>**'*valor*')

Anexa um valor ou lista de valores ao parâmetro nomeado.

-name=>'*nome*'
> O parâmetro a ser anexado.

-values=>'*valor*'
> O valor a anexar. Diversos valores poderão ser especificados como uma referência para um array anônimo.

auth_type

auth_type( )

Retorna o método de autorização.

autoEscape

$query->**autoEscape(undef)**

Desativa o escape automático dos elementos do formulário.

button
print *$query*->**button**('*nome*', '*função*')
Gera um botão JavaScript.
nome
    O nome do botão.
função
    A função a executar quando o botão é clicado.

Usando os parâmetros nomeados, a sintaxe é:
```
print $query->button(-name=>'nome',
            -value=>'etiqueta',
            -onClick=>"função");
```

-value=>'*etiqueta*'

A etiqueta a exibir para o botão.

checkbox
print *$query*->**checkbox**('*nome*'[,'*marcado*', '*valor*', '*etiqueta*'])
Gera um único quadro de seleção.
nome
    O nome para atribuir a entrada (requerido).
'*marcado*'
    O quadro de seleção deverá estar marcado inicialmente.
valor
    O valor a retornar quando marcado (o default é on).
etiqueta
    A etiqueta a usar para o quadro de seleção (o default é o nome do quadro de seleção).

Usando os parâmetros nomeados, a sintaxe é:
```
print $query->checkbox(-name=>'nome',
            -checked=>'marcado',
            -value=>'valor',
            -label=>'etiqueta',
            -onClick=>função);
```

-onClick=>*função*
>O paginador deverá executar a *função* quando o usuário clicar em qualquer quadro de seleção no grupo.

checkbox_group

print *$query*->**checkbox_group**('*nome*', \@ *lista*
[, *selecionado*, 'true', \%*hash_ etiqueta*])
> Gera uma lista de elementos do quadro de seleção.

nome
> O nome para atribuir a entrada (requerido).

\@*lista*
> Uma referência do array com os itens da lista. Você poderá também usar uma referência de array anônimo.

selecionado
> O(s) item(ns) de menu a ser(em) selecionado(s) inicialmente (o default é que nada esteja selecionado). Poderá ser um único valor ou uma referência para um array de valores.

'true'
> Insere novas linhas entre os quadros de seleção.

\%*hash_etiqueta*
> Uma referência do hash listando as etiquetas para cada item da lista. O default é o próprio texto da lista. Veja popup_menu para obter um exemplo.

Usando os parâmetros nomeados, a sintaxe é:
```
print $query->checkbox_group(-name=>'nome',
                -values=>'\@lista,
                -default=>selecionado,
                -linebreak=>'true',
                -labels=>\%hash_etiqueta,
                -columns=>n,
                -columnheader=>'string',
                -rows=>m,
                -rowheader=>'string',
                -onClick=>função);
```

-columns=>*n*
> O número de colunas a usar.

-columnheader=>'*string*'
: Um cabeçalho para a coluna.

-rows=*m*
: O número de linhas a usar. Se omitido e -columns for especificado, as linhas serão calculadas para você.

-rowheader=>'*string*'
: Um cabeçalho para a linha.

-onClick=>*função*
: O paginador deverá executar a *função* quando o usuário clicar em qualquer quadro de seleção no grupo.

cookie

*$cookie=$query->***cookie**(*'nome'*)

Define ou recupera um atrativo. Veja também header.

nome
: O nome do atrativo (requerido).

Usando parâmetros nomeados, a sintaxe é:

```
$cookie = $query->cookie(-name=>'nome',
            -value=>'valor',
            -expires=>'código_térm',
            -path=>'url_parcial',
            -domain=>'nome_domínio',
            -secure=>1);
print $query->header(-cookie=>$cookie);
```

-value=>'*valor*'
: Um valor para atribuir ao atrativo. Você poderá fornecer um valor escalar ou uma referência para um array ou hash. Se omitido, um atrativo será recuperado ao invés de definido.

-expires=>*código_térm*
: Especifica um timbre de hora de término (como +3d para 3 dias). Os valores para o *código_térm* são:

*n*s	*n* segundos
*n*m	*n* minutos
*n*h	*n* horas
*n*d	*n* dias

*n*M   *n* meses

*n*Y   *n* anos

day_of_week, *dd-MMM-YY hh:mm:ss* GMT
> Na hora especificada

now   Termina imediatamente.

`-path=> 'url_parcial'`
> O URL parcial para o qual o atrativo é válido. O default é o URL atual.

`-domain=> 'nome_domínio'`
> O domínio para o qual o atrativo é válido.

`-secure=>1`
> Use apenas esse atrativo para uma sessão protegida.

defaults

print *$query*->**defaults**('*etiqueta*')

Gera um botão que redefine o formulário para seus defaults. Veja também reset.

'*etiqueta*'
> A etiqueta a usar para o botão. Se omitida, a etiqueta será "Defaults".

delete

$query->**delete**('*parâmetro*')

Apaga um parâmetro.

'*parâmetro*'
> O parâmetro a apagar.

delete_all

$query->**delete_all**( )

Apaga todo o objeto CGI.

dump

print *$query*->**dump**([true])

Armazena todos os pares nome/valor como uma lista HTML.

true
> Se especificado, imprimirá como um texto comum.

end_html
print *$query->*end_html( )
Termina um documento HTML.

filefield
print *$query->*filefield(*'nome'* [, *'default', tamanho,compr_máx*])
Gera um campo de transferência de arquivos para os paginadores Netscape.

nome
    O nome de arquivo para atribuir ao conteúdo do arquivo fornecido (requerido).

default
    O valor inicial (nome do arquivo) para colocar no campo de texto.

tamanho
    O tamanho do campo de texto (em caracteres).

compr_máx
    O comprimento máximo do campo de texto (em caracteres).

Usando os parâmetros nomeados, a sintaxe é:

```
print $query->textfield(-name=>'nome',
            -default=>'valor',
            -size=>tamanho,
            -maxlength=>compr_máx,
            -override=>1,
            -onChange=>função,
            -onFocus=>função,
            -onBlur=>função,
            -onSelect=>função);
```

`-override=>1`
    O campo de texto não deverá herdar seu valor de uma chamada anterior do script.

`-onChange=>`*função*
    O paginador deverá executar a *função* quando o usuário mudar o campo de texto.

`-onFocus=>`*função*
    O paginador deverá executar a *função* quando o foco estiver no campo de texto.

`-onBlur=>`*função*
    O paginador deverá executar a *função* quando o foco deixar o campo de texto.

-onSelect=>*função*
    O paginador deverá executar a *função* quando o usuário mudar uma parte selecionada do campo de texto.

header

print *$query*->**header**([*tipo_conteúdo*, *status*, *cabeçalhos*])
Gera o cabeçalho HTTP para o documento.

tipo_conteúdo
    O tipo de conteúdo a retornar. O default é text/html.

status
    O código de status HTTP e a descrição a retornar. O default é 200 OK.

cabeçalhos
    Os cabeçalhos extras a incluir, como Content-Length: 123.

Usando os parâmetros nomeados, a sintaxe é:
```
print $query->header(-type=>'tipo_conteúdo',
            -nph=>1,
            -status=>'código_status',
            -expires=>'código_térm',
            -cookie=>'atrativo',
            -target=>'quadro',
            -header=>'valor');
```

-type=>*tipo_conteúdo*
    Especifica o tipo de conteúdo.

-nph=>1
    Usa cabeçalhos para um script sem análise de cabeçalhos.

-status=>*código_status*
    Especifica o código do status.

-expires=>*código_térm*
    Especifica um timbre de hora de término (como +3d para 3 dias). Os valores para o *código_térm* são:

    *n*s   *n* segundos
    *n*m   *n* minutos
    *n*h   *n* horas
    *n*d   *n* dias
    *n*M   *n* meses

*n*Y   *n* anos
> `day_of_week, dd-MMM-YY hh:mm:ss GMT`
> Na hora especificada

> now   Termina imediatamente.

`-cookie=>`*atrativo*
> Especifica um atrativo. O atrativo poderá ser um valor escalar ou uma referência do array.

`-header=>`*valor*
> Especifica qualquer cabeçalho HTTP.

`-target=>`*quadro*
> Escreve no quadro especificado.

hidden

print *$query*->**hidden**(*'nome'*, *'valor'* [,*'valor'* . . .])
Gera um campo de texto oculto.

nome
> O nome para dar ao valor (requerido).

valor
> O valor para atribuir ao *nome*. Diversos valores poderão ser especificados.

Usando os parâmetros nomeados, a sintaxe é:

```
print $query->hidden(-name=>'nome',
           -default=>'valor');
```

Com os parâmetros nomeados, o valor poderá também ser representado como uma referência para um array, como:

```
print $query->hidden(-name=>'nome',
           -default=>['valor1', 'valor2', . . .]);
```

image_button

print *$query*->**image_button**(*'nome'*,*'ulr'* [,*'alinhar'*])
Gera um mapa da imagem clicável.

nome
> O nome a usar. Quando clicado, a posição *x,y* será retornada como *nome.x* e *nome.y* respectivamente.

url   O URL da imagem para o mapa da imagem.

alinhar

    O tipo de alinhamento. Poderá ser TOP, BOTTOM ou MIDDLE.

Usando os parâmetros nomeados, a sintaxe é:
```
print $query->image_button(-name=>'nome',
                -src=>'url',
                -align=>'alinhar',
                -onClick=>função);
```

-onClick=>*função*

    O paginador deverá executar a *função* quando o usuário clicar na imagem.

import_names
$query->import_names('*pacote*')

Cria variáveis no pacote especificado. Chamado de import nas antigas versões do CGI.pm.

pacote

    O pacote para o qual importar os nomes.

isindex
print *$query->***isindex**([*ação*])

Gera uma marca <ISINDEX>

ação

    O URL do script do índice. O default é o URL atual.

Usando os parâmetros nomeados, a sintaxe é:
```
print $query->isindex(-action=$ação);
```

keywords
@*array_chaves* = *$query->***keywords**( )

Recupera as palavras-chaves a partir de uma pesquisa <ISINDEX>.

@*array_chaves*

    O array para conter as palavras-chaves recuperadas.

nph
nph(1)
Trata um script CGI como um script sem cabeçalho analisado (NPH).

param
$nome = $query->**param**([parâmetro [novo_valor1, novo_valor2, . . .]])
Obtém ou define os nomes do parâmetro.
@nome
    O array para conter os nomes do parâmetro.
parâmetro
    Um único parâmetro opcional a buscar. Quando usado sem argumentos, param retornará uma lista de todos os nomes conhecidos de parâmetros.
novo_valor1, novo_valor2
    Os novos valores opcionais para atribuir ao parâmetro.

Usando os parâmetros nomeados, a sintaxe é:
```
$query->param(-name=>'parâmetro',
       -value=>'novo_valor');
```

ou:
```
$query->param(-name=>'parâmetro',
       -values=>'novo_valor1', 'novo_valor2', ...);
```

password_field
print $query->**password_field**('nome' [,'valor', tamanho, compr_máx])
Gera um campo de entrada de senha.
nome
    O nome para atribuir a entrada (requerido).
valor
    A senha default para colocar no campo de senha.
tamanho
    O tamanho do campo de senha (em caracteres).
compr_máx
    O comprimento máximo do campo de senha (em caracteres).

Usando os parâmetros nomeados, a sintaxe é:

```
        print $query->password_field(-name=>'nome',
                        -default=>'valor',
                        -size=>tamanho,
                        -maxlength=>compr_máx,
                        -override=>1,
                        -onChange=>função,
                        -onFocus=>função,
                        -onBlur=>função,
                        -onSelect=>função,
```

-override=>1
: O campo de texto não deverá herdar seu valor de uma chamada anterior do script.

-onChange=>função
: O paginador deverá executar a *função* quando o usuário mudar o campo de texto.

-onFocus=>função
: O paginador deverá executar a *função* quando o foco estiver no campo de texto.

-onBlur=>função
: O paginador deverá executar a *função* quando o foco deixar o campo de texto.

-onSelect=>função
: O paginador deverá executar a *função* quando o usuário mudar uma parte selecionada do campo de texto.

path_info
path_info( )
Retorna informações extras do caminho.

path_translated
path_translated( )
Retorna informações extras do caminho convertido.

popup_menu
print$query->popup_menu('*nome*',\@ *array*[,'*selecionado*', \%*hash_etiqueta*]**)**
Gera um menu instantâneo.

nome
: O nome para atribuir a entrada (requerido).

\@array
: Uma referência do array listando os itens de menu. Você poderá também usar uma referência do array anônimo (veja exemplo abaixo).

selecionado
: O item de menu a ser selecionado inicialmente (o default é o primeiro item de menu ou o item selecionado nas consultas anteriores).

\%hash_etiqueta
: Uma referência do hash listando as etiquetas para cada item de menu. O default é o texto do item de menu. Por exemplo:

```
%labels = ( 'UPS'=>'United Parcel Service (UPS)',
     'FedEx0'=>'Federal Express Overnight - 10AM delivery',
     'FedExS'=>'Federal Express Standard - 2PM delivery',
     'FedEx2'=>'Federal Express 2nd Day Delivery');

print $query->popup_menu('delivery_method',
             ['UPS', 'FedEx0', 'FedExS', FedEx2'];
             'FedEx0',
             \%labels);
```

Usando os parâmetros nomeados, a sintaxe é:

```
print $query->popup_menu(-name=>'nome',
             -value=>'\@array',
             -default=>'selecionado',
             -labels=>\%hash_etiqueta,
             -onChange=>função,
             -onFocus=>função,
             -onBlur=>função);
```

-onChange=>*função*
O paginador deverá executar a *função* quando o usuário mudar o campo de texto.

-onFocus=>*função*
O paginador deverá executar a *função* quando o foco estiver no campo de texto.

-onBlur=>*função*
O paginador deverá executar a *função* quando o foco deixar o campo de texto.

radio_group

print *$query*->**radio_group**(*'nome'*, \@*lista*[, *selecionado*, 'true', \%*etiqueta*])
Gera um conjunto de botões de rádio.

nome
>O nome para atribuir a entrada (requerido).

\@*lista*
>Uma referência do array com os itens da lista. Você poderá também usar uma referência do array anônimo.

selecionado
>O item de menu a ser selecionado inicialmente.

'true'
>Insere novas linhas entre os botões de rádio.

\%*etiqueta*
>Uma referência do hash listando as etiquetas para cada item da lista. O default é o próprio texto da lista. Veja popup_menu para obter um exemplo.

>Usando os parâmetros nomeados, a sintaxe é:
>```
>print $query->radio_group(-name=>'nome',
>                    -values=>'\@lista,
>                    -default=>'selecionado',
>                    -linebreak=>'true',
>                    -labels=>\%hash_etiqueta,
>                    -columns=>n,
>                    -columnheader=>'string',
>                    -rows=>m,
>                    -rowheader=>'string');
>```

-columns=>*n*
>O número de colunas a usar.

-columnheader=>'*string*'
>Um cabeçalho para a coluna.

-rows=*m*
>O número de linhas a usar. Se omitido e -columns for especificado, as linhas serão calculadas para você.

-rowheader=>'*string*'
>Um cabeçalho para a linha.

raw_cookie

raw_cookie( )
Retorna o valor do cabeçalho HTTP_COOKIE.

ReadParse

ReadParse( )
Cria um hash nomeado %in contendo informações sobre a consulta. Usado para a compatibilidade com o *cgi-lib.pl* do Perl4.

redirect

print $query->redirect('*url*')
Gera um cabeçalho para redirecionar o paginador.

url   O URL absoluto para o qual redirecionar.

Usando os parâmetros nomeados, a sintaxe é:
```
print $query->redirect(-uri=>'url',
                      -nph=>1);
```

referer

referer( )
Retorna o URL de referência.

remote_host

remote_host( )
Retorna o nome do host remoto ou o endereço IP, dependendo da configuração do servidor.

remote_user

remote_user( )
Retorna o nome do usuário fornecido para a autorização.

request_method

request_method( )
Retorna o método de solicitação.

reset

print $query->reset
Gera um botão que redefine o formulário para seus valores iniciais. Veja também defaults.

save

$query->save(*handle_arquivo*)
Grava o formulário no handle de arquivo especificado, para ser lido de novo com o construtor new.

handle_arquivo
    O handle de arquivo no qual gravar o arquivo.

script_name

script_name( )
Retorna o URL parcial atual.

scrolling_list

print $query->scrolling_list(*'nome'*,\@ *lista*[, *selecionado,tamanho,*'true'*,\%hash_etiqueta*]);
Gera uma lista de paginação.

nome
    O nome para atribuir a entrada (requerido).

\@ lista
    Uma referência do array com os itens da lista. Você poderá também usar uma referência do array anônimo.

selecionado
    O(s) item(ns) de menu a ser(em) selecionado(s) inicialmente (o default é que nada esteja selecionado). Poderá ser um valor simples ou uma referência para uma lista de valores.

tamanho
    O número de elementos para exibir no quadro de listagem.

'true'
    Permite diversas seleções.

\%hash_etiqueta
    Uma referência do hash listando as etiquetas para cada item da lista. O default é o próprio texto da lista. Veja popup_menu para obter um exemplo.

Usando os parâmetros nomeados, a sintaxe é:
```
print $query->scrolling_list(-name=>'nome',
                 -value=>'\@array_lista',
                 -default=>'selecionado',
                 -size=>'tamanho',
                 -multiple=>'true',
```

```
                    -labels=>\%hash_etiqueta,
            -onChange=>função,
            -onFocus=>função,
            -onBlur=>função);
```
-onChange=>*função*
> O paginador deverá executar a *função* quando o usuário mudar o campo de texto.

-onFocus=>*função*
> O paginador deverá executar a *função* quando o foco estiver no campo de texto.

-onBlur=>*função*
> O paginador deverá executar a *função* quando o foco deixar o campo de texto.

self_url

$url = *$query*->**self_url**

Retorna o URL do script atual com todas as suas informações sobre o estado intactas.

start_html

print *$query*->**start_html**(['*título*', '*e-mail*', '*base*', '*atributo*='*valor*'])

Gera as marcas <HTML> e <BODY>.

título
> O título da página.

e-mail
> O endereço e-mail do autor.

base
> Se é para usar uma marca <BASE> no cabeçalho.

atributo='*valor*'
> Especifica um atributo para a marca <BODY>.

Usando os parâmetros nomeados, a sintaxe é:
```
print $query->start_html(-title=>'título',
            -author=>'endereço_e-mail',
            -base=>'true',
            -xbase=>'url',
            -meta=>{'metamarca1'=>'valor1',
                'metamarca2'=>'valor2'},
            -script=>'$script',
            -onLoad=>'$função,
```

```
                    -onUnload=>'$ função',
                    -attribute=>'valor');
```
-title=> '*título*'
: Especifica o título da página.

-author=>'*endereço_e-mail*'
: Especifica o endereço e-mail do autor.

-xbase=>'*url*'
: Fornece um HREF para a marca <BASE>. O default é o local atual.

-meta=>{ '*metamarca1*'=>'*valor1*', ... }
: Adicionar metainformações arbitrárias ao cabeçalho como uma referência para um hash. As marcas válidas são:

    keywords
    : As palavras-chaves para esse documento.

    copyright
    : A descrição para esse documento.

-attribute=>'*valor*'
: Especifica um atributo para a marca <BODY>.

-script=>'*$script*'
: Especifica um script JavaScript a ser incorporado em um bloco <SCRIPT>

-onLoad=>'*$ função*'
: O paginador deverá executar a função especificada ao entrar na página.

-onUnload=>'*$ função*'
: O paginador deverá executar a função especificada ao sair da página.

startform

print *$query*->**startform**([*método, ação, codificação*])
Gera uma marca <FORM>.

método
: O método de solicitação para o formulário. Os valores são:

    POST
    : Use o método POST (default).

    GET
    : Use o método GET.

ação
: O URL do script CGI. O default é o URL atual.

codificação

O esquema de codificação. Os possíveis valores são application/x-www/form/urlencoded e multipart/form-data.

Usando os parâmetros nomeados, a sintaxe é:
```
print $query->startform(-method=>$método,
            -action=>$ação,
            -encoding=>$codificação,
            -name=>$nome,
            -target=>quadro,
            -onSubmit=>função);
```

-name=>*nome*
  Nomeia o formulário para a identificação pelas funções JavaScript.
-target=>*quadro*
  Grava no quadro especificado.
-onSubmit=>*função*
  Uma função JavaScript que o paginador deverá executar ao submeter o formulário.

---

start_multipart_form
print *$query*->**start_multipart_form**([*método, ação*])

Gera as marcas <HTML> e <BODY>. Igual a startform, mas adota a codificação multipart/form-data como o default.

---

submit
print *$query*->**submit**(['*etiqueta*', '*valor*'])

Gera um botão para submeter.

etiqueta
  A etiqueta a usar para o botão.
valor
  O valor a retornar quando o formulário for submetido.

Usando os parâmetros nomeados, a sintaxe é:
```
print $query->submit(-name=>'nome',
            -value=>'valor',
            -onClick=>função);
```

-onClick=>*função*

O paginador deverá executar a *função* quando o usuário clicar no botão submit.

textarea

print *$query*->**textarea**('*nome*'[,'*valor*', *linhas*, *colunas*])
Gera um quadro de entrada de texto grande com diversas linhas.

nome
    O nome para atribuir a entrada (requerido).

valor
    O valor inicial para colocar no quadro de entrada de texto.

linhas
    O número de linhas a exibir.

colunas
    O número de colunas a exibir.

Usando os parâmetros nomeados, a sintaxe é:

```
print $query->textarea (-name=>'nome',
            -default=>'valor',
            -rows=>linhas,
            -columns=>colunas,
            -override=>1,
            -onChange=>função,
            -onFocus=>função,
            -onBlur=>função,
            -onSelect=>função);
```

-override=>1
    O campo de texto não deverá herdar seu valor de uma chamada anterior do script.

-onChange=>*função*
    O paginador deverá executar a *função* quando o usuário mudar o campo de texto.

-onFocus=>*função*
    O paginador deverá executar a *função* quando o foco estiver no campo de texto.

-onBlur=>*função*
    O paginador deverá executar a *função* quando o foco deixar o campo de texto.

-onSelect=>*função*
    O paginador deverá executar a *função* quando o usuário mudar uma parte selecionada do campo de texto.

textfield

print *$query*->**textfield**('*nome*'[,'*valor*', *tamanho*, *compr_máx*])
Gera um campo de entrada de texto.

nome
    O nome para atribuir a entrada (requerido).

valor
    O valor inicial para colocar no campo de texto.

tamanho
    O tamanho do campo de texto (em caracteres).

compr_máx
    O comprimento máximo do campo de texto (em caracteres).

Usando os parâmetros nomeados, a sintaxe é:

```
print $query->textfield(-name=>'nome',
            -default=>'valor',
            -size=>tamanho,
            -maxlength=>compr_máx,
            -override=>1,
            -onChange=>função,
            -onFocus=>função,
            -onBlur=>função,
            -onSelect=>função);
```

`-override=>1`
    O campo de texto não deverá herdar seu valor de uma chamada anterior do script.

`-onChange=>função`
    O paginador deverá executar a *função* quando o usuário mudar o campo de texto.

`-onFocus=>função`
    O paginador deverá executar a *função* quando o foco estiver no campo de texto.

`-onBlur=>função`
    O paginador deverá executar a *função* quando o foco deixar o campo de texto.

`-onSelect=>função`
    O paginador deverá executar a *função* quando o usuário mudar uma parte selecionada do campo de texto.

url

$url = *$query*->**url**
Retorna um URL do script atual sem as informações da consulta.

use_named_parameters
use_named_parameters( )
Especifica que as funções deverão ter parâmetros nomeados.

user_agent
$query->user_agent ([string])
Retorna o valor do cabeçalho HTTP_USER_AGENT.

string
> Se especificada, retornará apenas os cabeçalhos que coincidirem com a string especificada.

user_name
user_name( )
Retorna o nome de conexão do usuário remoto; não confiável.

Capítulo 11

Programação do servidor Web com o mod_perl

Uma crítica comum da CGI é que ela requer a bifurcação de processos extras sempre que um script é executado. Se você tiver apenas algumas colisões por hora ou mesmo por minuto, isto não será grande coisa. Mas para um site com alto tráfego, muitos dos scripts CGI que se geram repetidamente poderão ter um efeito infeliz na máquina que executa o servidor Web. Os scripts CGI serão lentos, o servidor Web será lento e outros processos na máquina irão se arrastar.

A solução para esse problema é o *mod_perl*. O *mod_perl*, escrito por Doug MacEachern e distribuído na CPAN, incorpora o interpretador Perl diretamente no servidor Web. O efeito é que seus scripts CGI são pré-compilados pelo servidor e executados sem a bifurcação, assim sendo executados de forma muito mais rápida e eficiente. E mais, a eficiência da CGI é apenas uma faceta do *mod_perl*. Uma vez que o *mod_perl* é um híbrido Apache/Perl completo, outras vantagens para ele incluem:

- Escrever inclusões no lado do servidor no Perl.
- Incorporar o código Perl nos arquivos de configuração Apache.
- Escrever módulos Apache completos no Perl.

A construção do mod_perl

O *mod_perl* não é um módulo Perl. É um módulo do servidor Apache, que é atualmente o servidor Web mais usado. Com o *mod_perl*, você poderá usar as diretivas de configuração Apache não apenas para processar os scripts CGI com muito mais eficiência, mas também para lidar com todos os estágios no processamento de uma solicitação do servidor.

O *mod_perl* incorpora uma cópia do interpretador Perl no executável *httpd* Apache, fornecendo um acesso completo à funcionalidade Perl no Apache. Isto permite um conjunto de diretivas de configuração específicas do *mod_perl*, todas começando com a string Perl*. A maioria dessas diretivas é usada para especificar as sub-rotinas para vários estágios da solicitação, mas nem todas. Além disso, o *mod_perl* permite incorporar o código Perl em seus arquivos de configuração Apache (nas diretivas <Perl> ... </Perl>) e permite usar o Perl para as inclusões no lado do servidor.

Pode ocorrer com você que colocar um grande programa em outro grande programa crie um programa muito, muito grande. O *mod_perl* certamente tornará o *httpd* muito maior. Se você tiver uma capacidade de memória limitada o *mod_perl* poderá não ser para você. Existem várias maneiras de minimizar o tamanho do Apache com o *mod_perl* (que você poderá encontrar na página manual do *mod_perl* ou nas FAQs), variando desde lidar com as diretivas de configuração Apache até construir o Perl com um consumo de memória reduzido.

Como instalar o mod_perl

Se você já tiver o Apache instalado em sua máquina, terá que reconstrui-lo com o *mod_perl*. Você poderá obter a fonte para o Apache e o *mod_perl* em *http://www.apache.org/*. (Poderá também obter o *mod_perl* na CPAN). Se já não houver um *httpd* Apache na árvore de fontes Apache, você terá que construir um. Então construa o *mod_perl* como indicado no arquivo *INSTALL* da distribuição *mod_perl*.

Como mencionamos, o *mod_perl* permite ligar os módulos Perl como sub-rotinas para vários estágios de uma solicitação. Por default porém, o único gancho de callback que é permitido é o PerlHandler, que é usado para processar o conteúdo (por exemplo, um documento CGI). Se você quiser usar outros ganchos, por exemplo para estender os recursos de conexão do Apache através da diretiva PerlLogHandler, precisará especificá-lo durante a construção como indicado no arquivo *INSTALL*. Por exemplo:

    % perl Makefile.PL PERL_LOG=1

O Makefile *mod_perl* substitui o *httpd* na árvore de fontes Apache por um do Perl. Quando você instalar o *mod_perl*, ele não instalará apenas o novo *httpd* em sua área do sistema, também instalará vários módulos Perl inclusive o Apache Registry.

Na época da composição deste livro, tanto o Apache como o *mod_perl* estavam sendo enviados para o Win32. Contudo, o *mod_perl* apenas será executado com a versão padrão do Perl Win32 (não a do Active State). O arquivo *INSTALL.win32* contém instruções para instalar o *mod_perl* no Win32.

Sub-rotinas do mod_perl

Para compreender o *mod_perl*, você deverá entender como o servidor Apache funciona. Quando o Apache recebe uma solicitação, ele processa-a em vários estágios. Primeiro, ele converte o URL no recurso associado (por exemplo, nome de arquivo, script CGI etc.) na máquina do servidor. Então verifica para saber se o usuário está autorizado a acessar esse recurso, talvez solicitando e verificando um ID e senha. Uma vez que o usuário tenha passado na inspeção, o servidor descobre que tipo de dados ele está enviando de volta (por exemplo, ele decide que um arquivo terminando com .html é provavelmente um arquivo text/html), cria alguns cabeçalhos e envia-os de volta para o cliente com o próprio recurso. Quando tudo estiver pronto, o servidor fará uma entrada de conexão.

Em cada estágio desse processo, o Apache procura as rotinas para "lidar" com a solicitação. O Apache fornece suas próprias sub-rotinas; por exemplo uma das rotinas defaults é a cgi-script, geralmente vista aplicada no /cgi-bin:

```
<Location /cgi-bin>
. . .
SetHandler cgi-script
. . .
</Location>
```

O *mod_perl* permite que você escreva suas próprias sub-rotinas no Perl, incorporando a biblioteca de execução Perl diretamente no executável do servidor *httpd* Apache. Para usar o *mod_perl* para a CGI (que é tudo que a maioria das pessoas deseja fazer com ele), você atribuirá a diretiva SetHandler ao perl-script e então atribuirá a diretiva PerlHandler especifica do *mod_perl* a um módulo Perl especial denominado Apache Registry.

```
SetHandler perl-script
PerlHandler Apache::Registry
```

A PerlHandler é a sub-rotina *mod_perl* para o estágio de recuperação do conteúdo da transação.

Para usar outras sub-rotinas, você não precisará atribuir de novo a SetHandler. Por exemplo, para identificar uma sub-rotina para o estágio de conexão da solicitação:

```
<Location /snoop/>
PerlLogHandler Apache::DumpHeaders
</Location>
```

Para que isso funcione, o *mod_perl* terá que ter sido construído com os ganchos de conexão ativados (como descrito na seção anterior) e o módulo Apache::DumpHeaders terá que ter sido instalado. O *mod_perl* irá pesquisar o Apache::DumpHeaders para obter uma rotina chamada handler( ) e irá executá-la como a sub-rotina de conexão para esse recurso.

O seguinte é uma lista de cada diretiva da sub-rotina que poderá ser ativada pelo *mod_perl* e os estágios para os quais cada uma é usada. Apenas a PerlHandler é ativada por default.

Sub-rotina	Finalidade
PerlAccessHandler	Estágio de acesso
PerlAuthenHandler	Estágio de autenticação
PerlAuthzHandler	Estágio de autorização
PerlChildInitHandler	Estágio de inicialização filho
PerlChildExitHandler	Estágio de término filho
PerlCleanupHandler	Estágio de limpeza
PerlFixupHandler	Estágio de correção

Sub-rotina	Finalidade
PerlHandler	Estágio de resposta
PerlHeaderParserHandler	Estágio de análise do cabeçalho
PerlInitHandler	Inicialização
PerlLogHandler	Estágio de conexão
PerlPostReadRequestHandler	Estágio de solicitação posterior
PerlTransHandler	Estágio de conversão
PerlTypeHandler	Estágio de tratamento de tipos

Você poderá escrever suas próprias sub-rotinas para cada um desses estágios. Mas existem também dúzias de módulos que você poderá carregar da CPAN, alguns dos quais estão listados no final deste capítulo.

Como executar os scripts CGI com o mod_perl

O que a maioria das pessoas deseja fazer com o *mod_perl* é melhorar o desempenho da CGI. A instalação *mod_perl* adota esta solicitação ativando o gancho de callback PerlHandler por default e instalando o módulo Apache::Registry. A PerlHandler é a sub-rotina usada para o estágio de recuperação do conteúdo da transação do servidor. O Apache::Registry é o módulo Perl que emula o ambiente CGI para que você possa usar os scripts "padrões" CGI do Perl com o *mod_perl* sem ter que rescrevê-los (muito). Esta é de longe a maneira mais econômica de ter o desempenho da CGI melhorado.

Com o Apache::Registry, cada programa CGI individual é compilado e armazenado em cache na primeira vez em que é chamado (ou sempre que é alterado) e então permanece disponível para todas as instâncias subseqüentes desse script CGI. Este processo evita os custos do tempo da inicialização.

Enquanto que a maioria dos scripts CGI é mantida no */cgi-bin*, os scripts que usam Apache::Registry são colocados em um diretório separado, por exemplo, */perl-bin/*. O arquivo de configuração *access.conf* Apache precisará apontar para esse diretório definindo um álias e uma sub-rotina para esta nova localização:

```
Alias /perl-bin/ /usr/local/apache/perl-bin/


<Location /perl-bin>
SetHandler perl-script
PerlHandler Apache::Registry
PerlSendHeader On
Options ExecCGI
</Location>
```

Ao invés de usarmos a sub-rotina cgi-script, usamos a sub-rotina perl-script para dar controle ao *mod_perl*. Em seguida, a diretiva PerlHandler informa ao *mod_perl* que o módulo Apache::Registry deverá ser usado para atender todos os arquivos nesse diretório. A PerlSendHeader é outra diretiva específica do *mod_perl*; neste caso, informa ao *mod_perl* para enviar as linhas de resposta e os cabeçalhos comuns, por default nenhum é enviado. (Para os scripts NPH, você desejará desativar esse recurso novamente.) Options ExecCGI é um cabeçalho Apache padrão necessário para informar ao Apache para tratar o script como um script CGI.

Se você quiser carregar módulos Perl além do Apache::Registry, poderá usar a diretiva PerlModule:

    PerlModule CGI

Se você incluir esta linha, não deverá mais precisar explicitamente do use CGI em cada script CGI do Perl, pois o CGI.pm será carregado diretamente a partir do servidor Apache. Até dez módulos poderão ser listados com a diretiva PerlModule.

Os scripts CGI no novo diretório deverão funcionar agora. Contudo, se você tiver problemas, a página manual do *mod_perl* oferece algumas palavras sábias:

- Sempre aplique o use strict.

    Os scripts CGI "padrões" sempre começam limpos. Ao trocar para o *mod_perl*, os programadores CGI são geralmente surpreendidos ao aprender a freqüência com a qual aproveitam isso. O use strict informa quando suas variáveis não foram declaradas devidamente e podem herdar valores das chamadas anteriores do script.

- Não chame o exit( ).

    Chamar exit( ) no final de cada programa é um hábito de muitos programadores. Embora em geral seja totalmente desnecessário, normalmente não causa danos... exceto no *mod_perl* se você estiver usando-o sem o Apache::Registry, o exit( ) encerrará o processo do servidor. Se o exit( ) for a última chamada da função, você poderá simplesmente removê-lo. Se a estrutura de seu programa for chamada a partir do meio do script, você poderá colocar uma etiqueta no final do script e usar o goto( ). Há também uma chamada Apache->exit( ) que você poderá usar se for realmente um adepto dos exit ( )s.

    Se você estiver usando o Apache::Registry, não terá que se preocupar com esse problema, o Apache::Registry é esperto o bastante para anular todas as chamadas exit( ) com o Apache->exit( ).

E mais, recomenda-se que você deva usar uma versão recente do Perl e do CGI.pm. Você deverá percorrer a documentação do *mod_perl* para obter as informações mais recentes sobre a compatibilidade.

As inclusões no lado do servidor com o mod_perl

As inclusões no lado do servidor (SSI) são marcas incorporadas diretamente em um arquivo HTML que executa funções especiais. Elas são mais usadas para executar os scripts CGI e exibir o resultado; a maioria dos contadores de página Web é executada usando a SSI.

Se você usar o *mod_perl* com o *mod_include* (outro módulo do servidor Apache), poderá incorporar as sub-rotinas Perl nas diretivas SSI. Por exemplo:

```
<!- -#perl sub="sub {print ++Count}" - ->
```

O módulo Apache::Include permitirá incluir scripts Apache::Registry inteiros:

```
<!- -#perl sub="Apache::Include" arg="/perl-bin/counter.pl" - ->
```

Você poderia ter usado a SSI padrão para incluir um script CGI para a mesma finalidade, mas esta maneira é mais rápida. Para usar o *mod_include* com o *mod_perl*, você precisará configurar o *mod_perl* para fazer isso durante a compilação.

Seções <Perl>

Com o *mod_perl*, você poderá usar o Perl nos arquivos de configuração Apache. O que isto significa é que você poderá tornar sua configuração Apache muito mais flexível usando condicionais.

Qualquer código Perl nos arquivos de configuração Apache deverá ser colocado entre as diretivas <Perl> e </Perl>. Este código poderá definir variáveis e listas que são usadas pelo *mod_perl* para atribuir as diretivas da configuração Apache associadas; por exemplo, atribuir a variável $ServerAdmin redefinirá a diretiva de configuração Apache ServerAdmin.

Suponha que você compartilhe os mesmos arquivos de configuração Apache em diversos servidores e queira apenas permitir diretórios pessoais em um deles. Poderá usar as diretivas Perl assim:

```
<Perl>
if ('hostname' = ~ /public/) {
        $UserDir = "public.html";
} else {
  $UserDir = "DISABLED";
}
1;
</Perl>
```

Os blocos de diretivas (como <Location>...</Location>) poderão ser representados como um hash. Por exemplo:

```
<Perl>
$Location{"/design_dept/"} = {
```

```
        DefaultType   => 'image/gif',
        FancyIndexing => 'On'
    }
    </Perl>
```

Módulos Apache::

O Apache::Registry é o módulo *mod_perl* mais usado. Porém existem muitos mais, todos disponíveis na CPAN. A seguinte tabela lista os módulos Apache::* e para qual sub-rotina eles estão designados para serem usados, mas você deverá também verificar o arquivo *apache-modlist.html* na CPAN para obter a listagem mais recente.

PerlHandler

Apache::CallHandler	Mapeia os nomes de arquivo para as chamadas da sub-rotina
Apache::Dir	Controla a indexação do diretório
Apache::Embperl	Incorpora o código Perl nos arquivos HTML
Apache::ePerl	A emulação incorporada do Perl (ePerl)
Apache::FTP	Emula um substituto FTP
Apache::GzipChain	Compacta a saída de outra sub-rotina
Apache::JavaScript	Gera o código JavaScript
Apache::OutputChain	Encadeia diversas sub-rotinas através de módulos de "filtro"
Apache::PassFile	Envia os arquivos através de OutputChain
Apache::Registry	Executa scripts CGI inalterados
Apache::RobotRules	Aplica as regras *robots.txt*
Apache::Sandwich	Adiciona cabeçalhos e rodapés por diretório
Apache::VhostSandwich	Adiciona cabeçalhos e rodapés para os hosts virtuais
Apache::SSI	Implementa as inclusões no lado do servidor no Perl
Apache::Stage	Gerencia um diretório de estágios do documento
Apache::WDB	Consulta os bancos de dados através da DBI

PerlHeaderParserHandler

Apache::AgentDeny	Nega os clientes abusivos

PerlAuthenHandler

Apache::Authen	Autentica os usuários
Apache::AuthCookie	Autentica e autoriza os usuários através de atrativos
Apache::AuthenDBI	Autentica através da DBI do Perl
Apache::AuthExpire	Encerra as credenciais da autenticação
Apache::AuthenGSS	Autentica os usuários com o Generic Security Service (Serviço Genérico de Segurança)

Apache::AuthenLDAP	Autentica os usuários com LDAP
Apache::AuthNIS	Autentica os usuários com NIS
Apache::BasicCookieAuth	Aceita as credenciais de autenticação de atrativos ou básicas
Apache::DBILogin	Autentica usando um banco de dados de back-end
Apache::DCELogin	Autentica em um contexto de conexão DCE
Apache::AuthAny	Autentica com qualquer nome do usuário/senha

PerlAuthzHandler

Apache::AuthCookie	Autentica e autoriza através de atrativos
Apache::AuthzAge	Autoriza com base na idade
Apache::AuthzDCE	Autoriza com base no ACL DFS/DCE
Apache::AuthzDBI	Autoriza grupos através da DBI
Apache::AuthNIS	Autentica e autoriza através do NIS
Apache::RoleAuthz	Autorização com base no papel

PerlAccessHandler

Apache::AccessLimitNum	Limita o acesso do usuário pelo número de solicitações
Apache::DayLimit	Limita o acesso com base no dia da semana
Apache::RobotLimit	Limita o acesso dos robôs

PerlTypeHandler

Apache::AcceptLanguage	Envia os tipos de arquivo com base na preferência de linguagem do usuário

PerlTransHandler

Apache::DynaRPC	Converte os URLs em RPCs
Apache::Junction	Monta o espaço do nome do servidor Web remoto
Apache::LowerCaseGETs	Converte em URLs com letras minúsculas quando necessário
Apache::MsqlProxy	Converte os URLs nas consultas mSQL
Apache::ProxyPassThru	A estrutura do substituto simples
Apache::ProxyCache	O substituto de armazenamento em cache

PerlFixupHandler

Apache::HttpEquiv	Converte as marcas HTML HTTP-EQUIV nos cabeçalhos HTTP
Apache::Timeit	Aplica o benchmark nas sub-rotinas Perl

PerlLogHandler
Apache::DumpHeaders	Exibe os cabeçalhos de transação HTTP
Apache::Traffic	Registra o número de bytes transferidos por usuário
Apache::WatchDog	Procura os URLs problemáticos

PerlChildInitHandler
Apache::Resource	Limita os recursos usados pelos filhos *httpd*.

Configuração do servidor
Apache::ConfigLDAP	Configura o servidor através de LDAP e das seções <Perl>
Apache::ConfigDBI	Configura o servidor através da DBI e das seções <Perl>
Apache::ModuleConfig	As interfaces para a API de configuração
Apache::PerlSections	Os utilitários para as seções <Perl>
Apache::httpd_conf	Os métodos para configurar e executar um *httpd*
Apache::src	Os métodos para encontrar e ler os bits da fonte

Banco de dados
Apache::DBI	Gerencia as conexões DBI permanentes
Apache::Sybase	Gerencia as conexões DBlib permanentes
Apache::Mysql	Gerencia as conexões mysql permanentes

Interfaces e integração com os vários módulos Apache C
Apache::Constants	As constantes definidas no *httpd.h*
Apache::Include	Permite o uso dos scripts Apache::Registry na SSI com o *mod_include*
Apache::Global	Dá acesso às variáveis globais do servidor
Apache::LogError	Fornece uma interface para *aplog_error*
Apache::LogFile	Fornece uma interface para os registros canalizados do Apache etc.
Apache::Mime	Fornece uma interface para a funcionalidade *mod_mime*
Apache::Module	Fornece uma interface para as estruturas do módulo Apache C
Apache::Options	Importa as "opções" do Apache::Constants
Apache::Scoreboard	Fornece uma interface para a API do marcador
Apache::Servlet	Fornece uma interface para o motor Java Servlet
Apache::Sfio	Fornece uma interface para r->connection->client->sf*

Ferramentas de desenvolvimento e depuração
Apache::Debug	Fornece os utilitários de depuração para o *mod_perl*

Apache::DProf	Liga o Devel::DProf no *mod_perl*
Apache::FakeRequest	Implementa os métodos off-line Apache
Apache::Peek	Emula o Devel::Peek para o *mod_perl*
Apache::SawAmpersand	Certifica-se de que ninguém está usando $&, $' ou $'
Apache::StatINC	Recarrega os arquivos que têm arquivos com use e require aplicados quando atualizados
Apache::Status	Obtém informações sobre os módulos carregados
Apache::Symbol	Suporta símbolos
Apache::test	Define rotinas úteis para os scripts *make test*

Diversos

Apache::Byterun	Executa os módulos do código de bytes Perl
Apache::Mmap	Compartilha os dados através do módulo Mmap
Apache::Persistent	Armazena os dados através de IPC::, DBI ou disco
Apache::PUT	A sub-rotina para o método HTTP PUT
Apache::RegistryLoader	O carregador de script de inicialização Apache::Registry
Apache::Safe	A adaptação do *safecgiperl*
Apache::Session	Mantém a sessão/estado <-> *httpd* do cliente
Apache::SIG	As sub-rotinas de sinais para o *mod_perl*
Apache::State	O motor do estado eficiente

Parte V

Bancos de dados

Capítulo 12

Bancos de dados e Perl

Uma vez que uma das maiores capacidades do Perl é trabalhar com o texto, uma preocupação genuína é como armazenar os dados. Os arquivos comuns são uma possibilidade, mas não se dimensionam muito bem, para dizer o mínimo. Ao contrário, você precisará usar um banco de dados.

Existem duas soluções gerais para usar os bancos de dados com o Perl. Para o banco de dados simples, o DBM (Gerenciamento do Banco de Dados) servirá para suas necessidades. O DBM é uma biblioteca suportada por muitos sistemas Unix (se não todos) e muitos sistemas diferentes dele também. Se você usar o DBM com o Perl, poderá manipular os bancos de dados exatamente como qualquer hash.

Para os bancos de dados mais elaborados com interfaces SQL, você poderá obter um produto completo do banco de dados ou um equivalente shareware (dependendo de suas necessidades) e usar a DBI e o DBD. A DBI é um módulo que fornece uma interface consistente para as soluções do banco de dados. Um DBD é um driver específico do banco de dados que, quando necessário, converte as chamadas DBI para esse banco de dados.

Neste capítulo, falaremos rapidamente sobre o DBM e então mais profundamente sobre a DBI/DBD.

Os bancos de dados e os hashes DBM

O DBM é um recurso de gerenciamento do banco de dados simples para os sistemas Unix. Ele permite aos programas armazenarem uma coleção de pares chave-valor na forma binária, assim fornecendo um suporte básico do banco de dados para o Perl. Praticamente todos os sistemas Unix suportam o DBM e para os que não suportam, você poderá obter o Berkeley DB em *http://www.sleepycat.com/db*.

Para usar os bancos de dados DBM no Perl, você poderá associar um hash a um banco de dados DBM através de um processo semelhante à abertura de um arquivo. Esse hash (chamado array DBM) será então usado para acessar e modificar o banco de dados DBM. Para associar um banco de dados DBM a um array DBM, você poderá usar a função dbmopen ou a função tie com um módulo do tipo DBM. (a dbmopen é na verdade apenas um front-end para tie.) Por exemplo, com a dbmopen:

    dbmopen(%ARRAYNAME, "dbmfilename', $mode);

ou (usando tie com o módulo DB_File):

    use DB_File;
    tie(%ARRAYNAME, "DB_File", "dbmfilename");

O parâmetro %ARRAYNAME é um hash Perl. (Se já tiver valores, eles serão descartados). Este hash ficará conectado ao banco de dados DBM chamado dbmfilename. Esse banco de dados poderá ser armazenado no disco como um único arquivo ou como dois arquivos chamados *dbmfilename.dir* e *dbmfilename.pag*, dependendo da implementação DBM.

O parâmetro $mode é um número que controlará as permissões do par de arquivos se os arquivos precisarem ser criados. O número é geralmente especificado em octal. Se os arquivos já existirem, esse parâmetro não terá efeito. Por exemplo:

    dbmopen(%BOOKS, "bookdb", 0666);   # open %BOOKS onto bookdb
                                       (abre %BOOKS no bookdb)

Esta chamada associa o hash %BOOKS aos arquivos do disco *bookdb.dir* e *bookdb.pag* no diretório atual. Se os arquivos ainda não existirem, eles serão criados com um modo 0666, modificado pela *umask* atual.

O valor de retorno do dbmopen será true se o banco de dados puder ser aberto ou criado e false do contrário, exatamente como a função open. Se você não quiser os arquivos criados, use um valor $mode undef.

Com o banco de dados aberto, qualquer coisa que você fizer para o hash DBM será gravado imediatamente no banco de dados. Veja o Capítulo 4, *A linguagem Perl*, para obter mais informações sobre os hashes.

    dbmopen(%BOOKS, "bookdb", 0666) || die "Can't open database bookdb!";
    $BOOKS{"1-56592-286-7"} = "Perl em a Nutshell";

O array DBM ficará aberto em todo o programa. Quando o programa terminar, a associação será encerrada. Você poderá também interromper a associação de uma maneira parecida com o fechamento de um handle de arquivo, usando a função dbmclose (ou untie se você usou tie). Veja o Capítulo 5, *Referência para funções*, para obter mais informações sobre dbmclose, dbmopen e tie.

A construção da DBI

Se o DBM for muito básico para suas exigências do banco de dados, você terá que usar um pacote do banco de dados mais sofisticado. As opções incluem os produtos comerciais Oracle, Sybase, Informix e o *msql* e *mysql* disponíveis publicamente.

Antes da versão 5 do Perl e da DBI, o problema era que com todos os pacotes do banco de dados para escolher, não havia uma maneira de tornar universal o suporte do banco de dados para o Perl. Você teria que reconstruir o próprio executável Perl nas bibliotecas que incluíam as sub-rotinas para o acesso direto para o pacote do banco de dados. Por exemplo, o *sybperl* e o *oraperl* são pacotes para construir a versão 4 do Perl com as chamadas Sybase e Oracle incorporadas, respectivamente. Uma aplicação escrita para o *sybperl* não seria portável para o Oracle ou vice-versa. Porém, como as versões atuais do Perl suportam o carregamento da extensão binária durante a execução, o suporte do banco de dados pode agora ser adicionado durante a execução, o que simplifica acrescentar as interfaces do banco de dados aos programas Perl enquanto mantém o tamanho do binário Perl no mínimo.

O suporte para as extensões binárias não significa que o acesso ao banco de dados foi padronizado. Existem ainda muitas extensões do banco de dados para o Perl, cada uma com uma API diferente. Contudo, todas compartilham um conjunto muito semelhante de comandos: conexão com o banco de dados, envio de consultas, busca de resultados e desconexão. Essa consistência tem tornado possível desenvolver um conjunto padrão de métodos para trabalhar com qualquer banco de dados. A DBI define um conjunto de funções, variáveis e convenções que fornecem uma interface consistente de programação do banco de dados para o Perl.

Embora a própria DBI seja independente da linguagem, a maioria dos drivers DBI requer aplicações para usar um dialeto da SQL (linguagem de consulta estruturada) para interagir com o motor do banco de dados. A SQL é um padrão que foi desenvolvido para permitir que os programadores manipulem os bancos de dados relacionais. Existem muitas implementações da SQL e cada servidor do banco de dados acrescenta nuanças que se afastam do padrão.

Drivers do banco de dados (DBDs)

O sucesso da DBI é que ela é apenas a metade da história. A outra metade é um DBD ou um driver do banco de dados. A DBI fornece a interface e a estrutura para os drivers, mas são os drivers do banco de dados que fazem o trabalho real. Os drivers implementam os método DBI para as funções privadas da interface do motor do banco de dados correspondente.

A menos que você esteja desenvolvendo uma aplicação sofisticada do banco de dados, provavelmente não se importará com os drivers a não ser que queira instalar o correto. A Tabela 12-1 lista os servidores do banco de dados, onde você poderá encontrá-los e o driver DBD designado para ele. (Os servidores do banco de dados freeware ou shareware estão disponíveis para o carregamento e alguns servidores comerciais oferecem cópias de avaliação para o carregamento.)

Tabela 12-1: Os servidores do banco de dados

Servidor	URL	DBD
DB2	http://www.software.ibm.com/data/db2/	DBD::DB2
Empress	http://www.empress.com/	DBD::Empress
Fulcrum	http://www.fulcrum.com	DBD::Fulcrum
Informix	http://www.informix.com/	DBD::Informix
Ingres	http:/www.cai.com/products/ingre/htm	
	http://epoch.cs.berkeley.edu.8000/postgres/index.html	DBD::Ingres
miniSQL	http://www.hughes.com.au/	DBD::mSQL
MySQL	http://www.tcx.se/	DBD::mysql
Oracle	http://www.oracle.com/	DBD::Oracle
PostgreSQL	http://www.postgresql.com/	DBD::Pg
QuickBase	http://www.openbase.com/	DBD::QBase
Solid	http://www.solidtech.com/	DBD::Solid
Sybase	http://www.sybase.com/	DBD::Sybase

Como criar um banco de dados

Antes de você poder abrir uma conexão com um banco de dados com a DBI, terá que criar o banco de dados. A DBI não é capaz de fazer esta etapa para você, embora seu DBD possa permitir que você faça. Por exemplo, o DBD:mSQL fornece uma função msqladmin. Seu DBD poderá também suportar o método func, que é usado para chamar métodos privados (e geralmente não portáveis) no driver. Você poderá usar códigos com uma linha como este para criar o banco de dados a partir da linha de comandos:

```
perl -MDBI -e '$db_name = q[database_name_here]; \
    $result = DBD::mysql::dr->func($db_name, '_CreateDB');'
```

Se seu DBD permitir que você crie bancos de dados através da API, provavelmente permitirá que os remova também.

```
perl -MDBI -e '$db_name = q[database_name_here]; \
    $result = DBD::mysql::dr->func($db_name, '_DropDB');'
```

Handles do banco de dados e de instrução

Os métodos DBI trabalham em dois tipos diferentes de handles: os handles do banco de dados e os handles de instrução. Um handle do banco de dados é como um handle de arquivo: connect é um método da classe DBI que abre uma conexão com um banco de dados e retorna um objeto de handle do banco de dados.

```
$db_handle = DBI->connect(dbi:mSQL:bookdb, undef, undef)
    || die("Connect error: $DBI::errstr");
```

Os handles de instrução são outra coisa totalmente diferente. A DBI faz uma distinção entre a preparação das instruções SQL e sua execução, permitindo que você formate previamente uma instrução em um handle de instrução. Você poderá preparar uma instrução com o método prepare, que retornará um handle de instrução. Então poderá atribuir uma instrução SQL ao handle de instrução através de vários métodos de handle de instrução e executá-lo com o método execute quando tiver terminado. (Você poderá também preparar e executar no mesmo comando com o método do.)

As alterações no banco de dados serão gravadas no banco de dados automaticamente se o atributo AutoCommit estiver ativado. Se o AutoCommit estiver desativado, então use o método commit quando estiver pronto para gravar as alterações no banco de dados.

O AutoCommit é apenas um dos muitos atributos que podem ser definidos para os handles do banco de dados e de instrução. Por exemplo, se $st_handle for um handle de instrução, então você poderá definir $st_handle->{NULLABLE} para determinar se os campos poderão conter caracteres nulos. A Tabela 12-2 é uma listagem de todos os atributos suportados pelos handles do banco de dados, handles de instrução ou ambos.

Tabela 12-2: Os atributos para os handles do banco de dados e de instrução

Atributos para os handles do banco de dados

AutoCommit	Submete qualquer alteração ao banco de dados imediatamente, ao invés de esperar por uma chamada explícita para commit. O default é true.

Atributos para os handles de instrução

CursorName	O nome do cursor associado ao handle de instrução.
NAME	Uma referência para um array de nomes do campo.
NULLABLE	Uma referência para um array que descreve se cada campo poderá conter um caractere nulo.
NUM_OF_FIELDS	O número de campos que a instrução preparada retornará.
NUM_OF_PARAMS	O número de recipientes na instrução preparada.

Atributos comuns a todos os handles

Warn	Permite os avisos.
CompatMode	Permite um comportamento compatível para um driver específico.
InactiveDestroy	Destruir um handle não fechará as instruções preparadas ou irá desconectar do banco de dados.
PrintError	Os erros que geram avisos.
RaiseError	Os erros que causam exceções.

continua...

Atributos comuns a todos os handles (continuação)

ChopBlanks	Corta os caracteres de espaço posterior nos campos de caracteres com largura fixa.
LongReadLen	Controla o comprimento máximo dos dados longos.
LongTruncOK	Controla se a busca dos dados longos que foram cortados deverá falhar.

Recipientes

Muitos drivers do banco de dados permitem usar pontos de interrogação como recipientes nas instruções SQL e então vincular valores aos recipientes antes de executá-los. Isto permitirá preparar uma única instrução com recipientes e então reutilizá-la para cada linha do banco de dados. Por exemplo, a instrução prepare poderá ler:

```
$st_handle = $db_handle->prepare(q{
        insert into books (isbn, title) values (?, ?)
}) || die db_handle->errstr;
```

E uma instrução execute subseqüente poderá ler:

```
$st_handle->execute("1-56592-286-7", "Perl in a Nutshell")
        || die $db_handle->errstr;
```

Métodos DBI

Os seguintes métodos estão disponíveis na DBI:

available_drivers

@*drivers* = **DBI->available_drivers**([*sem_aviso*])

Retorna uma lista de drivers disponíveis pesquisando o @INC para obter a presença dos módulos DBD::*.

sem_aviso
 Um valor booleano que especifica se é para suprimir os avisos caso alguns drivers sejam ocultados por outros com o mesmo nome nos diretórios anteriores. O default é false (não suprimir).

bind_param

$*resultado* = $*st_handle*->**bind_param**(*n, valor* [, *tipo*])

Vincula um valor a um recipiente em uma instrução preparada.

n O número do parâmetro a vincular.

valor
    O valor para associar ao parâmetro *n*.

tipo
    O tipo de dados para o recipiente. O tipo poderá também ser especificado como uma lista anônima ({TYPE = *tipo*}).

commit

$*resultado* = $*db_handle*->**commit**
Submete as alterações mais recentes. Veja também o atributo AutoCommit.

connect

$*handle_bd* = **DBI->connect**(*fonte_dados*, *usuário*, *senha*, *[\%atrib]*)

Conecta o banco de dados especificado, retornando um objeto de handle do banco de dados. O método connect instalará automaticamente o driver se já não tiver sido instalado.

fonte_dados
    Uma string identificando o driver a conectar e qualquer outra informação adicional específica do driver necessária para identificar o driver (por exemplo, um número da porta). O nome do driver será gravado na forma dbi:*nome_driver*, por exemplo, dbi:mSQL. (O valor default é obtido a partir da variável-ambiente DBI_DSN.)

    Por exemplo, uma string de conexão para o driver mSQL sempre começará com dbi:mSQL:. Os dois pontos seguintes deverão ser seguidos de qualquer informação requerida pelo driver para fazer a conexão do banco de dados. No caso de mSQL, você terá que fornecer um nome do banco de dados (bookdb no exemplo a seguir), um nome do host (localhost) e o número da porta do servidor do banco de dados (1114):

```
dbi:mSQL:bookdb:localhost:1114
```

usuário
    O nome do usuário para a conexão do banco de dados. (O valor default é obtido a partir da variável-ambiente DBI_USER.)

senha
    A senha para a conexão do banco de dados. (O valor default é obtido a partir da variável-ambiente DBI_PASS. Defina esse valor por conta própria.)

\%atrib
    Uma referência do hash definindo os atributos para o handle do banco de dados.

data_sources

@*drivers* = **DBI->data_sources**(*driver*)

continua...

Retorna uma lista de todos os bancos de dados disponíveis para o driver nomeado. (O servidor do banco de dados terá que estar sendo executado para que data_sources retorne qualquer resultado.)

driver
    O driver a listar. Se não especificado, o valor DBI_DRIVER será usado.

disconnect

$resultado = $db_handle->**disconnect**
Desconecta o banco de dados.

do

$linhas = $db_handle->**do**(*instrução[, \%atrib, @valores_vínc]*)
Prepara e executa uma instrução, retornando o número de linhas afetadas.

instrução
    A instrução a executar

\%atrib
    Os atributos a definir para a nova instrução.

@valores_vínc
    Os valores de vínculo para a substituição do recipiente.

dump_results

$linhas = **DBI::dump_results**(*handle_inst, compr_máx, delim_l, delim_c, h_arquivo*)
Executa o DBI::neat( ) em todas as linhas de um handle de instrução e imprime-as para testar.

handle_inst
    O handle de instrução a recuperar.

compr_máx
    O comprimento com o qual cortar "..." (o default é 35).

delim_l
    O delimitador entre as linhas (o default é "\n").

delim_c
    O delimitador entre os campos individuais (o default é ",").

h_arquivo
    O handle de arquivo a imprimir (o default é STDOUT).

err

$handle->err

Retorna o código de erro a partir da última função do driver chamada.

errstr

$handle->errstr

Retorna a mensagem de erro a partir da última função do driver chamada.

func

$handle->func(@argumentos, função)

Chama o método não portável privado no handle específico.

@argumentos
   Os argumentos para a função.

função
   O nome da função. Note que o nome da função é o último especificado.

execute

$resultado = $st_handle->execute([@valores_vínc])

Executa uma instrução preparada.

@valores_vínc
   Vincula os valores para a substituição do recipiente.

fetch

$ref_array = $st_handle->fetch

Busca a próxima linha de dados, retornando uma referência do array com os valores do campo.

fetchall_arrayref

$ref_array = $st_handle->fetchall_arrayref

Busca todos os dados a partir de uma instrução preparada e retorna uma referência para um array de referências.

fetchrow_array

$array = $st_handle->**fetchrow_array**

Busca a próxima linha de dados, retornando um array de valores do campo.

fetchrow_arrayref

$ref_array = $st_handle->**fetchrow_arrayref**

Busca a próxima linha de dados, retornando uma referência do array com os valores do campo. Sinônimo para fetch.

fetchrow_hashref

$ref_hash = $st_handle->**fetchrow_hashref**

Busca a próxima linha de dados, retornando uma referência do hash contendo os valores do campo. As chaves do hash são as mesmas de $st_handle->{NAME}.

finish

$resultado = $st_handle->**finish**

Desativa mais a busca a partir de uma instrução.

neat

$nova_string = **DBI::neat**(string, compr_máx)

Converte uma string em uma com aspas, valores nulos mostrados como undef e caracteres imprimíveis mostrados como ".".

string
    A string a converter.

compr_máx
    O comprimento com o qual cortar a string "...".

neat_list

$nova_string = **DBI::neat_list**(\@ lista, compri_máx, delim)

Converte cada elemento de uma lista com DBI::neat e retorna-o como uma string.

\@ lista
    Uma referência para a lista a converter.

compri_máx
    O comprimento com o qual cortar a string "...".

delim
    O delimitador a usar entre os elementos da lista na nova string. O default é ",".

ping
$resultado = $db_handle->**ping**
Determina se o banco de dados ainda está conectado.

prepare
$handle_int = $db_handle->**prepare**(*instrução[, \%atrib]*)
Prepara uma instrução para a execução e retorna uma referência para um objeto de handle de instrução.
instrução
    A instrução a preparar.
\%atrib
    Os atributos a definir para o handle de instrução atribuído.

quote
$sql = $db_handle->**quote**(*string*)
Aplica o escape nos caracteres especiais em uma string para usar em uma instrução SQL.
string
    A string a converter.

rollback
$resultado = $db_handle->**rollback**
Desfaz as alterações do banco de dados mais recentes caso ainda não tenham sido submetidas.

rows
$linhas = $st_handle->**rows**
Retorna o número de linhas afetadas pela última alteração no banco de dados.

bind_col

$resultado = $st_handle->**bind_col**(col, \variável[, \%atrib])

Vincula um campo de uma instrução de seleção a uma variável, a ser atualizada sempre que a linha for atingida.

col   O número da coluna a vincular.

\variável
     Uma referência para a variável a vincular.

\%atrib
     Os atributos a definir para o handle de instrução.

bind_columns

$resultado = $st_handle->**bind_columns**(\%atrib, @lista_ref)

Executa o bind_col em cada coluna da instrução.

\%atrib
     Os atributos a definir para o handle de instrução.

@lista_ref
     Uma lista de referências para as variáveis a vincular.

state

$handle->**state**

Retorna um código de erro em um formato com cinco caracteres.

trace

DBI->trace(*n*, *nome_do_arquivo*)

Rastreia a execução da DBI.

n   Um inteiro indicando o nível das informações de rastreamento/depuração, como a seguir:

     0   Desativa o rastreamento.

     1   Rastreia a execução da DBI.

     2   Produz informações detalhadas sobre o rastreamento da chamada inclusive os parâmetros e os valores de retorno.

nome_do_arquivo
     O arquivo ao qual anexar as informações do rastreamento.

trace

*$handle->***trace**(*n, nome_do_arquivo*)
Igual ao método da classe DBI->trace, mas para um banco de dados específico, instrução ou handle de driver.

Variáveis-ambientes DBI

As seguintes variáveis-ambientes DBI são definidas para usar com a DBI:

DBI_DSN
    O valor da fonte de dados a usar se nenhum for especificado com o método connect.

DBI_DRIVER
    O driver a usar se nenhum for especificado com o método connect.

DBI_USER
    O nome do usuário a usar se nenhum for especificado com o método connect.

DBI_PASS
    A senha a usar se nenhuma for especificada com o método connect. (Para a segurança, essa variável-ambiente não deverá ser definida a não ser para o teste.)

DBI_TRACE
    Permite rastrear o comportamento como no método trace. A DBI_TRACE poderá ser definida para qualquer um dos seguintes valores:

    0 Desativa o rastreamento.

    1 Rastreia a execução da DBI.

    2 Produz informações detalhadas sobre o rastreamento da chamada inclusive os parâmetros e os valores de retorno.

    nome_do_arquivo
        Anexa as informações do rastreamento ao arquivo especificado; o nível do rastreamento é definido para 2.

Parte VI

Programação da rede

Capítulo 13

Soquetes

Por que construir a funcionalidade da rede em seus scripts Perl? Você poderá querer acessar seu e-mail remotamente ou escrever um script simples que atualize os arquivos em um site FTP. Você poderá querer verificar seus funcionários com um programa que pesquise os envios Usenet que vieram de seus sites. Poderá querer verificar um site Web para obter qualquer alteração recente ou mesmo escrever seu próprio servidor Web feito em casa.

Os programadores Perl têm sua opção de módulos para fazer tarefas comuns com os protocolos da rede. O Capítulo 14, *Conectividade do e-mail* até o Capítulo 17, *Biblioteca LWP*, falam sobre os módulos para escrever o e-mail, news, FTP e aplicações Web no Perl. Se você puder fazer o que deseja com os módulos disponíveis, iremos encorajá-lo a pular esses capítulos e este. Porém, haverá vezes em que você terá que lutar com os soquetes diretamente e é onde este capítulo entra.

Os soquetes são o mecanismo subjacente para a rede na Internet. Com os soquetes, uma aplicação (um *servidor*) fica em uma porta aguardando as conexões. Outra aplicação (o *cliente*) conecta essa porta e diz olá; então o cliente e o servidor têm um bate-papo. Sua conversação real é feita com qualquer que seja o protocolo escolhido — por exemplo, um cliente e um servidor Web usariam o HTTP e um servidor e-mail usaria o POP3 e o SMTP, etc. Mas no nível mais básico, você poderá dizer que toda programação da rede significa abrir um soquete, ler e gravar dados e fechar de novo o soquete.

Você poderá trabalhar com soquetes no Perl em vários níveis. No nível mais baixo, as funções predefinidas do Perl incluem as rotinas de soquete semelhantes às chamadas do sistema no C com o mesmo nome. Para tornar essas rotinas mais fáceis de usar, o módulo Socket na biblioteca padrão importará as definições comuns e as constantes específicas para as capacidades de rede de seu sistema. Finalmente, o módulo IO::Socket fornecerá uma interface de objeto para as funções de soquete através de um conjunto padrão de métodos e opções para construir programas de comunicações do cliente e do servidor.

Os soquetes fornecem uma conexão entre os sistemas ou aplicações. Eles podem ser configurados para lidar com dados de fluxo ou com pacotes de dados separados. Os dados de fluxo vêm e vão continuamente em uma conexão. Um protocolo de transporte como o TCP (Transmission Control Protocol ou Protocolo de Controle da Transmissão) é usado para processar os dados de fluxo para que todos os dados sejam devidamente recebidos e ordenados. A comunicação baseada em pacotes envia os dados na rede em partes separadas. O protocolo baseado em mensagens UDP (User Datagram Protocol ou Protocolo de Datagrama do Usuário) funciona nesse tipo de conexão. Embora os soquetes de fluxo que usam o TCP sejam muito usados nas aplicações, os soquetes UDP também têm seu uso.

Os soquetes existem em um dos dois domínios do endereço: o domínio da Internet e o domínio do Unix. Os soquetes que são usados para as conexões da Internet requerem um vínculo cuidadoso e atribuição do tipo adequado de endereço imposto pelo Internet Protocol (IP ou Protocolo da Internet). Esses soquetes são referidos como os soquetes de domínio da Internet.

Os soquetes no domínio do Unix criam conexões entre as aplicações na mesma máquina ou em uma LAN. O esquema de endereçamento é menos complicado, geralmente apenas fornecendo o nome do processo de destino.

No Perl, os soquetes são anexados a um handle de arquivo depois de terem sido criados. A comunicação na conexão é então lidada pelas funções padrões de E/S do Perl.

As funções do soquete predefinidas

O Perl fornece um suporte predefinido para os soquetes. As seguintes funções são definidas especificamente para a programação de soquete. Para obter descrições completas e a sintaxe, veja o Capítulo 5, *Referência para funções*.

`socket`
    Inicializa um soquete e atribui-lhe um handle de arquivo.

`bind`
    Para os servidores, associa um soquete a uma porta ou endereço. Para os clientes, associa um soquete a um endereço específico da fonte.

`listen`
    (Servidor apenas.) Aguarda a conexão de entrada com um cliente.

`accept`
    (Servidor apenas.) Aceita a conexão de entrada com um cliente.

`connect`
    (Cliente apenas.) Estabelece uma conexão de rede em um soquete.

`recv`
    Lê os dados de um handle de arquivo de soquete.

`send`
    Grava os dados em um handle de arquivo.

shutdown (ou close)
   Termina uma conexão de rede.

As funções comuns que lêem e gravam handles de arquivo poderão ser usadas para os soquetes, por exemplo, write, print, printf e o operador de entrada, losango <>.

As funções de soquete tendem a usar valores com muito código para alguns parâmetros, que prejudicam gravemente a portabilidade. O Perl resolve esse problema com um módulo chamado Socket, incluído na biblioteca padrão. Use esse módulo para qualquer aplicação de soquete construída com funções predefinidas (por exemplo, use Socket). O módulo carregará o arquivo de cabeçalho *socket.h*, que permite às funções predefinidas usarem as constantes e os nomes específicos para a programação de rede do seu sistema, assim como as funções adicionais para lidar com os nomes do endereço e do protocolo.

As próximas seções descreverão a programação de soquete Perl usando uma combinação de funções predefinidas com o módulo Socket. Depois disso, descreveremos o uso do módulo IO::Socket.

Como inicializar um soquete

Tanto o cliente como o servidor usam a chamada socket para criar um soquete e associá-lo a um handle de arquivo. A função socket tem vários argumentos: o nome do handle de arquivo, o domínio da rede, uma indicação se o soquete é baseado em fluxo ou em registros e o protocolo da rede a ser usado. Por exemplo, as transações HTTP (Web) requerem as conexões baseadas em fluxo que executam o TCP. A seguinte linha criará um soquete para este caso e irá associá-lo ao handle de arquivo SH:

```
use Socket;
socket(SH, PF_INET, SOCK_STREAM, getprotobyname('tcp')) || die $!;
```

O argumento PF_INET indica que o soquete irá conectar os endereços no domínio da Internet (por exemplo, os endereços IP). Os soquetes com um endereço do domínio Unix usarão PF_UNIX.

Como essa é uma conexão de fluxo que usa o TCP, especificamos SOCK_STREAM para o segundo argumento. A alternativa seria especificar SOCK_DGRAM para uma conexão UDP baseada em pacotes.

O terceiro argumento indica o protocolo usado para a conexão. Cada protocolo tem um número atribuído pelo sistema; esse número é transmitido ao socket como o terceiro argumento. No contexto escalar, getprotobyname retornará o número do protocolo.

Finalmente, se a chamada do soquete falhar, o programa aplicará a die, imprimindo uma mensagem de erro encontrada em $!.

Conexões do cliente

No lado do cliente, a próxima etapa será fazer uma conexão com um servidor em uma determinada porta e host. Para tanto, o cliente usará a chamada connect. A connect requer o handle de arquivo de soquete como seu primeiro argumento. O segundo argumento é uma estrutura de dados contendo a porta e o nome do host que juntos especificam o endereço. O pacote Socket fornece a função sockaddr_in para criar esta estrutura para os endereços da Internet e a função sockaddr_un para os endereços do domínio do Unix.

A função sockaddr_in obtém um número da porta para seu primeiro argumento e um endereço IP com 32 bits para o segundo argumento. O endereço com 32 bits é formado a partir da função inet_aton encontrada no pacote Socket. Esta função tem um nome do host (por exemplo, *www.oreilly.com*) ou uma string com ponto decimal (por exemplo, 207.54.2.25) e retorna a estrutura correspondente com 32 bits.

Continuando com o exemplo anterior, uma chamada para connect poderá ser assim:

```
my $dest = sockaddr_in (80, inet_aton('www.oreilly.com'));
connect (SH, $dest) || die $!;
```

Essa chamada tenta estabelecer uma conexão de rede com o servidor especificado e porta. Se tiver sucesso, retornará true. Do contrário, retornará false e aplicará a die com o erro em $!.

Supondo que a chamada connect completou com sucesso e uma conexão foi estabelecida, existem várias funções que você poderá usar para gravar e ler a partir do handle de arquivo. Por exemplo, a função send enviará os dados para um soquete:

```
$data = "Hello";
send (FH, $data);
```

A função print permite uma variedade maior de expressões para enviar os dados para um handle de arquivo.

```
select (FH);
print "$data";
```

Para ler os dados de entrada a partir de um soquete, use a função recv ou o operador de entrada "losango" normalmente usado nos handles de arquivo. Por exemplo:

```
recv (FH, $buffer);
$input = <FH>;
```

Depois da conversação com o servidor ter terminado, use close ou shutdown para fechar a conexão e destruir o soquete.

Conexões do servidor

Depois de criar um soquete com a função socket como acima, uma aplicação-servidor terá que executar as seguintes etapas para receber as conexões de rede:

1. Vincular um número da porta e o endereço da máquina ao soquete.
2. Atender as conexões de entrada a partir dos clientes na porta.
3. Aceitar uma solicitação do cliente e atribuir a conexão a um handle de arquivo específico.

Começaremos criando um soquete para o servidor:

```
my $proto = getprotobyname('tcp');
socket(FH, PF_INET, SOCK_STREAM, $proto) || die $!;
```

O handle de arquivo $FH é o handle de arquivo genérico para o soquete. Esse handle de arquivo receberá apenas solicitações dos clientes; cada conexão específica será transmitida a um handle de arquivo diferente por accept, onde o resto da comunicação ocorre.

Um soquete no lado do servidor terá que ser vinculado a uma porta na máquina local transmitindo uma porta e uma estrutura de dados de endereço para a função bind através de sockaddr_in. O módulo Socket fornecerá identificadores para os endereços locais comuns, como o host local e o endereço de transmissão pública. Aqui usamos INADDR_ ANY, que permite ao sistema selecionar o devido endereço para a máquina:

```
my $sin = sockaddr_in (80, INADDR_ANY);
bind (FH, $sin) | | die $!;
```

A função listen informará ao sistema operacional que o servidor está pronto para aceitar as conexões de rede de entrada na porta. O primeiro argumento é o handle de arquivo de soquete. O segundo argumento fornecerá um comprimento da fila, no caso de diversos clientes estarem conectados à porta ao mesmo tempo. Esse número indicará quantos clientes poderão aguardar uma accept de uma vez.

```
listen (FH, $length);
```

A função accept completará uma conexão depois de um cliente solicitar e atribuir um novo handle de arquivo específico para essa conexão. O novo handle de arquivo será fornecido como o primeiro argumento para accept e o handle de arquivo de soquete genérico será dado como o segundo:

```
accept (NEW, FH) | | die $!;
```

Agora o servidor poderá ler e gravar no handle de arquivo NEW para sua comunicação com o cliente.

Funções do módulo Socket

As seguintes funções são importadas do módulo Socket para usar nas aplicações de soquete:

inet_aton

inet_aton (*nome_host*)

Converte um nome do host como *www.oreilly.com* ou 18.181.0.24 em uma estrutura de dados (uma string com quatro bytes) usada para os endereços de soquete. Se o nome do host não puder ser resolvido, a função retornará um valor indefinido.

inet_ntoa

inet_ntoa (*string_ender*)

Converte uma string de endereço com quatro bytes (como retornado por inet_aton) em uma string com a forma de quatro do endereço IP com pontos.

sockaddr_in

sockaddr_in (*porta, string_ender*)

pack_sockaddr_in (*porta, string_ender*)

Obtém um número da porta e uma *string_ender* com quatro bytes (como retornado por inet_aton) e retorna a estrutura de endereço do soquete inclusive os argumentos compactados com o argumento AF_INET. Essa estrutura é normalmente o que você precisará para os argumentos em bind, connect e send e é também retornada por getpeername, getsockname e recv.

sockaddr_un

sockaddr_un (*nome_caminho*)

pack_sockaddr_un (*nome_caminho*)

Obtém um argumento, um nome do caminho e retorna a estrutura do endereço de soquete do domínio Unix (o caminho compactado com AF_UNIX preenchido). Para os soquetes do domínio Unix, essa estrutura é normalmente o que você precisará para os argumentos em bind, connect e send e é também retornada por getpeername, getsockname e recv.

unpack_sockaddr_in

unpack_sockaddr_in (*ender_soquete*)

sockaddr_in (*ender_soquete*)

Obtém uma estrutura de endereço do soquete e retorna um array de dois elementos (no contexto da lista): o número da porta e o endereço IP com quatro bytes.

unpack_sockaddr_un

unpack_sockaddr_un (*ender_soquete_un*)

sockaddr_un (*ender_soquete_un*)

Obtém uma estrutura de endereço do soquete do domínio Unix (como retornado por sockaddr_un) e retorna o nome do caminho.

As seguintes constantes são definidas no módulo Socket:

`INADDR_ANY`
    A string compactada com quatro bytes para o endereço IP curinga que especifica qualquer endereço do host (se o host tiver vários endereços). É equivalente a inet_aton('0.0.0.0').

`INADDR_BROADCAST`
    A string compactada com quatro bytes para o endereço de transmissão pública. É equivalente a inet_aton('255.255.255.255').

INADDR_LOOPBACK
A string compactada com quatro bytes para o endereço de loopback. É equivalente a inet_aton('localhost').

INADDR_NONE
A string compactada com quatro bytes para o endereço IP "inválido" (máscara de bits). Equivalente a inet_aton('255.255.255.255');

O módulo IO::Socket

O módulo IO::Socket incluído na distribuição Perl básica fornece uma abordagem baseada em objetos para a programação de soquete. Esse módulo fornece uma maneira conveniente de lidar com o grande número de opções que você tem que lidar e lida com a tarefa trabalhosa de formar os endereços. O IO::Socket está baseado no módulo Socket fornecido na biblioteca padrão. Ele origina-se do IO::Handle, que suporta uma classe de objetos de handle de arquivo para grande parte da biblioteca de E/S. As seguintes funções do IO::Socket são simplesmente front-ends para as funções predefinidas correspondentes e usam a mesma sintaxe:

```
socket
socketpair
bind
listen
send
recv
peername (igual a getpeername)
sockname (igual a getsockname)
```

Porém, a função accept no IO::Socket é ligeiramente diferente da função equivalente e será descrita posteriormente neste capítulo.

O IO::Socket contém duas subclasses: INET e UNIX. A subclasse INET é usada para criar e manipular os soquetes de domínio da Internet, como os usados nos exemplos. A subclasse UNIX cria os soquetes de domínio do Unix.

Soquetes no lado do cliente

O IO::Socket simplifica muito a implementação de um soquete para as comunicações do cliente. O seguinte exemplo cria um soquete de domínio da Internet (usando a subclasse INET) e tenta conectar o servidor especificado:

```
use IO::Socket;
$sock = new IO::Socket::INET (PeerAddr => 'www.ora.com',
                PeerPort = > 80,
                Proto => 'tcp');
die "$!" unless $sock;
```

IO::Socket::INET::new criará um objeto contendo um handle de arquivo de soquete e irá conectá-lo ao host e à porta especificados em PeerAddr e PeerPort. O objeto $sock poderá então ser gravado ou lido como em outros handles de arquivo de soquete.

Soquetes no lado do servidor

No lado do servidor, o IO::Socket fornece um ótimo componente para criar os soquetes do servidor. O componente engloba os procedimentos socket, bind e listen, enquanto cria um novo objeto IO::Socket. Por exemplo, você poderá criar um soquete de domínio da Internet com IO::Socket::INET:

```
use IO::Socket;
$sock = new IO::Socket::INET (LocalAddr => 'maude.ora.com',
                LocalPort => 8888,
                Proto => 'tcp',
                Listen => 5);
die "$!" unless $sock;
```

Os parâmetros para o novo objeto de soquete determinam se é um soquete do servidor ou do cliente. Como estamos criando um soquete do servidor, LocalAddr e LocalPort fornecerão o endereço e a porta para vincular o soquete. O parâmetro Listen fornece o tamanho da fila para o número de solicitações do cliente que poderão aguardar uma accept, um de cada vez.

Quando o servidor recebe uma solicitação do cliente, ele chama o método accept no objeto de soquete. Isso criará um novo objeto de soquete no qual o resto da comunicação poderá ocorrer:

```
$new_sock = $sock->accept();
```

Quando a comunicação terminar em ambos os soquetes do cliente e servidor, eles deverão ser destruídos com close. Se um soquete não for devidamente fechado, na próxima vez em que você tentar usar um soquete com o mesmo nome, o sistema avisará que ele já está em uso.

Métodos do IO::Socket

Os seguintes métodos são definidos no IO::Socket e poderão ser usados nos objetos de soquete da classe INET ou UNIX:

---

accept

    accept ([pacote])

    Executa a chamada do sistema accept em um soquete e retorna um novo objeto. O novo objeto será criado na mesma classe como o soquete atendente, a menos que o *pacote* seja especificado. O objeto poderá ser usado para se comunicar com o cliente que estava tentando conectar. Em um contexto escalar, um novo soquete será retornado ou undef no caso de falha. Em um contexto do array, um array com dois elementos será retornado contendo o novo soquete e o endereço igual ou uma lista vazia no caso de falha.

timeout

timeout *([val])*

Define ou recupera o valor de intervalo associado a um soquete. Sem um argumento, o valor atual será retornado. Se um intervalo com o *val* for dado, a definição será alterada para o *val* e o valor anterior será retornado.

sockopt

sockopt *(op, [val])*

Define e recupera a opção de soquete *op* no nível SOL_SOCKET. O valor *val* será definido para a opção, se dado. Se nenhum valor for fornecido, a função retornará a definição atual da opção.

sockdomain

sockdomain

Retorna o número que representa o domínio de endereço do soquete. Por exemplo, um soquete AF_INET tem o valor &AF_INET.

socktype

socktype

Retorna o número que representa o tipo de soquete. Por exemplo, um soquete SOCK_STREAM tem o valor &SOCK_STREAM.

protocol

protocol

Retornará o número do protocolo para o protocolo que está sendo usado no soquete, se conhecido. Se o protocolo for desconhecido, como com um soquete AF_UNIX, retornará zero.

Referência do IO::Socket::INET

Um soquete de domínio da Internet é criado com o método new a partir da subclasse IO::Socket::INET. O construtor poderá ter as seguintes opções:

PeerAddr => nome_host[:porta]

Especifica o host remoto e o número da porta opcional para uma conexão do cliente. O *nome_host* poderá ser um nome, como *www.oreilly.com* ou um número IP com a forma 207.44.21.2.

`PeerPort => porta`
Especifica o número da porta no host remoto para uma conexão do cliente. O nome do serviço (como http ou nntp) poderá ser usado para o argumento se o número da porta for desconhecido.

`LocalAddr => nome_host[:porta]`
Especifica o endereço local (e o número da porta opcional) para vincular um soquete no lado do servidor.

`LocalPort => porta`
Especifica o número da porta local (ou nome do serviço) para vincular um soquete no lado do servidor.

`Proto => nome`
Especifica o protocolo a ser executado no soquete, por exemplo, tcp ou udp.

`Type => SOCK_STREAM | SOCK_DGRAM`
Especifica o tipo de soquete. SOCK_STREAM indica uma conexão de soquete baseada em fluxo e SOCK_DGRAM indica uma conexão (datagrama) baseada em mensagens.

`Listen => n`
Define o tamanho da fila atendente para o número *n* de solicitações do cliente.

`Reuse => 1`
Dado um número diferente de zero, esta opção permitirá que o endereço de vínculo local seja reutilizado, caso o soquete precise ser reaberto depois de um erro.

`Timeout => n`
Define o intervalo.

Se um soquete do servidor (que recebe) ou do cliente (que solicita) é criado ou não dependerá dos parâmetros fornecidos no construtor. Se a opção Listen for definida, um soquete do servidor será criado automaticamente. Se nenhum protocolo for especificado, será derivado do serviço no número da porta dado. Se nenhum número da porta for fornecido, tcp será usado por default.

Métodos do IO::Socket::INET

Os seguintes métodos poderão ser usados nos objetos de handle de arquivo de soquete criados pelo IO::Socket::INET:

sockaddr

sockaddr
Retorna a parte do endereço (como uma string compactada) da estrutura de dados de endereço do soquete para o soquete.

sockport

sockport
Retorna o número da porta local para o soquete.

sockhost

sockhost
Retorna a parte do endereço da estrutura de dados de endereço do soquete na forma de string com quatro partes e pontos, por exemplo, 207.44.27.2.

peeraddr

peeraddr
Retorna a parte do endereço (string compactada) da estrutura de dados de endereço do soquete para o host remoto ao qual um soquete se conecta.

peerport

peerport
Retorna o número da porta para o host remoto ao qual um soquete se conecta.

peerhost

peerhost
Retorna o endereço do host remoto na forma de string com quatro partes e pontos, por exemplo, 207.44.27.2.

Referência do IO::Socket::UNIX

A subclasse IO::Socket::UNIX cria um soquete de domínio do Unix. Os soquetes de domínio do Unix são locais para o host atual e são usados internamente para implementar os canais, assim fornecendo comunicações entre os processos não relacionados. Usar soquetes fornecerá um controle maior do que usar os canais nomeados, também chamados de buffer FIFO (first-in, first-out ou primeiro a sair, primeiro a entrar). Como os soquetes de recebimento podem distinguir entre diferentes conexões do cliente, então poderão ser atribuídos a diferentes sessões com a chamada accept.

O construtor IO::Socket::UNIX (new( )) criará o soquete e retornará um objeto contendo um handle de arquivo. O construtor poderá ter as seguintes opções:

`Type => SOCK_STREAM | SOCK_DGRAM`
    Indica o tipo de soquete: SOCK_STREAM para o fluxo, SOCK_DGRAM para os pacotes ou datagramas.

`Local => nome_caminho`
    Fornece o nome do caminho do buffer FIFO para vincular o soquete.

`Peer => nome_caminho`
    Fornece o nome do caminho para o buffer FIFO de destino.

`Listen => n`
    Cria um soquete atendente e define o tamanho da fila para *n*.

Os seguintes métodos poderão ser usados em um objeto criado com o IO::Socket::UNIX.

hostpath
hostpath
Retorna o nome do caminho para o buffer FIFO local.

peerpath
peerpath
Retorna o nome do caminho para o FIFO de destino ou igual.

Capítulo 14

Conectividade do e-mail

O correio eletrônico é discutivelmente a aplicação mais essencial da Internet. Na verdade, para muitas pessoas, é sua apresentação na Internet. Assim os módulos Perl que lidam com o e-mail estão entre os módulos mais úteis. Existem dois grupos maiores de módulos que fornecem as capacidades de e-mail. O primeiro grupo é a coleção *libnet* de Graham Barr que contém pacotes para desenvolver as aplicações no lado do cliente na Internet no Perl. A Tabela 14-1 lista alguns protocolos implementados pelos módulos *libnet*.

Tabela 14-1: Os protocolos implementados pelos módulos libnet

Protocolo	Módulo	Descrição
POP3	Net::POP3	O Protocolo do Correio, para ler o e-mail
SMTP	Net::SMTP	O Protocolo de Transferência de Correspondência Simples, para enviar o e-mail
FTP	Net::FTP	O Protocolo de Transferência de Arquivos, para transferir arquivos entre os hosts.
NNTP	Net::NNTP	O Protocolo de Transferência de Informações na Rede, para ler o Usenet news

Neste capítulo, falaremos sobre o Net::SMTP e o Net::POP3. O Capítulo 15, *Usenet News*, falará sobre o Net::NNTP e o Capítulo 16, *FTP*, tratará do Net::FTP. Outros módulos *libnet*, como o Net::SNPP e o Net::Time, não são descritos aqui, mas você poderá obter informações sobre eles na CPAN ou com o comando *perldoc* se a *libnet* estiver instalada em seu sistema.

O segundo grupo de módulos relacionados à correspondência é os módulos Mail, muitos também foram escritos por Graham Barr. Eles poderão ser encontrados na CPAN como a coleção MailTools. Os módulos Mail também incluem o Mail::Folder e suas subclasses, escritas por Kevin Johnson e o Mail::POP3Client de Sean Dowd. Este capítulo descreve o seguinte subconjunto de módulos Mail:

Mail::Send
   Construído no Mail::Mailer, fornecendo melhor controle dos cabeçalhos da correspondência.

Mail::Mailer
   Comunica-se com os programas de correspondência externos para enviar o correio.

Mail::Folder
   Fornece uma classe de base e subclasses para trabalhar com as pastas de correspondência.

Mail::Internet
   Fornece funções para manipular uma mensagem de correspondência.

Mail::Address
   Extrai e manipula os endereços da correspondência compatíveis com o RFC 822.

Mail::POP3Client
   Fornece uma interface para um servidor POP3 baseado no RFC 1081.

O resto deste capítulo descreverá os módulos, primeiro os módulos Net e depois os módulos Mail.

Módulos Net

O Net::SMTP e o Net::POP3 são os módulos para enviar e receber o e-mail através dos protocolos SMTP e POP3. Quando você usa esses módulos, está trabalhando no nível do soquete; eles implementam diretamente os protocolos da Internet para enviar e receber a correspondência como definida nos RPCs relevantes — RFC 821 para o SMTP e RFC 1081 para o POP3.

Envie e-mail com o Net::SMTP

O Simple Mail Transfer Protocol ou SMTP (Protocolo de Transferência de Correspondência Simples) é responsável pelos clientes que negociam as solicitações RCPT ("para") e FROM ("de") com um servidor SMTP, enviando os dados para o servidor SMTP e então enviando um indicador de fim dos dados. O Net::SMTP é uma subclasse do Net::Cmd e do IO::Socket::INET que implementa uma interface para os protocolos SMTP e ESMTP. Esses protocolos enviam a correspondência comunicando-se com um servidor SMTP através de um soquete, como descrito no RFC 821.

Quando você gostaria de usar o Net::SMTP ao invés de enviar a correspondência com um programa externo? Uma vez que as comunicações de soquete não envolvem gerar um programa externo, seus programas não terão que passar pelo processo associado à execução de um processo extra. Comunicar-se com o SMTP será conveniente para enviar um volume de mensagens de correspondência. Naturalmente, seu servidor terá que ter um servidor SMTP sendo executado ou um host de correspondência remoto terá que permitir que você se comunique com ele; do contrário não será capaz de usar esse módulo. É quando você poderá usar o Mail::Mailer ou o Mail::Sender e deixar que eles forneçam uma interface para um programa de correspondência externo. Este será o caso, por exemplo, com os computadores pessoais, que geralmente não executam seu próprio servidor SMTP.

Protocolo STMP e sessão SMTP

O protocolo SMTP define o conjunto de comandos que um cliente envia para um servidor SMTP, que geralmente é vinculado à porta 25 de um host de correspondência. As solicitações e as respostas são negociadas entre o cliente e o servidor.

Quando um cliente negocia uma sessão SMTP com um servidor, o servidor informa ao cliente que ele está atendendo. Uma vez que você esteja conectado, irá apresentar-se ao servidor enviando um comando HELO. O comando HELO aceita um parâmetro, seu nome do host, e terá como default seu nome do host remoto se você não especificar um. Se o comando tiver sucesso, o servido enviará uma resposta 250, como a seguir:

```
HELO
250 mail.somename.com Hello some-remote-host.com [127.0.0.1], please
to meet
you
```

Depois de você ter sido saudado pelo servidor, envie o comando MAIL para informá-lo de quem vem a mensagem. O comando MAIL obterá a string From: user@hostname como um argumento e o servidor responderá com uma mensagem 250 para indicar o sucesso.

```
MAIL From: <realuser@realhost.com>
250 realuser@realhost.com ... Sender ok
```

Então você enviará o comando RCPT para informar ao servidor que o recipiente é:

```
RCPT To: <nospam@rid-spam-now.com>
250 nospam@rid-spam-now-com ... Recipient ok
```

Agora você está pronto para enviar o corpo de sua mensagem para o servidor. O comando DATA informará ao servidor que todos os dados até um . em uma linha própria serão tratados como o corpo da mensagem de correspondência:

```
DATA
354 Enter mail, end with "." on a line by itself
Subject: Hi, just thought you'd be interested ...

Hi, this is the text of my mail message that I'm going to
send with Net::SMTP to show you how it works.

250 VAA09505 Message accepted for delivery
```

Mais uma vez você obterá uma resposta 250, indicando que a mensagem foi aceita para a entrega. Nesse ponto, você poderá sair da sessão SMTP com o comando QUIT que retornará 221 no caso de sucesso:

```
QUIT
221 mail.somename.com closing connection
Connection closed by foreign host.
```

Métodos Net::SMTP

Os seguintes métodos são definidos pelo Net::SMTP:

---

new

$smtp = **NET::SMTP->new**(host[, opções])

O construtor. Obtém o nome do host do servidor de correspondência remoto, *host*, possivelmente algumas opções e cria um novo objeto SMTP. Qualquer opção será analisada para o new como um hash, onde a opção é a chave. As possíveis opções são:

Debug
> Permitirá o modo de depuração se definida para 1. Fornece informações sobre sua conexão, solicitações e respostas.

Hello
> Envia um comando HELO ao servidor SMTP. Obtém uma string que representa seu domínio; se não especificada, Hello adivinhará seu domínio.

Timeout
> O tempo (em segundos) depois do qual o cliente pára de tentar estabelecer uma conexão com o servidor SMTP. O default é 120 segundos. Se a conexão não puder ser estabelecida, o construtor retornará undef.

---

data

$smtp->**data**([dados_corpo])

Começa a enviar o corpo da mensagem atual para o servidor. Se especificados, os *dados_corpo* poderão ser uma lista ou uma referência para uma lista; o conteúdo da lista e a string de término .\r\n serão enviados para o servidor. Retornará true se forem aceitos.

Se os *dados_corpo* não forem especificados, então um resultado true significará que o servidor está pronto para receber os dados, que terão que ser enviados com os métodos datasend e dataend (herdados do Net::Cmd).

dataend

$smtp->**dataend( )**

O método Net::Cmd enviado depois de datasend para encerrar o envio dos dados. Envia .\r\n para o servidor informando-o de que não há mais dados entrando e que deverá enviar a mensagem.

Este é um exemplo que usa o datasend e o dataend:

```
@list_data = (1..10);

$smtp->data( );
$smtp->datasend(@list_data);
$smtp->dataend( );
```

datasend

$smtp->**datasend**(*"dados"*)

O método Net::Cmd que envia o corpo da mensagem para o servidor remoto caso o corpo não tenha sido especificado com o método data.

domain

$smtp->**domain( )**

Retorna o domínio do servidor SMTP remoto ou undef.

expand

$smtp->**expand**(*endereço*)

Solicita ao servidor para expandir o *endereço*. Retorna um array contendo o texto a partir do servidor.

hello

$smtp->**hello**(*domínio*)

Identifica seu domínio para o servidor de correspondência. Executa automaticamente quando você cria um objeto Net::STMP, portanto não deverá ter que fazê-lo manualmente.

help

*$texto_ajuda = $smtp->***help***([assunto])*

Retorna o texto de ajuda a partir do servidor ou undef no caso de falha. Se o *assunto* for especificado, retornará ajuda para esse tópico.

mail

*$smtp->***mail***(endereço[, opções])*

*$smtp->***send***(endereço)*

send_or_mail*(endereço)*

send_and_mail*(endereço)*

Obtém o endereço do emissor e envia o devido comando (MAIL, SEND, SOML ou SAML) para o servidor iniciar o processo de envio de mensagens.

O mail poderá ter algumas opções ESMTP, transmitidas como pares chave/valor. Veja a documentação Net::SMTP para obter detalhes.

quit

*$smtp->***quit**

Este método envia o comando QUIT ao servidor SMTP remoto e fecha a conexão de soquete.

recipient

*$smtp->***recipient***(ender[, ender[, ...]])*

Informa ao servidor para enviar a mensagem atual para todos os recipientes especificados. Como definido no RFC, cada endereço é enviado como um comando separado para o servidor. Se o envio de qualquer endereço falhar, o processo será abortado e retornará false; então você poderá chamar reset para redefinir o servidor.

reset

*$smtp->***reset***( )*

Redefine o status do servidor. Útil para cancelar uma mensagem depois dela ter sido iniciada mas antes de qualquer dado ter sido enviado.

to

*$smtp->***to***(ender[, ender[, ...]])*

Permutável com recipient.

verify

*$smtp->***verify***(endereço)*
Verifica se o endereço da correspondência especificado é válido. Porém, muitos servidores ignoram verify, portanto freqüentemente não funciona.

Como recuperar o e-mail com Net::POP3

Você poderá usar o SMTP para enviar a correspondência, mas não para recuperá-la. Para recuperar as mensagens, use a versão 3 do Post Office Protocol (POP3 ou Protocolo do Correio), descrita no RFC 1081. Uma maneira de fazer isso é usar o módulo Net::POP3. O POP3 fornece os comandos para interagir com o servidor POP, geralmente vinculado à porta 110. O Net::POP3 automatiza a transferência do e-mail de um servidor remoto para a máquina local.

O servidor POP recupera as mensagens de um diretório de spool especificado no sistema remoto. As mensagens são armazenadas em um arquivo denominado para o nome do usuário; as conexões anônimas não são permitidas. A autenticação é baseada no nome do usuário e na senha e é feita enviando os comando USER e PASS ao servidor POP. Por exemplo, a identificação do usuário foo com a senha bar é assim:

```
USER foo
PASS bar
```

O Net::POP3 tem os métodos user e pass, mas pode também autenticar os usuários com login, que obtém os argumentos do nome do usuário e da senha. Se a autenticação falhar, o usuário não poderá recuperar, apagar ou alterar nenhuma mensagem do servidor de correspondência. O login retornará o número de mensagens no servidor POP para o usuário ou undef se a autenticação falhar.

Os usuários autenticados poderão recuperar informações sobre suas caixas de correio e poderão obter mensagens específicas através do número da mensagem.

Uma sessão POP para recuperar uma mensagem de correspondência é negociada com o servidor assim:

1. Conecte o servidor POP (a porta default é 110).
2. Envie o comando USER.
3. Envie o comando PASS.
4. Se autenticado, receberá o número de mensagens.
5. Envie o comando RETR <*número da mensagem*> para recuperar uma mensagem específica.
6. Envie o comando QUIT para encerrar a sessão.

Os seguintes métodos são definidos pelo Net::POP3.

new

$pop = **Net::POP3->new***([host,] [opções])*

O construtor. Cria um novo objeto Net::POP3. O *host* é o nome do host remoto para o qual você deseja fazer uma conexão POP3. Se o *host* não for especificado, então o POP3_Host especificado no Net::Config será usado.

As *opções* são transmitidas como pares chave/valor, onde a opção é a chave. As possíveis opções são:

Debug
> Permite as informações da depuração.

Timeout
> O tempo máximo, em segundos, para aguardar uma resposta do servidor POP3. O default é 120 segundos.

apop

$pop->**apop***(usuário, senha)*

Autentica o *usuário* com a senha *senha* com o servidor. A senha não é enviada com um texto claro. Requer o pacote MD5, do contrário retornará undef.

delete

$pop->**delete***(núm_mens)*

Marca a mensagem com o *núm_mens* para a eliminação da caixa de correio remota. Todas as mensagens marcadas para a eliminação serão removidas quando a conexão com o servidor for fechada.

get

$pop->**get***(núm_mens)*

Obtém a mensagem com o *núm_mens* a partir da caixa de correio remota. Retorna uma referência para um array contendo as linhas de texto lidas do servidor.

last

$pop->**last***( )*

Retorna o número da mensagem mais alto.

list

*$pop->***list***([núm_mens])*

Se chamado com um argumento, retornará o tamanho da mensagem com o *núm_mens*. Se chamado sem um argumento, retornará uma referência do hash, onde as chaves são os números da mensagem de todas as mensagens não apagadas e cada valor correspondente é o tamanho da mensagem.

login

*$pop->***login***([usuário[, senha]])*

Envia os comandos USER e PASS. Se a senha, *senha*, não for dada, então o Net::Netrc será usado para pesquisar a senha com base no host e no nome do usuário, *usuário*. Se o *usuário* não for especificado, o nome do usuário atual será usado. Retornará a contagem das mensagens na caixa de correio ou undef se o servidor não puder autenticar o usuário.

pass

*$pop->***pass***(senha)*

Envia o comando PASS com a senha. Retorna o número de mensagens na caixa de correio.

popstat

*$pop->***popstat***( )*

Retorna uma lista com dois elementos: o número dos elementos não apagados e o tamanho da caixa de correio.

quit

*$pop->***quit***( )*

Sai, fechando a conexão com o servidor POP3 remoto e apagando todas as mensagens marcadas para a eliminação.

Note que se um objeto Net::POP3 sair do escopo antes de quit ter sido chamado, o método reset será chamado antes da conexão ser fechada e qualquer mensagem marcada para a eliminação não será apagada.

reset

*$pop->***reset***( )*

Redefine o status do servidor POP3 remoto. Limpa o status de eliminação em todas as mensagens que foram marcadas para a eliminação.

top

> *$pop->***top***(núm_mens[, linhas_núm])*
> Obtém o cabeçalho e as primeiras linhas *linhas_núm* do corpo para a mensagem *núm_mens*. Retorna uma referência para um array contendo as linhas de texto lidas do servidor.

uidl

> *$pop->***uidl***([núm_mens])*
> Retornará um identificador exclusivo para o *núm_mens* se especificado. Se o *núm_mens* não for especificado, retornará uma referência para um hash onde as chaves são os números da mensagem e os valores são os identificadores exclusivos.

user

> *$pop->***user***(usuário)*
> Envia o comando USER, identificando o usuário.

Módulos Mail

Os módulos Mail operam em um nível mais alto que os módulos Net, interagindo com os pacotes de correspondência externos como o *mail*, *mailx*, *sendmail* ou um servidor POP3 no caso do POP3Client. Esta seção descreve alguns módulos MailTools, o Mail::Folder e o Mail::POP3Client.

Envie o e-mail com o Mail::Mailer

O módulo Mail::Mailer interage com os programas de correspondência externos. Quando você usar o Mail::Mailer ou criar um novo objeto Mail::Mailer, poderá especificar com qual programa de correspondência deseja que seu programa se comunique:

```
use Mail::Mailer qw(mail);
```

Outra maneira de especificar o emissor de correspondência é:

```
use Mail::Mailer;
$type = 'sendmail';
$mailprog = Mail::Mailer->new($type);
```

onde $type é o programa de correspondência. Uma vez que você tenha criado um novo objeto, use a função open para enviar os cabeçalhos da mensagem para o programa de correspondência como um hash de pares chave/valor, onde cada chave representa um tipo de cabeçalho e onde o valor é o valor desse cabeçalho:

```
# mail headers to use in the message
%headers = (
    'To'      => 'you@mail.somename.com',
    'From'    => 'me@mail.somename.com',
    'Subject' => 'working?'
);
```

Este código representa os cabeçalhos onde o recipiente da mensagem de correspondência é *you@mail.somename.com*, a correspondência foi enviada de *me@mail.somename.com* e o assunto da mensagem de correspondência é *"working?"*.

Uma vez que %headers tenha sido definido, será transmitido a open:

```
$mailprog->open(\%headers);
```

Então você enviará o corpo da mensagem para o programa de correspondência:

```
print $mailprog "This is the message body.\n";
```

Agora, feche o programa quando a mensagem tiver terminado:

```
$mailprog->close;
```

Um exemplo prático de uso do Mail::Mailer poderá ser uma aplicação baseada na linha de comandos que funciona de modo muito parecido com o programa *mail* do Unix, lendo o STDIN até EOF ou enviando um arquivo especificado na linha de comandos.

O Mail::Mailer usa a variável-ambiente PERL_MAILERS para aumentar ou modificar a seleção do emissor de correspondência predefinido. A PERL_MAILERS é especificada no seguinte formato:

```
"type1:mailbinary1;mailbinary2;...type2:mailbinaryX;...:..."
```

Os possíveis tipos são listados para o método new abaixo.

Os seguintes métodos são definidos no Mail::Mailer:

---

new

$mailer = new Mail::Mailer [tipo, comando]

O construtor. Cria um novo objeto Mailer representando a mensagem a ser enviada. Se os argumentos opcionais forem especificados, o valor do *comando* dependerá do *tipo*, que poderá ser:

mail

Use o programa *mail* do Unix. O *comando* é o caminho para o *mail*. O módulo pesquisará *mailx*, *Mail* e *mail*, nessa ordem.

sendmail

Use o programa *sendmail*. O *comando* é o caminho para o *sendmail*.

test
> Usado para a depuração. Chama /bin/echo para exibir os dados, mas não envia de fato nenhuma correspondência. O comando será ignorado, se especificado.

Se nenhum argumento for especificado, o objeto Mailer pesquisará os executáveis na ordem acima e usará o primeiro encontrado como o emissor de correspondência default.

close
> *$mailer*->**close**
> Fecha o programa de correspondência.

open
> *$mailer*->**open**(*\%ref_hash*)
> Envia os cabeçalhos da mensagem para o programa de correspondência. Os cabeçalhos são transmitidos através de uma referência para um hash, onde cada chave é o nome de um cabeçalho e o valor é o conteúdo do campo do cabeçalho. O valor poderá ser um escalar ou uma referência para um array de escalares.

Um melhor controle do cabeçalho com o Mail::Send

O Mail::Send é baseado no Mail::Mailer, o que significa que você poderá também escolher o programa de correspondência que envia a correspondência. O Mail::Send implementou os métodos to, cc, bcc e subject para substituir o hash %headers usado no Mail::Mailer.

O Mail::Send usa o método open para abrir o programa de correspondência para a saída; é baseado no método new do Mail::Mailer, assim:

> \# Start mailer and output headers
> (Inicie o emissor de correspondência e produzá cabeçalhos)
> $fh = $msg->open('sendmail');

servirá à mesma finalidade que:

> \# use sendmail for mailing (use o sendmail para o envio)
> $mailer = Mail::Mailer->new('sendmail)';

Este código informará ao Mail::Send para usar o *sendmail* como o programa de correspondência.

O Mail::Send também fornece as funções set e add, que atribuem um valor a uma marca de cabeçalho e anexam um valor a uma marca de cabeçalho, respectivamente. A função set tem dois argumentos, uma marca de cabeçalho e um valor, e é usada assim:

> $msg->set($scalar, @array);

Portanto, para endereçar uma mensagem a *you@mail.somename.com*:

```
$msg->set('To', 'you@mail.somename.com');
```

O mostrado acima definirá o cabeçalho To para *you@mail.somename.com*, porém, o seguinte definirá o cabeçalho To para *postmaster@mail.somename.com* e *you@mail. somename.com*, pois representam um array de valores:

```
$msg->set('To',('you@mail.somename.com',
'postmaster@mail.somename.com'));
```

Você poderá achar que poderá usar a função set como a seguir para adicionar diversos valores a um valor do cabeçalho:

```
$msg->set('To', 'you@mail.somename.com');
$msg->set('To', 'someone@their.mailaddress.com');
```

Porém, a set não anexa as informações de uma chamada em outra e o exemplo acima enviaria a correspondência apenas para *someone@their.mailaddress.com*. Para anexar um nome ao cabeçalho To, use o método add. Por exemplo:

```
$msg->add('To', 'you@mail.somename.com');
$msg->add('To', 'someone@their.mailaddress.com');
```

Os seguintes métodos são definidos para o Mail::Send:

---

new

$msg = **new Mail::Send** *[cabeçalho=>'valor'[, ...]]*

O construtor. Cria um novo objeto Mail::Send que é a mensagem de correspondência que você deseja enviar. Você poderá incluir valores para os cabeçalhos quando criar o objeto ou posteriormente, chamando os devidos métodos.

---

add

*$msg->***add***(cabeçalho, valores)*

Adiciona um cabeçalho à mensagem. O *cabeçalho* é o cabeçalho a ser adicionado e os *valores* são uma lista de valores a serem anexados a esse cabeçalho.

---

bcc

*$msg->***bcc***(valores)*

Adiciona um cabeçalho Bcc contendo os endereços de correspondência especificados na lista de *valores* à mensagem. Se já houver um Bcc, os novos valores substituirão qualquer antigo valor.

cancel

*$msg->***cancel**

Não implementado ainda, mas cancelará a mensagem.

cc

*$msg->***cc***(valores)*

Adiciona um cabeçalho Cc contendo os endereços de correspondência na lista de *valores* à mensagem. Se já houver um Cc, os novos valores substituirão qualquer antigo valor.

close

*$fh->***close**

Fecha o handle de arquivo *$fh* (que foi retornado por open) e envia a mensagem.

delete

$msg->delete*(cabeçalho)*

Apaga o cabeçalho *cabeçalho* da mensagem.

open

*$fh = $msg->***open**

Abre um handle de arquivo para o objeto de mensagem. O handle de arquivo é um objeto Mail::Mailer.

set

*$msg->***set***(cabeçalho, valores)*

Define o cabeçalho *cabeçalho* para o conteúdo do array *valores*.

subject

*$msg->***subject***('Sobre o que é a mensagem')*

Define o valor do campo Subject.

to

*$msg->**to***(valores)
Define o campo To para a lista de recipientes em *valores*.

Como lidar com pastas com o Mail::Folder

Uma vez que você tenha começado a carregar e ler sua correspondência a partir de um servidor POP, poderá querer gravar ou colocar em categorias suas mensagens em pastas, o que permitirá adicionar, apagar, gravar e mover as mensagens facilmente. Você poderá fazer isso com o Mail::Folder, que foi escrito por Kevin Johnson como uma interface independente da pasta e baseada em objetos para as pastas de correspondência. O Mail::Folder suporta vários formatos da caixa de correio com as seguintes interfaces:

Mail::Folder::Emaul
Uma interface da pasta um pouco parecida com MH.

Mail::Folder::Maildir
Uma interface para as pastas *maildir*.

Mail::Folder::Mbox
O formato padrão da caixa de correio do Unix.

Mail::Folder::NNTP
O início de uma interface para o NNTP; nem todos os métodos já estão implementados.

Se você estiver interessado em escrever uma interface da pasta, veja a documentação do módulo. A documentação explica os conceitos e as questões envolvidos e descreve alguns métodos que você poderá precisar anular.

Os seguintes métodos são definidos para o Mail::Folder:

new

$folder = **new***(tipo_p[, nome_pasta][, opções])*

Cria um novo objeto Mail::Folder do tipo especificado. Os argumentos são:

tipo_p
O tipo de pasta. Os possíveis valores são mbox, maildir, emaul ou NNTP.

nome_pasta
O nome da pasta. Se presente, o método open será chamado com o *nome_pasta* como o argumento.

opções
Um hash onde as seguintes opções poderão ser as chaves:

`Content-Length`
   O cabeçalho Content_Length é criado ou atualizado por append_message e update_message.

`Create`
   Se definida, a pasta será criada se já não existir.

`DefaultFoldertype`
   Detectará automaticamente o tipo de pasta se a opção create estiver definida e AUTODETECT tiver sido definido.

`DotLock`
   Usa o bloqueio da pasta do tipo .lock com a devida interface da pasta (atualmente usada apenas com a interface mbox).

`Flock`
   Usa o bloqueio da pasta do tipo flock com a devida interface da pasta (atualmente usada apenas com a interface mbox).

`NFSLock`
   Lida com o bloqueio de arquivo do NFS com a devida interface da pasta e o servidor NFS em questão.

`notMUA`
   Se definida, fará atualizações mas não gravará as etiquetas de mensagem ou o indicador de mensagens atual. Se não definida (o default), gravará as etiquetas e o indicador de mensagens atual como apropriado para a interface da pasta.

`Timeout`
   Anula o valor de intervalo default. Especificada em segundos. Útil particularmente para as interfaces da pasta que envolvem as comunicações da rede.

---

add_label

$folder->**add_label**(*núm_mens, etiqueta*)

Associa a etiqueta *etiqueta* à mensagem *núm_mens*. Retornará 1 no caso de sucesso ou 0 se a etiqueta tiver um comprimento 0. Os possíveis valores da *etiqueta* são:

`deleted`
   Usado por delete_message e sync para processar a eliminação de mensagens.

`edited`
   Adicionado por update_message para indicar que a mensagem foi editada.

`filed, forwarded, printed, replied`
   Não age em.

`seen`
   A mensagem foi exibida pelo usuário. Definido por get_message para qualquer mensagem que tiver a função retrieve aplicada.

append_message

$folder->**append_message***(\\$mi_ref)*

Adiciona a mensagem a uma pasta. O argumento é uma referência para um objeto Mail::Internet.

clear_label

$folder->**clear_label***(etiqueta)*

Apaga a associação com a *etiqueta* para todas as mensagens na pasta. Retorna o número de mensagens para as quais havia uma associação.

close

$folder->**close**

Faz qualquer arrumação e fecha a pasta.

current_message

$folder->**current_message***([núm_mens])*

Sem argumentos, retornará o número da mensagem da mensagem atual na pasta. Com um argumento, definirá o número da mensagem atual da pasta para *núm_mens*.

debug

$folder->**debug***([valor])*

Define o nível das informações de depuração do objeto para o *valor*. Sem argumentos, retornará o nível de depuração atual.

debug_print

$folder->**debug_print***(texto)*

Imprime o *texto*, mais algumas informações extras, no STDERR.

delete_label

$folder->**delete_label***(núm_mens, etiqueta)*

Apaga a associação da *etiqueta* com o *núm_mens*. Retornará 1 no caso de sucesso e 0 se não houver nenhuma associação.

delete_message

$folder->**delete_message***(mens)*

Obtém uma lista de mensagens, *mens*, para ser marcada para a eliminação. As mensagens não serão apagadas até que sync seja chamado.

dup

$folder->**dup***(núm_mens, \$ref_pasta)*

Copia a mensagem especificada pelo *núm_mens* para a pasta referida por *\$ref_pasta*. Como refile, mas não apaga a mensagem original. Irá gerar um erro fatal se nenhuma pasta estiver aberta atualmente ou se a pasta não contiver a mensagem *núm_mens*.

first_labeled_message

$folder->**first_labeled_message***(etiqueta)*

Retornará o número da mensagem da primeira mensagem na pasta que tem a *etiqueta* associada ou 0 se não houver nenhuma.

first_message

$folder->**first_message**

Retorna o número da mensagem da primeira mensagem na pasta.

foldername

$folder->**foldername**

Retorna o nome da pasta que o objeto abriu.

get_fields

$folder->**get_fields***(núm_mens, campos)*

Recupera os campos especificados na lista *campos* da mensagem *núm_mens*. Se chamado no contexto da lista, retornará uma lista; no contexto escalar, retornará uma referência para uma lista dos campos. Retorna os campos na mesma ordem em que foram especificados.

get_header

$folder->**get_header***(núm_mens)*

Extrai um cabeçalho de mensagem; tem um argumento, o número da mensagem. Retornará uma referência para um objeto Mail::Header.

get_message

$folder->**get_message***(núm_mens)*

Obtém um número da mensagem como argumento e retorna uma referência do objeto Mail::Internet para essa mensagem ou 0 no caso de falha.

get_message_file

$folder->**get_message_file***(núm_mens)*

Como get_message, mas retorna um nome de arquivo ao invés de uma referência do objeto Mail::Internet.

get_mime_header

$folder->**get_mime_header***(núm_mens)*

Este método funciona de maneira muito parecida com o get_header, mas retorna uma referência para um objeto MIME::Head. Tem um argumento, o número da mensagem.

get_mime_message

$folder->**get_mime_message** *(núm_mens[, objeto_análise][, opções])*

Retorna um objeto MIME::Entity para a mensagem especificada. Chama o get_message_file para obter uma mensagem para analisar, cria um objeto MIME::Parser e usa isso para criar o objeto MIME::Entity. Os argumentos são:

núm_mens
    O número da mensagem.

objeto_análise
    Se especificado, será usado ao invés de criar internamente um objeto de análise.

opções
    Mapeia os métodos MIME::Parser equivalentes. Especificado como os pares chave/valor com os possíveis valores: output_dir, output_prefix, output_to_core. Veja a documentação do MIME::Parser para obter detalhes.

get_option

$folder->**get_option***(opções)*

Retornará a definição para a opção especificada ou undef se a opção não existir.

inverse_select

*$folder->***inverse_select***(\$ref_func)*

Retorna uma lista, sem uma ordem específica dos números da mensagem que não coincidem com um conjunto de critérios. O argumento, *\$ref_func*, é uma referência para uma função usada para determinar os critérios. À função é transmitida uma referência para um objeto Mail::Internet que contém apenas um cabeçalho.

is_readonly

*$folder->***is_readonly**

Retornará 1 se a pasta tiver o atributo readonly definido, do contrário retornará 0.

label_exists

*$folder->***label_exists***(núm_mens, etiqueta)*

Retornará 1 se a *etiqueta* estiver associada à mensagem *núm_mens*, do contrário retornará 0.

last_labeled_message

*$folder->***last_labeled_message***(etiqueta)*

Retornará o número da mensagem da última mensagem na pasta com a etiqueta *etiqueta* associada a ela ou 0 se não houver tal número associado.

last_message

*$folder->***last_message**

Retorna o número da mensagem da última mensagem na pasta.

list_all_labels

*$folder->***list_all_labels**

Retorna uma lista, sem ordem específica, de todas as etiquetas associadas às mensagens na pasta. Se chamado no contexto escalar, retornará o número de etiquetas associadas às mensagens.

list_labels

*$folder->***list_labels**(*núm_mens*)

Retorna uma lista, sem ordem específica, de todas as etiquetas associadas ao *núm_mens*. Se chamado no contexto escalar, retornará o número das etiquetas associadas à mensagem.

message_exists

*$folder->***message_exists***(núm_mens)*

Retornará 1 se uma mensagem com o número *núm_mens* existir na pasta, do contrário retornará 0.

message_list

*$folder->***message_list**

Retorna uma lista de números da mensagem na pasta, sem uma ordem específica. A sintaxe é:
```
print $folder->message_list. "\n"
```

next_labeled_message

*$folder->***next_labeled_message***(núm_mens, etiqueta)*

Retornará o número de mensagem da próxima mensagem na pasta relativo ao *núm_mens* que tem a etiqueta *etiqueta* associada, ou 0 se não houver tal mensagem.

next_message

*$folder->***next_message***([núm_mens])*

Retornará o número da próxima mensagem na pasta relativo ao *núm_mens* se for especificado, do contrário relativo à mensagem atual. Retornará 0 se no final da pasta.

open

*$folder->***open***(nome_pasta)*

Se você não especificou um nome da pasta no construtor, precisará chamar o método open, que tem o nome da pasta como um argumento e abrir a pasta. Também definirá readonly se a pasta for determinada para ser de apenas leitura.

pack

*$folder->***pack**

Para os formatos que permitem que as seqüências de números da mensagem tenham intervalos, renomeia os arquivos nas pastas para eliminar qualquer intervalo. Poderá resultar em algumas mensagens sendo renumeradas.

prev_labeled_message

$folder->**prev_labeled_message***(núm_mens, etiqueta)*

Retornará o número de mensagem da mensagem anterior na pasta relativo ao *núm_mens* que tem a etiqueta *etiqueta* associada ou 0 se não houver tal mensagem.

prev_message

$folder->**prev_message***([núm_mens])*

Retornará o número da mensagem anterior na pasta relativo ao *núm_mens* se for especificado, do contrário relativo à mensagem atual. Retornará 0 se no início da pasta.

qty

$folder->**qty**

Retorna o número de mensagens na pasta. A sintaxe é:
```
print "There are " .$folder->qty."messages in your folder\n";
```

refile

$folder->**refile***(núm_mens, \$ref_pasta)*

Conectividade do e-mailMove as mensagens entre as pastas. Obtém um número da mensagem e a referência da pasta como argumentos.

select

$folder->**select***(\$ref_func)*

Retorna uma lista de mensagens que satisfazem um conjunto de critérios. O argumento, *\$ref_func*, é uma referência para uma função usada para determinar os critérios. À função é transmitida uma referência para um objeto Mail::Internet que contém apenas um cabeçalho. A lista é retornada sem uma ordem específica.

select_label

$folder->**select_label***(etiqueta)*

Retorna uma lista de mensagens com a etiqueta *etiqueta*. Se chamado no contexto escalar, retornará o número de mensagens que têm a etiqueta.

set_option
*$folder->***set_option***(opção, valor)*
Define a opção específica para o *valor*.

set_readonly
*$folder->***set_readonly**
Define o atributo readonly para a pasta. Uma vez que readonly tenha sido definido, sync não executará nenhuma atualização na pasta real.

sort
*$folder->***sort***(\$ref_funç)*
Retorna uma lista classificada de mensagens. A *\$ref_funç* é uma referência para uma função que é transmitida com duas referências da mensagem Mail::Header e retorna um inteiro menor, igual ou maior que 0 para indicar a ordem de classificação.

sync
*$folder->***sync**
Sincroniza a pasta com as estruturas de dados internas e lê qualquer nova mensagem desde o último open ou sync. Não executará nenhuma atualização se o atributo readonly tiver sido definido.

undelete_message
*$folder->***undelete_message***(mens)*
Desmarca uma lista de mensagens, *mens*, que foram marcadas para a eliminação.

update_message
*$folder->***update_message***(núm_mens, \$ref_m)*
Substitui a mensagem especificada através do *núm_mens* pelo conteúdo da mensagem dada por *\$ref_m*, que é uma referência para um objeto Mail::Internet.

Como lidar com as mensagens com Mail::Internet

O Mail::Internet implementa várias funções úteis para manipular uma mensagem de correspondência. Elas incluem body, print_header e head. O Mail::Internet é baseado no Mail::Header, que analisa o cabeçalho de uma mensagem de e-mail e herda o estilo do construtor Mail::Header que requer um descritor de arquivos ou uma referência para um array ser usado. Por exemplo:

```
@lines = <STDIN>;
$mi_obj = new Mail::Internet([@lines]);
```

lerá uma mensagem de correspondência de STDIN (usando uma referência para um array). O seguinte exemplo lerá uma mensagem de correspondência a partir de um handle de arquivo, FILE.

```
open(FILE, "/home/nvp/Mail/nvp");
$mi_obj = new Mail::Internet(\*FILE);
close(FILE);
```

A função print_header produzirá o cabeçalho de uma mensagem para um descritor de arquivos; o default é STDOUT.

```
open(FILE, "/home/nvp/Mail/nvp");
$mi_obj = new Mail::Internet(\*FILE);
close(FILE);
$mi_obj->print_header(\*STDOUT);
```

O exemplo acima poderá produzir:

```
From nvp Mon Jun 9 00:11:10 1997
Received: (from nvp@localhost) by mail.somename.com (8.8/8.8) id
    AAA03248 for nvp; Mon, 9 Jun 1997 00:11:09 -0500 (EST)
Date: Mon, 9 Jun 1997 00:11:09 -0500 (EST)
From: "Nathan V. Patwardhan"<nvp>
Message-Id: <19970609511.AAA03248@mail.somename.com>
To: nvp
Subject: pop test
X-Status:
X-Uid: 1
Status: RO
```

onde print_body também tem um descritor de arquivos como um argumento, mas apenas produz o corpo da mensagem, ao passo que a função print produz uma mensagem inteira.

Referência do Mail::Internet

new

$mail = **new Mail::Internet** *([arg], [opções])*

Cria um novo objeto Mail::Internet. O *arg* é opcional e poderá ser um descritor de arquivos (uma referência para uma global) ou uma referência para um array. Se presente, o novo objeto será inicializado com os cabeçalhos a partir do array ou lidos a partir do descritor de arquivos. As *opções* são uma lista de opções na forma de pares chave/valor. As possíveis opções são:

`Header`

O Mail::Internet não deverá tentar ler um cabeçalho de correspondência a partir do *arg*, se especificado. O valor é um objeto Mail::Header.

`Body`

O Mail::Internet deverá tentar ler o corpo do *arg*, se especificado. O valor é uma referência para um array que contém as linhas do corpo da mensagem.

`Modify`

Reformatará os cabeçalhos se for true. A opção do Mail::Header.

`MailFrom`

Especifica o comportamento para os cabeçalhos na forma "From". A opção do Mail::Header. Os possíveis valores são:

`IGNORE`

Ignora e descarta os cabeçalhos.

`ERROR`

Chama a die.

`COERCE`

Renomeia os cabeçalhos para Mail-From.

`KEEP`

Mantém os cabeçalhos como estão.

`FoldLength`

O valor é o comprimento default da linha para os cabeçalhos da pasta. A opção do Mail::Header.

add_signature

$mail->add_signature *([arquivo])*

Anexa uma assinatura a uma mensagem. O *arquivo* é um arquivo que contém a assinatura; se não especificado, o arquivo $ENV{HOME}\.signature será verificado para obter a assinatura.

body

*$mail->***body( )**

Retorna o corpo da mensagem como uma referência para um array. Cada entrada no array representa uma linha da mensagem.

escape_from

*$mail->***escape_from( )**

Insere um > à esquerda em qualquer linha que começa com "From", para evitar os problemas que algumas aplicações têm quando uma mensagem contém uma linha começando com "From".

head

*$obj_cabeç = $mail->***head( )**

Retorna o objeto Mail::Header que mantém os cabeçalhos da mensagem atual.

nntppost

*$mail->***nntppost***([opções])*

Envia um artigo através do NNTP; requer o Net::NNTP. As opções são transmitidas como pares chaves/valor. As opções disponíveis são:

`Debug`
    O valor de depuração para transmitir ao Net::NNTP.

`Host`
    O nome do servidor NNTP a conectar.

`Port`
    O número da porta para conectar no host remoto.

print_header

*$mail->***print_header***([*d_a])*

*$mail->***print_body***([*d_a])*

*$mail->***print***([*d_a])*

Imprime o cabeçalho, o corpo ou toda a mensagem no descritor de arquivos *d_a, que deverá ser uma referência para uma global. Se o descritor de arquivos não for dado, a saída será enviada para STDOUT:

```
$mail->print(\*STDOUT);   # Print message to STDOUT
                          (Imprima mensagem no STDOUT)
```

remove_sig

*$mail->***remove_sig***([n_linhas])*

Remove a assinatura de um usuário do corpo de uma mensagem. Procura uma linha igual a "- -" nas últimas linhas *n_linhas* da mensagem e remove essa linha e todas as linhas depois dela. *n_linhas* tem como default 10.

reply

*$réplica = $mail->***reply***( )*

Cria para o objeto atual um novo objeto com os cabeçalhos inicializados para uma réplica e com um corpo que é uma cópia recuada da mensagem atual.

smtpsend

*$mail->***smtpsend***( )*

Envia a mensagem Mail::Internet através do SMTP para todos os endereços nas linhas To, Cc e Bcc. Encontra o host SMTP tentando conectar primeiro os hosts especificados em $ENV{SMTPHOST}, então mailhost e depois localhost.

Em uma futura versão do Mail::Internet, o smtpsend será capaz de obter um nome do host como um parâmetro, como o nntppost faz.

tidy_body

*$mail->***tidy_body***( )*

Remove todas as linhas à esquerda e à direita que contêm apenas espaços em branco do corpo da mensagem.

unescape_from

*$mail->***unescape_from***( )*

Remove o escape adicionado por escape_from.

Como analisar os endereços de e-mail com o Mail::Address

O Mail::Address analisa os endereços de correspondência compatíveis com o RFC 822 com a forma:

```
"Nome Completo ou Frase" <nome_usuário@host> (Área de Comentário)
```

Por exemplo, no RFC 822, um endereço poderá ser representado como:
"Nathan V. Patwardhan" <nvp@mail.somename.com> (No Comment)

ou:

"Nathan V. Patwardhan" <nvp@mail.somename.com>

O construtor Mail::Address analisará um endereço de e-mail em três partes com base nas categorias mostradas acima:

$addr = Mail::Address->new   ("Nome Completo ou Frase",
                               "nome_usuário@host",
                               "(Área de Comentário)");

O Mail:Address também produz partes do endereço de correspondência com as funções phrase, address, comment, format, name, host e user. As funções phrase, address e comment representam as primeira, segunda e terceira identidades que foram transmitidas para o construtor Mail::Address, onde a função phrase:

print $addr->phrase( );

produzirá:

Nathan V. Patwardhan

A função address:

print $addr->address( );

produzirá:

nvp@mail.somename.com

E a função comment:

print $addr->commect( );

produzirá:

No Comment

Um endereço de correspondência real poderá ser "impossível de ser cortado" ou analisado a partir de seu formato *usuário@algumhost.com*, com as funções user e host. A função user remove tudo que começa com @ até o final do endereço e host remove tudo até e inclusive o símbolo @. Usando o exemplo anterior *nvp@mail.somename.com*, a seguinte linha:

print $addr->user;

produzirá:

nvp

E a linha seguinte que usa a função host:

print $addr->host;

produzirá:
```
nvp@mail.somename.com
```

Referência do Mail::Address

new
$addr = **Mail::Address->new**(frase, endereço[, comentário])
O construtor. Cria o novo objeto Mail::Address que representa um endereço com os elementos especificados. Em uma mensagem, esses três elementos aparecem como:
```
phrase <address> (comment)
address (comment)
```

parse
Mail::Address->parte(linha)
O construtor. Analisa a linha especificada, geralmente uma linha To, Cc ou Bcc e retorna uma lista de objetos Mail::Address extraídos.

address
$addr->**address( )**
Retorna a parte do endereço do objeto.

canon
$addr->**canon( )**
Não implementado, mas deverá retornar o critério UUCP da mensagem.

comment
$addr->**comment( )**
Retorna a parte do comentário do objeto.

format
$addr->**format( )**
Retorna uma string representando o endereço em uma forma adequada para a linha To, Cc ou Bcc de uma mensagem.

host

*$addr->***host(** *)*
Retorna a parte do host do endereço.

name

*$addr->***name(** *)*
Obtém as informações contidas no objeto e usa várias heurísticas para tentar identificar o nome da pessoa ou grupo.

path

*$addr->***path(** *)*
Não implementado, mas deverá retornar o caminho UUCP da mensagem.

phrase

*$addr->***phrase(** *)*
Retorna a parte da frase do objeto.

user

*$addr->***user(** *)*
Retorna a parte do id do usuário do endereço.

Como ler o e-mail com o Mail::POP3Client

Muitas redes têm máquinas dedicadas a enviar e a recuperar o e-mail. Uma vez que os usuários podem manter contas no *foo.bar.com*, enquanto a correspondência é enviada para *popserver.bar.com*, terá que haver um meio de transferir a correspondência da máquina do "correio" para o host no qual o usuário trabalha. O Post Office Protocol ou POP (Protocolo do Correio) negocia essa transferência de correspondência.

Quando um usuário deseja recuperar sua correspondência, seu cliente de correspondência conecta o servidor POP e autentica-o com um nome de conexão e senha, como descrito anteriormente. Uma vez autenticado, o usuário poderá listar, ler e apagar as mensagens do servidor POP.

O módulo Mail::POP3Client simplifica o processo de "conversação POP" implementando várias funções para a conexão, análise e leitura das mensagens de correspondência mantidas no servidor POP. As informações que o servidor POP precisa, como o nome de conexão e senha do usuário, e possivelmente algumas informações opcionais (o nome do host POP, a porta e uma marca de depuração) serão transmitidas ao construtor quando um novo objeto POP3Client for criado. Por exemplo:

```perl
use Mail::POP3Client;
$pop = Mail::POP3Client->new("login",     # required (requerido)
            "password",                    # required
            "pophost.your.domain",         #not required (não requerido)
            port,                          # default is 110 (o default é 110)
            debug_flag);                   # any positive integer
                                           (qualquer inteiro positivo)
```

O POP3Client produz funções para executar o seguinte:

Contagem de mensagens

A função Count retorna o número de mensagens na caixa de correio. Uma vez que tenham sido autenticados, os usuários poderão listar os cabeçalhos das mensagens em sua caixa de correio usando a função Head em conjunto com a função Count, como mostrado no exemplo a seguir:

```perl
use strict;
use Mail::POP3Client;

my($pop, $num_mesg, $i);
$pop = Mail::POP3Client->new("nvp",
                            "xxxxxx");

$num_mesg = $pop->Count;    # How many messages are there?
                            (Quantas mensagens existem?)
print("You have ".$num_mesg." new message(s).\n");

for ($i = 1; $i <= $num_mesg; $i++) {
print $pop->Head($i), "\n";          # print header for each message
                                     (imprima o cabeçalho para cada mensagem)
}
```

Você poderá também usar uma expressão constante para analisar os cabeçalhos e exibir certas informações, como o emissor e o assunto de cada mensagem de correspondência:

```perl
my($pop, $num_mesg, $i);

$pop = Mail::POP3Client->new("nvp",
                            "xxxxxx");
```

```
    for ($i = 1; $i <= $pop->Count; $i++) {
      foreach ($pop->Head($i)) {
          # output from and subject (saída a partir de e assunto)
          print $_."" if /^(From|Subject)/;
      }
      print "\n";
    }
```

Como obter e definir o host e a porta

O método Host retorna ou define o host POP atual. Por exemplo:

    $obj->Host;

retornará o host POP atual. Para definir o host POP para *new-pop.bar.com*, você poderá fazer isto:

    $new_host = 'new-pop.bar.com';
    $obj->Host($new_host);

O método Port funciona como o Host, retornando ou definindo a porta atual a qual o servidor POP está vinculado:

    $obj->Port;   # return the current port for the POP server
                       (retorne a porta atual do servidor POP)

    $new_port = 7000; # set the port to 7000 (defina a porta para 7000)
    $obj->Port($new_port);

Como recuperar o corpo da mensagem

Naturalmente, você desejará ler mais do que os cabeçalhos de suas mensagens de correspondência, portanto irá querer usar os métodos Body, HeadAndBody e Retrieve. O Body produz o corpo da mensagem, ao passo que o HeadAndBody e o Retrieve são sinônimos que produzem o cabeçalho e o corpo da mensagem.

Como apagar e cancelar a eliminação das mensagens

As mensagens poderão ser apagadas da caixa de correio POP com o método Delete. O Delete marca as mensagens no servidor para a eliminação; elas não serão removidas permanentemente até que um comando QUIT seja recebido. O Delete tem um argumento — o número da mensagem a apagar:

    $pop->Delete(1);   # delete the first message (apague a primeira mensagem)

Como a maioria dos programas de correspondência, o Mail::POP3Client poderá cancelar a eliminação das mensagens que foram marcadas para a eliminação. Use o método Reset para fazer isso:

```
    $pop->Reset(1);        # undelete the first message
                           (cancele a eliminação da primeira mensagem)
```

Como verificar a conexão

A maioria dos programas que requerem um usuário para se conectar irá gerar um intervalo depois de um certo período de tempo por questões de segurança e de recursos. O método Alive verificará para saber se a conexão com o servidor POP ainda está aberta; retornará true se a conexão estiver boa e false do contrário.

Como abrir e fechar explicitamente as conexões

As conexões POP poderão ser abertas ou fechadas explicitamente com Login e Close. O método Close não tem argumentos e fecha a conexão com o servidor POP.

Métodos do Mail::POP3Client

Os seguintes métodos são definidos pelo Mail::POP3Client:

new

$pop = **new Mail::POP3Client**(*"usuário", "senha"[, "host"[, porta[, depurar]]]*)
O construtor. Cria uma nova conexão POP3. Os argumentos são:
usuário
    O nome do usuário.
senha
    A senha.
host
    Opcional. O host POP3; tem como default pop.
porta
    Opcional. O número da porta POP3; tem como default 110.
depurar
    Permitirá a depuração (em STDERR) no objeto se definido para um inteiro positivo. O default é 0.

Alive

*$pop->***Alive( )**
Testa para ver se a conexão está ativa e retorna true ou false.

Body

*$pop->***Body***(núm_mens)*

Obtém o corpo da mensagem especificada.

Close

*$pop->***Close***( )*

Fecha a conexão com elegância, executando qualquer eliminação pendente no servidor.

Connect

*$pop->***Connect***([host, porta])*

Inicia a conexão com o servidor POP3. Opcionalmente obtém o host POP3 e o número da porta como argumentos.

Count

*$pop->***Count***([núm])*

Com um argumento, define o número de mensagens remotas para o *núm*. Do contrário, retornará o número de mensagens. Definido durante Login.

Delete

*$pop->***Delete***(núm_mens)*

Marca o número da mensagem especificada para a eliminação. A mensagem não será de fato eliminada até que você use QUIT (por exemplo, quando você aplica Close na conexão); antes disso, poderá ter sua eliminação "cancelada" com Reset.

Head

*$pop->***Head***(núm_mens)*

Obtém os cabeçalhos da mensagem especificada.

HeadAndBody

*$pop->***HeadAndBody***(núm_mens)*

Obtém os cabeçalhos e o corpo da mensagem especificada.

Host

    $pop->**Host**([*"host"*])

    Com um argumento, define o host atual. Do contrário, retornará o host.

Last

    $pop->**Last**( )

    Retorna o número da mensagem recuperada por último a partir do servidor.

List

    $pop->**List**( )

    Retorna uma lista contendo o tamanho de cada mensagem.

Login

    $pop->**Login**( )

    Tenta conectar a conexão do servidor.

Message

    $pop->**Message**( )

    Retorna a última mensagem de status recebida a partir do servidor.

Pass

    $pop->**Pass**([*"senha"*])

    Com um argumento, define a senha atual. Do contrário, retornará a senha atual.

POPStat

    $pop->**POPStat**( )

    Retorna os resultados de um comando POP3 STAT e define o tamanho da caixa de correio.

Port

    $pop->**Port***([porta])*

    Com um argumento, define o número da porta atual. Do contrário, retornará o número da porta.

Reset

*$pop->***Reset***( )*

Informa ao servidor para desmascarar qualquer mensagem marcada para a eliminação.

Retrieve

*$pop->***Retrieve***(núm_mens)*

Igual a HeadAndBody.

Size

*$pop->***Size***([núm])*

Com um argumento, define o tamanho da caixa de correio remota para o *núm*. Do contrário, retornará o tamanho da caixa de correio. Definido por POPStat.

Socket

*$pop->***Socket***( )*

Retorna o descritor de arquivos do soquete.

State

*$pop->***State***( )*

Retorna o estado interno da conexão. Os possíveis valores de retorno são DEAD, AUTHORIZATION ou TRANSACTION.

User

*$pop->***User***([*"usuário"*])*

Com um argumento, define o nome do usuário atual. Do contrário, retornará o nome atual.

Capítulo 15

Usenet News

O Usenet é uma coleção de newsgroups do tipo bulletin board na Internet, falando sobre milhares de tópicos. Seja o que for que você esteja interessado, há chances de encontrar um newsgroup onde o assunto é tratado.

O Usenet existe desde o final de 1979. A implementação atual está baseada no Network News Transfer Protocol (NNTP ou Protocolo de Transferência de Informações da Rede), definido no RFC 977 e lançado em março de 1986. As informações são divulgadas através do Usenet por um sistema de fornecimento de informações (newsfeed) no qual um site solicita um fornecimento a partir de outro site e um terceiro site solicita um fornecimento do segundo etc. Não há uma autoridade Usenet central — como o Perl, ele é executado com base no espírito de cooperação e compartilhamento. Quando você executa um news reader (leitor de informações), como o *tin* ou o news reader em um paginador Web, seu software-cliente comunica-se com o servidor NNTP no host news. Quando você envia uma mensagem para um newsgroup, esse envido é recebido por seu servidor NNTP e transmitido para os outros servidores através da área de distribuição especificada para o envio. Cada servidor recebe periodicamente informações atualizadas do newsgroup e artigos de informações recentemente enviados.

Este capítulo explora os comandos NNTP e as respostas. Ele apresenta o Net::NNTP que implementa os comandos NNTP e simplifica o processo de escrever um cliente news NNTP baseado no Perl. Também descreve o News::Newsrc, um módulo que fornece métodos para gerenciar um arquivo *.newsrc*.

Existem dois tipos de comandos NNTP — o conjunto oficial de comandos como definido no RFC 977 e várias extensões que foram adicionadas desde que o RFC foi escrito. As extensões são descritas em um documento IETF Internet Draft (Esboço da Internet IETF), "Common NNTP Extensions" (Extensões NNTP Comuns) de Stan Barber, que poderá ser encontrado em *ftp://ftp.academ.com/pub/nntp/ietf/nntpext.txt*.

O protocolo NNTP

Antes de você escrever seu próprio cliente news, deverá ter alguma idéia de como o protocolo NNTP funciona. Como outros servidores, um servidor NNTP é vinculado a uma porta (geralmente a porta 119). Ele atende as conexões de entrada, toma a devida ação e retorna uma resposta para o cliente. Quando um cliente news conecta um servidor NNTP ou a porta na qual o servidor NNTP está sendo executado, uma mensagem como a seguinte é produzida:

```
Trying 0.0.0.0...
Connected to hostname.mydomain.com.
Escape character is '^]'.
200 newshost.mydomain.com InterNetNews NNRP server INN 1.5.1 17-Dec-1996 ready
(posting ok).
```

Muitos servidores NNTP compreendem o comando *help* (ou *HELP*). Quando um cliente envia um comando *help*, muitos servidor NNTP respondem com uma lista de todos os comandos disponíveis. Por exemplo:

```
200 news.mydomain.com InterNetNews NNRP server INN 1.5.1 17-Dec-1996
ready (posting ok).
HELP
100 Legal commands
    authinfo user Name|pass Password|generic <prog> <args>
    article [MessageID|Number]
    body [MessageID|Number]
    date
    group newsgroup
    head [MessageID|Number]
    help
    ihave
    last
    list [active|active.times|newsgroups|distributions|distrib.pats
    |overview.fmt
|subscriptions]
    listgroup newsgroup
    mode reader
    newgroups yymmdd hhmmss ["GMT"] [<distributions>]
```

```
newnews newsgroups yymmdd hhmmss ("GMT"] [<distributions>]
next
post
slave
stat [MessageID|Number]
xgtitle [group_pattern]
xhdr header [range|MessageID]
xover [range]
xpat header range|MessageID pat [morepat...]
xpath MessageID
Report problems to <usenet@news.mydomain.com>
```

Depois de conectar o servidor NNTP, você poderá obter uma lista de newsgroups disponíveis com o comando *list active* e poderá então selecionar um newsgroup. Se você for conectar diretamente o *news.mydomain.com* e usar o comando *group* para selecionar o newsgroup *local.test* sua sessão poderá ser assim:

```
200 news.mydomain.com InterNetNews NNTP server INN 1.5.1 17-Dec-1996
ready
(posting ok).
group local.test
211 4 1 4 local.test
QUIT
205.
```

Os quatro números (neste exemplo, 211 4 1 4) precedendo o nome do grupo (*local.test*) representam o código de sucesso, o número total de artigos e os primeiro e último números do artigo, respectivamente. Portanto neste exemplo, 211 é o código de sucesso. Existem quatro artigos no grupo *local.txt*, começando com o artigo 1 e terminando com o número 4.

Cada artigo em um newsgroup tem dois identificadores associados. O primeiro é o número da mensagem e o segundo é o ID de uma mensagem. O número da mensagem é o número desse artigo no servidor ao qual você está conectando. O ID da mensagem é um identificador que está sempre associado ao artigo em cada servidor que recebe o artigo. Um artigo que tem o número da mensagem 4 em seu servidor poderá ser o número 83 no servidor de uma outra pessoa. Porém, o ID da mensagem será o mesmo em ambos. Portanto, por exemplo, se você quiser enviar um artigo que se refere a outro artigo, use o ID da mensagem.

Uma vez que o comando *group* tenha identificado com sucesso um newsgroup, o cliente poderá solicitar um determinado artigo enviando uma solicitação *article* ao servidor. O comando *article* obterá um ID da mensagem ou um número da mensagem como um argumento. Por exemplo:

```
article 4
Path: newshost.mydomain.com!news-w.ans.net!newsfeeds.ans.net!philabs
...
From: user@mydomain.com (User Name)
Newsgroups: local.test
Subject: Is anybody there?
Date: 21 Apr 1997
```

Se o comando *article* tiver sucesso, o servidor retornará a mensagem selecionada.

O comando *xhdr* retorna os cabeçalhos selecionados ("cabeçalhos-X") a partir dos artigos em um certo newsgroup. Os cabeçalhos-X contêm todas as informações sobre os artigos news, inclusive o endereço de e-mail do emissor, o assunto da mensagem, a data e a hora em que a mensagem foi enviada, o(s) newsgroup(s) no(s) qual(is) a mensagem aparece e o ID da mensagem. Por exemplo, se você quiser ver os assuntos dos artigos no newsgroup *local.test*, poderá executar xhdr subject 1-4, assim:

```
xhdr subject 1-4
221 subject fields follow
1    Is anybody there?
2    Re: Is anybody there?
3    Re: Is anybody there?
4    Get a life!
```

O código de status 221 indica que o *xhdr* foi completado com sucesso e retornou os cabeçalhos solicitados. Um cliente Usenet poderá exibir esses cabeçalhos para o usuário, que poderá então selecionar os artigos para ler com base nas linhas do assunto.

Um comando parecido com o *xhdr* é o *xpat*, que coincide os cabeçalhos-X com uma string padrão que você poderá fornecer. Por exemplo, executar xpat subject 1-9 *anybody* para *local.test* poderá ser assim:

```
xpat subject 1-9 "anybody"
221 subject matches follow.
1    Is anybody there?
2    Re: Is anybody there?
3    Re: Is anybody there?
```

Você poderá também enviar os artigos news com o NNTP. Quando você enviar o comando *post*, o servidor retornará um código 340 se o envio for permitido. Se você obtiver um erro, como 501, não poderá enviar os artigos com esse comando. A maioria dos servidores requer que você inclua os cabeçalhos Newsgroups, Subject e From. Você poderá receber uma réplica 240 se sua mensagem tiver sido enviada com sucesso. Este é um exemplo de envio para o *local.test* usando o NNTP:

```
200 news.mydomain.com InterNetNews NNRP server INN 1.5.1 17-Dec-1996
ready (posting ok).
post
340 Ok
Newsgroups: local.test
Subject: talking NNTP
From: user@mydomain.com

This is a test posting.
240 Article posted
QUIT
205 .
```

O servidor retornará um código 205 ao desconectar. Quando o artigo chegar no *local.test*, será assim:

```
From news.mydomain.com!not-for-mail Sun Mar 9 19:18:37 1997
Path: news.mydomain.com!not-for-mail
From: user@mydomain.com
Newsgroups: local.test
Subject: talking NNTP
Date: 10 Mar 1997 00:09:33 GMT
Organization: Perl in a Nutshell
Lines: 2
Distribution: local
Message-ID: <5fvjft$k3$2@news.mydomain.com>
NNTP-Posting-Host: newshost.mydomain.com
Xref: newshost.mydomain.com local.test:6

This is a test posting.
```

Net::NNTP

O Net::NNTP é um dos módulos *libnet*. Ele fornece métodos para programar um cliente news para se comunicar com um servidor NNTP. O Net::NNTP implementa o protocolo NNTP como definido no RFC 977, assim como várias extensões definidas no documento IETF Internet Draft, mencionado anteriormente.

Por exemplo, o seguinte código:

```
$nntp->post(@message);
```

é equivalente a enviar o comando *post* e os cabeçalhos-X associados diretamente para um servidor NNTP na porta 119.

Como inicializar o cliente NNTP

Para usar o Net::NNTP, crie um novo objeto Net::NNTP:

```
use Net::NNTP;
$nntp = Net::NNTP->new;  # Use default port and options
                         (Use porta default e opções)
```

Uma vez que você tenha criado o objeto, poderá usar qualquer método Net::NNTP nele. Os métodos Net::NNTP geralmente correspondem à funcionalidade dos comandos NNTP brutos. Seu cliente news poderá ser escrito para executar muitas funções, inclusive:

- autenticar um usuário para o servidor;
- listar os newsgroups disponíveis;
- recuperar os cabeçalhos e artigos news;
- extrair os cabeçalhos;
- verificar novos artigos;
- enviar artigos;
- listar informações como as mensagens ativas em um newsgroup, novos newsgroups, áreas de distribuição válidas ou IDs de mensagens das mensagens recém-chegadas.

Referência do Net::NNTP

O Net::NNTP inclui métodos que implementam muitas extensões para o RFC 977; a descrição indica se um método é uma extensão. As extensões que não são suportadas pelo Net::NNTP são AUTHINFO, GENERIC, XINDEX, XSEARCH e XTHREAD. E mais, algumas extensões suportadas pelo Net::NNTP poderão não ser suportadas por um determinado servidor.

A menos que o contrário seja estabelecido, todos os métodos retornarão true ou false para indicar sucesso ou falha. Se um método retornar um valor, então retornará undef ou uma lista vazia para indicar a falha.

Nessa lista, *message-spec* (espec-mensagem) refere-se a um único ID da mensagem, um único número da mensagem ou uma referência para uma lista de mensagem de dois números. Poderá também ser transmitida como uma lista de dois números de mensagem, mas isto é apenas para a compatibilidade e é agora desaprovado.

Onde a coincidência de padrões é indicada, ela será feita de acordo com a especificação NNTP. Veja a documentação do Net::NNTP para obter detalhes.

new

$nntp = **Net::NNTP->new***([host[, opções]])*

O construtor. Cria um novo objeto Net::NNTP. Os argumentos são:

host
    O nome do host remoto para o qual uma conexão NNTP é requerida. Se não especificado, o construtor irá verificar as variáveis-ambientes NNTPSERVER e NEWSHOST, nessa ordem, então Net::Config. O default será news se nada for encontrado.

opções
    As opções, transmitidas como pares chave/valor. As possíveis opções são:

    `Timeout`
        O tempo máximo, em segundos, para aguardar a resposta do servidor NNTP. O default é 120 segundos. Um valor 0 fará com que todas as operações de E/S sejam bloqueadas.

    `Debug`
        Permite a impressão das informações da depuração em STDERR.

active

$nntp->**active***([padrão])*

Semelhante a list, mas retorna apenas os grupos ativos que coincidem com o padrão. (Uma extensão.)

active_times

$nntp->**active_times***( )*

Retorna uma referência para um hash onde as chaves são os nomes do grupo e os valores são as referências para os arrays que contêm a hora em que o grupo foi criado e um identificador, possivelmente um endereço de e-mail, para o criador. (Uma extensão.)

article

$nntp->**article***([id_mens \núm_mens])*

Recupera o cabeçalho, uma linha em branco, então o corpo (texto) do artigo, especificado como um ID da mensagem ou um número da mensagem. Sem argumentos, retornará o artigo atual no newsgroup atual como uma referência para um array contendo o artigo.

authinfo

$nntp->**authinfo***(usuário, senha)*

Autentica o usuário para o servidor, transmitindo o nome e senha do usuário.

body

*$nntp->***body***([id_mens \núm_mens])*

Recupera o corpo (texto) do artigo especificado por um id da mensagem ou um número da mensagem. Tem os mesmos argumentos que article. Retorna uma referência para um array contendo o corpo do artigo.

date

*$nntp->***date***( )*

Retorna a data no servidor remoto, no formato de hora do Unix (segundos desde 1970).

distributions

*$nntp->***distributions***( )*

Retorna uma referência para um hash onde as chaves são os nomes da distribuição válidos e os valores são as descrições da distribuição. (Uma extensão.)

group

*$nntp->***group***([grupo])*

Define e/ou obtém o grupo atual. Sem argumentos, retornará informações sobre o grupo atual, do contrário definirá o grupo atual para o *grupo*.

Em um contexto escalar, group retornará o nome do grupo. Em um contexto do array, retornará uma lista contendo o número de artigos no grupo, o primeiro número do artigo, o último número do artigo e o nome do grupo.

head

*$nntp->***head***([id_mens \núm_mens])*

Recupera o cabeçalho do artigo especificado pelo *id_mens* ou *núm_mens*. Tem os mesmos argumentos de article e retorna uma referência para um array contendo o cabeçalho do artigo.

ihave

*$nntp->***ihave***(id_mens[, mensagem])*

Informa ao servidor que o cliente tem um artigo cujo ID é o *id_mens*. O argumento opcional *mensagem* poderá ser um array de linhas ou uma referência para um array. Se a *mensagem* for especificada e o servidor quiser uma cópia, ela será enviada, retornando true no caso do término ser bem-sucedido.

Se a *mensagem* não for especificada, então ela terá que ser enviada usando os métodos datasend e dataend do Net::Cmd.

last

$nntp->**last**( )

Define o ponteiro do artigo atual para o artigo anterior no newsgroup atual. Retorna o ID de mensagem do artigo.

list

$nntp->**list**( )

Retorna informações sobre todos os newsgroups ativos. O resultado é uma referência para um hash onde a chave é um nome do newsgroup e cada valor é uma referência para um array. Os elementos no array são o primeiro número do artigo no grupo, o último número do artigo no grupo e qualquer marca de informação.

listgroup

$nntp->**listgroup**([grupo])

Retornará uma referência para uma lista de todas as mensagens ativas no newsgroup *grupo* ou o newsgroup atual se o *grupo* não for especificado. (Uma extensão.)

newgroups

$nntp->**newgroups**(desde[, distribuições])

Como list, mas retorna os grupos criados depois de um certo tempo e opcionalmente em uma área de um conjunto de áreas de distribuição. Os argumentos são:

desde
  O valor do tempo; apenas os grupos criados depois dessa data deverão ser retornados.

distribuições
  O padrão de distribuição opcional ou a referência para uma lista de padrões de distribuição. Se presente, apenas os grupos que coincidirem com uma determinada área de distribuição deverão ser retornados.

newnews

$nntp->**newnews**(desde[, grupos[, distribuições]])

Retorna uma referência para uma lista que contém os ids de mensagem de todas as

continua...

informações enviadas depois de *desde*, que estão nos newsgroups coincidentes com os *grupos*, com uma distribuição que coincide com as *distribuições*. Os argumentos são:

desde
    O valor do tempo; apenas os grupos criados depois dessa data deverão ser retornados.

grupos
    O padrão de grupo opcional ou a referência para uma lista de padrões de grupo indicando quais grupos deverão ser verificados para obter as novas mensagens.

distribuições
    O padrão de distribuição opcional ou a referência para uma lista de padrões de distribuição. Se presente, apenas os grupos que coincidirem com uma determinada área de distribuição deverão ser retornados.

newsgroups

$nntp->**newsgroups**(*[padrão]*)

Retorna uma referência para um hash, onde as chaves são os nomes de newsgroups que coincidem com o *padrão* ou todos os newsgroups caso nenhum padrão seja especificado e cada valor contenha o texto de descrição do grupo. (Uma extensão.)

next

$nntp->**next**( )

Define o ponteiro do artigo atual para o próximo artigo no newsgroup atual. Retorna o ID de mensagem do artigo.

nntpstat

$nntp->**nntpstat**(*[id_mens | núm_mens]*)

Semelhante a article, exceto que nenhum texto é retornado. Ao selecionar pelo número de mensagem em um newsgroup, define o ponteiro do artigo atual sem enviar o texto. Selecionar pelo ID da mensagem será válido, mas não irá alterar o ponteiro do artigo atual e portanto terá pouco uso. Retorna o ID de mensagem do artigo atual.

overview_fmt

$nntp->**overview_fmt**( )

Retorna uma referência para um array que contém os nomes dos campos retornados por xover. (Uma extensão.)

post

$nntp->post([mensagem])

Envia um novo artigo para o servidor news. Se a *mensagem* for especificada e o envio for permitido, então a mensagem será enviada. Se a *mensagem* não for especificada, ela terá que ser enviada usando os métodos datasend e dataend do Net::Cmd. A *mensagem* poderá ser um array de linhas ou uma referência para um array.

postok

$nntp->postok( )

Retornará true se a resposta inicial do servidor indicou que permite o envio.

quit

$nntp->quit( )

Sai do servidor remoto e fecha a conexão de soquete.

reader

$nntp->reader( )

Informa ao servidor que você é um leitor e não outro servidor; requerido por alguns servidores. (Uma extensão.)

slave

$nntp->slave( )

Informa ao servidor remoto que este não é um cliente-usuário, mas provavelmente outro servidor news.

subscriptions

$nntp->subscriptions( )

Retorna uma referência para uma lista default de newsgroups recomendados para os novos usuários subscreverem. (Uma extensão.)

xgtitle

$nntp->xgtitle(padrão)

Retorna uma referência para um hash onde as chaves são os nomes de newsgroups que coincidem com o *padrão* e cada valor é o texto da descrição do newsgroup. (Uma extensão.)

xhdr

*$nntp->***xhdr***(cabeçalho, espec-mensagem)*

Obtém o campo do cabeçalho *cabeçalho* para todas as mensagens especificadas na *espec-mensagem*. Retorna uma referência para um hash onde as chaves são os números da mensagem e cada valor contém o texto do cabeçalho solicitado para essa mensagem. (Uma extensão.)

xover

*$nntp->***xover***(espec-mensagem)*

Retorna uma referência para um hash onde as chaves são os números da mensagem e cada valor contém uma referência para um array de campos gerais para essa mensagem. (Uma extensão.)

Os nomes dos campos poderão ser obtidos chamando overview_fmt.

xpat

*$nntp->***xpat***(cabeçalho, padrão, espec-mensagem)*

Como xhdr, mas retorna apenas os cabeçalhos onde o texto do cabeçalho coincide com o *padrão*. (Uma extensão.)

xpath

*$nntp->***xpath***(id-mensagem)*

Retorna o caminho para o arquivo no servidor que contém a mensagem especificada. (Uma extensão.)

xrover

*$nntp->***xrover***(espec-mensagem)*

Retorna informações de referência para o(s) artigo(s) especificado(s). Retorna uma referência para um hash onde as chaves são os números da mensagem e os valores são as linhas References: dos artigos. (Uma extensão.)

O módulo News::Newsrc

A maioria dos newsreaders baseados no Unix analisa e extrai suas informações sobre o newsgroup a partir de um arquivo *.newsrc*. Esse arquivo contém uma entrada para cada newsgroup com o nome do grupo e uma lista separada por vírgulas dos números de artigo de 1 ao artigo atual. A primeira entrada na lista mostra os artigos que foram lidos; as entradas restantes listam os artigos não lidos. Cada entrada também terá dois pontos (:) após o nome se você estiver subscrito nesse newsgroup ou um ponto de exclamação (!) se não estiver subscrito.

Para que você leia um newsgroup, seu newsreader precisará ser conectado a um servidor NNTP. O newsreader então irá verificar a entrada *.newsrc* para esse newsgroup para determinar quais artigos você não leu ainda e exibirá o primeiro artigo não lido. Quando você "pega" um newsgroup marcando todos os artigos como "lidos" ou quando sai do programa newsreader, seu arquivo *.newsrc* é atualizado para refletir sua atividade durante essa sessão.

O módulo News::Newsrc fornece os métodos para gerenciar seu arquivo *.newsrc*. Algumas funções que ele fornece incluem permitir que você adicione, remova ou reorganize os newsgroups, subscreva ou cancele a subscrição dos newsgroups e marque os artigos como lidos ou desmarque-os. A menos que você informe-o para reorganizar a ordem dos newsgroups no *.newsrc*, o News::Newsrc deixará a ordem inalterada.

Referência do News::Newsrc

new

$newsrc = **new** News::Newsrc

O construtor. Cria um novo objeto News::Newsrc que não contém nenhum newsgroup.

add_group

$newsrc->**add_group**(*nome_grupo[, opções]*)

Adiciona o newsgroup ao *.newsrc*, como um grupo subscrito. O default é adicionar no final. Os argumentos são:

nome_grupo
    O nome do newsgroup a adicionar.

opções
    O hash com uma entrada, indicando onde colocar o newsgroup. A chave é where e os possíveis valores são:

```
after => grupo
```
    Colocará imediatamente após o newsgroup *grupo* ou por último se o *grupo* não estiver lá.

```
alpha
```
    Coloca em ordem alfabética.

```
before => grupo
```
    Coloca imediatamente antes do newsgroup *grupo*.

```
first
```
    Coloca como o primeiro newsgroup.

```
last
```
    Coloca como o último newsgroup.

```
number => n
```
    Coloca na posição *n*, onde a primeira posição é 0. Se a posição for negativa, contará do final da lista para o início *n* posições.

del_group
*$newsrc->***del_group***(nome_grupo)*
Remove o newsgroup especificado *nome_grupo* do *.newsrc*.

exists
*$newsrc->***exists***(nome_grupo)*
Retornará true se o newsgroup *nome_grupo* estiver no *.newsrc*.

groups
*$newsrc->***groups***( )*
Retorna a lista de newsgroups no *.newsrc*. No contexto escalar, retornará uma referência do array.

load
*$newsrc->***load***([nome_do_arquivo])*
Carrega os newsgroups em *nome_do_arquivo* no *$newsrc*, substituindo qualquer newsgroup que já exista lá. O default é *$HOME/.newsrc*.

mark
*$newsrc->***mark***(nome_grupo, número_artigo[, opções])*
Adiciona um artigo à lista para um newsgroup especificado. Os argumentos são:

nome_grupo
    O newsgroup ao qual adicionar um artigo.

número_artigo
    O número do artigo a adicionar.

opções
    O hash. Veja a descrição em add_group

marked

*$newsrc->***marked***(nome_grupo, número_artigo)*

Retornará true se o newsgroup existir e contiver o artigo especificado. Os argumentos são:

nome_grupo
    O grupo a reportar.

número_artigo
    O número do artigo a verificar.

marked_articles

*$newsrc->***marked_articles***(nome_grupo)*

Retorna a lista de artigos no grupo *nome_grupo*. No contexto escalar, retornará uma referência do array.

mark_list

*$newsrc->***mark_list***(nome_grupo, \@lista_artigos[, opções])*

Adiciona artigos à lista para um grupo especificado. Os argumentos são:

nome_grupo
    O grupo ao qual adicionar os artigos.

\@lista_artigos
    A referência para a lista de artigos a adicionar.

opções
    O hash. Veja a descrição em add_group.

mark_range

*$newsrc->***mark_range***(nome_grupo, n, m[, opções])*

Adiciona os artigos na faixa especificada à lista. Os argumentos são:

nome_grupo
    O newsgroup ao qual adicionar os artigos.

n   O número do primeiro artigo na faixa.

m   O número do último artigo na faixa.

opções
    O hash. Veja a descrição em add_group.

save

$newsrc->**save( )**

Grava as alterações no arquivo .newsrc.

save_as

$newsrc->**save_as**(nome_do_arquivo)

Grava as alterações no arquivo nome_do_arquivo especificado, ao invés do arquivo .newsrc.

sub_groups

$newsrc->**sub_groups( )**

Retorna uma lista de grupos subscritos no .newsrc.

subscribe

$newsrc->**subscribe**(nome_grupo)

Subscreve para o newsgroup nome_grupo. Se o grupo não estiver no .newsrc, ele será adicionado; sua localização poderá ser dada nas opções, como especificado para add_group.

subscribed

$newsrc->**subscribed**(nome_grupo)

Retornará true se o grupo nome_grupo existir e for subscrito.

unmark

$newsrc->**unmark**(nome_grupo, número_artigo[, opções])

Remove o artigo especificado da lista de grupos. Os argumentos são:

nome_grupo
    O newsgroup do qual remover os artigos.

número_artigo
    O artigo a remover.

opções
    O hash. Veja a descrição em add_group.

unmarked_articles

*$newsrc->***unmarked_articles***(nome_grupo, n, m[, opções])*

Retorna a lista de artigos de *n* a *m*, inclusive, que não estão na lista de arquivos para o newsgroup. Os argumentos são:

nome_grupo
    O grupo a partir do qual retornar os artigos.

n   O número do primeiro artigo na faixa.

m   O número do último artigo na faixa.

opções
    O hash. Veja a descrição em add_group.

unmark_list

*$newsrc->***unmark_list***(nome_grupo, \@lista_artigos[, opções])*

Remove a lista especificada de artigos da lista de grupos. Os argumentos são:

nome_grupo
    O grupo a partir do qual remover os artigos.

\@lista_artigos
    A referência para a lista de artigos a remover.

opções
    O hash. Veja a descrição em add_group.

unmark_range

*$newsrc->***unmark_range***(nome_grupo, n, m[, opções])*

Remove uma faixa de artigos de *n* a *m* do *.newsrc*. Os argumentos são:

nome_grupo
    O grupo a partir do qual remover os artigos.

n   O número do primeiro artigo na faixa.

m   O número do último artigo na faixa.

opções
    O hash. Veja a descrição em add_group.

unsub_groups

*$newsrc->***unsub_groups***( )*

Retorna a lista de grupos não subscritos no *.newsrc*. No contexto escalar, retornará uma referência do array.

unsubscribe

*$newsrc->***unsubscribe***(nome_grupo[, opções])*

Cancela a subscrição do newsgroup no *.newsrc*. Se o grupo não estiver no *.newsrc*, será adicionado. Os argumentos são:

nome_grupo
   O grupo a partir do qual cancelar a subscrição.

opções
   O hash. Veja a descrição em add_group.

Capítulo 16

FTP

O File Transfer Protocol (FTP ou Protocolo de Transferência de Arquivos) é um meio popular de transferência entre computadores. A comunicação FTP segue o modelo cliente/servidor: o cliente inicia uma conversação enviando comandos e o servidor responde com mensagens e códigos de status, assim como enviando ou recebendo arquivos. Este capítulo analisa os dois módulos relacionados ao FTP incluídos na distribuição *libnet*: o Net::FTP, que fornece várias funções integrantes para implementar o lado cliente do FTP e o Net::Netrc, que fornece uma interface para obter informações de um arquivo *.netrc*.

O protocolo FTP permite transações de arquivos de duas maneiras, onde os arquivos poderão ser enviados ou obtidos a partir de um servidor FTP. Essas transações envolvem o sistema de arquivos local (no lado do cliente) e o sistema de arquivos remoto (no lado do servidor). Quando um arquivo é transferido entre os sistemas local e remoto, seu nome de arquivo no sistema de destino será o mesmo do sistema de origem, a menos que você especifique um novo nome de arquivo.

O protocolo FTP também lista os tipos de arquivos que poderão ser transferidos. Esses tipos definem (entre muitas outras coisas) como os caracteres do fim da linha são lidados para os diferentes tipos de arquivo.

O protocolo FTP

Quando um servidor aceita as solicitações FTP, ele abre uma porta (geralmente a porta 21) para as conexões de entrada e autentica os clientes com base na conta ou nos privilégios anônimos. Um usuário poderá conectar-se com uma conta legítima nessa máquina, fornecer sua própria senha e ter acesso a qualquer arquivo que normalmente tem acesso no shell Unix. Muitos servidores também permitem o FTP "anônimo", no qual os usuários se conectam com o nome "anonymous" (anônimo) e usam seu endereço e-mail como a senha. Então recebem um acesso restrito concedido a uma parte limitada do sistema de arquivos.

Os comandos FTP definidos no RFC 959 são listados na tabela a seguir:

Comando	Significado
ABOR	Aborta o comando FTP anterior
ACCT	Especifica a conta do usuário
ALLO	Informa ao servidor para alocar um armazenamento extra para o novo arquivo
APPE	Informa ao servidor para anexar a um arquivo existente
CDUP	Muda para o diretório-pai
CWD	Muda de diretório
DELE	Apaga um arquivo
HELP	Obtém ajuda
LIST	Lista os arquivos para a exibição
MKD	Cria um diretório
MODE	Especifica o modo de transferência de dados
NLST	Lista os arquivos para o processamento extra
NOOP	Sem op
PASS	Especifica a senha do usuário
PASV	Informa ao servidor para ir para o modo "passivo"
PORT	Especifica a porta de dados para a conexão
PWD	Imprime o diretório de trabalho
QUIT	Fecha a conexão
REIN	Reinicializa a conexão
REST	Reinicia uma transferência de arquivos
RETR	Recupera um arquivo
RMD	Remove um diretório
RNFR	Especifica o nome do caminho do arquivo a ser renomeado
RNTO	Especifica o novo nome do arquivo que está sendo renomeado
SITE	Fornece serviços extras específicos do site
SMNT	Monta um sistema de arquivos diferente
STAT	Obtém o status
STOR	Informa ao servidor para aceitar um arquivo para o armazenamento
STOU	Informa ao servidor para criar um nome exclusivo para o novo arquivo
STRU	Especifica a estrutura de arquivos
SYST	Informa ao servidor para declarar seu sistema operacional
TYPE	Especifica o tipo de representação dos dados
USER	Especifica o nome do usuário

Exatamente quais comandos FTP estão disponíveis dependerá do servidor; alguns servidores implementam um subconjunto ou possivelmente um superconjunto de comandos definidos no RFC. O Net::FTP, que analisaremos neste capítulo, fornece métodos que implementam todos os comandos exceto os seguintes:

ALLO HELP MODE REIN SITE SMNT STAT STRU SYST

Net::FTP

O Net::FTP é usado para transferir arquivos a partir de hosts remotos. Usando o Net::FTP você poderá escrever clientes FTP simples que transferem arquivos a partir dos servidores remotos, com base nas informações transmitidas na linha de comandos ou a partir das variáveis com muito código. Este é um exemplo de um cliente que conecta um servidor FTP remoto e obtém um arquivo a partir do servidor:

```perl
#!/usr/local/bin/perl -w

use Net::FTP;

$hostname = 'remotehost.com';
$username = 'anonymous';
$password = 'myname@mydomain.com';

# Hardcode the directory and filename to get
  (Codifique muito o diretório e o nome de arquivo para obter)
$home = '/pub';
$filename = 'TESTFILE';

# Open the connection to the host (Abra a conexão com o host)
$ftp = Net::FTP->new($hostname);     # construct object (construa objeto)
$ftp->login($username, $password);   # log in (conecte-se)


$ftp->cwd($home), "\n";        # change directory (mude de diretório)
print $ftp->ls($home), "\n";

# Now get the file and leave (Agora obtenha o arquivo e saia)
$ftp->get($filename);
$ftp->quit;
```

Os clientes FTP também foram integrados com a maioria dos paginadores World Wide Web, usando *ftp://* no lugar de *http://*. Quando o URL aponta para um diretório, o paginador exibe uma listagem do diretório, onde cada nome de arquivo é uma ligação para esse arquivo. Quando o URL aponta diretamente para um arquivo, o arquivo remoto é carregado.

Este é um exemplo que usa o Net::FTP para listar os arquivos de um servidor FTP remoto em uma página Web, com uma ligação a partir de cada arquivo para o URL do arquivo no site remoto:

```perl
#!/usr/loca/bin/perl -w

use Net::FTP;


$hostname = 'remotehost.com';           # ftp host (host ftp)
$username = 'anonymous';                # username (nome do usuário)
$password = 'myname@mydomain.com';      # password (senha)
$home = '/pub';


$ftp = Net::FTP->new($hostname);        #Net::FTP constructor (cons
                                        trutor Net::FTP)
$ftp->login($username, $password);      # login w/ username and password
                                        (conecte c/ nome do usuário e senha)


$pwd = $ftp->pwd;                       # get current directory (obter
                                        diretório atual)

# Now, output HTML page. (Agora, produza página HTML.)
print <<HTML;
Content-type: text/html
<HTML>

    <HEAD>
        <TITLE>Download Files</TITLE>
    </HEAD>
    <BODY>

        <B>Current working directory:</B> $pwd<BR>
        Files to download: <P>
HTML


    @entries = $ftp->ls($home);         # slurp all entries into an array
                                        (mova todas as entrada para um array)
    foreach (@entries) {# now, output links for all files in the ftp area
                        # as links (agora, produza ligações para todos os
                        arquivos na área ftp como ligações)
```

```
            print "<INPUT TYPE=hidden NAME=\"files\"
            VALUE=\"$_\">\n";
            print "<A HREF=\"ftp://$hostname$_\">",
            "<IMG SRC=\"http://www/icons/f.gif\" border=0>\n";
            print " $_</A><BR>\n";
        }
        print <<HTML;
</BODY>
</HTML>
HTML
$ftp->quit;          # end FTP session (encerre sessão FTP)
```

O módulo Net::FTP implementa um subconjunto (como mostrado anteriormente neste capítulo) do protocolo FTP como definido no RFC 959. Além de fornecer os métodos mostrados abaixo, o módulo herda do Net::Cmd. Alguns métodos Net::FTP retornam um objeto derivado da classe *dataconn* (que é por sua vez derivada da classe IO::Socket::INET), como notado nas entradas para esses métodos.

Os seguintes métodos são definidos por Net::FTP:

---

new

$ftp = **Net::FTP->new**(host[, opções])

Constrói um novo objeto Net::FTP. Os argumentos são:

host
    O nome do host remoto.

opções
    Uma hash especificando qualquer informação a seguir:

    Firewall
        O nome de uma proteção FTP.

    Port
        O número da porta para usar para a conexão FTP. O default é 21.

    Timeout
        O valor do intervalo. O default é 120 segundos.

    Debug
        O nível da depuração.

    Passive
        True ou false, especificando se é para executar as transferências no modo passivo.

abort

$ftp->**abort( )**

Aborta a transação atual.

appe

$ftp->**appe***(arquivo)*

Anexa os dados ao final do arquivo *arquivo* remoto, que será criado se não existir. Se o usuário chamar pasv ou port, retornará true ou false. Do contrário, retornará uma referência para um objeto Net::FTP::dataconn.

append

$ftp->**append***(local[, remoto])*

Anexa o conteúdo de um arquivo local a um arquivo existente no sistema remoto. Os argumentos são:

local
    O nome do arquivo no sistema local para transferir ou um handle de arquivo.

remoto
    O nome do arquivo no sistema remoto. Se o *local* for um handle de arquivo, o *remoto* terá que ser especificado.

authorize

$ftp->**authorize***([autoriz[, resp]])*

Autoriza o usuário a enviar dados para fora da proteção, para usar com os substitutos FTP. Se a autorização *autoriz* e a resposta *resp* não forem especificadas, o authorize usará o Net::Netrc para fazer uma pesquisa.

Chamado sem argumentos por login caso a conexão seja através de uma proteção.

ascii

$ftp->**ascii***([args])*

Altera o tipo de transferência de dados para ascii. Como type, sem a necessidade de especificar o primeiro argumento.

binary

$ftp->**binary***([args])*

Altera o tipo de transferência de dados para binary. Como type, sem a necessidade de especificar o primeiro argumento.

byte

*$ftp->***byte***([args])*

Altera o tipo de transferência de dados para byte. Não suportado. Se especificado, terá como default o binário. Como type, sem a necessidade de especificar o primeiro argumento.

cdup

*$ftp->***cdup***( )*

Sobe um nível na hierarquia de diretórios.

cwd

*$ftp->***cwd***([dir])*

Altera o diretório de trabalho para *dir*. Sem argumentos, alterará o diretório para o raiz.

delete

*$ftp->***delete***([nome_do_arquivo])*

Apaga o arquivo especificado do servidor.

dir

*$ftp->***dir***([dir])*

Lista o diretório do servidor especificado no formato longo. Retornará uma referência para a lista. O *dir* tem como default o diretório de trabalho atual.

ebcdic

*$ftp->***ebcdic***([args])*

Altera o tipo de transferência de dados para ebcdic. Não suportado. Se especificado, terá como default o binário. Como type, sem a necessidade de especificar o primeiro argumento.

get

*$ftp->***get***(remoto[, local])*

Recupera um arquivo a partir do servidor. Se especificado, o *local* será o nome a dar ao arquivo no sistema local, do contrário o nome ficará igual. Os argumentos são:

remoto
    O nome do arquivo a recuperar a partir do sistema remoto.

> local
>> O novo nome do arquivo no sistema local ou um handle de arquivo. Se omitido, o mesmo nome do arquivo será usado.

list

> *$ftp->***list**(*[dir]*)
> Lista um diretório, *dir*, para a exibição. Se o usuário chamar pasv ou port, retornará true ou false. Do contrário, retornará uma referência para um objeto Net::FTP::dataconn. Se o diretório for omitido, terá como default o diretório atual.

login

> *$ftp->***login***([conexão[, senha[, conta]]])*
> Conecta o usuário a um servidor FTP. Os argumentos são:
>
> *conexão*
>> O nome de conexão. Se não especificado, terá como default anonymous ou o valor em *$HOME/.netrc*.
>
> *senha*
>> A senha. Se não especificada, terá como default o endereço e-mail do usuário ou o valor em *$HOME/.netrc*.
>
> *conta*
>> As informações extras da conta, para os arquivos no servidor FTP que têm restrições especiais de acesso.

ls

> *$ftp->***ls***([dir])*
> Lista o diretório, *dir*, retornando uma referência para a lista. O default é o diretório de trabalho atual.

mdtm

> *$ftp->***mdtm***(arquivo)*
> Retorna a hora de modificação do arquivo *arquivo* remoto.

mkdir

> *$ftp->***mkdir***(dir[, recursivo])*
> Cria um novo diretório. Os argumentos são:

dir   O nome do novo diretório.

recursivo
   Se true, criará todos os diretórios no caminho quando for necessário.

nlst

*$ftp->*nlst*([dir])*
Lista um diretório, *dir*, para mais processamento. Sem argumentos, terá como default o diretório atual. Se o usuário chamar pasv ou port, retornará true ou false. Do contrário, retornará uma referência para um objeto Net::FTP::dataconn.

pasv

*$ftp->*pasv( )
Coloca o servidor no modo passivo.

pasv_wait

*$ftp->*pasv_wait*(servidor)*
Aguarda que uma transferência termine entre um servidor passivo e não passivo, onde o *servidor* é o objeto Net::FTP para o servidor não passivo.

pasv_xfer

*$ftp->*pasv_xfer*(arquivo1, servidor, [arquivo2])*
Transfere um arquivo entre dois servidores remotos. Os argumentos são:

arquivo1
   O arquivo para transferir a partir do servidor representado pelo objeto Net::FTP.

servidor
   O servidor de destino.

arquivo2
   O novo nome do arquivo no servidor de destino. Se omitido, o nome original será usado.

pasv_xfer_unique

*$ftp->*pasv_xfer_unique*(arquivo1, servidor[, arquivo2])*
Como pasv_xfer, mas armazena o arquivo no servidor remoto com um novo nome (exclusivo).

port

*$ftp->***port***([porta])*

Envia um comando PORT informando ao servidor para usar a porta *porta*. Sem argumentos, um soquete será criado e suas informações serão enviadas.

put

*$ftp->***put***(local[, remoto])*

Coloca um arquivo no servidor. Os argumentos são:

local
    O nome do arquivo para transferir do sistema local ou um handle de arquivo.

remoto
    O novo nome de arquivo no sistema remoto. Se omitido, o mesmo nome de arquivo será usado. Se o *local* for um handle de arquivo, o nome de arquivo remoto terá que ser especificado.

put_unique

*$ftp->***put_unique***(local[, remoto])*

Coloca um arquivo com um nome exclusivo no servidor. Os argumentos são:

local
    O nome do arquivo para transferir do sistema local ou um handle de arquivo.

remoto
    O novo nome de arquivo no sistema remoto. Se um arquivo existir com esse nome, um novo nome de arquivo exclusivo será criado.

pwd

*$ftp->***pwd***( )*

Retorna o caminho do diretório atual.

quit

*$ftp->***quit***( )*

Fecha a conexão.

quot

*$ftp->***quot***(cmd[, args])*

Envia um comando do protocolo FTP literal para o servidor e aguarda uma resposta. Retornará o dígito mais importante do código de resposta.

rename

*$ftp->***rename***(arquivo1, arquivo2)*

Renomeia um arquivo no servidor. Os argumentos são:

arquivo1
    O antigo nome do arquivo.

arquivo2
    O novo nome do arquivo.

retr

*$ftp->***retr***(arquivo)*

Recupera o arquivo *arquivo* a partir do servidor remoto. Se o usuário chamar pasv ou port, retornará true ou false. Do contrário, retornará uma referência para um objeto Net::FTP::dataconn.

rmdir

*$ftp->***rmdir***(dir)*

Remove o diretório *dir*.

size

*$ftp->***size***(arquivo)*

Retorna o tamanho do arquivo *arquivo* em bytes.

stor

*$ftp->***stor***(arquivo)*

Informa ao servidor para armazenar um novo arquivo sob o nome *arquivo*. Se o usuário chamar pasv ou port, retornará true ou false. Do contrário, retornará uma referência para um objeto Net::FTP::dataconn.

stou

*$ftp->***stou***(arquivo)*
Como stor, mas armazena o arquivo no servidor remoto com um nome exclusivo, *arquivo*. Se o usuário chamar pasv ou port, retornará true ou false. Do contrário, retornará uma referência para um objeto Net::FTP::dataconn.

supported

*$ftp->***supported***(cmd)*
Retornará true se o servidor suportar o comando *cmd*.

type

*$ftp->***type***(tipo[, args])*
Altera o tipo de transferência de dados. Os tipos possíveis são ascii, ebcdic, byte e binary. O valor *args* dependerá do tipo.

unique_name

*$ftp->***unique_name***( )*
Retorna o nome do último arquivo armazenado com um nome exclusivo.

A configuração FTP com o Net::Netrc

Os clientes FTP baseados no Unix usam um arquivo chamado *.netrc*, que você poderá configurar para automatizar o acesso FTP para os sites visitados com freqüência. Com um arquivo *.netrc* devidamente definido, você poderá simplesmente executar o comando FTP para um host FTP favorito e ser conectado automaticamente ao servidor FTP. Seu arquivo *.netrc* contém uma linha para cada conexão que você deseja ser capaz de fazer. As seguintes fichas poderão ser especificadas para cada entrada:

`machine` *nome*
    Especifica uma máquina remota à qual você deseja se conectar automaticamente:
        `machine remotehost.com`
    Ao invés de machine *nome*, você poderá especificar a palavra default para coincidir com qualquer nome da máquina. Isto é geralmente usado para as conexões anônimas com as máquinas não listadas no *.netrc*.

`login` *nome*
    Se presente, identifica o usuário que conecta a máquina remota, onde *nome* é o nome de conexão.

`password` *senha*
> Se presente, fornece a senha do usuário. O processo de conexão automática usará a senha especificada se o servidor remoto requerer uma.

`account` *conta*
> Se presente, fornece uma senha extra para o usuário. O processo de conexão automática usará essa senha se o servidor remoto requerer uma.

`macdef` *nome*
> Se presente, define uma macro com o nome especificado. O Net::Netrc simplesmente analisará esse campo para manter a compatibilidade com o FTP.

Este é um exemplo de uma entrada *.netrc* típica:

```
machine remotehost.com login username password userpasswd
```

Fornecer seu nome do usuário e senha para os sites remotos em uma forma não criptografada terá sérias implicações na segurança. Muitos sites consideram os arquivos *.netrc* uma violação da estratégia de segurança e não os permitem. E mais, a maioria dos clientes FTP requer que o arquivo *.netrc* seja possuído por você e seja legível apenas por você, com as permissões definidas para 0400 ou 0600. Se as permissões não estiverem devidamente definidas, o processo de conexão automática será abortado. O Net::Netrc segue essa convenção de segurança; se as permissões e a propriedade não estiverem corretas, o arquivo *.netrc* não será lido e uma mensagem de aviso será enviada.

O Net::Netrc implementa uma interface simples para o arquivo *.netrc*, informando sobre quais hosts você poderá conectar automaticamente. Ele não conecta nenhum host remoto, simplesmente é usado para consultar seu arquivo de configuração e retornar o valor das fichas.

Os seguintes métodos são fornecidos pelo Net::Netrc:

lookup

$machine = **Net::Netrc->lookup***(host[, conexão])*

O construtor. Pesquisa e retorna uma referência para a entrada da máquina do host especificada, *host*. Sem o argumento *conexão* opcional, o lookup retornará a primeira entrada no arquivo *.netrc* para a máquina.

Se não houver nenhuma entrada coincidente, o lookup retornará uma referência para a entrada default.

account

$machine->**account**

Retornará as informações da conta especificadas pela entrada da conta *.netrc*, se houver alguma.

lpa

*(@conexão_senha_conta) = $machine->***lpa**

Retorna uma lista de informações sobre a conexão, senha e conta especificadas pelas fichas *.netrc.*

login

*$machine->***login**

Retorna o nome do usuário (id de conexão) especificado pela ficha de conexão *.netrc.*

password

*$machine->***password**

Retorna a senha especificada pela ficha de senha *.netrc.*

Capítulo 17

Biblioteca LWP

A LWP, a biblioteca para o acesso Web no Perl, é um monte de módulos que fornece uma abordagem consistente baseada em objetos para criar aplicações Web. A biblioteca, carregada como um único arquivo denominado *libwww-perl*, contém as seguintes classes:

File
    Analisa as listagens de diretórios.

Font
    Lida com a Font Metrics (Métrica da Fonte) Adobe.

HTML
    Analisa os arquivos HTML e converte-os nas formas imprimíveis ou outras.

HTTP
    Fornece as solicitações do cliente, as respostas do servidor e a implementação do protocolo.

LWP
    O núcleo de todos os programas-clientes Web. Cria conexões da rede, gerencia a comunicação e as transações entre o cliente e o servidor.

URL
    Cria, analisa e converte os URLs.

WWW
    Implementa os padrões usados para os robôs (programas automáticos do cliente).

Cada módulo fornece blocos de construção diferentes que compõem toda uma transação Web — desde a conexão, passando pela solicitação, até a resposta e os dados retornados. Cada parte é encapsulada por um objeto para fornecer uma interface padrão para todo programa Web escrito. A seguinte seção fornecerá uma visão geral de como o LWP funciona para criar um cliente Web.

Visão geral do LWP

Qualquer transação Web requer uma aplicação que possa estabelecer uma conexão de rede TCP/IP, enviar e receber mensagens usando o devido protocolo (geralmente HTTP). As conexões TCP/IP são estabelecidas usando soquetes e as mensagens são trocadas através de handles de arquivo de soquete. Veja o Capítulo 13, *Soquetes*, para obter informações sobre como criar manualmente as aplicações de soquete. O LWP fornece um objeto para essa aplicação com o LWP::UserAgent para os clientes; o HTTP::Daemon fornece um objeto-servidor. O objeto UserAgent age como o paginador: ele conecta um servidor, envia solicitações, recebe respostas e gerencia os dados recebidos. É assim que é criado um objeto UserAgent:

```
use LWP::UserAgent;
$ua = new LWP::UserAgent;
```

Agora o UserAgent precisará enviar uma mensagem para um servidor solicitando um URL (Localizador de Recursos Universal) usando o método request. O request forma uma solicitação HTTP a partir do objeto dado como seu argumento. Esse objeto de solicitação é criado pelo HTTP::Request.

Uma mensagem de solicitação HTTP contém três elementos. A primeira linha de uma mensagem sempre contém um comando HTTP chamado de *método*, um Identificador de Recursos Universal (URI), que identifica o arquivo ou recurso que o cliente está consultando e o número da versão HTTP. As seguintes linhas de uma solicitação do cliente contêm informações do cabeçalho, que fornece informações sobre o cliente e quaisquer dados que ele esteja enviando para o servidor. A terceira parte de uma solicitação do cliente é o corpo da entidade, que são os dados que estão sendo enviados para o servidor (para o método POST). O seguinte é uma solicitação HTTP de exemplo:

```
GET /index.html HTTP/1.0
User-Agent: Mozilla/1.1N (Macintosh; I; 68K)
Accept: */*
Accept: image/gif
Accept: image/jpeg
```

O LWP::UserAgent->request forma essa mensagem a partir de um objeto HTTP:Request. Um objeto de solicitação requer um método para o primeiro argumento. O método GET solicita um arquivo, enquanto que o método POST fornece informações como os dados do formulário para uma aplicação-servidor. Existem outros métodos, mas esses dois são os mais usados.

O segundo argumento é o URL para a solicitação. O URL terá que conter o nome do servidor, é assim que o UserAgent sabe onde conectar. O argumento URL poderá ser representado como uma string ou como um objeto URI::URL, que permite que URLs mais complexos sejam formados e gerenciados. Os parâmetros opcionais para um HTTP::Request incluem seus próprios cabeçalhos, na forma de um objeto HTTP::Headers e quaisquer dados POST para a mensagem. O seguinte exemplo criará um objeto de solicitação:

```
use HTTP::Request;


$req = new HTTP::Request(GET, $url, $hdrs);
```

O objeto URL é criado assim:

```
use URI::URL;


$url = new URI::URL('www.ora.com/index.html');
```

E um objeto de cabeçalho poderá ser criado assim:

```
use HTTP::Headers;


$hdrs = new HTTP::Headers(Accept => 'text/plain',
                          User-Agent => "MegaBrowser/1.0');
```

Então você poderá reuni-los para fazer uma solicitação:

```
use LWP::UserAgent;        # This will cover all of them! (Isso cobrirá todos!)


$hdrs = new HTTP::Headers(Accept => 'text/plain',
                          User-Agent => 'MegaBrowser/1.0");
$url new URI::URL('www.ora.com/index.html');
$req = new HTTP::Request(GET, $url, $hdrs);
$ua = new LWP::UserAgent;
$resp = $ua->request($req);
if ($resp->is_success) {
        print $resp->content;}
else {
        print $resp-message;}
```

Uma vez que a solicitação tenha sido feita pelo agente usuário, a resposta do servidor será retornada como outro objeto, descrito pelo HTTP::Response. Esse objeto conterá o código de status da solicitação, os cabeçalhos retornados e o conteúdo solicitado, se tiver sucesso. No exemplo, is_success verificará para saber se a solicitação foi preenchida sem problemas, assim produzindo o conteúdo. Se malsucedida, uma mensagem descrevendo o código de resposta do servidor será impressa.

Existem outros módulos e classes que criam objetos úteis para os clientes Web no LWP, mas os exemplos acima mostram os mais básicos. Para as aplicações do servidor, muitos dos objetos usados acima irão tornar-se parte de uma transação do servidor, que você mesmo criará (como objetos de resposta) ou receberá de um cliente (como objetos de solicitação).

A funcionalidade extra para as aplicações cliente e servidor é fornecida pelo módulo HTML. Esse módulo fornece muitas classes para a criação e a interpretação dos documentos HTML. O resto deste capítulo fornecerá informações para os módulos LWP, HTTP, HTML e URI.

Os módulos LWP

Os módulos LWP fornecem o básico da funcionalidade para a programação Web no Perl. Ele contém os fundamentos para as aplicações de rede, as implementações do protocolo, as definições do tipo de meio e a capacidade de depuração.

Os módulos LWP::Simple e LWP::UserAgent definem as aplicações-clientes que implementam as conexões de rede, enviam solicitações e recebem dados de resposta dos servidores. O LWP::RobotUA é outra aplicação-cliente que é usada para construir pesquisadores Web automatizados seguindo um conjunto especificado de regras.

O LWP::UserAgent é o módulo básico usado nas aplicações construídas com o LWP. Com ele, você poderá construir seu próprio cliente Web completo. Também é a classe de base para os módulos Simple e RobotUA. Esses dois módulos fornecem um conjunto especializado de funções para criar os clientes.

Os módulos LWP adicionais fornecem os blocos de construção requeridos para as comunicações Web, mas você geralmente não precisará usá-los diretamente em suas aplicações. O LWP::Protocol implementa as conexões de soquete reais com o devido protocolo. O protocolo mais usado é o HTTP, mas os protocolos de correspondência (como o SMTP), o FTP para as transferências de arquivos e outros poderão ser usados nas redes.

O LWP::MediaTypes implementa as definições MIME para a identificação do tipo de meio e o mapeamento para as extensões de arquivo. O módulo LWP::Debug fornece funções para ajudar a depurar suas aplicações LWP.

As seguintes seções descreverão os módulos RobotUA, Simple e UserAgent do LWP.

LWP::RobotUA

O Robot User Agent (Agente do Usuário Robô) (LWP::RobotUA) é uma subclasse do LWP::UserAgent e é usado para criar aplicações-clientes robôs. Uma aplicação-robô solicita recursos de uma maneira automatizada. Os robôs executam atividades como pesquisar, espelhar e examinar. Alguns robôs colecionam estatísticas, ao passo que outros percorrem a Web e resumem seus achados para um motor de pesquisa.

O módulo LWP::RobotUA define os métodos para ajudar a programar as aplicações-robôs e observa o Robot Exclusion Standards (Padrões de Exclusão do Robô), que os administradores do servidor Web poderão definir em seu site Web para manter os robôs longe de certas áreas (ou todas) do site.

O construtor para um objeto LWP::RobotUA é assim:

    $rob = LWP::RobotUA->new(nome_agente, e-mail, [$regras]);

O primeiro parâmetro *nome_agente*, é o identificador do agente do usuário usado para o valor do cabeçalho User-Agent na solicitação. O segundo parâmetro é o endereço e-mail da pessoa que usa o robô e o terceiro parâmetro opcional é uma referência para um objeto WWW::RobotRules, que é usado para armazenar as regras do robô para um servidor. Se você omitir o terceiro parâmetro, o módulo LWP::RobotUA solicitará o arquivo *robots.txt* a partir de todo servidor que ele contactar e então irá gerar seu próprio objeto WWW::RobotRules.

Como o LWP::RobotUA é uma subclasse do LWP::UserAgent, os métodos LWP::UserAgent serão usados para executar as atividades básicas do cliente. Os seguintes métodos são definidos pelo LWP::RobotUA para a funcionalidade relacionada ao robô:

as_string

$rob->**as_string**( )

Retorna uma string legível pelos humanos, que descreve o status do robô.

delay

$rob->**delay**([tempo])

Define ou retorna o *tempo* especificado (em minutos) para aguardar entre as solicitações. O valor default é 1.

host_wait

$rob->**host_wait**(loc_rede)

Retorna o número de segundos que o robô terá que aguardar antes de poder solicitar outro recurso do servidor identificado pelo *loc_rede*.

no_visits

$rob->**no_visits**(loc_rede)

Retorna o número de visitas de um certo servidor. O *loc_rede* tem a forma *usuário:senha@host:porta*. O usuário, a senha e a porta são opcionais.

rules

$rob->**rules**([$regras])

Define ou retorna o objeto WWW::RobotRules *$regras* a ser usado ao determinar se o módulo terá o acesso permitido para um determinado recurso.

LWP::Simple

O LWP::Simple fornece uma interface fácil de usar para criar um cliente Web, embora seja apenas capaz de executar as funções básicas de recuperação. Um construtor de objetos não é usado para essa classe; define as funções para recuperar informações a partir de um URL especificado e interpreta os códigos de status das solicitações.

Este módulo não é nomeado como Simple por acaso. As seguintes linhas mostram como usá-lo para obter uma página Web e gravá-la em um arquivo:

```
use LWP::Simple;

$homepage = 'oreilly_com.html';
$status = getstore('http://www.oreilly.com/', $homepage);
print("hooray") if is_success($status);
```

As funções de recuperação get e head retornam o conteúdo do URL e o conteúdo do cabeçalho respectivamente. As outras funções de recuperação retornam o código de status HTTP da solicitação. Os códigos de status são retornados como as constantes a partir do módulo HTTP::Status, que também é onde os métodos is_success e is_failure são obtidos. Veja a seção sobre o HTTP::Status posteriormente neste capítulo para obter uma listagem dos códigos de resposta.

O identificador do agente do usuário produzido pelo LWP::Simple é LWP::Simple/*n.nn*, onde *n.nn* é o número da versão do LWP que está sendo usado.

A seguinte lista descreve as funções exportadas pelo LWP::Simple:

get

get *(url)*

Retorna o conteúdo do *url* especificado. No caso de falha, a get retornará undef. A não ser retornar undef, não há uma maneira de acessar o código de status HTTP ou os cabeçalhos retornados pelo servidor.

getprint

getprint *(url)*

Imprime o conteúdo do *url* na saída padrão e retorna o código de status HTTP dado pelo servidor.

getstore

getstore *(url, arquivo)*

Armazena o conteúdo do *url* especificado no *arquivo* e retorna o código de status HTTP dado pelo servidor.

head

head *(url)*

Retorna as informações do cabeçalho sobre o *url* especificado na forma: ($content_type, $document_length, $modified_time, $expires, $server). No caso de falha, a head retornará uma lista vazia.

is_error

is_error *(código)*

Dado um *código* de status a partir de getprint, getstore ou mirror, retornará true se a solicitação não foi bem-sucedida.

is_success

is_success *(código)*

Dado um *código* de status a partir de getprint, getstore ou mirror, retornará true se a solicitação foi bem-sucedida.

mirror

mirror *(url, arquivo)*

Copia o conteúdo do *url* especificado no *arquivo*, quando a hora da modificação ou o comprimento da versão on-line for diferente do arquivo nomeado.

LWP::UserAgent

As solicitações na rede serão executadas com os objetos LWP::UserAgent. Para criar um objeto LWP::UserAgent, use:

```
$ua = new LWP::UserAgent;
```

Você fornecerá ao objeto uma solicitação, que ele usará para entrar em contato com o servidor e as informações solicitadas serão retornadas. Geralmente o método mais usado nesse módulo é o request, que entra em contato com um servidor e retorna o resultado de sua consulta. Os outros métodos nesse módulo alteram o modo como o request se comporta. Você poderá alterar o valor do intervalo, personalizar o valor do cabeçalho User-Agent ou usar um servidor substituto.

Os seguintes métodos são fornecidos pelo LWP::UserAgent:

request

$ua->request($solicitar, [arquivo \ $sub, tamanho])

Executa uma solicitação para o recurso especificado por $solicitar, que é um objeto HTTP:Request. Retorna as informações recebidas do servidor como um objeto HTTP::Response. Normalmente, fazer um $ua->request($request) será suficiente. Você poderá também especificar uma sub-rotina para processar os dados quando eles entram ou poderá fornecer um nome de arquivo no qual armazenar o corpo da entidade da resposta. Os argumentos são:

$solicitar

Um objeto HTTP:Request. O objeto terá que conter o método e o URL do site a ser consultado. Esse objeto terá que existir antes de request ser chamado.

arquivo

O nome do arquivo no qual armazenar o corpo da entidade da resposta. Quando essa opção é usada no request, o corpo da entidade do objeto de resposta retornado será vazio.

$sub

Uma referência para uma sub-rotina que processará os dados da resposta. Se você usar o terceiro argumento opcional, *tamanho*, a sub-rotina será chamada sempre que o número de bytes for recebido como os dados de resposta. A sub-rotina deverá esperar cada parte dos dados do corpo da entidade como um escalar no primeiro argumento, um objeto HTTP::Response como o segundo argumento e um objeto LWP::Protocol como o terceiro argumento.

tamanho

O argumento opcional que especifica o número de bytes do corpo da entidade recebido antes do callback *sub* ser chamado para processar os dados da resposta.

agent

$ua->agent([string])

Quando chamado sem argumentos, esse método retorna o valor atual do identificador usado no cabeçalho HTTP User-Agent. Se chamado com um argumento, o cabeçalho User-Agent usará a *string* como seu identificador no futuro.

clone

$ua->clone( )

Retorna uma cópia do objeto LWP::UserAgent.

cookie_jar

$ua->***cookie_jar***([$jar_atr])

Especifica o objeto "jarra de atrativos" para usar com o objeto UserAgent ou irá retorná-lo se chamado sem argumentos. A *$jar_atr* é uma referência para um objeto HTTP::Cookies que contém os dados atrativos do cliente. Veja a seção HTTP::Cookies para obter mais informações.

credentials

*$ua->***credentials***(loc_rede, domínio, nome_u, senha)*

Usa o nome do usuário dado e a senha para a autenticação no local e domínio da rede dados. Esse método define os parâmetros para os cabeçalhos WWW-Authenticate (Autenticado WWW) e Proxy-Authenticate (Autenticado Substituto) em uma solicitação. O método get_basic_credentials será chamado pelo request para recuperar o nome do usuário e senhas, se existirem. Os argumentos são:

loc_rede

O local da rede (geralmente uma string URL) ao qual o nome do usuário e senha aplicam-se.

domínio

O nome da faixa definida pelo servidor dos URLs aos quais esses dados aplicam-se.

nome_u

O nome do usuário para a autenticação.

senha

A senha para a autenticação. Por default, a senha será transmitida com a codificação de base 64 do MIME.

env_proxy

*$ua->***env_proxy***( )*

Define um mapeamento do esquema/URL substituto observando as variáveis-ambientes. Por exemplo, para definir o substituto HTTP, alguém definiria a variável-ambiente HTTP_PROXY com o URL do substituto. Para definir um domínio para evitar o substituto, alguém definiria a variável-ambiente NO_PROXY com o domínio que não precisa de um substituto.

from

*$ua->***from***([e-mail])*

Quando chamado sem argumentos, esse método retornará o valor atual do endereço e-mail usado no cabeçalho From. Se chamado com um argumento, o cabeçalho From usará esse endereço e-mail no futuro. (O cabeçalho From informa ao servidor Web o endereço e-mail da pessoa que está executando o software-cliente.)

get_basic_credentials

$ua->**get_basic_credentials***(domínio, url)*

Retornará uma lista contendo o nome do usuário e a senha para o *domínio* e *url* quando a autenticação for requerida por um servidor. Em geral essa função é chamada internamente por request. Esse método irá tornar-se útil ao criar uma subclasse do LWP::UserAgent com sua própria versão do get_basic_credentials. De lá, você poderá rescrever o get_basic_credentials para fazer coisas mais flexíveis, como pedir ao usuário informações sobre a conta ou referir-se às informações da autenticação em um arquivo. Tudo o que você precisará fazer é retornar uma lista, onde o primeiro elemento é um nome do usuário e o segundo, uma senha.

is_protocol_supported

$ua->**is_protocol_supported***(proto)*

Dado um esquema, esse método retornará um valor true ou false (diferente de zero ou zero). Um valor true significa que o LWP sabe como lidar com um URL com o protocolo especificado. Se retornar um valor false, o LWP não sabe como lidar com o URL.

max_size

$ua->**max_size***([tamanho])*

Define ou retorna o tamanho máximo (em bytes) para o conteúdo da resposta. O default é undef, que significa que não há limites. Se o conteúdo retornado for parcial porque o limite do tamanho foi excedido, então um cabeçalho X-Content-Range (Faixa do Conteúdo X) será adicionado à resposta.

mirror

$ua->**mirror***(url, arquivo)*

Dado um URL e o caminho do arquivo, esse método copiará o conteúdo do *url* para o arquivo quando os cabeçalhos do comprimento ou da data de modificação forem diferentes de qualquer recuperação anterior. Se o arquivo não existir, será criado. Esse método retornará um objeto HTTP::Response, onde o código da resposta indica o que aconteceu.

no_proxy

$ua->**no_proxy***(domínios)*

Não usa um servidor substituto para os *domínios* especificados.

parse_head

$ua->**parse_head**([booleano])

Define ou retorna um valor true ou false indicando se os cabeçalhos de resposta das seções <head> dos documentos HTML são inicializados. O default é true.

proxy

$ua->**proxy**(prot, url_subst)

Define um URL (url_subst) para usar com os protocolos especificados, prot. O primeiro parâmetro poderá ser uma referência para uma lista de nomes do protocolo ou um escalar que contenha um único protocolo. O segundo argumento definirá um URL substituto para usar com o protocolo.

timeout

$ua->**timeout**([segs])

Quando chamado sem argumentos, o timeout retornará o valor do intervalo de uma solicitação. Por default, esse valor é de três minutos. Portanto, se o software-cliente não receber nada de volta do servidor em três minutos, irá parar a transação e indicará que um intervalo ocorreu no código de resposta HTTP. Se chamado com um argumento, o valor do intervalo será redefinido para ser esse valor.

use_alarm

$ua->**use_alarm**([booleano])

Recupera ou define a capacidade de usar o alarm para os intervalos. Por default, os intervalos com alarm estão ativados. Se você pretende usar o alarm para suas próprias finalidades ou ele não for suportado em seu sistema, recomenda-se que desative o alarm chamando esse método com um valor zero.

Módulos HTTP

Os módulos HTTP implementam uma interface para o protocolo de mensagem HTTP usado nas transações Web. Seus módulos mais úteis são HTTP::Request e HTTP::Response, que criam objetos para as solicitações do cliente e as respostas do servidor. Outros módulos fornecem meios de manipular os cabeçalhos, interpretando os códigos de resposta do servidor, gerenciando os atrativos, convertendo os formatos da data e criando aplicações básicas do servidor.

As aplicações-clientes criadas com o LWP::UserAgent usam os objetos HTTP::Request para criar e enviar solicitações para os servidores. As informações retornadas de um servidor são gravadas como um objeto HTTP::Response. Ambos os objetos são subclasses do HTTP::Message, que fornece métodos gerais de criar e modificar as mensagens HTTP. As informações do cabeçalho incluídas nas mensagens HTTP poderão ser representadas por objetos da classe HTTP::Headers.

O HTTP::Status inclui as funções para classificar os códigos de resposta em categorias informacional, sucesso, redireção, erro, erro do cliente ou erro do servidor. Também exporta álias simbólicos de códigos de resposta HTTP; alguém poderá referir-se ao código de status 200 como RC_OK e referir-se ao 404 como RC_NOT_FOUND.

O módulo HTTP::Date converte as strings da data a partir de e na hora da máquina. O módulo HTTP::Daemon poderá ser usado para criar aplicações do servidor Web, utilizando a funcionalidade do resto dos módulos LWP para se comunicar com os clientes.

HTTP::Request

Esse módulo resume a solicitação de um cliente Web. Para obter uma solicitação GET simples, você definirá um objeto com o método GET e atribuirá um URL para aplicar nele. Os cabeçalhos básicos seriam preenchidos automaticamente pelo LWP. Para uma solicitação POST ou PUT, você poderá querer especificar um objeto HTTP::Headers personalizado para a solicitação ou usar o conteúdo de um arquivo para o corpo de uma entidade. Como o HTTP::Request herda tudo no HTTP::Message, você poderá usar o cabeçalho e os métodos de manipulação do corpo da entidade do HTTP::Message nos objetos HTTP::Request.

O construtor para o HTTP::Request é assim:

   $req = http::Request->new (*método, url, [$cabeçalho, [conteúdo]]*);

O método e os valores URL para a solicitação são parâmetros requeridos. Os argumentos do cabeçalho e do conteúdo não são requeridos, nem mesmo necessários para todas as solicitações. Os parâmetros são descritos como a seguir:

método
   Uma string especificando o método de solicitação HTTP. GET, HEAD e POST são os mais usados. Os outros métodos definidos na especificação HTTP como PUT e DELETE não são suportados pela maioria dos servidores.

url
   O endereço e o nome do recurso da informação que você está solicitando. Esse argumento poderá ser uma string contendo um URL absoluto (o nome do host é requerido) ou um objeto URI::URL que armazena todas as informações sobre o URL.

$cabeçalho
   Uma referência para um objeto HTTP::Headers.

conteúdo
   Um escalar que especifica o corpo da entidade da solicitação. Se omitido, o corpo da entidade será vazio.

Os seguintes métodos poderão ser usados nos objetos HTTP::Request:

as_string

$req->as_string

Retorna uma versão de texto do objeto de solicitação como uma string com \n colocados depois de cada linha. As informações sobre a referência do objeto também são incluídas na primeira linha. A string retornada se parece com este exemplo:

```
- - - HTTP::Request=HASH(0x68148) - - -
PUT http://www.ora.com/example/hi.text
Content-Length: 2
Content-Type: text/plain

hi
- - - - - - - - - - - - - - - - - - - - - - - - - - - - -
```

method

$req->method ([método])

Define ou recupera o método HTTP para um objeto HTTP::Request. Sem um argumento, o method retornará o método atual do objeto.

url

$req->url([url])

Define ou recupera o URL para o objeto de solicitação. Sem um argumento, esse método irá recuperar o URL atual do objeto. O *url* é uma string contendo o novo URL para definir para a solicitação ou um objeto URI::URL.

HTTP::Response

As respostas de um servidor Web são descritas pelos objetos HTTP::Response. Uma mensagem de resposta HTTP contém uma linha de status, cabeçalhos e qualquer dado do conteúdo solicitado pelo cliente (como um arquivo HTML). A linha de status é a exigência mínima para uma resposta. Ela contém a versão do HTTP que o servidor está executando, um código de status indicando o sucesso, falha ou outra consideração que a solicitação recebeu do servidor e uma mensagem curta descrevendo o código de status.

Se o LWP tiver problemas para preencher sua resposta, ele irá gerar internamente um objeto HTTP::Request e preencher um código de resposta adequado. No contexto da programação do cliente Web, geralmente você obterá um objeto HTTP::Response a partir do LWP::UserAgent e do LWP::RobotUA.

Se você pretende escrever extensões para o LWP, para um servidor Web ou servidor substituto, poderá usar o HTTP::Response para gerar suas próprias respostas.

O construtor para o HTTP::Response é assim:

    $resp = HTTP::Response->new (rc, [mens, [cabeçalho, [conteúdo]]]);

Em sua forma mais simples, um objeto HTTP::Response poderá conter apenas um código de resposta. Se você quiser especificar uma mensagem mais detalhada do que "OK" ou "Not found" (Não encontrado), poderá especificar uma descrição de texto do código da resposta como o segundo parâmetro. Em um terceiro parâmetro você poderá transmitir uma referência para um objeto HTTP::Headers para especificar os cabeçalhos de resposta. Finalmente, poderá também incluir um corpo da entidade no quarto parâmetro como um escalar.

Para as aplicações-clientes, é improvável que você construa seu próprio objeto de resposta com o construtor para essa classe. Você receberá um objeto-cliente quando usar o método request em um objeto LWP::UserAgent, por exemplo:

    $ua = LWP::UserAgent->new;
    $req = HTTP::Request->new(GET, $url)
    $resp = $ua->request($req);

A resposta do servidor está contida no objeto $resp. Quando você tiver esse objeto, poderá usar os métodos HTTP::Response para obter informações sobre a resposta. Como o HTTP::Response é uma subclasse do HTTP::Message, você poderá também usar os métodos dessa classe nos objetos de resposta. Veja a seção HTTP::Message posteriormente neste capítulo para obter uma descrição de seus métodos.

Os seguintes métodos poderão ser usados nos objetos criados pelo HTTP::Response.

as_string

$resp->**as_string**( )

Retorna uma versão de string da resposta com as linhas separadas por \n. Por exemplo, esse método retornaria uma string de resposta assim:

```
- - - HTTP::Response=HASH(0xc8548) - - -
RC: 200 (OK)
Message: all is fine

Content-Length: 2
Content-Type: text/plain

hi
- - - - - - - - - - - - - - - - - - - - - - - - - - -
```

base

$resp->base( )

Retorna o URL de base da resposta. Se a resposta era um hipertexto, qualquer ligação a partir do hipertexto deverá ser relativa ao local retornado por esse método. o LWP irá procurar uma marca BASE no HTML e os cabeçalhos HTTP Content-Base/Content-Location (Base do Conteúdo/Local do Conteúdo) para obter uma especificação da base. Se uma base não foi definida explicitamente pelo servidor, o LWP usará o URL de solicitação como a base.

code

$resp->code ([código])

Quando chamado sem nenhum parâmetro, esse método retorna o código de resposta do objeto. Define o código de status do objeto quando chamado com um argumento.

current_age

$resp->current_age( )

Retorna o número de segundos desde que a resposta foi gerada pelo servidor original.

error_as_HTML

$resp->error_as_HTML ( )

Quando is_error for true, esse método retornará uma explicação URL do que aconteceu.

freshness_lifetime

$resp->freshness_lifetime( )

Retorna o número de segundos até que a resposta termine. Se o término não foi especificado pelo servidor, o LWP fará uma adivinhação informada com base no cabeçalho Last-Modified (Modificado por último) da resposta.

fresh_until

$resp->fresh_until( )

Retorna a hora quando a resposta termina. A hora é baseada no número de segundos desde 1º. de janeiro de 1970, UTC.

is_error

> *$resp*->**is_error**( )
>
> Retornará true quando o código da resposta for de 400 a 599. Quando um erro ocorrer, você poderá querer usar error_as_HTML para gerar uma explicação HTML do erro.

is_fresh

> *$resp*->**is_fresh**( )
>
> Retornará true se a resposta não tiver ainda terminado.

is_info

> *$resp*->**is_info**( )
>
> Retorna true quando o código da resposta é de 100 a 199.

is_redirect

> *$resp*->**is_redirect**( )
>
> Retorna true quando o código da resposta é de 300 a 399.

is_success

> *$resp*->**is_success**( )
>
> Retorna true quando o código da resposta é de 200 a 299.

message

> *$resp*->**message** *([mens])*
>
> Quando chamado sem nenhum parâmetro, message retorna a mensagem do código de status do objeto, a string curta que descreve o código da resposta. Quando chamado com um argumento *mens* escalar, esse método define a mensagem do objeto.

HTTP::Headers

Esse módulo lida com a definição e a manipulação do cabeçalho HTTP. Você poderá usar esses métodos nos objetos HTTP::Request e HTTP::Response para recuperar os cabeçalhos que eles contêm ou definir novos cabeçalhos e valores para os novos objetos que está construindo.

O construtor para um objeto HTTP::Headers é assim:

```
$h = HTTP::Headers->new([nome => val],...);
```

Esse código criará um novo objeto de cabeçalhos. Você poderá definir os cabeçalhos no construtor fornecendo um nome do cabeçalho e seu valor. Diversos pares *nome=>val* poderão ser usados para definir vários cabeçalhos.

Os seguintes métodos poderão ser usados pelos objetos na classe HTTP::Headers. Esses métodos poderão também ser usados nos objetos a partir do HTTP::Request e do HTTP::Response, uma vez que eles se originam do HTTP::Headers. Na verdade, a maioria da manipulação do cabeçalho ocorrerá nos objetos de solicitação e resposta nas aplicações LWP.

clone

$h->**clone**( )

Cria uma cópia do objeto atual, $h, e retorna uma referência para ele.

header

$h->**header**(campo [=> $val], ...)

Quando chamado com apenas um cabeçalho HTTP como um parâmetro, esse método retornará o valor atual do cabeçalho. Por exemplo, $myobject->('content-type') retornaria o valor do cabeçalho Content-Type (Tipo de conteúdo) do objeto. Para definir um novo valor de cabeçalho, chame o header com um hash de pares cabeçalho=>valor, onde o valor é um escalar ou referência para um array. Por exemplo, para definir o cabeçalho Content-Type, você faria isso:

```
$h->header('content-type' => 'text/plain');
```

push_header

$h->**push_header**(campo=>val)

Adiciona um novo campo de cabeçalho e valor ao objeto. Os valores anteriores do campo não serão removidos.

```
$h->push_header(Accept => 'image/jpeg');
```

remove_header

$h->**remove_header**(campo, ...)

Remove o cabeçalho especificado no(s) parâmetro(s) e o valor associado do cabeçalho.

scan

$h->**scan**($sub)

Chama a sub-rotina referida por $sub para cada campo de cabeçalho no objeto. À sub-rotina serão transmitidos o nome do cabeçalho e seu valor como um par de argumentos. Para os campos do cabeçalho com mais de um valor, a sub-rotina será chamada uma vez para cada valor.

A classe HTTP::Headers permite que você use vários métodos convenientes nos objetos do cabeçalho para definir (ou ler) os valores comuns do campo. Se você fornecer um valor para um argumento, ele será definido para o campo. O valor anterior do cabeçalho será sempre retornado. Os seguintes métodos estão disponíveis:

```
date
expires
if_modified_since
if_unmodified_since
last_modified
content_type
content_encoding
content_length
content_language
title
user_agent
server
from
referrer
www_authenticate
proxy_authenticate
authorization
proxy_authorization
authorization_basic
proxy_authorization_basic
```

HTTP::Status

Esse método fornece métodos para determinar o tipo de um código de resposta. Também exporta uma lista de mnemônicos que poderá ser usada pelo programador para se referir a um código de status.

Os seguintes métodos são usados nos objetos de resposta:

is_info
: Retorna true quando o código de resposta é de 100 a 199.

is_success
: Retorna true quando o código de resposta é de 200 a 299.

is_redirect
: Retorna true quando o código de resposta é de 300 a 399.

is_client_error
: Retorna true quando o código de resposta é de 400 a 499.

is_server_error
: Retorna true quando o código de resposta é de 500 a 599.

is_error
: Retorna true quando o código de resposta é de 400 a 599. Quando um erro ocorrer, você poderá querer usar o error_as_HTML para gerar uma explicação HTML do erro.

O HTTP::Status exporta as seguintes funções constantes para você usar como os substitutos mnemônicos para os códigos de status. Por exemplo, você poderá fazer algo como:

    if ($rc = RC_OK) {....}

Estes são os mnemônicos, seguidos dos códigos de status que representam:

    RC_CONTINUE (100)

    RC_SWITCHING_PROTOCOLS (101)

    RC_OK (200)

    RC_CREATED (201)

    RC_ACCEPTED (202)

    RC_NON_AUTHORITATIVE_INFORMATION (203)

    RC_NO_CONTENT (204)

    RC_RESET_CONTENT (205)

    RC_PARTIAL_CONTENT (206)

    RC_MULTIPLE_CHOICES (300)

    RC_MOVED_PERMANENTLY (301)

    RC_MOVED_TEMPORARILY (302)

    RC_SEE_OTHER (303)

    RC_NOT_MODIFIED (304)

    RC_USE_PROXY (305)

    RC_BAD_REQUEST (400)

    RC_UNATHORIZED (401)

    RC_PAYMENT_REQUIRED (402)

```
RC_FORBIDDEN (403)
RC_NOT_FOUND (404)
RC_METHOD_NOT_ALLOWED (405)
RC_NOT_ACCEPTABLE (406)
RC_PROXY_AUTHENTICATION_REQUIRED (407)
RC_REQUEST_TIMEOUT (408)
RC_CONFLICT (409)
RC_GONE (410)
RC_LENGTH_REQUIRED (411)
RC_PRECONDITION_FAILED (412)
RC_REQUEST_ENTITY_TOO_LARGE (413)
RC_REQUEST_URI_TOO_LARGE (414)
RC_UNSUPPORTED_MEDIA_TYPE (415)
RC_REQUEST_RANGE_NOT_SATISFIABLE (416)
RC_INTERNAL_SERVER_ERROR (500)
RC_NOT_IMPLEMENTED (501)
RC_BAD_GATEWAY (502)
RC_SERVICE_UNAVAILABLE (503)
RC_GATEWAY_TIMEOUT (504)
RC_HTTP_VERSION_NOT_SUPPORTED (505)
```

HTTP::Date

O módulo HTTP::Date é útil quando você deseja processar uma string de data. Ele exporta duas funções que convertem as strings de dada em e a partir dos formatos de hora padrões.

---

time2str

time2str *([hora])*

Dado o número de segundos desde a época da máquina, essa função irá gerar a hora equivalente como especificada no RFC 1123, que é o formato de hora recomendado usado no HTTP. Quando chamada sem nenhum parâmetro, a hora atual é usada.

str2time

str2time(str[, zona])

Converte a hora especificada como uma string no primeiro parâmetro no número de segundos desde a época. Essa função reconhece uma grande variedade de formatos, inclusive o RFC 1123 (o HTTP padrão), RFC 850, asctime do ANSI C, o formato de arquivo de conexão comum, o *ls -l* do Unix, o *dir* do Windows, entre outros. Quando um fuso horário não estiver implícito no primeiro parâmetro, essa função usará um fuso horário opcional especificado como o segundo parâmetro, como "-0800", "+0500" ou "GMT". Se o segundo parâmetro for omitido e o fuso horário for ambíguo, o fuso horário local será usado.

HTTP::Cookies

Os atrativos do HTTP fornecem um mecanismo para preservar as informações sobre um cliente ou usuário nas diversas visitas diferentes a um site ou página. O "atrativo" é um par nome-valor enviado para o cliente em sua visita inicial a uma página. Esse atrativo é armazenado pelo cliente e enviado de volta na solicitação ao revisitar a mesma página.

Um servidor inicializa um atrativo com o cabeçalho Set-Cookie (Definir atrativo). O Set-Cookie define o nome e o valor de um atrativo, assim como outros parâmetros como por quanto tempo o atrativo é válido e a faixa de URLs a qual o atrativo aplica-se. Cada atrativo (um único par nome-valor) é enviado em seu próprio cabeçalho Set-Cookie, portanto se houver mais de um atrativo sendo enviado para um cliente, diversos cabeçalhos Set-Cookie serão enviados na resposta. Dois cabeçalhos Set-Cookie poderão ser usados nas respostas do servidor: Set-Cookie é definido na especificação do atrativo Netscape original e Set-Cookie2 é o cabeçalho definido pelo IETF mais recente. Ambos os estilos de cabeçalho são suportados pelo HTTP::Cookies. Os paginadores mais recentes também suportam os dois estilos.

Se um cliente visitar uma página na qual tem um atrativo válido armazenado, o cliente enviará o atrativo na solicitação com o cabeçalho Cookie. O valor desse cabeçalho conterá qualquer par nome-valor que se aplica ao URL. Diversos atrativos são separados por ponto-e-vírgula no cabeçalho.

O módulo HTTP::Cookies é usado para recuperar, retornar e gerenciar os atrativos usados por uma aplicação-cliente LWP::UserAgent. Definir os atrativos a partir do servidor criado pelo LWP irá requerer apenas a codificação dos devidos cabeçalhos de resposta enviados por uma aplicação-servidor HTTP::Daemon. O HTTP::Cookies não é designado para ser usado na definição de atrativos no lado de servidor, embora você possa encontrar um uso para ele no gerenciamento dos atrativos enviados.

O construtor new para o HTTP::Cookies cria um objeto chamado jarra de atrativos, que representa uma coleção de atrativos gravados, geralmente lidos a partir de um arquivo. Os métodos no objeto da jarra de atrativos permitem que você adicione novos atrativos ou envie informações sobre os atrativos em uma solicitação-cliente para um URL específico. O construtor poderá ter parâmetros opcionais, como mostrado no exemplo a seguir:

```
$cjar = HTTP::Cookies->new(  file => 'cookies.txt',
                             autosave => 1,
                             ignore_discard => 0 );
```

O objeto da jarra de atrativos $cjar criado aqui contém quaisquer informações do atrativo armazenadas no arquivo *cookies.txt*. O parâmetro autosave tem um valor booleano que determina se o estado da jarra de atrativos será gravado no arquivo na destruição do objeto. O ignore_discard tem um valor booleano para determinar se os atrativos marcados para serem descartados ainda serão gravados no arquivo.

Os atrativos recebidos por um cliente são adicionados à jarra de atrativos com o método extract_cookies. Esse método pesquisará um objeto HTTP::Response para obter os cabeçalhos Set-Cookie e Set-Cookie2 e irá adicioná-los à jarra de atrativos. Os atrativos serão enviados em uma solicitação-cliente usando o método add-cookie-header. Esse método tem um objeto HTTP::Request com o componente URL já definido e se o URL coincidir com qualquer entrada na jarra de atrativos, adicionará os devidos cabeçalhos Cookie à solicitação.

Estes métodos poderão ser usados em um objeto da jarra de atrativos criado pelo HTTP::Cookies.

add_cookie_header
$cjar->**add_cookie_header***(*$solicitar)
Adiciona os devidos cabeçalhos Cookie a um objeto HTTP::Request *$solicitar*. O *$solicitar* já terá que estar criado com um endereço URL válido. Esse método pesquisará a jarra de atrativos para obter qualquer atrativo coincidente com o URL de solicitação. Se os atrativos forem válidos (por exemplo, não terminaram) serão usados para criar os cabeçalhos Cookie e serão adicionados à solicitação.

as_string
*$cjar->**as_string***([descartar])
Retorna o conteúdo atual da jarra de atrativos como uma string. Cada atrativo é produzido como uma linha do cabeçalho Set-Cookie3 seguida de "0". Se *descartar* for fornecido e for true, os atrativos marcados para serem descartados não serão produzidos. O Set-Cookie3 é um formato LWP especial usado para armazenar as informações sobre os atrativos no arquivo de gravação.

clear

*$cjar->***clear***([domínio, [caminho, [chave]]])*

Sem argumentos, esse método limpará todo o conteúdo da jarra de atrativos. Dados os argumentos, os atrativos que pertencem a um determinado *domínio*, *caminho* ou com um nome, *chave*, serão limpos. Os argumentos são ordenados para aumentarem a especificidade. Se apenas um argumento for dado, todos os atrativos para esse domínio serão apagados. Um segundo argumento especificará um *caminho* distinto no *domínio*. Para remover um atrativo pelo nome da chave, você terá que usar todos os três argumentos.

extract_cookies

$cjar->***extract_cookies***($resposta)

Pesquisa um objeto HTTP::Response *$resposta* para obter quaisquer cabeçalhos Set-Cookie e Set_Cookie2 e armazenar as informações sobre os atrativos na jarra de atrativos.

load

*$cjar->***load***([arquivo])*

Carrega as informações dos atrativos na jarra de atrativos a partir do arquivo especificado durante a construção (default) ou a partir do *arquivo* nomeado. O arquivo terá que estar no formato produzido pelo método save.

revert

*$cjar->***revert**

Restaura a jarra de atrativos para seu estado antes da última gravação.

save

*$cjar->***save** *([arquivo])*

Grava o estado da jarra de atrativos no arquivo especificado durante a construção (por default) ou no *arquivo* nomeado. Os atrativos são gravados em um formato LWP especial como as linhas de cabeçalho Set-Cookie3. Esse formato não é compatível com os cabeçalhos Set-Cookie e Set-Cooki2 padrões, mas é improvável que você use o arquivo para definir novos atrativos nos cabeçalhos de resposta.

set_cookie

*$cjar->***set_cookie***(versão, chave, val, caminho, domínio, porta, espec_caminho, segurança, idade_máx, descartar, \%divers)*

Define um atrativo na jarra de atrativos com as informações dadas nos argumentos. O número e a ordem dos argumentos representam a estrutura de elementos nas linhas de cabeçalho Set-Cookies3 usadas para gravar os atrativos em um arquivo.

versão
> Uma string contendo o número da versão especifica do atrativo.

chave
> O nome do atrativo.

val
> O valor do atrativo.

caminho
> O nome do caminho do URL para o qual o atrativo está definido.

domínio
> O nome do domínio para o qual o atrativo está definido.

porta
> O número da porta do URL para o qual o atrativo está definido.

espec_caminho
> Um valor booleano indicando se o atrativo é válido para o caminho do URL específico ou todos os URLs no domínio. O caminho será usado se for true; do contrário, o atrativo será válido para todo o domínio.

segurança
> Um valor booleano indicando que o atrativo deverá apenas ser enviado em uma conexão segura para true ou em qualquer conexão se for false.

idade_máx
> O número de segundos nos quais o atrativo será válido, desde a hora em que foi recebido. Adicionar a *idade_máx* à hora atual produzirá um valor que poderá ser usado para uma data de término.

descartar
> Um valor booleano indicando que o atrativo não deverá ser enviado em nenhuma solicitação futura e deverá ser descartado ao gravar a jarra de atrativos, a menos que o parâmetro ignore_discard tenha sido definido para true no construtor.

%divers
> O argumento final é uma referência para um hash, *%divers*, que contém qualquer parâmetro adicional a partir dos cabeçalhos Set-Cookie como Comment (Comentário) e URLComment (Comentário do URL), nos pares chave/valor.

scan

*$cjar->***scan***(\&callback)*

Chama uma sub-rotina de *callback* para cada atrativo na jarra de atrativos. A sub-rotina é chamada com os mesmos argumentos que são dados no método save, descrito acima. A qualquer argumento indefinido será dado o valor undef.

HTTP::Cookies::Netscape

A classe HTTP::Cookies contém uma subclasse que suporta os atrativos do tipo Netscape em um objeto da jarra de atrativos. Os atrativos do tipo Netscape foram definidos na especificação do atrativo original para o Navigator 1.1, que descreveu a sintaxe para os cabeçalhos HTTP Cookie e Set-Cookie. Os cabeçalhos do atrativo Netscape são diferentes dos atrativos do tipo Set-Cookie2 mais novos, no sentido de que não suportam tantos parâmetros adicionais quando um atrativo é definido. O cabeçalho Cookie também não usa um atributo do número da versão. Muitos paginadores e servidores ainda usam os atrativos Netscape originais e a subclasse Netscape do HTTP::Cookies poderá ser usada para suportar esse estilo.

O construtor new para essa subclasse cria um objeto da jarra de atrativos compatível com o Netscape como este:

```
$njar = HTTP::Cookies::Netscape->new(
    File     => "$ENV{HOME}/.netscape/cookies",
    AutoSave => 1 );
```

Os métodos descritos acima poderão ser usados nesse objeto, embora muitos dos parâmetros usados nos cabeçalhos Set-Cookie2 simplesmente sejam perdidos quando os atrativos são gravados na jarra de atrativos.

HTTP::Daemon

O módulo HTTP::Daemon cria aplicações do servidor HTTP. O módulo fornece objetos baseados na classe IO::Socket::INET que poderão atender um soquete para as solicitações do cliente e enviar as respostas do servidor. Os objetos implementados pelo módulo são os servidores HTTP 1.1. As solicitações do cliente são armazenadas como objetos HTTP::Request e todos os métodos para essa classe poderão ser usados para obter informações sobre a solicitação. Os objetos HTTP::Response poderão ser usados para enviar informações de volta para o cliente.

Um objeto HTTP::Daemon é criado usando o construtor new. Como a classe de base para esse objeto é IO::Socket::INET, os parâmetros usados no construtor dessa classe serão os mesmos aqui. Por exemplo:

```
$d = HTTP::Daemon->new (    LocalAddr => 'maude.oreilly.com',
                            LocalPort => 8888,
                            Listen => 5 );
```

O objeto HTTP::Daemon é um soquete do servidor que atende automaticamente as solicitações na porta especificada (ou na porta default se nenhuma for dada). Quando uma solicitação do cliente é recebida, o objeto usa o método accept para criar uma conexão com o cliente na rede.

```
$d = HTTP::Daemon->new;
while ( $c = $d->accepts ) {
    $req = $c->get_request;
    # process request and send response here
    (processe solicitação e envie resposta aqui)
}
$c = undef;    # don't forget to close the socket (não se esqueça de
               fechar o soquete)
```

O método accept retornará uma referência para um novo objeto da classe HTTP::Daemon::ClientConn. Essa classe também está baseada no IO::Socket::INET e é usada para extrair a mensagem de solicitação, enviar a resposta e qualquer conteúdo do arquivo solicitado.

Os soquetes criados pelo HTTP::Daemon e pelo HTTP::Daemon::ClientConn funcionam da mesma maneira como os do IO::Socket::INET. Os métodos também são os mesmos exceto por algumas pequenas variações no uso. Os métodos para as classes HTTP::Daemon serão listados nas seções abaixo e incluem os métodos IO::Socket::INET ajustados. Para obter informações mais detalhadas sobre os soquetes, as classes IO::Socket e os métodos, veja o Capítulo 13.

Os seguintes métodos poderão ser usados no objeto HTTP::Daemon:

accept

$d->accept ([pacote])
Aceita uma solicitação-cliente em um objeto de soquete e cria uma conexão com o cliente. Esse método é o mesmo de IO::Socket->accept, exceto que ele retornará uma referência para um novo objeto HTTP::Daemon::ClientConn. Se um argumento for dado, o objeto de conexão será criado no pacote nomeado pelo *pacote*. Se nenhuma conexão for feita antes de um intervalo especificado, o método retornará undef.

url

$d->url
Retorna a string de URL que fornece acesso à raiz do servidor.

product_tokens

$d->product_tokens

Retorna a string que o servidor usa para se identificar no cabeçalho de resposta Server (Servidor).

Métodos do HTTP::Daemon::ClientConn

Os seguintes métodos poderão ser usados nos objetos HTTP::Daemon::ClientConn:

get_request

$c->get_request

Lê as informações da solicitação-cliente e retorna uma referência para um objeto HTTP::Request. Retornará undef se a solicitação falhar.

antique_client

$c->antique_client

Retornará true se o cliente usar o protocolo HTTP/0.9 (por exemplo, nenhum código de status ou cabeçalhos deverão ser retornados).

send_status_line

$c->send_status_line *([código, [mens, [proto]]])*

Envia de volta a linha de status composta pelos argumentos dados para o cliente. Se os argumentos forem fornecidos, a linha de status default será enviada como HTTP/1.1 200 OK. Os argumentos são:

código

O código numérico indicando o status da solicitação, por exemplo, 200 para uma solicitação OK ou 404 para uma solicitação de um recurso que não existe.

mens

Uma string curta descrevendo o código de status.

proto

Uma string indicando o protocolo e o número da versão usados pelo servidor, por exemplo, HTTP/1.1.

send_basic_header

$c->**send_basic_header** *([código, [mens, [proto]]])*

Envia para o cliente a linha de status composta pelos parâmetros especificados e os cabeçalhos Date (Data) e Server (Servidor). Se nenhum argumento for fornecido, a linha de status default HTTP/1.1 200 OK será usada.

send_response

$c->**send_response** *([$resp | @lista_resp])*

Envia uma resposta para o cliente criado a partir do objeto HTTP::Response, *$resp* ou da lista de parâmetros, *@lista_resp*. Os parâmetros *lista_resp* são os mesmos usados no construtor para o HTTP::Response e terão que conter pelo menos um código de status. Se nenhum argumento for dado, a resposta OK default será enviada.

send_redirect

$c->**send_redirect** *(url, [código, [corpo_entidade]])*

Envia uma resposta de redireção para o cliente, com o local *url*, um URL absoluto ou relativo. O argumento *código* opcional deverá ser um dos códigos de status de redireção; o default é 301 Moved Permanently (301 movido permanentemente). Uma string *corpo_entidade* poderá ser enviada como o HTML que informa ao usuário sobre a redireção.

send_error

$c->**send_error** *([código, [mens]])*

Retorna uma resposta de erro para o cliente. O *código* poderá conter um dos códigos de resposta de erro; o default é 400 Bad Request (400 solicitação ruim). A *mens* é uma string que descreve o erro exibido no corpo da entidade HTML.

send_file_response

$c->**send_file_response** *(nome_do_arquivo)*

Envia uma resposta com o arquivo *nome_do_arquivo* como o conteúdo. Se o *nome_do_arquivo* for um diretório, uma listagem de índice será gerada e enviada como o HTML.

send_file

$c->**send_file** *(nome_do_arquivo)*

Copia o conteúdo do arquivo *nome_do_arquivo* como a resposta. O *nome_do_arquivo* poderá ser uma string que é interpretada como um nome de arquivo ou uma referência para uma global.

daemon

> $c->**daemon**
>
> Retorna uma referência para o objeto HTTP::Daemon a partir do qual o objeto ClientConn atual foi gerado.

HTTP::Message

O HTTP::Message é a classe de base genérica para o HTTP::Request e o HTTP::Response. Ele fornece alguns métodos que são usados em ambas as classes. O construtor para essa classe é usado internamente pelas classes Request e Response, portanto provavelmente você não precisará usá-lo. Os métodos definidos pela classe HTTP::Headers também funcionarão nos objetos Message.

add_content

> $r->**add_content**(dados)
>
> Anexa os dados ao final do corpo da entidade atual do objeto.

clone

> $r->**clone**( )
>
> Cria uma cópia do objeto atual, $r, e retorna uma referência para ele.

content

> $r->**content** ([conteúdo])
>
> Sem um argumento, o content retornará o corpo da entidade do objeto. Com um argumento escalar, o corpo da entidade será enviado para o conteúdo.

content_ref

> $r->**content_ref**( )
>
> Retorna uma referência para uma string contendo o corpo do conteúdo. Essa referência poderá ser usada para gerenciar os dados grandes do conteúdo.

headers

> $r->**headers**( )
>
> Retorna o objeto HTTP::Headers incorporado a partir do objeto de mensagem.

protocol

> *$r->**procotol**([string])*
> Define ou recupera o protocolo HTTP *string* para o objeto de mensagem. Essa string será como HTTP/1.1.

O módulo HTML

Os módulos HTML fornecem uma interface para analisar os documentos HTML. Depois de você analisar o documento, poderá imprimi-lo ou exibi-lo de acordo com as marcas de marcação ou poderá extrair informações específicas como as hiperligações.

O módulo HTML::Parser fornece a classe de base para os módulos HTML úteis. Ele fornece métodos para ler o texto HTML a partir de uma string ou de um arquivo e então separar as estruturas sintáticas e os dados. Com uma classe de base, o Parser não faz nada em si. Os outros módulos chamam-no internamente e anulam seus métodos vazios para suas próprias finalidades. Contudo, a classe HTML::Parser será útil para você se quiser escrever suas próprias classes para analisar e formatar a HTML.

O HTML::TreeBuilder é uma classe que analisa a HTML em uma árvore de sintaxe. Em uma árvore de sintaxe, cada elemento da HTML, como os elementos do container com marcas de início e fim, é armazenado em relação aos outros elementos. Isso preserva a estrutura aninhada, o comportamento da HTML e sua hierarquia.

Uma árvore de sintaxe da classe TreeBuilder é formada por nós conectados que representam cada elemento do documento HTML. Esses nós são gravados como objetos a partir da classe HTML::Element. Um objeto HTML::Element armazena todas as informações a partir de uma marca HTML: a marca de início, a marca de fim, atributos, o texto comum e os ponteiros para qualquer elemento aninhado.

As classes restantes dos módulos HTML usam as árvores de sintaxe e seus nós de objetos de elementos para produzir informações úteis a partir dos documentos HTML. As classes de formato, como HTML::FormatText e HTML::FormatPS, permitem que você produza texto e PostScript a partir da HTML. A classe HTML::LinkExtor extrai todas as ligações de um documento. Os módulos adicionais fornecem meios de substituir as entidades de caractere HTML e implementar as marcas HTML como sub-rotinas.

HTML::Parser

Esse módulo implementa a classe de base para outros módulos HTML. Um objeto de análise é criado com o construtor new:

```
$p = HTML::Parser->new( );
```

O construtor não tem argumentos.

O objeto de análise tem métodos que lêem a HTML a partir de uma string ou de um arquivo. O método de leitura de strings poderá obter os dados como várias partes menores se a HTML for grande demais. Cada parte da HTML será anexada ao objeto e o método eof indicará o fim do documento. Esses métodos básicos serão descritos abaixo.

parse

$p->**parse**(string)

Lê a HTML no objeto de análise a partir de uma certa *string*. Os problemas de desempenho ocorrerão se a string for grande demais, portanto a HTML poderá ser dividida em partes menores, que serão anexadas aos dados já contidos no objeto. A análise poderá ser terminada com uma chamada para o método eof.

parse_file

$p->**parse_file**(arquivo)

Lê a HTML no objeto de análise a partir do *arquivo* dado, que poderá ser um nome de arquivo ou um handle de arquivo aberto.

eof

$p->**eof**( )

Indica o fim de um documento e envia qualquer texto armazenado em buffer. Retorna o objeto de análise.

Quando o método parse ou parse_file for chamado, ele analisará a HTML de entrada com alguns métodos internos. No HTML::Parser, esses métodos são definidos, mas vazios. As classes extras de análise da HTML (incluídas nos módulos HTML ou as escritas por você mesmo) anularão esses métodos para suas próprias finalidades. Por exemplo:

```
package HTML::MyParser;

require HTML::Parser;

@ISA=qw(HTML::MyParser);


sub start {
        sua sub-rotina definida aqui
        }
```

A seguinte lista mostra os métodos internos contidos no HTML::Parser:

comment

comment*(comentário)*

Chamado nos comentários a partir da HTML, o texto entre <!- e ->. O texto do comentário (sem as marcas) será fornecido ao método como a string *comentário*.

declaration

declaration*(decl)*

Chamado nas marcas da declaração de marcação — <!DOCTYPE . . .>. O método é transmitido à string de texto contida na marca sem <! e >.

end

end*(marca, texto_orig)*

Chamado nas marcas finais, com a forma </tag>. O primeiro argumento, *marca*, é o nome da marca em letras minúsculas e o segundo argumento, *texto_orig*, é o texto HTML original da marca.

start

start*(marca, $atrib, seq_atrib, texto_orig)*

Chamado nas marcas iniciais. O primeiro argumento, *marca*, é o nome da marca em letras minúsculas. O segundo argumento é uma referência para um hash, *atrib*. Esse hash contém todos os atributos e seus valores nos pares chave/valor. As chaves são os nomes dos atributos em letras minúsculas. O terceiro argumento, *seq_atrib*, é uma referência para um array que contém os nomes de todos os atributos na ordem em que apareceram na marca. O quarto argumento, *texto_orig*, é uma string que contém o texto original da marca.

text

text*(texto)*

Chamado no texto comum no documento. O texto é transmitido sem modificação e poderá conter novas linhas. As entidades de caractere no texto não serão expandidas.

HTML::Element

O módulo HTML::Element fornece métodos para lidar com os nós em uma árvore de sintaxe HTML. Você poderá obter ou definir o conteúdo de cada nó, percorrer a árvore e apagar um nó.

Os objetos HTML::Element são usados para representar os elementos da HTML. Esses elementos incluem as marcas inicial e final, os atributos, o texto comum contido e outros elementos aninhados.

O construtor para essa classe requer o nome da marca para seu primeiro argumento. Você poderá opcionalmente especificar os atributos iniciais e os valores como elementos do hash no construtor. Por exemplo:

    $h = HTML::Element->new('a', 'href' => 'http://www.oreilly.com');

O novo elemento será criado para a marca de âncora, <a>, que liga o URL através de seu atributo href.

Os seguintes métodos são fornecidos para os objetos da classe HTML::Element:

as_HTML
*$h->**as_HTML**( )*
Retorna a string HTML que representa o elemento e seus filhos.

attr
*$h->**attr**(nome [,valor])*
Define ou recupera o valor do atributo *nome* no elemento atual.

content
*$h->**content**( )*
Retorna o conteúdo contido nesse elemento como uma referência para um array que contém os segmentos de texto comum e as referências para os objetos de elemento aninhados.

delete
*$h->**delete**( )*
Apaga o elemento atual e todos os seus elementos-filhos.

delete_content
*$h->**delete_content**( )*
Remove o conteúdo do elemento atual.

dump

$h->dump( )

Imprime o nome da marca do elemento e todos os seus filhos em STDOUT. Útil para depurar. A estrutura do documento é mostrada pelo recuo.

endtag

$h->endtag( )

Retorna o texto original da marca final, inclusive "</" e ">".

extract_links

$h->extract_links([tipos])

Recupera as ligações contidas em um elemento e todos os seus elementos-filhos. Esse método retornará uma referência para um array no qual cada elemento é uma referência para um array com dois valores: o valor da ligação e uma referência para o elemento no qual foi encontrado. Você poderá especificar as marcas a partir das quais deseja extrair as ligações fornecendo seus nomes em uma lista de *tipos*.

implicit

$h->implicit([booleano])

Indica se o elemento estava contido no documento original (false) ou se devia estar implícito (true) pelo analisador. As marcas implícitas são elementos que o analisador incluiu adequadamente para estar de acordo com a devida estrutura HTML, como uma marca final de parágrafo (</p>). Você poderá também definir esse atributo fornecendo um argumento *booleano*.

insert_element

$h->insert_element($elemento, implícito)

Insere o objeto *$elemento* na posição atual relativa ao objeto-raiz *$h* e atualiza a posição (indicada por pos) para o elemento inserido.

Retorna o novo *$elemento*. O argumento *implícito* é um booleano indicando se o elemento é uma marca implícita (true) ou a HTML original (false).

is_empty

$h->is_empty( )

Retornará true se o objeto atual não tiver conteúdo.

is_inside

$h->**is_inside**(marca1 [,marca2, . . .])

Retornará true se a marca para esse elemento estiver contida em uma das marcas listadas como argumentos.

parent

$h->**parent**([$novo])

Sem um argumento, retornará o objeto-pai desse elemento. Se for dada uma referência para outro objeto do elemento, esse elemento será definido como o novo objeto-pai e será retornado.

pos

$h->**pos**([$elemento])

Define ou recupera a posição atual na árvore de sintaxe do objeto atual. O valor retornado é uma referência para o objeto do elemento que mantém a posição atual. O objeto da "posição" é um elemento contido na árvore que tem o objeto atual ($h) em sua raiz.

push_content

$h->**push_content**(conteúdo)

Insere o conteúdo especificado no elemento atual. O *conteúdo* poderá ser um escalar contendo um texto comum ou uma referência para outro elemento. Diversos argumentos poderão ser fornecidos.

starttag

$h->**starttag**( )

Retorna o texto original da marca inicial do elemento. Isso inclui "<", ">" e todos os atributos.

tag

$h->**tag**([nome])

Define ou recupera a marca *nome* para o elemento. Os nomes da marca são sempre convertidos em letras minúsculas.

traverse

*$h->***traverse***(sub, [ignorar_texto])*

Percorre o elemento atual e todos os seus filhos, chamando a rotina de callback *sub* para cada elemento. A rotina de callback é chamada com uma referência para o elemento atual (o nó), uma marca inicial e a profundidade como argumentos. A marca inicial será 1 ao fornecer um nó e 0 ao sair (retornando um elemento-pai). Se o parâmetro *ignorar_texto* for true (o default), então a rotina de callback não será chamada para o conteúdo do texto. Se a rotina de callback retornar false, o método não percorrerá nenhum elemento-filho desse nó.

HTML::TreeBuilder

A classe HTML::TreeBuilder fornece um analisador que cria uma árvore de sintaxe HTML. Cada nó da árvore é um objeto HTML::Element. Essa classe herda do HTML::Parser e do HTML::Elements, portanto os métodos de ambas as classes poderão ser usados em seus objetos.

Os métodos fornecidos pelo HTML::TreeBuilder controlam como a análise será executada. Os valores para esses métodos são definidos fornecendo um valor booleano para seus argumentos. Estes são os métodos:

implict_tags

*$p->***implicit_tags***(booleano)*

Se definido para true, o analisador tentará deduzir as marcas implícitas como os elementos que faltam ou as marcas finais que são requeridas de acordo com a devida estrutura HTML. Se false, a árvore de análise irá refletir a HTML como está.

ignore_unknown

*$p->***ignore_unknown***(booleano)*

Se definido para true, as marcas desconhecidas na HTML serão representadas como elementos na árvore de análise.

ignore_text

*$p->***ignore_text***(booleano)*

Se definido para true, o conteúdo de texto dos elementos não será incluído nos elementos da árvore de análise. O default é false.

warn

*$p->***warn***(booleano)*

Se definido para true, o analisador fará chamadas para warn com mensagens descrevendo os erros de sintaxe quando eles ocorrerem. As mensagens de erro estão desativadas por default.

HTML::FormatPS

O módulo HTML::FormatPS converte uma árvore de análise HTML em PostScript. O objeto formatador é criado com o construtor new, que poderá ter parâmetros que atribuem os atributos PostScript. Por exemplo:

```
$formatter = new HTML::FormatPS('papersize' => 'Letter');
```

Agora você poderá fornecer a HTML analisada ao formatador e produzir a saída PostScript para a impressão. O HTML::FormatPS não lidará com os elementos da tabela ou do formulário nesse momento.

O método para essa classe é o format. O format tem uma referência para um objeto HTML TreeBuilder, que representa um documento HTML analisado. Ele retorna um escalar contendo o documento formatado no PostScript. O seguinte exemplo mostra como usar esse módulo para imprimir um arquivo no PostScript:

```
use HTML::FormatPS;

$html = HTML::TreeBuilder->parse_file(somefile);
$formatter = new HTML::FormatPS;
print $formatter->format($html);
```

A seguinte lista descreve os atributos que poderão ser definidos no construtor:

PaperSize (Tamanho do papel)

Os possíveis valores são 3, A4, A5, B4, B5, Letter, Legal, Executive, Tabloid, Statement, Folio, 10x14 e Quarto. O default é A4.

PaperWidth (Largura do papel)

A largura do papel em pontos.

PaperHeight (Altura do papel)

A altura do papel em pontos.

LeftMargin (Margem esquerda)

A margem esquerda em pontos.

RigthMargin (Margem direita)

A margem direita em pontos.

HorizontalMargin (Margem horizontal)

A margem esquerda e a direita. O default é 4 cm.

TopMargin (Margem superior)
A margem superior em pontos.

BottomMargin (Margem inferior)
A margem inferior em pontos.

VerticalMargin (Margem vertical)
A margem superior e a inferior. O default é 2 cm.

PageNo (Número da página)
O valor booleano para exibir os números da página. O default é 0 (desativado).

FontFamily (Família de fontes)
A família de fontes para usar na página. Os possíveis valores são Courier, Helvetica e Times. O default é Times.

FontScale (Ajuste da fonte)
O fator de ajuste para a fonte.

Leading (Entrelinhamento)
O espaço entre as linhas, como um fator do tamanho da fonte. O default é 0.1.

HTML::FormatText

O HTML::FormatText tem um arquivo HTML analisado e produz uma versão de texto comum dele. Nenhum atributo de caractere será útil, por exemplo, as fontes em negrito ou itálico, os tamanhos da fonte etc.

Esse módulo é parecido com o FormatPS no sentido de que o construtor obtém os atributos para formatar e o método format produz a saída. Um objeto formatador poderá ser construído assim:

```
$formatter = new HTML::FormatText (leftmargin =>10, rightmargin => 80);
```

O construtor poderá ter dois parâmetros: leftmargin e rightmargin. O valor para as margens é dado nos números da coluna. Os álias lm e rm poderão também ser usados.

O método format tem um objeto HTML::TreeBuilder e retorna um escalar contendo o texto formatado. Você poderá imprimi-lo com:

```
print $formatter->format(&html);
```

O módulo URI

O módulo URI contém as funções e os módulos para especificar e converter os URIs (os URIs são um tipo de URL). Estes são os três módulos URI: URL, Escape e Heuristic. De importância básica para muitas aplicações LWP é a classe URI::URL, que cria os objetos usados pelo LWP::UserAgent para determinar os protocolos, os locais do servidor e os nomes do recurso.

O módulo URI::Escape substitui os caracteres sem segurança nas strings URL por suas seqüências de escape apropriadas. O URI::Heuristic fornece métodos convenientes para criar os devidos URLs sem strings curtas e endereços incompletos.

URI::Escape

Esse módulo aplica o escape ou não nos caracteres "sem segurança" em uma string URL. Os caracteres sem segurança nos URLs são descritos pelo RFC 1738. Antes de você formar os objetos URI::URL e usar os métodos dessa classe, deverá assegurar que suas strings tenham o escape devidamente aplicado. Esse módulo não cria seus próprios objetos; ele exporta as seguintes funções:

uri_escape

uri_escape *uri, [expr_const]*

Dado um URI com o primeiro parâmetro, retorna o URI equivalente com certos caracteres substituídos por % seguidos por dois dígitos hexadecimais. O primeiro parâmetro poderá ser uma string de texto, como "http://www.oreilly.com" ou um objeto do tipo URI::URL. Quando chamado sem um segundo parâmetro, a função uri_escape aplicará o escape nos caracteres especificados pelo RFC 1738. Do contrário, você poderá transmitir uma expressão constante (no contexto de [ ]) de caracteres para aplicar o escape como o segundo parâmetro. Por exemplo:

```
$escaped_uri = uri_escape($uri, 'aeiou')
```

Esse código aplicará o escape em todas as vogais minúsculas em $uri e retornará a versão com escape.

uri_unescape

uri_unescape *uri*

Substitui qualquer instância de % seguida de dois dígitos hexadecimais de volta em sua forma original e retorna o URI inteiro com o escape cancelado.

URI::URL

Esse módulo cria objetos URL que armazenam todos os elementos de um URL. Esses objetos são usados pelo método request do LWP::UserAgent para os endereços do servidor, os números da porta, os nomes de arquivo, o protocolo e muitos outros elementos que poderão ser carregados em um URL.

O construtor new é usado para criar um objeto URI::URL:

```
$url = new URI::URL($url_string [, $base_url])
```

Esse método cria um novo objeto URI::URL com o URL dado como o primeiro parâmetro. Um URL de base opcional poderá ser especificado como o segundo parâmetro e será útil para gerar um URL absoluto a partir de um URL relativo.

A lista a seguir descreve os métodos para a classe URI::URL:

abs

$url->**abs**(*[base, [esquema]]*)

Retorna o URL absoluto, dada uma base. Se chamado sem parâmetros, qualquer definição anterior da base será usada. O segundo parâmetro é um booleano que modifica o comportamento do abs. Quando o segundo parâmetro for diferente de zero, o abs aceitará um URL relativo com um esquema mas sem um host, como "http:index.html".

as_string

$url->**as_string**( )

Retorna o URL como uma string escalar. Todos os componentes definidos do URL estão incluídos na string.

base

$url->**base**(*[base]*)

Obtém ou define o URL de base associado ao URL nesse objeto URI::URL. O URL de base é útil para converter um URL relativo em um URL absoluto.

crack

$url->**crack**( )

Retorna um array com os seguintes dados:
(scheme, user, password, host, port, epath, eparams, equery, frag)

default_port

$url->**default_port**(*[porta]*)

Quando chamado sem parâmetros, esse método retorna a porta default para o URL definido no objeto. A porta default é baseada no esquema usado. Mesmo que a porta do URL seja alterada explicitamente pelo usuário com o método da porta, a porta default será sempre a mesma.

eparams

$url->**eparams**(*[parâm]*)

Quando chamado sem argumentos, esse método retorna o parâmetro com escape do URL definido no objeto. Quando chamado com um argumento, o parâmetro com escape do objeto é atribuído a esse valor.

epath

*$url->***epath***( )*

Quando chamado sem parâmetros, esse método retorna o caminho com escape do URL definido no objeto. Quando chamado com um parâmetro, o caminho com escape do objeto é atribuído a esse valor.

eq

*$url->***eq***(outro_url)*

Retornará true quando o URL do objeto for igual ao URL especificado.

equery

*$url->***equery***([string])*

Quando chamado sem argumentos, esse método retorna a string de consulta com escape do URL definido no objeto. Quando chamado com um argumento, a string de consulta com escape do objeto é atribuída a esse valor.

frag

*$url->***frag***([frag])*

Quando chamado sem argumentos, esse método retorna o fragmento do URL definido no objeto. Quando chamado com um argumento, o fragmento do objeto é atribuído a esse valor.

full_path

*$url->***full_path***( )*

Retorna uma string que consiste no caminho com escape, nos parâmetros com escape e na string de consulta com escape.

host

*$url->***host***([nome_host])*

Quando chamado sem parâmetros, esse método retorna o nome do host no URL definido no objeto. Quando chamado com um parâmetro, o nome do host do objeto é atribuído a esse valor.

netloc

$url->**netloc**(*[loc_rede]*)

Quando chamado sem parâmetros, esse método retorna o local da rede para o URL definido no objeto. O local da rede é uma string composta por "usuário:senha@host:porta", onde usuário, senha e porta poderão ser omitidos quando não definidos. Quando o netloc for chamado com um parâmetro, o local da rede do objeto será definido para esse valor. As alterações no local da rede são refletidas nos métodos user, password, host e port.

params

$url->**params**(*[parâm]*)

Igual a eparams, exceto que o parâmetro que é definido/retornado não tem o escape aplicado.

password

$url->**password**(*[senha]*)

Quando chamado sem parâmetros, esse método retorna a senha no URL definido no objeto. Quando chamado com um parâmetro, a senha do objeto é atribuída a esse valor.

path

$url->**path**(*[nome_caminho]*)

Igual a epath, exceto que o caminho é definido/retornado sem o escape aplicado.

port

$url->**port**(*[porta]*)

Quando chamado sem parâmetros, esse método retorna a porta do URL definido no objeto. Se uma porta não foi definida explicitamente no URL, uma porta default será adotada. Quando chamado com um parâmetro, a porta do objeto é atribuída a esse valor.

query

$url->**query**(*[parâm]*)

Igual a equery, exceto que o parâmetro que é definido/retornado não tem o escape aplicado.

rel

*$url->***rel***(base)*

Dada uma base como um primeiro parâmetro ou uma definição anterior da base, retornará o URL do objeto atual relativo ao URL de base.

scheme

*$url->***scheme***([esquema])*

Quando chamado sem parâmetros, esse método retorna o esquema no URL definido no objeto. Quando chamado com um parâmetro, o esquema do objeto é atribuído a esse valor.

strict

URI::URL::strict*(bool)*

Quando definido, o módulo URI::URL chama a croak ao encontrar um erro. Quando desativado, o módulo URI::URL poderá se comportar mais elegantemente. A função retornará o valor anterior de strict. Essa função não é exportada explicitamente pelo módulo.

user

*$url->***user***([nome_do_usuário])*

Quando chamado sem parâmetros, esse método retorna o usuário do URL definido no objeto. Quando chamado com um parâmetro, o usuário do objeto é atribuído a esse valor.

Parte VII

Perl/Tk

Capítulo 18

Perl/Tk

O Perl/Tk é uma extensão para escrever programas com uma Graphical User Interface (GUI ou Interface Gráfica do Usuário) no Unix e no Windows 95/NT. O Tk foi desenvolvido originalmente como uma extensão para a linguagem Tcl, para usar o X Window System no Unix. Com sua versão para o Perl, o Tk fornece aos programadores Perl o mesmo controle sobre a área de trabalho gráfica que os programadores Tcl têm.

A extensão Tk torna fácil desenhar uma janela, colocar dispositivos nela (como botões, quadros de seleção, campos de entrada, menus etc.) e fazer com que executem certas ações com base na entrada do usuário. Um programa "Hello World" simples ficaria assim:

```
#!/usr/bin/perl -w
use Tk;
my $mw = MainWindow->new;
$mw->Button(-text => "Hello World", -command =>sub{exit})->pack;
MainLoop;
```

Quando você executá-lo, ficará como a Figura 18-1.

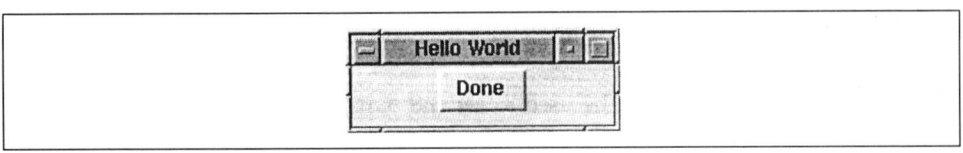

Figura 18-1: Um programa Perl/Tk simples

Pressionar o botão "Hello World" sairá do programa e sua janela desaparecerá.

Vejamos algumas linhas de código. Depois de chamar o interpretador Perl, o programa chama o módulo Tk. Então prossegue construindo uma janela padrão e genérica (MainWindow) para agir como um pai para qualquer outro dispositivo criado. A linha 4 do programa cria um botão e exibe-o usando o gerenciador de geometria pack. Também fornece ao botão algo para fazer quando pressionado (neste caso, sair do programa).

A última linha informa ao programa para "fazê-lo". O MainLoop inicia uma sub-rotina de eventos para a interface gráfica e o programa desenha qualquer janela até que atinja a instrução MainLoop. Tudo até esse ponto é a preparação; até você atingir a instrução MainLoop, o programa simplesmente prepara suas janelas e define o que fazer quando certos eventos ocorrerem (como um clique do mouse no botão "Hello World"). Nada é desenhado até que a instrução MainLoop seja atingida.

Dispositivos

Os dispositivos no Perl/Tk são criados com os *comandos de criação de dispositivos*, que incluem Button, Canvas, CheckButton, Entry, Frame, Label, Listbox, Menu, Menubutton, Message, Radiobutton, Scale, Scrollbar, Text e Toplevel.

O posicionamento dos dispositivos é feito com os *gerenciadores de geometria*. No exemplo "Hello World" mostrado anteriormente, o comando pack é o gerenciador de geometria. Os gerenciadores de geometria determinam onde na janela (ou moldura) o dispositivo ficará. Falaremos mais sobre os gerenciadores de geometria Perl/Tk posteriormente neste capítulo.

Métodos do dispositivo

Os dispositivos podem ser configurados, consultados ou manipulados através de vários *métodos do dispositivo*. Por exemplo, todos os dispositivos suportam o método de dispositivo configure para alterar as propriedades do dispositivo depois dele ser criado. E mais, a maioria dos dispositivos tem métodos especializados associados a eles para manipular o dispositivo quando necessário através do programa. Por exemplo, os dispositivos que paginam suportam os métodos xview e yview para determinar a parte visível do conteúdo quando a barra de paginação é movida. Os dispositivos Entry (Entrada) e Text (Texto) têm métodos para inserir e apagar os valores. O dispositivo Canvas (Tela) tem uma série inteira de métodos para desenhar formas e inserir texto na tela. E assim por diante.

Posteriormente neste capítulo, os métodos do dispositivo serão listados na análise de cada dispositivo. Porém, como todos os dispositivos suportam os métodos configure e cget, iremos falar sobre eles agora.

O método configure

O método configure poderá ser usado para definir e recuperar os valores de configuração do dispositivo. Por exemplo, para alterar a largura de um botão:

```
$button->configure(-width => 100);
```

Para obter o valor de um dispositivo atual, simplesmente forneça-o sem um valor:

```
$button->configure(-width);
```

O resultado é um array de escalares; os valores que importam são os dois últimos, que representam o valor default e seu valor atual, respectivamente.

Você poderá também chamar o configure sem nenhuma opção, que fornecerá uma listagem de todas as opções e seus valores.

O método cget

Para recuperar simplesmente o valor de uma opção, o configure retornará mais informações do que em geral você deseja. O método cget retornará apenas o valor atual.

Barras de paginação

Muitos dispositivos têm barras de paginação associadas a eles. As barras de paginação poderão ser adicionadas a um dispositivo de duas maneiras: usando um dispositivo Scrollbar independente ou usando o método Scrolled ao criar um dispositivo. Para as barras de paginação simples, o método Scrolled será muito mais fácil e portanto preferível.

Como usar o método Scrolled

Você usará o método Scrolled para criar o dispositivo e a barra de paginação em um único comando. Por exemplo:

```
$mainwindow->Scrolled('Entry', -scrollbars => 'os'
    -textvariable => \$address)->pack;
```

Isso criará um dispositivo Entry com uma barra de paginação "opcional" na parte inferior. O primeiro argumento para Scrolled é o tipo de dispositivo (neste caso, um dispositivo Entry). Então use a opção -scrollbars para listar o local da barra de paginação ("s" para a borda sul ou inferior do dispositivo). Aqui, especificamos uma barra de paginação "opcional" com "o", significando que a barra de paginação aparecerá apenas se necessária.

Qualquer opção extra para o método Scrolled será obtida como opções para o próprio dispositivo. Nesse caso, iremos definir a opção -textvariable para o dispositivo Entry.

O dispositivo Scrollbar

Para ter mais flexibilidade com uma barra de paginação, você poderá usar o dispositivo Scrollbar. Para tanto, precisará criar o dispositivo de destino para paginar, definir a opção -xscrollcommand ou -yscrollcommand como apropriado, configurar a barra de paginação para se comunicar com o dispositivo, posicionar a barra de paginação e o dispositivo de destino próximos um do outro. Por exemplo:

```
$scrollbar = $mainwindow->Scrollbar(-orient => 'vertical');
$listbox = $mainwindow->Entry(-yscrollcommand => ['set' =>
$scrollbar]);
```

```
$scrollbar->configure(-command => ['yview' => $listbox]);
$scrollbar->pack(-side => 'right', -fill => 'y');
$listbox->pack(-side => 'left', -fill => 'both');
```

Primeiro, criamos a barra de paginação com a orientação vertical (que é o default). Em seguida, criamos o dispositivo Listbox (Quadro de Listagem) com a opção -yscrollcommand para definir um callback quando o dispositivo for paginado na vertical. Então a barra de paginação é configurada com um callback que diz para informar ao dispositivo Listbox quando ele for clicado na vertical. Finalmente, os dispositivos Scrollbar (Barra de Paginação) e Listbox são compactados lado a lado. Veja uma maior análise do dispositivo Scrollbar posteriormente neste capítulo para obter mais informações.

Callbacks

Muitos dispositivos permitem que você defina um *callback*, que é um comando a executar quando o dispositivo é selecionado. Por exemplo, quando você pressionar um botão de saída, o callback poderá ser uma rotina que limpa e sai do programa. Quando você clicar em um botão de rádio, poderá querer alterar a janela para refletir as novas preferências.

Os dispositivos que suportam os callbacks têm uma opção -command para fornecer a função de callback. No exemplo "Hello World" mostrado anteriormente neste capítulo, o callback é para sub {exit}. Nesse exemplo, o callback é chamado como uma sub-rotina anônima. Você poderá também usar uma referência para uma sub-rotina (por exemplo, \&routine). Se quiser fornecer argumentos para uma sub-rotina, poderá chamá-la como uma lista anônima (por exemplo, [\&routine. $arg, $arg, . . .]).

Cores e fontes

O Tk foi originalmente criado para o X Window System e ainda é basicamente usado nesse ambiente. Por essa razão, herdou o esquema de fonte e cor usado para o X Window System.

As cores que podem ser usadas com os dispositivos Tk são identificadas com um valor RGB ou por um nome que tenha sido associado a um valor RGB. Em geral é mais fácil usar um nome de cor ao invés de um valor RGB explícito; para obter uma listagem dos nomes de cor suportados, veja o arquivo *rgb.txt* em sua distribuição X ou use o comando *showrgb*. (Os nomes da cor mais comuns são suportados, portanto você poderá dizer coisas como "red" (vermelho), "pink" (rosa), "green" (verde) e mesmo "chartreuse" (verde-amarelado) com confiança.)

As fontes são outra questão. No X Window System, as fontes são coisas nomeadas como *adobe-helvetica-medium-o-normal—12-120-75-75-p67-iso8859-1*. Os curingas podem tornar as fontes mais fáceis de serem usadas, mas ainda são difíceis. Para obter uma listagem das fontes disponíveis para um certo servidor X, use o comando *xlsfonts*. Existem alguns "álias" das fontes que foram definidos para sua conveniência (como fixed, 6x10, 9x15 etc.) e você poderá preferir ficar com eles.

Gerenciadores de geometria

A criação dos dispositivos e a determinação de como exibi-los são feitas com comandos separados. Você poderá criar um dispositivo com um dos métodos de criação de dispositivo (como Button, Canvas etc.), mas irá exibi-los usando um gerenciador de geometria. Os três gerenciadores de geometria são pack, grid e place. O pack é de longe o mais usado.

Você poderá compactar um dispositivo ao criá-lo ou criar o objeto de dispositivo e compactá-lo separadamente. Por exemplo, o exemplo "Hello World" anterior poderia ter lido:

```
#!/usr/bin/perl -w
use Tk;
my $mw = MainWindow->new;
$button = $mw->Button(-text => "Hello World", -command =>sub{exit});
$button->pack;
MainLoop;
```

O gerenciador de geometria pack

Com o gerenciador de geometria pack, os dispositivos não poderão se sobrepor ou cobrir uns aos outros, parcial ou completamente. Uma vez que um dispositivo seja compactado em uma janela, o próximo dispositivo será compactado no espaço restante em torno dele. O pack configura um "retângulo de alocação" para cada dispositivo, determinado pelas dimensões da janela-mãe e pelo posicionamento dos dispositivos já compactados nela. Isso significa que a ordem na qual você compacta seus dispositivos é muito importante.

Por default, o pack coloca os dispositivos no centro superior do retângulo de alocação. Porém, você poderá usar opções para o pack controlar onde um dispositivo será colocado e quanto preenchimento será colocado em torno dele. As opções para o pack são:

-side => *lado*

    Coloca o dispositivo no lado especificado da janela. Os valores para o *lado* são 'left', 'right', 'top' e 'bottom'. O default é 'top'.

-fill => *direção*

    Faz com que o dispositivo preencha o retângulo de alocação na direção especificada. Os valores para a *direção* são 'none', 'x', 'y' e 'both'. O default é 'none'.

-expand => *booleano*

    Faz com que o retângulo de alocação preencha o espaço restante disponível na janela. Os valores são 'yes', 'no', 1 e 0. O default é 0 ('no').

-anchor => *posição*

    Ancora o dispositivo dentro do retângulo de alocação. Os valores para a *posição* são 'n', 'ne', 'e', 'se', 's', 'sw', 'w', 'nw' e 'center'. O default é 'center'.

-after => *$dispositivo*

    Coloca o dispositivo depois de outro dispositivo na ordem de compactação.

-before => $dispositivo
: Coloca o dispositivo antes de outro dispositivo na ordem de compactação.

-in => $janela
: Compacta o dispositivo dentro de outra janela ao invés de dentro de sua mãe.

-ipadx => quantidade
: Aumenta o tamanho do dispositivo na horizontal pela *quantidade* * 2. A *quantidade* poderá ser representada como um número seguido de c (centímetros), i (polegadas), m (milímetros) e p (pontos da impressora). Os pixels são as unidades defaults.

-ipady => quantidade
: Aumenta o tamanho do dispositivo na vertical pela *quantidade* * 2. A *quantidade* poderá ser representada como um número seguido de c (centímetros), i (polegadas), m (milímetros) e p (pontos da impressora). Os pixels são as unidades defaults.

-padx => quantidade
: Coloca o preenchimento à esquerda e à direita do dispositivo. A *quantidade* poderá ser representada como um número seguido de c (centímetros), i (polegadas), m (milímetros) e p (pontos da impressora). Os pixels são as unidades defaults.

-pady => quantidade
: Coloca o preenchimento acima e abaixo do dispositivo. A *quantidade* poderá ser representada como um número seguido de c (centímetros), i (polegadas), m (milímetros) e p (pontos da impressora). Os pixels são as unidades defaults.

Métodos do pack

Os seguintes métodos estão associados ao pack:

packForget
: Faz com que um dispositivo seja removido da exibição.

    $widget->packForget;

    O dispositivo não é destruído, mas não é mais gerenciado pelo pack. O dispositivo é removido da ordem da compactação, portanto se fosse compactado novamente mais tarde, apareceria no final da ordem de compactação.

packInfo
: Retorna uma lista contendo todas as informações da compactação sobre esse dispositivo.

    $info = $widget->packInfo;

packPropagate
: Omite o redimensionamento automático de um dispositivo Toplevel (Alto nível) ou Frame (Quadro) para aceitar os itens compactados dentro dele. A seguinte linha desativará o redimensionamento automático:

    $widget->packPropagate(0);

packSlaves
: Retorna uma lista ordenada de todos os dispositivos compactados no dispositivo-pai.

    $children = $widget->packSlaves;

O gerenciador de geometria grid

O gerenciador de geometria grid divide a janela em uma grade composta por colunas e linhas começando em 0,0 no campo superior esquerdo. A grade resultante lembra uma planilha, com cada dispositivo atribuído a uma célula de acordo com as opções para grid. Para criar uma grade, crie um quadro que é compactado dentro da janela-mãe e então coloque grade nos dispositivos dentro do quadro.

Você poderá especificar linhas e colunas explícitas usando opções para grid. Porém, se vários dispositivos tiverem que aparecer na mesma linha, você poderá usar um único comando grid com uma lista de dispositivos ao invés de chamar grid para cada um. O primeiro dispositivo chamará o comando grid e todos os outros dispositivos para essa coluna serão especificados como as opções para grid. Qualquer comando grid subseqüente aumentará a linha em um e começará de novo.

Você poderá usar caracteres especiais como recipientes:

- (sinal de menos)
    O dispositivo anterior deverá estender-se sobre essa coluna também. Poderá não seguir ^ ou x.
x   Deixa um espaço em branco.
^   O dispositivo acima desse (mesma coluna, linha anterior) deverá estender-se sobre essa linha.

As opções para grid são:

-column => n
    A coluna na qual colocar o dispositivo. O n é qualquer inteiro >= 0.

-row => m
    A linha na qual colocar o dispositivo. O m é qualquer inteiro >= 0.

-columnspan => n
    O número de colunas para o dispositivo se estender, começando com a coluna especificada com -column. O n é qualquer inteiro > 0.

-rowspan => m
    O número de linhas para o dispositivo se estender, começando com a coluna especificada com -row. O m é qualquer inteiro > 0.

-sticky => lados
    Mantém o dispositivo no(s) lado(s) especificado(s). Os lados contêm os caracteres n, s, e ou w.

-in => $janela
    Coloca grade no dispositivo dentro de outra janela ao invés de sua mãe.

-ipadx => quantidade
    Aumenta o tamanho do dispositivo na horizontal pela quantidade * 2. A quantidade poderá ser representada como um número seguido de c (centímetros), i (polegadas), m (milímetros) e p (pontos da impressora). Os pixels são as unidades defaults.

-ipady => quantidade

Aumenta o tamanho do dispositivo na vertical pela *quantidade* * 2. A *quantidade* poderá ser representada como um número seguido de c (centímetros), i (polegadas), m (milímetros) e p (pontos da impressora). Os pixels são as unidades defaults.

-padx => quantidade

Coloca um preenchimento à esquerda e à direita do dispositivo. A *quantidade* poderá ser representada como um número seguido de c (centímetros), i (polegadas), m (milímetros) e p (pontos da impressora). Os pixels são as unidades defaults.

-pady => quantidade

Coloca o preenchimento acima e abaixo do dispositivo. A *quantidade* poderá ser representada como um número seguido de c (centímetros), i (polegadas), m (milímetros) e p (pontos da impressora). Os pixels são as unidades defaults.

Métodos do grid

Os seguintes métodos são associados ao grid:

gridColumnconfigure

Configura a coluna especificada pelo primeiro argumento usando os argumentos -weight e -minsize. O argumento -weight determina a quantidade de espaço para alocar para essa coluna e o argumento -minsize define o tamanho mínimo em pixels. Por exemplo:

$widget->gridColumnconfigure(3, -weight => 1);

gridRowconfigure

Configura a linha especificada pelo primeiro argumento usando os argumentos -weight e -minsize. O argumento -weight determina a quantidade de espaço para alocar para essa linha e o argumento -minsize define o tamanho mínimo em pixels. Por exemplo:

$widget->gridRowconfigure(3, -weight => 1);

gridBbox

Retorna o quadro delimitador em pixels para o espaço ocupado pela posição da grade especificada (na ordem coluna, linha). Por exemplo:

$widget->gridBbox(3,2);

gridForget

Faz com que o(s) dispositivo(s) seja(m) removido(s) da exibição. Os dispositivos extras poderão ser especificados como argumentos.

$widget1->gridForget($widget2, widget3, ...);

gridInfo

Retorna informações sobre o dispositivo no formato de lista.

$widget->gridInfo;

gridLocation

Retorna a coluna e a linha do dispositivo mais próximo das coordenadas x,y especificadas (em pixels).

$widget->gridLocation(120, 32);

gridPropagate
    Desativa o redimensionamento automático do dispositivo.
        `$widget->gridPropagate;`

gridSize
    Retorna o tamanho da grade, por exemplo, o número de colunas e linhas.
        `$widget->gridSize;`

gridSlaves
    Retorna uma lista de todos os dispositivos contidos em um dispositivo-mestre. Os argumentos -row e -column opcionais restringem a resposta para o(s) dispositivo(s) nessa linha ou coluna.
        `$children = $widget->gridSlaves(-row => 2);`

O gerenciador de geometria place

O gerenciador de geometria place permite que você posicione uma janela nas coordenadas explícitas x,y. Com place, você poderá sobrepor os dispositivos, o que não é permitido com grid ou pack. Por exemplo para posicionar um dispositivo de botão no campo superior esquerdo de uma janela:

    `$button->place(-x => 0, -y => 0);`

As opções para place são:

-anchor => *posição*
    A posição no dispositivo que será colocado nas coordenadas especificadas. Os valores para a *posição* são 'n', 'ne', 'e', 'se', 's', 'sw', 'w', 'nw' e 'center'. O default é 'nw'.

-bordermode => *local*
    Determina se a parte da borda do dispositivo é incluída ou não no sistema de coordenadas. Os valores para o *local* são 'inside', 'outside' e 'ignore'.

-height => *quantidade*
    A altura absoluta do dispositivo. A *quantidade* poderá ser representada como um número seguido de c (centímetros), i (polegadas), m (milímetros) e p (pontos da impressora). Os pixels são as unidades defaults.

-in => *$janela*
    O dispositivo-filho será compactado dentro da janela especificada ao invés da mãe que o criou. Qualquer coordenada relativa ou tamanho ainda irá referir-se à mãe.

-relheight => *proporção entre eixos*
    A altura do dispositivo é relativa à altura do dispositivo-pai através da proporção entre os eixos especificada.

-relwidth => *proporção entre eixos*
    A largura do dispositivo é relativa à largura do dispositivo-pai através da proporção entre os eixos.

-relx => *proporção x entre os eixos*

O dispositivo será colocado em relação ao seu pai pela proporção especificada. A *proporção x entre os eixos* é um número com ponto flutuante de 0.0 a 1.0, com 0.0 representando o lado esquerdo do dispositivo-pai e 1.0, o lado direito.

-rely => *proporção y entre os eixos*

O dispositivo será colocado em relação ao seu pai pela proporção especificada. A *proporção y entre os eixos* é um número com ponto flutuante de 0.0 a 1.0, com 0.0 representando a parte superior do dispositivo-pai e 1.0, a parte inferior.

-width => *quantidade*

A largura do dispositivo será a quantidade especificada. A *quantidade* poderá ser representada como um número seguido de c (centímetros), i (polegadas), m (milímetros) e p (pontos da impressora). Os pixels são as unidades defaults.

-x => *coordenada x*

O dispositivo será colocado na coordenada x especificada.

-y => *coordenada y*

O dispositivo será colocado na coordenada y especificada.

Os seguintes métodos estão associados a place:

placeForget

Faz com que o dispositivo seja removido da exibição.

placeInfo

Retorna informações sobre o dispositivo.

placeSlaves

Retorna uma lista de dispositivos gerenciados pelo dispositivo-pai especificado.

Opções comuns da configuração do dispositivo

No resto deste capítulo, iremos analisar cada dispositivo: o comando usado para criar cada dispositivo, as opções usadas para configurá-los e os métodos para manipulá-los.

Você achará que existem muitas, muitas opções de configuração que são compartilhadas por diversos dispositivos. Poderíamos listá-las individualmente para cada dispositivo, mas para economizar, iremos listar as opções compartilhadas no início, ao invés de repeti-las sempre. Assim poderemos nos concentrar nas opções que são essenciais para o comportamento de cada determinado dispositivo e evitar que o leitor fique perdido em um mar de opções.

As seguintes opções são suportadas pelos dispositivos mostrados:

-activebackground => *cor*

Define a cor de fundo quando o cursor do mouse está sobre o dispositivo.

Dispositivos aplicáveis: Button, Checkbutton, Menu, Menubutton, Optionmenu, Radiobutton, Scale, Scrollbar.

-activeforeground => cor
: Define a cor do texto quando o cursor do mouse está sobre o dispositivo.
Dispositivos aplicáveis: Button, Checkbutton, Menu, Menubutton, Optionmenu, Radiobutton.

-anchor => posição
: Faz com que o texto fique nessa posição no dispositivo. Os valores para a *posição* são: 'n', 'ne', 'e', 'se', 's', 'sw', 'w', 'nw' e 'center'.
Dispositivos aplicáveis: Button, Checkbutton, Label, Menubutton, Optionmenu, Radiobutton.

-background => cor

-bg => cor
: Define a cor de fundo do dispositivo para a cor especificada.
Dispositivos aplicáveis: Button, Canvas, Checkbutton, Entry, Frame, Label, Listbox, Menu, Menubutton, Optionmenu, Radiobutton, Scale, Scrollbar, Text, Toplevel.

-bitmap => 'nome_mapa_bits'
: Usa um mapa de bits ao invés de texto no dispositivo. Você poderá especificar um mapa de bits default ou o local de um arquivo do mapa de bits (com @ na frente no caminho).
Dispositivos aplicáveis: Button, Checkbutton, Label, Menubutton, Optionmenu, Radiobutton.

-borderwidth => quantidade

-bd => quantidade
: Altera a largura da borda desenhada em torno do dispositivo.
Dispositivos aplicáveis: Button, Canvas, Checkbutton, Entry, Frame, Label, Listbox, Menu, Menubutton, Optionmenu, Radiobutton, Scale, Scrollbar, Text, Toplevel.

-cursor => 'nome_cursor'
: O cursor do mouse mudará para o cursor especificado quando sobre o dispositivo.
Dispositivos aplicáveis: Button, Canvas, Checkbutton, Entry, Frame, Label, Listbox, Menu, Menubutton, Optionmenu, Radiobutton, Scale, Scrollbar, Text, Toplevel.

-disabledforeground => cor
: Define a cor do texto quando o dispositivo está desativado.
Dispositivos aplicáveis: Button, Checkbutton, Menu, Menubutton, Optionmenu, Radiobutton.

-exportselection => booleano
: Determina se o texto selecionado será exportado para a área de transferência do sistema de janela. (Para um quadro de listagem, -exportselection => 1 significa que dois quadros de listagem não poderão ter seleções ao mesmo tempo.)
Dispositivos aplicáveis: Entry, Listbox, Text.

-font => 'nome_fonte'
: Altera a fonte de todo o texto no dispositivo para o *nome_fonte*.
Dispositivos aplicáveis: Button, Checkbutton, Entry, Label, Listbox, Menu, Menubutton, Optionmenu, Radiobutton, Scale, Text.

-foreground => *cor*

fg => *cor*

    Altera a cor do texto para a *cor*.

    Dispositivos aplicáveis: Button, Checkbutton, Entry, Label, Listbox, Menu, Menubutton, Optionmenu, Radiobutton, Scale, Text.

-height => *quantidade*

    Especifica a altura do dispositivo. Se o texto for exibido, a *quantidade* representará um número de caracteres e se uma imagem ou mapa de bits for exibido representará uma distância da tela.

    Dispositivos aplicáveis: Button, Canvas, Checkbutton, Frame, Label, Listbox, Menubutton, Optionmenu, Radiobutton, Text, Toplevel.

-highlightbackground => *cor*

    Define a cor de um retângulo sem o foco.

    Dispositivos aplicáveis: Button, Canvas, Checkbutton, Entry, Frame, Label, Listbox, Menubutton, Optionmenu, Radiobutton, Scale, Scrollbar, Text, Toplevel.

-highlightcolor => *cor*

    Define a cor do retângulo com o foco.

    Dispositivos aplicáveis: Button, Canvas, Checkbutton, Entry, Frame, Label, Listbox, Menubutton, Optionmenu, Radiobutton, Scale, Scrollbar, Text, Toplevel.

-highlightthickness => *quantidade*

    Define a espessura do quadro preto em torno do dispositivo que indica o foco.

    Dispositivos aplicáveis: Button, Canvas, Checkbutton, Entry, Frame, Label, Listbox, Menubutton, Optionmenu, Radiobutton, Scale, Scrollbar, Text, Toplevel.

-image => *$ponteiro_imagem*

    Usa uma imagem ao invés de texto. O *$ponteiro_imagem* é um ponteiro para um objeto Photo ou Image criado usando um arquivo GIF ou PPM. Por exemplo:

```
$image = $mainwindow->Photo(-file => "image.gif");
$mainwindow->Button(-image => $arrow,
        -command => sub {exit})->pack;
```

    Dispositivos aplicáveis: Button, Checkbutton, Label, Menubutton, Optionmenu, Radiobutton.

-insertbackground => *cor*

    Define a cor do cursor de inserção.

    Dispositivos aplicáveis: Canvas, Entry, Text.

-insertborderwidth => *quantidade*

    Define a largura da borda do cursor de inserção.

    Dispositivos aplicáveis: Canvas, Entry, Text.

-insertofftime => *milissegundos*
   Define a quantidade de tempo que o cursor de inserção está "desativado".
   Dispositivos aplicáveis: Canvas, Entry, Text.
-insertontime => *milissegundos*
   Define a quantidade de tempo que o cursor de inserção está "ativado".
   Dispositivos aplicáveis: Canvas, Entry, Text.
-insertwidth => *quantidade*
   A largura do canto de inserção (default = 2 pixels).
   Dispositivos aplicáveis: Canvas, Entry, Text.
-justify => *lado*
   Justifica o texto no lado especificado. O *lado* poderá ser 'left', 'right' ou 'center'.
   Dispositivos aplicáveis: Button, Checkbutton, Entry, Label, Menubutton, Optionmenu, Radiobutton.
-padx => *quantidade*
   Adiciona um espaço extra à esquerda e à direita do dispositivo dentro da borda do dispositivo.
   Dispositivos aplicáveis: Button, Checkbutton, Label, Menubutton, Optionmenu, Radiobutton, Text.
-pady => *quantidade*
   Adiciona um espaço extra acima ou abaixo do dispositivo dentro da borda do dispositivo.
   Dispositivos aplicáveis: Button, Checkbutton, Label, Menubutton, Optionmenu, Radiobutton, Text.
-relief => *tipo*
   Altera o tipo das bordas desenhadas em torno do dispositivo. Os valores para o *tipo* são 'flat', 'groove', 'raised', 'ridge' e 'sunken'.
   Dispositivos aplicáveis: Button, Canvas, Checkbutton, Entry, Frame, Label, Listbox, Menu, Menubutton, Optionmenu, Radiobutton, Scale, Scrollbar, Text, Toplevel.
-selectbackground => *cor*
   Determina a cor de fundo do texto selecionado no dispositivo de entrada.
   Dispositivos aplicáveis: Canvas, Entry, Listbox, Text.
-selectborderwidth => *quantidade*
   Determina a largura da borda de destaque da seleção.
   Dispositivos aplicáveis: Canvas, Entry, Listbox, Text.
-selectforeground => *cor*
   Determina a cor de texto do texto selecionado no dispositivo de entrada.
   Dispositivos aplicáveis: Canvas, Entry, Listbox, Text.
-state => *estado*
   Define o estado de resposta do dispositivo. Os valores para o *estado* são 'normal', 'disabled' e 'active'. (disabled faz com que não responda.)

Dispositivos aplicáveis: Button, Checkbutton, Entry, Menubutton, Optionmenu, Scale, Text.

-takefocus => *foco*

Determina se o dispositivo obterá o foco. Os valores para o *foco* são 0 (o dispositivo nunca obterá o foco), 1 (o dispositivo sempre obterá o foco) e uma string nula ("") (que permite à aplicação decidir).

Dispositivos aplicáveis: Button, Canvas, Checkbutton, Entry, Frame, Label, Listbox, Menu, Menubutton, Optionmenu, Scale, Scrollbar, Text, Toplevel.

-underline => *n*

Sublinha o caractere *n* na string de texto. Permite a entrada do teclado através desse caractere quando o dispositivo tem o foco.

Dispositivos aplicáveis: Button, Checkbutton, Label, Menubutton, Optionmenu, Radiobutton.

-width => *quantidade*

A largura do dispositivo, representada em caracteres se o texto for exibido, ou como uma distância da tela se uma imagem ou mapa de bits for exibido.

Dispositivos aplicáveis: Button, Canvas, Checkbutton, Frame, Label, Listbox, Menubutton, Optionmenu, Radiobutton, Scale, Scrollbar, Text, Toplevel.

-wraplength => *quantidade*

Define a quantidade máxima de texto a ser exibido em uma linha.

Dispositivos aplicáveis: Button, Checkbutton, Label, Menubutton, Optionmenu, Radiobutton.

-xscrollcommand => *callback*

Atribui um callback para usar ao paginar.

Dispositivos aplicáveis: Canvas, Entry, Listbox, Text.

-yscrollcommand => *callback*

Determina um comando para executar quando paginado na direção vertical.

Dispositivos aplicáveis: Canvas, Listbox, Text.

O dispositivo Button

Crie um botão simples com o método Button:

    $parentwidget->Button (*opções*)

As opções padrões da configuração que se aplicam a Button são: -activebackground, -activeforeground, -anchor, -background, -bg, -bitmap, -borderwidth, -bd, -cursor, -disabledforeground, -font, -foreground, -fg, -height, -highlightbackground, -highlightcolor, -highlightthickness, -image, -justify, -padx, -pady, -relief, -state, -takefocus, -underline, -width e -wraplength.

As outras opções são:

-command => *callback*

O ponteiro para uma função que será chamada quando o botão for pressionado.

```
-text => 'texto'
```
Define a string de texto exibida no botão. Veja também -textvariable.

```
-textvariable => \$variável
```
Aponta para a variável que contém o texto a ser exibido no botão. O texto do botão mudará quando a $variável mudar.

Método do Button

Além de configure e cget, os seguintes métodos poderão ser usados para Button:

```
flash
```
    Faz com que o botão pisque desde as cores normais até as de estado ativo.

```
invoke
```
    Chama o comando de callback como se o botão fosse clicado.

O dispositivo Checkbutton

Cria um botão de seleção com o comando Checkbutton. Um botão de seleção tem um indicador à esquerda da etiqueta indicando se o botão está selecionado. O status booleano do botão ("0", "1" ou os valores como específicados pelas opções -onvalue e -offvalue) é armazenado na variável especificada com a opção -variable.

$parentwidget->Checkbutton (*opções*)

As opções padrões de configuração que se aplicam a CheckButton são: -activebackground, -activeforeground, -anchor, -background, -bg, -bitmap, -borderwidth, -bd, -cursor, -disabledforeground, -font, -foreground, -fg, -height, -highlightbackground, -highlightcolor, -highlightthickness, -image, -justify, -padx, -pady, -relief, -state, -takefocus, -underline, -width e -wraplength.

As outras opções são:

```
-command => callback
```
    O ponteiro para uma função que será chamada quando o botão de seleção for pressionado.

```
-indicatoron => booleano
```
    Determina se é para exibir ou não o indicador. O default é ativado (1).

```
-offvalue => novo_valor
```
    Especifica o valor usado quando o botão de seleção está "desativado". Terá que ser um escalar. O default é 0.

```
-onvalue => novo_valor
```
    Especifica o valor usado quando o botão de seleção está "ativado". Terá que ser um escalar. O default é 1.

```
-selectcolor => cor
```
    A cor do indicador quando o botão de seleção está "ativado".

-selectimage => *ponteiro_imagem*
   Define a imagem a ser exibida ao invés do texto quando o botão de seleção está "ativado". Ignorado se -image não for usada.

-text => *'texto'*
   Define a string de texto exibida no botão de seleção. Veja também -textvariable.

-textvariable => \$*variável*
   Aponta para a variável que contém o texto a ser exibido no botão de seleção. O texto do botão mudará quando a *$variável* mudar.

-variable => \$*variável*
   Associa o valor on/off (ativado/desativado) do indicador à variável especificada.

Métodos do Checkbutton

Além de configure e cget, os seguintes métodos são suportados pelo Checkbutton:

deselect
   Define o indicador para o estado "desativado" (off).

select
   Define o indicador para o estado "ativado" (on).

flash
   Faz com que o botão pisque desde as cores normais até as de estado ativo.

invoke
   Chama o comando de callback como se os botões de seleção fossem clicados.

toggle
   Alterna o indicador de "on" para "off" ou de "off" para "on".

O dispositivo Radiobutton

Crie um botão de rádio com o método Radiobutton. Um botão de rádio tem um indicador à esquerda da etiqueta indicando se o botão está selecionado. Difere de um botão de seleção no sentido de que apenas um botão poderá ser selecionado ao mesmo tempo. Cada botão em um grupo de botões de rádio usará a mesma variável especificada com a opção -variable; quando selecionado, o botão atribuirá essa variável ao valor especificado pela opção -value.

   $parentwidget->Radiobutton (*opções*)

As opções padrões da configuração que se aplicam a Radiobutton são: -activebackground, -activeforeground, -anchor, -background, -bg, -bitmap, -borderwidth, -bd, -cursor, -disabledforeground, -font, -foreground, -fg, -height, -highlightbackground, -highlightcolor, -highlightthickness, -image, -justify, -padx, -pady, -relief, -underline, -width e -wraplength.

As outras opções são:

-command => *callback*
   O ponteiro para uma função que será chamada quando o botão de rádio for pressionado.

-indicatoron => *booleano*
: Determina se é para exibir ou não o indicador. O default é ativado (1).

-selectcolor => *cor*
: A cor do indicador quando o botão de rádio está ativado.

-selectimage => *ponteiro_imagem*
: Define a imagem a ser exibida ao invés do texto quando o botão de rádio está ativado. Ignorada se -image não for usada.

-text => '*texto*'
: Define a string de texto exibida no botão de rádio. Veja também -textvariable.

-textvariable => *$variável*
: Aponta para a variável que contém o texto a ser exibido no botão de rádio. O texto do botão mudará quando a *$variável* mudar.

-value => *valor*
: Define a *$variável* para o valor especificado quando o botão de rádio é selecionado (o default é 1).

-variable => *$variável*
: Associa o valor on/off (ativado/desativado) do indicador à variável especificada.

Métodos do Radiobutton

Além de configure e cget, os seguintes métodos são suportados pelo Radiobutton:

deselect
: Cancela a seleção do botão e define a variável para uma string vazia.

select
: Define o botão de rádio.

flash
: Faz com que o botão pisque desde as cores normais até as de estado ativo.

invoke
: Seleciona o botão e chama o comando de callback como se o botão de rádio fosse clicado.

O dispositivo Label

Crie uma etiqueta não interativa com o comando Label:

$parentwidget->Label (*opções*)

As opções padrões da configuração que se aplicam a Label são: -anchor, -background, -bg, -bitmap, -borderwidth, -bd, -cursor, -font, -foreground, -fg, -height, -highlightbackground, -highlightcolor, -highlightthickness, -image, -justify, -padx, -pady, -relief, -takefocus, -underline, -width e -wraplength.

As outras opções são:

-text => 'texto'
>   Define a string de texto exibida na etiqueta. Veja também -textvariable.

-textvariable => \$variável
>   Aponta para a variável que contém o texto a ser exibido na etiqueta. O texto do botão mudará quando a *$variável* mudar.

O dispositivo Entry

Crie um dispositivo de entrada com o método Entry. O valor que o usuário digitou no dispositivo será armazenado na variável apontada pela opção -textvariable.

$parent->Entry (opções)

As opções padrões da configuração que se aplicam a Entry são: -background, -bg, -borderwidth, -bd, -cursor, -exportselection, -font, -foreground, -fg, -highlightbackground, -highlightcolor, -highlightthickness, -insertbackground, -insertborderwidth, -insertofftime, -insertontime, -insertwidth, -justify, -relief, -selectbackground, -selectborderwitdh, -selectforegorund, -state, -takefocus e -xscrollcommand.

As outras opções são:

-show => x
>   Define um caractere a ser exibido no lugar do texto digitado real (para usar com senhas).

-textvariable => \$variável
>   Aponta para a variável que contém o texto a ser exibido no dispositivo de entrada. O texto do botão mudará quando a *$variável* mudar.

Índices do texto

Em um dispositivo Entry, vários índices são definidos para identificar as posições no texto de entrada, para serem usados pelos métodos utilizados para recuperar ou manipular o texto de entrada. Esses índices são:

n
>   Um inteiro que representa uma posição do caractere, com 0 como o primeiro caractere na string.

insert
>   O caractere diretamente depois do cursor de inserção.

sel.first
>   O primeiro caractere no bloco de seleção.

sel.last
>   O caractere depois do último caractere no bloco de seleção.

anchor
>   A posição ancorada.

```
end
```
    A posição logo depois do último caractere na string de entrada.

```
@x
```
    O caractere que contém a coordenada *x* especificada.

Métodos do Entry

Além de configure e cget, os seguintes métodos são suportados para o dispositivo Entry:
```
delete
```
    Apaga o texto do dispositivo. Por exemplo, para apagar o texto selecionado:

        `$entry->delete('sel.first', 'sel.last');`
```
get
```
    Obtém o conteúdo do dispositivo de entrada. Por exemplo:

        `$input = $entry->get;`
```
icursor
```
    Coloca o cursor no índice especificado. Por exemplo, para mover o cursor para o final da string de entrada:

        `$entry->icursor('end');`
```
index
```
    Converte um índice nomeado em um numérico.

        `$length = $entry->index('end');`
```
insert
```
    Insere o texto no índice especificado. Por exemplo, para anexar a string "txt" ao final da string de entrada:

        `$entry-> insert('end', '.txt');`
```
selection
```
    Manipula o bloco selecionado. O primeiro argumento poderá ser:

        adjust

            Estende o texto selecionado para o índice especificado no segundo argumento.

                `$entry->selection('adjust', 'end');`

        clear

            Limpa o bloco de seleção.

                `$entry->selection('clear');`

        from

            Redefine o índice de "âncora" para o índice especificado no segundo argumento.

                `$entry->selection('from', 0);`

present
: Determina se qualquer texto está selecionado atualmente.
```
If ($entry->selection('present')) {
    $entry->delete('sel.first', 'sel.last');
}
```

range
: Altera a faixa de seleção para os índices especificados nos segundo e terceiro argumentos. Por exemplo, para alterar a seleção para incluir toda a string de entrada:
```
$entry->selection('range',0,'end');
```

to
: Estende a seleção da posição da âncora atual até o índice especificado.
```
$entry->selection('to','insert');
```

xview
: Manipula o texto na exibição. Sem argumentos, retornará uma lista de dois números entre 0 e 1, definindo qual parte do texto de entrada está ocultada atualmente nos lados esquerdo e direito, respectivamente. Com argumentos, a função de xview mudará:

    índice
    : Se o primeiro argumento for um índice, essa posição irá tornar-se a posição mais à esquerda na exibição. Por exemplo, para redefinir a parte visível para o início da string:
    ```
    $entry->xview(0);
    ```

    moveto
    : Move a fração especificada do texto de entrada para a esquerda da parte visível. Por exemplo, para ocultar os primeiros 10% do texto de entrada:
    ```
    $entry->xview('moveto',0.1);
    ```

    scroll
    : Pagina o texto para a esquerda ou direita pelo número especificado de unidades (caracteres, neste contexto) ou páginas. Usado principalmente como um callback para uma barra de paginação; pressionando em uma seta moverá por unidades (caracteres), e pressionando na barra moverá por páginas. O número é 1 ou -1, para mover para frente ou para trás, respectivamente. Por exemplo:
    ```
    $entry->xview('scroll',1,'units');
    ```

O dispositivo Scrollbar

Crie uma barra de paginação com o comando Scrollbar.
```
$parentwidget->Scrollbar(opções)
```

As opções padrões da configuração que se aplicam a Scrollbar são: -activebackground, -background, -bg, -borderwidth, -bd, -cursor, -highlightbackground, -highlightcolor, -highlightthickness, -relief, -takefocus e -width.

As outras opções são:

-activerelief => *tipo*

    Muda como os elementos ativos (seta1, seta2 e cursor) na barra de paginação são desenhadas. Os valores para *tipo* são 'flat', 'groove', 'raised', 'ridge' e 'sunken'. O default é 'raised'.

-command => *callback*

    O ponteiro para uma função que será chamada quando a barra de paginação for clicada.

-elementborderwidth => *quantidade*

    A largura das bordas dos elementos seta1, seta2 e cursor.

-jump => *booleano*

    Determina se a barra de paginação pulará a paginação. O default é 0 (paginação de salto desativada).

-orient => *orientação*

    Determina a orientação da barra de paginação. As *orientações* possíveis são 'horizontal' e 'vertical' (default).

-repeatdelay => *milissegundos*

    Determina o número de milissegundos para manter pressionada uma seta antes que se repita automaticamente. O default é 300.

-repeatinterval => *milissegundos*

    Determina o número de milissegundos entre as repetições automáticas uma vez que iniciada. O default é 100.

-troughcolor => *cor*

    Altera a cor da barra.

Métodos do Scrollbar

Além de configure e cget, os seguintes métodos são suportados pelo dispositivo Scrollbar:

set

    Altera a parte visível dos dados, com os dois argumentos sendo números entre 0 e 1 representando as partes dos dados a serem visíveis.

        $scrollbar->set(0.2,0.6);

get

    Retorna os últimos argumentos para set.

activate

    Sem argumentos, retornará o nome do elemento ativo atual. Com um argumento arrow1, arrow2 ou slider, mudará a cor do elemento especificado para a cor do primeiro plano ativa e o tipo de relevo.

delta

    Dado um número de pixels no primeiro argumento, retornará a alteração fracional necessária para mover o cursor nessa quantidade.

fraction
    Dada uma coordenada x,y como os primeiro e segundo argumentos, retornará um número entre 0 e 1 representando qual fração da barra de paginação que a coordenada ficaria.

identify
    Dada uma coordenada x,y como os primeiro e segundo argumentos, retornará o nome do elemento nessas coordenadas.

O dispositivo Listbox

Crie um quadro de listagem com o método Listbox. Você poderá então inserir itens no quadro de listagem usando o método insert.

    $parentwidget->Listbox (*opções*)

As opções padrões da configuração que se aplicam a Listbox são: -background, -bg, -borderwidth, -bd, -cursor, -exportselection, -font, -foreground, -fg, -height, -highlightbackground, -highlightcolor, -highlightthickness, -relief, -selectbackground, -selectborderwidth, -selectforeground, -takefocus, -width, -xscrollcommand e -yscrollcommand.

As outras opções são:

-selectmode => *modo*
    Determina quantos itens poderão ser selecionados de uma só vez, assim como os vínculos tecla/mouse. O *modo* poderá ser:

    'single'
        Apenas um item poderá ser selecionado de cada vez.

    'browse'
        Apenas um item poderá ser selecionado de cada vez. (Default).

    'multiple'
        Diversos itens poderão ser selecionados de cada vez.

    'extended'
        Diversos itens poderão ser selecionados de cada vez.

-setgrid => *booleano*
    Ativa a grade para o quadro de listagem. Se o dispositivo for redimensionado, apenas as linhas completas e os caracteres serão exibidos. O default é 0 (desativado).

Índices do Listbox

Em um dispositivo Listbox, vários índices são definidos para identificar as posições no quadro de listagem, para serem usados pelos métodos utilizados para recuperar ou manipular as entradas do quadro de listagem. Esses índices são:

n
    Um inteiro representando uma posição na lista, com 0 como o primeiro item.

active
> O item com foco do teclado.

anchor
> A posição ancorada.

end
> O último elemento no quadro de listagem.

@x,y
> O item do quadro de listagem que contém a coordenada x,y especificada.

Métodos do Listbox

Além de configure e cget, os seguintes métodos são suportados pelo Listbox:

insert
> Adiciona itens a um quadro de listagem no índice especificado. Por exemplo, para inserir itens no final de uma lista:
> ```
> $listbox->insert('end', "PuertoRico", "VirginiaIslands", "Guam");
> ```

delete
> Apaga os itens de um quadro de listagem. Para apagar todos os itens:
> ```
> $listbox->delete(0, 'end');
> ```

get
> Retorna uma lista de elementos na faixa especificada de índices. Para obter uma lista de todos os elementos:
> ```
> @items = $listbox->get(0, 'end');
> ```

curselection
> Retorna uma lista de todos os elementos selecionados atualmente no quadro de listagem.

activate
> Define o item especificado para ser o elemento ativo.

bbox
> Retorna o local e as dimensões do quadro delimitador em torno do elemento do quadro de listagem especificado. A lista retornada contém quatro números representando (respectivamente) a coordenada x do campo superior esquerdo, a coordenada y do canto superior esquerdo, a largura do texto em pixels e a altura do texto em pixels.

index
> Converte um índice nomeado em um numérico.

nearest
> Obtém o índice do item do quadro de listagem mais próximo a uma coordenada y dada.

see
> Pagina o quadro de listagem para cima e para baixo para exibir o item especificado.

`selection`
    Manipula o bloco selecionado de itens da lista. O primeiro argumento poderá ser:
    `anchor`
        Define o índice de âncora para o índice especificado.
    `clear`
        Limpa qualquer item da lista selecionado na faixa especificada. Por exemplo, para limpar todas as seleções:

```
$listbox->selection('clear', 0, 'end');
```

    `includes`
        Retorna 0 ou 1 dependendo do item especificado já selecionado.

```
$listbox->selection('includes', 'end');
```

    `set`
        Seleciona uma faixa de itens no quadro de listagem.

```
$listbox->selection('set', 0, 'end');
```

`size`
    Retorna o número total de itens no quadro de listagem.

`xview`
    Manipula o texto na exibição. Sem argumentos, retornará uma lista de dois números entre 0 e 1, definindo qual parte do texto da lista está atualmente ocultada nos lados esquerdo e direito, respectivamente. Com argumentos, a função de xview mudará:
    `índice`
        Se o primeiro argumento for um índice, essa posição irá tornar-se a posição mais à esquerda na exibição.
    `moveto`
        Move a fração especificada do quadro de listagem para a esquerda da parte visível.
    `scroll`
        Pagina o texto para a esquerda ou direita pelo número especificado de unidades (caracteres, neste contexto) ou páginas. Usado basicamente como um callback para uma barra de paginação; pressionar em uma seta moverá por unidades (caracteres) e pressionar na barra moverá por páginas. O número é 1 ou -1, para mover para frente ou para trás, respectivamente.

`yview`
    Manipula o texto na exibição. Sem argumentos, retornará uma lista de dois números entre 0 e 1, definindo qual parte do texto da lista está atualmente ocultada nas partes superior e inferior, respectivamente. Sem argumentos, a função de yview mudará:
    `índice`
        Se o primeiro argumento for um índice, essa posição irá tornar-se a posição mais acima na exibição.
    `moveto`
        Move a fração especificada do quadro de listagem para a parte superior da parte visível.

scroll
: Pagina o texto para cima ou para baixo pelo número especificado de unidades (linhas, neste contexto) ou páginas. Usado basicamente como um callback para uma barra de paginação; pressionar em uma seta moverá por unidades (linhas) e pressionar na barra moverá por páginas. O número é 1 ou -1, para mover para frente ou para trás, respectivamente.

O dispositivo Text

Crie um dispositivo de texto com o método Text:

```
$parentwidget->Text ( opções )
```

As opções padrões da configuração que se aplicam a Text são: -background, -bg, -borderwidth, -bd, -cursor, -exportselection, -font, -foreground, -fg, -height, -highlightbackground, -highlightcolor, -highlightthickness, -insertbackground, -inserborderwidth, -insertofftime, -insertontime, -insertwidth, -padx, -pady, -relief, -selectbackground, -selectborderwidth, -selectforeground, -state, -takefocus, -width, -xscrollcommand, e -yscrollcommand.

As outras opções são:

-setgrid => *booleano*
: Ativa a grade para o dispositivo de texto. O default é 0 (desativado).

-spacing1 => *quantidade*
: Define a quantidade de espaço à esquerda no início de uma linha de texto que começa em sua própria linha. O default é 0.

-spacing2 => *quantidade*
: Define a quantidade de espaço à esquerda no início de uma linha de texto depois dela ter sido quebrada automaticamente pelo dispositivo de texto. O default é 0.

-spacing3 => *quantidade*
: Define a quantidade de espaço à esquerda depois de uma linha de texto ter sido terminada por "\n". O default é 0.

-tabs => *lista*
: Especifica uma lista de paradas de tabulação para usar no dispositivo de texto. O default é indefinido (sem paradas de tabulação).

-wrap => *modo*
: Define o modo para determinar a quebra automática das linhas. Os valores são "none" (sem quebra automática), "char" (quebra em qualquer caractere) ou "word" (quebra no limite de uma palavra). O default é "char".

Índices e modificadores do Text

Em um dispositivo Text, vários índices são definidos para identificar as posições no dispositivo de texto, para serem usados pelos métodos utilizados para recuperar ou manipular o texto. Esses índices são:

`n.m`
    Os números que representam o caractere *m* na linha *n*.

`@x,y`
    O caractere mais próximo à coordenada *x,y*.

`end`
    O fim do texto.

`insert`
    O caractere depois do cursor de inserção.

`current`
    A posição mais próxima ao cursor do mouse.

`marca`
    Outras marcas definidas para o dispositivo (veja a análise sobre as marcas de texto posteriormente nesta seção).

`sel.first`
    O primeiro caractere selecionado.

`sel.last`
    O caractere logo depois do último caractere selecionado.

`marca.first`
    O primeiro caractere no dispositivo do tipo de marca especificado.

`tag.last`
    O caractere logo depois do último caractere do tipo de marca especificado.

`dispositivo`
    O local de um dispositivo incorporado.

Existem também vários modificadores para usar com os índices de texto. São eles:

+ *n* linhas

- *n* linhas
    n linhas antes ou depois do índice.

+ *n* caracteres

- *n* caracteres
    n caracteres antes ou depois do índice.

`linestart`
    O primeiro caractere na linha.

lineend
: O último caractere na linha (geralmente uma nova linha).

wordstart
: O primeiro caractere na palavra.

wordend
: O caractere depois do último caractere na palavra.

Métodos do Text

Além de configure e cget, os seguintes métodos são definidos para o dispositivo Text.

bbox
: Retorna o local e as dimensões do quadro delimitador em torno do caractere no índice especificado. A lista retornada contém quatro números representando (respectivamente) a coordenada x do canto superior esquerdo, a coordenada y do canto superior esquerdo, a largura do texto em pixels e a altura do texto em pixels.

compare
: Executa uma comparação em dois índices. Por exemplo:

    ```
    if ($text->compare('insert', '==', 'end') {
        # we're at the end of the text (estamos no final do texto)
    }
    ```

    Os operadores válidos são <, <=, ==, >= e !=.

debug
: Dado um booleano, ativa ou desativa a depuração.

delete
: Apaga o texto do dispositivo de texto. Para apagar tudo:

    ```
    $text->delete(0, 'end');
    ```

dlineinfo
: Retorna o local e as dimensões do quadro delimitador em torno da linha no índice especificado. A lista retornada contém cinco números representando (respectivamente) a coordenada x do canto superior esquerdo, a coordenada y do canto superior esquerdo, a largura do texto em pixels, a altura do texto em pixels e a posição da linha de base da linha.

get
: Retorna o texto localizado na faixa de índice dada.

index
: Dado um índice nomeado, retornará seu equivalente numérico no formato *linha.carac*.

insert
: Insere o texto no dispositivo no local especificado. O segundo argumento é o texto a inserir e o terceiro argumento é uma marca simples ou uma referência da lista contendo os nomes de diversas marcas para aplicar no texto. Os argumentos subseqüentes alternam entre o texto e as marcas. Por exemplo:

```
$text->insert('end', 'You want to do ', 'normal',
              'what?!', ['bold', 'red']);
```

search

Retorna o índice contendo uma determinada string no dispositivo de texto. Por exemplo, para pesquisar para trás um nome do host sem levar em conta as letras maiúsculas e minúsculas começando a partir do final do texto:

```
$hostindex = $text->search(-nocase, -backwards, $hostname, 'end');
```

O método search tem vários argumentos para modificar a pesquisa, cada um começando com "-". O primeiro argumento que não começa com "-" é obtido para ser a string de pesquisa. Os argumentos são:

`-forwards`
    Pesquisa para frente começando no índice especificado.

`-backwards`
    Pesquisa para trás começando no índice especificado.

`-exact`
    Coincide a string exatamente (default).

`-regexp`
    Trata o padrão como uma expressão constante.

`-nocase`
    Ignora as letras maiúsculas e minúsculas.

`-count => \$variável`
    Armazena o número de coincidências na variável especificada.

- Interpreta o próximo argumento como o padrão. (Útil quando o padrão começa com "-".)

see

    Pagina o texto para que a parte do texto que contém o índice especificado fique visível.

window

Incorpora os dispositivos no dispositivo Text. O primeiro argumento poderá ser: 'create', 'names', 'cget' e 'configure'.

`create`
    Insere um dispositivo incorporado em um índice especificado. Cada dispositivo ocupa um caractere no dispositivo de texto. O dispositivo já terá que ter sido criado como um filho do dispositivo de texto. Por exemplo:

```
$button = $text->Label(-text => "How ya doing?");
$text->window('create', 'end', -window => $button);
```

Aqui a opção -window é usada para identificar o dispositivo a incorporar. A lista de opções para window ('create') é:

`-align`
    Determina o posicionamento na linha de texto. Os valores são 'baseline', 'bottom', 'top' ou 'center' (default).

-padx
: Adiciona o preenchimento na direção x.

-pady
: Adiciona o preenchimento na direção y.

-window
: Identifica o dispositivo a incorporar.

names
: Retorna uma lista de tipos de dispositivo incorporados no dispositivo de texto.

cget
: Retorna informações sobre o dispositivo no índice especificado.

```
$text->window('cget',0);
```

configure
: Configura o dispositivo no índice especificado.

```
$text->window('configure',0,-background => "green");
```

xview
: Manipula o texto na exibição. Sem argumentos, retorna uma lista de dois números entre 0 e 1, definindo qual parte do texto está atualmente ocultada nos lados esquerdo e direito, respectivamente. Sem argumentos, a função de xview mudará:

   índice
   : Se o primeiro argumento for um índice, essa posição irá tornar-se a posição mais à esquerda na exibição.

   moveto
   : Move a fração especificada do texto para a esquerda da parte visível.

   scroll
   : Pagina o texto para a esquerda ou direita pelo número especificado de unidades caracteres, neste contexto) ou páginas. Usado basicamente como um callback para uma barra de paginação; pressionar em uma seta moverá por unidades (caracteres) e pressionar na barra moverá por páginas. O número é 1 ou -1 para mover para frente ou para trás, respectivamente.

yview
: Manipula o texto na exibição. Sem argumentos, retorna uma lista de dois números entre 0 e 1, definindo qual parte do texto está atualmente ocultada nas partes superior ou inferior, respectivamente. Com argumentos, a função de yview mudará:

   índice
   : Se o primeiro argumento for um índice, essa posição irá tornar-se a posição mais acima na exibição.

   moveto
   : Move a fração especificada do texto para a parte superior da parte visível.

scroll

    Pagina o texto para baixo ou para cima pelo número especificado de unidades (linhas, neste contexto) ou páginas. Usado basicamente como um callback para uma barra de paginação; pressionar em uma seta moverá por unidades (linhas) e pressionar na barra moverá por páginas. O número é 1 ou -1 para mover para frente ou para trás, respectivamente.

Marcas

Você poderá associar um conjunto distinto de propriedades de formato a uma parte do texto usando *marcas* (tags). Uma marca é definida com o método tagConfigure e o texto é associado a uma marca através de uma opção para o método insert ou tagAdd. Por exemplo:

    $text->Text->pack;

    $text->tagConfigure('bold', -font =>
        '-*-Courier-Medium-B-Normal- -*-120-*-*-*-*-*-*");

    $text->insert('end', "Normal text0);

    $text->insert('end', "Bold text0, 'bold');

Existem vários métodos definidos para manipular as marcas de texto. São eles:

tagAdd

    Adiciona uma marca ao texto na faixa de índice especificada. Por exemplo, para atribuir a marca "bold" (negrito) definida acima para a seleção atual:

    $text->tagAdd("bold', 'sel.first', 'sel.last');

    Você poderá fornecer diversas faixas como argumentos para tagAdd.

tagBind

    Executa um callback quando um evento especificado ocorre no texto marcado. Por exemplo:

    $text->tagBind('goto_end', "<Button-1>", sub {shift->see("end");});

tagConfigure

    Cria ou altera as definições de uma marca de texto, por exemplo:

    $text->tagConfigure('link', -foreground => 'red');

    As opções para configurar as marcas de texto são:

    -background => *cor*

        A cor para usar sob o texto.

    -bgstipple => *mapa de bits*

        Um padrão para desenhar sob o texto.

    -borderwidth => *quantidade*

        A largura da borda desenhada em torno do texto.

    -fgstipple => *mapa de bits*

        Um padrão usado para desenhar o texto.

`-font => nome_fonte`
  A fonte usada para o texto.
`-foreground => cor`
  A cor do texto.
`-justify => posição`
  A justificação do texto (qualquer uma entre 'left', 'right' e 'center'). O default é 'left'.
`-lmargin1 => quantidade`
  O recuo para a primeira linha de um parágrafo.
`-lmargin2 => quantidade`
  O recuo para as linhas subseqüentes de um parágrafo (para os recuos invertidos).
`-offset => quantidade`
  A quantidade na qual o texto será levantado ou abaixado a partir da linha de base (para subscritos o superescritos).
`-overstrike => booleano`
  Desenha o texto com uma linha nele.
`-relief => tipo`
  O tipo de bordas desenhadas em torno do texto. Os valores para o *tipo* poderão ser 'flat', 'groove', 'raised', 'ridge' e 'sunken'. O default é 'flat'.
`-rmargin => quantidade`
  A margem direita.
`-spacing1 => quantidade`
  A quantidade de espaço deixada no início de uma linha de texto que começa em sua própria linha.
`-spacing2 => quantidade`
  A quantidade de espaço deixada no início de uma linha de texto depois dela ter sido quebrada automaticamente pelo dispositivo de texto.
`-spacing3 => quantidade`
  A quantidade de espaço deixada depois de uma linha de texto que foi terminada com "\n".
`-tabs => lista`
  Uma lista de paradas de tabulação para usar no dispositivo de texto.
`-underline => booleano`
  Se é para sublinhar o texto.
`-wrap => modo`
  Define o modo para determinar a quebra automática da linha. Os valores são "none" (sem quebra automática), "char" (quebra em qualquer caractere) ou "word" (quebra no limite de uma palavra).

tagCget
  Retorna as definições da configuração para uma marca.

`tagDelete`
Apaga a(s) marca(s) especificada(s).

`tagRemove`
Remove as marcas do texto na faixa de índice especificada. (A marca em si permanece definida, mas não é mais aplicada nesse texto.)

`tagRaise`
Aumenta a prioridade para uma marca especificada. Com apenas um argumento, a marca tem uma prioridade mais alta sobre todas as outras; com um segundo argumento de outra marca, a prioridade da marca é apenas mais alta do que a segunda marca. Por exemplo:

```
$text->tagRaise('bold', 'italic');
```

`tagLower`
Diminui a prioridade para uma marca especificada. Com apenas um argumento, a marca tem uma prioridade mais baixa sobre todas as outras; com um segundo argumento de outra marca, a prioridade da marca é apenas mais baixa do que a segunda marca. Por exemplo:

```
$text->tagLower('italic', 'bold');
```

(O resultado deste código é de fato idêntico ao do exemplo anterior.)

`tagNames`
Retorna os nomes de todas as marcas que se aplicam ao índice especificado. Sem nenhum índice especificado, retornará todas as marcas definidas para o dispositivo de texto, independentemente de terem sido aplicadas.

```
@defined_tags = $text->tagNames;
```

`tagRanges`
Retorna uma lista de faixas de índice para a qual a marca especificada está definida. A lista retornada contém pares de índices de início e de fim para as faixas.

```
@bold_indexes = $text->tagRanges('bold');
```

`tagNextrange`
Dado um nome da marca e um índice, retornará a próxima faixa de índice para a qual a marca especificada está definida.

```
@next_bold = $text->tagRanges('bold', 'insert');
```

Marcas

Uma *marca* (mark) refere-se a uma certa posição entre os caracteres em um dispositivo de texto. Uma vez criada uma marca, você poderá usá-la como um índice. A gravidade de uma marca afeta o lado do texto no qual está inserida. A gravidade "Right" é o default, neste caso o texto é inserido à direita da marca.

As duas marcas definidas automaticamente são "insert" e "current". A marca "insert" refere-se à posição do cursor de inserção. A marca "current" é a posição mais próxima ao cursor do mouse.

Os seguintes métodos são definidos para a marca:

markGravity
> Define a gravidade de uma marca. Por exemplo:
> ```
> $text->markGravity('insert', 'left');
> ```

markNames
> Retorna uma lista de todas as marcas definidas para o dispositivo de texto.

markSet
> Cria uma marca em um índice especificado.
> ```
> $text->markSet('saved', 'insert');
> ```

markUnset
> Apaga a(s) marca(s) do dispositivo de texto.
> ```
> $text->markUnset('saved');
> ```

Note que você não poderá apagar as marcas "insert" ou "current".

O dispositivo Canvas

Crie uma tela para desenhar com o método Canvas. O dispositivo Canvas usa um sistema de coordenadas com a coordenada x aumentando conforme você se move para a direita e a coordenada y aumentando conforme você se move para *baixo* (por exemplo, a coordenada y é matematicamente de cima para baixo). As coordenadas x e y são especificadas em pixels por default.

```
$parentwidget->Canvas ( opções )
```

As opções padrões da configuração que se aplicam a Canvas são: -background, -borderwidth, -cursor, -height, -highlightbackground, -highlightcolor, -highlightthickness, -insertbackground, -insertborderwidth, -insertofftime, -insertontime, -insertwidth, -relief, -selectbackground, -selectborderwidth, -selectforeground, -takefocus, -width, -xscrollcommand e -yscrollcommand.

As outras opções são:

-closeenough => *quantidade*
> A distância considerada "próxima o bastante" para um item ser considerado dentro dela. O default é 1 pixel.

-confine => *booleano*
> Se é para limitar a tela à região de paginação. O default é 1.

-scrollregion => [*x, y, w, h*]
> Define a região que o usuário tem permissão para paginar. A opção é uma referência da lista que corresponde de maneira conveniente ao valor de retorno do método bbox.

-xscrollincrement => *quantidade*
> A distância a usar para paginar na direção x.

`-yscrollincrement => quantidade`
A distância a usar para paginar na direção y.

Os métodos de criação da tela

Para colocar elementos gráficos em uma tela, existem vários comandos de criação de itens:
`createArc`
> Cria um arco contido no quadro delimitador dado. Por exemplo, para criar uma oval limitada pelo quadro de (0,0) a (40,100):
> `$canvas->createArc(0,0,40,100, -extent => 360);`

A opção -extent fornece um número entre 0 e 360 que define o comprimento do arco. O default para -extent é 90 ou ¼ de uma oval; uma extensão de 360 fornecerá uma oval completa. A lista completa de opções para createArc é:

> `-extent -> graus`
>> Cria um arco com a extensão especificada. Os *graus* poderão ser qualquer número entre 0 e 360, como descrito acima.
>
> `-fill => cor`
>> Preenche o arco com a cor especificada.
>
> `-outline => cor`
>> Desenha o arco com a cor especificada (default=preto).
>
> `-outlinestipple => mapa de bits`
>> Desenha o contorno com o padrão do mapa de bits especificado.
>
> `-start => graus`
>> Inicia o desenho do arco a partir da posição especificada, onde a posição é representada por um número de 0 a 360. O default é 0, que significa começar a desenhar na posição de 3 horas.
>
> `-stipple => mapa de bits`
>> Usa o mapa de bits especificado para preencher o arco (se -fill também for especificada).
>
> `-style => tipo`
>> Desenha o arco como especificado. Os valores são:
>>> `'pieslice'`
>>>> Desenha linhas a partir do centro para as extremidades do arco (o default).
>>>
>>> `'chord'`
>>>> Desenha uma linha conectando as duas extremidades do arco.
>>>
>>> `'arc'`
>>>> Desenha o arco sem outras linhas.
>
> `-tags => nomes_marca`
>> Associa o arco à(s) marca(s) especificada(s). Diversos nomes de marca poderão ser fornecidos como uma lista anônima.

-width => *quantidade*
A largura do contorno. O default é 1.

createBitmap

Insere um mapa de bits. Por exemplo, para colocar o mapa de bits "calculator" (calculadora) nas coordenadas (0,0):

```
$canvas => createBitmap(0, 0 -bitmap => 'calculator');
```
As opções são:

-anchor => *posição*
Ancora o mapa de bits na posição especificada. Os valores são "center" (default), "n", "e", "s", "w", "ne", "nw", "se" e "sw".

-background => *cor*
Especifica a cor para usar para "0" pixel no mapa de bits (o default é ser transparente).

-bitmap => *mapa de bits*
Especifica o nome do mapa de bits. Para um mapa de bits predefinido, especifique apenas o nome; para um arquivo do mapa de bits local, especifique o nome com um símbolo "@" antes dele.

-foreground => *cor*
Especifica a cor para usar para "1" pixel no mapa de bits (o default é preto).

-tags => *nomes_marca*
Associa o mapa de bits à(s) marca(s) especificada(s). Diversos nomes da marca poderão ser fornecidos como uma lista anônima.

createImage

Cria uma image. Por exemplo, para colocar uma imagem em (0,0):

```
$canvas->craeteImage(0, 0, -image => $imgptr);
```
As opções são:

-anchor => *posição*
Ancora o mapa de bits na posição especificada. Os valores são "center" (default), "n", "e", "s", "w", "ne", "nw", "se" e "sw".

-image => *$ponteiro_imagem*
O *$ponteiro_imagem* é um ponteiro para um objeto Photo ou Image criado usando o arquivo GIF ou PPM. Por exemplo:

```
$imgptr = $mainwindow->Photo(-file => "doggie.gif");
```
-tags => *nomes_marca*
Associa o mapa de bits à(s) marca(s) especificada(s). Diversos nomes da marca poderão ser fornecidos como uma lista anônima.

createLine

Cria uma linha ou várias linhas vizinhas. Por exemplo, para criar uma linha de (0,0) a (100,100) e então de volta para (100,0):

```
$canvas->createLine (0,0,100,100,100,0);
```

580   Capítulo 18 – Perl/Tk

As quatro primeiras coordenadas são requeridas. Qualquer coordenada extra é obtida para representar uma continuação dessa linha. As opções são:

-arrow => *posição*
  Especifica onde colocar as pontas da seta. Os valores são 'none' (default), 'first', 'last' e 'both'.

-arrowshape => [*ponta, comprimento, brilho*]
  Especifica as dimensões da seta como uma lista anônima com três elementos, descrevendo (na ordem) a distância da base até a "ponta" da seta, a distância do(s) ponto(s) de trás até a ponta da seta e a distância do(s) ponto(s) de trás até a   linha.

-capstyle => *tipo*
  Define o tipo de ponta da seta. Os valores são "butt" (o default), "projecting" e "round".

-fill => *cor*
  A cor para usar para desenhar a linha.

-joinstyle => *tipo*
  Define como diversas linhas são reunidas. Os valores são "miter" (default), "bevel" e "round".

-smooth => *booleano*
  Determina se as linhas são desenhadas com uma curva de Bézier. O default é 0.

-splinesteps => *n*
  Determina a suavidade da curva de Bézier.

-stipple => *mapa de bits*
  Desenha a linha com o padrão do mapa de bits especificado.

-tags => *nomes_marca*
  Associa a linha à(s) marca(s) especificada(s). Diversos nomes de marca poderão ser fornecidos como uma lista anônima.

-width => *quantidade*
  A largura da linha (default=1 pixel).

createOval
  Cria uma oval. Por exemplo, para criar um círculo limitado pelo quadro de (50,50) a (150,150):
  $canvas->createOval(50,50,150,150);

As opções são:

-fill => *cor*
  Preenche o arco com a cor especificada.

-outline => *cor*
  Especifica a cor para o contorno (default=preto).

-stipple => *mapa de bits*
  Especifica um mapa de bits com o qual preencher a oval.

-tags => *nomes_marca*

Associa a oval à(s) marca(s) especificada(s). Diversos nomes de marca poderão ser fornecidos como uma lista anônima.

-width => *quantidade*

A largura do contorno (default=1 pixel).

createPolygon

Cria um polígono. Pelo menos três conjuntos de coordenadas são requeridos; o primeiro ponto é conectado automaticamente ao último ponto para completar o polígono.

```
$canvas -> createPolygon(0,0,130, 20, 90, -35);
```

As opções são:

-fill => *cor*

A cor para usar para preencher o polígono.

-outline => *cor*

Especifica a cor para o contorno (default=preto).

-smooth => *booleano*

Determina se o contorno será desenhado com uma curva de Bézier. O default é 0.

-splinesteps => *n*

Determina a suavidade da curva de Bézier.

-stipple => *mapa de bits*

Preenche o polígono com o padrão do mapa de bits especificado.

-tags => *nomes_marca*

Associa o polígono à(s) marca(s) especificada(s). Diversos nomes de marca poderão ser fornecidos como uma lista anônima.

-width => *quantidade*

A largura do contorno (default=1 pixel).

createRectangle

Cria um retângulo. Por exemplo, para criar um quadrado com um canto em (0,0) e outro em (100,100):

```
$canvas->createRectangle(0,0,100,100);
```

As opções são:

-fill => *cor*

A cor para usar para preencher o retângulo.

-outline => *cor*

Especifica a cor para o contorno (default=preto).

-stipple => *mapa de bits*

Preenche o retângulo com o padrão de mapa de bits especificado.

>   -tags => *nomes_marca*
>   Associa o retângulo à(s) marca(s) especificada(s). Diversos nomes de marca poderão ser fornecidos como uma lista anônima.
>
>   -width => *quantidade*
>   A largura do contorno (default=1 pixel).

createText

>   Coloca o texto em um dispositivo de tela. Por exemplo, para escrever "Broadway" centralizado na posição (130,-40):
>
>   `$canvas->createText(130,-40, -text => "Broadway"):`
>
>   As opções são:
>
>   -anchor => *posição*
>   Ancora o texto na posição especificada. Os valores são "center" (default), "n", "e", "s", "w", "ne", "nw", "se" e "sw".
>
>   -fill => *cor*
>   A cor para usar para preencher o texto.
>
>   -font => *nome_fonte*
>   A fonte para o texto.
>
>   -justify => *posição*
>   A justificação do texto (qualquer uma entre 'left', 'right' e 'center'). O default é 'left'.
>
>   -stipple => *mapa de bits*
>   Preenche o texto com o padrão de mapa de bits especificado.
>
>   -tags => *nomes_marca*
>   Associa o texto à(s) marca(s) especificada(s). Diversos nomes de marca poderão ser fornecidos como uma lista anônima.
>
>   -text => *string*
>   Especifica o texto a exibir.
>
>   -width => *quantidade*
>   O comprimento máximo de cada linha de texto. O default é 0, que significa que as linhas são apenas divididas nos caracteres explícitos de nova linha.
>
> Existe um conjunto de métodos para manipular os itens de texto em um dispositivo Canvas. Para cada um desses métodos, o primeiro argumento é o nome da marca ou o ID da marca e os argumentos subseqüentes usam os índices de texto como descrito para o dispositivo Text.
>
>   dchars
>
>   Apaga os caracteres de um item de texto, dado o nome da marca ou o ID, e os índices dos primeiro e último caracteres a apagar.
>
>   icursor
>
>   Coloca o cursor de inserção no índice especificado.
>
>   index
>
>   Obtém um índice numérico a partir de um nomeado.

```
insert
```
Adiciona uma string ao item de texto.

```
createWindow
```
Incorpora outro dispositivo dentro de uma tela. O dispositivo terá que já ter sido criado como um filho da tela ou do pai da tela. As opções são:

-anchor => *posição*

Ancora o dispositivo na posição especificada. Os valores são "center" (default), "n", "e", "s", "w", "ne", "nw", "se" e "sw".

-height => *quantidade*

Especifica a altura do dispositivo.

-tags => *nomes_marca*

Associa o dispositivo à(s) marca(s) especificada(s). Diversos nomes de marca poderão ser fornecidos como uma lista anônima.

-width => *quantidade*

A largura do dispositivo.

-window => *$dispositivo*

Especifica o dispositivo a incorporar.

As marcas e os IDs dos itens

Cada item em um dispositivo Canvas tem um ID exclusivo quando criado. Esse ID é retornado a partir do comando de criação da tela. E mais, cada item poderá ter uma marca associada a ele, quando criado ou com o método addtag. Você poderá usar o ID ou a marca para se referir a um item na tela. Diferente dos IDs, as marcas não têm que ser exclusivas, o que torna possível configurar vários itens como um grupo.

Duas marcas especiais são criadas automaticamente. A marca "all" (tudo) refere-se a todos os itens na tela. A marca "current" (atual) refere-se ao item sobre o qual o cursor está atualmente, se houver um.

Métodos do Canvas

Além de configure e cget, os seguintes métodos são suportados pelo dispositivo Canvas.

```
addtag
```
Define a marca para um item da tela já criado. Por exemplo, para atribuir uma marca chamada "everything" a todos os itens em uma tela:

```
$canvas->addtag("everything", "all");
```

Para mudar a marca de um item de "tmp" para "circle":

```
$canvas->addtag("circle", "withtag", "tmp");
```

Para atribuir a marca "origin" ao item mais próximo às coordenadas (0,0):

```
$canvas->addtag("origin", "closest", 0, 0);
```

A lista completa de identificadores é:

`above`
: Atribui a marca ao item acima do item especificado na lista de exibição.

`all`
: Atribui a marca a todos os itens na tela.

`below`
: Atribui a marca ao item abaixo do item especificado na lista de exibição.

`closest`
: Atribui a marca ao item mais próximo à coordenada x,y especificada.

`enclosed`
: Atribui a marca a todos os itens que estão completamente dentro do quadro delimitador especificado.

`overlapping`
: Atribui a marca a todos os itens que estão mesmo parcialmente dentro do quadro delimitador especificado.

`withtag`
: Atribui a marca a todos os itens com a marca especificada.

`bind`
: Vincula um callback a um item (para vincular um callback ao próprio dispositivo de tela, você terá que especificar Tk::bind.)

`bbox`
: Retorna o quadro delimitador de um item. Por exemplo, para obter o quadro delimitador de todos os itens na tela:

    `$canvas->bbox("all");`

`itemconfigure`
: Configura um dos itens na tela. Funciona como o método configure para os dispositivos, mas o primeiro argumento é o nome da marca ou o ID para o item da tela.

`itemcget`
: Obtém informações sobre a configuração de um dos itens na tela. Funciona como o método cget para os dispositivos, mas o primeiro argumento é o nome da marca ou o ID para o item da tela.

`move`
: Move um item na tela adicionando-lhe as distâncias x e y especificadas.

    `$canvas->move("circle1", 100, 100);`

`coords`
: Obtém as coordenadas x,y atuais para um item ou move um item para uma coordenada x,y explícita.

`lower`
: Define a prioridade do item na lista de exibição para ser mais baixa do que o item identificado pela marca especificada ou ID.

`raise`
    Define a prioridade do item na lista de exibição para ser mais alta do que o item identificado pela marca especificada ou ID.

`delete`
    Remove um item da tela. Você poderá especificar quantas marcas ou IDs na lista de argumentos que desejar.

`find`
    Localiza os itens especificados. O primeiro argumento poderá ser:

        `above`
            Localiza o item acima do item especificado na lista de exibição.

        `all`
            Localiza todos os itens na tela.

        `below`
            Localiza o item abaixo do item especificado na lista de exibição.

        `closest`
            Localiza o item mais próximo à coordenada x,y especificada.

        `enclosed`
            Localiza todos os itens que estão completamente dentro do quadro delimitador especificado.

        `overlapping`
            Localiza todos os itens que estão mesmo parcialmente dentro do quadro delimitador especificado.

        `withtag`
            Localiza todos os itens com a marca especificada.

`gettags`
    Recupera uma lista de todas as marcas associadas a um item.

`type`
    Determina o tipo de item especificado.

`focus`
    Atribui o foco do teclado ao item especificado.

`postscript`
    Apresenta a tela como PostScript. As opções são:

        `-colormap => \@`*`comando_cor`*
            Especifica um comando PostScript para definir os valores da cor.

        `-colormode =>` *`modo`*
            Define o modo para "color" (cor total), "gray" (tons de cinza) ou "mono" (preto e branco).

        `-file =>` *`nome_do_arquivo`*
            O nome do arquivo para armazenar a saída PostScript.

-fontmap => \@espec_fonte
: Especifica um nome da fonte e o tamanho do ponto.

-height => tamanho
: A altura da área a imprimir.

-pageanchor => posição
: A posição da âncora da página. Os valores são "center" (default), "n", "e", "s" e "w".

-pageheight => altura
: A altura da página impressa.

-pagewidth => largura
: A larga da página impressa.

-pagex => x
: O ponto de posicionamento x.

-pagey => y
: O ponto de posicionamento y.

-rotate => booleano
: Se é para girar para a orientação de paisagem. O default é 0.

-width => tamanho
: A largura da área a imprimir.

-x => x
: A borda esquerda da tela.

-y => y
: A borda superior da tela.

scale
: Altera o dimensionamento da tela ou qualquer item individual. Por exemplo, para dimensionar toda a tela para a metade de suas dimensões:
    $canvas->scale("all", 0, 0, .5, .5);

xview
: Manipula a área da tela na exibição. Sem argumentos, retorna uma lista de dois números entre 0 e 1, definido qual parte da tela está atualmente ocultada nos lados esquerdo e direito, respectivamente. Com argumentos, a função de xview mudará:

    moveto
    : Move a fração especificada do texto para a esquerda da parte visível.

    scroll
    : Pagina a tela para a esquerda ou direita pelo número especificado de unidades ou páginas. Usado basicamente como um callback para uma barra de paginação; pressionar em uma seta moverá por unidades (caracteres) e pressionar na barra moverá por páginas. O número é 1 ou -1 para mover para frente ou para trás, respectivamente.

yview
> Manipula a tela na exibição. Sem argumentos, retorna uma lista de dois números entre 0 e 1, definindo qual parte da tela está atualmente ocultada nas partes superior ou inferior, respectivamente. Com argumentos, sua função mudará:
> moveto
>> Move a fração especificada do texto para a parte superior da parte visível.
> scroll
>> Pagina o texto para baixo ou para cima pelo número especificado de unidades ou páginas. Usado basicamente como um callback para uma barra de paginação; pressionar em uma seta moverá por unidades (linhas) e pressionar na barra moverá por páginas. O número é 1 ou -1 para mover para frente ou para trás, respectivamente.

O dispositivo Scale

Crie um dispositivo de "cursor" representando um valor numérico com o método Scale.

```
$parent->Scale(opções);
```

As opções padrões da configuração que se aplicam a Scale são: -activebackground, -background, -bg, -borderwidth, -bw, -cursor, -font, -foreground, -fg, -highlightbackground, -highlightcolor, -highlightthickness, -relief, -state, -takefocus e -width.

As outras opções são:

-bigincrement => *quantidade*
> A quantidade para alterar o cursor ao usar grandes aumentos. O default é 0, o que significa 1/10 da escala.

-command => *callback*
> O ponteiro para uma função que será chamada para toda alteração de aumento no cursor.

-digits => *quantidade*
> O número de dígitos a manter ao converter de um número para uma string.

-from => *n*
> A extremidade inferior da escala (default = 0).

-label => *string*
> A string a usar como uma etiqueta para o cursor.

-length => *quantidade*
> O comprimento do cursor.

-orient => *direção*
> A orientação do cursor. Os valores poderão ser 'vertical' (default) ou 'horizontal'.

-repeatdelay => *milissegundos*
> Determina o número de milissegundos para manter pressionada uma seta antes de ser repetida automaticamente. O default é 300.

-repeatinterval => *milissegundos*
: Determina o número de milissegundos entre as repetições automáticas uma vez iniciadas. O default é 100.

-resolution => *valor*
: Os aumentos nos quais a escala irá variar (default = 1).

-showvalue => *booleano*
: Se é para exibir o valor atual do cursor (default = 1).

-sliderlength => *quantidade*
: O tamanho do cursor. O default é 25 pixels.

-tickinterval => *n*
: O número de "tiques" a exibir para o cursor. O default é 0 (sem tiques).

-to => *n*
: O valor superior da escala (o default é 100).

-troughcolor => *cor*
: Altera a cor da barra.

-variable => *\$variável*
: Atribui o valor do cursor à variável especificada.

Métodos do Scale

Além de configure e cget, os seguintes métodos estão definidos para o dispositivo Scale:

get
: Retornará o valor atual se nenhum argumento for fornecido. Se dadas as coordenadas x e y como os primeiro e segundo argumentos, retornará o valor da escala nessa posição.

set
: Atribui o valor associado à escala.

coords
: Retorna as coordenadas x e y associadas ao valor dado no primeiro argumento.

identity
: Retornará "slider", "trough1", "trough2" ou "", dependendo de qual parte da escala corresponde às coordenadas x, y dadas.

O dispositivo Menubutton

Crie um botão de menu com o método Menubutton. Por exemplo:
```
$mainwindow->Menubutton(-text => "File",
   -menuitems => [ [  'command' => "New",
                      "-command" => \&newfile,
                      "-underline" => 0 ],
                   [  'command" => "Open",
                      "-command" => \&openfile,
                      "-underline" => 0 ],
                   "-",
                   [  'command' => "Save",
                      "-command" => \&savefile,
                      "-underline" => 0 ],
                   [  'command' => "SaveAs",
                      "-command" => \&saveasfile,
                      "-underline" => 4 ] ] );
```

A opção -menuitems tem uma lista de listas que descrevem os itens de menu. Para cada item de menu, uma lista anônima incorporada descreve o tipo do item de menu, a etiqueta a usar e a ação a tomar quando selecionado junto com qualquer outra opção desejada para configurar o item de menu. Nesse exemplo, cada item de menu é o tipo 'command' e usamos a opção -command para cada item para apontar para o callback a ser executado quando o item de menu for selecionado. Também usamos a opção -underline para permitir que o usuário selecione um item menu usando as teclas. (O "-" representa um separador entre os itens de menu.)

Além de 'command', os outros tipos de menus são:

`'cascade'`
   Incorpora um menu em cascata.

`'checkbutton'`
   Trata o item de menu como um botão de seleção.

`'command'`
   Executa um callback.

`'radiobutton'`
   Trata o item de menu como um botão de rádio.

Você poderá configurar o próprio menu e os itens de menu individuais. As opções de configuração que se aplicam a Menubutton são: -activebackground, -activeforeground, -anchor, -background, -bg, -bitmap, -borderwidth, -bw, -cursor, -disabledforeground, -font, -foreground, -fg, -height, -highlightbackground, -highlightcolor, -highlightthickness, -image, -justify, -padx, -pady, -relief, -state, -takefocus, -underline, -width e -wraplength.

As outras opções do Menubutton são:

`-indicatoron => booleano`
   Determina se é para exibir ou não um indicador.

`-menu => $menu`
   Exibe o menu associado a $menu.

`-menuitems => lista`
   Especifica os itens a criar no menu como uma lista de listas. Veja a descrição no início da seção.

`-tearoff => booleano`
   Se é para permitir ou não que o menu seja "aberto". O default é 1.

`-text => string`
   Especifica o texto a exibir como uma etiqueta para o botão.

`-textvariable => \$variável`
   Aponta para a variável que contém o texto a ser exibido no botão de menu. O texto do botão mudará quando a $variável mudar.

Opções do item de menu

Além do próprio menu, cada item de menu individual poderá ser configurado. As opções de configuração do dispositivo que se aplicam aos itens de menu são: -activebackground, -background, -bg, -bitmap, -font, -foreground, -fg, -image, -state e -underline. As outras opções são:

`-accelerator`
   Exibe uma seqüência de teclas aceleradoras para o item de menu. A seqüência de teclas terá que ser definida de maneira independente com um bind.

`-command => callback`
   O ponteiro para uma função que será chamada quando o item de menu for selecionado.

`-indicatoron => booleano`
   Determina se é para exibir ou não um indicador.

`-label => string`
   A string a usar como uma etiqueta para o item de menu.

`-menu => $submenu`
   Para um menu em cascata, aponta para o menu a incorporar.

`-offvalue => novo_valor`
   Para um botão de seleção, especifica o valor usado quando o botão de seleção está "desativado".

`-onvalue => novo_valor`
   Para um botão de seleção, especifica o valor usado quando o botão de seleção está "ativado".

`-selectcolor => cor`
    Para um botão de seleção ou botão de rádio, a cor do indicador quando está "ativado".

`-selectimage => ponteiro_imagem`
    Para um botão de seleção ou botão de rádio, define a imagem a ser exibida ao invés de texto quando o botão de rádio está "ativado". Ignorada se -image não for usada.

`-value => valor`
    Para um botão de rádio, define a $variável para o valor especificado quando o botão de rádio é selecionado (o default é 1).

`-variable => \$variável`
    Associa o valor do item de menu à variável especificada.

Métodos do Menubutton

Além de configure e cget, os seguintes métodos são definidos para os dispositivos Menubutton:

`AddItems`
    Adiciona os itens de menu ao final do menu. Os argumentos para AddItens são listas que configuram cada item de menu, semelhantes às listas definidas com a opção -menuitem.

```
$menubutton->AddItems(["command" => "Print",
                       "-command" => \&printscreen ],
                      ["command" => "Exit",
                       "-command" => \&exitclean ]);
```

`command`
    Adiciona um item de comando ao final do menu. O exemplo acima poderia ter lido:

```
$menubutton->command(-label => "Print", -command => \&printscreen);
$menubutton->command(-label => "Exit", -command => \&exitclean);
```

`checkbutton`
    Adiciona um item do botão de seleção ao final do menu.

```
$menubutton->checkbutton(-label => "Show Toolbar",
         [-variable => \$toolbar");
```

`radiobutton`
    Adiciona um item do botão de rádio ao final do menu:

```
$menubutton->radiobutton(-label => "Red", -variable => \$color");
$menubutton->radiobutton(-label => "Blue", -variable => \$color");
```

`separator`
    Adiciona uma linha de separação ao final de um menu.

`cascade`
    Adiciona um item de cascata ao final do menu.

menu
    Retorna uma referência para o menu.

entrycget
    Obtém informações sobre uma entrada de menu, dado um índice e a opção para consultar.

entryconfigure
    Altera as informações sobre um item de menu específico, dado um índice.

O dispositivo Menu

Crie um menu com o método Menu, para ser exibido posteriormente com o método post.

    $menu = $parent->Menu(*opções*)

As opções padrões da configuração que se aplicam a Menu são: -activebackground, -activeforeground, -background, -bg, -borderwidth, -bw, -cursor, -disabledforeground, -font, -foreground, -fg, -relief e -takefocus.

As outras opções são:

-activeborderwidth => *quantidade*
    Define a largura das bordas para o item de menu ativo.

-menuitems => *lista*
    Especifica os itens para criar no menu como uma lista de listas.

-postcommand => *callback*
    O comando a chamar antes do menu ser enviado, por exemplo, para atualizar o estado dos itens de menu.

-tearoff => *booleano*
    Se é para permitir ou não que o menu seja "aberto". O default é 1.

-selectcolor => *cor*
    A cor do quadro de seleção para os botões de seleção ou os botões de rádio.

Os índices do menu

Os menus têm índices para manipular itens de menu individuais. São eles:

n   O item de menu *n*, com 0 representando o primeiro item.

'active'
    O item de menu atual.

'end' ou 'last'
    O último item de menu.

'none'
    Nenhum item de menu.

@n O item de menu mais próximo da coordenada y especificada por n.

'padrão'
O primeiro item de menu cujo texto coincide com o padrão.

Métodos do Menu

Além de configure e de cget, os seguintes métodos são definidos para o dispositivo Menu:

add
> Adiciona itens ao final de um menu. O primeiro argumento é o tipo de item de menu a adicionar e os argumentos extras são as opções para o item de menu. Por exemplo:
> ```
> $menu = $mainwindow->Menu;
> $menu->add( 'command', -label => "New", "-command" => \&newfile );
> ```

entrycget
> Obtém informações sobre um item de menu específico, dado um índice.

entryconfigure
> Altera as informações em um item de menu específico, dado um índice.

post
> Exibe o dispositivo de menu.

unpost
> Remove o dispositivo de menu da exibição.

postcascade
> Cancela o envio do submenu e então envia o menu em cascata associado ao item de menu no índice especificado.

delete
> Remove os itens de menu do menu.

index
> Dado um índice nomeado, retorna o índice numérico para esse item de menu.

insert
> Insere um item de menu no índice especificado. Igual a add, exceto que tem um índice como o primeiro argumento.

invoke
> Chama o item de menu no índice especificado como se fosse selecionado.

type
> Retorna o tipo de item de menu no índice especificado.

yposition
> Retorna a coordenada y do pixel mais superior do item de menu.

O dispositivo Optionmenu

Use o método Optionmenu para criar um menu de opções, no qual o item selecionado é o valor exibido. Por exemplo:

```
$mainwindow->OptionMenu(-textvariable => \$plataform,
    -options => [ ["UNIX", "unix"],
                  [ "Windows NT", "winnt" ],
                  [ "Macintosh", "mac" ] ]) -> pack;
```

O argumento -options tem uma lista de itens de menu. Se a descrição dos itens de menu que são exibidos for diferente dos valores armazenados, os itens de menu serão escritos por si mesmos como listas com dois itens.

As opções padrões da configuração que se aplicam a Optionmenu são: -activebackground, -activeforeground, -background, -bg, -bitmap, -borderwidth, -bw, -cursor, -disabledforeground, -font, -foreground, -fg, -height, -highlightbackground, -highlightcolor, -highlightthickness, -image, -justify, -relief, -state, -takefocus, -underline, -width, e -wraplength.

As outras opções são:

-command => *callback*
   O comando a executar quando uma seleção é feita com seus argumentos sendo os valores das opções -textvariable e -variable.

-indicatoron => *booleano*
   Determina se é para exibir ou não um indicador.

-menu => *$menu*
   Exibe o menu associado ao *$menu*.

-options => *lista*
   Lista as opções de menu, como descrito acima.

-tearoff => *booleano*
   Se é para permitir ou não que o menu seja "aberto". O default é 1.

-text => *string*
   Especifica o texto a exibir como uma etiqueta para o menu de opções.

-textvariable => *\$variável*
   Aponta para a variável que contém o texto a ser exibido no menu de opções.

-variable => *\$variável*
   Aponta para uma variável que contém um valor armazenado, distinto do valor mostrado no menu de opções.

O dispositivo Frame

Crie um quadro para conter outros dispositivos usando o método Frame. Por exemplo:

    $parent->Frame(opções)

As opções padrões da configuração que se aplicam a Frame são: -background, -bg, -borderwidth, -bw, -cursor, -height, -highlightbackground, -highlightcolor, -highlightthickness, -relief, -takefocus, e -width.

As outras opções são:

-class => *nome*
: A classe associada ao quadro.

-colormap => *\$janela*
: Especifica outra janela com a qual compartilhar o mapa de cores. Você poderá apontar para outra janela ou usar o valor "new" para especificar um novo mapa de cores. O default é undef.

-lable => *string*
: A string a usar como uma etiqueta para o quadro.

-labelPack => *opções*
: Especifica as opções para o comando pack.

-labelVariable => *\$variável*
: Especifica uma variável que contém o texto para a etiqueta.

-visual => *tipo n*
: Para o X Window System, altera a profundidade das cores.

O dispositivo Toplevel

Crie um dispositivo de alto nível, exibido de maneira independente da janela principal com a mesma decoração do sistema de janelas, usando o método Toplevel.

As opções padrões da configuração que se aplicam a Toplevel são: -background, -bg, -borderwidth, -bw, -cursor, -height, -highlightbackground, -highlightcolor, -highlightthickness, -relief, -takefocus, e -width.

As outras opções são:

-class => *nome*
: A classe associada ao dispositivo de alto nível.

-colormap => *\$janela*
: Especifica outra janela com a qual compartilhar o mapa de cores. Você poderá apontar para outra janela ou usar o valor "new" para especificar um novo mapa de cores. O default é undef.

-screen => *tela*
: A tela na qual colocar o dispositivo de alto nível.

`-visual => tipo n`
   Para o X Window System, altera a profundidade das cores.

Métodos do Toplevel

Além de cget e de configure, os seguintes métodos são suportados pelo dispositivo Toplevel. Note que como MainWindow é um dispositivo Toplevel, cada um desses métodos irá aplicar-se a MainWindow também.

`aspect`
   Retorna as restrições para o aspecto da janela. A lista com quatro itens retornada corresponde à largura e à altura mínima, à largura e à altura máxima.

`client`
   Atribui um nome à janela de alto nível.

`colormapwindows`
   Para o X Window System, transmite uma lista de janelas para o gerenciador de janelas que tem mapas de cores privados. Controla a propriedade WM_COLORMAP_ WINDOWS.

`command`
   Para o X Window System, retorna o comando usado para iniciar a aplicação.

`deiconify`
   Exibe uma janela com ícones.

`focusmodel`
   Permite o foco do teclado para outra janela.

`frame`
   Retorna o ID do dispositivo-pai como uma string hexadecimal.

`geometry`
   Para o X Window System, obtém a geometria do dispositivo de alto nível.

`grid`
   Altera o tamanho da grade do alto nível.

`group`
   Torna o dispositivo o líder do grupo de um conjunto de janelas relacionadas.

`iconbitmap`
   Identifica um mapa de bits para usar como um ícone quando a janela recebe ícones.

`iconify`
   Coloca ícones na janela.

`iconmask`
   Especifica uma máscara para o mapa de bits de ícone.

`iconname`
   Atribui o texto a ser associado ao ícone.

`iconposition`
: Especifica uma posição para o ícone na área de trabalho.

`iconwindow`
: Especifica um dispositivo a usar no lugar de um ícone quando recebe ícones.

`maxsize`
: Especifica o maior tamanho da janela.

`minsize`
: Especifica o menor tamanho da janela.

`overrideredirect`
: Remove as decorações da janela.

`positionfrom`
: Retorna um "programa" ou "usuário" para informá-lo se o usuário ou o gerenciador de janela solicitou sua posição atual.

`protocol`
: Dado um dos gerenciadores de janela WM_DELETE_WINDOW, WM_SAVE_ YOURSELF ou WM_TAKE_FOCUS, permite que você defina um callback para ser executado quando um evento associado é detectado.

`resizable`
: Tem valores booleanos representando se a janela poderá ser redimensionada na largura e altura, respectivamente.

`sizefrom`
: Retorna o "programa" ou o "usuário" para informá-lo se o usuário ou o gerenciador de janelas solicitou seu tamanho atual.

`state`
: Retorna "normal", "iconic" ou "withdrawn" indicando o estado atual da janela.

`title`
: Altera o título na parte superior da janela.

`transient`
: Indica para o gerenciador de janelas que a janela é temporária.

`withdraw`
: Torna a janela invisível.

Parte VIII

Win32

Capítulo 19

Módulos e extensões Win32

Se você usa o Perl em um sistema Win32, vários módulos de extensão estarão disponíveis para fornecer a funcionalidade específica do Windows. Os módulos de extensão consistem em um módulo comum escrito no Perl e uma biblioteca escrita no C ou C++ que podem implementar as chamadas nativas do Windows. A base dos módulos disponíveis é enviada com o ActivePerl, uma versão do Perl for Win32 da Activestate, e como *lib-win32* na CPAN. Eles fornecem uma funcionalidade como gerenciar os processos do Windows, a administração do usuário NET, a modificação do registro e a automatização OLE.

Os módulos Win32 foram escritos originalmente para os sistemas Windows NT, tanto que a funcionalidade da biblioteca Win32 é apenas aplicável ao Perl executado no Windows NT. Muitos módulos verificam para saber em qual sistema eles estão antes da instalação. Muitos módulos específicos do NT como o NetAdmin e o EventLog não se instalam no Windows 95. Os módulos como o Registry fazem seu melhor trabalho em ambos os sistemas, independentemente das diferenças em seus registros.

Este capítulo fala sobre a maioria dos módulos e extensões incluídos no *lib-win32* e distribuídos com o ActivePerl. Os módulos Windows extras estão disponíveis na CPAN.

Os seguintes módulos são descritos neste capítulo:

Win32::Clipboard
    Fornece a interação da área de transferência do Windows.

Win32::Console
    Fornece a interação do console do Windows.

Win32::ChangeNotification
   Cria e usa os objetos ChangeNotification.

Win32::EventLog
   Lê e grava no registro de eventos do Windows NT.

Win32::File
   Gerencia os atributos do arquivo (apenas leitura, sistema, oculto...)

Win32::FileSecurity
   Gerencia ACLs no Perl.

Win32::Internet
   Fornece extensões para os serviços da Internet.

Win32::IPC
   Aguarda os objetos (processos, mutexes, semáforos).

Win32::Mutex
   Cria e usa mutexes.

Win32::NetAdmin
   Administra os usuários e os grupos.

Win32::NetResource
   Gerencia os recursos (servidores, compartilhamentos de arquivo, impressoras).

Win32::Process
   Inicia e pára os processos Win32.

Win32::Registry
   Lê e gerencia o Win32 Registry.

Win32::Semaphore
   Cria e usa semáforos.

Win32::Service
   Gerencia os serviços do Windows NT.

Win32::Shortcut
   Fornece uma interface de ligação do shell.

O material de referência para os módulos Clipboard, Console, Internet e Shortcut foi gentilmente cedido por Aldo Capini, autor e mantenedor de muitos módulos Win32 (*http://www.divinf.it/dada/perl/*).

A seção final deste capítulo descreve a automatização OLE nos programas Perl e os detalhes dos módulos Win32::OLE.

Win32::Clipboard

O módulo Win32::Clipboard permite que você manipule a área de transferência do Windows. Você poderá usar a área de transferência como um objeto com a seguinte sintaxe:

```
$clip = Win32::Clipboard( );
```

Isso funcionará como um construtor implícito. Se você incluir uma string de texto como um argumento, esse texto será colocado na área de transferência. Você poderá simplesmente usar os nomes do método qualificados pelo pacote ao invés da sintaxe do objeto, uma vez que a área de transferência é uma entidade simples:

```
$text = Win32::Clipboard::Get( );
Win32::Clipboard::Set("blah blah blah");
Win32::Clipboard::Empty( );
```

Como alternativa, você poderá usar a área de transferência como um objeto com esta sintaxe:

```
$Clip = Win32::Clipboard( );
$text = $Clip->Get( );
$Clip->Set("blah blah blah");
$Clip->Empty( );
```

Win32::Console

O Win32::Console implementa o console Win32 e as funções de modo do caractere. Fornecem um controle total sobre a entrada e a saída do console, inclusive: o suporte dos buffers do console fora da tela (por exemplo, diversas páginas da tela), a leitura e a gravação de caracteres, atributos e partes inteiras da tela e o processamento completo do teclado e dos eventos do mouse.

O construtor new é usado para criar um objeto de console. Ele pode ter duas formas:

```
$con = Win32::Console->new(handle_padrão);
$con = Win32::Console->new(modo_acesso, modo_compartilhamento);
```

A primeira forma cria um handle para um canal padrão. O *handle_padrão* poderá ser STD_OUTPUT_HANDLE, STD_ERROR_HANDLE ou STD_INPUT_HANDLE.

A segunda forma cria um buffer de tela do console na memória, que você poderá acessar para ler e gravar como um console normal e então redirecionar na saída padrão (a tela) com Display. Neste caso, você poderá especificar o *modo_acesso* para ser GENERIC_ HEAD, GENERIC_WRITE ou ambos, determinando as permissões que você terá no buffer criado.

O *modo_compartilhamento* afeta o modo como o console pode ser compartilhado. Poderá ser especificado como FILE_SHARE_READ, FILE_SHARE_WRITE ou ambos. Se você não especificar nenhum desses parâmetros, todas as quatro marcas serão usadas.

Os métodos suportados pelo módulo Win32:Console são:

Alloc

*$cons->***Alloc**

Aloca um novo console para o processo. Retornará undef no caso de erro ou um valor diferente de zero se tiver sucesso. Um processo não poderá ser associado a mais de um console, portanto esse método falhará se já houver um console alocado. Use Free para desanexar o processo do console e então chame Alloc para criar um novo console.

Attr

*$cons->***Attr**(*[atrib]*)

Obtém e define o atributo do console atual. Esse atributo é usado pelo método Write.

Cls

*$cons->***Cls**(*[atrib]*)

Limpará o console, com o *atrib* especificado se fornecido ou do contrário, usará ATTR_NORMAL.

Cursor

*$cons->***Cursor**(*[x, y, tamanho, visível]*)

Obtém ou define a posição do cursor e aparência. Retornará undef no caso de erro ou uma lista com quatro elementos contendo *x, y, tamanho, visível*. O *x* e o *y* fornecem a posição do cursor atual.

Display

*$cons->***Display**

Exibe o console especificado na tela. Retornará undef no caso de erro ou um valor diferente de zero se tiver sucesso.

FillAttr

*$cons->***FillAttr**(*[valor, número, col, linha]*)

Preenche o *número* especificado de atributos consecutivos, começando em *col, linha*, com o *valor* especificado. Retornará o número de atributos preenchidos ou undef no caso de erro.

FillChar

*$cons->***FillChar**(*carac, número, col, linha*)

Preenche o *número* especificado de caracteres consecutivos, começando em *col, linha*, com o caractere especificado em *carac*. Retornará o número de caracteres preenchidos ou undef no caso de erro.

Flush

*$cons->***Flush**

Envia o buffer de entrada do console. Todos os eventos no buffer serão descartados. Retornará undef no caso de erro, um valor diferente de zero se tiver sucesso.

Free

*$cons->***Free**

Desanexa o processo do console. Retornará undef no caso de erro, um valor diferente de zero se tiver sucesso.

GenerateCtrlEvent

*$cons->***GenerateCtrlEvent**(*[tipo, grupo_processos]*)

Envia um sinal de interrupção do tipo especificado para o grupo de processos especificado. O *tipo* poderá ser CTRL_BREAK_EVENT ou CTRL_C_EVENT, sinalizando, respectivamente, o pressionar de CTRL + Break e de CTRL+ C. Se não estiver especificado, o *tipo* terá como default CTRL_C_EVENT. O *grupo_processos* é o PID de um processo que compartilha o mesmo console. Se omitido, terá como default 0 (o processo atual), que é também o único valor significativo que você poderá transmitir para essa função. Retornará undef no caso de erro, um valor diferente de zero se tiver sucesso.

GetEvents

*$cons->***GetEvents**

Retorna o número de eventos de entrada não lidos no buffer de entrada do console ou undef no caso de erro.

Info

*$cons->***Info**

Retorna um array de informações sobre o console que contém:
- O número de colunas (tamanho X) do buffer do console.
- O número de linhas (tamanho Y) do buffer do console.

- A coluna atual (posição X) do cursor.
- A linha atual (posição Y) do cursor.
- O atributo atual usado para Write.
- A coluna esquerda (X do ponto inicial) da janela do console atual.
- A linha superior (Y do ponto inicial) da janela do console atual.
- A coluna direita (X do ponto final) da janela do console atual.
- A linha inferior (Y do ponto final) da janela do console atual.
- O número máximo de colunas para a janela do console, dados o tamanho do buffer atual, a fonte e o tamanho da tela.
- O número máximo de linhas para a janela do console, dados o tamanho do buffer atual, a fonte e o tamanho da tela.

Este exemplo imprime a posição atual do cursor:

```
@info = $CONSOLE->Info( );
print "Cursor at $info[3], $info[4].0";
```

Input

$cons->Input

Lê um evento a partir do buffer de entrada. Retorna uma lista de valores, determinados pelo tipo de evento. Um evento do teclado conterá os seguintes valores, em ordem:

- Tipo de evento (1 para teclado).
- Estado da tecla — true se a tecla estiver sendo pressionada, false se a tecla estiver sendo liberada.
- Contagem de repetições — o número de vezes em que a tecla está sendo pressionada.
- O código de teclas virtual da tecla.
- O código de varredura virtual da tecla.
- O código ASCII do caractere (se a tecla é uma tecla de caractere, 0 do contrário).
- O estado das teclas de controle (SHIFTs, CTRLs, ALTs etc.)

Um evento do mouse retornará os seguintes valores, em ordem:

- Tipo de evento (2 para mouse)..
- A coordenada X (coluna) do local do mouse.
- A coordenada Y (linha) do local do mouse.
- O estado do botão — o(s) botão(ões) do mouse que é(são) pressionado(s).
- O estado das teclas de controle (SHIFTs, CTRLs, ALTs etc.).
- As marcas do evento para o tipo de evento do mouse.

Esse método retornará undef no caso de erro.

Note que os eventos retornados dependem do modo de entrada do console; por exemplo, os eventos do mouse não serão interceptados a menos que ENABLE_MOUSE_INPUT seja especificado.

InputChar

$cons->**InputChar**(*número*)

Lê e retorna o número de caracteres a partir do buffer de entrada do console ou retornará undef no caso de erro.

InputCP

$cons->**InputCP**(*[página_código]*)

Obtém ou define a página de código de entrada usada pelo console. Observe que isso não se aplica a um objeto de console, mas ao console de entrada padrão. Esse atributo é usado pelo método Write.

MaxWindow

$cons->**MaxWindow**

Retorna o tamanho da maior janela de console possível, com base na fonte atual e no tamanho da exibição. O resultado será undef no caso de erro; do contrário, uma lista com dois elementos contendo o número de colunas e linhas será retornada.

Mode

$cons->**Mode**(*[marcas]*)

Obtém ou define o modo de entrada e saída de um console. As *marcas* poderão ser uma combinação das seguintes constantes:

```
ENABLE_LINE_INPUT
ENABLE_ECHO_INPUT
ENABLE_PROCESSED_INPUT
ENABLE_WINDOW_INPUT
ENABLE_MOUSE_INPUT
ENABLE_PROCESSED_OUTPUT
ENABLE_WRAP_AT_EOL_OUTPUT
```

MouseButtons

$cons->**MouseButtons**

Retornará o número de botões em seu mouse ou undef no caso de erro.

OutputCP

$cons->**OutputCP**(*[página_código]*)

Obtém ou define a página de código de saída usada pelo console. Observe que isso não se aplica a um objeto de console, mas ao console de saída padrão. Você poderá querer usar a forma não instanciada para evitar confusão:

```
$codepage = Win32::Console::OutputCP();
Win32::Console::OutputCP(437);
```

PeekInput

$cons->**PeekInput**

Faz exatamente o mesmo que Input, exceto que o evento lido não é removido do buffer de entrada.

ReadAttr

$cons->**ReadAttr**(*[número, col, linha]*)

Lê o *número* especificado de atributos consecutivos a partir do console, começando em *col, linha*. Retornará os atributos lidos (uma variável contendo um caractere para cada atributo) ou undef no caso de erro. Então você poderá transmitir a variável retornada para WriteAttr para restaurar os atributos gravados na tela.

ReadChar

$cons->**ReadChar**(*[número, col, linha]*)

Lê o *número* especificado de caracteres consecutivos a partir do console, começando em *col* e *linha*. Retorna uma string contendo os caracteres lidos ou undef no caso de erro. Você poderá então transmitir a variável retornada para WriteChar para restaurar os caracteres gravados na tela.

ReadRect

$cons->**ReadRect**(*esquerda, superior, direita, inferior*)

Lê o conteúdo (os caracteres e os atributos) do retângulo especificado pela *esquerda, superior, direita, inferior* a partir do console. Retornará uma string contendo o retângulo lido ou undef no caso de erro. Então você poderá transmitir a variável retornada para WriteRect para restaurar o retângulo gravado na tela (ou em outro console).

Scroll

*$cons->**Scroll**(esquerda, superior, direita, inferior, col, linha, carac, atrib,*
[r_esquerda, r_superior, r_direita, r_inferior])

Move um bloco de dados em um buffer de console; o bloco é identificado pelas posições *esquerda, superior, direita* e *inferior*.

A *linha* e a *col* identificam a nova posição do bloco. As células deixadas vazias como um resultado do movimento são preenchidas com o caractere *carac* e o atributo *atrib*.

Opcionalmente, você poderá especificar uma região de recorte com *r_esquerda, r_superior, r_direita, r_inferior*, para que o conteúdo do console fora desse retângulo fique inalterado. Retornará undef no caso de erro ou um valor diferente de zero se tiver sucesso.

```
# scrolls the screen 10 lines down, filling with black spaces
(pagina para baixo a tela em 10 linhas, preenchendo com espaços
pretos)
$CONSOLE->Scroll(0, 0, 80, 25, 0, 10, "", $FG_BACK | $BG_BLACK);
```

Select

*$cons->**Select**(handle_padrão)*

Redireciona um handle padrão para o console especificado. O *handle_padrão* poderá ter um dos seguintes valores:

STD_INPUT_HANDLE
STD_OUTPUT_HANDLE
STD_ERROR_HANDLE

Retornará undef no caso de erro ou um valor diferente de zero se tiver sucesso.

Size

*$cons->**Size**([col, linha])*

Obtém ou define o tamanho do buffer do console.

Title

*$cons->**Title**([título])*

Obtém ou define a string da barra de títulos da janela do console atual.

Window

$cons->Window(*[marca, esquerda, superior, direita, inferior]*)

Obtém ou define o tamanho da janela do console atual. Se chamado sem argumentos, retornará uma lista com quatro elementos contendo as coordenadas da janela atual na forma (*esquerda, superior, direita, inferior*). Para definir o tamanho da janela, você terá que especificar um parâmetro de marca adicional. Se for 0 (zero), as coordenadas serão consideradas relativas às coordenadas atuais, se for diferente de zero, as coordenadas serão absolutas.

Write

$cons->Write(*string*)

Escreve uma *string* no console, usando o atributo atual, que você poderá definir com Attr e avançando o cursor quando necessário. Isso não é tão diferente da instrução print do Perl. Retornará o número de caracteres escritos ou undef no caso de erro.

WriteAttr

$cons->WriteAttr(*atribs, col, linha*)

Escreve os atributos contidos na string *atribs*, começando em *col, linha*, sem afetar os caracteres que estão na tela. A string *atribs* poderá ser o resultado de uma função ReadAttr ou você poderá construir sua própria string de atributos; neste caso, lembre-se que todo atributo é tratado como um caractere, não como um número (veja exemplo). Retornará o número de atributos escritos ou undef no caso de erro.

```
$CONSOLE->WriteAttr($attrs, 0, 0);

# note the use of chr( )... (note o uso de chr( )...)
$attrs = char($FG_BLACK | $BG_WHITE) x 80;
$CONSOLE->WriteAttr($attrs, 0, 0);
```

WriteChar

$cons->WriteChar(*caracs, col, linha*)

Escreve os caracteres na string *atrib*, começando em *col, linha*, sem afetar os atributos que estão na tela. A string *caracs* poderá ser o resultado de uma função ReadChar ou uma string normal. Retornará o número de caracteres escritos ou undef no caso de erro.

WriteInput

$cons->**WriteInput**(*evento*)
Coloca os dados no buffer de entrada do console. O *evento* é uma lista de valores; para obter mais informações, veja Input. Os caracteres da string poderão ser o resultado de uma função ReadChar ou uma string normal. Retornará o número de caracteres escritos ou undef no caso de erro.

WriteRect

$cons->**WriteRect**(*retâng, esquerda, superior, direita, inferior*)
Escreve um retângulo de caracteres e atributos (contido em *retâng*) no console nas coordenadas especificadas por *esquerda, superior, direita, inferior*. O *retâng* poderá ser o resultado de uma função ReadRect. Retornará undef no caso de erro; do contrário, uma lista com quatro elementos contendo as coordenadas do retângulo afetado, no formato (*esquerda, superior, direita, inferior*).

Constantes

As seguintes constantes são exportadas no espaço do nome principal de seu script usando o Win32::Console:

BACKGROUND_BLUE	BACKGROUND_GREEN
BACKGROUND_INTENSITY	BACKGROUND_RED
CAPSLOCK_ON	CONSOLE_TEXTMODE_BUFFER
ENABLE_ECHO_INPUT	ENABLE_LINE_INPUT
ENABLE_MOUSE_INPUT	ENABLE_PROCESSED_INPUT
ENABLE_PROCESSED_OUTPUT	ENABLE_WINDOW_INPUT
ENABLE_WRAP_AT_EOL_OUTPUT	ENHANCED_KEY
FILE_SHARE_READ	FILE_SHARE_WRITE
FOREGROUND_BLUE	FOREGROUND_GREEN
FOREGROUND_INTENSITY	FOREGROUND_RED
LEFT_ALT_PRESSED	LEFT_CTRL_PRESSED
NUMLOCK_ON	GENERIC_READ
GENERIC_WRITE	RIGHT_ALT_PRESSED
RIGHT_CTRL_PRESSED	SCROLLLOCK_ON
SHIFT_PRESSED	STD_INPUT_HANDLE
STD_OUTPUT_HANDLE	STD_ERROR_HANDLE

E mais, as seguintes variáveis poderão ser usadas:

```
$FG_BLACK           $FG_BLUE
$FG_LIGHTBLUE       $FG_RED
$FG_LIGHTRED        $FG_GREEN
$FG_LIGHTGREEN      $FG_MAGENTA
$FG_LIGHTMAGENTA    $FG_CYAN
$FG_LIGHTCYAN       $FG_BROWN
$FG_YELLOW          $FG_GRAY
$FG_WHITE


$BG_BLACK           $BG_BLUE
$BG_LIGHTBLUE       $BG_RED
$BG_LIGHTRED        $BG_GREEN
$BG_LIGHTGREEN      $BG_MAGENTA
$BG_LIGHTMAGENTA    $BG_CYAN
$BG_LIGHTCYAN       $BG_BROWN
$BG_YELLOW          $BG_GRAY
$BG_WHITE


$ATTR_NORMAL        $ATTR_INVERSE
```

O ATTR_NORMAL é definido para o primeiro plano cinza no segundo plano preto (as cores padrões do DOS).

Win32::ChangeNotification

Esse módulo fornece acesso aos objetos de notificação da alteração do Win32, permitindo que você controle os eventos relativos aos arquivos e às árvores de diretório. O construtor para essa classe é new, que cria um objeto ChangeNotification para um diretório especificado e indica como ele deverá ser controlado:

```
$ntfy = Win32::ChangeNotification->new(diretório, subárvore, filtro);
```

A função retorna uma referência para o objeto como $ntfy. O *diretório* é o nome do caminho do diretório a controlar. A *subárvore* é um valor booleano que se for true, fará com que o objeto controle todos os subdiretórios do caminho do objeto. O parâmetro *filtro* indica qual tipo de evento irá inicializar uma notificação. Poderá ser um dos seguintes valores de string:

Valor	Descrição
ATTRIBUTES	Qualquer alteração do atributo
DIR_NAME	Qualquer alteração do nome do diretório
FILE_NAME	Qualquer alteração do nome de arquivo (criação/eliminação/renomeação)
LAST_WRITE	Qualquer alteração na hora da última gravação do arquivo
SECURITY	Qualquer alteração no descritor de segurança
SIZE	Qualquer alteração no tamanho de um arquivo

Os seguintes métodos são usados nos objetos de notificação criados por new:

close

$ntfy->**close**( )

Pára o controle feito pelo objeto de notificação e destrói o objeto. Isso acontece automaticamente quando o programa sai.

reset

$ntfy->**reset**( )

Redefine o objeto para começar a controlar novamente depois de uma alteração ter ocorrido.

wait

$ntfy->**wait**([intervalo])

O método wait é herdado do pacote Win32::IPC. Ele aguarda que o objeto de notificação fique sinalizado quando detecta uma alteração. O *intervalo* é o tempo máximo para aguardar (em milissegundos). Se o *intervalo* for omitido, o método irá esperar para sempre. Se o *intervalo* for 0, a função retornará imediatamente. A função retornará os seguintes valores:

+1   O objeto é sinalizado
0   Tempo esgotado
undef
    Um erro ocorreu

Use reset no objeto depois de wait se quiser continuar a controlar.

Win32::Eventlog

Esse módulo torna acessível o registro de eventos do Windows NT para seus programas. Ele permite que você crie novos registros, leia os registros e crie arquivos de registro de backup. O construtor new abre um registro de eventos do servidor como um objeto.

    $log = Win32::EventLog->new(origem, [servidor]);

Essa função abre um registro de eventos e retorna uma referência do objeto. A *origem* especifica o nome do evento de origem e *servidor* especifica o nome do servidor (local será adotado se nenhum nome do servidor for fornecido).

Muitos métodos para esse módulo requerem uma referência para uma variável vazia como um argumento. É onde o valor de retorno do método será colocado, seja um hash seja um escalar. Os seguintes métodos poderão ser usados nos objetos de registro de eventos:

Backup

$log->**Backup**(*nome_do_arquivo*)

Grava o registro de eventos aberto atual em um arquivo nomeado pelo *nome_do_arquivo*.

Read

$log->**Read**(*marcas, deslocamento, \$info_evento*)

Lê uma entrada do registro de eventos e retorna as informações no hash *info_evento*. O *deslocamento* especifica o número do registro que você deseja iniciar no registro.

As *marcas* definem as opções de como você deseja ler o registro, que poderá ser qualquer uma das seguintes combinações:

EVENTLOG_FORWARDS_READ

    O registro de eventos é lido para frente na ordem cronológica.

EVENTLOG_BACKWARDS_READ

    O registro de eventos é lido na ordem cronológica inversa.

EVENTLOG_SEEK_READ

    A leitura começa no registro especificado pelo parâmetro $RecordOffset. Terá também que especificar EVENTLOG_FORWARDS_READ ou EVENTLOG_BACKWARDS_READ.

EVENTLOG_SEQUENTIAL_READ

    A leitura continua em seqüência a partir da última chamada read.

O argumento final é o objeto de saída para o evento lido. O \%*info_evento* é uma referência para um hash que contém chaves para cada parte da descrição de eventos. Essa mesma estrutura é usada quando você informa novos eventos para o registro de eventos usando o método Report. O hash *info_evento* é assim:

```
%event = (
    EventID               => val,
    EventType             => val,
    Category              => val,
    ClosingRecordNumber   => val,
    Source                => val,
    Computer              => val,
    Strings               => val,
    Data                  => val,
);
```

Report

$log->**Report**(\\%*info_evento*)

Reporta um evento para o registro de eventos. As informações para o evento a serem registradas serão dadas em um hash, %*info_evento*, que deverá conter valores para pelo menos as seguintes chaves:

EventType

    Uma string descrevendo o tipo de evento a ser reportado. As opções para EventType são:

EVENTLOG_ERROR_TYPE	Error event (Evento de erro)
EVENTLOG_WARNING_TYPE	Warning event (Evento de aviso)
EVENTLOG_INFORMATION_TYPE	Information event (Evento de informação)
EVENTLOG_AUDIT_SUCCESS_TYPE	Success Audit event (Evento de sucesso da Auditoria)
EVENTLOG_AUDIT_FAILURE_TYPE	Failure Audit event (Evento de falha da auditoria)

Category

    Um valor inteiro para a categoria do evento, definido pela aplicação.

EventID

    O ID específico da fonte para o evento.

Data

    Os dados binários brutos para o evento.

Strings

    Qualquer string de texto a mesclar que forneça uma descrição do evento.

GetOldest
$log->**GetOldest**(*\$registro*)

Retorna o número de registro do registro mais antigo no registro de eventos para o escalar *$registro*.

GetNumber
$log->**GetNumber**(*\$número*)

Retorna o número de eventos como o valor da variável escalar *número*.

Clear
$log->**Clear**(*[nome_do_arquivo]*)

Grava o registro de eventos atual no arquivo *nome_do_arquivo* (se fornecido) e limpa o registro de eventos.

Win32::File

O módulo Win32::File permite que você exiba ou defina atributos para os arquivos. Existem duas funções que permitem fazer isso, que terão que ser importadas explicitamente para seu espaço do nome:

    use Win32::File qw/GetAttributes SetAttributes/;

Os valores da constante para os atributos são exportados por default.

GetAttributes (nome_do_arquivo, \$atribs)

Retorna as configurações do atributo para o arquivo *nome_do_arquivo* e grava-as como a variável referida por *$atribs*, que conterá uma combinação OR de um ou mais valores a seguir:

    ARCHIVE
    DIRECTORY
    HIDDEN
    NORMAL
    READONLY
    SYSTEM

SetAttributes (nome_do_arquivo, atribs)

Define os atributos do arquivo *nome_do_arquivo* para os valores contidos em *atribs*. Os atributos são dados como uma combinação OR de um ou mais valores do atributo mostrados acima.

Win32::FileSecurity

O módulo Win32::FileSecurity permite que você trabalhe com as permissões de arquivo NT File System (NTFS ou Sistema de Arquivos NT). As permissões de arquivo são armazenadas como Discretionary Access Control Lists (DACLs ou Listas de Controle do Acesso Arbitrárias) para cada arquivo ou diretório. Essas listas contêm uma máscara de bits especificando os direitos de permissão para os usuários no arquivo ou diretório. Esse módulo implementa uma DACL como um hash *permissões* no qual cada chave é um nome do usuário e o valor é a máscara de bits para as permissões.

O módulo FileSecurity exporta as seguintes constantes para descrever as permissões do usuário:

```
ACCESS_SYSTEM_SECURITY      READ ou R
CHANGE ou C                 SPECIFIC_RIGHTS_ALL
DELETE                      STANDARD_RIGHTS_ALL
FULL ou F                   STANDARD_RIGHTS_EXECUTE
GENERIC_ALL                 STANDARD_RIGHTS_READ
GENERIC_EXECUTE             STANDARD_RIGHTS_REQUIRED
GENERIC_READ                STANDARD_RIGHTS_WRITE
GENERIC_WRITE               SYNCHRONIZE
MAXIMUM_ALLOWED             WRITE_DAC
READ_CONTROL                WRITE_OWNER
```

Usar a função constant em uma dessas constantes fornecerá seu valor e as máscaras de bits ou diversas definições de permissões poderão ser feitas fornecendo uma lista dessas constantes para a função MakeMax.

As funções exportadas pelo módulo Win32::FileSecurity são:

constant

constant *(nome $val)*

Tem o *nome* de uma constante de permissão e grava seu valor na variável *val*.

EnumerateRights

EnumerateRights *(máscara, \@direitos)*

Tem uma máscara de bits de permissões (como retornado por MakeMask ou constant) e grava a lista correspondente de constantes de string em *direitos*.

Get

Get *(nome_do_arquivo, \%permissões)*

Obtém a lista de controle de acesso para o *nome_do_arquivo* (ou diretório) e grava no hash *permissões* especificado.

MakeMask

MakeMask *(lista_strings)*

Obtém uma lista de constantes de string de permissão e retorna a máscara de bits.

Set

Set *(nome_do_arquivo, \%permissões)*

Define a lista de controle de acesso do *nome_do_arquivo* dado (ou diretório) para as definições no hash *permissões* especificado.

Win32::Internet

A extensão Win32::Internet implementa as APIs do Win32 Internet (encontradas na *WININET.DLL*) fornecendo suporte para as conexões HTTP, FTP e Gopher.

Todos os tipos de conexões começam como uma conexão básica da Internet que tem que ser aberta com o seguinte comando:

```
use Win32::Internet;
$Connection = Win32::Internet->new();
```

Isso criará um objeto Internet no Perl no qual você usará as funções fornecidas nesse módulo para criar objetos de conexão mais específicos. Os objetos e as funções que os criam são:

- As conexões da Internet (o objeto principal, com new)
- URLs (com OpenURL)
- As sessões FTP (com FTP)
- As sessões HTTP (com HTTP)
- As solicitações HTTP (com OpenRequest)

Esse módulo fornece níveis diferentes de implementação das funções Win32 Internet. Algumas rotinas usam várias funções da API do Win32 para executar uma tarefa complexa em uma única chamada; são mais simples de usar, mas menos eficientes. Outras funções não implementam nada mais nada menos do que a função API correspondente, portanto você poderá usar toda a sua capacidade, mas com algumas etapas extras de programação.

Por exemplo, a função FetchURL busca o conteúdo de qualquer URL HTTP, FTP ou Gopher com um único comando:

```
$inet = new Win32::Internet( );
$file = $inet->FetchURL("http://www.yahoo.com");
```

Você poderá conseguir o mesmo resultado com essa série de comandos, que é o que o FetchURL de fato faz:

```
$inet = new Win32::Internet( );
$url = $inet->OpenURL("http://www.yahoo.com");
$file = $url->ReadFile( );
$url->Close( );
```

Os métodos gerais da Internet

Os métodos descritos nesta seção são usados nos objetos de conexão da Internet criados com new:

```
$inet = Win32::Internet->new( );
```

Você poderá fornecer new com uma lista opcional de argumentos (ou uma referência para um hash contendo-os) assim:

```
Win32::Internet->new [agente_usuário, tipo_abert, subst, evitar_subst, marcas]
Win32::Internet->new [$ref_hash]
```

Os parâmetros e seus valores são:

agente_usuário
　A string do agente do usuário transmitida para as solicitações HTTP. O default é Perl-Win32::Internet/version.

tipo_abert
　Como acessar a Internet (por exemplo, diretamente ou usando um substituto). O default é INTERNET_OPEN_TYPE_DIRECT.

subst
　O nome do servidor substituto (ou servidores) a usar. O default é nenhum.

evitar_subst
　A lista opcional de nomes do host ou endereços IP que são conhecidos localmente. O default é nenhum.

marcas
　As marcas extras que afetam o comportamento da função. O default é nenhuma.

Se você transmitir uma referência do hash para a função, os seguintes valores serão obtidos a partir do hash:

```
%hash=(
    "useragent"    => "useragent",
    "opentype"     => "opentype",
    "proxy"        => "proxy",
    "proxybypass"  => "proxybypass",
    "flags"        => flags,
);
```

Os seguintes métodos poderão ser usados nos objetos de conexão da Internet:

CanonicalizeURL

$inet->CanonicalizeURL(URL, [marcas])

Converte um URL em uma formato aceito, que inclui converter os caracteres sem segurança em seqüências de escape. Retornará o URL aceito ou undef no caso de erro. Para obter os possíveis valores das marcas, consulte a documentação do Microsoft Win32 Internet Functions.

Close

$inet->Close([$obj])

Fecha uma conexão da Internet. Poderá ser aplicado em qualquer objeto Win32::Internet. Observe que não é estritamente requerido fechar as conexões criadas, uma vez que os objetos Win32::Internet são fechados automaticamente quando o programa termina (ou quando tal objeto é destruído por outros meios).

CombineURL

$inet->CombineURL(URL_base, URL_relativo, [marcas])

Combina um URL de base e relativo em um único URL. Retornará o URL combinado (aceito) ou undef no caso de erro. Para obter os possíveis valores das marcas, consulte a documentação do Microsoft Win32 Internet Functions.

ConnectBackoff

$inet->ConnectBackoff([valor])

Lê ou define o valor de espera, em milissegundos, para aguardar entre as novas tentativas da conexão. Se nenhum parâmetro de valor for especificado, o valor atual será retornado; do contrário, a espera entre as novas tentativas será definida.

ConnectionRetries

$inet->**ConnectionRetries**([valor])

Lê ou define o número de vezes que uma conexão é tentada de novo antes de considerá-la falha. Se nenhum parâmetro de valor for especificado, o valor atual será retornado; do contrário o número de novas tentativas será definido. O valor default é 5.

ConnectTimeout

$inet->**ConnectTimeout**([valor])

Lê ou define o valor de intervalo (em milissegundos) antes de uma conexão ser considerada falha. Se nenhum parâmetro de valor for especificado, o valor atual será retornado; do contrário, o intervalo será definido para o *valor*. O valor default é infinito.

ControlReceiveTimeout

$inet->**ControlReceiveTimeout**([valor])

Lê ou define o valor de intervalo (em milissegundos) para usar para as solicitações de recebimento (controle) sem dados antes de serem canceladas. Atualmente, esse valor tem significado apenas para as sessões FTP. Se nenhum parâmetro de valor for especificado, o valor atual será retornado; do contrário, o intervalo será definido. O valor default é infinito.

ControlSendTimeout

$inet->**ControlSendTimeout**([valor])

Lê ou define o valor de intervalo (em milissegundos) para usar para as solicitações de envio (controle) sem dados antes de serem canceladas. Atualmente, esse valor tem significado apenas para as sessões FTP. Se nenhum parâmetro de valor for especificado, o valor atual será retornado; do contrário, o intervalo será definido. O valor default é infinito.

CrackURL

$inet->**CrackURL**(URL, [marcas])

Divide um URL em seus pares componentes e retorna-os em um array. Retornará undef no caso de erro. O array conterá os seguintes valores: *(esquema, host, porta, nome_do_usuário, senha, caminho, info_extra)*.

Por exemplo o URL *http://www.divinf.it/index.html#top* poderá ser dividido em:

```
http, www.divinf.it, 80, anonymous, dada@divinf.it, /index.html, #top
```

Se você não especificar um parâmetro de marcas, ICU_ESCAPE será usado por default; para obter os possíveis valores das marcas consulte a documentação do Microsoft Win32 Internet Functions.

CreateURL

*$inet->***CreateURL***(esquema, nome_host, porta, nome_do_usuário, senha, caminho, info_extra, [marcas])*

$inet->***CreateURL***($ref_hash, [marcas])

Cria um URL a partir de suas partes componentes. Retornará undef no caso de erro e o URL criado se tiver sucesso. Se você transmitir uma referência do hash, os seguintes valores serão obtidos a partir do array:

```
%hash=(
    "scheme"    => "scheme",
    "hostname"  => "hostname",
    "port"      => port,
    "username"  => "username",
    "password"  => "password",
    "path"      => "path",
    "extrainfo" => "extrainfo",
);
```

Se você não especificar um parâmetro de marcas, ICU_ESCAPE será usado por default; para obter os possíveis valores das marcas consulte a documentação do Microsoft Win32 Internet Functions.

DataReceiveTimeout

*$inet->***DataReceiveTimeout***([valor])*

Lê ou define o valor de intervalo (em milissegundos) para usar para as solicitações de recebimento de dados antes de serem canceladas. Se nenhum parâmetro de valor for especificado, o valor atual será retornado; do contrário, o intervalo será definido. O valor default é infinito.

DataSendTimeout

*$inet->***DataSendTimeout***([valor])*

Lê ou define o valor de intervalo (em milissegundos) para usar para as solicitações de envio de dados antes de serem canceladas. Se nenhum parâmetro de valor for especificado, o valor atual será retornado; do contrário, o intervalo será definido. O valor default é infinito.

Error

$inet->Error( )

Retorna o último erro registrado na forma de um array ou string (dependendo do contexto) contendo o número do erro e uma descrição sobre ele. Poderá ser aplicado em qualquer objeto Win32::Internet (sessões FTP etc.). Existem três tipos de erros que você poderá encontrar, reconhecíveis pelo número do erro retornado:

-1 Um erro "comum" ocorreu no pacote. Por exemplo, você tentou usar um método no tipo errado de objeto.

1 a 11999

Um erro genérico ocorreu e a mensagem de erro Win32::GetLastError é retornada.

12000 e superior

Um erro da Internet ocorreu; a mensagem de erro da API do Win32 Internet é retornada.

FetchURL

$inet->FetchURL(*URL*)

Busca o conteúdo de um URL HTTP, FTP ou Gopher. Retorna o conteúdo do arquivo lido (ou undef se houver um erro e nada foi lido).

FTP

$inet->FTP(*$objeto_ftp, servidor, nome_do_usuário, senha, [porta, pass, contexto]*)

$inet->FTP(*$objeto_ftp, $ref_hash*)

Abre uma conexão FTP para o *servidor*, conectando com o nome do usuário e senha dados. O novo objeto de conexão é gravado no *objeto_ftp*. Os parâmetros e seus valores são:

servidor

O servidor a conectar.

nome_do_usuário

O nome do usuário usado para conectar o servidor. O default é anonymous.

senha

A senha usada para conectar o servidor. O default é nenhuma.

porta

A porta do serviço FTP no servidor. O default é 21.

pass

Se for um valor diferente de 0, use o modo de transferência passivo. Do contrário, será obtido a partir do objeto-pai de conexão da Internet; você poderá definir esse valor com o método Pasv.

contexto

    Um número para identificar essa operação caso seja assíncrona. Veja SetStatusCallback e GetStatusCallback para obter mais informações sobre as operações assíncronas.

Se você transmitir uma referência do hash, os seguintes valores serão obtidos a partir do hash:

```
%hash= (
        "server"    => "server",
        "username" => "username",
        "password" => "password",
        "port"     => port,
        "pasv"     => pasv,
        "context"  => context,
);
```

O método FTP retornará undef se a conexão falhar, do contrário retornará um número. Então você poderá chamar qualquer função FTP como os métodos do objeto FTP recém-criado.

GetResponse

$inet->GetResponse( )

Retorna o texto enviado por um servidor remoto em resposta à última função executada. Aplica-se a qualquer objeto Win32::Internet, particularmente às sessões FTP.

GetStatusCallback

$inet->GetStatusCallback*(contexto)*

Retorna informações sobre o andamento da operação assíncrona identificada pelo contexto; essas informações consistem em dois valores: um código de status (uma das constantes INTERNET_STATUS_*) e um valor adicional dependendo do código de status. Por exemplo, se o código de status retornado for INTERNET_STATUS_HANDLE_CREATED, o segundo valor manterá o handle recém-criado. Para obter mais informações sobre esses valores, consulte a documentação do Microsoft Win32 Internet Functions.

HTTP

$inet->HTTP*(objeto_http, servidor, nome_do_usuário, senha, [porta, marcas, contexto])*

$inet*->HTTP*($objeto_http, $ref_hash)

Abre uma conexão HTTP para o *servidor*, conectando com o nome do usuário e senha dados. O novo objeto de conexão é gravado como o *objeto_http*. Os parâmetros e seus valores são:

servidor
    O servidor a conectar.
nome_do_usuário
    O nome do usuário usado para conectar o servidor. O default é anonymous.
senha
    A senha usada para conectar o servidor. O default é nenhuma.
porta
    A porta do serviço HTTP no servidor. O default é 80.
marcas
    As marcas adicionais que afetam o comportamento da função.
contexto
    Um número para identificar essa operação caso seja assíncrona.

Se você transmitir uma referência do hash, os seguintes valores serão obtidos a partir do hash:

```
%hash= (
    "server"   => "server",
    "username" => "username",
    "password" => "password",
    "port"     => port,
    "flags"    => flags,
    "context"  => context,
);
```

O método HTTP retornará undef se a conexão falhar, do contrário retornará um número. Então você poderá chamar qualquer função HTTP como os métodos do *objeto_http* recém-criado.

OpenURL

*$inet->**OpenURL**(objeto_url, URL)*

Abre uma conexão com um URL HTTP, FTP ou Gopher. Retornará undef no caso de erro ou um número se a conexão tiver sucesso. Então você poderá recuperar o conteúdo do URL aplicando os métodos QueryDataAvailable e ReadFile no *objeto_url* recém-criado. Veja também FetchURL.

Password

*$inet->**Password**([senha])*

Lê ou define a senha usada por uma conexão FTP ou HTTP. Se nenhum parâmetro de senha for especificado, o valor atual será retornado.

QueryDataAvailable

*$inet->***QueryDataAvailable( )**

Retorna o número de bytes de dados que estão disponíveis para serem lidos imediatamente por uma chamada subseqüente para ReadFile (ou undef no caso de erro). Poderá ser aplicado nos objetos de solicitação URL ou HTTP.

QueryOption

*$inet->***QueryOption***(opção)*

Consulta uma opção da Internet. Para obter os possíveis valores da *opção*, consulte a documentação do Microsoft Win32 Internet Functions.

ReadEntireFile

*$inet->***ReadEntireFile*( )***

Lê todos os dados disponíveis a partir de um objeto de solicitação URL ou HTTP aberto. Retornará o que foi lido ou undef no caso de erro.

ReadFile

*$inet->***ReadFile***(bytes)*

Lê e retorna o número especificado de bytes de dados a partir de um objeto de solicitação URL ou HTTP aberto. Retornará undef no caso de erro. Tenha o cuidado de manter os *bytes* em um valor aceitável.

SetOption

*$inet->***SetOption***(opção, valor)*

Define uma opção da Internet. Para obter os possíveis valores da *opção*, consulte a documentação do Microsoft Win32 Internet Functions.

SetStatusCallback

*$inet->***SetStatusCallback*( )***

Inicializa a rotina de callback usada para retornar dados sobre o andamento de uma operação assíncrona. Esta é uma das etapas requeridas para executar as operações assíncronas; o procedimento completo é:

```
# use the INTERNET_FLAG_ASYNC when initializing
(use o INTERNET_FLAG_ASYNC ao inicializar)
$params{'flags'}= INTERNET_FLAG_ASYNC;
```

```
$inet = new Win32::Internet(params);

# initialize the callback routine (inicialize a rotina de callback)
$inet->SetStatusCallback();

# specify the context parameter (the last 1 in this case)
(especifique o parâmetro de contexto (o último 1 neste caso))
$inet->HTTP($http, "www.yahoo.com", "anonymous",
"dada\@divinf.it",80, 0, 1);
```

Neste ponto, o controle retorna imediatamente para o Perl e $inet->Error() retornará 997, que significa que uma operação de E/S assíncrona está pendente. Agora, você poderá chamar:

```
$http->GetStatusCallback(1);
```

em um loop para verificar o que está acontecendo; veja também GetStatusCallback.

TimeConvert

$inet->TimeConvert(hora)

Obtém uma string de data/hora HTTP e retorna a data/hora convertidas no seguinte array: *(segundos, minuto, horas, dia, mês, ano, dia_da_semana)*.

UserAgent

$inet->UserAgent([nome])

Lê ou define o nome de agente do usuário usado para as solicitações HTTP. Se nenhum nome for especificado, o valor atual será retornado.

Username

$inet->Username([nome])

Lê ou define o nome do usuário usado para uma conexão FTP ou HTTP. Se nenhum parâmetro de nome for especificado, o valor atual será retornado.

Version

$inet->Version( )

Retorna os números da versão do pacote Win32::Internet e a versão *WININET.DLL*, como um array ou string, dependendo do contexto. A string retornada conterá a "versão_pacote/versão_DLL", ao passo que o array conterá: "versão_pacote", "versão_DLL". Por exemplo:

```
$version = $inet->Version();    # should return "0.06/4.70.1215"
                                (deve retornar "0.06/4.70.1215")
@version = $inet->Version(); # should return ("0.06", "4.70.1215")
                                (deve retornar ("0.06", "4.70.1215"))
```

Funções do FTP

Os métodos descritos nesta seção são usados para controlar as sessões FTP. Eles se aplicam aos objetos da sessão FTP criados pelo método FTP no objeto de conexão da Internet. O FTP cria uma sessão FTP aberta e a atribui a um objeto ($FTP):

```
use Win32::Internet
$inet = new Win32::Internet();
$inet->FTP($FTP, "hostname", "username", "password");
```

Os seguintes métodos são usados nos objetos da sessão FTP:

Ascii

$FTP->Ascii( )
$FTP->Asc( )

Define o modo de transferência ASCII para esta sessão FTP. Será aplicado nas funções Get subseqüentes.

Binary

$FTP->Binary( )
$FTP->Bin( )

Define o modo de transferência binária para esta sessão FTP. Será aplicado nas funções Get subseqüentes.

Cd

$FTP->**Cd**(caminho)
$FTP->**Cwd**(caminho)
$FTP->**Chdir**(caminho)

Altera o diretório atual no host remoto FTP. Retornará o *caminho* ou undef no caso de erro.

Delete

$FTP->**Delete**(arquivo)
$FTP->**Del**(arquivo)

Apaga o *arquivo* no host remoto FTP. Retornará undef no caso de erro.

Get

$FTP->**Get**(arquivo, [local, sobregravar, marcas, contexto])

Obtém o *arquivo* FTP remoto e grava-o localmente no *local*. Se o *local* não for especificado, ele terá o mesmo nome do *arquivo*. Retornará undef no caso de erro. Os parâmetros e seus valores são:

arquivo
    O nome do arquivo remoto no servidor FTP.

local
    O nome do arquivo local a criar.

sobregravar
    Se 0, irá sobregravar o *local* caso ele exista. Com qualquer outro valor, a função falhará se o arquivo local já existir. O default é 0.

marcas
    As marcas adicionais que afetam o comportamento da função. Nenhuma por default.

contexto
    Um número para identificar essa operação caso seja assíncrona. Veja SetStatusCallback e GetStatusCallback para obter mais informações sobre as operações assíncronas. Nenhum por default.

List

*$FTP->***List***([padrão, modo_lista])*
*$FTP->***Ls***([padrão, modo_lista])*
*$FTP->***Dir***([padrão, modo_lista])*

Retornará uma lista contendo os arquivos encontrados no diretório atual, que coincidem com o *padrão* dado, se especificado. O conteúdo da lista retornada dependerá do parâmetro *modo_lista*, que poderá ter os seguintes valores:

1 *(default)*
   A lista contém os nomes dos arquivos encontrados.
2 A lista contém sete valores para cada arquivo:
   - O nome do arquivo.
   - O nome do arquivo curto do DOS, também conhecido como 8.3.
   - O tamanho.
   - Os atributos.
   - A hora da criação.
   - A hora do último acesso.
   - A hora da última modificação.

3 A lista contém uma referência para um hash para cada arquivo encontrado. Cada hash contém os seguintes pares chave/valor:
   ```
   name    => nome do arquivo
   altname => nome do arquivo curto do DOS, também conhecido como 8.3
   size    => tamanho
   attr    => atributos
   ctime   => hora da criação
   atime   => hora do último acesso
   mtime   => hora da última modificação
   ```

Todas as horas são reportadas como strings com o seguinte formato: segundo, hora, minuto, dia, mês, ano. Por exemplo:

```
$file->{'mtime'} == "0,10,58,9,12,1996"
# stands for 09 Dec 1996 at 10:58:00 (significa 09 de dezembro de
1996 às 10:58:00)
```

Mkdir

*$FTP->***Mkdir***(nome)*
*$FTP->***Md***(nome)*

Cria o *nome* do diretório no host remoto FTP. Retornará undef no caso de erro.

Mode

*$FTP->***Mode**(*[modo]*)

Se chamado sem argumentos, retornará o modo de transferência atual para essa sessão FTP ("asc" para ASCII ou "bin" para binário). O argumento *modo* poderá ser asc ou bin, neste caso o devido modo de transferência será selecionado. Retornará undef no caso de erro.

Pasv

*$FTP->***Pasv**(*[modo]*)

Se chamado sem argumentos, retornará 1 se a sessão FTP atual tiver o modo de transferência passiva ativado; 0 se não. Você poderá chamá-lo com um parâmetro *modo* (0/1) apenas como um método de um objeto Internet, neste caso definirá o valor default para o próximo objeto FTP criado (por exemplo, defina-o antes, pois você não poderá mudar esse valor uma vez que tenha aberto a sessão FTP).

Put

*$FTP->***Put**(*arquivo, [remoto, contexto]*)

Transfere o *arquivo* local para o servidor FTP, gravando-o com o nome *remoto*, que se omitido será o mesmo nome do *arquivo*. Retornará undef no caso de erro. O *contexto* é um número para identificar essa operação caso seja assíncrona. Veja SetStatusCallback e GetStatusCallback para obter mais informações sobre as operações assíncronas.

Pwd

*$FTP->***Pwd**( )

Retornará o diretório atual no servidor FPT ou undef no caso de erro.

Rename

*$FTP->***Rename***(antigo_arquivo, novo_arquivo)*

*$FTP->***Ren***(antigo_arquivo, novo_arquivo)*

Renomeia um arquivo no host remoto FTP. Retornará undef no caso de erro.

Rmdir

*$FTP->***Rmdir***(nome)*

*$FTP->***Rd***(nome)*

Remove o diretório *nome* no host remoto FTP. Retornará undef no caso de erro.

Funções do HTTP

Os métodos descritos nesta seção são usados para criar e controlar uma sessão HTTP. Você abrirá uma sessão HTTP usando o método HTTP em um objeto de conexão da Internet:

```
use Win32::Internet;
$inet = new Win32::Internet( );
$inet->HTTP($http, "hostname", "username", "password");
```

Isso abrirá a sessão e criará o objeto da sessão HTTP $http. Os seguintes métodos poderão ser usados nos objetos da sessão HTTP:

AddHeader

$request->**AddHeader**(*cabeçalho, [marcas]*)

Adiciona os cabeçalhos de solicitação HTTP a um objeto de solicitação HTTP criado com OpenRequest. Para obter os possíveis valores das marcas, consulte a documentação do Microsoft Win32 Internet Functions.

OpenRequest

$http->**OpenRequest**(*objeto_solic, [caminho, método, versão, refer, aceitar,marcas, contexto]*)

$http*->**OpenRequest**(*$objeto_solic, ref_hash)

Abre uma solicitação HTTP e grava-a como um *$objeto_solic*. Retornará undef no caso de erro ou um número se a conexão foi bem-sucedida. Então você poderá usar um dos seguintes métodos AddHeader, SendRequest, QueryInfo, QueryDataAvailable e ReadFile no *objeto_solic* recém-criado. Os parâmetros opcionais e seus valores são:

caminho

O objeto a solicitar. Geralmente é um nome de arquivo, um módulo executável etc. O default é "/".

método

O método a usar, que poderá ser GET, POST, HEAD ou PUT. O default é GET.

versão

A versão HTTP. O default é HTTP/1.0.

refer

O URL do documento a partir do qual o URL na solicitação foi obtido.

aceitar

Os tipos de conteúdo aceitos. Terão que ser separados por "\0" (zero ASCII). Os tipos defaults são "text/* image/gif image/jpeg".

marcas

As marcas extras que afetam o comportamento da função.

contexto
> Um número para identificar essa operação caso seja assíncrona. Veja SetStatusCallback e GetStatusCallback para obter mais informações sobre as operações assíncronas.

Uma referência para um hash que contém a lista anterior de parâmetros poderá também ser fornecida para esse método.

```
%hash=(
    "path"      => "path",
    "method"    => "method",
    "version"   => "version",
    "referer"   => referer,
    "accept"    => "accept",
    "flags"     => "flags,
    "context"   => "context,
);
```

QueryInfo

*$request->**QueryInfo**(cabeçalho, [marcas])*

Consulta informações sobre um objeto de solicitação HTTP ($request) com OpenRequest. Você poderá especificar um cabeçalho (por exemplo, "Content-type") e/ou uma ou mais marcas. Se você não especificar as marcas, HTTP_QUERY_CUSTOM será usado por default; isso significa que o cabeçalho deverá conter um nome do cabeçalho HTTP válido. Para obter os possíveis valores das marcas, consulte a documentação do Microsoft Win32 Internet Functions.

Request

*$http->**Request**([caminho, método, versão, refer, aceitar, marcas])*

*$http->**Request**(ref_hash)*

Executa uma solicitação HTTP e retorna um array contendo o código de status, os cabeçalhos e o conteúdo do arquivo. É um procedimento com uma etapa que executa os OpenRequest, SendRequest, QueryInfo, ReadFile e finalmente Close. Para obter uma descrição dos parâmetros, veja OpenRequest.

SendRequest

*$request->**SendRequest**([dados_enviados])*

Envia uma solicitação HTTP para o servidor de destino. Os *dados_enviados* contêm qualquer dado opcional para enviar imediatamente após o cabeçalho de solicitação; isso geralmente é usado para as solicitações POST ou PUT. Seu objeto de solicitação terá que conter o seguinte cabeçalho do conteúdo para que os dados enviados sejam processados.

Você poderá adicionar o cabeçalho com AddHeader:

```
$request->AddHeader("Content-Type: application/x-www-form-urlencoded");
$request->SendRequest("key1=value1&key2=value2&key3=value3");
```

Win32::IPC

O módulo Win32::IPC fornece sincronização para os diversos objetos criados a partir das classes Semaphore, Mutex, Process e ChangeNotify. O método wait dessa classe é herdado pelos objetos dos módulos anteriores, assim como as funções wait_all e wait_any. Você não deverá precisar chamar o Win32::IPC diretamente.

$obj->*wait([intervalo])*

Esse método é usado em qualquer objeto de sincronização. Ele aguarda que o objeto se torne sinalizado. Retornará 1 se o objeto estiver sinalizado, -1 se o objeto for um mutex abandonado, 0 se a chamada esgotar o tempo e undef no caso de erro. O *intervalo* é o tempo a aguardar (em milissegundos). Se nenhum *intervalo* for especificado, o método irá aguardar indefinidamente.

O Win32::IPC também define duas funções wait_all e wait_any:

wait_all(*@objetos, [intervalo]*)

Aguarda que todos os objetos de sincronização contidos em *@objetos* sejam sinalizados. O parâmetro *intervalo* opcional é igual ao descrito para wait. O valor de retorno será um inteiro que identifica o último objeto a ser sinalizado (o objeto *n* na lista, começando em 1). Um inteiro negativo (-*n*) indica que o objeto *n* era um mutex abandonado. Um retorno 0 significa que a função esgotou o tempo e undef será retornado no caso de erro.

wait_any(*@objetos, [intervalo]*)

Aguarda que pelo menos um dos objetos contidos em *@objetos* seja sinalizado. Os valores de retorno são iguais para wait_all, acima, indicando qual objeto sinalizou.

Win32::Mutex

Esse módulo fornece acesso aos objetos mutex do Win32, que controlam o acesso para os recursos comuns. O construtor new cria o mutex e determina sua disponibilidade inicial. Ele tem a seguinte sintaxe:

$mut = Win32::Mutex->new(*inic*, [*nome*]);

O primeiro argumento determina o status inicial do mutex. Se *inic* for diferente de zero, o processo que chama terá a propriedade imediata do objeto mutex. Um valor zero significa que o mutex está disponível. O segundo argumento atribui um nome ao mutex que permite a esse objeto ser referido por outros através da função open.

Outro construtor de objetos para o Win32::Mutex é open:

$mut = Win32::Mutex->open(*nome*);

Essa chamada cria um novo objeto mutex para acessar um mutex existente identificado pelo *nome*.

Os seguintes métodos poderão ser usados nos objetos Win32::Mutex.

release

$mut->**Release**( )

Libera a propriedade do mutex do processo que chama, permitindo que qualquer pessoa visite-o para obter a propriedade.

wait

$mut->**wait**(*[intervalo]*)

O método Win32::IPC herdado por esse módulo. Faz com que o processo que chama aguarde a propriedade do objeto mutex para obter o número de milissegundos especificados pelo *intervalo*. Se o mutex não se tornar disponível antes do intervalo, a chamada retornará 0.

Win32::NetAdmin

O módulo Win32::NetAdmin fornece uma funcionalidade extensa para administrar os usuários e grupos nos servidores Windows NT. Esse módulo não implementa uma interface de objeto para a administração; ele exporta várias funções que executam os comandos administrativos. (Esse módulo não é carregado nos sistemas Windows 95.)

As seguintes funções são fornecidas pelo módulo Win32::NetAdmin. O argumento *servidor* de cada função é opcional; porém, um recipiente para o argumento terá que ser usado se você não fornecer um nome. Uma string vazia ("") funcionará, indicando que a máquina local será usada.

GetDomainController

GetDomainController *(servidor, domínio, $nome)*

Retorna o nome do controlador de domínios para o *servidor* e o *domínio* especificados para a variável *$nome*.

UserCreate

UserCreate *(servidor, nome_do_usuário, senha, idade_senha, privilégio, dir_pessoal, comentário, marcas, caminho_script)*

Cria um novo usuário com as definições especificadas:

servidor

O nome do servidor.

nome_do_usuário
>O nome do novo usuário.

senha
>A senha do usuário.

idade_senha
>A quantidade de tempo antes da senha terminar.

privilégio
>As definições dos privilégios do novo usuário, que poderá ser um dos seguintes:
>>`USER_PRIV_MASK`
>>`USER_PRIV_GUEST`
>>`USER_PRIV_USER`
>>`USER_PRIV_ADMIN`

dir_pessoal
>O nome do caminho do diretório pessoal do usuário.

comentário
>Uma string contendo um comentário sobre o usuário.

marca
>Uma marca contendo as definições de criação do usuário, que poderá ser uma das seguintes:
>>`UF_TEMP_DUPLICATE_ACCOUNT`
>>`UF_NORMAL_ACCOUNT`
>>`UF_INTERDOMAIN_TRUST_ACCOUNT`
>>`UF_WORKSTATION_TRUST_ACCOUNT`
>>`UF_SERVER_TRUST_ACCOUNT`
>>`UF_MACHINE_ACCOUNT_MASK`
>>`UF_ACCOUNT_TYPE_MASK`
>>`UF_DONT_EXPIRE_PASSWD`
>>`UF_SETTABLE_BITS`
>>`UF_SCRIPT`
>>`UF_ACCOUNTDISABLE`
>>`UF_HOMEDIR_REQUIRED`
>>`UF_LOCKOUT`
>>`UF_PASSWD_NOTREQD`
>>`UF_PASSWD_CANT_CHANGE`

caminho_script
>O nome do caminho para o script de conexão do usuário.

UserDelete

UserDelete *(servidor, nome_do_usuário)*

Apaga um usuário com o *nome_do_usuário* do *servidor*.

UserGetAttributes

UserGetAttributes *(servidor, nome_do_usuário, $senha, $idade_senha, $privilégio, $dir_pessoal, $comentário, $marcas, $caminho_script)*

Recupera informações de um perfil do usuário para o usuário identificado pelo *nome_do_usuário* no *servidor* e armazena cada parte nas variáveis correspondentes fornecidas como argumentos. Os elementos e a ordem das informações do usuário são os mesmos descritos para a função UserCreate.

UserSetAttributes

UserSetAttributes *(servidor, nome_do_usuário, senha, idade_senha, privilégio, dir_pessoal, comentário, marcas, caminho_script)*

Define os atributos para o usuário *nome_do_usuário* no *servidor*. Os atributos são os descritos para a função UserCreate.

GroupCreate

GroupCreate *(servidor, nome, comentário)*

Cria um grupo com o *nome* especificado no *servidor*. O *comentário* é uma string usada para fornecer uma descrição sobre o grupo.

GroupDelete

GroupDelete *(servidor, nome)*

Apaga um grupo denominado *nome* do *servidor*.

GroupGetAttributes

GroupGetAttributes *(servidor, nome, comentário)*

Retorna o comentário para o grupo *nome* no *servidor* para a variável *comentário*.

GroupSetAttributes

GroupSetAttributes *(servidor, nome, comentário)*

Define o comentário para o grupo *nome* no *servidor* para a string fornecida no *comentário*.

GroupAddUsers
GroupAddUsers *(servidor, nome, usuários)*
Adiciona os usuários ao grupo *nome* no *servidor*. Os *usuários* poderão ser uma lista de nomes do usuário ou uma variável da lista contendo diversos nomes do usuário.

GroupDeleteUsers
GroupDeleteUsers *(servidor, nome, usuários)*
Apaga uma lista de *usuários* do grupo *nome* no *servidor*.

GroupIsMember
GroupIsMember *(servidor, nome, usuário)*
Consulta o grupo *nome* no *servidor* para saber se o *usuário* é um membro. Retornará true se o *usuário* for um membro, false se não for.

GroupGetMembers
GroupGetMembers *(servidor, nome, $usuários)*
Retorna os nomes do usuário que são membros do grupo *nome* no *servidor* para o array referido pelos *usuários*.

LocalGroupCreate
LocalGroupCreate *(servidor, nome, comentário)*
Cria um grupo local com o *nome* especificado no *servidor*. O *comentário* é uma string usada para fornecer uma descrição sobre o grupo.

LocalGroupDelete
LocalGroupDelete *(servidor, nome)*
Apaga um grupo local denominado *nome* do *servidor*.

LocalGroupGetAttributes
LocalGroupGetAttributes *(servidor, nome, $comentário)*
Retorna o comentário do grupo local *nome* no *servidor* para a variável *$comentário*.

LocalGroupSetAttributes

LocalGroupSetAttributes *(servidor, nome, comentário)*

Define o comentário do grupo local *nome* no *servidor* para a string fornecida no *comentário*.

LocalGroupAddUsers

LocalGroupAddUsers *(servidor, nome, usuários)*

Adiciona usuários ao grupo local *nome* no *servidor*. Os *usuários* poderão ser uma lista de nomes do usuário ou uma variável da lista contendo diversos nomes do usuário.

LocalGroupDeleteUsers

LocalGroupDeleteUsers *(servidor, nome, usuário)*

Apaga uma lista de *usuários* do grupo local *nome* no *servidor*.

LocalGroupIsMember

LocalGroupIsMember *(servidor, nome, usuário)*

Consulta o grupo local *nome* no *servidor* para saber se o *usuário* é um membro. Retornará TRUE se o *usuário* for um membro, FALSE se não.

LocalGroupGetMembers

LocalGroupGetMembers *(servidor, nome, \@usuários)*

Retorna os nomes do usuário que são membros do grupo local *nome* no *servidor* para o array referido pelos *usuários*.

Win32::NetResource

O módulo Win32::NetResource permite que você gerencie os recursos compartilhados em uma rede, como impressoras, discos etc. Duas estruturas de dados são usadas para fornecer ou armazenar informações para muitas funções NetResource. A primeira é o hash share_info. Esse hash contém os parâmetros para configurar um compartilhamento, usando a seguinte estrutura:

```
%share_info = (
    netname   => "nome do compartilhamento",
    type      => "tipo de compartilhamento",
    remark    => "um comentário de string",
```

```
        permissions     => "o valor das permissões",
        maxusers        => "o número máximo de usuários",
        current-users   => "o número atual de usuários",
        path            => "o caminho do compartilhamento",
        passwd          => "a senha, se requerida"
);
```

Uma estrutura de dados netresource contém informações sobre o recurso ou dispositivo compartilhado. Ela tem a seguinte estrutura:

```
        %netresource = (
            'Scope'         => "O escopo de uma conexão de recursos (veja
                                a tabela abaixo para obter o valores",
            'Type'          => "O tipo de recurso (veja tabela abaixo)",
            'DisplayType'   => "Como o recurso deverá ser exibido (veja
                                tabela abaixo)",
            'Usage'         => "Como o recurso deverá ser usado",
            'LocalName'     => "O nome do dispositivo local ao qual o
                                dispositivo está conectado",
            'RemoteName'    => "O nome da rede do recurso",
            'Comment'       => "A string de comentário",
            'Provider'      => "O provedor do recurso"
);
```

Os três primeiros elementos do hash netresource contêm os valores descritos nas tabelas a seguir. O valor Scope poderá ser um dos seguintes:

RESOURCE_CONNECTED	O recurso já está conectado.
RESOURCE_REMEMBERED	O recurso é reconectado sempre que o usuário conecta-se.
RESOURCE_GLOBALNET	O recurso está disponível para toda a rede.

O elemento Type tem um dos seguintes valores:

RESOURCETYPE_ANY	Todos os recursos.
RESOURCETYPE_DISK	Os recursos do disco.
RESOURCETYPE_PRINT	Os recursos da impressão.

O elemento Display poderá ser um desses valores:

RESOURCEDISPLAYTYPE_DOMAIN	O objeto é exibido como um domínio.
RESOURCEDISPLAYTYPE_SERVER	O objeto é exibido como um servidor.
RESOURCEDISPLAYTYPE_SHARE	O objeto é exibido como um ponto de compartilhamento.

| RESOURCEUSAGE_CONNECTABLE | O recurso pode ser conectado a um dispositivo local. |
| RESOURCEUSAGE_CONTAINER | O recurso contém mais recursos. |

As funções no Win32::NetResource usam as estruturas share_info e netresource como os argumentos de entrada e de saída. Esses argumentos serão usados na descrição das funções abaixo; você deverá nomeá-los sempre que desejar.

GetSharedResources

GetSharedResources *(\@recursos, tipo)*

Obtém uma lista de todos os recursos da rede e grava a lista como referências para os hashes *%recurso_rede* em *@recursos*. O *tipo* é o tipo de enumeração.

AddConnection

AddConnection *(\%recurso_rede, senha, nome_do_usuário, conexão)*

Conecta o recurso descrito em *%recurso_rede*, com a *senha* e o *nome_do_usuário*. A marca *conexão* indica se a conexão deverá ser lembrada pelo usuário para todas as conexões.

CancelConnection

CancelConnection *(nome, conexão, aplicar)*

Cancela uma conexão com um recurso conectado ao dispositivo local especificado pelo *nome*. A *conexão* indica o tipo de conexão, com 1 sendo uma conexão permanente e 0 uma não permanente. O valor *aplicar* é um booleano que indica se é para aplicar ou não a conexão.

WNetGetLastError

WNetGetLastError *($código, $descrição, $nome)*

Obtém o erro da rede estendida e grava suas informações nas variáveis nomeadas pelo *código*, *descrição* e *nome*. Um erro da rede estendida é fornecido apenas quando o Win32::GetLastError retorna ERROR_EXTENDED_ERROR.

GetError

GetError *($código)*

Obtém o último erro causado por uma chamada da rede Win32 e grava-o na variável nomeada pelo *código*.

GetUNCName

GetUNCName *($nome_unc, caminho)*

Obtém o nome UNC do compartilhamento conectado ao *caminho* local e grava-o na variável especificada pelo *nome_unc*.

NetShareAdd

NetShareAdd *(\%info_compart, $erro, [servidor])*

Torna disponível um recurso do disco descrito por *info_compart* para o compartilhamento na rede. O *servidor* é o nome do servidor para o recurso compartilhado (local será adotado se não especificado). Qualquer erro que ocorra será gravado na variável nomeada por *erro*.

NetShareCheck

NetShareCheck *(dispositivo, $tipo, [servidor])*

Retornará true se um compartilhamento no *dispositivo* estiver disponível para a conexão. O tipo de compartilhado é gravado na variável nomeada pelo *tipo* (se a função retornar true).

NetShareDel

NetShareDel *(nome, [servidor])*

Remove o compartilhamento nomeado como *nome* no *servidor* opcional da lista de compartilhamentos de uma máquina.

NetShareGetInfo

NetShareGetInfo *(nome, \%info_compart, [servidor])*

Obtém as informações de compartilhamento para o compartilhamento *nome* no *servidor* opcional e grava-as na variável *info_compart* especificada.

NetShareSetInfo

NetShareSetInfo *(nome, \%info_compart, $erro, [servidor])*

Define as informações do compartilhamento *nome* no *servidor* para os parâmetros fornecidos por *info_compart*. O status do erro é gravado na variável nomeada por *erro*.

Win32::Process

Esse módulo fornece acesso às capacidades estendidas de criação e gerenciamento do processo Win32. Os objetos de processo são criados com o método Create (o construtor). Os métodos extras poderão ser usados nos objetos para encerrar, suspender, prosseguir e definir as prioridades dos processos.

O construtor Create tem a seguinte sintaxe:

    Win32::Process->Create($Proc, ap, comando, handles, ops, dir)

Os argumentos para Create são os seguintes:

$Proc
    O nome da referência para o objeto de processo criado.

ap
    O nome do caminho completo do executável.

comando
    A linha de comandos para o executável.

handles
    Determina a herança dos handles. Um valor 1 ativa a herança, um valor 0 desativa-a.

ops
    Define as opções a implementar quando o processo é criado. As opções disponíveis para esse argumento são listadas abaixo.

dir
    O diretório de trabalho para o executável.

O processo é criado transmitindo a linha de comandos no *comando* para o executável nomeado em *ap*. Por exemplo, um objeto de processo para um arquivo de texto sendo executado no Notepad (Bloco de Notas) é criado assim:

    use Win32::Process;
    Win32::Process->Create($proc, 'C:\\windows\\Notepad.exe'.
             "Notepad perlnut.txt", 1,
             DETACHED_PROCESS, ".");

As opções de criação do processo dadas pelo argumento *ops* para Create são:

CREATE_DEFAULT_ERROR_MODE	*Fornece ao processo o modo de erro default.*
CREATE_NEW_CONSOLE	*Cria um novo console para o processo. Não pode ser usada com DETACHED_PROCESS.*
CREATE_NEW_PROCESS_GROUP	*Cria o processo como o raiz de um novo grupo de processos.*
CREATE_SEPARATE_WOW_VDM	*Executa o processo em sua própria Máquina Virtual DOS (VDM). Válida apenas nas aplicações com 16 bits.*

CREATE_SUSPENDED	Inicia o processo em um estado suspenso. O processo poderá ser iniciado com o método Resume.
CREATE_UNICODE_ENVIRONMENT	Usa os caracteres UNICODE no bloco ambiente do novo processo.
DEBUG_PROCESS	Depura o novo processo com o processo que chama.
DEBUG_ONLY_THIS_PROCESS	Não irá depurar o novo processo se o processo que chama estiver sendo depurado.
DETACHED_PROCESS	Cria um processo sem acesso para o console do processo que chama.

Métodos

Os seguintes métodos são fornecidos para os objetos criados pelo Win32::Process:

Kill

*$proc->***Kill***(código_saída)*

Encerra o processo com o *código_saída* dado, que é retornado pelo processo.

Suspend

*$proc->***Suspend**

Suspende o processo.

Resume

*$proc->***Resume**

Retoma o processo suspenso. Esse método poderá também ser usado nos processos criados com a marca CREATE_SUSPENDED.

GetPriorityClass

$proc->***GetPriorityClass***($ref)

Obtém a classe de prioridade do processo e armazena-a em *$ref*.

SetPriorityClass

$proc*->**SetPriorityClass***($prioridade)

Define a classe de prioridade do objeto para *$prioridade*. A prioridade poderá ser uma das seguintes:

IDLE_PRIORITY_CLASS
> Um processo cujos processos são executados apenas quando o sistema está inativo.

NORMAL_PRIORITY_CLASS
> Um processo com a programação normal.

HIGH_PRIORITY_CLASS
> Um processo que executa tarefas essenciais que têm que ser executadas imediatamente.

REALTIME_PRIORITY_CLASS
> O processo de prioridade mais alta, embora se aproprie dos processos do sistema operacional.

GetExitCode

$proc*->**GetExitCode***($ref)

Obtém o código de saída de um processo e grava-o em *$ref*.

Wait

$proc->**Wait***(n)*

Aguarda *n* milissegundos para o processo sair. Se o processo esgotar o tempo, o método retornará false e definirá $! para WAIT_FAILED. Para o caso de não esgotar, definirá *n* para INFINITE.

Win32::Registry

Esse módulo fornece acesso ao Windows Registry, o banco de dados que armazena informações sobre todas as partes de seu sistema e software. Muitos comportamentos do sistema operacional e das aplicações são controlados pelos dados Registry. O módulo Win32::Registry fornece uma maneira de acessar e atualizar as informações de registro com o Perl. (Aviso: sempre tenha cuidado ao fazer alterações no registro. Se informações essenciais do sistema forem alteradas por engano, seu sistema poderá tornar-se inoperante. Sempre tenha certeza de que tem um backup de seu registro antes de começar a fazer modificações.)

O módulo Registry cria automaticamente objetos para as árvores de registro de alto nível. Esses objetos são criados no espaço do nome main:: e cada chave que você abrir ou criar será acessada através de um desses objetos principais. Os quatro objetos de alto nível são:

   $HKEY_CLASSES_ROOT
   $HKEY_CURRENT_USER
   $HKEY_LOCAL_MACHINE
   $HKEY_USERS

Se você estiver fora do espaço do nome principal (default), deverá fazer com que o pacote declare as chaves, por exemplo, $main::HKEY_USERS.

O método Open cria novos objetos-chaves para as subárvores ou subchaves em outro objeto-chave aberto. Inicialmente, uma nova chave é aberta a partir de um dos objetos-chaves principais, por exemplo:

   use Win32::Registry;
   $p = "SOFTWARE\Microsoft\Windows NT\CurrentVersion";
   HKEY_LOCAL_MACHINE->Open($p, $CurrVer) || die "Open $!";

Esse exemplo cria um objeto-chave $CurrVer para a chave CurrentVersion do Windows NT. Essa chave contém diversos valores para a versão do sistema operacional. Com a nova chave aberta, você poderá ler ou alterar os valores que ela contém (cada chave tem pelo menos um valor default sem nome) ou abrir e criar as subchaves. O método Open poderá criar apenas objetos-chaves para as chaves existentes.

Os valores do Registry são representados nas funções Win32::Registry por três elementos: o nome do valor, o tipo de dados do valor e o próprio valor. Existem vários tipos de dados diferentes para os valores. O Win32::Registry define as seguintes constantes para esses tipos:

REG_SZ	String data (Dados de string)
REG_DWORD	Unsigned four-byte integer (Inteiro com quatro bytes não sinalizado)
REG_MULTI_SZ strings	Multiple strings delimited with NULL (Diversas delimitadas com NULL)
REG_EXPAND_SZ variables)	Strings that expand (e.g., based on environment (Strings que se expandem (por exemplo, baseadas nas variáveis-ambientes)
REG_BINARY	Binary data (no particular format is assumed) (Dados binários (nenhum formato em particular é adotado))

Métodos

Os seguintes métodos poderão ser usados nos objetos-chaves, as chaves principais abertas previamente ou as subchaves que já foram abertas.

Open

*$parent->**Open**(nome_chave, $chave)*

Abre uma chave do registro nomeada no *nome_chave* e grava-a como a referência do objeto nomeada por *$chave*. O *nome_chave* é o nome de uma chave relativa ao objeto onde Open é usado ($parent).

Create

$key->**Create**($nova_chave, nome)

Cria uma nova chave identificada pelo *nome* e grava-a como a referência do objeto nomeada por *$nova_chave*. Se a chave já existir, essa função simplesmente abrirá a chave. As novas chaves poderão apenas ser criadas em um nível abaixo da chave na qual Create é usado.

SetValue

*$key->**SetValue**(subchave, tipo, valor)*

Define o valor default (sem nome) para a subchave especificada do objeto-chave no qual SetValue é usado.

subchave
    O nome da subchave.

tipo
    Uma das constantes do tipo (listadas acima) que descrevem o valor.

valor
    O valor da chave.

SetValueEx

*$key->**SetValueEx**(nome, res, tipo, valor)*

Define um valor especificado pelo *nome* na chave atual (ou criará o valor se já não existir).

res   Um argumento reservado para um futuro uso (use 0 como um recipiente).
tipo   A constante do tipo de dados (listada acima) que descreve o valor.
valor   O valor da chave.

QueryValue

*$key->**QueryValue**(nome, $var)*

Retorna o valor do valor de registro especificado pelo *nome* e grava-o na variável escalar *$var*.

QueryKey

$key->**QueryKey**($classe, $subs, $vals)

Recupera informações sobre a chave atual e retorna-as para as variáveis escalares nomeadas. A classe da chave será gravada na variável *classe* (será a string nula "" no Win95 uma vez que não usa as classes da chave). O número de subchaves será gravado na variável *$sub* e o número de valores na chave atual será gravado em *$vals*.

GetKeys

$key->**GetKeys**($ref_lista)

Retorna os nomes das subchaves da chave atual para a lista referida por *ref_lista*.

GetValues

$key->**GetValues**($ref_hash)

Retorna os valores contidos na chave atual para o hash referido por *ref_hash*. Cada nome do valor do registro é uma chave do hash, ao passo que o valor do hash é uma referência para uma lista com três elementos que contém o nome do valor, o tipo de dados e o valor.

Save

*$key->**Save**(nome_do_arquivo)*

Grava a raiz da árvore de registro e a chave atual em um arquivo, *nome_do_arquivo*.

Load

*$key->**Load**(subchave, nome_do_arquivo)*

Carrega um arquivo de registro para a *subchave* nomeada a partir do *nome_do_arquivo*.

DeleteKey

*$key->**DeleteKey**(subchave)*

Apaga uma subchave da chave atual. Essa função apagará todos os valores na subchave e a própria subchave. Uma chave não poderá ser apagada se contiver qualquer subchave.

DeleteValue

*$key->**DeleteValue**(nome)*

Apaga um valor identificado pelo *nome* da chave atual.

Win32::Semaphore

O módulo Win32::Semaphore implementa semáforos, sincronizando o acesso para os recursos compartilhados. O construtor new cria um novo objeto de semáforo, define a contagem inicial e a contagem máxima do semáforo. O construtor tem a seguinte sintaxe:

    $sem = Win32::Semaphore->new(inic, máx, [nome]);

Os argumentos são definidos como a seguir:

inic
    A contagem inicial do semáforo.

máx
    A contagem máxima do semáforo.

nome
    A string que contém o nome do semáforo.

O construtor open abre um objeto de semáforo existente especificado pelo *nome*:

    $sem = Win32::Semaphore->open(nome);

Os seguintes métodos poderão ser usados nos objetos Win32::Semaphore:

---

wait

    *$sem->***wait**(*[intervalo]*)

    A chamada Win32::IPC herdada. Aguarda que a contagem do semáforo seja diferente de zero, então a diminui. O *intervalo* opcional é dado em milissegundos.

---

release

    *$sem->***release** *(aum, [$var])*

    Libera um semáforo e aumenta a contagem pela quantidade especificada em *aum*. A última contagem (antes do aumento) será retornada na variável *$var*, se fornecida.

Win32::Service

O módulo Win32::Service fornece uma interface de controle de serviços. Permite que você inicie, faça uma pausa, retorne e pare os serviços do sistema Windows NT a partir dos scripts Perl.

As seguintes funções são exportadas por esse módulo. O argumento *host* em cada função fornece ao nome do host da máquina um serviço que está sendo (ou será) executado. Se você fornecer uma string nula (""), a máquina local será adotada.

StartService

StartService *(host, serviço)*

Inicia o *serviço* nomeado na máquina *host*. O serviço especificado terá que ser registrado com o Service Control Manager (Gerenciador de Controle de Serviços).

StopService

StopService *(host, serviço)*

Pára o *serviço* nomeado na máquina *host*.

GetStatus

GetStatus *(host, serviço, \%status)*

Retorna o status de um *serviço* como um hash referido pelo *status*. As chaves para esse hash são:

```
ServiceType
CurrentState
ControlsAccepted
Win32ExitCode
ServiceSpecificExitCode
CheckPoint
WaitHint
```

PauseService

PauseService *(host, serviço)*

Faz uma pausa no *serviço* nomeado na máquina *host* (apenas se o serviço for capaz de fazer uma pausa).

ResumeService

ResumeService *(host, serviço)*

Retoma um *serviço* com pausa no *host*.

GetServices

GetServices *(host, \%hash)*

Retorna uma lista de serviços no *host* para o hash referido pelo *hash*.

Win32::Shortcut

O módulo permite que você crie e manipule os arquivos de atalho do Windows (os arquivos *.lnk*) através do Perl. Os métodos e as propriedades desse módulo aplicam-se aos objetos de atalho criados por new:

```
use Win32::Shortcut;
$link = Win32::Shortcut->new( );
```

Isso criará o objeto de atalho $link, no qual você poderá definir as propriedades e gravar em um arquivo. Se você fornecer um nome de arquivo como um argumento para new, o arquivo será carregado no objeto de atalho.

O objeto poderá também ser acessado como se fosse uma referência de hash normal. As seguintes propriedades (as chaves do hash) estão disponíveis:

```
$link->{'File'}
$link->{'Path'}
$link->{'ShortPath'}
$link->{'WorkingDirectory'}
$link->{'Arguments'}
$link->{'Description'}
$link->{'ShowCmd'}
$link->{'Hotkey'}
$link->{'IconLocation'}
$link->{'IconNumber'}
```

Abaixo, veja a seção sobre as propriedades do atalho para obter uma descrição de cada propriedade.

O seguinte exemplo supõe que você tem um arquivo de atalho denominado *test.lnk* em seu diretório atual. Este script simples informará para onde esse atalho aponta:

```
use Win32::Shortcut;
$link=new Win32::Shortcut( );
$link->Load("test.lnk");
print "Shortcut to: $link->{'Path'} $link->{'Arguments'} 0;
$link->Close( );
```

Mas você poderá também modificar seus valores:

```
use Win32::Shortcut;
$link=new Win32::Shortcut( );
$link->Load("test.lnk");
$link->{"Path"}=~s/C:/D:/i;      # move the target from C: to D:
                                 (mova o destino de C: para D:)
$link->{'ShowCmd'}=SW_NORMAL;    # runs in a normal window
                                 (é executado em uma janela normal)
```

Os métodos fornecidos pelo Win32::Shortcut são os seguintes:

Close

$link->**Close( )**

Fecha um objeto de atalho. Não é estritamente requerido fechar os objetos criados, uma vez que os objetos Win32::Shortcut são fechados automaticamente quando o programa termina (ou quando você destrói tal objeto).

Observe também que um atalho não é gravado automaticamente quando é fechado, mesmo que você o tenha modificado. Você terá que chamar Save para aplicar as modificações em um arquivo de atalho.

Load

$link->**Load***(arquivo)*

Carrega o conteúdo do arquivo de atalho denominado *arquivo* em um objeto de atalho e preenche as propriedades do objeto com seus valores. Retornará undef no caso de erro ou um valor true se tudo foi bem-sucedido.

new

new Win32::Shortcut *[arquivo]*

Cria um novo objeto de atalho. Se um nome de arquivo for transmitido no *arquivo*, o Load será aplicado automaticamente nesse arquivo também. Retornará o objeto criado ou undef no caso de erro.

Resolve

$link->**Resolve***([marca])*

Tenta resolver automaticamente um atalho e retorna o caminho resolvido ou undef no caso de erro; se não houver nenhuma resolução, o caminho será retornado inalterado. Note que o caminho é atualizado automaticamente na propriedade Path do atalho.

Por default, esse método age silenciosamente, mas se você transmitir um valor 0 (zero) no parâmetro *marca*, ele conseqüentemente enviará uma caixa de diálogos solicitando ao usuário mais informações. Por exemplo:

```
# if the target doesn't exist... (se o destino não existir...)
if (! -f $link->Path) {

    # save the actual target for comparison (grave o destino real para a comparação)
    $oldpath = $link->Path;
```

```
# try to resolve it (with dialog box) (tente resolvê-lo (com a caixa
de diálogos))
$newpath = $link->Resolve(0);
die "Not resolved..." if $newpath == $oldpath;

}
```

Save

*$link->**Save**([arquivo])*

Grava o conteúdo do objeto de atalho no arquivo nomeado *arquivo*. Se o *arquivo* for omitido, o nome do arquivo será obtido a partir da propriedade File do objeto (que, se não estiver alterada, será o nome do último arquivo aplicado com Load).

Se nenhum arquivo foi carregado e a propriedade File não contiver um nome de arquivo válido, o método retornará undef, que será também retornado no caso de erro. Um valor true será retornado se tudo foi bem-sucedido.

Set

*$link->**Set**(caminho, argumentos, diretório_trabalho, descrição, exibir_cmd, tecla_ativação, local_ícone, número_ícone)*

Define todas as propriedades do objeto de atalho com um único comando. Esse método é fornecido apenas por conveniência; você poderá também definir esses valores alterando os valores das propriedades. Por exemplo:

```
$link->Set("C:\PERL5\BIN\PERL.EXE",
    "-v",
    "C:\PERL5\BIN",
    "Prints out the version of Perl",
    SW_SHOWMAXIMIZED,
    hex('0x0337'),
    "C:\WINDOWS\SYSTEM\COOL.DLL",
    1);
```

Isso é igual a:

```
$link->path("C:\PERL5\BIN\PERL.EXE");
$link->Arguments("-v");
$link->WorkingDirectory("C:\PERL5\BIN");
$link->Description("Prints out the version of Perl");
$link->ShowCmd(SW_SHOWMAXIMIZED);
$link->Hotkey(hex('0x0337'));
$link->IconLocation("C:\WINDOWS\SYSTEM\COOL.DLL");
$link->IconNumber(1);</PRE>
```

Propriedades do atalho

As propriedades de um objeto de atalho poderão ser acessadas como:

   $link->{ '*propriedade*' }

Por exemplo, supondo que você criou um objeto de atalho com:

   $link=new Win32::Shortcut( );

poderá ver sua descrição com:

   print $link->{ 'Description' };.

Naturalmente você poderá também defini-lo assim:

   $link->{ 'Description' }="This is a description";

As propriedades de atalho também têm métodos correspondentes que poderão também definir ou ler seus valores.

As propriedades de um atalho refletem o conteúdo da caixa de diálogos Shortcut Properties (Propriedades do atalho), que poderá ser obtida clicando o botão direito do mouse em um arquivo de atalho no Window 95 (ou NT 4.0) Explorer e escolhendo "Properties" (Propriedades). As propriedades do atalho são:

Arguments (Argumentos)

Os argumentos associados ao objeto de ligação do shell. Eles são transmitidos para o programa de destino (veja *Path*) quando executado. Na verdade, junto com *Path*, esse parâmetro forma o campo "Target" (Destino) de uma caixa de diálogos Shortcut Properties.

Description (Descrição)

Uma descrição opcional fornecida para o atalho. Não implementada na caixa de diálogos Shortcut Properties.

File (Arquivo)

O nome de arquivo do arquivo de atalho aberto com Load e/ou o nome de arquivo sob o qual o atalho será gravado com Save (se o argumento *arquivo* não for especificado).

Hotkey (Tecla de ativação)

A tecla de ativação associada ao atalho, na forma de um número com 2 bytes, onde o primeiro byte identifica os modificadores (Ctrl, Alt Shift etc.) e o segundo é o código ASCII da tecla de caractere. Corresponde ao campo "Shortcut key" (Tecla de atalho) de uma caixa de diálogos Shortcut Properties.

IconLocation (Local do ícone)

O arquivo que contém o ícone para o atalho.

IconNumber (Número do ícone)

O número do ícone para o atalho no arquivo apontado por *IconLocation*, no caso de mais de um ícone estar contido nesse arquivo.

Path (Caminho)

O destino do atalho. Isso (junto com *Arguments*) é o conteúdo do campo "Target" em uma caixa de diálogos Shortcut Properties.

ShortPath (Caminho curto)

Igual a *Path*, mas expressado em um formato legível pelo DOS (nomes de arquivo com 8.3 caracteres). Está disponível para a leitura apenas (bem, você poderá alterá-lo, mas não terá efeito no atalho, mude *Path* em seu lugar) uma vez que você aplicará Load em um arquivo de atalho.

ShowCmd (Exibir comando)

A condição da janela na qual o programa será executado (poderá ser Normal, Minimized (Minimizado) ou Maximized (Maximizado)). Corresponde ao campo "Run" (Executar) de uma caixa de diálogos Shortcut Properties. Os valores permitidos são:

Valor	Significado	Constante
1	Janela normal	SW_SHOWNORMAL
3	Maximizada	SW_SHOWMAXIMIZED
7	Minimizada	SW_SHOWMINNOACTIVE

WorkingDirectory (Diretório de trabalho)

O diretório no qual o programa de destino será executado. Corresponde ao campo "Start in" (Iniciar em) de uma caixa de diálogos Shortcut Properties.

Extensões do Win32

Além dos módulos listados acima, o Perl for Win32 poderá usar um conjunto adicional de funções a partir da extensão Win32. Essas funções fornecem ferramentas úteis para algumas tarefas específicas do Windows que não requerem seus próprios módulos. Elas são exportadas do pacote Win32 com:

```
use Win32;
```

Muitas dessas funções não têm argumentos e retornarão o valor (ou valores) das informações solicitadas, a menos que o contrário seja estabelecido.

`Win32::GetLastError( )`

    Retorna o último valor do erro gerado por uma chamada para uma função da API do Win32.

`Win32::OLELastError( )`

    Retorna o último valor do erro gerado por uma chamada para uma função da API do Win32 OLE.

`Win32::BuildNumber( )`

    Retorna o número de construção do Perl for Win32.

`Win32::LoginName( )`

    Retorna o nome do usuário do proprietário do processo Perl atual.

`Win32::NodeName( )`

    Retorna o nome do nó da rede Microsoft da máquina atual.

`Win32::DomainName( )`
    Retorna o nome do domínio da rede Microsoft ao qual o proprietário do processo Perl atual está conectado.

`Win32::FsType( )`
    Retorna uma string que nomeia o tipo do sistema de arquivos do drive ativo atualmente.

`Win32::GetCwd( )`
    Retorna o drive e diretório ativos atuais. Essa função não retorna um caminho UNC, uma vez que a funcionalidade requerida para tal recurso não está disponível no Windows 95.

`Win32::SetCwd(novo_dir)`
    Define o drive e diretório ativos atuais para o *novo_dir*. Essa função não trabalha com os caminhos UNC, uma vez que a funcionalidade requerida para tal recurso não está disponível no Windows 95.

`Win32::GetOSVersion( )`
    Retorna uma lista de elementos descrevendo a versão do sistema operacional. Os elementos na lista são: uma string descritiva arbitrária, o número da versão maior do sistema operacional, o número da versão menor, o número de construção e um dígito indicando o sistema operacional real, que será 0 para o Win32, 1 para o Windows 95 e 2 para o Windows NT. Por exemplo:

        use Win32;

        ($string, $major, $minor, $build, $id) = Win32::GetOSVersion( );

`Win32::FormatMessage(erro)`
    Converte o número do erro Win32 fornecido pelo *erro* em uma string descritiva. O número do erro poderá ser recuperado usando Win32::GetLastError ou Win32::OLELastError.

`Win32::Spawn(comando, args, $pid)`
    Gera um novo processo para o *comando* dado, transmitindo os argumentos em *args*. O ID do novo proceso será gravado na variável denominada por *pid*.

`Win32::LookupAccountName(sis, conta, $domínio, $id_s, $tipo)`
    Retorna o nome do domínio, o SID (ID do sistema) e o tipo de SID para as variáveis especificadas para a conta *conta* no sistema *sis*.

`Win32::LookupAccountSID(sis, id_s, $conta, $domínio, $tipo)`
    Retorna o nome da conta, o nome do domínio e o tipo de SID para as variáveis especificadas para o SID *id_s* no sistema *sis*.

`Win32::InitiateSystemShutdown(máquina, mensagem, intervalo, aplicar_fecha, reinic)`
    Finaliza a *máquina* especificada no intervalo *intervalo* especificado. A *mensagem* é transmitida publicamente a todos os usuários. Se *aplicar_fecha* for true, todos os documentos serão fechados (obrigatoriamente) sem perguntar ao usuário. Se *reinic* for true, a máquina será reiniciada.

`Win32::AbortSystemShutdown(máquina)`
    Aborta uma finalização na *máquina* especificada.

Win32::GetTickCount( )
: Retorna a contagem de tiques do Win32.

Win32::IsWinNT( )
: Retorna true (diferente de zero) se o subsistema Win32 for o Windows NT.

Win32::IsWin95( )
: Retorna true (diferente de zero) se o subsistema Win32 for o Windows 95.

Win32::ExpandEnvironmentStrings(string_amb)
: Retorna uma string na qual qualquer variável-ambiente na *string_amb* dada é substituída por seus valores.

Win32::GetShortPathName(nome_caminho_longo)
: Retorna o nome do caminho curto (8.3) do *nome_caminho_longo*.

Win32::GetNextAvailDrive( )
: Retorna uma string na forma "*d*:\", onde *d* é a primeira letra do drive disponível.

Win32::RegisterServer(nome_biblio)
: Carrega a DLL *nome_biblio* e chama a função DllRegisterServer.

Win32::UnregisterServer(nome_biblio)
: Carrega a DLL *nome_biblio* e chama a função DllUnregisterServer.

Win32::Sleep(tempo)
: Faz uma pausa no número de milissegundos especificado por *tempo*.

Automatização OLE

Os módulos Win32::OLE fornecem o suporte do Perl para a automatização OLE. A automatização OLE é uma tecnologia Microsoft baseada no COM que permite aos objetos criados por outra aplicação serem usados e manipulados por um programa através de uma interface comum.

A aplicação (ou DLL) que implementa a interface de automatização é chamada de *servidor de automatização*. A aplicação que cria e usa a interface é chamada de *controladora de automatização* ou *cliente de automatização*. Muitas aplicações populares exibem seus objetos através da automatização. O Microsoft Word, Excel e outras aplicações Office poderão ser usadas como servidores de automatização. A automatização é muito usada pelas Active Server Pages (ASP ou Paginas do servidor ativas) e pelos scripts CGI para acessar os repositórios de dados, talvez através dos ActiveX Data Objects (ADO ou Objetos de dados ActiveX). Você poderá ainda usar a automatização para controlar muitos ambientes de desenvolvimento e editores.

Para criar um objeto de automatização, o servidor precisará estar *registrado* no sistema. Isso geralmente é feito pelo programa de instação do servidor, mas poderá ser feito manualmente usando um utiltiário como o *regsvr32.exe*. Isso envolve adicionar entradas ao registro do sistema para informar ao COM como encontrar o componente, quais tipos de interfaces ele fornece, qual tipo de servidor ele é etc. Você deverá ser capaz de encontrar o modelo de objetos, os métodos disponíveis e as propriedades da interface na documentação fornecida pela aplicação. Esse modelo de objetos poderá ser usado através da sintaxe de objeto do Perl para criar e controlar os objetos em seus programas.

Quatro módulos fornecem a funcionalidade de automatização para o Perl:

Win32::OLE
> Fornece a interface principal para a automatização do OLE. Você poderá criar ou abrir os objetos de automatização, usar seus métodos e definir suas propriedades.

Win32::OLE:Enum
> Cria objetos para as coleções e define uma interface para enumerá-los.

Win32::OLE::Variant
> Permite que você converta o tipo de dados Variant (Variante) usado no OLE.

Win32::OLE::Const
> Importa as constantes de um objeto de automatização para seu script.

Existem alguns limites para o Win32::OLE a serem observados. Atualmente não há um suporte para os OCXs ou eventos OLE (as notificações geradas pelo servidor de automatização). O Win32::OLE implementa a interface IDispatch apenas e portanto não pode acessar uma interface OLE personalizada.

Como criar objetos

Os objetos de automatização são representados no Perl como instâncias dos objetos Win32::OLE. O módulo fornece três construtores para criar objetos a partir de um servidor de automatização registrado.

---

new

Win32::OLE->new(*id_prog***, [***destruidor***])**

> Cria um novo objeto de automatização. Esse método permite criar uma nova instância do servidor, mesmo que uma instância anterior do servidor esteja sendo executada. Se o objeto não puder ser criado, new retornará undef.
>
> O *id_prog*, o identificador do programa (ProgID), é uma string que identifica com exclusividade um objeto de automatização. O *id_prog* é usado para pesquisar o ID da classe do objeto (CLSID), que é armazenado no registro.
>
> O segundo parâmetro opcional para o método new descreve uma maneira de destruir o objeto no caso do programa Perl ser encerrado inesperadamente. O *destruidor* poderá ser uma string com o nome do método destruidor OLE definido ou uma referência do código que destruirá o objeto. Você deverá usar algum destruidor para fechar todos os seus objetos, pois eles podem ser extremamente caros em termos de recursos do sistema. Você poderá destruir explicitamente um objeto usando a função undef. Se você não destruir explicitamente um objeto, o Perl cuidará dele para você quando a última referência para o objeto terminar.
>
> É assim que fica o new com os argumentos do destruidor:
>
> ```
> # Quit is the OLE-defined destructor method
> (Quit é o método destruidor definido pelo OLE)
> $x1 = Win32::OLE->new("Excel.Application", 'Quit');
> ```

The object reference is the first argument ($_[0]) passed to new.
(A referência do objeto é o primeiro argumento ($_[0]) transmitido para new.)
The code reference will undef it to destroy the object.
(A referência do código aplicará undef nele para destruir o objeto.)
$x2 = Win32::OLE->("Excel.Application", sub{undef $_[0];})

Observe que estamos fornecendo Excel.Application como o ProgID. O Excel suporta vários objetos de automatização diferentes, inclusive um objeto Application, objetos WorkBook e vários outros. Você não terá necessariamente que criar o objeto de alto nível (Application, nesse caso) ao lidar com os objetos de automatização (isso é determinado pelo servidor de automatização). No caso do Excel, poderíamos ter criado diretamente um objeto WorkSheet (por exemplo, Excel.Sheet) ou um objeto Chart, por exemplo.

GetActiveObject
Win32::OLE->GetActiveObject(id_prog)

Cria um objeto para uma instância ativa atualmente de um servidor, se existir um. Se o servidor estiver registrado, mas nenhuma instância dele estiver sendo executada, o método retornará undef. Se o servidor não estiver registrado, o método aplicará a croak.

Provalmente você deverá chamar GetActiveObject dentro de uma eval para que possa fazer o tratamento de exceções no caso do servidor não estar registrado ou não estar sendo executado atualmente. Se o método retornar undef, você poderá simplesmente criar uma nova instância do servidor e do objeto com new.

GetObject
Win32::OLE->GetObject(nome_do_arquivo)

Cria um objeto de automatização baseado em um documento. O *nome_do_arquivo* é o nome do caminho completo do documento, que poderá ser seguido opcionalmente por subcomponentes de itens extras separados por pontos de exclamação (!). Por exemplo:

    $doc = 'c:estest.xls';
    $x1 = Win32::OLE->GetObject($doc);

Esse código criará uma instância Excel baseada em um arquivo Excel. Nem sempre está claro o tipo de objeto que o GetObject retornará de um documento, uma vez que as aplicações podem registrar mais de um tipo de documento (por exemplo, planilhas, gráficos, arquivos de macro etc. para o Excel). Você poderá usar o QueryObjectType em um objeto para obter o nome da classe do objeto.

Métodos e propriedades da automatização

Uma vez que você tenha criado um objeto de automatização, poderá usar seus métodos ou ajustar suas propriedades como desejar. Os métodos de automatização são implementados como você esperaria com a sintaxe de objeto Perl:

```
$obj->some_method(args);
```

Os métodos de automatização geralmente poderão ter vários parâmetros opcionais. Você poderá transmitir undef para qualquer parâmetro indesejado na lista de argumentos. Por exemplo, poderá gravar um WorkBook no Excel com SaveAs. As configurações extras permitirão que você adicione o WorkBook à lista MRU e crie uma cópia de backup:

```
$x1->WorkBooks(1)->SaveAs($f, undef, undef, undef, undef, 1, undef,
    undef, 1);
```

Para simplificar, você poderá também usar apenas os parâmetros nomeados que deseja definir transmitindo uma referência para um hash que os contém. Você poderá fazer isto diretamente na lista de argumentos criando uma referência do hash anônimo com { }. O exemplo anterior poderá portanto ser escrito assim:

```
$x1->WorkBooks(1)->SaveAs($f, {AddtoMru => 1, CreateBackup => 1});
```

As propriedades dos objetos de automatização são acessadas através da notação de referência do hash no objeto. Por exemplo:

```
$val = $obj->{"property"};    # get a property value (obtenha um valor
                              da propriedade)
$obj->{"property"} = $val;    # set a property value (defina um valor
                              da propriedade)
```

Saiba que as propriedades não podem ser gravadas (ou mesmo lidas). Muitos objetos de automatização têm propriedades de apenas leitura e irão gerar uma exceção se você tentar gravá-las. Você precisará consultar a documentação do objeto para descobrir quais propriedades poderá definir com segurança.

Você poderá enumerar as propriedades de um objeto de automatização usando os métodos normais para enumerar os hashes, que são keys e each. Eis como você poderá imprimir as propriedades e os valores contidos em um objeto:

```
$x1 = Win32::OLE->new('Excel.Application', 'Quit');
while( ($key,$value) = each %$x1 ) {
  print "$key=$value\n";
}
```

Métodos do Win32::OLE

O Win32::OLE define alguns de seus próprios métodos para lidar com a interface de automatização. Esses não são os métodos definidos pela automatização, embora pareçam iguais. Se um certo método não for definido no Win32::OLE, a chamada do método será enviada para o objeto de automatização. Se o método não existir lá, você obterá um erro OLE.

Os seguintes métodos são definidos pelo Win32::OLE:

Invoke

$obj->Invoke(método, args)

Esse método de objeto chama o *método* dado para o *$obj* com *args* como os argumentos. É útil para chamar os métodos que interfeririam com os nomes predefinidos no Perl ou os métodos que contêm caracteres que o Perl não pode reconhecer. Você poderá também usar o Invoke para chamar o método default de um objeto usando undef ou uma string vazia ("") como o primeiro argumento.

LastError

Win32::OLE->LastError( )

Esse método de classe retorna o último erro OLE. Em um contexto numérico, o número do erro será retornado, ao passo que em um contexto de string, a mensagem de erro será retornada.

QueryObjectType

Win32::OLE->QueryObjectType($obj)

Esse método de classe retorna o tipo de objeto consultado (*$obj*). No contexto de lista, uma lista com dois elementos do nome da bibilioteca, do tipo e do nome de classe do objeto será retornada. No contexto escalar, apenas o nome da classe será retornado.

Funções do Win32::OLE

As seguintes funções são definidas pelo Win32::OLE. Elas não são exportadas por default.

in

in($col)

Retorna uma lista de todos os membros de uma coleção referida pelo objeto de coleção *$col*. Igual a Win32::OLE::Enum->All( ).

valof

valof($obj)

Cancela a referência de um objeto de automatização (*$obj*), chama o método default do objeto e retorna o valor.

with

with(*$obj, propriedade1* => *valor1, ...*)

Define os valores de diversas propriedades em um objeto (*$obj*). A função chamará obj->{*propriedade*}=*valor* para cada par propriedade/valor.

Variáveis da classe Win32::OLE

O módulo Win32::OLE define certas variáveis da classe que definem o comportamento default para o uso da automatização.

$Win32::OLE::CP

> Determina a página de código usada por todas as conversões entre as strings Perl e as strings Unicode usada pela interface OLE. O valor default é CP_ACP, que é a página de código ANSI default. Poderá também ser definida para CP_OEMCP, que é a página de código OEM default. Ambas as constantes não são exportadas por default.

$Win32::OLE::LCID

> Controla o identificador local usado para todas as chamadas OLE. É definida para LOCALE_NEUTRAL por default. Verifique o módulo Win32 para obter outras informações relacionadas ao local.

$Win32::OLE::Warn

> Determina o comportamento do módulo Win32::OLE quando um erro ocorre. Os valores válidos são:
>
> 0 Ignora o erro, retorna undef
>
> 1 Usará Carp::carp se $^W for definido (opção -w).
>
> 2 Sempre usa Carp::carp.
>
> 3 Usa Carp::croak.

O número do erro e a mensagem (sem as informações da linha/módulo Carp) também estão disponíveis através do método Win32::OLE->LastError.

Win32::OLE::Enum

O módulo Win32::OLE::Enum fornece um suporte especial para as coleções. As coleções são tipos de dados de automatização especiais que contêm um array de objetos ou dados. Uma coleção suporta a enumeração — você poderá executar repetidamente cada item através de uma interface padrão.

Os objetos de coleção deverão sempre fornecer uma propriedade Count (o número de itens na coleção) e um método Item. O método Item é usado para acessar um determinado item da coleção usando um subscript que poderá ser um inteiro ou uma string, dependendo do servidor. Os objetos de coleção poderão também conter opcionalmente um método Add e um método Remove.

Os objetos da coleção também suportam uma interface COM padrão (IEnumVARIANT) que permite enumerar cada item em uma coleção. Define os métodos que permitem avançar a execução repetida para o próximo item, pular um certo item, reiniciar a enumeração e criar uma nova cópia do repetidor. Embora todos os servidores devam fornecer essa interface, alguns não implementam todos os métodos (geralmente Reset e Clone).

O Win32::OLE::Enum define esses métodos para enumerar as coleções. O objeto da coleção deverá fornecer os métodos Count e Item, que são em geral tudo o que você precisará usar nas coleções. Por exemplo:

```
$cnt = $coll->Count( );
if( $cnt) {
    $obj = $coll->Item(0);
    $obj->do_something( );
}
```

O Count informará quantos itens existem na coleção e Item retornará o item desejado como um objeto Win32::OLE.

Para os métodos de enumeração, você precisará criar um objeto de enumeração para o objeto da coleção:

```
$coll = $obj->some_coll( );
$enum = Win32::OLE::Enum->new($coll);
```

Agora você poderá usar os métodos de enumeração no objeto.

Métodos do Win32::OLE::Enum

Os seguintes métodos são definidos no Win32::OLE::Enum:

new

Win32::OLE::Enum->new($obj)

Cria um novo objeto Win32::OLE::Enum. Fornece um objeto da coleção ou um objeto Enum existente, neste caso chamará Clone.

All

$Enum->All( )

Retorna uma lista de todos os objetos na coleção. Note que para usar All novamente, você precisará primeiro chamar Reset.

Clone

*$Enum->***Clone( )**

Retorna uma cópia do repetidor atual. Esse método deverá manter a mesma posição de repetição, se possível, mas poderá não estar implementado.

Next

*$Enum->***Next**(*[contagem]*)

Retorna o próximo item na coleção. Você poderá opcionalmente fornecer Next com uma contagem (que terá que ser maior que zero), neste caso retornará uma lista dos próxmos itens da contagem. Observe que se você fornecer um contexto escalar em conjunto com uma contagem, obterá apenas o último item na lista de itens retornados. Next retornará undef se estiver atualmente no último item na coleção.

Reset

*$Enum->***Reset( )**

Reinicia a enumeração com o primeiro item na coleção. Reset retornará true se tiver sucesso, false se falhar. Note que esse método poderá não estar implementado.

Skip

*$Enum->***Skip**(*[contagem]*)

Pula o próximo *número* da contagem de itens da enumeração (novamente, a *contagem* terá que ser positiva e o default é 1). Skip retornará false se não houver pelo menos um número de itens da *contagem* deixado.

Win32::OLE::Variant

Todos os dados de automatização têm que ser convertidos em um tipo especial chamado Variant. Na maioria das vezes, você não precisará se preocupar com a conversão explícita do tipo. Apenas fornecerá seus dados escalares e a mágica da automatização cuidará do resto. Porém, existem casos em que você deseja controlar o tipo exato de dados que está enviando para o servidor de automatização. O módulo Win32::OLE::Variant fornece o acesso para o tipo de dados Variant e permite que você controle exatamente como os dados são representados.

Um Variant é uma estrutura de dados OLE que contém um campo do tipo e um campo de dados. As marcas são implementadas no Perl (como muitas constantes) como sub-rotinas que retornam um valor inteiro. A tabela abaixo mostra as listas de marcas do tipo Variant, com uma pequena descrição de cada.

Tipo	Descrição
VT_EMPTY	Nenhum valor especificado. Conseqüentemente, a automatização não usa o VT_EMPTY para os parâmetros opcionais vazios. Ao contrário, usa o VT_ERROR com um valor DISP_E_PARAM-NOTFOUND (que não é exportado pelo Perl: o valor nos cabeçalhos SDK atuais do Win32 é 0x80020004).
VT_NULL	Um valor NULL de propagação foi especificado (não para ser confundido com um ponteiro nulo). É usado para coisas como NULL na SQL.
VT_I2	Um valor inteiro com 2 bytes.
VT_I4	Um valor inteiro com 4 bytes.
VT_R4	Um valor real IEEE com 4 bytes.
VT_R8	Um valor real IEEE com 8 bytes.
VT_CY	Um valor de moeda da automatização.
VT_DATE	Um valor de data da automatização.
VT_BSTR	Um valor de string.
VT_DISPATCH	O valor contém outro objeto de automatização.
VT_ERROR	Um código de erro foi especificado. O tipo do erro é determinado pelo valor real. Como mencionado anteriormente, é usado para implementar os parâmetros opcionais vazios.
VT_BOOL	Um valor booleano (true/false). Se todos os bits forem 1, será true, se todos os bits forem 0, será false. Qualquer outro valor será inválido.
VT_VARIANT	O valor contém outro Variant.
VT_UNKNOWN	O valor contém um ponteiro IUnknown (a classe de base dos objetos COM).
VT_UI1	Um caractere com 1 byte não sinalizado.
VT_BYREF	Pode ser combinado com alguns campos para indicar que os dados estão sendo transmitidos pela referência, ao invés do valor.
VT_ARRAY	O valor contém um OLE SAFEARRAY (essa marca não é exportada atualmente pelo Perl).

Para converter os dados em um tipo de variante específico, você criará um objeto variante com o método do construtor new ou com a função Variant conveniente:

```
$vnt = Win32::OLE::Variant->new(type, data);
$vnt = Variant(type, data);
```

Por exemplo, para fazer com que uma string seja interpretada como uma data, crie um objeto variante e defina-o para o tipo VT_DATE:

```
$dt = Variant(VT_DATE, "August 24, 1970");   # create an explicit data type
                                  (crie um tipo de dados explícito)
$sheet->Cells(1,1)->{Value} = $dt;      # set it to a spreadsheet cell
                                  (defina-o para uma célula da planilha)
```

Métodos do Win32::OLE::Variant

Os seguintes métodos são definidos pelo Win32::OLE::Variant para trabalhar com os tipos de dados Variant:

As

*$vnt->***As***(tipo)*

Obtém um argumento de marca *tipo* e converte o objeto Variant no tipo fornecido antes de convertê-lo em um valor Perl.

ChangeType

*$vnt->***ChangeType**(*tipo*)

Obtém um argumento de marca *tipo* e converte o objeto Variant (no lugar) no tipo fornecido.

Type

*$vnt->***Type**( )

Retorna o tipo de variante *$vnt*.

Value

*$vnt->***Value**( )

Retorna o valor da variante *$vnt* como um valor Perl. A conversão é executada da mesma maneira como todos os valores de retorno das chamada do método Win32::OLE são convertidos.

Win32::OLE::Const

Ao percorrer a documentação para obter um objeto de automatização, você poderá encontrar referências para os valores de constantes. Por exemplo, se você estiver tentando gravar um Workbook Excel em um formato de arquivo diferente, precisará fornecer uma constante de formato de arquivo. Como a documentação do servidor geralmente fornece constantes simbólicas (por exemplo, xlExcel5 ou xlTemplate), precisaremos de uma maneira de acessá-las a partir do Perl. Essa é a finalidade do Win32::OLE::Const, que importa as constantes de um objeto de automatização para seu script.

Você poderá importar as constantes diretamente para seu espaço do nome como subs que retornam o valor da constante ou poderá fazer com que sejam retornadas como uma referência do hash com o nome da constante como a chave e seu valor como o valor. Eis um exemplo do primeiro tipo:

```
use Win32::OLE::Const ("Microsoft Excel");
print "xlExcel5 = ", xlExcel5, "0;
```

que produzirá algo como:

```
xlExcel5 = 39
```

Este é um exemplo que usa o método Load para retornar uma referência de hash preenchida com as constantes e seus valores (isso produzirá a mesma saída do exemplo anterior, naturalmente):

```
use Win32::OLE::Const;

my $constants = Win32::OLE::Const->Load("Microsoft Excel");
print "xlExcel5 = $constants->{xlExcel5}0;
```

Observe que, em ambos os casos, estamos fornecendo uma expressão constante para o nome da biblioteca de tipos a partir da qual desejamos importar. O Win32::OLE::Const pesquisará o registro para obter as bibliotecas de tipo coincidentes e carregará aquela com o número da versão mais alto (você poderá anular isso fornecendo a versão desejada). Você poderá também especificar a linguagem que quiser. Os parâmetros (para Load ou Win32::OLE::Const) são a expressão constante da biblioteca do tipo, o número maior da versão, o número menor da versão e o local (LCID).

Você poderá também fornecer o método Load com um objeto de automatização, que será então consultado para obter sua biblioteca de tipos. O interessante é que a documentação mostra que isso parece ser mais lento do que pesquisar o Registry (entretanto nenhum é realmente rápido com um servidor de automatização grande como o Excel). Eis um exemplo:

```
use Win32::OLE;
use Win32::OLE::Const;

# create an Excel application object (crie um objeto da aplicação Excel)
my $xl = Win32::OLE->new('Excel.Application', 'Quit') ||
    die "Can't create Excel; ", Win32::OLE->LastError;

# import the constants from it (importe as constantes dele)
my $constants = Win32::OLE::Const->Load($xl);
```

Usar Load (para obter uma referência do hash para as constantes) poderá ser preferível a importar todas as constantes para seu espaço do nome. Alguns servidores de automatização fornecem um grande número de constantes (a versão atual do Excel tem umas 900+), portanto importá-las para seu espaço do nome poderá complicar consideravelmente as coisas.

Capítulo 20

PerlScript

O PerlScript é um motor de scripts ActiveX que permite incorporar o Perl em qualquer host de script ActiveX. O PerlScript poderá ser usado no lado do cliente (Internet Explorer 4.0) ou nas Active Server Pages (ASP ou Páginas do servidor ativas) geradas pelos servidores Web como IIS ou WebSite Pro. Para usar o PerlScript com essas aplicações, você terá que ter o ActivePerl da Active State com o PerlScript instalado na máquina local (ou poderá usar uma instalação baseada em rede).

Como uma instalação Perl e PerlScript local é requerida, não será prático distribuir aplicações que usam o PerlScript no lado do cliente na Internet. Contudo, nas situações em que você tem controle sobre as configurações da área de trabalho, como em um ambiente Intranet, o PerlScript no lado do cliente oferecerá enormes oportunidades para o desenvolvimento de aplicações baseadas no paginador.

O PerlScript no lado do servidor não tem esse limite. Para usar o PerlScript em seu servidor Web, você não precisará se preocupar com o modo como a área de trabalho do usuário final está configurada. Contanto que você esteja executando um servidor Web que possa usar a ASP, poderá usar o PerlScript em seu servidor Web.

Com a distribuição gratuita do código-fonte do Netscape Navigator, a disponibilidade do PerlScript é provavelmente muito aumentada. É uma área de desenvolvimento que você deverá acompanhar se gostar da idéia de estender a capacidade do Perl para a autoria da Web.

O PerlScript é implementado nas páginas HTML ou nas páginas ASP através do Document Object Model (Modelo de objetos do documento) usado pelo motor de scripts ActiveX. Os scripts são de fato iguais a qualquer outro script Perl. Eles usam os recursos baseados em objetos do Perl em uma hierarquia de objetos definida pelo motor de scripts. O modelo de objetos é diferente para os clientes e servidores, mas o mesmo esquema é usado em toda parte: os objetos de alto nível com os subobjetos, cada um contendo suas próprias propriedades e métodos.

As propriedades dos objetos, como o nome de um quadro e a cor de fundo de uma janela, estão disponíveis como elementos do hash a partir de um objeto referido. Por exemplo:

```
$object->subobject{ 'property' } = "value";
$val = $object->subobject->{ 'property' };
```

Assim, as propriedades poderão ser definidas ou recuperadas.

Os objetos têm também um conjunto predefinido de métodos disponíveis. Os métodos definem ações como escrever um documento ou executar ações em um clique do mouse. Os métodos são acessíveis de maneira normal:

```
$object->method(args);
```

Este capítulo fornece informações sobre as partes do modelo de objetos que você usará com mais freqüência. Uma referência completa para os modelos de objetos para os clientes de script ASP e ActiveX está além do propósito deste livro. Para obter informações detalhadas, consulte a documentação de seu servidor ou o site Web Microsoft, que tem informações completas sobre o cliente e o servidor.

PerlScript no lado do cliente

Todo código PerlScript tem que estar contido em um elemento <SCRIPT LANGUAGE= "PerlScript"></SCRIPT>. Você poderá incluir qualquer quantidade desses elementos em seu programa, portanto é possível entremear o Perl e a HTML livremente. Por exemplo:

```
<HTML>
<HEAD>
<TITLE>Hello, World</TITLE>
</HEAD>
<BODY>

<H1> Hello, from the Old Edition!</H1>

<SCRIPT LANGUAGE="PerlScript">

    my @one_hit = ( 'Bel', 'Biv', 'DeVoe');

    foreach (@one_hit) {
        $window->document->write(qq[$_says "Hello"!<BR>]);
    }
```

```
    $window->document->write(qq[<P><I>"That girl is Poison!"</
I></P>]);

</SCRIPT>

</BODY>
</HTML>
```

O método write é usado no objeto de documento para "escrever" a HTML e o texto no documento exibido na janela.

O objeto de alto nível é a janela. Esse é o objeto default que contém o script. (Mesmo que o script esteja contido no arquivo HTML, o objeto de script estará um nível abaixo da janela, exatamente como o objeto de documento.)

Toda janela contém os seguintes objetos:

Frame (Quadro)
> Esse objeto contém um array de quadros na janela. Cada objeto de quadro é acessível através do índice, por exemplo, $window->frame[2] é o terceiro objeto de quadro. Cada objeto de quadro é um container que age como seu próprio objeto de janela.

History (Histórico)
> Esse objeto armazena o histórico de paginadores — todos os sites que um cliente esteve em sua sessão atual.

Navigator (Navegador)
> Esse objeto contém informações sobre a aplicação-cliente, como o cabeçalho User-Agent fornecido.

Location (Local)
> Esse objeto contém informações sobre o URL atual da janela.

Script
> Esse objeto contém qualquer elemento de script no escopo da janela atual.

Document (Documento)
> Esse objeto contém todo o conteúdo exibido em uma janela: a HTML, o texto, os formulários, os objetos etc.

O objeto mais importante nessa hierarquia é o objeto de documento. A seguinte seção explicará os objetos que ele contém, suas propriedades e seus métodos.

O objeto de documento

O objeto de documento representa o que é exibido na janela do cliente. No exemplo acima, mostramos que o método write informa ao cliente para exibir a HTML e o texto dado. O objeto de documento contém vários métodos e propriedades que poderão ser manipulados em um script. Também é um container para outros objetos que mantêm informações sobre o documento:

Anchor (Âncora)
Um array de âncoras (as marcas <a name="*string*"> </a>) no documento.

Form (Formulário)
Um array de formulários contidos no documento.

Link (Ligação)
Um array de hiperligações (<a href="*url*"> </a>) no documento.

Os objetos de âncora e ligação fornecem arrays. Cada elemento no array é uma string com o nome da âncora ou o local da hiperligação. Os elementos no array de ligação são de apenas leitura. Os nomes da âncora poderão ser manipulados pelo script.

O objeto de formulário fornece acesso aos elementos dos formulários em seu documento. Cada formulário é um elemento indexado do array de objetos de formulário e poderá ser acessado assim:

```
$obj = $window->document->form[1];
```

Esse seria o segundo formulário. Nesse objeto de formulário estão os objetos que representam os vários parâmetros do formulário e das marcas de entrada. Eles são acessíveis através dos nomes dos atributos usados nas marcas HTML.

Métodos do documento

Os seguintes métodos poderão ser usados no objeto de documento. Eles são acessados usando a sintaxe comum de métodos do objeto: $obj->method(args).

write (*string*)
   Coloca a *string* dada no documento na posição atual. A string poderá conter as marcas HTML e o texto que será interpretado pelo paginador ou outro cliente capaz de executar a HTML.

writeLn (*string*)
   Igual ao método write, exceto que coloca uma nova linha depois da *string* dada.

open
   Abre um objeto de documento para a gravação. O documento atual já está aberto para a gravação. Esse método poderá ser usado em outro objeto de documento a partir de outro quadro ou janela para enviar a saída. Depois de open ser chamado, a saída para um documento não será exibida imediatamente; será exibida apenas depois de uma chamada close ser usada no documento.

close
   Fecha um documento e grava toda a saída nele.

```
clear
```
    Limpa um fluxo de saída em um documento.

Propriedades do documento

O objeto de documento contém um conjunto de propriedades descritas abaixo. As propriedades poderão ser definidas ou recuperadas e serão acessadas como as variáveis de hash no objeto de documento. Elas são acessíveis através da seguinte sintaxe:

```
$val = $window->document->{propriedade};
```

```
linkColor
```
    A cor das hiperligações no documento, fornecida por um valor de cor RGB.

```
vLinkColor
```
    A cor das hiperligações visitadas no documento, fornecida por um valor de cor RGB.

```
bgColor
```
    A cor do segundo plano de um documento, fornecida por um valor de cor RGB.

```
fgColor
```
    A cor do primeiro plano de um documento, fornecida por um valor de cor RGB.

```
location
```
    O URL do documento atual.

```
lastModified
```
    O timbre de hora da última modificação do documento.

```
title
```
    O título do documento como fornecido pela marca <TITLE>.

```
cookie
```
    O valor de string do atrativo do documento, se houver um.

PerlScript no lado do servidor

O PerlScript no lado do servidor é um método muito mais viável de incorporar o Perl em suas aplicações Web. Você poderá usar o PerlScript como a linguagem de script para as Active Server Pages (ASP), que são usadas por aplicações como IIS da Microsoft e o WebSite Pro da O'Reilly. Veja a documentação desses produtos para configurar devidamente a ASP em seu servidor. O ActivePerl com o PerlScript terá que ser instalado na máquina do servidor para serem usados com a ASP.

As Active Server Pages usam o PerlScript nas páginas de modo muito parecido com o script no lado do cliente exceto que o modelo de objetos é diferente e o mais importante, o script é executado no servidor. Quando uma Active Server Page é solicitada, o arquivo *.asp* é processado, os scripts são executados e uma página HTML é produzida e entregue ao cliente.

Cada script está contido nas marcas <SCRIPT>. O PerlScript terá que ser declarado como a linguagem de script default para cada arquivo com:

```
<SCRIPT LANGAGE="PerlScript" RUNAT=Server>
```

O atributo RUNAT sinaliza que o script será executado no servidor e não no cliente. As linhas do script seguem e o script é fechado com uma marca </SCRIPT> final.

Uma sintaxe alternativa para as marcas <SCRIPT> são os delimitadores <% %>. Eles não são marcas HTML, mas indicam que o que quer que aconteça entre eles será executado. Existem também construções especiais usadas com esses delimitadores. Como eles podem ser entremeados com a HTML em todo o arquivo, a linguagem default terá que ser declarada no início do arquivo com a marca <%@ %>:

```
<%@ PerlScript%>
```

Essa sintaxe do delimitador substitui completamente a marca <SCRIPT> de declaração mostrada acima, mas terá que ser colocada no início de qualquer arquivo usando a sintaxe <% %> para o script. Além dessa marca, você poderá usar a marca <%= %> em todo o seu arquivo para atribuir automaticamente um valor à saída de seu arquivo (por exemplo, uma função $Response->write). Este é um exemplo:

```
<%@ PerlScript>
<HTML>
<HEAD></HEAD>
<BODY>
<H1>Say Hello, Boys!</H1>

<$ my @onehit = ("Bel", "Biv", "DeVoe"); %>

<P>
<%= $onehit[0] %> says "Hello."
<BR>
<%= $onehit[1] %> says "Hello."
<BR>
<%= $onehit[2] %> says "Hello."

</P>
</BODY>
</HTML>
```

O valor de retorno de qualquer código em <%= %> será colocado na saída HTML retornada para o cliente. Essa sintaxe facilita muito entremear a saída dos comandos com a HTML em todo o arquivo ASP.

O modelo de objetos de script para a ASP contém os seguintes objetos de alto nível:

Application (Aplicação)
> Os objetos Application poderão ser criados para compartilhar os dados entre diversos usuários dos grupos definidos de arquivos .asp em um diretório virtual no servidor.

Request (Solicitação)
> O objeto Request encapsula todas as informações sobre o paginador e qualquer dado fornecido em sua solicitação, como os dados POST de um formulário. É equivalente às informações contidas em uma solicitação HTTP.

Response (Resposta)
> O objeto Response representa as informações e os dados enviados para um cliente depois de uma solicitação. É equivalente a uma resposta do servidor HTTP.

Server (Servidor)
> O objeto Server contém certos parâmetros de controle para o servidor e fornece métodos para criar conexões com outras aplicações.

Session (Sessão)
> O objeto Session usa atrativos para armazenar informações sobre o estado de um usuário em diversas páginas acessadas durante uma sessão.

Os objetos Request e Response fornecem uma interface ASP para o protocolo HTTP usado nas transações Web. Os outros objetos encapsulam os recursos especiais do servidor e as conexões com aplicações externas.

O objeto Request

O objeto Request contém todas as informações enviadas para o servidor na solicitação do cliente. Esse objeto tem apenas uma propriedade, TotalBytes, que é de apenas leitura e fornece o número de bytes enviados no corpo de uma solicitação do cliente. O método BinaryRead do objeto Request recupera a solicitação do cliente como dados binários brutos.

As informações contidas em uma solicitação são armazenadas em vários objetos da coleção. As coleções contém objetos que representam as partes importantes de uma solicitação, por exemplo, os dados do formulário ou atrativos. Existem cinco coleções no objeto Request:

ClientCertificate
> Contém informações de um certificado do cliente enviado na solicitação.

Cookies
> Contém os dados de qualquer atrativo enviado na solicitação.

Form
> Contém os dados POST dos formulários.

QueryString
> Contém os dados do formulário transmitidos na string de consulta do URL.

ServerVariables
> Contém os valores das variáveis-ambientes e os valores do cabeçalho na solicitação.

Para acessar os objetos na coleção, o nome de um objeto será dado como o argumento para o objeto Collection. Por exemplo, para acessar uma variável do formulário chamada "birthday" a partir da coleção Form, você usaria:

```
$object = $Request->Form("birthday");
```

Isso retornará um objeto para a variável do formulário "birthday". Para obter o valor, você usará o método Item no objeto:

```
$data = $Request->Form("birthday")->Item;
```

Isso retornará o valor atribuído a "birthday" na solicitação. Como os objetos da coleção ASP são coleções OLE, a funcionalidade dos módulos Win32::OLE poderá ser empregada. Veja o Capítulo 19, *Módulos e extensões Win32*, para obter mais informações sobre as coleções OLE.

A coleção QueryString contém os dados do formulário fornecidos pelo método GET e transmitidos no final do URL solicitado. Os valores são recuperados a partir do objeto QueryString do mesmo modo que são recuperados a partir do objeto de formulário, por exemplo:

```
$data = $Request->QueryString("birthday")->Item;
```

Os atrativos enviados em uma solicitação do cliente são armazenados da mesma maneira. O nome da variável do atrativo recupera o objeto de atrativo na coleção e **Item** recupera o valor:

```
$data = $Request->Cookie("birthday")->Item;
```

A coleção ServerVariables armazena as variáveis-ambientes importantes para a transação e os cabeçalhos HTTP enviados na solicitação. Os objetos do cabeçalho são acessíveis usando a sintaxe: HTTP_*Nome_Cabeçalho*. Os sublinhados contidos em *Nome_Cabeçalho* são interpretados como travessões.

O objeto Response

O objeto Response contém as informações produzidas para o cliente. O método Write é basicamente usado para escrever a saída do código para o cliente, mas o objeto Response também é usado para criar e enviar atrativos para o cliente, assim como manipular os cabeçalhos, atualizar os registros do servidor e definir os parâmetros de controle para o documento.

Como definir os atrativos

O objeto Response contém uma coleção para definir os atrativos com o cliente. A coleção Cookies permite criar atrativos e definir as informações que são entregues para o cliente no cabeçalho Set-Cookie da resposta HTTP.

No arquivo ASP, você poderá verificar um atrativo retornado na solicitação e se não houver nenhum, poderá definir um novo atrativo:

```
<%
if ( defined($Request->Cookie("user") )
    { $userid = $Request->Cookie("user")->Item; }
else
    { $Response->Cookie("user") = 123; };
%>
```

Isso irá verificar para saber se um atrativo denominado user foi enviado na solicitação. Se não foi, um novo atrativo será enviado na resposta e definido na máquina do cliente.

A coleção de atrativos Response usa várias propriedades para definir os atributos padrões usados com os atrativos. Por exemplo, para definir o término de um atrativo, você usaria o atributo Expires:

`$Response->Cookie("user")->{Expires}="Tuesday, 31-Dec-99 00:00:00 GMT";`

O cliente não retornará mais um atrativo depois de sua data de término.

As seguintes propriedades são usadas para definir os atributos em um atrativo de resposta:

Domain (Domínio)
  Se especificado, o atrativo será enviado em qualquer solicitação para esse domínio. O valor terá que conter pelo menos dois pontos, por exemplo, .oreilly.com. Esse valor cobrirá www.oreilly.com e software.oreilly.com.

Expires (Termina)
  Define a data de término do atrativo.

Path (Caminho)
  Define a faixa do URL para a qual o atrativo é válido. Se o valor for definido para /pub, por exemplo, o atrativo será retornado para os URLs em /pub assim como os subcaminhos como /pub/docs e /pub/images. Um valor do caminho "/" indica que o atrativo será usado para todos os URLs no site de origem. Se nenhum valor do caminho for definido, o atrativo será retornado apenas para o URL de origem.

Secure (Seguro)
  Se definido para true, esse atributo instruirá o cliente para retornar o atrativo apenas em uma conexão segura (através de SHTTP ou SSL).

Propriedades do Response

As seguintes propriedades poderão ser definidas no objeto Response. A sintaxe da propriedade é a seguinte:

`$Response->{propriedade} = valor;`

Buffer
  Se definida para false, a saída será enviada para o cliente imediatamente como se fosse processada pelo script. Se definida para true, a saída será armazenada em buffer e enviada apenas quando toda a página tiver sido processada ou nas chamadas para os métodos Flush ou End.

CacheControl (Controle do cache)
: Se definida para Private, a saída dessa página ASP não será armazenada em cache por um servidor substituto. Se definida para Public, a saída poderá ser armazenada em cache por um servidor substituto.

Charset (Conjunto de caracteres)
: Anexa um certo nome do conjunto de caracteres ao cabeçalho Content-Type.

ContentType (Tipo de conteúdo)
: Especifica o tipo de conteúdo HTTP da resposta, por exemplo, text/html.

Expires (Termina)
: Especifica o tempo em minutos antes de uma página armazenada em cache pelo cliente terminar. Depois dessa hora, a página será solicitada novamente. Uma definição 0 fará com que a página termine imediatamente.

ExpiresAbsolute (Término absoluto)
: Especifica a data e a hora na qual uma página armazenada em cache pelo cliente terminará. A data e a hora são fornecidas em um formato como "Junho 18, 1999 00:00:00", onde a hora é GMT.

IsClientConnect (Cliente está conectado)
: Retornará true se o cliente ainda estiver conectado ao servidor (possivelmente aguardando uma solicitação); false, do contrário.

Pics
: Adiciona um cabeçalho PICS-label à resposta com a string formatada PICS fornecida.

Status
: Define o código de status e a string de explicação em uma resposta do servidor, por exemplo, "403 Forbidden" (403 Proibido).

Métodos do Response

Os seguintes métodos poderão ser usados no objeto Response.

AddHeader (cabeçalho, valor)
: Adiciona o *cabeçalho* HTTP com o *valor* atribuído ao cabeçalho da resposta HTTP. O cabeçalho especificado simplesmente será acrescentado à resposta; não substituirá um cabeçalho existente. Esse método terá que ser usado no arquivo ASP antes que qualquer conteúdo da página seja produzido. Para as páginas armazenadas em buffer, poderá ser usado em qualquer lugar antes da primeira chamada Flush.

AppendToLog (string)
: Anexa a *string* à conexão do servidor (se a conexão estendida estiver devidamente configurada). A *string* poderá ter um máximo de 80 caracteres e não deverá conter vírgulas.

BinaryWrite (dados)
: Escreve os *dados* binários fornecidos na saída HTTP sem nenhuma conversão.

`Clear ( )`
   Limpa qualquer conteúdo da resposta do buffer de saída. Esse método não limpará as informações do cabeçalho e causará um erro de execução se $Response->Buffer não tiver sido definido para true.

`End ( )`
   Pára todo o processamento do arquivo ASP e produz qualquer conteúdo armazenado em buffer.

`Flush ( )`
   Se o buffer tiver sido ativado com $Response->Buffer, essa chamada limpará o buffer e produzirá seu conteúdo.

`Redirect (url)`
   Instrui o cliente para conectar o *url* especificado.

`Write (dados)`
   Escreve os *dados* no fluxo de saída HTML.

Índice

Números

-0, opção (perl), 37-38
\007, seqüência (valor octal), 78

Símbolos

@_, array, 83
& (símbolo)
    operador de AND bitwise, 73
    chamar sub-rotinas, 83
    em URLs codificados, 359-360
    símbolo do protótipo, 84
    &&, operador (AND lógico), 73
    &&=, operador (atribuição), 71
    &=, operador (atribuição), 71
<> (sinal de maior que menor que), 90
    operador maior que, 59
        <, comando do depurador Perl, 170
        <<, comando do depurador Perl, 170
        <<=, operador (atribuição), 71
        <=, operador (menor ou igual a), 70
        <=>, operador (comparação), 70
        >, comando do depurador Perl, 170
        <...>, operador de entrada de linha, 88
        >> para abrir arquivo para anexação, 88
        >>, comando do depurador Perl, 170
        >>=, operador (atribuição), 71
        >=, operador (maior ou igual a), 70
* (asterisco)
    metacaractere, 76-77
    operador de multiplicação, 70
    símbolo do protótipo (tipo global), 84
    **, operador (exponenciação), 70
    **=, operador (atribuição), 71
    *=, operador (atribuição), 71
    *?, quantificador de expressão constante, 80
@ (símbolo)
    cancelar referência com, 87
    recipientes de campo do formato, 89
    símbolo do protótipo (lista), 84
    indicar arrays, 54
\ (barra invertida)
    criar referências, 85
    metacaractere, 76-77
    nas declarações do protótipo, 85
    operador de criação de referência, 69
! (ênfase)
    CPAN.pm, comando eval, 22-23
    operador de negação lógica, 69
    entradas .newsrc, 478-479
    comando do depurador Perl, 170

!!, comando do depurador Perl, 171
!=, operador (diferente de), 70
!~, operador (coincidência de padrão), 71
{ } (chaves)
    delimitar blocos de instrução, 56
    metacaractere, 76-77
    quantificadores de expressão constante, 80
    {, comando do depurador Perl, 170
    {{, comando do depurador Perl, 170
[ ] (colchetes)
    metacaractere, 76-78
    comando do depurador Perl, 172
^ (circunflexo)
    na construção [...], 79
    recipiente de campo preenchido, 90
    recipiente do gerenciador de geometria grid, 552
    metacaractere, 76-77
    âncora de expressão constante, 79
    XOR, operador de bitwise, 73
    ^=, operador (atribuição), 71
: (dois pontos)
    entradas .newsrc, 478-479
    :: nos nomes do pacote, 180
, (vírgula)
    legibilidade do número sem, 51
    operador, 73
$ (cifrão)
    cancelar referência com, 87
    metacaractere, 76-77
    símbolo do protótipo (escalar), 84
    âncora de expressão constante, 79
    indicar variáveis escalares, 54
$, variáveis
    $0, variável, 63
    $1, $2, $3, 66, 81
    $&, variável, 67
    $<, variável, 62
    $>, variável, 62
    $', variável, 67
    $@, variável, 62
    $\, variável, 61
    $', variável, 66
    $!, variável, 62
    $[, variável, 63
    $], variável, 63
    $^, variável, 67
    $^A, variável, 61
    $^D, variável, 63
    $^E, variável, 63
    $^F, variável, 63
    $^H, variável, 63

$^I, variável, 63
$^L, variável, 61
$^M, variável, 64
$^O, variável, 64
$^P, variável, 64
$:, variável, 61
$,, variável, 61
$$, variável, 62
$., variável, 60
$=, variável, 67
$#, variável, 61
$-, variável, 67
$(, variável, 62
$), variável, 63
$%, variável, 67
$+, variável, 66
$?, variável, 62
$";, variável, 62
$;, variável, 61
$/, variável, 60
$~, variável, 67
$_, variável ($ARG), 61
$ l, variável, 67
$^T, variável, 64
$^W, variável, 64
$^X, variável, 64
. (ponto)
    operador de concatenação, 74
    metacaractere, 76-77
    comando do depurador Perl, 170
    .., operador (faixa), 73
    ..., operador (faixa), 73
    .=, operador (atribuição), 71
= (sinal de igual)
    operador de atribuição, 53, 71
    para documentação incorporada (pod), 50
    nos pares nome/valor do hash, 54
    para comandos pod, 91
    = =, operador (igual a), 70
    =>, operador para definir pares chave/valor, 54, 77
    =~, operador (coincidência de padrão), 71
(marca do hash)
    para comentários, 50
    recipiente de campo do formato, 89-90
    #!, linha (cerquilha e exclamação), 37
- (hífen)
    na construção [...], 77
    operador de negação aritmética, 69
    recipiente do gerenciador de geometria grid, 551
    comando do depurador Perl, 170

->, operador (seta), 69, 183
    cancelar referência com, 87
-=, operador (atribuição), 71
—, operador (diminuição automática), 71
—, opção (perl), 37
<% %>, delimitadores, 674
( ) (parêntesis)
    em torno dos argumentos da função, 100
    metacaractere, 78
    prioridade do operador e, 68
    (?...), sintaxe estendida da expressão constante, 81
% (sinal de porcentagem)
    cancelar referência com, 87
    operador de módulo, 70
    símbolo do protótipo (hash), 84
    indicar tipo de variável, 54
    %=, operador (atribuição), 71
+ (mais)
    metacaractere, 76-77
    operador unário, 69
    +=, operador (atribuição), 71
    ++, operador (aumento automático), 71
    +?, quantificador de expressão constante, 80
? (ponto de interrogação)
    metacaractere, 76-77
    ?:, operador (condicional), 74
    ??, quantificador de expressão constante, 80
    ?...?, operador de coincidência de padrão, 75
    ?...?, comando do depurador Perl, 169
; (ponto-e-vírgula)
    terminar instruções Perl, 50
    nas declarações do protótipo, 85
/ (barra)
    operador de divisão, 70
    codificar nos URLs, 359-360
    /=, operador (atribuição), 71
    /.../, operador de coincidência de padrão, 75
    /.../, comando do depurador Perl, 170
~ (til)
    operador de negação de bitwise, 69
    omitir espaço em branco da saída, 91
    ~~ para imprimir strings nos campos, 91
_ (sublinhado)
    handle de arquivo, 65
    melhorar legibilidade do número, 51
| (barra vertical)
    recipientes de campo do formato, 89-90
    metacaractere, 77-78
    OR, operador de bitwise, 73
    comando do depurador Perl, 170
    |=, operador (atribuição), 71

||, comando do depurador Perl, 171
||, operador (OR lógico), 73
||=, operador (atribuição), 71

A

a, comando (CPAN.pm), 24
A, comando (depurador Perl), 162
a, comando (depurador Perl), 162
-a, opção (dprofpp), 174
-a, opção (perl), 38
-a, opção (perlbug), 175
-A, operador de teste de arquivo, 71-72
-accelerator, opção (Menubutton), 590
access.conf, arquivo, 394-395
account, entradas (.netrc), 497
activate
    dispositivo Scrollbar, 564-565
Active Server Pages (ASP), 669, 673-674
active, índice
    dispositivo Listbox, 566-567
    dispositivo Menu, 592
-activebackground, opção (dispositivos), 554
-activeborderwidth, opção (Menu), 592
-activeforeground, opção (dispositivos), 555
ActivePerl, distribuição (veja ActiveState Perl)
-activerelief, opção (Scrollbar), 565
ActiveState Perl, 15
    instalar documentação, 29
    instalar módulos com, 21
administrar servidores da rede, 635-639
-after, opção (gerenciador de geometria pack), 549
alto nível, dispositivo (Perl/Tk), 541
analisar argumentos para sub-rotinas, 83
analisar endereços de e-mail, 457-460
analisar opções da linha de comandos, 37
analisar referências para sub-rotinas, 83
anchor, índice
    dispositivo Entry, 563
    dispositivo Listbox, 566-567
anchor, objeto (PerlScript), 672
-anchor, opção
    gerenciador de geometria pack, 549
    gerenciador de geometria place, 554
dispositivos, 554-555
âncoras nas expressões constantes, 79
AND (&&), operador lógico, 73
AND (&), operador de bitwise, 73
Apache, mod_perl com servidor, 391-397
Apache, módulos, 397-400
    módulo Apache::DumpHeaders, 393
    módulo Apache::Include, 396
    módulo Apache::Registry, 395

Application, objeto (PerlScript), 675
argumentos (veja opções da linha de comandos)
argumentos, transmitir a sub-rotinas, 82
ARGV, handle de arquivo, 65, 88
-argv, opção (perlcc), 45
arquivos, funções para, 100-101
arrays, 50, 54
    funções para processar, 100-101
    especiais (predefinidos), 64
article, comando (NNTP), 469
artigos, news (veja Usenet news)
ASP (Active Server Pages), 669, 673
atalho, arquivos, 651-655
atrativos, 205-368
    módulo HTTP::Cookies, 519-523
    módulo HTTP::Cookies::Netscape, 523
    definir (PerlScript), 676-677
attrs, módulo, 191
aumento automático, operador (++), 71
autenticação, POP3, 437
autobundle, comando (CPAN.pm), 24
AutoCommit, atributo (DBI), 407
AutoLoader, módulo, 191-192
automatização, servidor, 657
AutoSplit, módulo, 192
autouse, módulo, 193
avisos ao executar scripts, 37

B

b, comando (CPAN.pm), 24
b, comando (depurador Perl), 163
B, módulo, 193
-b, opção (perlbug), 176
-B, operador de teste de arquivo, 71
-b, operador de teste de arquivo, 71
B::Asmdata, módulo, 193
B::Assembler, módulo, 193
B::Bytecode, módulo, 194
B::C, módulo, 195
B::CC, módulo, 196
B::Debug, módulo, 197
B::Deparse, módulo, 197
B::Disassembler, módulo, 198
B::Lint, módulo, 198
B::Showlex, módulo, 199
B::Stackobj, módulo, 199
B::Terse, módulo, 199
B::Xref, módulo, 200
-background, opção (dispositivos), 555
baixo nível, funções de acesso de soquete, 101
bancos de dados, 403-413

handles do banco de dados (métodos DBI), 406-408
DBDs (drivers do banco de dados), 405-406
módulo DBI, 405-415
recurso DBM (Database Management), 403-404
Barber, Stan, 467
Barr, Graham, 431
base, módulo, 200
-bd, opção (dispositivo), 555
-before, opção (gerenciador de geometria pack), 550
Benchmark, módulo, 200
-bg, opção (dispositivos), 555
biblioteca, funções para módulos, 100-101
-bigincrement, opção (Scale), 587
binárias, distribuições Perl, 15-16
-bitmap, opção (dispositivos), 555
bitwise, operadores, 73
blib, módulo, 203
bloco de instruções, 56
bookdb.dir, bookdb.pag, arquivos, 404
-bordermode, opção (gerenciador de geometria place), 553
-borderwidth, opção (dispositivos), 555
Buffer, propriedade (objeto Response), 677
Button, dispositivo (Perl/Tk), 558-559
Bytecode, back-end (compilador Perl), 44
byteperl, interpretador, 45

C

C, back-ends CC (compilador Perl), 44
c, comando (depurador Perl), 163
-c, opção (perl), 38
-c, opção (perlbug), 176
-C, opção (perlbug), 176
-C, opção (perlcc), 45
-c, operador de teste de arquivo, 71
-C, operador de teste de arquivo, 71
C, pré-processador (cpp), 37-38
C<>, seqüência interior (pod), 94
cabeçalhos HTTP, 514-516
CacheControl, propriedade (objeto Response), 678
callbacks, dispositivo (Perl/Tk), 548
Camelo, imagem, 9
campos numéricos com precisão fixa, 90
cancelar referência, 87, 183-184
Canvas, dispositivo (Perl/Tk), 577-587
Capini, Aldo, 602
Carp, módulo, 203
carregar funções

módulo AutoLoader, 191-192
módulo DynaLoader, 222
módulo SelfLoader, 323
carregar
    código-fonte da linguagem Perl, 11-14
    código-fonte dos módulos Perl, 14, 17-28
CGI, módulos, 204-209
    módulo CGI::Apache, 204
    módulo CGI::Carp, 204-205
    módulo CGI::Cookie, 205
    módulo CGI::Fast, 208
    módulo CGI::Push, 208
    módulo CGI::Switch, 209
CGI, programas, 355-362
    depurar, 369
    variáveis-ambientes para, 360-362
    interação CGI de exemplo, 356-359
    informações extras do caminho, 360
    manter estado, 368
    parâmetros nomeados, 368-369
    executar com mod_perl, 394-395
    codificação URL, 359-360
CGI.pm, módulo, 355-356, 363-390
    depurar scripts, 369
    gerar marcas HTML, 366-367
    importar grupos de métodos, 367
    recursos JavaScript com, 369
    parâmetros nomeados, 368-369
Charset, propriedade (objeto Response), 678
Checkbutton, dispositivo (Perl/Tk), 559
ChopBlanks, atributo (DBI), 408
Christiansen, Tom, 8
-class, opção
    dispositivo Frame, 595
    dispositivo de alto nível, 596
classes de caracteres, 78
classes, funções para, 101
clean, comando (CPAN.pm), 24
ClientCertificate, coleção, 675
-closeenough, opção (Canvas), 577
codificar URLs, 359-360
código-fonte para Perl, obter, 11-14
coincidência mínima, 80
-colormap, opção
    dispositivo Frame, 595
    dispositivo de alto nível, 596
-column, opção (gerenciador grid), 551
-columnspan, opção (gerenciador de grade), 551
comandos, depurador Perl, 162-171
comentários, 50
-command, opção, 548
    dispositivo Button, 558-559
    dispositivo Checkbutton, 560

dispositivo Menubutton, 590
dispositivo Optionmenu, 594
dispositivo Radiobutton, 560-561
dispositivo Scale, 587-588
dispositivo Scrollbar, 564-565
Common Gateway Interface (*veja* programas CGI)
CompatMode, atributo (DBI), 407
compilador Perl, 44
comunicação entre processos
    funções para, 102
concatenação, operador (.), 74
condicional, operador (?:), 74
Config, módulo, 210-211
-confine, opção (Canvas), 577
console, implementação, 603-612
constant, módulo, 211
constantes especiais e globais (predefinidas), 65-66
construtores, 181
contar mensagens de e-mail, 461
Content-type, cabeçalho, 358
ContentType, propriedade (objeto Response), 678
contexto escalar, 54
contexto, 54
continue, bloco, 57
Cookie, cabeçalho, 519-520
Cookies, coleção, 676
cores, dispositivo, 548
correções para código-fonte do Perl, 15
correspondência, listas relativas ao Perl, 7
CPAN (Comprehensive Perl Archive Network), 11-14
    módulo CPAN::FirstTime, 213
    módulo CPAN::Nox, 214
    módulo CPAN.pm, 22-28, 212
    localizar módulos disponíveis, 18
cpp (pré-processador C), 37-38
curingas para expressões constantes, 77
    âncoras, 79
    classes de caracteres, 78
    seqüências com escape, 78
    quantificadores, 80
current, índice (dispositivo Text), 570
-cursor, opção (dispositivos), 555
CursorName, atributo (DBI), 407
Cwd, módulo, 214

D

d, comando (CPAN.pm), 24
D, comando (depurador Perl), 164
d, comando (depurador Perl), 164
-d, opção (perlbug), 176
-d, opções -D (perl), 38

-d, operador de teste de arquivo, 71
dados anônimos, referir, 87
dados/registros com comprimento fixo, funções para, 100
data e hora
    funções para, 101
    módulo HTTP::Date, 518
DATA, comando (SMTP), 433
DATA, handle de arquivo, 65
Data::Dumper, módulo, 214
DataReceiveTimeout( ), (Win32::Internet), 622
DataSendTimeout( ), (Win32::Internet), 622
DB_File, módulo, 218-219
DBDs (drivers do banco de dados), 403, 405-406
DBI, módulo, 403-415
    handles do banco de dados e instruções, 406-408
    variáveis-ambientes para, 415
    métodos, 408-415
DBI_, variáveis-ambientes, 415
DBM, recurso (Database Management), 403-404
declarações, 53
    pacotes, 180
    privadas vs. locais, 84
    sub-rotinas, 83
    variáveis, 55
Deparse, back-end (compilador Perl), 44
depurar, 161-176
    scripts CGI, 368-369
    verificar sintaxe sem executar, 38
    dumps de memória, 38
    -d, -D, opções (perl), 38, 162, 173-174
    depurador Perl, 161-173
        comandos para, 162-171
        personalizar, 172-173
    perfilador Perl (DProf), 173-175
    programa perlbug, 175-176
descompactar código-fonte Perl, 13-14, 15-16
desempenho
    programas CGI, 356-357
    scripts CGI com mod_perl, 394-395
DESTROY, método, 182
Devel::SelfStubber, módulo, 220
diagnostics, módulo, 220-221
-digits, opção (Scale), 587
diminuição automática, operador (—), 71
dinâmico, escopo, 55, 84
dir( ), (Net::FTP), 491
diretórios,
    funções relacionadas a arquivos, 100
    funções para, 100-101

DirHandle, módulo, 221-222
-disabledforeground, opção (dispositivos), 555
dispositivos (Perl/Tk), 546-548
    callbacks, 548
    cores e fontes, 548
    opções comuns da configuração, 554-558
    gerenciadores de geometria para, 549-554
    barras de paginação, 547
    métodos do dispositivo, 546
diversos processos, 47
divisão automática, modo, 38
divisão, operador (*), 70
do, modificadores condicionais com instrução, 58
document, objeto (PerlScript), 672-673
DOCUMENT_ROOT, variável, 361
documentação do Perl, 29-31, 91-98
    = para indicar nos programas, 50
    utilitários para, 95-98
documentos Web virtuais, 358-359
Domain, propriedade (atrativos de resposta), 676-677
Dowd, Sean, 431
dprofpp, utilitário, 174
-E, opção (dprofpp), 174
dumps de memória, 37
DynaLoader, módulo, 222

E

-E, opção (dprofpp), 174
-e, opção (perl), 37
-e, opção (perlbug), 176
-e, opção (perlcc), 45
-e, operador de teste de arquivo, 71-72
E<>, seqüência interior (pod), 94
-elementborderwidth, opção (Scrollbar), 565
e-mail, 431-466
    pastas para (módulo Mail::Folder), 445-453
    lidar com mensagens (módulo Mail::Internet), 454-457
    controle do cabeçalho (módulo Mail::Send), 442-445
    módulos Mail, 431, 440-466
    analisar endereços (módulo Mail::Address), 457-460
    listas de correspondência relacionadas ao Perl, 7
    ler (módulo Mail::POP3Client), 460-466
    recuperar (módulo Net::POP3), 437-440
    enviar (módulo Mail::Mailer), 440-442
    enviar (módulo Net::SMTP), 432-437

end, índice
    dispositivo Entry, 562
    dispositivo Listbox, 566-567
    dispositivo Menu, 593
    dispositivo Text, 570
endereços (e-mail), analisar, 457-460
ênfase (!)
    CPAN.pm, comando eval, 22-23
    operador de negação lógica, 69
    entradas .newsrc, 478-479
    comando do depurador Perl, 170
    !!, comando do depurador Perl, 171
    !=, operador (diferente de), 70
    !~, operador (coincidência de padrão), 71
English, módulo, 224-225
entrada da linha, operador < ... >, 88
entrada, funções para, 100
    (*veja também* $_, variável; saída), 59
Entry, dispositivo (Perl/Tk), 562-564
EnumerateRights( ), (Win32::FileSecurity), 617
Env, módulo, 225-226
enviar notícias de artigos, 471
enviar mensagens de e-mail, 432-437
eq, operador (igual a), 70
Errno, módulo, 226
erros no Perl, informar, 175-176
    (*veja também* depurar)
escalar, símbolo do protótipo ($), 85
escalares, 50
    arrays de (*veja* arrays)
    funções para gerenciar, 100-101
    listas de (*veja* listas)
    referências (*veja* referências)
escape, seqüências com, 78
escopo da variável, 55, 84
    funções para, 100-101
escopo lexical, 55, 84
espaço do nome, 58, 180
espaço em branco
    codificar em URLs, 359-360
    em programas Perl, 49
    \S, classe de caractere (sem espaço em branco), 79
    \s, classe de caractere (espaço em branco), 79
    omitir na saída formatada, 90
esquemas de aspas alternativos, 52
esquemas de aspas, 51
estado, manter (CGI), 368
estrutura do programa, 49-50
estrutura dos programas Perl, 49-50
estruturas de dados complexas, 85-86

etiquetas
    loops, 59
    blocos de instrução, 56
executar repetidamente scripts em nomes de arquivo, 38
exemplo, scripts Perl, 14
-expand, opção (gerenciador de geometria pack), 549
Expires, propriedade (atrativos de resposta), 676-679
ExpiresAbsolute, propriedade (objeto Response), 678
explicativos, parágrafos (pod), 92
exponenciação, operador (**), 70
Exporter, módulo, 226
-exportselection, opção (dispositivos), 535
expressões constantes, 75-82
    âncoras, 79
    classes de caracteres, 78
    seqüências com escape, 78
    sintaxe para estendidas, 76-77
    funções para, 100-101
    metacaracteres, 76-77
    variáveis de coincidência de padrão, 80-81
    operadores de coincidência de padrão, 71, 75
    quantificadores, 80
    variáveis especiais (predefinidas), 66
extrair código-fonte do Perl, 14, 15-16
ExtUtils, módulos, 228-255

F

f, comando (depurador Perl), 164
-F, opção (dprofpp), 174
-F, opção (perl), 37
-f, opção (perlbug), 176
-f, operador de teste de arquivo, 71
F<>, seqüência interior (pod), 94
FAQs relativas ao Perl, 7
FastCGI, 208
Fatal, módulo, 255
Fcntl, módulo, 255
fetch( ), (DBI), 411
-fg, opção (dispositivos), 556
fields, módulo, 255
File, módulos, 256-257
FileCache, módulo, 267
FileHandle, módulo, 267-268
-fill, opção (gerenciador de geometria pack), 549
fim da linha, processamento, 37-38
FindBin, módulo, 269-270

-font, opção (dispositivos), 555
fontes, dispositivo, 548
for, loops, 57
force, comando (CPAN.pm), 25
foreach, loops, 58
-foreground, opção (dispositivos), 556
Form, coleção, 675
form, objeto (PerlScript), 672
format, palavra-chave, 89
formatos, 89-90
Frame, dispositivo (Perl/Tk), 595
frame, objeto (PerlScript), 671
FrameMaker, converter pod em, 95
-from, opção (Scale), 587
FTP (Protocolo de Transferência de Arquivos), 485-498
    módulo Net::FTP, 487-496
    módulo Net::Netrc, 496-497
    obter Perl, 12
    funções Win32::Internet para, 628
FTP anônimo, 12, 486
funções de controle de fluxo, 101
funções predefinidas, 99, 159
    listadas em ordem alfabética, 102-159
    listadas por categoria, 100-101
    relativas ao soquete, 420-424
funções, carregar
    módulo AutoLoader, 191-192
    módulo DynaLoader, 222
    módulo SelfLoader, 323

G

g, modificador de coincidência de padrão, 75
-g, operador de teste de arquivo, 72
gabaritos para produzir dados, 88-91
GATEWAY_INTERFACE, variável, 361
GDBM_File, módulo, 270
ge, operador (maior ou igual a), 70
-gen, opção (perlcc), 45
gerenciadores de geometria (Perl/Tk), 549-554
gerenciamento de processos, 643-645
GET, método (CGI), 357, 510
Getopt::Long, módulo, 270
Getopt::Std, módulo, 273
getpeername( ), 117
goto( ), 122
goto, comando, 60
group, comando (NNTP), 470
grupos
    buscar informações, funções para, 101
gt, operador (maior que), 70

H

h, comando (CPAN.pm), 25
H, comando (depurador Perl), 164
h, comando (depurador Perl), 164
-h, opção (perl), 37
-h, opção (perlbug), 176
handles de arquivo, 87-89
    funções para, 100-101
    especiais (predefinidos), 65-66
hash, símbolo do protótipo (%), 84
hashes, 50, 54
    funções para processar, 100-101
    especiais (predefinidos), 64
-height, opção
    gerenciador de geometria place, 554
    dispositivos, 555
HELO, comando (SMTP), 433
Hietaniemi, Jarkko, 11
hífen (-)
    na construção [...], 78
    operador de negação aritmética, 69
    recipiente do gerenciador de geometria grid, 551
    comando do depurador Perl, 170
    ->, operador (seta), 69, 183
        cancelar referência com, 87
    - =, operador (atribuição), 71
    —, operador (diminuição automática), 71
-highlightbackground, opção (dispositivos), 556
-highlightcolor, opção (dispositivos), 556
-highlightthickness, opção (dispositivos), 556
history, objeto (PerlScript), 671
HOME, variável, 42
hora (*veja* data e hora)
hostpath (IO::Socket::UNIX), 429-430
HTML (Linguagem Marcada de HiperTexto)
    marcas, gerar com CGI.pm, 366-367
    converter pod em, 97, 305
HTML, módulos, 528-534
    módulo HTML::Element, 531-534
    módulo HTML::FormatPS, 535-536
    módulo HTML::FormatText, 536
    módulo HTML::Parser, 528-529
    módulo HTML::TreeBuilder, 534-535
HTTP, (Protocolo de Transferência de HiperTexto)
    mensagens de solicitação, 500-501
    funções Win32::Internet para, 632
HTTP, módulos
    módulo HTTP::Cookies, 519-523
    módulo HTTP::Cookies::Netscape, 523
    módulo HTTP::Daemon, 523-527

módulo HTTP::Daemon::ClientConn, 525-526
módulo HTTP::Date, 513
módulo HTTP::Headers, 514-516
módulo HTTP::Message, 527-528
módulo HTTP::Request, 500-501, 510-511
módulo HTTP::Response, 501, 511-512
módulo HTTP::Status, 516-517
HTTP_ACCEPT, variável, 361
HTTP_COOKIE, variável, 361
HTTP_FROM, variável, 361
HTTP_REFERER, variável, 361
HTTP_USER_AGENT, variável, 361

I

I, comando (CPAN.pm), 25
i, modificador de coincidência de padrão, 75, 82
-I, opção (dprofpp), 174
-i, opção (perl), 37
-I, opção (perl), 37
-I, opção (perlcc), 45
I<>, seqüência interior (pod), 94
I18N::Collate, módulo, 274
if, instrução, 57
if, modificador, 58
igual, sinal (=)
   operador de atribuição, 53, 71
   para documentação incorporada (pod), 50
   nos pares nome/valor do hash, 54
   para comandos pod, 91
   ==, operador (igual a), 70
   =>, operador para definir pares chave/valor, 54, 74
   =~, operador (coincidência de padrão), 71
igualdade, operadores, 70
image, opção (dispositivos), 556
image_button( ), (CGI.pm), 377
-in, opção
   gerenciador de geometria grid, 551
   gerenciador de geometria pack, 550
   gerenciador de geometria place, 554
InactiveDestroy, atributo (DBI), 407
incorporar scripts em mensagens, 38
-indicatoron, opção (Checkbutton), 559
-indicatoron, opção
   dispositivo Menubutton, 590-591
   dispositivo Optionmenu, 594
   dispositivo Radiobutton, 560-561
informações extras do caminho, 360
informar erros no Perl, 175-176

inicializar clientes NNTP, 472
inicializar soquetes, 421
insert, índice
   dispositivo Entry, 562
   dispositivo Text, 570
insert_element( ), (HTML::Parser), 532
-insertbackground, opção (dispositivos), 556
-insertborderwidth, opção (dispositivos), 556
-insertofftime, opção (dispositivos), 557
-insertontime, opção (dispositivos), 557
-insertwidth, opção (dispositivos), 557
instalar
   módulo mod_perl, 392
   documentação Perl, 29
   módulos Perl, 20-28
   código-fonte do Perl, 13-17
install, comando (CPAN.pm), 25
instância, métodos, 183
instâncias de classes (*veja* objetos)
instrução, handles (métodos DBI), 406-408
instruções condicionais, 56
instruções, 56-59
integer, módulo, 274
Internet, soquetes do domínio, 420
interpretador Perl, 35-42
   processamento de comandos, 36-37
   opções da linha de comandos, 37-42
IO, módulos, 274-282
   módulo IO::File, 275
   módulo IO::Handle, 275
   módulo IO::Pipe, 278
   módulo IO::Seekable, 279-281
   módulo IO::Socket, 282
IO::Socket, módulo, 425-430
   subclasse IO::Socket::INET, 427-430
   subclasse IO::Socket::UNIX, 429-430
-ipadx, -ipady, opções
   gerenciador de geometria grid, 552
   gerenciador de geometria pack, 549
IPC, módulos, 282-287
   módulo IPC::Msg, 282
   módulo IPC::Open2, 283-284
   módulo IPC::Open3, 284-285
   módulo IPC::Semaphore, 284-285
   módulo IPC::SysV, 286-287
IsClientConnected, propriedade (objeto Response), 678

J

JavaScript, recursos com CGI.pm, 369
Johnson, Kevin, 431, 444
-jump, opção (Scrollbar), 565
-justify, opção (dispositivos), 557

K

-k, operador de teste de arquivo, 71
Koenig, Andreas, 10

L

l, comando (depurador Perl), 164-165
L, comando (depurador Perl), 165
-l, opção (dprofpp), 174
-l, opção (perl), 37
-L, opção (perlcc), 45
-l, operador de teste de arquivo, 71
L<>, seqüência interior (pod), 94
Label, dispositivo (Perl/Tk), 561-562
-label, opção
    dispositivo Frame, 595
    dispositivo Menubutton, 591
    dispositivo Scale, 587-588
label_exists (Mail::Folder), 450
-labelPack, opção (Frame), 595
-labelVariable, opção (Frame), 595
lado do cliente, conexões de soquete, 421, 425-426
lado do cliente, PerlScript, 669-673
last, comando, 59
last, índice (dispositivo Menu), 593
last_labeled_message( ), (Mail::Folder), 450
LaTeX, converter pod em, 97
le, operador (menor ou igual a), 70
-length, opção (Scale), 587
ler artigos news, 470
ler mensagens de e-mail, (Mail::POP3Client), 460-466
less, módulo, 287
lib, módulo, 287
libnet, módulos, 431
lib-win32, biblioteca (veja módulos Win32)
lib-www-perl, arquivo (veja biblioteca LWP)
LineInfo, opção (PERLDB_OPTS), 173
linestart, lineend, modificadores (dispositivo Text), 571
link, objeto (PerlScript), 672
Lint, back-end (compilador Perl), 44
Linux, instalar Perl e, 15
list active, comando (NNTP), 468-469
lista, contexto, 54
lista, operadores, 69
lista, símbolo do protótipo (@), 85
listas, 53
    funções para processar, 100-101
    transmitir argumentos para sub-rotinas, 83
Listbox, dispositivo (Perl/Tk), 566
Listen, opção
    módulo IO::Socket::INET, 428-429
    módulo IO::Socket::UNIX, 429-430
literais de string com aspas duplas, 51
livro de convidados (exemplo CGI), 356-357
livros relacionados ao Perl, 9
locais, variáveis, 55, 84
Local, opção (IO::Socket::UNIX), 389
LocalAddr, opção (IO::Socket::INET), 427-428
locale, módulo, 287
LocalPort, opção (IO::Socket::INET), 427-428
location, objeto (PerlScript), 671
-log, opção (perlcc), 46
LOGDIR, variável, 42
lógicos, operadores, 73
login, entradas (.netrc), 497
LongReadLen, atributo (DBI), 408
LongTruncOK, atributo (DBI), 408
look, comando (CPAN.pm), 25
loops, 56-57
losango, operador <...>, 88
lt, operador (menor que), 70
LWP, biblioteca, 499-541
    módulo LWP::Debug, 502
    módulo LWP::MediaTypes, 502
    módulo LWP::Protocol, 502
    módulo LWP::RobotUA, 502-503
    módulo LWP::Simple, 502, 504-505
    módulo LWP::UserAgent, 500-502, 505-509
    módulos URI, 536-541

M

m, comando (CPAN.pm), 25-26
m, comando (depurador Perl), 165
m, modificador de coincidência de padrão, 75, 82
-M, opção (perl), 37
-m, opção (perl), 39
-M, operador de teste de arquivo, 71
macdef, entradas (.netrc), 496-497
MacEachern, Doug, 391
machine, entradas (.netrc), 496-497
MAIL, comando (SMTP), 433
Mail, modulos, 431, 440-441
MailTools, coleção, 431
MainLoop, instrução (Perl/Tk), 546

maior ou igual a, operadores (>=, ge), 69
maior que, operadores (>, gt), 69
mais (+)
    metacaractere, 77
    operador unário, 69
    +=, operador (atribuição), 71
    ++, operador (aumento automático), 71
    +?, quantificador de expressão constante, 80
make, comando (CPAN.pm), 25
make, utilitário, 20
Makefiles, 20
MakeMaker, utilitário, 21
man, comando, 29
manipular área de transferência, 603
manter estado (CGI), 368
marcas com dispositivos Text, 76, 574
Math, módulos, 288-295
MaxWindow, (Win32::Console), 607
memória, 54, 180
menor ou igual a, operadores (<, le), 70
menor que, operadores (<, lt), 70
mensagem, protocolos baseados, 420
mensagem, scripts incorporados, 37-38
Menu, dispositivo (Perl/Tk), 592
-menu, opção
    dispositivo Menubutton, 590-591
    dispositivo Optionmenu, 594
Menubutton, dispositivo (Perl/Tk), 589
-menuitems, opção
    dispositivo Menu, 592
    dispositivo Menubutton, 589-590
metacaracteres para expressões constantes, 76-77
    âncoras, 79
    classes de caracteres, 78
    seqüências com escape, 78
    quantificadores, 80
method, atributo (marcas <form>), 357
métodos da classe, 182
métodos, 182
    métodos de classe vs. instância, 183
    dispositivo (Perl/Tk), 546
-mod, opção (perlcc), 46
mod_include, módulo, 395
mod_perl, módulo, 391-397
    instalar, 392
    diretivas <Perl> (Apache), 396
    executar scripts CGI com, 394-395
    SSI com, 396
modificadores condicionais, 58
módulo, operador (%), 70
módulos do Perl, 4, 179-182

compilar em objetos compartilhados, 45
-m, -M, opções (perl), 37
obter e instalar, 17-28
obter a partir da CPAN, 13-14
padrões, lista, 185-351
módulos padrões, lista, 185-351
multiplex, serviço da CPAN, 101
multiplicação, operador (*), 70
mutex, objetos, 635

N

n, comando (depurador Perl), 165
n, índice
    dispositivo Entry, 563
    dispositivo Listbox, 566-567
    dispositivo Menu, 592
    dispositivo Text, 570
-n, opção (perl), 37-38
NAME, atributo (DBI), 407
navigator, objeto (PerlScript), 671
NDBM_File, módulo, 293-294
ne, operador (diferente de), 70
Net, módulos, 293-294, 431-440
netresource, estrutura de dados, 640
Network News Transfer Protocol (NNTP), 437-471
news, 467-484
    módulo Net::News, 471-478
    módulo News::Newsrc, 478-484
    protocolo NNTP, 468-471
News::Newsrc, módulo, 478-484
newsgroups
    listar disponíveis, 468-469
    relativos ao Perl, 6
next, comando, 57-59
NNTP (Network News Transfer Protocol), 467-471
nomear
    etiquetas do loop, 59
    pacotes, 180
    etiqueta do bloco de instrução, 56
    variáveis, 53
nomes de arquivo, executar repetidamente scripts, 37
none, índice (dispositivo Menu), 593
NonStop, opção (PERLDB_OPTS), 173
noTTY, opção (PERLDB_OPTS), 173
NTFS, permissões de arquivo, 617-618
NULLABLE, atributo (DBI), 407
NUM_OF_FIELDS, atributo (DBI), 407
NUM_OF_PARAMS, atributo (DBI), 407
números, 51
    \d, classe de caractere (dígito), 79

\D, classe de caractere (diferente de dígito), 79
campos numéricos com precisão fixa, 90
funções para, 100-101

O

o, comando (CPAN.pm), 25-26
O, comando (depurador Perl), 166
o, modificador de coincidência de padrão, 75
O, módulo, 299
-O, opção (dprofpp), 175
-o, opção (perlcc), 46
-o, operador de teste de arquivo, 71-72
-O, operador de teste de arquivo, 71-72
objetos de coleção, 602, 676
objetos, 182
    funções para, 102
    métodos de classe vs. instância, 183
obter código-fonte do Perl, 11-14
obter módulos do Perl, 13, 17-19
ODBM_File, módulo, 299
-offvalue, opção
    dispositivo Checkbutton, 560
    dispositivo Menubutton, 591
-ok, opção (perlbug), 176
-okay, opção (perlbug), 176
OLE, automatização, 657-667
-onvalue, opção
    dispositivo Checkbutton, 560
    dispositivo Menubutton, 591
Opcode, módulo, 301
opções da linha de comandos (interpretador perl), 37-42
operadores aritméticos, 70
operadores de atribuição, 71
operadores de comparação, 70
operadores de teste de arquivo, 71-72
operadores relacionais, 70
operadores, 68-75
ops, módulo, 302
Optionmenu, dispositivo (Perl/Tk), 594
-options, opção (Optionmenu), 594
OR (I), operador de bitwise, 73
OR (I I), operador lógico, 73
oraperl, pacote, 404
-orient, opção
    dispositivo Scale, 587-588
    dispositivo Scrollbar, 564-565
Orwant, Jon, 8
overload, módulo, 302-303

P

p, comando (depurador Perl), 167
-p, opção (dprofpp), 175
-p, opção (perl), 37-38
-P, opção (perl), 37-38
-p, operador de teste de arquivo, 71
pack, gerenciador de geometria (Perl/Tk), 549-550
package, instrução, 180
pacotes, 180
pacotes, comunicação baseada, 420
padrão, funções de coincidência, 100
padrão, operadores de coincidência, 71, 75
-padx, -pady, opções, 557
    gerenciador de geometria grid, 551
    gerenciador de geometria pack, 549-550
páginas manuais relativas ao Perl, 29-30
páginas manuais, converter pod em, 97
parágrafo, marcas (pod), 92
parâmetros nomeados (CGI), 368-369
PASS, comando (POP3), 437
Path, propriedade (atrativos de resposta), 677
PATH, variável, 42
    pesquisar para uso de scripts, 37-38
PATH_INFO, variável, 360
PATH_TRANSLATED, variável, 360
PATHEXT, variável, 43
Peer, opção (IO::Socket::UNIX), 429-430
PeerAddr, opção (IO::Socket::INET), 427-428
peerpath, (IO::Socket::UNIX), 429-430
PeerPort, opção (IO::Socket::INET), 427-428
perfilador do Perl (DProf), 173-175
Perl Institute, 8
Perl Journal, 8
Perl Package Manager (PPM), 21
Perl Porters, 5
perl, (interpretador Perl), 35-42
    processamento de comandos, 36-37
    opções da linha de comandos, 37-42
Perl, compilador, 44
Perl, depurador, 161-172
    comandos para, 162-171
    personalizar, 172-173
Perl, linguagem
    informar erros em, 175-176
    documentação, 29-31, 90-98
    scripts de exemplo, 14
    instalar código-fonte, 14-17
    módulos (*veja* módulos do Perl)
    obter fonte na CPAN, 11-14
    recursos, 5
    usos, 4-5
    (*veja também* scripts do Perl)

Perl, perfilador (DProf), 173-175
perl, sub-rotina de scripts, 393
Perl/Tk, 545-597
    callbacks, 548
    cores e fontes, 548
    gerenciadores de geometria, 549-554
    barras de paginação, 547
    dispositivos, 546-548
    métodos dos dispositivos, 546
PERL_DEBUG_MSTATS, variável, 43
PERL_DESTRUCT_LEVEL, variável, 44
PERL_MAILERS, variável, 441
PERL_MODULE_EXT, variável, 47
PERL_SCRIPT_EXT, variável, 47
PERL5LIB, variável, 43
PERL5OPT, variável, 43
PERL5SHELL, variável, 43
perl-bin, diretório, 394
perlbug, programa, 175-176
perlcc, utilitário, 45
PERLDB_OPTS, variável, 173
perldoc, comando, 29
perldoc, utilitário, 95
PerlHandler, diretiva (mod_perl), 393-395
PERLLIB, variável, 43
PerlModule, diretiva (mod_perl), 394-395
PerlScript, 669-679
PerlSendHeader, diretiva (mod_perl), 394-395
personalizar depurador Perl, 172-173
pesquisar scripts com PATH, 37-38
Pics, propriedade (objeto Response), 678
place, gerenciador de geometria (Perl/Tk), 553-554
plataformas, 5
pod, documentação, 29-31, 91-98
Pod::Function, módulo, 304
Pod::Html, módulo, 305
Pod::Text, módulo, 305
pod2fm, utilitário, 95
pod2html, utilitário, 97, 305
pod2latex, utilitário, 97
pod2man, utilitário, 97
pod2text, utilitário, 98, 305
ponto (*veja* ponto)
ponto de exclamação (*veja* !, ênfase)
ponto de interrogação (?)
    metacaractere, 76-77
    ?:, operador (condicional), 74
    ??, quantificador de expressão constante, 80
    ?...?, operador de coincidência de padrão, 75
    ?...?, comando do depurador Perl, 169

POP3, interface para protocolo, 437-440, 460-466
porcentagem, sinal (%)
    cancelar referência com, 87
    operador de módulo, 70
    símbolo do protótipo (hash), 84
    %=, operador (atribuição), 71
Porters, 5
POSIX, módulo, 305
Post Office Protocol (POP3), 437-438, 460-466
post, comando (NNTP), 471
POST, método (CGI), 357, 510
-postcommand, opção (Menu), 592
PostScript, converter árvore de análise HTML em, 535-536
PPM (Perl Package Manager), 22
principal, espaço do nome, 180
PrintError, atributo (DBI), 407
prioridade, operador, 68
processamento automático do fim da linha, 38
processamento de comando na linha #!, 36
processos (*veja* diversos processos)
-prog, opção (perlcc), 46
programa, funções de controle do fluxo, 101
programação baseada em objetos, 182
propriedades, objeto de documento (PerlScript), 673
Proto, opção (IO::Socket::INET), 427-428
protótipos para sub-rotinas, 82-83
PUT, solicitações (CGI), 510

Q

q, comando (CPAN.pm), 27
q, comando (depurador Perl), 167
-Q, opção (dprofpp), 175
-q, opção (dprofpp), 175
q//, operador de coincidência de padrão, 76, 134
quantificadores para expressões constantes, 80
quebra automática do texto, 335
QUERY_STRING, variável, 358, 360-361
QueryString, coleção, 675
QueryValue( ), (Win32::Registry), 647
QUIT, comando (SMTP), 434

R

r, comando (CPAN.pm), 27
r, comando (depurador Perl), 167
R, comando (depurador Perl), 167
-r, opção (dprofpp), 175
-r, opção (perlbug), 176
-r, operador de teste de arquivo, 72

-R, operador de teste de arquivo, 72
Radiobutton, dispositivo (Perl/Tk), 561
RaiseError, atributo (DBI), 407-408
range, operador (..), 73
RC_mnemonics, (HTTP::Status), 517
RCPT, comando (SMTP), 433
re, módulo, 318-319
ReadLine, opção (PERLDB_OPTS), 173
readme, comando (CPAN.pm), 28
recipiente de campo com diversas linhas, 89-90
recipientes (DBI), 408
recipientes de campo preenchidos, 90
recipientes de campo, 89
recompile, comando (CPAN.pm), 28
recuperar mensagens de e-mail, 437-440
recursos compartilhados, gerenciar, 639-642
recursos para mais leitura, 5
rede
    e-mail, 431-466
    buscar informações, funções para, 101
    administração do servidor, 635-639
    soquetes, 419-429
    Usenet news, 467-484
redo, comando, 59
referências anteriores, 81
-regex, opção (perlcc), 46
registro, especificar separador, 37-38
registros, funções para, 100-101
Registry, acesso e gerenciamento, 645-648
-relheight, -relwidth, opções (gerenciador de geometria place), 553
-relief, opção (dispositivos), 553
reload, comando (CPAN.pm), 28
-relx, -rely, opções (gerenciador de geometria place), 554
REMOTE_ADDR, variável, 361
REMOTE_HOST, variável, 360
REMOTE_IDENT, variável, 361
REMOTE_USER, variável, 361
-repeatdelay, opção
    dispositivo Scale, 587-588
    dispositivo Scrollbar, 564-565
-repeatinterval, opção
    dispositivo Scale, 587-588
    dispositivo Scrollbar, 564-565
Request, objeto (PerlScript), 675-676
REQUEST_METHOD, variável-ambiente, 360-361
require, diretivas, 181-182
-resolution, opção (Scale), 587-588
Response, objeto (PerlScript), 675-679
respostas HTTP, 511-512
return, instrução, 83

Reuse, opção (IO::Socket::INET), 428-429
Robot User Agent, 502-503
-row, opção (gerenciador grid), 551
-rowspan, opção (gerenciador grid), 551
-run, opção, (perlcc), 46
RUNAT, atributo (<SCRIPT>), 674

S

s, comando (depurador Perl), 167
S, comando (depurador Perl), 167
s, modificador de coincidência de padrão, 75, 82
-s, opção (dprofpp), 175
-S, opção (perl), 37-38
-s, opção (perl), 37-38
-s, opção (perlbug), 176
-S, opção (perlbug), 176
-s, operador de teste de arquivo, 71
-S, operador de teste de arquivo, 71
s///, operador (substituição), 75-76
S<>, seqüência interior (pod), 95
Safe, módulo, 319
saída
    formatos para, 89-91
    (*veja também* entrada)
-sav, opção (perlcc), 45
Scale, dispositivo (Perl/Tk), 587-588
-screen, opção (alto nível), 595
script, objeto (PerlScript), 671
SCRIPT_NAME, variável-ambiente, 360
scripts com diversas linhas, 37
scripts do Perl
    verificar sintaxe sem executar, 37-38
    depurar (*veja* depurar)
    obter exemplos, 14
Scrollbar, dispositivo (Perl/Tk), 547-548, 564-565
scrollbars, dispositivo (Perl/Tk), 547-548
-scrollregion, opção (Canvas), 577
SDBM_File, módulo, 322
Search::Dict, módulo, 322
secure, propriedade (atrativos de resposta), 677
SeflLoader, módulo, 323
sel.first, sel.last, índices
    dispositivo Entry, 563
    dispositivo Text, 570
-selectbackground, opção (dispositivos), 557
-selectborderwidth, opção (dispositivos), 557
-selectcolor, opção
    dispositivo Checkbutton, 560
    dispositivo Menu, 592
    dispositivo Menubutton, 591
    dispositivo Radiobutton, 560-561

-selectforeground, opção (dispositivos), 557
-selectimage, opção
　　dispositivo Checkbutton, 560
　　dispositivo Menubutton, 591
　　dispositivo Radiobutton, 560-561
-selectmode, opção (Listbox), 566
SelectSaver, módulo, 322-323
sem referência infixada, operador (->), 69, 87, 183
sem segurança, permitir operações, 37-38
semáforos, implementar, 649
seqüências interiores (pod), 94
Server, objeto (PerlScript), 675
SERVER_NAME, variável, 361
SERVER_PORT, variável, 361
SERVER_PROTOCOL, variável, 361
SERVER_SOFTWARE, variável, 361
ServerVariables, coleção, 676
serviço, interface de controle, 649-650
servidor, conexões de soquete no lado, 422, 425
servidor, inclusões no lado (SSI) com mod-perl, 396
servidor, PerlScript no lado, 669, 673, 679
Session, objeto (PerlScript), 675
seta (->), operador, 69, 183
　　cancelar referência com, 87
Set-Cookie, cabeçalho, 519-520, 677
Set-Cookie2, cabeçalho, 519-522
-setgrid, opção
　　dispositivo Listbox, 566-567
　　dispositivo Text, 569
SetHandler, diretiva (mod_perl), 393
share_info, hash, 639
Shell, módulo, 323
-show, opção (Entry), 562
Showlex, back-end (compilador Perl), 44
-showvalue, opção (Scale), 588
-side, opção (gerenciador de geometria pack), 549
sigtrap, módulo, 323-324
símbolo (&)
　　operador de AND bitwise, 73
　　chamar sub-rotinas, 83
　　nos URLs codificados, 359-360
　　símbolo do protótipo, 84
　　&&, operador (AND lógico), 73
　　&&=, operador (atribuição), 73
　　&=, operador (atribuição), 73
símbolos, tabelas, 180
Simple Mail Transport Protocol (SMTP), 432-437
sinal (@)
　　cancelar referência com, 87
　　recipientes de campo do formato, 89-90
　　símbolo do protótipo (lista), 84
　　indicar arrays, 54

sinal de maior que e menor que <>
　　recipientes de campo do formato, 89-90
　　operador maior que, 70
　　<, comando do depurador Perl, 170
　　<<, comando do depurador Perl, 170
　　<<=, operador (atribuição), 71
　　<=, operador (menor ou igual a), 70
　　<=>, operador (comparação), 70
　　>, comando do depurador Perl, 170
　　<...>, operador de entrada de linha, 88
　　>> para abrir arquivo para anexação, 88
　　>>, comando do depurador Perl, 170
　　>>=, operador (atribuição), 71
　　>=, operador (maior ou igual a), 70
sintaxe estendida das expressões constantes, 81-82
slider, dispositivo (Scale), 588
-sliderlength, opção (Scale), 588
SMTP, interface para protocolo, 432-437
Socket, módulo, 325
solicitações HTTP
　　módulo HTTP::Request, 500, 510-511
　　objeto UserAgent para, 500-502, 505-509
soquetes, 419-430
　　funções predefinidas para, 420-424
　　conexões no lado do cliente, 421, 425-426
　　inicializar, 421
　　módulo IO::Socket, 421-429
　　subclasse IO::Socket::UNIX, 429-430
　　funções de acesso de baixo nível, 101
　　conexões no lado do servidor, 422, 426
　　funções do módulo Socket, 423
-spacing1, -spacing2, -spacing3, opções (Text), 569
SQL, recipientes de instrução, 408
SSI (inclusões no lado do servidor), mod_perl com, 396
-state, opção (dispositivo), 557
Status, propriedade (objeto Response), 678
STDERR, handle de arquivo, 65, 88
STDIN, handle de arquivo, 65, 88
STDOUT, handle de arquivo, 65, 88
-sticky, opção (gerenciador de grade), 551
StopService( ), (Win32::Service), 650
strict, módulo, 325
string, literais, 51-52
　　\A, âncora (início de string), 79
　　classes de caractere, 78
　　comparar, 70
　　literais de string com aspas duplas, 52
　　operadores para, 74

\Z, âncora (término de string/linha), 79
\z, âncora (término de string), 79
string, operador de repetição (x), 74
strings, esquemas alternativos para colocar aspas, 51-52
sub, instrução, 83
subject( ), (Mail::Send), 444
sublinhado(_)
    handle de arquivo, 65
    melhorar legibilidade de números, 51
sub-rotinas anônimas, 83
sub-rotinas, 82-85
    construtores (veja construtores)
subs, módulo, 325
substituição, operador (s///), 75-76
sucesso, código (NNTP), 469-470
sybperl, pacote, 405
Symbol, módulo, 326
Sys::Hostname, módulo, 326
Sys::Syslog, módulo, 327
System V, funções de comunicação entre processos, 102

T

t, comando (depurador Perl), 167
T, comando (depurador Perl), 168
-T, opção (dprofpp), 175
-t, opção (dprofpp), 175
-T, opção (perl), 37-38
-t, opção (perlbug), 176
-T, operador de teste de arquivo, 71
-t, operador de teste de arquivo, 71
-tabs, opção (Text), 569
-takefocus, opção (dispositivo), 559
-tearoff, opção
    dispositivo Menu, 592
    dispositivo Menubutton, 590
    dispositivo Optionmenu, 594
Term::Cap, módulo, 328
Term::Complete, módulo, 329
Term::ReadLine, módulo, 330
test, comando (CPAN.pm), 28
Test, módulos, 332
Test::Harness, módulo, 332
Text, dispositivo (Perl/Tk), 569-577
Text, módulos, 332-335
    módulo Text::Abbrev, 332-333
    módulo Text::ParseWords, 333-334
    módulo Text::Soundex, 334
    módulo Text::Tabs, 334-335
    módulo Text::Wrap, 335

-text, opção
    dispositivo Button, 558-559
    dispositivo Checkbutton, 560
    dispositivo Label, 561-562
    dispositivo Menubutton, 590
    dispositivo Optionmenu, 594
    dispositivo Radiobutton, 561
texto, converter em/a partir de pod, 98, 305
texto, índices (dispositivos Entry), 562-563
-textvariable, opção
    dispositivo Button, 558-559
    dispositivo Checkbutton, 560
    dispositivo Entry, 562
    dispositivo Label, 561-562
    dispositivo Menubutton, 590
    dispositivo Optionmenu, 594
    dispositivo Radiobutton, 560-561
Thread, módulo, 335
    módulo Thread::Queue, 337-338
    módulo Thread::Semaphore, 338-339
    módulo Thread::Signal, 339
    módulo Thread::Specific, 339
-tickinterval, opção (Scale), 588
Tie, módulos
    módulo Tie::Array, 339
    módulo Tie::Handle, 342
    módulo Tie::Hash, 343
    módulo Tie::RefHash, 344
    módulo Tie::Scalar, 345
    módulo Tie::StdArray, 339-340
    módulo Tie::StdHash, 343
    módulo Tie::StdScalar, 345
    módulo Tie::SubstrHash, 345
til (~)
    operador de negação de bitwise, 69
    omitir espaço em branco da saída, 90
    ~~ para imprimir strings nos campos, 90
Time, módulos
    módulo Time::gmtime, 346
    módulo Time::Local, 347
    módulo Time::localtime, 347
    módulo Time::tm, 348
    módulo IO::Socket, 426-427
    módulo LWP::UserAgent, 509
Timeout, opção (IO::Socket::INET), 428-429
tipo global, símbolo do protótipo (*), 85
tipos de dados, 50-55
    estruturas de dados complexas, 85-87
Tk, extensão para Perl, 545-597
    callbacks, 548
    cores e fontes, 548
    gerenciadores de geometria, 549-554

barras de paginação, 547
dispositivos, 546-548
métodos de dispositivo, 546
-to, opção (Scale), 588
tr//, operador de coincidência de padrão, 76
transporte, protocolos, 420
travessão (veja hífen)
-troughcolor, opção
   dispositivo Scale, 588
   dispositivo Scrollbar, 564-565
TTY, opção (PERLDB_OPTS), 173
type( )
   dispositivo Canvas, 585-586
   dispositivo Menu, 593
   módulo IO::Socket::INET, 427-428
   módulo IO::Socket::UNIX, 429-430

U

u, comando (CPAN.pm), 28
-U, opção (dprofpp), 175
-u, opção (dprofpp), 175
-u, opção (perl), 37-38
-U, opção (perl), 37-38
-u, operador de teste de arquivo, 71-72
unários, operadores, 69
undef, valor, 53
-underline, opção (dispositivos), 558
undump, programa, 37-38
UNIVERSAL, módulo, 348
Unix, sistemas
   #!, linha (cerquilha e exclamação), 35
   processamento de comandos, 36-37
   instalar Perl em, 13-14
Unix, soquetes do domínio, 420
unless, instrução, 56
unless, modificador, 58
until, instrução, 58
until, modificador, 58
URI, módulos, 536-537
   URI::Escape, 537
   URI::Heuristic, 537
   URI::URL, 537-541
   URI::URL, módulo, 500
URIs (Universal Resource Identifiers), 500
URLs (localizadores de recursos uniformes)
   codificar, 359-360
   informações extras do caminho, 360
   URI::URL, módulo, 500, 537-541
   (veja também módulo Win32::Internet), 619

use, diretivas, 179, 181
   use English, 59
   use integer, 70
   use Socket, 421
Usenet news, 467-484
   módulo Net::News, 471-478
   módulo News::Newsrc, 478-484
Usenet, newsgroups relativos ao Perl, 6
USER, comando (POP3), 437
User::grent, módulo, 349
User::pwent, módulo, 350-351
UserAgent, objeto, 500-502, 505-509
usuários, buscar informações sobre, 101

V

v, comando (depurador Perl), 168
V, comando (depurador Perl), 168
-V, opção (dprofpp), 175
-v, opção (dprofpp), 175
-v, opção (perl), 37-38
-V, opção (perl), 37-38
-value, opção
   dispositivo Menubutton, 591
   dispositivo Radiobutton, 560-561
-variable, opção
   dispositivo Checkbutton, 560
   dispositivo Menubutton, 591
   dispositivo Optionmenu, 594
   dispositivo Radiobutton, 561
   dispositivo Scale, 588
Variant, estrutura de dados, 664
variáveis especiais globais, 60
variáveis predefinidas do Perl, 60-66
variáveis privadas, 55, 84
variáveis, 53-55
   declaração e escopo, 55, 84
   local vs. privada, 55, 84
   variáveis de coincidência de padrão, 80-81
   escalar e contexto de lista, 54
   especiais (predefinidas), 59-67
variáveis-ambientes, 42-44
   relativas a CGI, 360-362
   relativas a DBI, 415
vars, módulo, 351
-verbose, opção (perlcc), 46
verificação de danos, 37-38
versões do Perl
   obter atual, 11
   imprimir, 37-38
   para sistemas Win32, 15

versões dos módulos Perl, 20
-visual, opção
    dispositivo Frame, 595
    dispositivo de alto nível, 595
vmsish, módulo, 351

W

w, comando (depurador Perl), 168
-w, opção (perl), 38
-W, operador de teste de arquivo, 72
-w, operador de teste de arquivo, 72
Warn, atributo (DBI), 407
web, biblioteca LWP para acessar (*veja* biblioteca LWP)
web, criar cliente, 504-506
web, documentos virtuais, 358-359
web, programação do servidor, 391-400
while, loops, 57
while, modificador, 58
-width, opção, 558
    gerenciador de geometria place, 554
Win32, módulos, 601-667
Win32, sistemas
    processamento de comandos, 36-37
    instalar Perl em, 15
Windows, área de transferência, 603
wordstart, wordend, modificadores (dispositivo Text), 571
-wrap, opção (Text), 570
-wraplength, opção (dispositivos), 558
www.perl.com e www.perl.org, sites, 8

X

x, (recipiente do gerenciador de geometria grid), 551
X, cabeçalhos (artigos news), 470
x, comando (depurador Perl), 169
X, comando (depurador Perl), 169
x, modificador de coincidência de padrão, 75, 82
-x, opção (gerenciador de geometria place), 554
-x, opção (Perl), 37
x, operador (repetição de string), 75
-X, operador de teste de arquivo, 72
-x, operador de teste de arquivo, 72
X<>, seqüência interior (pod), 95
x=, operador (atribuição), 71
xhdr, comando (NNTP), 470
XOR, operador de bitwise (^), 73
xpat, comando (NNTP), 470
xpath( ), (Net::NNTP), 478
Xref, back-end (compilador Perl), 44
-xscrollcommand, opção, 558
    dispositivo Scrollbar, 547
-xscrollincrement, opção (Canvas), 577

Y

-y, opção (gerenciador de geometria place), 554
y//, operador de coincidência de padrão, 76
-yscrollcommand, opção, 559
    dispositivo Scrollbar, 547-548
-yscrollincrement, opção (Canvas), 577
yview
    dipositivo Canvas, 586

Z

-z opção (dprofpp), 175
-z, operador de teste de arquivo, 71
Z<>, seqüência interior (pod), 95

Impressão e acabamento
Editora Ciência Moderna Ltda.
Rua Alice Figueiredo, 46
CEP: 20950-150, Riachuelo – Rio de Janeiro – RJ
Tels: (021) 201-6662/201-6492/201-6511/201-6998
Fax: (021) 201-6896/281-5778
E-mail: lcm@novanet.com.br